부동산 농지와 산지 시리즈 ❶ 농지의 취득과 전용

농지의 취득과 전용

부동산 투자의 꽃! 농지·산지 제대로 알고 투자하자!!

농지는 국민에게 식량을 공급함과 더불어 국토보전을 위한 귀중한 자원이므로 소중히 보전되어야 한다.
본 책에서는 제1부 농지의 취득, 제2부 농지의 소유·이용, 제3부 농지의 전용에 대하여 기술하였다.
농지를 취득하고자 하는 분, 농지의 세금에 대하여 궁금해 하시는 분, 농지전용을 원하시는 분,
농지를 중개하시는 분, 귀농을 꿈꾸시는 분들을 위하여 「농지법」에 따라 기술하였다.

농지의 취득과 전용

이 책을 내면서

농지는 지목이 전·답, 과수원, 그 밖에 법적 지목을 불문하고 실제로 농작물 또는 다년생 식물 재배지로 이용되는 토지를 말한다. 지목이 임야인 토지로 그 형질을 변경해 3년 이상 다년성 식물 재배에 이용되는 토지도 농지로 본다. 고정식 온실, 버섯재배사 및 비닐하우스 및 그 부속시설도 농지에 해당된다.

「농지법」은 농업의 국제경쟁력을 확보하고 농촌의 활력을 증진하기 위하여 1949년 「농지개혁법」제정 이후 영세·생계농보호위주로 운용되어 온 농지제도를 개편하여 다양한 농업 경영체의 육성을 지원하고 농지 유동화를 촉진시킬 수 있도록 농지의 소유·거래 및 이용에 관한 각종 규제를 완화하는 등 농업 현실에 부응하고 그 구조 개선을 효율적으로 뒷받침할 수 있는 농지제도로 발전시키는 한편, 「농지개혁법」·「농지의 보전 및 이용에 관한 법률」·「농지 임대차 관리법」·「농어촌발전특별조치법」등 여러 법률에 복잡하게 분산 규정되어 있는 농지관련 법률과 제도를 통합·정비함으로써 농지에 관한 종합적이고 기본적인 법률을 제정한 것이다. 이는 농지는 국민의 식량공급과 국토환경보전의 기반이 되는 한정된 자원이므로 보전되어야 하고, 농업의 생산성을 높이는 방향으로 소유·이용되어야 하며 투기의 대상이 되어서는 아니 된다는 농지에 관한 기본이념을 정함으로써 향후 농지 정책의 지표가 되도록 한 것이다. 또한 농지는 농업경영에 이용하거나 이용할 자가 소유하는 것을 원칙으로 하되, 농업기술 개발을 위한 시험·연구를 하는 자, 종묘 기타 농업 기자재를 생산하는 자 및 농지의 전용허가를 받은 자 등에 대하여도 소유 자격을 인정함으로써 건전한 경영과 자본의 농업 참여를 유도하고, 농업 및 농업관련산업의 발전을 지원하는 한편, 농촌활력의 증진에 이바지하도록 한 것이다.

1996년 「농지법」제정 이후 농업 개방화·고령화에 대응하여 지속적인 농지 취득 및 소유 관련 사전 규제는 완화하되 농지처분 제도 도입 등 사후관리는 강화하는 방향으로 제도 개선이 되어 왔으나, 지속적인 규제 완화로 인해 비농업인의 농지소유 및 농지 임대차가 증가하고 있다. 또한 농지가 산업단지, 공공주택단지 등 대규모 개발지로 전용되면서, 개발 예정지 중심으로 농지 투기 행태가 발생하고 있다. 이에 정부에서는 농지 투기 행위를 근절하여 헌법상의 경자유전의 원칙 및 농지는 투기 대상이 되어서는 안 된다는 「농지법」의 원칙을 실현하기 위해 관련 제도를 개선하고 현행 제도 운용상 나타난 일부 미비점을 개선·보완하려고 2021년 「농지법」을 일부개정하였다. 개정된 내용에는 농업진흥지역 내 농지의 주말·체험영농목적 취득을 제한하고, 농지매매, 불법 임대차 중개·광고행위를 금지하고 위반 시 3년 이하의 징역 또는 3천만 원 이하의 벌금에 처하도록 법을 강화하였다. 또한 농지취득자격 증명 심사요건을 강화하고 거짓이나 그 밖의 부정한 방법으로 농지취득자격 증명을 발급받아 농지를 소유한 것에 대하여 6개월 이내에 시장·군수 구청장이 인정한 경우 등에 대하여 해당 농지에 대한 처분을 명할 수 있도록 하였다.

「헌법」 제121조는 "국가는 농지에 관하여 경자유전의 원칙이 달성될 수 있도록 노력해야 하며, 농지의 소작 제도는 금지된다"라고 선언하고, "농업생산성의 제고와 농지의 합리적 이용을 위하거나 불가피한

PREFACE

사정으로 발생하는 농지의 임대차와 위탁경영은 법률이 정하는 바에 의하여서만 인정되어야 한다"라고 규정하고 있다. 이러한「헌법」규정에도 불구하고 현재의 농지는 돈을 벌기 위한 투기의 온상으로 전환되면서 전체농가 중 임차 농가가 51.4퍼센트로 자경 농가를 초과하여 경자유전의 헌법정신은 사라진지 오래되었고 예외적이어야 할 임차농이 주류를 이루는 비정상이 횡행하고 있다. 이는 전국토가 국토종합계획에 따라 개발되면서 농지의 합리적인 이용보다는 투기의 온상이 되면서 무분별한 농지취득과 전용이 횡행되었기 때문이다. 심지어 수도권은 농지만 소유하고 있으면 신도시 개발과, 3기 신도시 개발로 토지보상과 수용, 대토를 반복하면서 농지를 돈을 벌기 위한 투기의 대명사가 된 것이 현실이다. 특히 시장에는 큰 부자는 토지에서 나온다는 말이 유행하듯이 토지 투자가 부동산 투자의 꽃이 되었다.

현재는 수도권과 대도시를 중심으로는 신도시 개발과 도시개발의 확대, 3기 신도시, 공장지역의 확대에 따른 농지에 대한 투자가 횡행되고 있으나 농촌의 현실은 이와 반대의 현상을 보이고 있다. 농촌인구는 급격하게 고령화되고 있으며, 자손들 대부분은 도시에 거주하면서 농촌에 귀촌하는 일은 거의 드문 현실이다. 특히 시간이 흐를수록 비농업 상속인 및 이농자의 농지 소유가 확대되고 있으며, 상속인들의 농업경영은 기대하기 어렵게 되었다. 따라서 일선 행정기관이나 인근 농지경영자 등 이해관계인들의 소유자·임차인 등 현황 파악과 사후관리는 더욱더 어려움이 가중되고 있다.

농지 상속은「민법」에 따라 피상속인 사망으로 자동 개시되고 등기 여부와 관계없이 소유권이 이전되어 농지의 상속과 취득 현황 파악이 어려우며, 상속인과 이농자 소유 농지의 휴경이나 불법 임대차 등에 대한 새로운 방안이 필요할 것 같다. 따라서 새롭게 개정된「농지법」이 오히려 새로운 문제점을 야기할 수도 있는 것이다. 이에 농지에 대한 전반적인 이해가 필요하다. 따라서 본서는「농지법」에 근거하여 농지에 대한 이해, 농지소유와 이용, 농지 취득과 전용에 대하여 자세하게 기술하여 농지에 투자하고자 하는 분, 농지 중개를 하는 분, 귀농하고자 하는 분, 농지를 활용하여 수익을 창출하고자 하는 분들에게 조금이나마 도움을 드리고자 하였다.

본서는 총 3부로 구성하였으며 제1부 농지의 취득, 제2부 농지의 소유·이용, 제3부 농지의 전용으로 구성하였다. 제1부 농지의 취득은 제1장 농지취득개관, 제2장 농지의 매매, 제3장 농지의 증여·교환, 제4장 농지상속, 제5장 세금·중개 보수로 구성하였다. 제2부에서는 제1장 농지의 소유, 제2장 농지의 이용으로 구성하였다. 제3부에서는 제1장 농지의 보전, 제2장 농지전용, 제3장 전용 후 관리로 구성하였다.

새로운 것에 대한 도전은 설렘과 두려움이 교차한다. 항상 부족함을 느끼면 새로운 것에 대하여 도전하고 공부하고자 한다. 이 책이 출간되기까지 끊임없는 지도와 격려를 주신 건국대학교 부동산학과 심교언 교수님, 법학이라는 학문을 조금 더 심도 있게 연구할 수 있도록 지도해 주시는 동국대학교 법과대학 이상영 교수님, 그리고 코로나로 힘든 상황 속에서도 책을 집필할 수 있도록 도와주신 출판사 북엠의 김이백 대표님께 감사드립니다.

2021. 10. 晩秋 남양주 북한강변 數飛堂에서 쓰다
김덕기

들어가는 순서

제1부 농지의 취득

제1장 농지취득개관	14
Ⅰ 농 지	14
01 농지의 개념	14
02 농지에 대한 확인	17
03 판례	19
04 법령해석례	27
05 국민신문고	28
Ⅱ 농지 관련 법제	31
01 「국토기본법」	31
02 「국토의 계획 및 이용에 관한 법률」	31
03 「개발제한구역의 지정 및 관리에 관한 특별조치법」	32
04 「농지법」	32
Ⅲ 농지의 소유	33
01 농지의 소유자격	33
02 농지의 소유 상한	52
03 농지의 위탁경영	54
04 임대차·사용대차	57
05 농업경영에 이용하지 않는 농지의 처분 의무	61
Ⅳ 농지취득의 방법	72
01 농지의 매매	72
02 농지의 증여	72
03 농지의 교환	73
04 농지의 상속	73

제2장 농지의 매매 · · · · · · · 76

Ⅰ 농지 매매의 준비 · · · · · · · 76
- 01 농지의 확인 · · · · · · · 76
- 02 당사자의 확인 · · · · · · · 87
- 03 판례 · · · · · · · 93

Ⅱ 매매계약의 체결 · · · · · · · 100
- 01 계약서의 작성 및 계약금의 교부 · · · · · · · 100
- 02 매매계약서의 작성요령 · · · · · · · 108
- 03 부동산 실거래 가격의 신고 · · · · · · · 112

Ⅲ 매매계약의 이행 · · · · · · · 113
- 01 매매계약의 이행 · · · · · · · 113
- 02 농지취득자격증명의 발급 · · · · · · · 119
- 03 토지거래허가구역 내인 경우 · · · · · · · 130
- 04 소유권이전등기의 신청 · · · · · · · 140

제3장 농지의 증여·교환 · · · · · · · 144

Ⅰ 증여·교환계약의 체결 · · · · · · · 144
- 01 증여계약 · · · · · · · 144
- 02 교환계약 · · · · · · · 149

Ⅱ 증여·교환계약의 이행 · · · · · · · 152
- 01 농지취득자격증명의 발급 · · · · · · · 152
- 02 토지거래허가구역 내인 경우 · · · · · · · 157
- 03 소유권이전등기의 신청 · · · · · · · 161

제4장 농지상속 · · · · · · · 166

Ⅰ 농지의 상속 · · · · · · · 166
- 01 상속의 개시 · · · · · · · 166
- 02 상속등기 · · · · · · · 167

제5장 세금·중개보수 · 170

I 매매 관련 세금 · 170
01 매수인이 부담하는 세금 · 170
02 매도인이 부담하는 세금 · 173

II 교환 관련 세금 · 201
01 취득세 · 201
02 인지세 · 202
03 농어촌특별세·지방교육세 · 203
04 양도소득세 · 204
05 헌재결정례 · 207

III 증여 관련 세금 · 209
01 증여 관련 세금 개관 · 209
02 증여세 · 211
03 취득세 · 217
04 인지세 · 220
05 농어촌특별세 · 221
06 국민신문고 · 221

IV 상속 관련 세금 · 225
01 상속세 · 225
02 취득세 · 231
03 인지세 · 234
04 농어촌특별세·지방교육세 · 235

V 중개보수 · 235
01 부동산 중개보수 · 235
02 실비 · 236
03 한도를 초과한 중개보수 및 실비 수수 금지 · 237
04 판례 · 237
05 법령해석례 · 238

제2부 농지의 소유·이용

제1장 농지의 소유 242

 Ⅰ **농지의 소유** 242
  01 농지의 소유제한 242
  02 농지의 소유상한 244

 Ⅱ **농지의 취득** 244
  01 농지취득자격증명의 발급 244
  02 농업계획서 245
  03 농지의 위탁경영 246
  04 판례 246

 Ⅲ **농지의 처분** 255
  01 농업경영에 이용하지 아니하는 농지 등의 처분 255
  02 처분명령과 매수청구 257
  03 처분명령의 유예 263
  04 담보농지의 취득 263

제2장 농지의 이용 264

 Ⅰ **농지의 자경** 264
  01 "농지의 자경"이란 264
  02 자경증명의 발급신청 265

 Ⅱ **위탁경영** 265
  01 위탁경영이란 265
  02 판례 266

 Ⅲ **농지의 이용증진** 269
  01 농지의이용계획의 수립 269
  02 농지이용증진사업의 시행 269

03 농지이용증진사업의 요건 ·· 270
　04 농지이용증진 사업 시행계획의 수립 ································ 270
　05 농지소유의 세분화 방지 ·· 271

Ⅳ **임대차・사용대차** ··· 272
　01 임대차・사용대차의 정의 ·· 272
　02 농지의 임대차・사용대차를 할 수 있는 경우 ······················· 272
　03 계약의 체결 ··· 275
　04 국유농지와 공유농지의 임대차 특례 ································ 276
　05 위반 시 제재조치 ·· 276
　06 국민신문고 ··· 276

제3부 농지의 전용

제1장 농지의 보전 ··· 280

Ⅰ **농업진흥지역의 지정** ·· 280
　01 농업진흥지역의 지정 ·· 280
　02 농업진흥지역의 종류 ·· 282
　03 실태조사 ··· 284
　04 농업진흥구역에서의 행위제한 ···································· 285
　05 농업진흥지역에 대한 개발투자 확대 및 우선 지원 ················ 286
　06 판례 ··· 287
　07 행정심판례 ·· 291
　08 국민신문고 ·· 294

Ⅱ **농업진흥구역에서의 행위제한** ·· 295
　01 농업진흥구역에서의 행위 제한 및 특례 ··························· 295
　02 농업진흥구역에서 허용되는 토지이용행위 ························ 295
　03 농업진흥구역에서 허용되는 그 밖의 토지이용행위 ··············· 296

CONTENTS

　　04 위반 시 제재 ·· 302
　　05 법령해석례 ·· 302
　　06 국민신문고 ·· 303

　Ⅲ **농업보호구역에서의 행위제한** ·· 306
　　01 농업보호구역에서의 행위제한 및 특례 ··································· 306
　　02 농업보호구역에서 허용되는 토지이용행위 ····························· 307
　　03 농업보호구역에서 허용되는 그 밖의 토지 이용행위 ············· 308
　　04 농업보호구역에서 허용되는 농업인 소득 증대에 필요한 시설의 설치 ······ 314
　　05 농업보호구역에서 허용되는 농업인의 생활 여건의 개선을 위한 ············ 315
　　　　필요시설의 설치
　　06 위반 시 제재 ·· 316

제2장 농지전용 ·· 318

　Ⅰ **농지의 전용허가** ·· 318
　　01 농지의 전용허가 ··· 318
　　02 농지전용허가 절차 ·· 321
　　03 수수료 및 위반시 제재 ··· 325
　　04 판례 ··· 326

　Ⅱ **농지의 전용신고** ·· 355
　　01 농지의 전용신고 ··· 355
　　02 농지전용신고 절차 ·· 356
　　03 수수료 및 위반 시 제재 ··· 358
　　04 판례 ··· 358
　　05 행정심판 사례 ··· 361
　　06 국민신문고 ·· 373

　Ⅲ **타용도 일시사용허가** ··· 376
　　01 타용도 일시사용허가 ··· 376
　　02 타용도 일시사용허가 절차 ·· 379
　　03 수수료 및 위반 시 제재 ··· 383

04 행정심판례 ·· 383
　　05 국민신문고 ··· 387
Ⅳ 농지전용허가의 제한 ··· 393
　　01 전용허가 등이 제한되는 시설 ······························· 393
　　02 전용허가 및 협의가 제한되는 경우 ····················· 404
　　03 농지관리위원회의 설치·운영 ································· 404
　　04 법령해석례 ··· 405
　　05 국민신문고 ··· 406
Ⅴ 농지보전부담금 ··· 407
　　01 농지보전부담금의 부과 및 납부 ··························· 407
　　02 농지보전부담금의 환급 ··· 410
　　03 농지보전부담금의 감면 ··· 411
　　04 행정심판례 ··· 420
　　05 국민신문고 ··· 425
Ⅵ 농지위원회 ··· 428
　　01 농지위원회 설치 ··· 428
　　02 농지위원회 구성 ··· 429
　　03 농지위원회 기능 ··· 429
Ⅶ 농지대장 ··· 430
　　01 농지대장의 작성과 비치 ··· 430
　　02 농지이용 정보 등 변경신청 ··································· 430
　　03 농지대장의 열람 또는 등본 등의 교부 ··············· 431

제3장 전용 후 관리 ··· 432

Ⅰ 농지전용허가의 취소 ··· 432
　　01 농지전용허가의 취소 등 ··· 432
Ⅱ 용도변경의 승인 ··· 434
　　01 용도변경의 승인 ··· 434

02 용도변경 승인의 대상이 되는 다른 목적의 범위 ⋯⋯⋯⋯⋯⋯ 435
03 수수료, 농지보전부담금 및 위반시 제재 ⋯⋯⋯⋯⋯⋯⋯⋯ 445
04 국민신문고 ⋯⋯⋯⋯⋯⋯⋯⋯⋯⋯⋯⋯⋯⋯⋯⋯⋯⋯⋯⋯⋯⋯⋯ 445

Ⅲ 지목변경 448
01 농지의 지목변경 ⋯⋯⋯⋯⋯⋯⋯⋯⋯⋯⋯⋯⋯⋯⋯⋯⋯⋯⋯⋯ 448
02 지목변경절차 ⋯⋯⋯⋯⋯⋯⋯⋯⋯⋯⋯⋯⋯⋯⋯⋯⋯⋯⋯⋯⋯ 449
03 판례 ⋯⋯⋯⋯⋯⋯⋯⋯⋯⋯⋯⋯⋯⋯⋯⋯⋯⋯⋯⋯⋯⋯⋯⋯⋯ 449
04 법령해석례 ⋯⋯⋯⋯⋯⋯⋯⋯⋯⋯⋯⋯⋯⋯⋯⋯⋯⋯⋯⋯⋯⋯ 452

Ⅳ 원상회복 452
01 원상회복 등 ⋯⋯⋯⋯⋯⋯⋯⋯⋯⋯⋯⋯⋯⋯⋯⋯⋯⋯⋯⋯⋯⋯ 452
02 판례 ⋯⋯⋯⋯⋯⋯⋯⋯⋯⋯⋯⋯⋯⋯⋯⋯⋯⋯⋯⋯⋯⋯⋯⋯⋯ 453

부록 관련법규 및 규정

- 농지법 ⋯⋯⋯⋯⋯⋯⋯⋯⋯⋯⋯⋯⋯⋯⋯⋯⋯⋯⋯⋯⋯⋯⋯⋯⋯⋯⋯⋯⋯⋯ 456
- 농지법 시행령 ⋯⋯⋯⋯⋯⋯⋯⋯⋯⋯⋯⋯⋯⋯⋯⋯⋯⋯⋯⋯⋯⋯⋯⋯⋯ 518
- 농지법 시행규칙 ⋯⋯⋯⋯⋯⋯⋯⋯⋯⋯⋯⋯⋯⋯⋯⋯⋯⋯⋯⋯⋯⋯⋯⋯ 588
- 농업진흥지역관리규정 ⋯⋯⋯⋯⋯⋯⋯⋯⋯⋯⋯⋯⋯⋯⋯⋯⋯⋯⋯⋯⋯ 620
- 참고자료 ⋯⋯⋯⋯⋯⋯⋯⋯⋯⋯⋯⋯⋯⋯⋯⋯⋯⋯⋯⋯⋯⋯⋯⋯⋯⋯⋯ 626

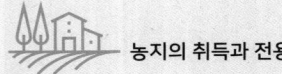

농지의 취득과 전용

농지 취득과 전용

제1부
농지의 취득

제1장 농지취득개관
제2장 농지의 매매
제3장 농지의 증여·교환
제4장 농지상속
제5장 세금·중개보수

제1장 농지취득개관

I. 농지

01 농지의 개념

1. 농지의 개념

농지에 대한 규정을 두고 있는 법률은「헌법」을 근본으로「농지법」,「한국농어촌공사 및 농지관리기금법」,「측량공간정보의 구축 및 관리 등에 관한 법률(이하「공간정보관리법」이라 한다)」등에서 규정하고 있다. 본 책에서는「농지법」과「공간정보관리법」에서 규정하고 있는 농지의 개념을 정리 하였다.

(1) 농지법상의 개념

「농지법」상 농지라 함은 전·답·과수원 기타 그 법적 지목을 불문하고 실제로 농작물 경작지 또는 ① 목초·종묘·인삼·약초·잔디 및 조림용 묘목, ② 과수·뽕나무·유실수 그 밖의 생육기간이 2년 이상인 식물, ③ 조경 또는 관상용 수목과 그 묘목(조경목적으로 식재한 것을 제외한다)과 같은 다년생식물 재배지로 이용되는 토지를 말한다. 이와 더불어 그 토지의 다음과 같은 개량시설과 토지에 설치하는 농축산물 생산시설로서 부지 또한 농지에 해당된다.[1]

---

1)「농지법」제2조제1호(제2조(정의) 이 법에서 사용하는 용어의 뜻은 다음과 같다.
 "농지"란 다음 각 목의 어느 하나에 해당하는 토지를 말한다.
 가. 전·답, 과수원, 그 밖에 법적 지목(地目)을 불문하고 실제로 농작물 경작지 또는 대통령령으로 정하는 다년생식물 재배지로 이용되는 토지. 다만,「초지법」에 따라 조성된 초지 등 대통령령으로 정하는 토지는 제외한다.
 나. 가목의 토지의 개량시설과 가목의 토지에 설치하는 농축산물 생산시설로서 대통령령으로 정하는 시설의 부지).
「농지법 시행령」제2조(제2조(농지의 범위) ①「농지법」(이하 "법"이라 한다) 제2조제1호가목 본문에서 "대통령령으로 정하는 다년생식물 재배지"란 다음 각 호의 어느 하나에 해당하는 식물의 재배지를 말한다. 〈개정 2009. 11. 26., 2019. 6. 25.〉
 1. 목초·종묘·인삼·약초·잔디 및 조림용 묘목
 2. 과수·뽕나무·유실수 그 밖의 생육기간이 2년 이상인 식물
 3. 조경 또는 관상용 수목과 그 묘목(조경목적으로 식재한 것을 제외한다)

다만, ①「공간정보의 구축 및 관리 등에 관한 법률」에 따른 지목이 전·답, 과수원이 아닌 토지(지목이 임야인 토지는 제외한다)로서 농작물 경작지 또는 제1항 각 호에 따른 다년생식물 재배지로 계속하여 이용되는 기간이 3년 미만인 토지, ②「공간정보의 구축 및 관리 등에 관한 법률」에 따른 지목이 임야인 토지로서「산지관리법」에 따른 산지전용허가(다른 법률에 따라 산지전용허가가 의제되는 인가·허가·승인 등을 포함한다)를 거치지 아니하고 농작물의 경작 또는 다년생식물의 재배에 이용되는 토지, ③「초지법」에 따라 조성된 초지는 농지로 볼 수 없다.

[농지법에서의 농지]

"농지"란 다음의 어느 하나에 해당하는 토지를 말한다(「농지법」 제2조제1호, 「농지법 시행령」 제2조, 「농지법 시행규칙」 제2조, 제3조 및 3조의2).

(1) 「공간정보의 구축 및 관리 등에 관한 법률」에 따른 지목(地目)이 전·답, 과수원인 토지

(2) 법적 지목을 불문하고 실제로 농작물 경작지 또는 다음의 어느 하나에 해당하는 다년생식물 재배지로 이용되는 토지
- 목초·종묘·인삼·약초·잔디 및 조림용 묘목
- 과수·뽕나무·유실수 그 밖에 생육기간이 2년 이상인 식물
- 조경 또는 관상용 수목과 그 묘목(조경 목적으로 식재한 것은 제외)

(3) 다음 어느 하나에 해당하는 농지의 개량시설의 부지
- 유지(溜池: 웅덩이), 양수·배수시설, 수로, 농로, 제방
- 농지의 보전이나 이용에 필요한 시설로서 토양의 침식이나 재해로 인한 농작물의 피해를 방지하기 위해 설치한 계단·흙막이·방풍림과 그 밖에 이에 준하는 시설

(4) 다음 어느 하나에 해당하는 농축산물 생산시설의 부지
1) 고정식온실·버섯재배사 및 비닐하우스와 고정식온실·버섯재배사 및 비닐하우스와 연접하여 설치된 시설로서 농작물 또는 다년생식물의 경작·재배·관리·출하 등 일련의 생산과정에 직접 이용되는 다음의 부속시설
   ① 보일러, 양액탱크, 종균배양설비, 농자재 및 농산물보관실, 작업장 등 해당 고정식온실·버섯재배사 및 비닐하우스에서 농작물 또는 다년생식물을 재배하는 데 직접 필요한 시설

「농지법 시행규칙」 제2조, 제3조 및 3조의2.
「농지법」 제2조제1호 제2조(개량시설의 범위)「농지법 시행령」(이하 "영"이라 한다) 제2조제3항제1호나목에서 "농림축산식품부령으로 정하는 시설"이란 토양의 침식이나 재해로 인한 농작물의 피해를 방지하기 위하여 설치한 계단·흙막이·방풍림과 그 밖에 이에 준하는 시설을 말한다. 제3조(부속시설의 범위) ① 영 제2조제3항제2호가목에서 "농림축산식품부령으로 정하는 그 부속시설"이란 해당 고정식온실·버섯재배사 및 비닐하우스와 연접하여 설치된 시설로서 농작물 또는 다년생식물의 경작·재배·관리·출하 등 일련의 생산과정에 직접 이용되는 다음 각 호의 시설을 말한다. 〈신설 2014. 12. 31.〉

② 해당 고정식온실·버섯재배사 및 비닐하우스에서 생산된 농작물 또는 다년생식물을 판매하기 위한 간이진열시설(연면적이 33㎡ 이하인 경우로 한정함)

③ 시설 면적이 6천㎡이하에서 농림축산식품부장관이 정하여 공고하는 면적 이상인 고정식온실·버섯재배사 및 비닐하우스에서 재배하는 농작물 또는 다년생식물의 관리를 위해 설치하는 시설(연면적 33㎡이하이고, 주거 목적이 아닌 경우로 한정함)

2) 축사·곤충사육사와 해당 축사 또는 곤충사육사와 연접하여 설치된 시설로서 가축 또는 곤충의 사육·관리·출하 등 일련의 생산과정에 직접 이용되는 다음의 부속시설

① 축사의 부속시설: 다음의 어느 하나에 해당하는 시설

  가. 먹이공급시설, 착유시설, 위생시설, 가축분뇨처리시설, 농기계보관시설, 진입로 및 가축운동장

  나. 자가 소비용 사료의 간이처리시설 또는 보관시설

  다. 가목 및 나목의 시설 또는 해당 축사에서 사육하는 가축의 관리를 위해 설치하는 시설(연면적 33㎡ 이하이고, 주거목적이 아닌 경우로 한정함)

② 곤충사육사의 부속시설: 다음의 어느 하나에 해당하는 시설

  가. 사육용기 세척시설 및 진입로

  나. 자가 소비용 사료의 간이처리 또는 보관시설

  다. 가목 및 나목의 시설 또는 해당 곤충사육사에서 사육하는 곤충의 관리를 위해 설치하는 시설(연면적 33㎡ 이하이고, 주거 목적이 아닌 경우로 한정함)

3) 간이퇴비장

- 농막: 농작업에 직접 필요한 농자재 및 농기계 보관, 수확 농산물 간이 처리 또는 농작업 중 일시 휴식을 위해 설치하는 시설(연면적 20㎡ 이하이고, 주거 목적이 아닌 경우로 한정함)
- 간이저온저장고(연면적 33㎡ 이하일 것)
- 간이액비저장조(저장 용량이 200톤 이하일 것)

※ 다만, 다음의 토지는 농지에서 제외한다.
- 「공간정보의 구축 및 관리 등에 관한 법률」에 따른 지목이 전·답, 과수원이 아닌 토지(지목이 임야인 토지는 제외)로서 농작물 경작지 또는 다음에 따른 다년생식물 재배지로 계속하여 이용되는 기간이 3년 미만인 토지
  ① 목초·종묘·인삼·약초·잔디 및 조림용 묘목
  ② 과수·뽕나무·유실수 그 밖의 생육기간이 2년 이상인 식물
  ③ 조경 또는 관상용 수목과 그 묘목(조경목적으로 식재한 것을 제외)

- 「공간정보의 구축 및 관리 등에 관한 법률」에 따른 지목이 임야인 토지로서 「산지관리법」에 따른 산지전용허가(다른 법률에 따라 산지전용허가가 의제되는 인가·허가·승인 등을 포함)를 거치지 않고 농작물의 경작 또는 다년생식물의 재배에 이용되는 토지
- 「초지법」에 따라 조성된 초지

02 농지에 대한 확인

1. 부동산등기부

"부동산등기"란 부동산의 소유권을 취득하거나 저당권을 설정 받으려는 자를 위해 부동산의 표시와 그에 관한 권리관계를 기재하는 공적 장부를 말한다. 부동산등기부는 일반 국민에게 그 부동산의 표시와 권리관계에 관해 널리 알리는 공시(公示)의 역할을 하며, 부동산등기부에는 토지등기부와 건물등기부가 있다(「부동산등기법」 제14조제1항).

2. 토지대장

"토지대장"이란 지적공부의 하나로 토지의 소재·지번·지목·면적·경계 또는 좌표 등을 조사·측량하여 등록한 것을 말한다(「공간정보의 구축 및 관리 등에 관한 법률」 제2조제19호·제20호 및 제71조).

- 토지의 지목이 임야인 때에는 별도의 임야대장에 기재된다(「공간정보의 구축 및 관리 등에 관한 법률」 제2조제19호).
- 토지대장은 「공간정보의 구축 및 관리 등에 관한 법률 시행규칙」 별지 제63호서식에서, 임야대장은 「공간정보의 구축 및 관리 등에 관한 법률 시행규칙」 별지 제64호서식에서 확인할 수 있다.

3. 토지이용계획확인서

(1) "토지이용계획확인서"란 지역·지구 등의 지정내용과 그 지역·지구 등 안에서의 행위제한 내용이 기재되어 토지의 이용 및 도시계획 시설 결정여부 등을 알 수 있는 서류이다(「토지이용규제 기본법」 제10조, 「토지이용규제 기본법 시행규칙」 제2조 및 별지 제2호서식).

(2) 토지이용계획확인서를 발급받으려면, 시장·군수·구청장에게 토지이용계획확인 신청서를 제출하여 발급받거나 정부24 홈페이지에서 발급받을 수 있다(「토지이용규제 기본법」 제10조, 「토지이용규제 기본법 시행령」 제9조, 「토지이용규제 기본법 시행규칙」 제2조제1항 및 별지 제1호서식).

4. 농지대장

(1) 농지대장은 시·구·읍·면의 장은 농지 소유 실태와 농지 이용 실태를 파악하여 이를 효율적으로 이용하고 관리하기 위하여 대통령령으로 정하는 바에 따라 농지대장(農地臺帳)을 작성하여 갖추어 두어야 한다(「농지법」 제49제1항).

(2) 농지대장에는 농지의 소재지·지번·지목·면적·소유자·임대차 정보·농업진흥지역 여부 등을 포함한다(「농지법」 제49제2항).

(3) 시·구·읍·면의 장은 제1항에 따른 농지대장을 작성·정리하거나 농지 이용 실태를 파악하기 위하여 필요하면 해당 농지 소유자에게 필요한 사항을 보고하게 하거나 관계 공무원에게 그 상황을 조사하게 할 수 있다(「농지법」 제49제3항).

(4) 시·구·읍·면의 장은 농지대장의 내용에 변동사항이 생기면 그 변동사항을 지체없이 정리하여야 한다((「농지법」 제49제4항).

(5) 농지대장에 적을 사항을 전산정보처리조직으로 처리하는 경우 그 농지대장 파일(자기디스크나 자기테이프, 그 밖에 이와 비슷한 방법으로 기록하여 보관하는 농지대장을 말한다)은 제1항에 따른 농지대장으로 본다(「농지법」 제49제5항).

(6) 농지대장의 서식·작성·관리와 전산정보처리조직 등에 필요한 사항은 농림축산식품부령으로 정한다. 농지소유자 또는 임차인은 다음 각 호의 사유가 발생하는 경우 그 변경사유가 발생한 날부터 60일 이내에 시·구·읍·면의 장에게 농지대장의 변경을 신청하여야 한다(「농지법」 제49제6항).

　① 농지의 임대차계약과 사용대차계약이 체결·변경 또는 해제되는 경우
　② 토지의 개량시설과 농축산물 생산시설을 설치하는 경우
　③ 그 밖에 농림축산식품부령으로 정하는 사유에 해당하는 경우

(7) 농지대장을 열람하거나 그 등본을 교부 받으려는 사람은 열람신청 또는 등본 교부신청을 시·구·읍·면의 장에게 이를 신청하여야 한다(「농지법」 제50조제1항).

(8) 시·구·읍·면의 장은 자경(自耕)하고 있는 농업인 또는 농업법인이 신청하면 농림축산식품부령으로 정하는 바에 따라 자경증명을 발급하여야 한다(「농지법」 제50조제2항).

03 판례

1. 대법원 2007. 5. 31. 선고 2006두8235 판결 농지조성비부과결정등취소

대법원 2007. 5. 31. 선고 2006두8235 판결 【농지조성비부과결정등취소】
[공2007.7.1.(277),989]

【판시사항】

[1] 구 농지법 제2조 제1호에서 정한 '농지'의 판단 기준
[2] 벼 경작지로 이용되어 오다가 건물부지, 주차장, 잔디밭 등으로 불법형질변경된 토지가 구 농지법상 농지에 해당한다고 본 사례

【판결요지】

[1] 농지전용에 따른 농지조성비를 부과하기 위하여는 그 토지가 구 농지법(2005. 7. 21. 법률 제7604호로 개정되기 전의 것) 제2조 제1호 소정의 농지여야 하는데, 위 법조 소정의 농지인지의 여부는 공부상의 지목 여하에 불구하고 당해 토지의 사실상의 현상에 따라 가려져야 할 것이고, 농지의 현상이 변경되었다고 하더라도 그 변경상태가 일시적인 것에 불과하고 농지로서의 원상회복이 용이하게 이루어질 수 있다면 그 토지는 여전히 농지법에서 말하는 농지에 해당하며, 공부상 지목이 잡종지인 토지의 경우에도 이를 달리 볼 것은 아니다. 또한, 구 농지법 소정의 농지가 현실적으로 다른 용도로 이용되고 있다고 하더라도 그 토지가 적법한 절차에 의하지 아니한 채 형질변경되거나 전용된 것이어서 어차피 복구되어야 할 상태이고 그 형태와 주변 토지의 이용상황 등에 비추어 농지로 회복하는 것이 불가능한 상태가 아니라 농지로서의 성격을 일시적으로 상실한 데 불과한 경우라면 그 변경 상태가 일시적인 것에 불과하다고 보아야 한다.

[2] 벼 경작지로 이용되어 오다가 건물부지, 주차장, 잔디밭 등으로 불법형질변경된 토지에 대하여, 전체 토지면적 중 건물부지가 차지하는 부분이 극히 일부이고 주차장이나 잔디밭에 깔린 자갈, 잔디 등은 비교적 쉽게 걷어낼 수 있는 점 등에 비추어 농지의 성격을 완전히 상실하여 농지로 회복이 불가능한 상태에 있는 것이 아니라 농지의 성격을 일시적으로 상실하여 그 원상회복이 비교적 용이한 상태에 있다고 보아 구 농지법상 농지에 해당한다고 한 사례.

【참조조문】

[1] 구 농지법(2005. 7. 21. 법률 제7604호로 개정되기 전의 것) 제2조 제1호, 제36조, 제40조, 제44조 / [2] 구 농지법(2005. 7. 21. 법률 제7604호로 개정되기 전의 것) 제2조 제1호, 제36조, 제40조, 제44조

【전 문】

【원고, 피상고인】 세일철강 주식회사 (소송대리인 변호사 윤재식)

【피고, 상고인】 아산시장 (소송대리인 서도법무법인 담당변호사 위석현)

【원심판결】 대전고법 2006. 4. 27. 선고 2005누1679 판결

【주 문】
원심판결을 파기하고, 사건을 대전고등법원에 환송한다.

【이 유】
상고이유를 본다.

농지전용에 따른 농지조성비를 부과하기 위하여는 그 토지가 구 농지법(2005. 7. 21. 법률 제7604호로 개정되기 전의 것, 이하 '농지법'이라 한다) 제2조 제1호 소정의 농지이어야 하는데, 위 법조 소정의 농지인지의 여부는 공부상의 지목 여하에 불구하고 당해 토지의 사실상의 현상에 따라 가려져야 할 것이고, 농지의 현상이 변경되었다고 하더라도 그 변경 상태가 일시적인 것에 불과하고 농지로서의 원상회복이 용이하게 이루어질 수 있다면 그 토지는 여전히 농지법에서 말하는 농지에 해당하며 (대법원 1996. 6. 14. 선고 95누18901 판결, 2004. 4. 16. 선고 2002두4693 판결 등 참조), 공부상 지목이 잡종지인 토지의 경우에도 이를 달리 볼 것은 아니다.

또한, 농지법 소정의 농지가 현실적으로 다른 용도로 이용되고 있다고 하더라도 그 토지가 적법한 절차에 의하지 아니한 채 형질변경되거나 전용된 것이어서 어차피 복구되어야 할 상태이고 그 형태와 주변토지의 이용상황 등에 비추어 농지로 회복하는 것이 불가능한 상태가 아니라 농지로서의 성격을 일시적으로 상실한 데 불과한 경우라면 그 변경 상태가 일시적인 것에 불과하다고 보아야 할 것이다.

원심은 채택 증거를 종합하여 판시와 같은 사실을 인정한 다음, 이 사건 각 토지가 1979년경부터 1992년 또는 1993년경까지 벼의 경작지로 이용된 적이 있었고 그 상태에서 별도의 절차 없이 전용되어 현재에 이르렀으며, 피고에 의해 최근까지 행정상 답으로 조사·관리되어 왔다고 하더라도, 이 사건 각 토지는 원래 농지로 이용될 것이 전제되지 않았던 잡종지로서 농업진흥지역 또는 농업보호구역 밖에 있어 농지 보전의 필요성이 상대적으로 강하다고 보이지 아니하고, 1992년 또는 1993년경 이후부터 10여 년이 지나 이 사건 처분이 있기 전까지는 이 사건 각 토지가 더 이상 농작물의 경작 등에 이용된 바 없이 건물부지, 주차장, 야적장, 축구장, 체력단련장 등으로 이용되어 왔으며, 그 현상이 변경되기 전인 벼의 경작지로 원상회복하기 위하여는 이미 성토되고 조성된 부지를 제거하는 데에 결코 적지 않은 비용이 소요될 것으로 보여, 이 사건 각 토지는 이미 농지로서의 현상을 상실하였고 그 변경 상태가 일시적이거나 농지로서의 원상회복이 용이하게 이루어질 수 있다고 보기 어렵다는 이유로, 이 사건 각 토지는 이 사건 처분 당시 농지조성비 부과대상이 되는 농지법 소정의 농지에 해당하지 않는다고 판단하였다.

그런데 기록에 의하면, 이 사건 각 토지상의 건물이나 주차장, 잔디 등은 농지전용허가나 농지전용협의 없이 설치 또는 식재된 것인 점, 위 건물의 면적은 이 사건 각 토지의 전체 면적인 16,747㎡ 중 극히 일부인 170㎡에 불과한 점, 주차장에 깔린 자갈이나 쌓여져 있는 흙 및 잔디도 이를 쉽게 걷어낼 수 있을 것으로 보이는 점, 원고는 1994년과 1997년에 이 사건 각 토지의 인근 잡종지에 공장을 설립할 당시에도 농지전용협의를 거쳐 농지전용에 따른 농지조성비를 부과 받았고, 그때로부터 불과 3년여가 지난 시점에서 이 사건 각 토지를 매수하고는 불법으로 형질을 변경한 점 등을 알 수 있는바, 사정이 이와 같다면 이 사건 각 토지는 농지로서의 성질을 완전히 상실하여 농지로 회복하는 것이 불가능한 상태에 있었던 것이 아니라, 농지로서의 성질을 일시적으로 상실한 상태에 있었고 그 원상회복이 비교적 용이하다고 보이므로, 여전히 농지법 소정의 농지에 해당한다고 할 것이다.

그럼에도 불구하고, 원심은 이와 달리 이 사건 각 토지가 원래 농지로 이용될 것이 전제되지 않았던 잡종지로서 농지 보전의 필요성이 상대적으로 강하다고 보이지 아니한다는 등의 이유로 그 변경 상태의 일시성이나 원상회복의 용이성을 인정함에 있어 공부상 지목이 전·답·과수원인 토지와 다른 기준을 적용하여 원상회복이 용이하게 이루어지기 어렵다고 보았는바, 이러한 원심판결에는 농지법 소정의 농지에 대한 법리오해 등의 위법이 있고, 이러한 위법은 판결에 영향을 미쳤음이 분명하다. 이 점을 지적하는 상고이유의 주장은 이유 있다.

그러므로 원심판결을 파기하고, 사건을 다시 심리·판단하게 하기 위하여 원심법원으로 환송하기로 하여 관여 대법관의 일치된 의견으로 주문과 같이 판결한다.

대법관 김황식(재판장) 김영란 이홍훈 안대희(주심)

2. 대법원 2018. 10. 25., 선고, 2018두43095, 판결 농지보전부담금부과처분취소

대법원 2018. 10. 25., 선고, 2018두43095, 판결 【농지보전부담금부과처분취소】

【판시사항】
[1] 대리기관이 대리관계를 표시하고 피대리 행정청을 대리하여 행정처분을 한 경우, 행정처분에 대한 항고소송의 피고적격(=피대리 행정청)
[2] 농지보전부담금을 부과하기 위한 요건
[3] 농지법상 '농지'였던 토지가 농지전용허가 등을 받지 아니하고 불법 전용되어 현실적으로 다른 용도로 이용되고 있는 경우, 농지법상 '농지'에 해당하는지 여부(적극)
[4] 공항개발사업 실시계획의 승인권자가 그 실시계획을 수립하거나 승인하는 경우, 구 항공법 제96조 제1항, 제3항에 따라 인허가 등이 의제되는 범위

【판결요지】

[1] 항고소송은 다른 법률에 특별한 규정이 없는 한 원칙적으로 소송의 대상인 행정처분을 외부적으로 행한 행정청을 피고로 하여야 하고(행정소송법 제13조 제1항 본문), 다만 대리기관이 대리관계를 표시하고 피대리 행정청을 대리하여 행정처분을 한 때에는 피대리 행정청이 피고로 되어야 한다.

[2] 농지법 제38조 제1항, 제4항, 제5항, 제7항, 구 농지법 시행령(2013. 3. 23. 대통령령 제24455호로 개정되기 전의 것) 제53조에 따르면, 농지전용허가·협의·신고절차를 거친 후 농지를 전용하려는 자는 농지전용허가·신고(다른 법률에 따라 농지전용허가·신고가 의제되는 경우 포함) 전까지 전용면적에 비례하여 산정된 농지보전부담금을 납부하여야 하고, 일단 농지보전부담금을 납부하였다가 허가가 취소되거나 허가를 받지 못한 경우, 사업계획이 변경된 경우, 그 밖에 이에 준하는 사유로 전용하려는 농지의 면적이 당초보다 줄어든 경우 등에는 그에 해당하는 농지보전부담금을 환급하여야 한다. 따라서 농지보전부담금을 부과하기 위해서는 전용하려는 토지가 농지법상 농지로서 농지전용허가·협의·신고절차의 대상이어야 하고, 농지보전부담금은 원칙적으로 농지전용허가·신고 전에 그에 따른 농지전용면적을 기준으로 산정·부과되어 납부까지 이루어져야 한다.

[3] 농지법 제2조 제1호 (가)목 전단은 "전·답, 과수원, 그 밖에 법적 지목을 불문하고 실제로 농작물 경작지 또는 다년생식물 재배지로 이용되는 토지"를 '농지'로 정의하고 있다. 한편 농지법 제42조 제1항, 제2항은 농지전용허가 등을 받지 아니하고 농지를 전용하거나 다른 용도로 사용한 경우 관할청이 그 행위를 한 자에게 기간을 정하여 원상회복을 명할 수 있고, 그가 원상회복명령을 이행하지 아니하면 관할청이 대집행으로 원상회복을 할 수 있도록 규정하여 농지가 불법 전용된 경우에는 농지로 원상회복되어야 함을 분명히 하고 있다. 따라서 어떤 토지가 농지법 제2조 제1호 (가)목 전단에서 정한 '농지'인지는 공부상의 지목과 관계없이 그 토지의 사실상 현상에 따라 판단하여야 하지만, 농지법상 '농지'였던 토지가 현실적으로 다른 용도로 이용되고 있더라도 그 토지가 농지전용허가 등을 받지 아니하고 불법 전용된 것이어서 농지로 원상회복되어야 하는 것이라면 그 변경 상태는 일시적인 것에 불과하고 여전히 농지법상 '농지'에 해당한다.

[4] 구 항공법(2002. 2. 4. 선고 제6655호로 개정되기 전의 것) 제96조 제1항, 제3항은 건설교통부장관이 공항개발사업의 실시계획을 수립하거나 이를 승인하고자 하는 때에는 제1항 각호의 규정에 의한 관계 법령상 적합한지 여부에 관하여 소관행정기관의 장과 미리 협의하여야 하고, 건설교통부장관이 공항개발사업의 실시계획을 수립하거나 이를 승인한 때에는 제1항 각호의 승인 등을 받은 것으로 본다고 규정하면서, 제1항 제9호에서 "농지법 제36조 규정에 의한 농지전용의 허가 또는 협의"를 규정하고 있다. 이러한 규정들의 문언, 내용, 형식에다가 인허가 의제 제도는 목적사업의 원활한 수행을 위해 창구를 단일화하여 행정절차를 간소화하는 데 입법 취지가 있고 목적사업이 관계 법령상 인허가의 실체적 요건을 충족하였는지에 관한 심사를 배제하려는 취지는 아닌 점 등을 아울러 고려하면, 공항개발사업 실시계획의 승인권자가 관계 행정청과 미리 협의한 사항에 한하여 그 승인처분을 할 때에 인허가 등이 의제된다고 보아야 한다.

3. 대법원 2019. 2. 14., 선고, 2017두65357, 판결 농지처분의무통지취소

대법원 2019. 2. 14., 선고, 2017두65357, 판결 【농지처분의무통지취소】

【판시사항】

[1] 어떤 토지가 농지법 제2조 제1호 (가)목 전단에서 정한 '농지'인지 판단하는 기준 및 농지법상 '농지'였던 토지가 농지전용허가 등을 받지 아니하고 불법 전용되어 현실적으로 다른 용도로 이용되고 있는 경우, 농지법상 '농지'에 해당하는지 여부(적극)

[2] 상속으로 취득한 1만㎡ 이하의 농지를 정당한 사유 없이 자기의 농업경영에 이용하지 아니하는 경우, 처분의무가 있는지 여부(소극)

【판결요지】

[1] 어떤 토지가 농지법 제2조 제1호 (가)목 전단에서 정한 '농지'인지는 공부상의 지목과 관계없이 그 토지의 사실상 현상에 따라 판단하여야 하지만, 농지법상 '농지'였던 토지가 현실적으로 다른 용도로 이용되고 있더라도 그 토지가 농지전용허가 등을 받지 아니하고 불법 전용된 것이어서 농지로 원상회복되어야 하는 것이라면 그 변경 상태는 일시적인 것에 불과하고 여전히 농지법상 '농지'에 해당한다.

[2] 농지법 제6조 제1항, 제2항 제4호, 제7조 제1항, 제10조 제1항 제1호, 제6호의 문언, 체계, 연혁, 입법 취지 등을 종합하면, 상속으로 취득한 1만㎡ 이하의 농지에 대해서는 농지법 제10조 제1항 제1호가 적용되지 않으므로 대통령령으로 정하는 정당한 사유 없이 자기의 농업경영에 이용하지 아니하더라도 처분의무가 있다고 볼 수 없다.

【참조조문】

[1] 농지법 제2조 제1호 (가)목, 제42조
[2] 농지법 제6조 제1항, 제2항 제4호, 제7조 제1항, 제10조 제1항 제1호, 제6호

【참조판례】

[1] 대법원 2018. 10. 25. 선고 2018두43095 판결(공2018하, 2264)

【전 문】

【원고, 상고인】
원고 (소송대리인 법무법인 세헌 담당변호사 김수정 외 3인)

【피고, 피상고인】
부산광역시 강서구청장

【원심판결】
부산고법 2017. 10. 11. 선고 2017누22565 판결

【주 문】
원심판결을 파기하고, 사건을 부산고등법원에 환송한다.

【이 유】
상고이유를 판단한다.

1. 상고이유 제2점에 대하여

    어떤 토지가 농지법 제2조 제1호 (가)목 전단에서 정한 '농지'인지 여부는 공부상의 지목과 관계없이 그 토지의 사실상 현상에 따라 판단하여야 하지만, 농지법상 '농지'였던 토지가 현실적으로 다른 용도로 이용되고 있다고 하더라도 그 토지가 농지전용허가 등을 받지 아니하고 불법 전용된 것이어서 농지로 원상회복되어야 하는 것이라면 그 변경 상태는 일시적인 것에 불과하고 여전히 농지법상 '농지'에 해당한다고 보아야 한다(대법원 2018. 10. 25. 선고 2018두43095 판결 등 참조).
    원심은 이 사건 농지가 적법한 절차에 의하지 아니한 채 불법전용된 것이어서 향후 복구되어야만 하는 상태에 있다는 등의 이유로 여전히 농지법에서 규정하고 있는 '농지'에 해당한다고 판단하였다.
    이러한 원심의 판단은 앞서 본 법리에 기초한 것으로서, 거기에 상고이유 주장과 같이 농지법상 농지에 관한 법리를 오해한 잘못이 없다.

2. 상고이유 제1점에 대하여

    가. 농지 소유의 제한을 규정한 농지법 제6조는 제1항에서 "농지는 자기의 농업경영에 이용하거나 이용할 자가 아니면 소유하지 못한다."라고 규정하고 있으나, 제2항에서 "다음 각호의 어느 하나에 해당하는 경우에는 제1항에도 불구하고 자기의 농업경영에 이용하지 아니할지라도 농지를 소유할 수 있다."라고 규정하면서 제4호에서 '상속[상속인에게 한 유증(遺贈)을 포함한다. 이하 같다]으로 농지를 취득하여 소유하는 경우'를 열거하고 있다. 그리고 농지 소유의 상한을 규정한 농지법 제7조 제1항은, 상속으로 농지를 취득한 자로서 농업경영을 하지 아니하는 자는 그 상속 농지 중에서 총 1만㎡까지만 소유할 수 있도록 규정하고 있다.
    한편 농업경영에 이용하지 아니하는 농지 등의 처분을 규정한 농지법 제10조 제1항은 "농지 소유자는 다음 각호의 어느 하나에 해당하게 되면 그 사유가 발생한 날부터 1년 이내에 해당 농지를 처분하여야 한다."라고 규정하면서, '소유 농지를 자연재해·농지개량·질병 등 대통령령으로 정하는 정당한 사유 없이 자기의 농업경영에 이용하지 아니하거나 이용하지 아니하게 되었다고 시장·군수 또는 구청장이 인정한 경우(제1호)', '제7조에 따른 농지 소유 상한을 초과하여 농지를 소유한 것이 판명된 경우(제6호)' 등을 열거하고 있다.

나. 위와 같은 관계 법령의 문언, 체계, 연혁, 입법 취지 등을 종합하면, 상속으로 취득한 1만㎡ 이하의 농지에 대해서는 농지법 제10조 제1항 제1호가 적용되지 않으므로 대통령령으로 정하는 정당한 사유 없이 자기의 농업경영에 이용하지 아니하더라도 처분의무가 있다고 볼 수 없다. 그 이유는 다음과 같다.

> 1) 농지법은 제2장에서 '비자경 농지에 대한 소유금지'라는 원칙을 규정하고(제6조 제1항), 그에 대한 예외로 소유가 허용되는 경우를 규정하면서(제6조 제2항), 예외적으로 소유가 허용되더라도 일정한 경우에 대해서는 소유 상한을 정하는(제7조) 등 농지 소유에 관하여 규정하고 있다. 아울러 농지법은 농지 소유에 관한 농지법 제6조, 제7조에 대응하여 제10조 제1항 제1호에서 비자경 농지에 대한 일반적 처분의무를 규정하고, 제3호 내지 제6호에서 비자경 농지의 예외적 소유를 허용하는 근거의 존속 여부에 따른 처분의무를 규정하는 등 농업경영에 이용하지 않는 농지의 처분의무를 규정하고 있다. 따라서 처분의무에 관한 제10조 제1항의 적용 범위를 해석할 때에는 농지의 소유에 관한 제6조, 제7조의 내용을 함께 고려하여야 한다.
>
> 2) 농지법 제6조 제2항 제4호, 제7조는 별다른 조건 없이 상속한 비자경 농지의 소유를 허용하면서 면적 상한을 두고 있을 뿐이고, 이에 대응하여 제10조 제1항 제6호는 소유 상한을 초과한 농지에 대한 처분의무를 인정하는 규정을 두고 있다. 일정한 면적 범위 내에서 상속한 비자경 농지의 소유를 인정하는 근거는 재산권을 보장하기 위함인데, 상속 농지를 농업경영에 이용하지 않는다고 하여 소유 상한 범위 내의 농지를 소유할 근거가 사라진다고 보기 어렵다.
>
> 3) 농지법 제6조 제2항, 제7조 제1항은 농지의 '취득'과 '소유'를 구별하여 사용하고 있는 등 농지법 제6조, 제7조는 농지 취득뿐만 아니라 농지 취득 이후의 계속 소유까지 규율하는 조항으로 해석된다.
>
> 4) 상속 농지의 소유 상한을 정한 농지법 제7조 제1항은, 자기의 농업경영, 임대를 통한 경영을 구분하지 않고 '농업경영을 하지 아니하는 자'에게 1만㎡까지 소유할 수 있도록 허용하고 있다. 또한 제7조 제4항은 '제23조 제1항 제7호에 따라 농지를 임대하거나 사용대(使用貸)하는 경우에는 제1항 또는 제2항에도 불구하고 소유 상한을 초과할지라도 그 기간에는 그 농지를 계속 소유할 수 있다'고 규정하고 있다. 따라서 상속 농지 중 1만㎡까지는 농업경영을 하지 않더라도 소유할 수 있고, 이를 초과하는 면적은 제23조 제1항 제7호의 요건을 갖춘 경우 계속 소유가 허용된다고 보아야 한다.
>
> 5) 상속 농지의 경우 제6조 제2항 제4호에 따라 면적과 무관하게 취득하여 소유하는 것이 가능하다. 농업경영에 이용하지 않을 경우 모든 상속 농지가 처분의무의 대상이 된다고 본다면 굳이 제7조 제1항에서 소유 상한을 둘 필요가 없을 것이다. 제7조 제1항에서 농업경영을 하지 아니하는 자에 대하여 1만㎡의 소유 상한을 두는 취지는 1만㎡까지는 농업경영에 이용하지 않더라도 계속 소유할 수 있고, 처분의무의 대상도 되지 않기 때문으로 보는 것이 합리적이다.

6) 농지법 제10조 제1항 제1호가 그 대상 농지를 문언상 제한하지 않고 있다는 이유로 모든 농지를 그 적용 대상으로 삼을 수 있다면, 비자경 농지 소유를 허용하는 농지법 제6조 제2항 각호의 요건을 갖추었으나 자기의 농업경영에 이용하지 않는 정당한 사유에 관한 농지법 시행령 제9조에 해당하지 않는 경우에는 처분의무가 발생한다고 보게 되어 농지법 제6조 제2항을 둔 의의가 사라질 수 있다.

7) 농지법 시행령 제9조 제1항 제1호는 농지법 제10조 제1항 제1호의 자기의 농업경영에 이용하지 않는 정당한 사유 중 하나로 농지법 제23조 제1항에 따라 소유 농지를 임대 또는 사용대(使用貸)하는 경우를 열거하고 있다. 그러나 농지법 제23조는 농지법 중 농지 소유에 관한 제2장이 아닌 '농지의 이용'에 관한 제3장에 위치하고, 상속으로 취득한 농지에 대한 적법한 임대 등 권한을 규정한 것일 뿐, 임대 등을 강제하는 규정이 아니다. 위와 같은 '정당한 사유'를 규정한 농지법 시행령 제9조는 농지처분의무 규정이 도입된 이후인 2002. 3. 30. 농지법 개정 당시 비로소 도입된 점을 고려하면, 상속으로 취득한 농지에 대하여 자경하지 않고 농지법 제23조 제1항에 따른 임대 등을 하지 않는다는 이유로 처분의무가 발생한다는 해석의 근거가 될 수는 없다.

8) 현행 농지법상 농지에 대한 상속이 계속되면 비자경 농지가 향후 점차 늘어나게 되는 문제가 생길 수 있다. 그러나 이러한 문제는 재산권 보장과 경자유전의 원칙이 조화되도록 입법적으로 해결할 문제이다. 농업생산성을 높인다거나 경자유전의 원칙을 관철하기 위하여 상속으로 취득하는 1만㎡ 이하의 농지에 대해서도 농업경영을 하지 않으면 농지처분의무가 있다고 새기는 것은 입법론은 별론으로 하더라도 현행 농지법의 해석론을 벗어나는 것이다. 게다가 농업인이 아닌 자가 상속으로 취득하게 된 비자경 농지는 그 지목이 여전히 '농지'이므로, 농업인이 아닌 자가 계속하여 보유하더라도 그 농지로서의 성격을 잃게 되는 것도 아니다.

다. 그런데도 원심은 이와 달리, 상속으로 취득한 1만㎡ 이하의 농지에 대해서도 농지법 제23조 제1항에 의하여 임대 등을 하지 않는 한 농지법 제10조 제1항 제1호가 적용된다고 보아 이 사건 처분이 적법하다고 판단하였다. 이러한 원심판결에는 농지법상 농지처분의무에 관한 법리를 오해하여 판결에 영향을 미친 잘못이 있다.

3. 결론

그러므로 원심판결을 파기하고 사건을 다시 심리·판단하도록 원심법원에 환송하기로 하여, 관여 대법관의 일치된 의견으로 주문과 같이 판결한다.

대법관 이기택(재판장) 권순일 박정화 김선수(주심)

04 법령해석례

1. 안건명: 8-0183, 「농지법」 제2조제1호나목 및 같은 법 시행령 제2조제3항제1호 (농지개량시설에 해당여부

✅ 질의

「농지법」 제2조제1호 및 같은 법 시행령 제2조제3항제1호에 따르면, 농지개량시설은 유지, 양·배수시설, 수로, 농로, 제방과 그 외에 객토·성토·절토·암석제거를 통하여 농지의 생산성 향상이나 농지의 보전 또는 이용에 필요한 시설로서 농림수산식품부령으로 정하는 시설을 말한다고 되어 있는바, 농지의 성토작업 시 인접토지로 흙이 유실되지 않도록 설치한 석축이나 옹벽이 위 농지개량시설에 해당하는지?

✅ 답변

농지의 성토작업 시 설치하는 석축이나 옹벽의 경우, 해당 성토작업이 「농지법 시행규칙」 제2조 및 별표 1에 따른 농지개량행위에 해당되지 않는다면, 이러한 적법하지 않은 성토작업을 함으로써 인접토지로 토양이 침식되는 것을 방지하기 위하여 설치하는 석축이나 옹벽은 「농지법 시행령」 제2조제3항제1호나목에 따른 "농지의 보전을 위한 시설"로서의 농지개량시설로 볼 수 없다고 할 것입니다.

✅ 해석기관 및 출처

해석기관: 법제처
출처: 법제처 법령해석 포탈서비스(https://ahalaw.moleg.go.kr)〉

2. 안건명: 06-0227, 「농지법」 제2조(농지의 정의) 관련 (2006. 10. 20.)

✅ 질의

주택과 그 부속시설이 있는 대지 중 일부를 텃밭으로 사용하는 경우, 그 텃밭을 「농지법」 제2조제1호의 규정에 의한 농지라고 할 수 있는지 여부?

✅ 답변

주택과 그 부속시설이 있는 대지 중 일부를 텃밭으로 사용하는 경우, 그 텃밭은 「농지법」 제2조제1호에 따른 농지라고 할 수 없습니다.

✅ 해석기관 및 출처

해석기관: 법제처
출처: 법제처 법령해석 포탈서비스(https://ahalaw.moleg.go.kr)〉

3. 안건명: 06-0016, 「농지법」 제2조제1호(농지의 정의) 관련

질의

「산지관리법」 제14조에 따른 산지전용허가를 받지 아니하고 산지를 무단으로 전용하여 농작물 또는 과수를 3년 이상 재배하고 있는 경우 이를 「농지법」 제2조제1호에 따른 농지로 볼 수 있는지 여부?

답변

「산지관리법」 제14조에 따른 산지전용허가를 받지 아니하고 산지를 무단으로 전용하여 농작물 또는 과수를 3년 이상 재배하고 있는 경우에는 「농지법」 제2조제1호에 따른 농지로 볼 수 없습니다.

해석기관 및 출처

해석기관: 법제처
출처: 법제처 법령해석 포탈서비스(https://ahalaw.moleg.go.kr)〉

05 국민신문고

1. 농지법상의 농지의 범위 문의

질의

농지법상 농지의 범위의 규정에 지목이 임야인 토지의 경우 형질을 변경하지 아니하고 다년생 식물을 재배에 이용하는 토지(농지법 시행령 제2조 제2항 2호)에서 - 토지의 형질을 변경이란……실제적으로 토지형질변경인지(담당자의 재량사항) 산림법상의 형질변경을 받아야 하는 객관적 사항인지 문의드립니다.

답변

농지법 제2조제1호의 가에서 "농지"란 전·답, 과수원, 그 밖에 법적 지목을 불문하고 실제로 농작물 경작지 또는 다년생식물 재배지로 이용되는 토지를 말하고, 같은 법 시행령 제2조제2항에서 지적법에 의한 지목이 전·답, 과수원이 아닌 토지로서 농작물 경작지나 다년생식물 재배에 계속하여 이용되는 기간이 3년미만인 토지, 지적법에 의한 지목이 임야인 토지로서 그 형질을 변경하지 아니하고 과수 등 다년성식물의 재배에 이용되는 토지 등은 농지에서 제외하고 있습니다.

이 경우 형질변경되었다는 의미는 산지법상의 개간허가 여부와 관계없이 토지의 실제 토지현상이 절토, 성토 등을 통하여 산림에서 농작물 경작지로 완전히 변경된 것을 말하며, 실제 토지현상이 형질변경되지 않고 수목만 과수, 유실수로 갱신한 경우는 농지에 해당하지 아니합니다.

출처

농림수산식품부 농업정책국 농지과 (☎ 02-500-1720)

2. 온천을 발견 신고하였을 때 농지전용 허가여부

질의

온천발견신고를 하였을때 농지전용허가(신고) 대상인지를 알고싶습니다. 지목은 전이고 자연녹지지역입니다.

답변

- 농지법 제2조에 따르면 농지란 전·답·과수원 기타 그 법적지목여하에 불구하고 실제의 토지현상이 농작물의 경작 또는 다년성 식물재배지로 계속하여 이용되는 기간이 3년이상인 토지와 그 토지의 개량시설(유지, 양·배수시설, 수로, 농로, 제방 등)과 그 토지에 설치하는 농축산물생산시설로서 고정식 온실, 버섯재배사 및 비닐하우스와 그 부속시설, 축사와 농림부령으로 정하는 그 부속시설, 농막·간이퇴비장 또는 간이액비저장조 등 농업생산에 필요한 시설의 부지를 말합니다.
- 또한, 농지법 제2조7호에 따르면 '농지의 전용'은 농지를 농작물의 경작 또는 다년성식물의 재배등 농업생산 또는 농지개량외의 목적에 사용하는 것을 말한다고 규정되어 있습니다.
- 농지를 전용하고자 할 경우 농지법 제34조에 의한 농지전용허가를 득하거나 제35조에 의한 농지전용신고 등 농지전용절차를 거쳐야 합니다.
- 기타 자세한 사항은 관할 시·군 허가권자(농지담당부서)에게 직접 문의하여 주시기 바랍니다.

출처

농림수산식품부 농업정책국 농지과 (☎ 02-500-1720)

3. 농지분야협의시 농지의 종류

질의

- 농지분야협의시 지목상 임야인데 사실상은 과수원으로 사용하고 있습니다. 그럼 농지로 봐야하나요. 아니면 산지로 봐야한가요?
- 만약 지목상 임야를 사실상 농지로 보았을때 1필지안에 부분적으로 과수원으로 이용하고 있을때는 농지의 면적을 과수원으로 사용하는 면적부분만 보아야 하는가요 아니면 1필지 전체를 농지로 봐야 하는가요?

답변

- 농지법제2조의 규정에 의하면 '농지'라 함은 전·답 또는 과수원, 그 밖에 법적 지목을 불문하고 실제로 농작물의 경작 또는 다년생식물 재배지(목초·종묘·인삼·약초·잔디 및 조림용 묘목, 과수·뽕나무·유실수 그 밖의 생육기간이 2년 이

상인 식용 또는 약용으로 이용되는 식물, 조경목적으로 식재한 것을 제외한 조경 또는 관상용 수목과 그 묘목을 말함)로 이용되는 기간이 3년 이상인 토지와 그 토지의 개량시설(유지, 양·배수시설, 수로, 농로, 제방 등), 객토·성토·절토·암석제 거를 통하여 농지의 생산성 향상이나 농지의 보전 또는 이용에 필요한 시설 및 고정식 온실·버섯재배사·비닐하우스와 그 부속시설, 축사와 그 부속시설, 농막·간이퇴 비장 또는 간이액비저장조 등 농업생산에 필요한 시설의 부지를 말하고 있습니다.

- 다만, 농지법 시행령 제2조제2항에 따라 지적법에 따른 지목이 전·답, 과수원이 아닌 토지로서 농작물 경작지 또는 다년생식물 재배로 계속하여 이용되는 기간이 3년미만인 토지, 지적법에 의한 지목이 임야인 토지로서 그 형질을 변경하지 아니하고 과수·뽕나무·유실수 기타 생육기간이 2년 이상인 식용 또는 약용으로 이용되는 식물, 조경 또는 관상용 수목과 그 묘목 재배에 이용되는 토지와 초지법에 따라 조성된 초지는 '농지'에서 제외하고 있습니다.
- 또한, 농지법 제2조제7호에 따르면 농지의 '전용'이라 하면 농지를 농작물의 경작 또는 다년성식물의 재배등 농업생산 또는 농지개량외의 목적에 사용하는 것을 말한다고 규정되어 있습니다.
- 따라서, 법적 지목을 불문하고 실제로 농작물의 경작 또는 다년생식물 재배지(목초·종묘·인삼·약초·잔디 및 조림용 묘목, 과수·뽕나무·유실수 그 밖의 생육기간이 2년 이상인 식용 또는 약용으로 이용되는 식물, 조경목적으로 식재한 것을 제외한 조경 또는 관상용 수목과 그 묘목을 말함)로 이용되는 기간이 3년 이상인 토지는 농지에 해당되어 농지전용허가(신고)절차를 거쳐야 합니다.
- 귀하의 경우가 이에 해당되는지 여부 등은 형질변경이 이루어진 사항인지 등 현장 확인 등을 통해 판단할 사항으로 기타 자세한 사항은 관할 시·군 허가권자(농지담당부서, 산지담당부서)에 직접 문의하여 주시기 바랍니다.

⊘ 출처

농림수산식품부 농업정책국 농지과 (☎ 02-500-1720)

4. 1년생 화초 재배시 농지법상 농지인지 여부

⊘ 질의

1년생 화초를 재배하는 것은 농작물의 경작시 또는 다년생 식물재배지에 해당하지 않는지요? 2. 화초를 재배하는 농지는 농지법상의 농지가 아닌지요?

⊘ 답변

- 농지법 제2조제1호의 가에서 "농지"란 전·답, 과수원, 그 밖에 법적 지목을 불문하고 실제로 농작물 경작지 또는 다년생식물 재배지로 이용되는 토지를 말한다고

규정하고 있습니다. 다만, 같은법 시행령 제2조제2항에서 ①지적법에 의한 지목이 전·답, 과수원이 아닌 토지로서 농작물 경작지나 다년성식물 재배에 계속하여 이용되는 기간이 3년미만인 토지, ②지적법에 의한 지목이 임야인 토지로서 그 형질을 변경하지 아니하고 과수 등 다년성식물의 재배에 이용되는 토지, ③초지법에 따라 조성된 초지는 농지의 범위에서 제외하고 있습니다.

- 1년생 화초는 농작물에 포함되는 것으로 판단하며 이것이 농지이용행위에 포함되는지 여부는 현지조사를 거쳐 관할관청에서 최종 판단할 사항입니다(첫번째 질의 관련).
- 위의 농지의 정의에 따라 지목이 전,답,과수원이면 그 이용행위 종류에 상관없이 농지로 보고 있으나, 법적 지목이 전,답,과수원이 아닌 토지가 농지인지 여부는 관할 소재지 관청에서 위의 농지법 규정에 따라 현지조사, 사실관계 확인 등을 거쳐 판단할 사항임을 양해하여 주시기 바랍니다(두번째 질의 관련).

✅ 출처

농림수산식품부 농업정책국 농지과 (☎ 02-500-1720)

II 농지 관련 법제

01 「국토기본법」

「국토기본법」에서 "국토계획"이란 국토를 이용·개발 및 보전할 때 미래의 경제적·사회적 변동에 대응하여 국토가 지향하여야 할 발전방향을 설정하고 이를 달성하기 위한 계획을 말하며, 국토종합계획·도종합계획·시군종합계획·지역계획 및 부문별계획으로 구분된다(「국토기본법」 제6조).

농지는 국토의 일부로서 그 효율적 이용과 관리 등에 관한 사항은 국토계획의 내용이 된다(「국토기본법」 제9조 및 제10조 참조).

02 「국토의 계획 및 이용에 관한 법률」

국토는 토지의 이용실태 및 특성, 장래의 토지 이용 방향, 지역 간 균형발전 등을 고려하여 다음과 같은 용도지역으로 구분된다(「국토의 계획 및 이용에 관한 법률」 제6조).

- 도시지역 : 인구와 산업이 밀집되어 있거나 밀집이 예상되어 그 지역에 대하여 체계적인 개발·정비·관리·보전 등이 필요한 지역

- **관리지역** : 도시지역의 인구와 산업을 수용하기 위하여 도시지역에 준하여 체계적으로 관리하거나 농림업의 진흥, 자연환경 또는 산림의 보전을 위하여 농림지역 또는 자연환경보전지역에 준하여 관리할 필요가 있는 지역
- **농림지역** : 도시지역에 속하지 않는 「농지법」에 따른 농업진흥지역 또는 「산지관리법」에 따른 보전산지 등으로서 농림업을 진흥시키고 산림을 보전하기 위하여 필요한 지역
- **자연환경보전지역** : 자연환경·수자원·해안·생태계·상수원 및 문화재의 보전과 수산자원의 보호·육성 등을 위하여 필요한 지역

각 용도지역에서는 건축물의 건축이 제한(「국토의 계획 및 이용에 관한 법률」 제76조)되거나, 건축 등이 허용되더라도 건폐율(「국토의 계획 및 이용에 관한 법률」 제77조), 용적률(「국토의 계획 및 이용에 관한 법률」 제78조)에 관한 제한을 받는다.

「농지법」상 농지는 용도지역의 구분에 관계 없이 농작물을 경작하는데 사용되는 토지를 말하므로, 농지가 해당하는 용도지역의 행위제한을 받게 된다.

03 「개발제한구역의 지정 및 관리에 관한 특별조치법」

국토교통부장관은 도시의 무질서한 확산을 방지하고 도시 주변의 자연환경을 보전하여 도시민의 건전한 생활환경을 확보하기 위하여 도시의 개발을 제한할 필요가 있거나 국방부장관의 요청으로 보안상 도시의 개발을 제한할 필요가 있다고 인정되면 개발제한구역의 지정 및 해제를 도시·군관리계획으로 결정할 수 있다(「개발제한구역의 지정 및 관리에 관한 특별조치법」 제3조제1항).

개발제한구역으로 지정된 경우 개발제한구역 내에서는 건축물의 건축 및 용도변경, 공작물의 설치, 토지의 형질변경, 죽목의 벌채, 토지의 분할, 물건을 쌓아 놓는 행위 또는 도시·군계획사업(「국토의 계획 및 이용에 관한 법률」 제2조제11호)을 시행할 수 없다(「개발제한구역의 지정 및 관리에 관한 특별조치법」 제12조제1항).

농지가 개발제한구역으로 지정되면 해당 농지에 건축물을 건축하는 것이 제한되는 등 개발제한구역에서의 행위제한의 규제를 받는다.

04 「농지법」

- 농지는 이를 이용하여 농업경영을 하거나 농업경영을 할 예정인 사람만이 소유할 수 있다(「농지법」 제6조제1항).
- 농지의 효율적 이용 및 보전을 위해 농업진흥지역이 지정된다. 이러한 농업진흥지역 내에서는 행위제한의 규제를 받게 된다(「농지법」 제28조제1항부터 제33조의2까지).

- 농지의 임대차와 위탁경영은 농업생산성의 제고와 농지의 합리적인 이용을 위하거나 불가피한 사정이 있는 경우에 한하여 「농지법」등이 정하는 바에 의하여 인정된다(「대한민국헌법」제121조제2항, 「농지법」제6조, 제9조, 제23조 및 제27조).
- 농지를 농작물 경작이나 다년생식물의 재배 외의 용도로 사용하기 위해서는 전용허가, 전용협의, 전용신고 등이 필요하다(「농지법」제34조 및 제35조).

Ⅲ. 농지의 소유

01 농지의 소유자격

1. 농지의 소유에 관한 원칙

(1) 농지소유에 관한 일반 원칙

1) 농지는 국민에게 식량을 공급하고 국토 환경을 보전하는 데에 필요한 기반이며 농업과 국민경제의 조화로운 발전에 영향을 미치는 한정된 귀중한 자원이므로 소중히 보전되어야 하고 공공복리에 적합하게 관리되어야 하며, 농지에 관한 권리의 행사에는 필요한 제한과 의무가 따른다(「농지법」제3조제1항).

2) 농지는 농업 생산성을 높이는 방향으로 소유·이용되어야 하며, 투기의 대상이 되어서는 안 된다(「농지법」제3조제2항).

따라서 국가와 지방자치단체는 농지에 관한 기본 이념이 구현되도록 농지에 관한 시책을 수립하고 시행해야 하고, 농지에 관한 시책을 수립할 때 필요한 규제와 조정을 통하여 농지를 보전하고 합리적으로 이용할 수 있도록 함으로써 농업을 육성하고 국민경제를 균형 있게 발전시키는 데에 이바지하도록 해야 한다(「농지법」제4조).

또한 모든 국민은 농지에 관한 기본 이념을 존중해야 하며, 국가와 지방자치단체가 시행하는 농지에 관한 시책에 협력해야 한다(「농지법」제5조).

(2) 경자유전(耕者有田)의 원칙

우리 헌법은 농지에 관해 경자유전의 원칙과 소작제도 금지의 원칙을 천명하고 있다. 즉, 농지는 경작자만이 소유할 수 있으며 농지의 소작제도는 금지된다(「대한민국헌법」제121조제1항).

 농지 취득과 전용

또한 농업생산성의 제고와 농지의 합리적인 이용을 위하거나 불가피한 사정으로 발생하는 농지의 임대차와 위탁경영은 법률이 정하는 바에 의하여 인정된다(「대한민국헌법」 제121조제2항).

> **농지취득에 자격이 필요한가요?**
>
> Q. 서울에 거주하는 A씨는 주말동안이라도 답답한 도시생활에서 벗어나 생활하기 위해 주말농장을 운영하려고 합니다. A씨에게 농지를 취득할 수 있는 자격이 있나요?
>
> A. 「농지법」은 농지의 이용이 농업 생산성을 높이는 방향으로 소유·이용되어야 하며, 투기의 대상이 되어서는 안된다고 밝히고 있습니다. 따라서 원칙적으로 농업경영인에게만 농지소유자격을 부여하고 있습니다(「농지법」 제3조제2항 및제6조제1항). 그러나 몇 가지 예외사유가 있습니다. 그 하나로 주말·체험영농을 하는 경우에는 농지의 소유가 인정됩니다. 그러므로 A씨는 농지를 취득할 수 있습니다. 다만, 세대원 전부가 소유하는 주말·체험영농의 면적이 총 1,000㎡를 넘지 않아야 합니다(「농지법」 제6조제2항제3호 및제7조제3항).

2. 농지를 소유할 수 있는 경우

(1) 농지를 소유할 수 있는 경우

1) 농지는 자기의 농업경영에 이용하거나 이용할 자가 아니면 소유하지 못한다(「농지법」 제6조제1항).

> ※ "농업경영"이란 농업인 또는 농업법인이 자기의 계산과 책임으로 농업을 영위하는 것을 말한다(「농지법」 제2조제4호).
> ※ "농업인"이란 농업에 종사하는 개인으로서 다음의 어느 하나에 해당하는 사람이다(「농지법」 제2조제2호, 「농지법 시행령」 제3조).
> - 1천㎡ 이상의 농지에서 농작물 또는 다년생식물을 경작 또는 재배하거나 1년 중 90일 이상 농업에 종사하는 자
> - 농지에 330㎡ 이상의 고정식온실·버섯재배사·비닐하우스, 그 밖에 농업생산에 필요한 시설을 설치하여 농작물 또는 다년생식물을 경작 또는 재배하는 자
> - 대가축 2두, 중가축 10두, 소가축 100두, 가금(家禽: 집에서 기르는 날짐승) 1천수 또는 꿀벌 10군 이상을 사육하거나 1년 중 120일 이상 축산업에 종사하는 자
> - 농업경영을 통한 농산물의 연간 판매액이 120만원 이상인 자
>
> ※ "농업법인"이란「농어업경영체 육성 및 지원에 관한 법률」에 따라 설립된 영농조합법인과 「농어업경영체 육성 및 지원에 관한 법률」 제19조에 따라 설립되고 업무집행권을 가진 자 중 3분의 1이상이 농업인인 농업회사법인을 말한다(「농지법」 제2조제3호).

2) 다음의 어느 하나에 해당하는 경우에는 자기의 농업경영에 이용하지 않더라도 농지를 소유할 수 있다(「농지법」 제6조제2항, 「농지법 시행령」 제4조, 제5조 「농지법 시행규칙」 제5조).

① 국가나 지방자치단체가 농지를 소유하는 경우

② 다음의 어느 하나에 해당하는 자가 그 목적사업을 수행하기 위하여 필요한 시험지·연구지·실습지·종묘생산지 또는 과수 인공수부용 꽃가루 생산지로 쓰기 위하여 농지를 취득하여 소유하는 경우
   ✓ 「초·중등교육법」「고등교육법」에 따른 학교
   ✓ 「농지법 시행규칙」 별표 2로 정하는 공공단체·농업연구기관·농업생산자단체
   ✓ 종묘나 그 밖의 농업 기자재 생산자

③ 주말·체험영농(농업인이 아닌 개인이 주말 등을 이용하여 취미생활이나 여가활동으로 농작물을 경작하거나 다년생식물을 재배하는 것)을 하려고 농지를 소유하는 경우

④ 상속[상속인에게 한 유증(遺贈)을 포함]으로 농지를 취득하여 소유하는 경우

⑤ 8년 이상 농업경영을 하던 자가 이농(離農)한 후에도 이농 당시 소유하고 있던 농지를 계속 소유하는 경우

⑥ 담보농지를 취득하여 소유하는 경우[「자산유동화에 관한 법률」 제3조에 따른 유동화전문회사등이 「농지법」 제13조제1항제1호부터 제4호까지에 규정된 저당권자(농협, 수협, 한국농어촌공사, 은행, 한국자산관리공사 등)로부터 농지를 취득하는 경우를 포함]

⑦ 농지전용허가[다른 법률에 따라 농지전용허가가 의제(擬制)되는 인가·허가·승인 등을 포함]를 받거나 농지전용신고를 한 자가 그 농지를 소유하는 경우

⑧ 농지전용협의를 마친 농지를 소유하는 경우

⑨ 농지의 개발사업지구에 있는 농지로서 한국농어촌공사가 개발하여 매도하는 도·농간의 교류촉진을 위한 1천500㎡ 미만의 농원부지 또는 농어촌관광휴양지에 포함된 1천500㎡ 미만의 농지나 「농어촌정비법」 제98조제3항에 따른 농지를 취득하여 소유하는 경우

⑩ 농업진흥지역 밖의 농지 중 최상단부부터 최하단부까지의 평균경사율이 15퍼센트 이상인 농지로서 다음의 요건을 모두 갖춘 농지로서 시장·군수가 조사하여 고시한 농지를 소유하는 경우

✓ 시·군의 읍·면 지역의 농지일 것

✓ 집단화된 농지의 규모가 2만㎡ 미만인 농지일 것

㉠ 농업용수·농로 등 농업생산기반의 정비 정도, ㉡ 농기계의 이용 및 접근 가능성 및 ㉢ 통상적인 영농 관행을 고려하여 시장·군수가 영농 여건이 불리하고 생산성이 낮다고 인정하는 농지일 것

⑪ 한국농어촌공사가 농지를 취득하여 소유하는 경우

⑫ 「농어촌정비법」 제16조, 제25조, 제43조, 제82조 또는 제100조에 따라 농지를 취득하여 소유하는 경우

⑬ 「공유수면 관리 및 매립에 관한 법률」에 따라 매립농지를 취득하여 소유하는 경우

⑭ 토지수용으로 농지를 취득하여 소유하는 경우

⑮ 농림축산식품부장관과의 협의를 마치고, 「공익사업을 위한 토지 등의 취득 및 보상에 관한 법률」에 따라 농지를 취득하여 소유하는 경우

⑯ 「공공토지의 비축에 관한 법률」에 따른 공익사업에 해당하는 토지 중 「공공토지의 비축에 관한 법률」에 따른 공공토지비축심의위원회가 비축이 필요하다고 인정하는 토지로서 「국토의 계획 및 이용에 관한 법률」에 따른 계획관리지역과 자연녹지지역안의 농지로 한국토지주택공사가 취득하여 소유하는 경우

✓ 이 경우 그 취득한 농지를 전용하기 전까지는 한국농어촌공사에 지체 없이 위탁하여 임대하거나 사용대(使用貸)해야 한다.

3) 다음의 어느 하나에 해당하여 임대하거나 무상사용하는 경우에는 자기의 농업경영에 이용하지 않더라도 그 기간 중에는 농지를 계속 소유할 수 있다(「농지법」 제6조제3항, 제23조제1항제2호부터 제6호까지 및 「농지법 시행령」 제24조제1항).

① 농지이용증진사업 시행계획에 따라 농지를 임대하거나 무상사용하는 경우

② 다음의 어느 하나에 해당하여 일시적으로 농업경영에 종사하지 않게 된 자가 소유하고 있는 농지를 임대하거나 무상사용하는 경우

✓ 질병, 징집, 취학

✓ 선거에 따른 공직취임

✓ 부상으로 3개월 이상의 치료가 필요한 경우

✓ 교도소·구치소 또는 보호감호시설에 수용 중인 경우

✓ 3개월 이상 국외여행을 하는 경우

✓ 농업법인이 청산 중인 경우

③ 60세 이상이 되어 더 이상 농업경영에 종사하지 아니하게 된 자로서 농지소유자가 거주하는 시(특별시 및 광역시를 포함함)·군 또는 이에 연접한 시·군에 있는 소유 농지 중에서 자기의 농업경영에 이용한 기간이 5년이 넘은 농지를 임대하거나 무상사용하는 경우

④ 자기의 농업경영에 이용하거나 이용할 자가 소유하고 있는 농지를 주말·체험영농을 하려는 자에게 임대하거나 사용대하는 경우, 또는 주말·체험영농을 하려는 자에게 임대하는 것을 업(業)으로 하는 자에게 임대하거나 무상사용하는 경우

⑤ 자기의 농업경영에 이용하거나 이용할 개인이 소유하고 있는 농지를 한국농어촌공사 등에게 위탁하여 임대하거나 무상사용하는 경우

※ 이 법에서 허용된 경우 외에는 농지 소유에 관한 특례를 정할 수 없다(「농지법」 제6조제4항).
※ 「농지법」에 따른 농지소유제한을 위반하여 농지를 소유할 목적으로 거짓이나 그 밖의 부정한 방법으로 농지취득자격증명을 발급받는 경우에는 5년 이하의 징역 또는 5천만원 이하의 벌금에 처해진다(「농지법」 제58조제1호).

3. 헌재결정례

(1) 안건명: 헌법재판소 2003. 11. 27. 2003헌바2 전원재판부 (구)「조세특례제한법」 제69조제1항제1호 위헌확인

> **헌법재판소 2003. 11. 27. 2003헌바2 전원재판부 (구)「조세특례제한법」**
> **제69조제1항제1호 위헌확인**
>
> 【판시사항】
> 1. 자경농지의 양도소득세 면제대상자를 "대통령령이 정하는 바에 따라 농지소재지에 거주하는 거주자"라고 위임한 구 조세특례제한법 제69조 제1항 제1호(이하 '이 사건 법률조항'이라 한다)의 포괄위임금지 및 조세법률주의 위반 여부(소극)
> 2. 법령이 거듭 개정되어온 결과 법인의 경우와 달리 자연인에 대하여만 거주요건을 둔 것이 거주자를 비거주자에 대하여, 자연인을 법인에 대하여, 그리고 조세법령의 변경내용 숙지 여부에 따라 차별하여 조세평등주의에 위반되는지 여부(소극)
> 3. 이 사건 법률조항이 거주·이전의 자유를 침해하는지 여부(소극)
> 4. 이 사건 법률조항이 헌법상 경자유전(耕者有田)의 원칙에 위반되는지 여부(소극)

5. 이 사건 법률조항이 재산권을 침해하는지 여부(소극)
6. 양도소득세면세대상자의 범위를 종전보다 축소하는 것으로 변경된 대통령령에 대하여 신뢰이익 침해를 이유로하여 위헌심사형 헌법소원으로 다툴 수 있는지 여부(소극)

【결정요지】

1. 이 사건 법률조항이 정하고 있는 "농지소재지"나 "거주자"의 일상적 용어의 의미는 농지가 있는 곳, 생활의 근거를 두고 있는 자를 뜻하는 것으로 우선 그 개념이 명확하고, 구 조세특례제한법(이하 '법'이라 한다) 제69조의 입법목적은 육농정책의 일환으로 농지의 양도에 따른 조세부담을 경감시켜 주기 위한 것으로서, 특히 이 사건 법률조항의 목적은 외지인의 농지투기를 방지하고 8년 이상 자경한 농민의 조세부담을 덜어주어 농업·농촌을 활성화하기 위하여 그 면제 대상자를 육농정책의 변화에 따라 융통성 있게 정할 수 있도록 대통령령에 위임하고 있는 것이라 할 것인데, 그러한 조세감면의 우대조치는 한정된 범위 내에서 예외적으로 허용되어야 하며, 법 제69조 제1항 본문이 조세면제의 대상을 "8년 이상 계속하여 직접 경작한 토지"로만 한정하여 규정함으로써 면제대상자의 주요범위를 이미 법률에서 분명히 하고 있으므로, 대통령령에서 "농지소재지에 거주하는 거주자"로 규정될 범위는 자경한다고 볼 수 있는 통작(通作) 가능한 거리에 생활의 근거지를 둔 자의 범위 내에서 정해질 것임은 누구라도 예측할 수 있다 할 것이다. 따라서 위 규정은 구체적으로 범위를 정하여 위임하고 있다고 볼 수 있어서 헌법 제75조에 위반되지 않는다고 할 것이고, 이와 같이 정당한 위임 범위 내에서 조세감면의 근거가 명확하게 법률에서 정해지고 있으므로, 조세법률주의에 위배된 것이라고도 할 수 없다.

2. 위 규정의 입법목적은 농업의 보호와 지원을 규정한 헌법 제123조 제1항에 비추어 볼 때 정당하고, 그러한 입법목적에 비추어 농지소재지 거주자와 비거주자는 상이하게 취급될 합리적 이유가 있다. 또한 양도소득세 면제대상을 정함에 있어서, 자연인과 법인이 그 법적 지위나 성격, 설립 및 활동상 차이가 있음에 기초하여 위와 같은 입법목적에 충실하게 자연인과 법인에 각각 걸맞는 다른 요건을 둘 수 있는 것인데, 8년 이상 자경농지 양도에 대하여 특별부가세를 면제하고 있는 법인에 대한 법 제69조 제1항 제2호 및 이에 따른 법시행령의 규정내용과 농업·농촌기본법의 관련규정을 볼 때, 법인의 경우에도 농지의 자경을 보다 확실하게 담보하고 농지투기를 방지하기 위한 규율을 하고 있음을 알 수 있는바, 법인에 대하여 거주나 소재지 요건을 두지 않았다고 하여 자연인을 차별하는 것이라 보기는 어렵다. 이 사건 법령의 개정내용을 알지 못한 청구인에 대하여도 개정법령이 적용된다고 하여 법령의 변화를 알고 있던 자에 비하여 차별을 받는다는 것은 아니다.

3. 위 규정은 자경농민이 농지소재지로부터 거주를 이전하는 것을 직접적으로 제한하는 내용의 규정이라고 볼 수 없고, 다만 8년 이상 농지를 자경한 농민이 농지소재지에 거주하는 경우 양도소득세를 면제함으로써 농지소재지 거주자가 농지에서 이탈되는 것이

억제될 것을 기대하는 범위 내에서 간접적으로 제한되는 측면이 있을 뿐이며, 따라서 양도세의 부담을 감수하기만 한다면 자유롭게 거주를 이전할 수 있는 것이므로 거주·이전의 자유를 형해화할 정도로 침해하는 것은 아니라 할 것이다.
4. 위 규정의 입법목적이 외지인의 농지투기를 방지하고 조세부담을 덜어주어 농업·농촌을 활성화하는 데 있음을 고려하면 위 규정은 경자유전의 원칙을 실현하기 위한 것으로 볼 것이지 경자유전의 원칙에 위배된다고 볼 것은 아니라 할 것이다.
5. 위 규정에 포괄위임금지, 조세법률주의 및 조세평등주의, 기타 거주·이전의 자유, 경자유전의 원칙 등과 관련하여 위헌적인 요소가 없다고 보는 이상 청구인이 위 규정이 정하는 양도소득세 면제요건을 충족하지 못하여 그 납세의무를 진다 하여 재산권 침해가 되는 것은 아니라 할 것이다. 더욱이 위 규정과 같은 수익적 입법의 시혜대상에서 제외되었다는 이유만으로 재산권 침해가 생기는 것은 아니고, 시혜적 입법의 시혜대상이 될 경우 얻을 수 있는 재산상 이익의 기대가 성취되지 않았다고 하여도 그러한 단순한 재산상 이익의 기대는 헌법이 보호하는 재산권의 영역에 포함되지 않으므로 이 사건에서 재산권침해가 문제되지는 않는다고 볼 것이다.
6. 종전의 시행령 규정에 의해 양도소득세를 면제받으리라는 기대가 이 사건 시행령 규정으로 인하여 실현되지 않게 되었다 하더라도 시행령 규정은 이 사건과 같은 위헌심사형 헌법소원 심판대상이 될 수 없다.

【심판대상조문】
조세특례제한법(1998. 12. 28. 법률 제5584호로 전문 개정되고 2001. 12. 29. 법률 제6538호로 개정되기 전의 것) 제69조(자경농지에 대한 양도소득세등의 면제) ① 다음 각호의 1에 해당하는 자가 8년 이상 계속하여 직접 경작한 토지로서 농지세의 과세대상(비과세·감면 및 소액불징수의 대상이 되는 토지를 포함한다)이 되는 토지 중 대통령령이 정하는 토지의 양도로 인하여 발생하는 소득에 대하여는 양도소득세 또는 특별부가세를 면제한다.
1. 대통령령이 정하는 바에 따라 농지소재지에 거주하는 거주자
2. 생략
② 생략

【참조조문】
헌법 제10조, 제11조 제1항, 제14조, 제59조, 제75조, 제123조 제1항
조세특례제한법시행령(1998. 12. 31. 대통령령 제15976호로 개정되고 2001. 12. 31. 대통령령 제17458호로 개정되기 전의 것) 제66조(자경농지에 대한 양도소득세 등의 면제) ① 법 제69조제1항 본문에서 "대통령령이 정하는 토지"라 함은 취득한 때부터 양도할 때까지의 사이에 8년 이상 자기가 경작한 사실이 있는 농지로서 다음 각호의 1에 해당하는 것을 제외한 것을 말한다. 이 경우 상속받은 농지의 경작한 기간을 계산함에 있어서는 피상속인이 취득하여 경작한 기간은 상속인이 이를 경작한 기간으로 본다.

1. 양도일 현재 특별시·광역시(광역시에 있는 군을 제외한다) 또는 시(지방자치법 제3조 제4항의 규정에 의하여 설치된 도·농복합형태의 시의 읍·면지역을 제외한다)에 있는 농지중 도시계획법에 의한 주거지역·상업지역 및 공업지역안에 있는 농지로서 이들 지역에 편입된 날부터 3년이 지난 농지. 다만, 다음 각목의 1에 해당하는 대규모 개발사업지역(사업인정고시일이 동일한 하나의 사업시행지역을 말한다)안에서 개발사업의 시행으로 인하여 도시계획법에 의한 주거지역·상업지역 또는 공업지역에 편입된 농지로서 사업시행자의 단계적 사업시행 또는 보상지연으로 이들 지역에 편입된 날부터 3년이 지난 농지를 제외한다.
   가. 사업시행지역안의 토지소유자가 1천명 이상인 지역
   나. 사업시행면적이 재정경제부령이 정하는 규모 이상인 지역
2. 환지처분이전에 농지 외의 토지로 환지예정지를 지정하는 경우에는 그 환지예정지지정일부터 3년이 지난 농지

② 제1항의 규정을 적용받는 농지는 소득세법시행령 제162조의 규정에 의한 양도일 현재의 농지를 기준으로 한다. 다만, 양도일이전에 매매계약조건에 따라 매수자가 형질변경, 건축착공 등을 한 경우에는 매매계약일 현재의 농지를 기준으로 한다.

③ 소득세법 제89조 제2호·제4호 및 법인세법 제100조 제1항 제2호의 규정에 의하여 농지를 교환·분합 및 대토한 경우로서 새로이 취득하는 농지가 공공용지의취득및손실보상에관한특례법이 적용되는 공공사업으로 당해 공공사업의 시행자에게 양도되거나 토지수용법 기타 법률에 의하여 수용되는 경우에 있어서는 교환·분합 및 대토전의 농지에서 경작한 기간을 당해 농지에서 경작한 기간으로 보아 제1항 본문의 규정을 적용한다.

④ 법 제69조 제1항 제1호에서 "대통령령이 정하는 바에 따라 농지소재지에 거주하는 거주자"라 함은 8년 이상 다음 각호의 1에 해당하는 지역에 거주하면서 경작한 자를 말한다.
1. 농지가 소재하는 시·군·구(자치구인 구를 말한다. 이하 이 조에서 같다)안의 지역
2. 제1호의 지역과 연접한 시·군·구안의 지역

⑤ 법 제69조 제1항 제2호에서 "대통령령이 정하는 법인"이라 함은 농업을 주업으로 하는 법인을 말하되, 농업과 다른 사업을 겸영하는 경우에는 당해 농지의 양도일이 속하는 사업연도의 직전사업연도의 농업생산수입금액이 당해 법인의 총수입금액의 100분의 50 이상인 법인을 말한다.

⑥ 법 제69조 제2항의 규정에 의하여 양도소득세 또는 특별부가세의 면제신청을 하고자 하는 자는 당해 농지를 양도한 날이 속하는 과세연도의 과세표준신고(거주자인 경우에는 자산양도차익 예정신고를 포함한다)와 함께 재정경제부령이 정하는 세액면제신청서를 납세지 관할세무서장에게 제출하여야 한다.

【참조판례】
1. 헌재 1998. 3. 26. 96헌바57, 판례집 10-1, 255
   헌재 1994. 7. 29. 93헌가12, 판례집 6-2, 53

　　헌재 2002. 9. 19. 2002헌바2, 판례집 14-2, 330
　　헌재 1996. 6. 26. 93헌바2, 판례집 8-1, 525
　　헌재 1996. 3. 28. 94헌바42, 판례집 8-1, 199
2. 헌재 1999. 11. 25. 98헌마55, 판례집 11-2, 593
　　헌재 1996. 6. 26. 93헌바2, 판례집 8-1, 525
　　헌재 1996. 8. 29. 95헌바41, 판례집 8-2, 117
　　헌재 2000. 7. 20. 98헌바99, 판례집 12-2, 95
　　헌재 2002. 10. 31. 2002헌바43, 판례집 14-2, 529
3. 헌재 1996. 3. 28. 94헌바42, 판례집 8-1, 199
　　헌재 1995. 2. 23. 91헌마204, 판례집 7-1, 267
　5. 헌재 1997. 12. 24. 96헌가19등, 판례집 9-2, 762
　　헌재 1999. 7. 22. 98헌바14, 판례집 11-2, 205
　6. 헌재 1998. 7. 16. 96헌바52등, 판례집 10-2, 172

【당사자】

청 구 인　임갑병

국선대리인 변호사　남광호

당해사건　대전지방법원 2002구합1771 양도소득세부과처분취소

【주 문】

구 조세특례제한법(1998. 12. 28. 법률 제5584호로 전문 개정되고 2001. 12. 29. 법률 제6538호로 개정되기 전의 것) 제69조 제1항 중 제1호 부분은 헌법에 위반되지 아니한다.

【이 유】

1. 사건의 개요 및 심판의 대상

　가. 사건의 개요

　　(1) 청구인은 1987. 12. 17. 대전 유성구 봉명동 359 소재 답 3,018㎡(이하 "이 사건 농지"라 한다)를 취득하여 소유권이전등기를 마치고 위 농지를 자경하여 오던 중 2000. 2. 26. 청구 외 박난희 등에게 양도하였는바, 이 사건 농지의 소재지인 위 봉명동은 원래 대전시 중구에 속해 있었으나 1988. 1. 1. 행정구역 개편 분구로 대전시 서구에 속하는 것으로 변경되었으며, 1989. 1. 1. 다시 행정구역이 개편분구되어 대전직할시 유성구에 속하게 되었다.

　　(2) 청구인은 이 사건 농지를 취득할 당시에 이 사건 농지소재지와 같은 구인 대전시 중구에서 거주하였으나, 위 1989. 1. 1.의 행정구역 개편 이후로 청구인의 거주지였던 대전직할시 중구와 이 사건 농지의 소재지인 유성구는 위 서구를 사이에 두게 되었고, 청구인은 1995. 10. 23. 대전시 동구로 거주지를 이전하였다.

(3) 청구인은 이 사건 농지를 8년 이상 자경하였으므로 양도소득세 감면대상으로 보고 자산양도차액예정신고와 과세표준확정신고를 하지 아니하였고, 이에 청구 외 서대전 세무서장은 청구인의 경우 구 조세특례제한법(1998. 12. 28. 법률 제5584호로 개정되고 2001. 12. 29. 법률 제6538호로 개정되기 전의 것, 이하 "법"이라 한다) 제69조 제1항이 정한 거주요건을 갖추지 못하여 양도소득세 면제대상에 해당하지 않는다는 이유로 2001. 7. 19. 청구인에게 양도소득세 부과처분을 하였다.

청구인은 위 부과처분에 대한 취소소송 중에 법 제69조 제1항에 대하여 위헌심판제청신청을 하였으나(2002카기1637) 2002. 12. 28. 제청신청 기각결정을 송달받고 2003. 1. 10. 이 사건 헌법소원심판을 청구하였다.

나. 심판의 대상

청구인은 법 제69조 제1항에 대하여 위헌법률심판제청신청을 하고 이 사건 헌법소원심판을 청구하고 있으나, 청구취지와 청구이유를 종합하여 볼 때 청구인이 다투는 내용은 같은 조항 제1호에서 "대통령령이 정하는 바에 따라 농지소재지에 거주하는 거주자"라는 요건을 둠으로써 조세법률주의, 포괄위임금지 등에 위반되고 거주자와 비거주자를 차별하여 평등원칙에 위반된다는 것 등이어서 위 조항 중 이 사건과 관련이 있는 것은 위 제1호 부분이라 할 것이므로 이 사건 심판대상을 법 제69조 제1항 중 제1호 부분(이하 "이 사건 법률조항"이라 한다)의 위헌 여부로 한다. 이 사건 법률조항과 관련규정의 내용은 다음과 같다.

법 제69조(자경농지에 대한 양도소득세 등의 면제) ① 다음 각호의 1에 해당하는 자가 8년 이상 계속하여 직접 경작한 토지로서 농지세의 과세대상(비과세·감면 및 소액불징수의 대상이 되는 토지를 포함한다)이 되는 토지 중 대통령령이 정하는 토지의 양도로 인하여 발생하는 소득에 대하여는 양도소득세 또는 특별부가세를 면제한다.

1. 대통령령이 정하는 바에 따라 농지소재지에 거주하는 거주자
2. 농업생산을 주된 사업으로 영위하는 법인으로서 대통령령이 정하는 법인 또는 영농조합법인

법시행령(1998. 12. 31. 대통령령 제15976호로 개정되고 2001. 12. 31. 대통령령 제17458호로 개정되기 전의 것)

제66조(자경농지에 대한 양도소득세 등의 면제) ④법 제69조 제1항 제1호에서 "대통령령이 정하는 바에 따라 농지소재지에 거주하는 거주자"라 함은 8년 이상 다음 각호의 1에 해당하는 지역에 거주하면서 경작한 자를 말한다.

1. 농지가 소재하는 시·군·구(자치구인 구를 말한다. 이하 이 조에서 같다) 안의 지역
2. 제1호의 지역과 연접한 시·군·구 안의 지역

⑤ 법 제69조 제1항 제2호에서 "대통령령이 정하는 법인"이라 함은 농업을 주업으로 하는 법인을 말하되, 농업과 다른 사업을 겸영하는 경우에는 당해 농지의 양도일이 속하는 사업년도의 직전 사업년도의 농업생산수입금액이 당해 법인의 총수입금액의 100분의 50 이상인 법인을 말한다.

2. 청구인의 주장과 법원의 위헌제청기각 이유 및 이해관계인의 의견

가. 청구인의 주장

(1) 납세의무자인지 여부는 조세에 있어서 본질적 사항임에도 불구하고 이 사건 법률조항에서는 거주자라는 모호한 규정만을 두고 그 거주요건을 전적으로 대통령령에 위임하고 있는바 이는 포괄위임금지 및 조세법률주의에 위반된다.

(2) 청구인이 이 사건 농지를 취득할 당시 자경농지의 양도에 대한 과세를 규율하던 구 소득세법(1974. 12. 24. 법률 제2705호로 개정되고 1988. 12. 26. 법률 제4019호로 개정되기 전의 것)에는 8년 이상 자경요건만 있었을 뿐 8년 이상 거주요건은 없었는데, 그 후 관계 법령이 개정되면서 거주요건이 추가되었고, 청구인은 위와 같은 법령변화를 알지 못하여 8년이 충족되지 않는 시점인 1995. 10. 23. 거주지를 이전하여 양도소득세를 부과당하게 되었는바, 이는 조세관련 법령의 숙지여부를 일차적으로 고려한 결과로 합리적 근거 없는 차별이다.

이 사건 법률조항은 농지를 자경하는 점에서 자연인이 법인과 달리 취급될 이유가 없음에도 불구하고 자연인의 경우에만 거주요건을 둠으로써 합리적 근거 없이 자연인을 차별하고 있다.

또한 자경농지에 대한 양도소득세 등의 면제는 자경농지인지의 여부가 원칙적인 요건이고 거주요건은 부차적 요건이라 할 것인바 자경요건 외에 거주요건을 요구하는 것은 합리적 이유가 없이 비거주자를 차별하는 것이다.

(3) 이 사건 법률조항은 비거주자에 대해 양도소득세 등을 부과하여 경작자가 농지 소재지에서 이탈하는 것을 방지함으로써 거주·이전의 자유를 제한하고 있으며 재산권에 대해서도 제한하고 있는바, 그 제한의 방법이 적정하지 않다.

또한 종전의 구 조세감면규제법시행령에는 농경지로부터 20킬로미터 이내의 지역에 거주하면서 8년 이상 자경하면 양도소득세를 면제하도록 하였으나, 이 사건 법률조항에 따라 시행령을 개정하면서, 종전 규정에 의하여 농지소재지 거주자로 인정되는 경우 그 효력을 계속 유지해주던 부칙조항을 삭제함으로써 구 법령상의 신뢰이익이 침해되고, 행정구역의 개편이라는 외부적 사정에 의해 거주요건이 충족되지 않게 되어 예상하지 못한 과세부담을 안게 되어 문제이다.

(4) 법상의 거주요건은 농지의 양도를 어렵게 하여 농업의 영세화를 고착시킬 우려가 농후한 바 이는 현대적 의미의 경자유전의 원칙과 국가의 농업인 보호의무에 정면으로 반하는 입법이다.

나. 법원의 위헌제청기각 이유의 요지

법 제69조에서 자경농지에 대한 양도소득세 등을 면제하는 입법취지는 육농정책의 일환으로 농지를 직접 경작하는 자에 대하여 농지의 양도에 따른 조세부담을 경감시켜 주자는 것이다.

농지의 양도에 따른 조세부담을 경감시켜 줄 대상이 되는 자의 범위는 시대의 변화와 그 당시의 사회적·경제적 상황에 의한 정부의 육농정책에 따라 유동적인 것이고 그 구체적 요건을 국회에서 제정한 법률로 모두 규율한다는 것은 불가능하거나 부적당한 점에 비추어 볼 때, 이 사건 법률조항은 면제의 대상을 8년 이상 계속하여 직접 경작한 토지로서 농지소재지에 거주하는 거주자로 구체적·개별적으로 한정하여 그 범위 내에서 그 입법목적이나 위임배경 등을 참작하여 세부적인 내용을 정하도록 대통령령에 위임한 것이므로 이는 헌법이 정한 입법권 위임의 한계를 준수하였다고 볼 것이다.

농지소재지 거주 항목을 조세감면의 요건으로 추가하기로 하였다고 하여 직접적으로 농지소유자의 거주·이전의 자유를 침해하는 것이라고 보기는 어렵고 나아가 이를 두고 농지소유자의 재산권을 합리적인 근거 없이 제한하였다거나 평등권을 침해하였다고 인정할 수 없으며 또한 이러한 점들을 모두 참작하여 보면 위 법조항에서 정한 면제요건이 지나치게 엄격하여 과잉금지에 위반된다고 판단되지는 않는다.

다. 국세청장의 의견 요지

아래의 의견 이외에는 위 법원의 위헌제청기각 이유의 요지와 같다.

(1) 이 사건 법률조항이 그 법령내용의 숙지 유무에 따른 차별적 내용을 규정하지 않고 있는 이상 청구인이 세법의 내용을 충분히 숙지하지 못한 상태에서 거주지를 이전하고 농지를 양도함으로써 양도소득세 감면혜택을 받지 못하였다고 하더라도 합리적 근거 없는 차별을 받았다고 볼 수는 없다.

법인의 경우 그 법적 지위나 성격 그리고 그 설립 및 활동목적이 자연인의 그것과는 다를 뿐만 아니라 특히 영농조합법인의 경우 엄격한 설립요건이 요구되어 그 자체 구성원과 활동목적, 장소 등의 제한이 공시되어 있다는 점에서 자연인인 농업인과는 동일선 상에서 논할 수 없고 따라서 이 사건 법률조항에서 자연인에 대해서만 소재지 거주요건을 요구하였다 하여 법인에 비하여 합리적 근거 없는 차별을 받았다고 할 수는 없다.

(2) 종전의 구 조세감면규제법시행령(1993. 12. 31. 대통령령 제14084호)에서는 농지소재지로부터 20킬로미터 이내에 거주하면서 자경하는 농민에 대하여는 양도소득세를 면제하도록 규정하고 있었는바, 종전의 시행령 규정에 의해 양도소득세를 면제받으리라고 기대하였다가 이 사건 시행령 규정으로 인하여 양도소득세를 면제받지 못하게 되어 신뢰이익이 침해되었다 하더라도 시행령 규정은 적법한 위임형식에 의하여 제정된 이상 이 사건과 같은 위헌심사형 헌법소원

심판대상이 아닐 뿐만 아니라 더 나아가 청구인이 내세우는 위와 같은 사정을 모두 고려한다고 하더라도 청구인의 위 주장에 법적으로 보호받을 가치가 있는 어떠한 신뢰이익이 형성되었다고 보기 어렵다.

(3) 헌법 제121조의 경자유전의 원칙은 부재지주 내지 외지인에 의한 농지 경작을 방지함으로써 과거의 폐습이었던 소작제도를 근절하여 농지 내지 농업경영을 원칙적으로 현지 농민의 자율과 계산에 의해서 이루어지도록 하려는 것에 있다. 그렇다면 외지인에 의한 농지 투기 내지 농지경영 나아가 부재지주의 출현을 방지하여 진정한 의미의 자경농을 보호하기 위한 이 사건 법률조항의 입법취지에 비추어 볼 때 이 사건 법률조항은 오히려 헌법상 경자유전의 원칙에 부합될 뿐만 아니라 농업보호라는 국가의 의무에도 충실한 제도라고 할 것이다.

라. 재정경제부장관의 의견의 요지

법인의 경우 개인과는 달리 농지 양도시 발생한 양도소득은 법인세가 부과되고 있으므로 이 사건 법률조항이 자연인과 법인을 차별하는 조항이라고 보기 어렵다는 의견 이외에는 위 국세청장의 의견의 요지와 같다.

3. 판단

가. 자경농지에 대한 양도소득세 감면제도의 변천

(1) 소득세법에 의한 규율

자경농민에 대한 양도소득세 감면제도가 처음으로 입법된 것은 1974. 12. 24. 소득세법(법률 제2705호)으로, 당시에는 8년간의 자경기간만 규정되고 거주요건은 요구하지 않았는데, 1988. 12. 26.에 소득세법이 개정되면서(법률 제4019호) 8년 이상 자경한 토지 중 대통령령이 정하는 토지의 양도로 인하여 발생한 소득에 대하여 양도소득세를 감면한다는 위임규정을 두었다. 한편 법인세법(1993. 6. 11. 법률 제4561호)에서는 8년 이상 계속하여 법인이 경작한 토지로서 농지세의 과세대상이 되는 토지 중 대통령령이 정하는 토지의 양도로 인하여 발생하는 소득에 대하여는 특별부가세를 부과하지 아니하도록 하였다.

(2) 조세감면규제법에 의한 규율

1993. 12. 31. 구 조세감면규제법(법률 제4666호)에서 위 구 소득세법과 구 법인세법 상의 규정을 흡수하여 자경농지에 대한 양도소득세 면제 규정을 두면서 구 조세감면규제법 시행령(1993. 12. 31. 대통령령 제14084호)에서 거주지로부터 20킬로미터 이내의 농지를 자경하는 경우를 포함하고, 법인에 대하여는 농업을 주업으로 하는 법인이나 영농조합법인에 대하여만 감면을 하는 것으로 대체하였다.

1995. 12. 30. 위 구 조세감면규제법시행령이 개정되면서(대통령령 제14869호) 20킬로미터 이내 거리규정이 삭제되고 부칙에서 1996. 1. 1. 시행 당시 종전규정에 의해 거주자로 인정되는 경우에는 종전규정에 의한다는 경과규정을 두었다.

   (3) 조세특례제한법에 의한 규율
   1998. 12. 28. 법에서 자경농지에 관한 규정을 흡수하면서 법시행령에서 (1998. 12. 31. 대통령령 제15976호) 위 부칙 규정을 삭제하였다.
   이 사건 농지의 양도 이후인 2001. 12. 29. 조세특례제한법이 개정되고(법률 제6538호) 이에 따라 2001. 12. 31. 같은 법시행령이 개정되면서(대통령령 제17458호) 경작개시 당시에는 농지소재지에 거주하였으나 행정구역의 개편 등으로 농지소재지에 해당되지 않게 된 경우에도 농지소재지에 거주하는 것으로 보도록 규정하였다.
나. 이 사건 법률조항의 위헌여부
   이 사건의 주된 쟁점은 자경농지에 대한 양도소득세 면제대상을 대통령령에 위임하면서 헌법이 허용하지 않는 포괄위임을 한 것은 아닌지 여부 및 법인의 경우와 달리 농지소재지 거주를 양도소득세 면제요건으로 하는 것이 자연인을 차별하여 조세평등주의에 위반되는지의 여부인바, 기타 청구인의 주장과 함께 이하에서 차례로 검토한다.
   (1) 포괄위임금지 및 조세법률주의 위반 여부
      (가) 심사의 기준
         헌법은 제38조에서 "모든 국민은 법률이 정하는 바에 의하여 납세의 의무를 진다"라고 규정하면서 제59조에서 "조세의 종목과 세율은 법률로 정한다"고 규정하고 있다. 한편 복잡다양하고도 끊임없이 변천하는 사회·경제상황에 대처하여 정확하게 과세대상을 포착하고 적정하게 과세표준을 산출하기 위하여는 경제현실의 변화나 전문적 기술의 발달 등에 즉응하여야 하는 세부적인 사항에 관하여는 행정입법에 이를 위임할 필요가 있다. 이에 우리 헌법은 제75조에서 "대통령은 법률에서 구체적으로 범위를 정하여 위임받은 사항과 법률을 집행하기 위하여 필요한 사항에 관하여 대통령령을 발할 수 있다."라고 규정하고 있는바, "구체적으로 범위를 정하여"라 함은 법률에 대통령령 등 하위법규에 규정될 내용 및 범위의 기본사항이 가능한 한 구체적이고도 명확하게 규정되어 있어서 누구라도 당해 법률 그 자체로부터 대통령령 등에 규정될 내용의 대강을 예측할 수 있어야 함을 의미한다. 이러한 예측가능성의 유무는 당해 특정조항 하나만을 가지고 판단할 것은 아니고 관련 법 조항 전체를 유기적·체계적으로 보아 법률조항과 법률의 입법취지를 종합적으로 고찰하여 합리적으로 그 대강이 예측될 수 있는가의 여부로 판단되고, 따라서 각 대상 법률의 성질에 따라 구체적·개별적으로 검토하여야 하며, 국민에게 이익을 부여하는 규정에 대해서는 위임입법의 구체성·명확성의 요구 정도는 상대적으로 완화될 수 있다고 할 것이다(헌재 1998. 3. 26. 96헌바57, 판례집 10-1, 255, 26 ; 헌재 1994. 7. 29. 93헌가12, 판례집 6-2, 53, 58-59 참조).

(나) 이 사건 법률조항의 경우

이 사건 법률조항은 양도소득세 면제 대상자를 "대통령령이 정하는 바에 따라 농지소재지에 거주하는 거주자"라고 규정하고 있어서 농지소재지 지번으로부터 과연 어느 범위안에 거주하여야 하는 것인지 알 수 없으므로 일견 아무런 범위도 정하고 있지 않은 것처럼 보인다.

그러나 이 사건 법률조항이 정하고 있는 "농지소재지"나 "거주자"의 일상적 용어의 의미는 농지가 있는 곳, 생활의 근거를 두고 있는 자를 뜻하는 것으로 우선 그 개념이 명확하고,

둘째, 법 제69조의 입법목적은 육농정책의 일환으로 농지의 양도에 따른 조세부담을 경감시켜 주기 위한 것으로서(헌재 2002. 9. 19. 2002헌바2, 판례집14-2, 330, 337 참조), 특히 이 사건 법률조항의 목적은 외지인의 농지투기를 방지하고 8년 이상 자경한 농민의 조세부담을 덜어주어 농업·농촌을 활성화하기 위하여 그 면제 대상자를 육농정책의 변화에 따라 융통성 있게 정할 수 있도록 대통령령에 위임하고 있는 것이라 할 것인데 그러한 조세감면의 우대조치는 조세평등주의에 반하고 국가나 지방자치단체의 재원의 포기이기도 하여 가급적 억제되어야 하고 그 범위를 확대하는 것은 결코 바람직하지 못하므로 특히 정책목표 달성이 필요한 경우에 그 면제혜택을 받는 자의 요건을 엄격히 하여 극히 한정된 범위 내에서 예외적으로 허용되어야 하며(헌재 2002. 9. 19. 2002헌바2, 판례집14-2, 330, 33 ; 헌재 1996. 6. 26. 93헌바2, 판례집 8-1, 525, 536),

셋째, 법 제69조 제1항 본문이 조세면제의 대상을 "8년 이상 계속하여 직접 경작한 토지"로만 한정하여 규정함으로써 면제대상자의 주요범위를 이미 법률에서 분명히 하고 있다.

이상 여러 가지 점을 종합하여 보면, 대통령령에서 "농지소재지에 거주하는 거주자"로 규정될 범위는 자경한다고 볼 수 있는 통작 가능한 거리에 생활의 근거지를 둔 자의 범위 내에서 정해질 것임은 누구라도 예측할 수 있다 할 것이다(헌재 1996. 3. 28. 94헌바42, 판례집 8-1, 199, 209-211 참조). 그렇다면 이 사건 법률조항은 대통령령에 규정될 내용의 대강을 예측할 수 있게 구체적으로 범위를 정하여 위임하고 있다고 볼 수 있어서 포괄위임입법을 금지하는 헌법 제75조에 위반되지 않는다고 할 것이다. 한편 이와 같이 정당한 위임 범위 내에서 면제대상을 위임하고 있고, 또한 이 사건 법률조항 내에서 조세감면의 근거가 명확하게 법률에서 정해지고 있으므로, 조세법률주의에 위배된 것이라고도 할 수 없다.

(2) 조세평등주의 위반 여부

(가) 평등원칙과 조세평등주의

헌법 제11조 제1항은 "모든 국민은 법 앞에 평등하다. 누구든지 성별·종교

또는 사회적 신분에 의하여 정치적·경제적·사회적·문화적 생활의 모든 영역에 있어 차별을 받지 아니한다"고 평등의 원칙을 선언하고 있고 이와 같은 평등의 원칙이 세법 영역에서 구현된 것이 조세평등주의로서, 이는 조세의 부과와 징수는 납세자의 담세능력에 상응하여 공정하고 평등하게 이루어져야 하고 합리적인 이유 없이는 특정의 납세의무자를 불리하게 차별하거나 우대하는 것은 허용되지 아니한다는 원칙이다(헌재 1999. 11. 25. 98헌마55, 판례집 11-2, 593-60 ; 헌재 1996. 6. 26. 93헌바2, 판례집8-1, 525, 535). 그리고 조세감면의 우대조치의 경우에 있어서도 특정 납세자에 대하여만 감면조치를 하는 것이 현저하게 비합리적이고 불공정한 조치라고 인정될 때에는 조세평등주의에 반하여 위헌이 된다(헌재 1996. 8. 29. 95헌바41, 판례집 8-2, 107, 117 참조). 다만 조세감면의 혜택을 부여하는 입법에서 그 범위를 결정하는 것은 입법자의 광범위한 재량에 속하고 재량의 범위를 뚜렷하게 벗어난 것으로 볼 수 없는 한 이것을 위헌이라고 단정할 수 없는바, 오늘날 조세입법자는 조세의 부과를 통하여 재정수입의 확보라는 목적 이외에 국민경제적, 재정정책적, 사회정책적 목적달성을 위하여 여러 가지 관점을 고려할 수 있기 때문에 위와 같은 입법재량에 대한 요청은 더욱 크다 할 것이다(헌재 2000. 7. 20. 98헌바99, 판례집12-2, 95, 10 ; 헌재 2002. 10. 31. 2002헌바43, 판례집 14-2, 529, 538).

(나) 이 사건 법률조항의 경우

이 사건 법률조항의 입법목적은 외지인의 농지투기를 방지하고 조세부담을 덜어 줌으로써 농업·농촌의 활성화를 도모하는 것이고, 이는 농업의 보호와 지원을 규정한 헌법 제123조 제1항에 비추어 볼 때 정당하고, 그러한 입법목적에 비추어 농지소재지 거주자와 비거주자는 상이하게 취급될 합리적 이유가 있다고 할 것이고 따라서 양도소득세 면제대상을 농지소재지 거주자로 한정하는 것이 합리적 이유 없이 농지소재지 비거주자를 차별하는 것은 아니라 할 것이다.

또한 양도소득세 면제대상을 정함에 있어서, 자연인과 법인이 그 법적 지위나 성격, 설립 및 활동상 차이가 있음에 기초하여 위와 같은 입법목적에 충실하게 자연인과 법인에 각각 걸맞는 다른 요건을 둘 수 있는 것이므로, 조세감면제도를 규율함에 있어서 법인에 대하여 자연인의 경우와 동일한 형식을 취하지 않았다는 것만으로 불합리한 차별이라고 보기는 어렵다 할 것이다. 구체적으로 농지의 자경을 보다 확실하게 담보하고 농지투기를 방지함에 있어서 자연인의 경우 농지소재지 거주요건이 행하는 기능과 법인의 주된 사무소 소재지가 하는 기능이 같다고 할 수 없으므로 법인에 대하여 소재지 요건을 두지 않았다고 하여 자연인을 차별하는 것이라 보기는 어렵다.

법 제69조 제1항 제2호에서는 농업생산을 주된 사업으로 영위하는 대통령령이 정하는 법인이나 영농조합법인의 8년 이상 자경농지에 대한 특별부가세 면제를 정하고 있다. 이에 따라 법시행령에서는 법에서 정한 위 법인에 대하여, 농업을 주업으로 하는 법인을 말하되 농업과 다른 사업을 겸영하는 경우에는 직전 사업년도의 농업생산수입금액이 당해 법인의 총수입금액의 50퍼센트 이상인 법인으로 구체화하고 있고, 영농조합법인에 대하여는 농업·농촌기본법상 설립요건, 그 사업범위, 영업의 개시와 계속 등에 관하여 엄격하게 정하고 있다. 결국 법에서 8년 이상 자경농지 양도에 대하여 특별부가세를 면제하고 있는 법인에 대하여는 명실상부하게 농업 생산 및 경영을 하도록 규율하고 있음을 알 수 있고, 자연인의 경우 거주요건을 부과하는 것과 같이 법인의 경우에도 농지의 자경을 보다 확실하게 담보하고 농지투기를 방지하기 위한 규율을 하고 있음을 알 수 있다 할 것이다.

따라서 8년 이상 자경한 법인 가운데 농업을 주로 하는 법인과 영농조합법인에 대하여 특별부가세를 면제하면서 자연인의 경우와 같은 거주요건을 설정하지 않았다고 하여 법인에 비하여 자연인을 불합리하게 차별하는 것이라 보기 어렵다.

일반적으로 법률은 공포와 동시에 그 효력을 발생하는 것이고 수범자가 법률 내용을 알았는가의 여부에 따라 그 적용을 달리하는 것은 아니므로, 이 사건 법령의 개정내용을 알지 못한 청구인에 대하여도 개정법령이 적용된다고 하여 법령의 변화를 알고 있던 자에 비하여 차별을 받는다는 것은 아니며 따라서 이 사건에서 법령의 숙지 여부에 따른 평등권침해는 문제되지 않는다 할 것이다.

(3) 거주·이전의 자유의 침해 여부

헌법 제14조는 "모든 국민은 거주·이전의 자유를 가진다"고 규정하는바, 거주·이전의 자유란 국민이 자기가 원하는 곳에 체류지와 거주지를 결정하고 일단 정한 체류지와 거주지를 그의 의사에 반하여 옮기지 아니할 자유를 말한다. 살피건대 이 사건 법률조항은 자경농민이 농지소재지로부터 거주를 이전하는 것을 직접적으로 제한하는 내용의 규정이라고 볼 수 없고, 다만 8년 이상 농지를 자경한 농민이 농지소재지에 거주하는 경우 양도소득세를 면제함으로써 농지소재지 거주자가 농지에서 이탈되는 것이 억제될 것을 기대하는 범위 내에서 간접적으로 제한되는 측면이 있을 뿐이며, 따라서 양도세의 부담을 감수하기만 한다면 자유롭게 거주를 이전할 수 있는 것이므로 거주·이전의 자유를 형해화할 정도로 침해하는 것은 아니라 할 것이다(헌재 1996. 3. 28. 94헌바42 판례집 8-1, 199, 20 ; 헌재 1995. 2. 23. 91헌마204, 판례집 7-1, 267, 279-280 참조).

(4) 경자유전 원칙의 침해 여부

헌법 제121조 제1항은 "국가는 농지에 관하여 경자유전의 원칙이 달성될 수 있도록 노력하여야 하며, 농지의 소작제도는 금지된다."고 규정하고 있다. 이는

곧 전근대적인 법률관계인 소작제도의 청산을 의미하며 나아가 헌법은 부재지주로 인하여 야기되는 농지이용의 비효율성을 제거하기 위하여 경자유전의 원칙을 국가의 의무로서 천명하고 있는 것이다.

앞서 본 바와 같이 이 사건 법률조항의 입법목적이 외지인의 농지투기를 방지하고 조세부담을 덜어주어 농업·농촌을 활성화하는 데 있음을 고려하면 이 사건 법률조항은 경자유전의 원칙을 실현하기 위한 것으로 볼 것이지 경자유전의 원칙에 위배된다고 볼 것은 아니라 할 것이다.

(5) 재산권 침해 여부

일반적으로 조세와 재산권의 관계에 있어서 조세의 부과 징수는 국민의 납세의무에 기초하는 것으로서 원칙으로 재산권의 침해가 되지 않는다고 하더라도 그로 인하여 납세의무자의 사유재산에 관한 이용, 수익, 처분권이 중대한 제한을 받게되는 경우에는 재산권의 침해가 될 수 있다고 한다(헌재 1997. 12. 24. 96헌가19등, 판례집 9-2, 762, 773).

지금까지 살펴본 바와 같이 이 사건 법률조항에 포괄위임금지, 조세법률주의 및 조세평등주의, 기타 거주·이전의 자유, 경자유전의 원칙 등과 관련하여 위헌적인 요소가 없다고 보는 이상 청구인이 이 사건 법률조항이 정하는 양도소득세 면제요건을 충족하지 못하여 양도소득세 납세의무를 진다 하여 청구인의 사유재산에 관한 이용·수익 처분권이 중대한 제한을 받게되는 것이 아니므로 재산권의 침해가 되지 않는다 할 것이다.

더욱이 이 사건 법률조항과 같은 수익적 입법의 시혜대상에서 제외되었다는 이유만으로 재산권 침해가 생기는 것은 아니고, 시혜적 입법의 시혜대상이 될 경우 얻을 수 있는 재산상 이익의 기대가 성취되지 않았다고 하여도 그러한 단순한 재산상 이익의 기대는 헌법이 보호하는 재산권의 영역에 포함되지 않으므로(헌재 1999. 7. 22. 98헌바14, 판례집 11-2, 205, 220-221), 이 사건에서 재산권침해가 문제되지는 않는다고 볼 것이다.

(6) 기타 청구인의 주장에 관하여

청구인은 시행령 규정의 변경으로 신뢰이익이 침해되었다는 취지의 주장을 하나, 종전의 시행령 규정에 의해 양도소득세를 면제받으리라는 기대가 이 사건 시행령 규정으로 인하여 실현되지 않게 되었다 하더라도 시행령 규정은 그것이 적법한 위임형식에 의하여 제정된 이상 당해 소송에서 그 위헌 위법성을 다툴 수 있음은 별론으로 하고 이 사건과 같은 위헌심사형 헌법소원 심판대상이 될 수 없다(헌재 1998. 7. 16. 96헌바52등, 판례집 10-2, 172, 195-196).

4. 결론

따라서 이 사건 법률조항은 헌법상 조세법률주의, 포괄위임입법금지 및 조세평등주의, 경자유전의 원칙 등에 위반되지 아니하고 거주·이전의 자유를 침해하지 아니하며 달리 헌법에 위반된다고 할 수 없으므로 재판관 전원의 일치된 의견으로 주문과 같이 결정한다.

　　　　　　재판관　윤영철(재판장) 하경철(주심) 김영일 권　성 김효종
　　　　　　　　　　김경일 송인준 주선회 전효숙

4. 국민신문고

(1) 농업인 배우자의 농지취득 요건

> **질의**
>
> 농지 취득자격요건에 대하여, 농지원부에는 세대주가 모든 소유농지의 소유주이면서 그 배우자는 농지원부에 동일세대원으로 등재되어 있습니다. 그동안 세대주와 함께 다른 직업없이 영농에 종사하여 온 배우자가 농지를 취득하여 직접 경작하고자 합니다. 세대원인 배우자가 농지를 취득하려면 어떠한 요건을 갖추어야 되는지요, 요건이 있다면 자세한 내용을 알려 주십시요. 또한 위와같은 경우 세대주 외에 같이 영농종사한 세대원 배우자은 농지를 전혀 취득할 수 없는것 인지요, 취득할 수 없다면 그 근거와 내용을 알려 주시기 바랍니다.
>
> **답변**
>
> 「국토의 계획 및 이용에 관한 법률 시행령」제119조 제1항의 규정에 의하면「농어촌발전특별조치법」제2조제2호의 규정에 의한 농업인인 경우에는 그가 거주하는 특별시·광역시(광역시의 관할구역 안에 있는 군 제외)·시 또는 군(광역시의 관할구역 안에 있는 군을 포함)에 소재하는 농업을 영위하기 위한 토지를 취득할 수 있도록 되어 있고, 비록 그가 거주하는 시·군에 소재하고 있지 않는 토지라고 하더라도 그가 거주하는 주소지로부터 20킬로미터 이내에 소재하는 토지를 취득할 수 있도록 되어 있습니다.
>
> 신규로 농업을 영위하기 위해 토지를 취득하고자 하는 자는 같은법 시행규칙 제23조의 규정에 따라 세대주를 포함한 세대원(세대주와 동일한 세대별 주민등록표상에 등재되어 있지 아니한 세대주의 배우자와 미혼인 직계비속을 포함하되, 세대주 또는 세대원중 취학·질병요양·근무지 이전 또는 사업상 형편 등 불가피한 사유로 인하여 당해 지역에 거주하지 아니하는 자 제외) 전원이 당해 토지가 소재하는 특별시.광역시.시 또는 군에 허가신청일부터 소급하여 1년 이상 계속 주민등록이 되어 있는 자로서 실제로 당해 지역에 거주하고「농지법」제8조의 규정에 의한 농지취득자격증명을 발급받았거나 그 발급요건에 적합한 자이어야 합니다.
>
> 따라서, 동일세대원인 배우자가 위의 규정에 의한 농업인이라면 농지취득이 가능하니, 구체적인 사항은 허가권자와 상의하여 주시기 바랍니다.
>
> **출처**
>
> 국토해양부 주택토지실 토지정책관 토지정책과 (☎ 02-1599-0001)

(2) 증여받은 농지의 임대여부

> **질의**
> 부친이 1988년매매에 의해 소유하던 ㅇㅇ도 ㅇㅇ읍에 농지(토지이용계획상 관리지역)를 2000년에 증여로 저에게 소유권이전 받았읍니다.(부친사망)농지의 임대는 경자유전의 원칙에 의해 법으로 엄격하게 규제하고 있는것으로 알고 있는데저같은 경우 ㅇㅇ에 거주하는 사람에게 임대가능한지 살펴주십시오.
>
> **답변**
> 농지는 헌법의 경자유전 원칙 실현을 위하여 자기의 "농업경영"에 이용하고자 하는 농업인(농업인이 되고자 하는 자 포함)나 농업법인이 아니면 원칙적으로 이를 소유할 수 없도록 소유를 제한하고 있으며, 농지를 취득하고자 하는 자는 농지소재지 시구읍면에서 농지취득자격증명을 발급받아 등기를 신청할 때에 이를 첨부하도록 하고 있습니다(농지법 제6조 및 제8조). 농지의 일반 증여시에도 농지취득자격증명 발급이 필요하므로, 원칙적으로 증여받은 농지를 임대·사용대차하는 것은 허용되지 않습니다.
> 참고로, 8년이상 농업경영을 하던 자가 이농하는 경우 이농 당시 소유하고 있던 농지를 계속 보유하는 경우에는 농업경영에 활용하지 아니하더라도 그 소유를 허용하고 있으므로, 이 경우에는 임대차가 가능합니다.
>
> **출처**
> 농림수산식품부 농업정책국 농지과 (☎ 02-500-1720)

02 농지의 소유 상한

1. 농지의 소유 상한

(1) 농지를 자기의 농업경영에 이용하거나 이용할 사람은 농지취득자격증명을 발급받아 소유 상한 없이 이를 소유할 수 있다(「농지법」 제8조제1항). 그러나 농지를 자경하지 않는 사람에게는 다음과 같은 농지의 소유 상한에 관한 규정이 적용된다(「농지법」 제7조).

1) 상속으로 농지를 취득한 자로서 농업경영을 하지 않는 사람은 그 상속 농지 중에서 총 1만 제곱미터까지만 소유할 수 있다(「농지법」 제7조제1항).

2) 대통령령으로 정하는 기간 이상 농업경영을 한 후 이농한 사람은 이농 당시 소유 농지 중에서 총 1만제곱미터까지만 소유할 수 있다(농지법 제7조 제2항).

3) 8년 이상 농업경영을 한 후 이농한 사람은 이농 당시 소유 농지 중에서 총 1만 제곱미터까지만 소유할 수 있다(「농지법」 제7조제2항, 「농지법 시행령」 제4조).

4) 주말·체험영농을 하려는 사람은 총 1천 제곱미터 미만의 농지를 소유할 수 있다. 이 경우 면적 계산은 그 세대원 전부가 소유하는 총 면적으로 한다(「농지법」 제7조제3항).

5) 제23조제1항제7호에 따라 농지를 임대하거나 무상사용하게 하는 경우에는 제1항 또는 제2항에도 불구하고 임대하거나 무상사용하게 하는 기간 동안 소유 상한을 초과하는 농지를 계속 소유할 수 있다(농지법 제7조 제4항).

(2) 다음의 어느 하나에 해당하는 농지를 한국농어촌공사에게 위탁하여 임대차하거나 사용대차하는 경우에는 위의 제한에도 불구하고 소유 상한을 초과할지라도 그 기간에는 그 농지를 계속 소유할 수 있다(「농지법」 제7조제4항, 제23조제1항제7호 및 「농지법 시행령」 제4조).

1) 상속으로 농지를 취득한 자로서 농업경영을 하지 않는 사람이 그 소유 상한을 초과하여 소유하고 있는 농지

2) 8년 이상 농업경영을 한 후 이농한 사람이 총 1만 제곱미터의 상한을 초과하여 소유하고 있는 농지

> ※ 「농지법」에 따른 농지소유 상한을 위반하여 농지를 소유할 목적으로 거짓이나 그 밖의 부정한 방법으로 농지취득자격증명을 발급받는 경우에는 5년 이하의 징역 또는 5천만원 이하의 벌금에 처해진다(「농지법」 제58조제1호).

농지를 상속받은 경우에는 농업경영인이 아니어도 농지를 소유할 수 있나요?

Q. 서울에 사는 A씨는 아버지로부터 농지 2만 제곱미터를 상속받았습니다. 농사를 지을 생각이 없는 A씨가 해당 농지 2만 제곱미터를 모두 소유할 수 있나요?

A. 원칙적으로 농지는 농사를 직접 짓는 사람, 즉 농업경영인만이 소유할 수 있습니다. 그러나 몇 가지 예외규정을 두고 있는데, 상속의 경우가 그 하나입니다. 상속으로 농지를 취득한 자로서 농업경영을 하지 않는 사람은 그 상속 농지 중 총 1만 제곱미터까지만 소유할 수 있습니다. 따라서 A씨의 경우 상속받은 2만 제곱미터 중 1만 제곱미터는 본인이 소유할 수 있습니다(「농지법」 제6조제2항제4호 및제7조제1항).

다만, 상속에 따른 소유 상한을 초과하는 해당 농지를 한국농어촌공사에 위탁하여 임대차나 사용대차의 방법으로 이용할 수 있습니다. 이때 임대차나 무상사용하게 하는 기간 동안에는 A씨의 2만 제곱미터의 농지에 대한 소유권은 유지됩니다(「농지법」 제7조제4항 및제23조제1항제7호가목).

2. 신문고

(1) 토지거래허가구역내 농지의 주말·체험 영농농지 여부

> **질의**
> - 사실관계 : 2003. 4. 7. 주말 체험·영농 목적으로 천안 불당동 소재 토지거래허가구역내 농지 1필지 505㎡ 취득 ■ 질의내용 - 위 농지가 수용되었는데 토지거래계약 허가증으로 소득세법상 주말농장을 적용할 수 있는지 여부?
>
> **답변**
> 1. 「소득세법 시행령」 제168조의8 제3항 제1호의 「농지법」 제6조 제2항제3호에 따른 "주말·체험 영농농지"란 같은법 제8조에 따라 2003.1.1.이후 발급받은 농지취득자격증명으로 취득한 농지로서 세대별 소유면적이 1천㎡ 미만의 농지를 말하는 것입니다.
> 2. 위 '1'을 적용함에 있어 「국토의 계획 및 이용에 관한 법률」 제117조에 따른 토지거래허가구역 내의 농지는 같은법 제118조에 따라 토지거래계약 허가를 받은 경우 「농지법」 제8조에 따른 농지취득자격증명을 받은 것으로 보는 것입니다.

03 농지의 위탁경영

1. 위탁경영

(1) "위탁경영"이란 농지 소유자가 타인에게 일정한 보수를 지급하기로 약정하고 농작업의 전부 또는 일부를 위탁하여 행하는 농업경영을 말한다(「농지법」 제2조제6호).

(2) 농지 소유자는 다음의 어느 하나에 해당하는 경우 외에는 소유 농지를 위탁경영할 수 없다(「농지법」 제9조).

1) 「병역법」에 따라 징집 또는 소집된 경우

2) 3개월 이상 국외 여행 중인 경우

3) 농업법인이 청산 중인 경우

4) 질병, 취학, 선거에 따른 공직 취임, 부상으로 3개월 이상의 치료가 필요한 경우, 교도소·구치소 또는 보호감호시설에 수용 중인 경우, 임신 중이거나 분만 후 6개월 미만인 경우(「농지법 시행령」 제8조제1항)

5) 농지이용증진사업 시행계획(「농지법」 제17조)에 따라 위탁경영하는 경우

6) 농업인이 다음과 같은 경우로서 통상적인 농업경영관행에 따라 농업경영을 함에 있어

서 자기 또는 세대원의 노동력으로는 해당 농지의 농업경영에 관련된 농작업의 전부를 행할 수 없어서 농작업의 일부를 위탁하는 경우

① 다음의 어느 하나에 해당하는 재배작물의 종류별 주요 농작업의 3분의 1 이상을 자기 또는 세대원의 노동력에 의하는 경우

　㉠ 벼 : 이식 또는 파종, 재배관리 및 수확

　㉡ 과수 : 가지치기 또는 열매솎기, 재배관리 및 수확

　㉢ 벼, 과수 외의 농작물 또는 다년생식물 : 파종 또는 육묘, 이식, 재배관리 및 수확

② 자기의 농업경영에 관련된 위의 농작물의 농작업에 1년 중 30일 이상 직접 종사하는 경우

> ※ 농지의 위탁경영요건(「농지법」 제9조)에 위반하여 농지를 위탁경영한 사람은 1천만원 이하의 벌금에 처해집니다(「농지법」 제60조제1호).

2. 판례

(1) 대법원 2006. 2. 24. 선고 2005도8080 판결 「농지법」위반

대법원 2006. 2. 24. 선고 2005도8080 판결 【농지법위반】
[공2006.4.1.(247),558]

【판시사항】

[1] 농지법상 자신의 노동력을 투입하지 아니한 채 농작업의 전부 또는 일부를 위탁경영하는 것이 허용되는지 여부(한정 적극) 및 농지법 제61조에 정한 '사위 기타 부정한 방법으로 제8조 제1항의 규정에 의한 농지취득자격증명을 발급받은 자'의 의미

[2] 농지의 매입 과정에서 자경을 하지 아니하면 농지의 소유가 불가능하다는 규정을 회피하기 위하여 허위의 사실을 기재하여 농지취득자격증명을 발급받은 경우, 사위 기타 부정한 방법으로 농지취득자격증명을 발급받은 경우에 해당한다고 본 사례

【판결요지】

[1] 농지법 제2조, 제6조, 제8조, 제9조 및 같은 법 시행령의 규정에 비추어 보면, 농지법 제9조 소정의 예외적인 경우를 제외하고 자신의 노동력을 투입하지 아니한 채 농작업의 전부 또는 일부를 위탁경영하는 것은 허용되지 아니하고, 농지법 제61조 소정의 사위 기타 부정한 방법으로 제8조 제1항의 규정에 의한 농지취득자격증명을 발급받은 자라 함은 '정상적인 절차에 의하여는 농지취득자격증명을 받을 수 없는 경우임에도

불구하고 위계 기타 사회통념상 부정이라고 인정되는 행위로써 농지취득자격증명을 받은 자'를 의미한다.

[2] 피고인이 처음부터 농지 전부를 자신이 자경하지 아니하고 현지인에게 위탁경영할 목적으로 매입하였고, 이 과정에서 자경을 하지 아니하면 농지의 소유가 불가능하다는 규정을 회피하기 위하여 농지취득자격증명 신청서에 첨부된 농업경영계획서의 노동력확보방안란에 '자기노동력' 또는 '자기노동력과 일부 고용'이라고 허위의 사실을 기재하여 농지취득자격증명을 발급받은 경우, 이는 농지법 제61조에서 정하는 사위 기타 부정한 방법으로 농지취득자격증명을 발급받은 경우에 해당한다고 본 사례.

【참조조문】

[1] 농지법 제8조 제1항, 제9조, 제61조 / [2] 농지법 제8조 제1항, 제61조

【전 문】

【피 고 인】 피고인

【상 고 인】 피고인

【변 호 인】 변호사 이문재외 1인

【원심판결】 제주지법 2005. 10. 6. 선고 2005노256 판결

【주 문】
상고를 기각한다.

【이 유】

1. 원심은, 그 채용 증거들을 종합하여 피고인의 주거는 과천시에, 직장은 인천과 서울에 소재하고 있고, 피고인의 처인 공소외 1은 과천에서 유치원을 경영하고 있으며, 아들인 공소외 2는 서울 여의도에서 은행에 근무하고 있고, 같은 공소외 3도 인천 소재 회사의 연구원으로 근무하고 있기 때문에 피고인이 이 사건 농지에서 직접 농사를 짓기는 사실상 불가능하였고, 피고인은 이 사건 농지를 매입한 후 2004. 3.경 공소외 4 등에게 이 사건 농지를 개간하여 농작물을 경작하도록 하면서 향후 농장에서 수확되는 농작물을 판매하여 이윤이 발생하면 그 중 일정 비율을 공소외 4 등에게 주기로 약정한 사실 등을 인정한 다음, 피고인은 처음부터 이 사건 농지의 경작에 상시 종사하거나 농작업의 2분의 1 이상을 자신이 자경하지 아니하고 현지인에게 위탁경영할 목적으로 이를 매입한 것이라는 취지로 판단하였는바, 기록에 비추어 살펴보면, 원심의 증거취사, 사실인정 및 판단은 수긍이 가고, 거기에 상고이유로 주장하는 바와 같은 채증법칙 위배로 인한 사실오인 등의 위법이 없다.

2. 농지법 제2조, 제6조, 제8조, 제9조 및 같은 법 시행령의 규정에 비추어 보면, 농지법 제9조 소정의 예외적인 경우를 제외하고 자신의 노동력을 투입하지 아니한 채 농작업의

전부 또는 일부를 위탁경영하는 것은 허용되지 아니하고, 농지법 제61조 소정의 사위 기타 부정한 방법으로 제8조 제1항의 규정에 의한 농지취득자격증명을 발급받은 자라 함은 '정상적인 절차에 의하여는 농지취득자격증명을 받을 수 없는 경우임에도 불구하고 위계 기타 사회통념상 부정이라고 인정되는 행위로써 농지취득자격증명을 받은 자'를 의미한다.

앞서 본 바와 같이 피고인이 처음부터 이 사건 농지 전부를 자신이 자경하지 아니하고 현지인에게 위탁경영할 목적으로 매입하였고, 이 과정에서 자경을 하지 아니하면 농지의 소유가 불가능하다는 규정을 회피하기 위하여 이 사건 농지취득자격증명 신청서에 첨부된 농업경영계획서의 노동력확보방안란에 '자기노동력' 또는 '자기노동력과 일부 고용'이라고 허위의 사실을 기재하여 농지취득자격증명을 발급받은 사실을 인정할 수 있으므로 이는 사위 기타 부정한 방법으로 농지취득자격증명을 발급받은 경우에 해당한다고 할 것이다.

같은 취지의 원심의 판단은 정당하고, 거기에 상고이유로 주장하는 바와 같은 농지법 제61조 소정의 사위 기타 부정한 방법의 해석·적용에 관한 법리오해 등의 위법이 없다.

3. 그러므로 상고를 기각하기로 하여, 관여 대법관의 일치된 의견으로 주문과 같이 판결한다.

대법관 김용담(재판장) 이강국(주심) 손지열 박시환

04 임대차·사용대차

1. 임대차·사용대차

(1) "농지의 임대차"란 농지의 소유자(임대인)가 상대방에게 농지(임대물)를 사용·수익하게 할 것을 약정하고, 상대방(임차인)이 이에 대해 차임을 지급할 것을 약정함으로써 성립하는 계약을 말한다(「민법」 제618조).

(2) "농지의 사용대차"란 당사자 일방(대주)이 상대방(차주)에게 무상으로 사용·수익하게 하기 위해서 농지를 인도할 것을 약정하고, 상대방은 이를 사용·수익한 후 그 물건을 반환할 것을 약정함으로써 성립하는 계약을 말한다(「민법」 제609조).

> ※ 농지의 임대차와 사용대차는 농지를 사용·수익하게 하는 것을 목적으로 하는 점에서는 동일하나, 지료를 부담하는지 아닌지에 따라 결정된다. 즉, 농지를 유상으로 사용·수익하도록 하는 것을 임대차, 무상으로 사용·수익하도록 하는 것을 사용대차라고 한다.

2. 농지의 임대차·사용대차를 할 수 있는 경우

(1) 농지는 농업경영을 하는 사람이 농지를 소유할 수 있으므로, 원칙적으로 농지를 임대차·사용대차 할 수 없다(「농지법」 제6조및제23조제1항). 다만, 다음과 같은 경우에는 예외적으로농지를 임대차하거나 사용대차할 수 있다(「농지법」 제23조제1항).

1) 다음과 같은 농지를 임대하거나 무상사용하게 하는 경우(「농지법」 제6조제2항제1호 및 제4호부터 제10호)

① 국가나 지방자치단체가 농지를 소유하는 경우

② 상속(상속인에게 한 유증을 포함)으로 농지를 취득하여 소유하는 경우

③ 8년 이상 농업경영을 하던 사람이 이농한 후에도 이농 당시 소유하고 있던 농지를 계속 소유하는 경우(「농지법 시행령」 제4조)

④ 담보농지를 취득하여 소유하는 경우{「농지법」 제13조제1항, 유동화전문회사 등(「자산유동화에 관한 법률」 제3조)이 저당권자(「농지법」 제13조제1항제1호부터 제4호까지)로부터 농지를 취득하는 경우를 포함}

⑤ 농지전용허가{「농지법」 제34조제1항, 다른 법률에 따라 농지전용허가가 의제되는 인가·허가·승인 등을 포함}를 받거나 농지전용신고(「농지법」 제35조또는 제43조)를 한 사람이 그 농지를 소유하는 경우

⑥ 농지전용협의(「농지법」 제34조제2항)를 마친 농지를 소유하는 경우

⑦ 농지의 개발사업지구(「한국농어촌공사 및 농지관리기금법」 제24조제2항)에 있는 농지로서「한국농어촌공사 및 농지관리기금법」에 따라 한국농어촌공사가 개발하여 매도하는 도·농간의 교류촉진을 위한 1천500제곱미터 미만의 농원부지 또는 농어촌관광휴양지에 포함된 1천500제곱미터 미만의 농지를 취득하여 소유하는 경우(「농지법 시행령」 제5조제1항) 또는 「농어촌정비법」에 따라 농지를 취득하여 소유하는 경우(「농어촌정비법」 제98조제3항)

⑧ 「농지법」 제28조에 따른 농업진흥지역 밖의 농지 중 최상단부부터 최하단부까지의 평균경사율이 15% 이상인 농지로서 「농지법 시행령」 제5조의2에 따른 영농여건불리농지를 소유하는 경우

⑨ 「한국농어촌공사 및 농지관리기금법」에 따라 한국농어촌공사가 농지를 취득하여 소유하는 경우

⑩ 「농어촌정비법」에 따라 농지를 취득하여 소유하는 경우(「농어촌정비법」 제16조·제25조·제43조·제82조또는제100조)

⑪ 「공유수면 관리 및 매립에 관한 법률」에 따라 매립농지를 취득하여 소유하는 경우

⑫ 토지수용으로 농지를 취득하여 소유하는 경우

⑬ 공익사업에 필요한 토지(「공공토지의 비축에 관한 법률」제2조제1호가목) 중 공공토지비축심의위원회(「공공토지의 비축에 관한 법률」제7조제1항)가 비축이 필요하다고 인정하는 토지로서 계획관리지역과 자연녹지지역(「국토의 계획 및 이용에 관한 법률」제36조) 안의 농지를 한국토지주택공사가 취득하여 소유하는 경우

2) 농지이용증진사업 시행계획(「농지법」제17조)에 따라 농지를 임대하거나 무상사용하게 하는 경우

3) 질병, 징집, 취학, 선거에 따른 공직취임, 그 밖에 다음과 같은 부득이한 사유로 인하여 일시적으로 농업경영에 종사하지 않게 된 사람이 소유하고 있는 농지를 임대하거나 무상사용하게 하는 경우(「농지법 시행령」제24조제1항)

① 부상으로 3월 이상의 치료가 필요한 경우

② 교도소·구치소 또는 보호감호시설에 수용 중인 경우

③ 3월 이상 국외여행을 하는 경우

④ 농업법인이 청산 중인 경우

⑤ 임신 중이거나 분만 후 6개월 미만인 경우

4) 60세 이상인 사람으로서 농업경영에 더 이상 종사하지 않게 된 사람이나 농업인이 거주하는 시(특별시 및 광역시를 포함)·군 또는 이에 연접한 시·군에 있는 소유 농지 중에서 자기의 농업경영에 이용한 기간이 5년이 넘은 농지를 임대하거나 무상사용하는 경우(「농지법 시행령」제24조제2항)

5) 농업인이 자신의 농업경영에 이용하기 위해 소유하고 있는 농지를 주말·체험영농을 하려는 자에게 임대하거나 무상사용하게 하는 경우 또는 주말·체험영농을 하려는 자에게 임대하는 것을 업으로 하는 자에게 임대하거나 무상사용하게 하는 경우

6) 농업인이 자신의 농업경영에 이용하기 위해 소유하고 있는 농지를 한국농어촌공사에게 위탁하여 임대하거나 무상사용하게 하는 경우

7) 다음 어느 하나에 해당하는 농지를 한국농어촌공사나 그 밖에 「농지법 시행령」으로 정하는 자에게 위탁하여 임대하거나 무상사용하게 하는 경우(「농지법」제7조제1항·제2항 및「농지법시행령」제4조)

① 상속으로 농지를 취득한 자로서 농업경영을 하지 않은 사람이 1만 제곱미터의 소유 상한을 초과해서 소유하고 있는 농지

② 8년 이상 농업경영을 한 후 이농한 사람이 1만 제곱미터의 소유 상한을 초과해서 소유하고 있는 농지

8) 자경 농지를 이모작을 위해 8개월 이내로 임대하거나 무상사용하게 하는 경우

9) 농지 규모화, 농작물 수급 안정 등을 목적으로 한 사업을 추진하기 위하여 필요한 자경 농지를 임대하거나 무상사용하게 하는 경우

그러나 농지를 임차하거나 사용대차한 임차인 또는 사용대차인이 그 농지를 정당한 사유 없이 농업경영에 사용하지 않을 때에는 시장·군수·구청장이 임대차 또는 사용대차의 종료를 명할 수 있다(「농지법」제23조제2항).

3. 계약의 방법

임대차계약(농업경영을 하려는 자에게 임대하는 경우만 해당함)과 사용대차계약(농업경영을 하려는 자에게 무상사용하게 하는 경우만 해당함)은 서면 계약을 원칙으로 한다(「농지법」제24조제1항).

4. 묵시의 갱신

임대인이 임대차 기간이 끝나기 3개월 전까지 임차인에게 임대차계약을 갱신하지 않는다는 뜻이나 임대차계약 조건을 변경한다는 뜻을 통지하지 않으면 그 임대차 기간이 끝난 때에 이전의 임대차계약과 같은 조건으로 다시 임대차계약을 한 것으로 본다(「농지법」제25조).

5. 임대인의 지위 승계

임대 농지의 양수인은 이 법에 따른 임대인의 지위를 승계한 것으로 본다(「농지법」제26조).

6. 국유농지와 공유농지의 임대차 특례

「국유재산법」과 「공유재산 및 물품 관리법」에 따른 국유재산과 공유재산인 농지에는 「농지법」상 농지의 임대차·사용대차의 규정을 적용하지 않는다(「농지법」제27조).

부동산 농지와 산지 시리즈 ❶ 농지의 취득과 전용

> **[한국농어촌공사(농지은행사업)와의 농지임대차]**
>
> 한국농어촌공사는 영농규모의 적정화, 농지의 효율적 이용, 농업구조개선 및 농지시장과 농업인의 소득 안정 등을 위해 농지의 매매·임대차·교환·분리·합병에 관한 사업, 농지의 가격, 거래동향 등에 관한 정보의 제공, 경영회생 지원을 위한 농지 매입사업, 농지의 임대 등의 수탁사업 및 농지를 담보로 한 농업인의 노후생활안정 지원사업(이하 "농지은행사업"이라 함)을 시행하고 있습니다(「한국농어촌공사 및 농지관리기금법」 제10조제1항제5호).
>
> 따라서 이러한 농지은행사업을 통하여 자기소유의 농지를 한국농어촌공사에 임대차할 수 있습니다.
>
> 한편, 농지의 상속 등으로 농업경영을 하지 않는 사람이 초과 소유한 농지를 매도해야 하는 경우 한국농어촌공사를 통해 농지를 임대하거나 무상사용하게 하여 농지처분의무를 면제받을 수 있습니다(「농지법」 제7조제4항 및 제23조제1항제7호).
>
> 농지은행에 관해 자세한 사항은 〈농지은행·농지연금 홈페이지〉를 참조하시기 바랍니다.

7. 위반 시 제재조치

위의 규정을 위반하여 소유 농지를 임대하거나 무상사용하게 한 사람은 1천만원 이하의 벌금에 처해진다(「농지법」 제60조제2호).

임대차 또는 사용대차의 종료 명령을 따르지 않은 사람은 1천만원 이하의 벌금에 처해진다(「농지법」 제60조제3호).

05 농업경영에 이용하지 않는 농지의 처분 의무

1. 농업경영에 이용하지 않는 농지의 처분 의무

(1) 농지 소유자는 다음의 어느 하나에 해당하게 되면 그 사유가 발생한 날부터 1년 이내에 해당 농지를 그 사유가 발생한 날 당시 세대를 같이하는 세대원이 아닌자에게 처분해야 한다(「농지법」 제10조제1항 및 「농지법 시행령」 제9조제1항).

1) 다음의 어느 하나에 해당하는 정당한 사유 없이 소유 농지를 자기의 농업경영에 이용하지 않거나 이용하지 않게 되었다고 시장(구를 두지 않은 시의 시장을 말함)·군수 또는 구청장이 인정한 경우

① 소유농지를 임대차 또는 무상사용하게 하는는 경우

② 임대인의 지위를 승계한 양수인이 그 임대차 잔여기간 동안 계속하여 임대하는 경우

제1장 농지취득개관 **061**

　　③ 자연재해 등으로 인하여 영농이 불가능하게 되어 휴경하는 경우
　　④ 농지개량 또는 영농준비를 위하여 휴경하는 경우
　　⑤ 「병역법」에 따라 징집 또는 소집되어 휴경하는 경우
　　⑥ 질병 또는 취학으로 인하여 휴경하는 경우
　　⑦ 선거에 따른 공직취임으로 휴경하는 경우
　　⑧ 부상으로 3월 이상의 치료가 필요로 휴경하는 경우
　　⑨ 교도소·구치소 또는 보호감호시설에 수용으로 휴경하는 경우
　　⑩ 임신 중이거나 분만 후 6개월 미만인 경우
　　⑪ 3월 이상의 국외여행으로 휴경하는 경우
　　⑫ 농업법인의 청산으로 휴경하는 경우
　　⑬ 농산물의 생산조정 또는 출하조절을 위하여 휴경하는 경우
　　⑭ 연작으로 인한 피해가 예상되는 작목의 경작이나 재배 전후에 피해예방을 위하여 필요한 기간 동안 휴경하는 경우
　　⑮ 「가축전염병 예방법」에 따라 가축사육시설이 폐쇄되거나 가축의 사육이 제한되어 해당 축사에서 가축을 사육하지 못하게 된 경우
　　⑯ 「곤충산업의 육성 및 지원에 관한 법률」에 따라 곤충의 사육 및 유통이 제한되거나 폐기 명령을 받은 경우
　　⑰ 소유농지가 「자연공원법」에 따른 공원자연보존지구로 지정된 경우

2) 농지를 소유하고 있는 농업회사법인이 그 요건에 맞지 않게 된 후 3개월이 지난 경우

3) 「초·중등교육법」 「고등교육법」에 따른 학교, 「농지법 시행규칙」 별표 2로 정하는 공공단체·농업연구기관·농업생산자단체 또는 종묘나 그 밖의 농업 기자재 생산자가 그 목적사업을 수행하기 위하여 필요한 시험지·연구지·실습지 또는 종묘생산지로 쓰기 위하여 농지를 취득한 자가 그 농지를 해당 목적사업에 이용하지 않게 되었다고 시장·군수 또는 구청장이 인정한 경우

4) 주말·체험영농(농업인이 아닌 개인이 주말 등을 이용하여 취미생활이나 여가활동으로 농작물을 경작하거나 다년생식물을 재배하는 것)을 하려고 농지를 취득한 자가 위의 정당한 사유 없이 그 농지를 주말·체험영농에 이용하지 않게 되었다고 시장·군수 또는 구청장이 인정한 경우

5) 농지전용허가를 받거나 농지전용신고를 하고 농지를 취득한 자가 취득한 날부터 2년 이내에 그 목적사업에 착수하지 않은 경우(이 경우에는 농지 소유 상한을 초과하는 면적에 해당하는 농지를 말함)

6) 「공익사업을 위한 토지 등의 취득 및 보상에 관한 법률」에 따라 농지를 취득하여 소유하는 경우에 농림축산식품부장관과의 협의를 마치지 않고 농지를 소유한 경우

7) 「공공토지의 비축에 관한 법률」에 따라 공공토지비축심의위원회가 비축이 필요하다고 인정하는 토지로서 「국토의 계획 및 이용에 관한 법률」에 따른 계획관리지역과 자연녹지지역안의 농지를 한국토지주택공사가 취득하여 소유하는 경우에 한국농어촌공사에 지체 없이 위탁하지 아니한 경우

8) 농지 소유 상한을 초과하여 농지를 소유한 것이 판명된 경우

9) 거짓이나 그 밖의 부정한 방법으로 농지취득자격증명을 발급받아 농지를 소유한 것이 판명된 경우

10) 자연재해·농지개량·질병 등 다음에서 정하는 정당한 사유 없이 농업경영계획서의 내용을 이행하지 않았다고 시장·군수 또는 구청장이 인정한 경우(「농지법 시행령」 제9조제2항)
    ① 위의 농지처분의무가 면제되는 정당한 사유에 해당하는 경우
    ② 위탁경영하는 경우

2. 처분의무의 통지 및 처분명령

(1) 처분의무의 통지

시장·군수 또는 구청장은 농지의 처분의무가 생긴 농지의 소유자에게 농지처분의무통지서에 처분 대상 농지, 처분의무 기간 등을 구체적으로 밝혀 그 농지를 처분하여야 함을 알린다(「농지법」 제10조제2항, 「농지법 시행규칙」 제8조제1항 및별지 제7호서식).

(2) 처분명령

시·군수 또는 구청장은 처분의무 기간에 처분 대상 농지를 처분하지 않은 농지 소유자에게 6개월 이내에 그 농지를 처분할 것을 명할 수 있다(「농지법」 제11조제1항).

※ 농지 소유자는 처분명령을 받으면 한국농어촌공사에 그 농지의 매수를 청구할 수 있다(「농지법」 제11조제2항).

> ※ 한국농어촌공사는 농지소유자의 매수 청구를 받으면 「부동산 가격공시에 관한 법률」에 따른 공시지가(해당 토지의 공시지가가 없으면 개별 토지 가격(「부동산 가격공시에 관한 법률」 제8조)을 말함)를 기준으로 해당 농지를 매수할 수 있습니다. 이 경우 인근 지역의 실제 거래 가격이 공시지가보다 낮으면 실제 거래 가격을 기준으로 매수할 수 있다(「농지법」 제11조제3항).

> ※ 이러한 처분명령에 대해 이의가 있는 사람은 행정심판을 제기할 수 있다.

(3) 처분명령의 유예

1) 시장·군수 또는 구청장은 처분의무 기간에 처분 대상 농지를 처분하지 않은 농지 소유자가 다음의 어느 하나에 해당하면 처분의무 기간이 지난 날부터 3년간 농지의 처분명령을 직권으로 유예할 수 있다(「농지법」 제12조제1항).

   ① 해당 농지를 자기의 농업경영에 이용하는 경우
   ② 한국농어촌공사와 해당 농지의 매도위탁계약을 체결한 경우

2) 시장·군수 또는 구청장은 처분명령을 유예 받은 농지 소유자가 처분명령 유예 기간에 처분명령유예사유(「농지법」 제12조제1항 각 호)에 해당하지 않게 되면 바로 그 유예한 처분명령을 한다(「농지법」 제12조제2항).

3) 농지 소유자가 처분명령을 유예 받은 후 처분명령을 받지 않고 그 유예 기간이 지난 경우에는 농지의 처분의무에 대하여 처분명령이 유예된 농지의 그 처분의무만 없어진 것으로 본다(「농지법」 제12조제3항).

3. 이행강제금의 부과

(1) 이행강제금의 부과

시장·군수 또는 구청장은 농지의 처분명령을 받은 후 그 매수를 청구하여 협의 중인 경우 등 다음의 정당한 사유 없이 지정기간까지 그 처분명령을 이행하지 않은 사람에게 해당 농지의 토지가액의 100분의 20에 해당하는 이행강제금을 부과한다(「농지법」 제62조제1항 및 「농지법 시행령」 제75조제3항).

- 한국농어촌공사에 매수를 청구하여 협의 중인 경우
- 법률 또는 법원의 판결 등에 따라 처분이 제한되는 경우

(2) 부과방법

1) 시장·군수 또는 구청장은 이행강제금을 부과하기 전에 이행강제금을 부과·징수한다는 뜻을 미리 문서로 알려야 한다(「농지법」 제62조제2항).

    ① 시장·군수 또는 구청장은 이행강제금을 부과하는 경우 이행강제금의 금액, 부과사유, 납부기한, 수납기관, 이의제기 방법, 이의제기 기관 등을 명시한 문서로 해야 한다(「농지법」 제62조제3항).

2) 시장·군수 또는 구청장은 이행강제금을 부과하는 때에는 10일 이상의 기간을 정해 이행강제금 처분대상자에게 의견제출의 기회를 주어야 한다(「농지법 시행령」 제75조제1항).

(3) 징수절차 및 부과시기·횟수

1) 이행강제금의 징수절차는 이행강제금의 징수결정(「국고금 관리법 시행규칙」 제4조) → 납입고지(「국고금 관리법 시행규칙」 제10조) → 수납(「국고금 관리법 시행규칙」 제23조)의 방식으로 이루어진다(「농지법 시행령」 제75조제2항 및 「농지법 시행규칙」 제64조).

2) 시장·군수 또는 구청장은 최초로 처분명령을 한 날을 기준으로 하여 그 처분명령이 이행될 때까지 이행강제금을 매년 1회 부과·징수할 수 있다(「농지법」 제62조제4항).

(4) 부과의 중지

시장·군수 또는 구청장은 농업경영에 이용하지 않는 농지의 처분명령을 받은 자가 처분명령을 이행하면 새로운 이행강제금의 부과는 즉시 중지하되, 이미 부과된 이행강제금은 징수해야 한다(「농지법」 제62조제5항).

(5) 이의제기

1) 이행강제금 부과처분에 불복하는 자는 그 처분을 고지받은 날부터 30일 이내에 시장·군수 또는 구청장에게 이의를 제기할 수 있다(「농지법」 제62조제6항).

2) 이행강제금 부과처분을 받은 자가 이의를 제기하면 시장·군수 또는 구청장은 바로 관할 법원에 그 사실을 통보해야 하며, 그 통보를 받은 관할 법원은 「비송사건절차법」에 따른 과태료 재판에 준하여 재판을 한다(「농지법」 제62조제7항).

3) 이의제기 기간에 이의를 제기하지 않고 이행강제금을 납부기한까지 내지 않으면, 이행강제금은 「지방행정제재·부과금의 징수 등에 관한 법률」에 따라 징수된다(「농지법」 제62조제8항).

4. 판례

(1) 대법원 2005. 11. 30. 자 2005마1031 결정 「농지법」위반

대법원 2005. 11. 30. 자 2005마1031 결정 【농지법위반】[공2006.1.15.(242),93]

【판시사항】
[1] 처분명령의 대상이 된 농지에 채권최고액이 매우 큰 저당권과 존속기간이 매우 긴 지상권이 각 설정되어 있는 것이 처분명령을 이행하지 아니한 데 대한 정당한 사유에 해당하는지 여부(소극)
[2] 법원이 농지법 제65조 제1항이 정한 이행강제금을 감액하여 부과할 수 있는지 여부(소극)

【결정요지】
[1] 농지법 제11조 제1항에 의한 처분명령의 대상이 된 농지에 채권최고액이 매우 큰 저당권과 존속기간이 매우 긴 지상권이 각 설정되어 있더라도 그것만으로는 농지법 제65조 제1항, 농지법 시행령 제77조 제3항 제2호의 정당한 사유에 해당한다고 볼 수 없다.
[2] 농지법 제65조 제1항이 처분명령을 정당한 사유 없이 이행하지 아니한 자에 대하여 당해 농지의 토지가액의 100분의 20에 상당하는 이행강제금을 부과한다고 정하고 있으므로, 처분명령이 효력이 없거나 그 불이행에 같은 항 소정의 정당한 사유가 있어 이행강제금에 처하지 아니하는 결정을 하지 않는 한, 법원으로서는 그보다 적은 이행강제금을 부과할 수도 없다.

【참조조문】
[1] 농지법 제11조 제1항, 제65조 제1항, 농지법 시행령 제77조 제3항 제2호 / [2] 농지법 제65조 제1항

【전 문】

【재항고인】 김재옥 (소송대리인 법무법인 강산 담당변호사 김은유외 2인)

【원심결정】 수원지법 2005. 9. 27.자 2005라254 결정

【주 문】
재항고를 기각한다.

【이 유】
농지법 제11조 제1항에 의한 처분명령의 대상이 된 농지에 채권최고액이 매우 큰 근저당권과 존속기간이 매우 긴 지상권이 각 설정되어 있더라도 그것만으로는 농지법 제65조

제1항, 농지법 시행령 제77조 제3항 제2호의 정당한 사유에 해당한다고 볼 수 없다.

또한, 농지법 제65조 제1항이 처분명령을 정당한 사유 없이 이행하지 아니한 자에 대하여 당해 농지의 토지가액의 100분의 20에 상당하는 이행강제금을 부과한다고 정하고 있으므로, 처분명령이 효력이 없거나 그 불이행에 같은 항 소정의 정당한 사유가 있어 이행강제금에 처하지 아니하는 결정을 하지 않는 한, 법원으로서는 그보다 적은 이행강제금을 부과할 수도 없다.

원심은 재항고인이 관할구청장의 농지처분명령을 이행하지 아니한 데 정당한 사유가 없다고 보아 개별공시지가를 기준으로 계산한 처분대상농지 가액의 20%에 상당한 금액을 이행강제금으로 부과한 제1심결정을 유지하였는바, 이러한 원심의 조치는 위에서 본 법리들이나 이 사건 기록에 비추어 정당하고, 거기에 재항고이유에서 주장한 것처럼 농지법 제65조 제1항에서 말하는 '정당한 사유' 및 같은 법 시행령 제77조 제3항 제2호 소정의 사유에 관한 법리나 재량권의 일탈·남용에 관한 법리를 오해하는 등으로 판결 결과에 영향을 미친 위법이 없다.

따라서 재항고를 기각하기로 하여 주문과 같이 결정한다.

대법관 김황식(재판장) 이규홍 박재윤(주심) 김영란

(2) 대법원 2003. 11. 14. 선고 2001두8742 판결 농지처분의무통지처분취소

대법원 2003. 11. 14. 선고 2001두8742 판결 【농지처분의무통지처분취소】
[공2003.12.15.(192),2363]

【판시사항】

[1] 구 농지법상 농지처분의무통지가 독립한 행정처분으로서 항고소송의 대상이 되는지 여부(적극)

[2] 처분성이 없는 농지처분의무의 확정통보에 대한 행정심판 및 소제기로 인하여 농지처분의무통지처분에 대한 전심절차 및 제소기간이 준수되었다고 본 사례

[3] 종국처분인 농지처분명령의 취소를 구하는 소를 제기하여 원고 패소의 판결이 확정된 이상, 그 전단계인 농지처분의무통지의 취소를 구하는 부분의 소는 더 이상 이를 유지할 이익이 없다고 한 사례

【판결요지】

[1] 구 농지법(2002. 1. 14. 법률 제6597호로 개정되기 전의 것) 제10조 제1항 제7호, 제2항, 제11조에 의하면, 농지의 소유자가 정당한 사유 없이 같은 법 제8조 제2항의

규정에 의한 농업경영계획서의 내용을 이행하지 아니하였다고 시장 등이 인정한 때에는 그 사유가 발생한 날부터 1년 이내에 당해 농지를 처분하여야 하고, 시장 등은 농지의 처분의무가 생긴 농지의 소유자에게 농림부령이 정하는 바에 의하여 처분대상농지·처분의무기간 등을 명시하여 해당 농지를 처분하여야 함을 통지하여야 하며, 위 통지에서 정한 처분의무기간 내에 처분대상농지를 처분하지 아니한 농지의 소유자에 대하여는 6개월 이내에 당해 농지를 처분할 것을 명할 수 있는바, 시장 등 행정청은 위 제7호에 정한 사유의 유무, 즉 농지의 소유자가 위 농업경영계획서의 내용을 이행하였는지 여부 및 그 불이행에 정당한 사유가 있는지 여부를 판단하여 그 사유를 인정한 때에는 반드시 농지처분의무통지를 하여야 하는 점, 위 통지를 전제로 농지처분명령, 같은 법 제65조에 의한 이행강제금부과 등의 일련의 절차가 진행되는 점 등을 종합하여 보면, 농지처분의무통지는 단순한 관념의 통지에 불과하다고 볼 수는 없고, 상대방인 농지소유자의 의무에 직접 관계되는 독립한 행정처분으로서 항고소송의 대상이 된다.

[2] 처분성이 없는 농지처분의무의 확정통보에 대한 행정심판 및 소제기로 인하여 농지처분의무통지처분에 대한 전심절차 및 제소기간이 준수되었다고 본 사례.

[3] 종국처분인 농지처분명령의 취소를 구하는 소를 제기하여 원고 패소의 판결이 확정된 이상, 그 전단계인 농지처분의무통지의 취소를 구하는 부분의 소는 더 이상 이를 유지할 이익이 없다고 한 사례.

【참조조문】

[1] 구 농지법(2002. 1. 14. 법률 제6597호로 개정되기 전의 것) 제10조 제1항 제7호, 제2항, 제11조, 제65조, 행정소송법 제2조 / [2] 구 농지법(2002. 1. 14. 법률 제6597호로 개정되기 전의 것) 제10조 제1항 제7호, 제2항, 제11조, 행정소송법 제18조, 제20조, 제27조[행정소송재판일반] / [3] 구 농지법(2002. 1. 14. 법률 제6597호로 개정되기 전의 것) 제10조 제1항 제7호, 제2항, 제11조, 제65조, 행정소송법 제12조

【참조판례】

[2] 대법원 2000. 9. 26. 선고 99두646 판결(공2000하, 2228)

【전 문】

【원고,상고인】 정동철

【피고,피상고인】 김해시장

【원심판결】 부산고법 2001. 9. 14. 선고 2001누519 판결

【주 문】

상고를 기각한다. 상고비용은 원고의 부담으로 한다.

【이 유】

상고이유를 본다.

1. 원심판결의 요지

가. 원심판결 이유에 의하면, 원심은 그 판시와 같은 사실을 인정한 다음, 피고가 구 농지법(2002. 1. 14. 법률 제6597호로 개정되기 전의 것, 이하 '농지법'이라 한다) 제10조 제2항의 규정에 의하여 1999. 12. 30. 원고에게 한 농지처분의무통지(이하 '이 사건 통지'라 한다)는 같은 조 제1항 제7호에 해당하는 사유로 원고에게 법률상 당연히 그때부터 1년 이내에 이 사건 농지를 처분할 의무가 발생하였음을 고지해 주는 사실 또는 관념의 통지에 불과할 뿐, 위 통지에 의하여 비로소 농지처분의무가 생기는 것은 아니어서 항고소송의 대상이 되는 처분이라고 할 수 없고, 또한 이 사건 통지가 있음을 안 날로부터 90일이 지난 후인 2001. 3. 20. 비로소 그 취소를 구하는 소를 제기함으로써 제소기간이 경과하였으므로, 이 사건 통지의 취소를 구하는 부분의 소는 부적법하다는 이유로 각하하였다.

나. 그리고 원심은, 위와 같이 이 사건 통지에 처분성이 인정되지 아니함을 전제로, 이 사건 통지에 기한 이 사건 확정통보 또한 단순한 사실의 통지에 불과한 것이므로 항고소송의 대상이 되는 처분이라고 할 수 없다고 판단하여, 이 사건 확정통보의 취소를 구하는 부분의 소도 부적법하다는 이유로 각하하였다.

2. 이 법원의 판단

가. 이 사건 확정통보의 취소청구 부분에 대하여

기록과 관계 법령에 비추어 살펴보면, 피고는 원고가 이 사건 통지에 대한 이의신청을 하자, 그 이의사항에 대하여 내부의 사무처리지침인 1999. 9. 29.자 농림부예규 '농업경영에이용하지않는농지등의처분관련업무처리요령'에 따라 재조사를 한 다음, 이의내용이 타당하지 않아 원고의 농지처분의무가 확정되었다는 이 사건 확정통보를 한 사실을 알 수 있는바, 그렇다면 이 사건 확정통보는 피고가 업무처리의 적정 및 원고의 편의를 위하여 한 조치에 불과하고, 이로 인하여 원고에게 권리를 제한하거나 의무를 부담시키는 것은 아니어서, 항고소송의 대상이 되는 처분이라고 할 수 없다 할 것이다.

따라서 이 부분의 소를 각하한 원심의 조치는 정당하고, 거기에 처분에 관한 법리오해의 위법이 있다고 할 수 없다.

이 부분 상고이유의 주장은 받아들이지 아니한다.

나. 이 사건 통지의 취소청구 부분에 대하여

(1) 농지법 제10조 제1항 제7호, 제2항, 제11조에 의하면, 농지의 소유자가 정당한 사유 없이 같은 법 제8조 제2항의 규정에 의한 농업경영계획서의 내용을 이행하지 아니하였다고 시장 등이 인정한 때에는 그 사유가 발생한 날부터 1년 이내에 당해 농지를 처분하여야 하고, 시장 등은 농지의 처분의무가 생긴 농지의 소유자에게 농림부령이 정하는 바에 의하여 처분대상농지·처분의무기간 등을 명시하

여 해당 농지를 처분하여야 함을 통지하여야 하며, 위 통지에서 정한 처분의무기간 내에 처분대상농지를 처분하지 아니한 농지의 소유자에 대하여는 6개월 이내에 당해 농지를 처분할 것을 명할 수 있는바, 시장 등 행정청은 위 제7호에 정한 사유의 유무, 즉 농지의 소유자가 위 농업경영계획서의 내용을 이행하였는지 여부 및 그 불이행에 정당한 사유가 있는지 여부를 판단하여 그 사유를 인정한 때에는 반드시 농지처분의무통지를 하여야 하는 점, 위 통지를 전제로 농지처분명령, 농지법 제65조에 의한 이행강제금부과 등의 일련의 절차가 진행되는 점 등을 종합하여 보면, 이 사건 통지는 단순한 관념의 통지에 불과하다고 볼 수는 없고, 상대방인 원고의 의무에 직접 관계되는 독립한 행정처분으로서 항고소송의 대상이 된다 할 것이다.

그럼에도 불구하고 원심은, 이 사건 통지를 행정처분으로 볼 수 없다고 판단하였으니, 거기에는 농지법상 농지처분의무통지의 성질에 대한 해석을 그르쳐 항고소송의 대상이 되는 행정처분에 관한 법리를 오해한 잘못이 있다.

(2) 한편, 제소기간 준수 여부에 관한 원심의 부가적 판단에 대하여 직권으로 살피건대, 행정소송법 제20조 제1항, 제2항에 의하면, 취소소송은 처분이 있음을 안 날로부터 90일, 처분이 있은 날부터 1년 내에 제기하여야 하고, 행정심판청구를 한 경우에는 재결서의 정본을 송달받은 날부터 90일, 재결이 있은 날로부터 1년 내에 소를 제기하여야 하는바, 농지법 제10조 제1항 제7호가 정한 사유에 해당하지 아니하여 농지처분의무가 없다고 다투는 원고로서는 1999. 12. 30.자 이 사건 통지를 대상으로 적법한 기간 내에 그 취소를 구하는 행정심판이나 행정소송을 제기하여야 함에도 불구하고, 원심이 적법하게 확정한 사실관계 및 기록에 의하면, 원고는 처분성이 결여된 2000. 5. 23.자 이 사건 확정통보를 대상으로 같은 해 6. 7. 그 취소를 구하는 행정심판청구를 하였고, 같은 해 8. 7. 위 행정심판청구에 대한 기각재결 후 같은 해 8. 22. 이 사건 제1심 법원에 그 취소를 구하는 소를 제기하였다가, 이 사건 통지가 있음을 안 날부터 90일이 지난 후인 2001. 3. 20. 원심에서 비로소 청구취지 및 항소취지 정정신청서를 제출하면서 이 사건 통지에 대한 취소를 추가하여 구한 사실을 알 수 있으나, 한편 기록에 의하면, 원고가 소장의 청구취지에 처분성이 결여된 이 사건 확정통보를 소송의 대상으로 기재하고 있기는 하지만 청구원인에는 내용상 위 두 가지 행위 모두의 경과를 기재한 다음 이 사건 통지는 농지법 제10조 제1항 제7호의 요건에 해당하지 아니하여 위법하다는 취지를 기재한 점, 이 사건 확정통보에 대한 심판기관의 재결에도 이 사건 통지에 대한 실질적인 심리·판단이 있는 데다가 이 사건 제1심판결은 그 이유 중에서 이 사건 통지 및 이 사건 확정통보 모두에 대하여 처분성 유무를 판단한 점, 원고가 2001. 3. 20. 청구취지 및 항소취지 정정신청서를 제출하면서 이 사건 통지도 처음부터 소송의 대상으로 삼은 것임을 명백히 한 점 등을 알 수 있는바, 그렇다면 원고가 원심에서 이 사건 통지에 대한 취소청구

를 추가한 것은 청구취지의 정정에 해당한다고 볼 것이고, 원고는 이 사건 확정통보에 대한 행정심판 및 소제기로 인하여 이 사건 통지에 대한 행정심판을 거치고 적법한 제소기간 내에 소를 제기하였다고 보아야 할 것이다(대법원 2000. 9. 26. 선고 99두646 판결 참조).

그럼에도 불구하고 원심은, 이 사건 확정통보에 대한 재결을 이 사건 통지에 대한 행정심판청구 및 재결로 볼 수 없고, 가사 이 사건 통지에 대한 재결로 본다고 하더라도 이 부분 소는 제소기간을 도과한 후에 제기된 것으로 부적법하다고 판단하였으니, 거기에는 청구취지의 정정 및 제소기간준수에 관한 법리를 오해한 잘못도 있다.

(3) 그러나 기록에 의하면, 원고가 2001. 1. 17.경 피고로부터 이 사건 통지에 기한 농지처분명령을 받고, 이 사건과는 별도로 그 취소를 구하는 소를 제기하자, 그 제1심 법원은 이 사건 통지 당시 원고에게 농지법 제10조 제1항 제7호 소정의 사유가 있고 위 농지처분명령에 있어서 재량권을 남용한 위법도 없다고 판단하여 원고의 청구를 기각하였으며, 항소심 법원 역시 원고의 항소를 기각하여 위 판결이 확정되었음을 알 수 있는바, 이 사건 통지와 농지처분명령은 동일한 행정목적을 달성하기 위하여 단계적인 일련의 절차로 연속하여 행하여지는 것으로서 서로 결합하여 원고에게 농지처분의무를 부과하는 법률효과를 발생시키는데, 원고가 종국처분인 위 농지처분명령의 취소를 구하는 소를 제기하여 이 사건 통지의 전제가 되는 위 제7호 소정의 사유가 있다는 판단을 받고 원고 패소의 판결이 확정된 이상, 이 사건 통지의 취소를 구하는 부분의 소는 더 이상 이를 유지할 이익이 없다고 보아야 할 것이다.

(4) 따라서 원심이 이 부분 소를 각하한 것은 결론에 있어서 정당하고, 거기에 판결 결과에 영향을 미친 법리오해 등의 위법이 있다고 할 수 없다.

이 부분 상고이유 주장 역시 받아들이지 아니한다.

3. 결론

그러므로 상고를 기각하고, 상고비용은 패소자의 부담으로 하기로 하여 관여 법관의 일치된 의견으로 주문과 같이 판결한다.

대법관　강신욱(재판장)　변재승(주심)　윤재식　고현철

 농지 취득과 전용

Ⅳ. 농지취득의 방법

01 농지의 매매

1. 농지매매의 개념

"농지의 매매"란 당사자 일방이 농지의 소유권을 상대방에게 이전할 것을 약정하고 상대방은 그 대금을 지급할 것을 약정하는 것을 말한다(「민법」 제563조).

매매계약의 당사자는 매도인과 매수인이다.

> ※ '매도인'은 물건을 파는 사람을, '매수인'은 물건을 사는 사람을 말한다.

2. 매매의사의 합치

(1) 농지매매가 성립하기 위해서는 매도인과 매수인이 해당 농지에 대한 매매의 의사를 가져야 한다.

(2) 매매계약은 매도인과 매수인이 매매하려는 의사의 합치만으로 유효하게 성립한다.

　① '매매의사의 합치'란 매도인이 농지를 2억원을 판다는 의사를 표시하고 매수인이 매도인으로부터 이를 2억원에 산다는 의사를 표시하는 것과 같이 서로의 의사가 합쳐서 하나의 공통된 약속이 되는 것을 말한다.

　② 매매계약은 매매의사의 합치만으로 성립하므로 그 밖의 사항, 예컨대 계약의 비용·채무의 이행시기 및 이행장소 등에 대해서는 반드시 합의가 있음을 전제하지 않는다. 그러나 농지와 같은 부동산의 매매계약은 통상 표준매매계약서를 작성하여 행해진다.

02 농지의 증여

1. 농지의 증여

(1) "농지의 증여"란 당사자 일방이 무상으로 농지를 상대방에 수여하는 계약을 말한다(「민법」 제554조).

(2) 증여계약의 당사자는 증여자와 수증자이다.

> ※ 증여자는 증여를 하는 사람을, 수증자는 증여를 받는 사람을 말한다.

2. 증여의사의 합치

증여계약은 당사자의 의사의 합치만으로도 성립되지만, 농지와 같은 부동산의 증여계약은 계약서를 작성하여 체결하는 것이 확실하다.

3. 부담부 증여(負擔附 贈與)와 사인증여(死因贈與)

(1) 농지의 증여계약은 수증자가 일정한 의무를 부담하는 것을 조건으로 하는 부담부 증여(負擔附 贈與)나 증여자의 사망으로 인해 효력이 발생하는 증여인 사인증여(死因贈與) 등의 방식으로 이루어질 수 있다.(「민법」제561조, 「민법」제562조).

① '부담부 증여'란 수증자가 증여를 받는 동시에 일정한 부담, 즉 일정한 급부를 할 채무를 부담하는 것을 부관으로 하는 증여를 말한다. 예를 들어, 서울에 있는 집을 증여하면서 증여자의 자녀가 서울에서 공부하는 동안 수증자가 돌봐주기로 약속하는 것이 부담부 증여이다(「민법」제559조, 「민법」제561조).

② '사인증여'란 증여자의 사망으로 효력을 발생하는 증여를 말한다. 즉, 증여자가 살아있는 동안에 계약을 맺으나, 그 효력발생은 증여자의 사망을 법정조건으로 하는 계약을 말한다(「민법」제562조).

03 농지의 교환

1. 농지의 교환

- "농지의 교환"이란 당사자 쌍방이 농지를 상호 이전할 것을 약정하는 계약을 말한다(「민법」제598조).
- 통상 교환계약은 목적물의 가격이 균등한 경우에 이루어지나, 균등하지 않은 경우에는 그 차액을 보충하기 위한 보충금(補充金)이 지급된다.
- 보충금이 지급되는 경우에는 그 보충금에 관해서는 매매대금에 관한 규정이 준용된다(「민법」제597조).

04 농지의 상속

1. 농지의 상속

(1) "농지의 상속"이란 상속인이 피상속인의 농지를 상속하는 것을 말한다.

① 상속인은 피상속인의 사망으로 농지를 취득할 수 있다.

② 상속은 피상속인의 사망으로 인하여 개시된다(「민법」제997조).

 농지 취득과 전용

③ 상속이 개시되면 상속인은 그때부터 피상속인의 재산에 관한 포괄적 권리의무를 승계한다. 따라서 농지와 같은 토지소유권은 상속의 대상이 된다(「민법」 제1005조).

※ 피상속인이란 사망 또는 실종선고로 인하여 상속재산을 물려주는 사람을 말하며, 상속인이란 피상속인의 사망으로 상속재산을 물려받는 사람을 말한다.

(2) 상속인은 다음과 같은 순위로 정해진다(「민법」 제1000조제1항).

상속순위	상속인	참고사항
1	피상속인의 직계비속·배우자	항상 상속인이 됨
2	피상속인의 직계존속·배우자	직계비속이 없는 경우 상속인이 됨
3	피상속인의 형제자매	1, 2 순위가 없는 경우 상속인이 됨
4	피상속인의 4촌 이내의 방계혈족	1, 2, 3 순위가 없는 경우 상속인이 됨

※ 법정 상속인의 결정에 있어서 같은 순위의 사람이 여러 사람 있을 때에는 가장 가까운 상속인을 우선순위로 하며, 촌수가 같은 상속인이 여러 명인 경우에는 공동상속인이 된다(「민법」 제1000조제2항).
※ 한편, 태아는 상속순위에 대해 이미 출생한 것으로 본다(「민법」 제1000조제3항).
※ 배우자는 1순위인 직계비속과 같은 순위로 공동상속인이 되며, 직계비속이 없는 경우에는 2순위인 직계존속과 공동상속인이 된다. 한편, 직계비속과 직계존속이 모두 없는 경우에는 배우자가 단독상속인이 된다(「민법」 제1003조).

농지 취득과 전용

M/E/M/O

제2장 농지의 매매

I. 농지 매매의 준비

01 농지의 확인

1. 부동산등기부의 확인

(1) 부동산등기부의 확인

1) 농지에 대한 매매계약을 체결하기 전에 매수인은 계약 목적물인 농지의 표시와 그 권리관계를 확인하기 위해 부동산등기부를 확인해야 한다.

2) 매매목적 농지에 저당권이 설정되어 있거나 가처분·가압류·가등기가 되어 있는 경우에도 매매계약은 유효하게 체결될 수 있으나, 이러한 농지는 경매의 위험이 있음을 유의해야 한다.

(2) 부동산등기부란

1) "부동산등기"란 부동산의 소유권을 취득하거나 저당권을 설정 받으려는 자를 위해 부동산의 표시와 그에 관한 권리관계를 기재하는 공적 장부를 말한다.

2) 부동산등기부는 일반 국민에게 그 부동산의 표시와 권리관계에 관해 널리 알리는 공시(公示)의 역할을 하며, 부동산등기부에는 토지등기부와 건물등기부가 있다(「부동산등기법」 제14조제1항).

(3) 부동산등기부의 편성

1) 1필의 토지에 대해 1개의 등기기록을 둔다. 등기기록에는 부동산의 표시에 관한 사항을 기록하는 표제부와 소유권에 관한 사항을 기록하는 갑구(甲區) 및 소유권 외의 권리에 관한 사항을 기록하는 을구(乙區)를 둔다(「부동산등기법」 제15조).

2) 토지등기기록의 표제부에는 표시번호란, 접수란, 소재지번란, 지목란, 면적란, 등기원인 및 기타사항란을 둔다(「부동산등기규칙」 제13조제1항).

3) 갑구와 을구에는 순위번호란, 등기목적란, 접수란, 등기원인란, 권리자 및 기타사항란을 둔다(「부동산등기규칙」 제13조제2항).

4) 토지등기기록의 양식은 「부동산등기규칙」 별지 제1호 양식에 따른다(「부동산등기규칙」 제13조제3항).

[토지등기기록]

[별지 제1호 양식] 토지등기기록

[토지] 0000시 00구 00동 00 　　　　　　　　고유번호 0000-0000-000000

[표 제 부]　　　　(토지의 표시)

표시번호	접 수	소재지번	지목	면적	등기원인 및 기타사항

[갑 구]　　　　(소유권에 관한 사항)

순위번호	등기목적	접 수	등기원인	권리자 및 기타사항

[을 구]　　　　(소유권 외의 권리에 관한 사항)

순위번호	등기목적	접 수	등기원인	권리자 및 기타사항

[건물등기기록]

[별지 제2호 양식] 건물등기기록

[건물] 0000시 00구 00동 00 　　　　　　　　고유번호 0000-0000-000000

[표 제 부]　　　　(건물의 표시)

표시번호	접 수	소재지번 및 건물번호	건물내역	등기원인 및 기타사항

[갑 구]　　　　(소유권에 관한 사항)

순위번호	등기목적	접 수	등기원인	권리자 및 기타사항

[을 구]　　　　(소유권 외의 권리에 관한 사항)

순위번호	등기목적	접 수	등기원인	권리자 및 기타사항

 농지 취득과 전용

(4) **부동산등기의 확인방법**

1) 부동산등기를 확인하기 위해 부동산등기부를 열람하거나 부동산등기사항증명서의 발급을 신청할 수 있다.

2) 부동산등기부의 열람 및 발급

3) 누구든지 수수료를 내고 등기기록에 기록되어 있는 사항의 전부 또는 일부의 열람(閱覽)과 이를 증명하는 등기사항증명서의 발급을 청구할 수 있다. 다만, 등기기록의 부속서류에 대하여는 이해관계 있는 부분만 열람을 청구할 수 있다(「부동산등기법」 제19조제1항).

4) 등기사항의 전부 또는 일부에 대한 증명서의 발급 및 등기기록 또는 신청서나 그 밖의 부속서류의 열람은 등기소에서 신청서를 제출하는 방법과 인터넷을 이용하는 방법이 있다(「부동산등기규칙」 제3절).

2. 토지대장의 확인

(1) **토지대장의 확인**

농지의 매수인은 농지를 매입하기 전에, 대장과 부동산등기부에 그 토지의 표시가 일치하는지 확인해야 한다. 신청정보 또는 등기기록의 부동산의 표시가 토지대장·임야대장 또는 건축물대장과 일치하지 않는 경우 등기 신청은 각하된다. 등기사항에 변경이 있는 경우에는 부동산 표시의 변경등기를 해야 한다(「부동산등기법」 제29조제11호, 제35조 「부동산등기규칙」 제72조).

(2) **토지대장(土地臺帳)**

1) 토지대장은 지적공부의 하나로 모든 토지의 필지마다 그 소재·지번·지목·면적·경계 또는 좌표 등을 조사·측량하여 등록된 것을 말한다(「공간정보의 구축 및 관리 등에 관한 법률」 제64조제1항).

① 토지의 지목이 임야인 때에는 별도의 임야대장에 기재된다(「공간정보의 구축 및 관리 등에 관한 법률」 제2조제19호).

■ 공간정보의 구축 및 관리 등에 관한 법률 시행규칙 [별지 제64호서식] <개정 2017. 1. 31.>

고유번호				임 야 대 장		도면번호		발급번호	
토지소재						장 번 호		처리시각	
지 번		축 척				비 고		발 급 자	
토 지 표 시						소 유 자			
지목	면 적(m²)		사 유			변동일자	주 소		
						변동원인	성명 또는 명칭		등록번호
						년 월 일			
						년 월 일			
등 급 수 정 연 월 일									
토 지 등 급 (기준수확량등급)		( )	( )	( )	( )	( )	( )	( )	( )
개별공시지가 기준일								용도지역 등	
개별공시지가(원/m²)									

270mm×190mm[백상지(150g/m²)]

② 토지대장은 「공간정보의 구축 및 관리 등에 관한 법률」 별지 제63호서식에서, 임야대장은 「공간정보의 구축 및 관리 등에 관한 법률 시행규칙」 별지 제64호서식에서 확인할 수 있다.

■ 공간정보의 구축 및 관리 등에 관한 법률 시행규칙 [별지 제63호서식] <개정 2017. 1. 31.>

고유번호				토 지 대 장		도면번호		발급번호	
토지소재						장 번 호		처리시각	
지 번		축 척				비 고		발 급 자	
토 지 표 시						소 유 자			
지목	면 적(m²)		사 유			변동일자	주 소		
						변동원인	성명 또는 명칭		등록번호
						년 월 일			
						년 월 일			
등 급 수 정 연 월 일									
토 지 등 급 (기준수확량등급)		( )	( )	( )	( )	( )	( )	( )	( )
개별공시지가 기준일								용도지역 등	
개별공시지가(원/m²)									

270mm×190mm[백상지(150g/m²)]

(3) 대장의 열람

지적공부를 열람하거나 그 등본을 교부받으려는 사람은 해당 지적소관청에 그 열람 또는 발급을 신청해야 한다. 정보처리시스템을 통해 기록·저장된 지적공부(지적도 및 임야도 제외)를 열람하거나 그 등본을 발급받으려는 경우에는 특별자치시장, 시장·군수 또는 구청장이나 읍·면·동의 장에게 신청할 수 있다(「공간정보의 구축 및 관리 등에 관한 법률」 제75조제1항).

3. 토지이용계획확인서의 확인

(1) 토지이용계획확인서란

"토지이용계획확인서"란 지역·지구 등의 지정내용과 그 지역·지구 등 안에서의 행위제한 내용이 기재되어 토지의 이용 및 도시·군계획 시설 결정여부 등을 알 수 있는 서류이다(「토지이용규제 기본법」 제10조, 「토지이용규제 기본법 시행령」 제9조제1항, 「토지이용규제 기본법 시행규칙」 제2조 「토지이용규제 기본법 시행규칙」 별지 제2호서식).

토지이용계획확인서에서 해당 부동산의 용도지역·용도지구, 앞으로의 개발계획수립여부 등을 확인할 수 있다.

부동산 농지와 산지 시리즈 ❶ 농지의 취득과 전용

[별지 제2호서식] <개정 2009.8.13>

발급번호:　　　　　발행매수: 0/0　　　발급일: 0000/00/00　　　(앞 쪽)

토지이용계획확인서				처리기간	
				1일	
신청인	성명		주소		
			전화번호		
신청 토지	소재지		지번	지목	면적(㎡)
지역·지구등의 지정 여부	「국토의 계획 및 이용에 관한 법률」에 따른 지역·지구등				
	다른 법령 등에 따른 지역·지구등				
「토지이용규제 기본법 시행령」 제9조제4항 각 호에 해당되는 사항					
확인도면				범례	
				축척　　/	

「토지이용규제 기본법」 제10조제1항에 따라 귀하의 신청 토지에 대한 현재의 토지이용계획을 위와 같이 확인합니다.

　　　　　　　　　　년　　　월　　　일

　　　　　　　특별자치도지사
　　　　　　　시장·군수·구청장　[직인]

수입증지 붙이는 곳

수입증지 금액
(지방자치단체의 조례로 정함)

210㎜×297㎜(보존용지(2종) 70g/㎡)

제2장 농지의 매매　081

	(뒤 쪽)
발급번호:　　　　발행매수: 0/0　　　발급일: 0000/00/00	

| 유의사항 | 1. 토지이용계획확인서는 「토지이용규제 기본법」 제5조 각 호에 따른 지역·지구등의 지정 내용과 그 지역·지구등에서의 행위제한 내용, 그리고 같은 법 시행령 제9조제4항에서 정하는 사항을 확인해 드리는 것으로서 지역·지구·구역 등의 명칭을 쓰는 모든 것을 확인해 드리는 것은 아닙니다.

2. 「토지이용규제 기본법」 제8조제2항 단서에 따라 지형도면을 작성·고시하지 않는 경우로서 「철도안전법」 제45조에 따른 철도보호지구, 「학교보건법」 제5조에 따른 학교환경위생 정화구역 등과 같이 별도의 지정 절차 없이 법령 또는 자치법규에 따라 지역·지구등의 범위가 직접 지정되는 경우에는 그 지역·지구등의 지정 여부를 확인해 드리지 못할 수 있습니다.

3. 「토지이용규제 기본법」 제8조제3항 단서에 따라 지역·지구등의 지정 시 지형도면등의 고시가 곤란한 경우로서 「토지이용규제 기본법 시행령」 제7조제4항 각 호에 해당되는 경우에는 그 지형도면등의 고시 전에 해당 지역·지구등의 지정 여부를 확인해 드리지 못합니다.

4. "확인도면"은 해당 필지에 지정된 지역·지구등의 지정 여부를 확인하기 위한 참고 도면으로서 법적 효력이 없고, 측량이나 그 밖의 목적으로 사용할 수 없습니다.

5. 지역·지구등에서의 행위제한 내용은 신청인의 편의를 도모하기 위하여 관계 법령 및 자치법규에 규정된 내용을 그대로 제공해 드리는 것으로서 신청인이 신청한 경우에만 제공되며, 신청 토지에 대하여 제공된 행위제한 내용 외의 모든 개발행위가 법적으로 보장되는 것은 아닙니다. |
| 지역·지구등에서의 행위제한 내용 | ※ 지역·지구등에서의 행위제한 내용은 신청인이 확인을 신청한 경우에만 기재되며, 「국토의 계획 및 이용에 관한 법률」에 따른 지구단위계획 구역에 해당하는 경우에는 담당 과를 방문하여 토지이용과 관련한 계획을 별도로 확인하셔야 합니다. |

(2) 토지이용계획확인서 발급절차

토지이용계획확인서를 발급받으려면, 특별자치도지사, 시장·군수·구청장에게 토지이용계획 확인신청서를 제출하여 발급받거나 민원24 홈페이지에서 발급받을 수 있다(「토지이용규제 기본법」 제10조, 「토지이용규제 기본법 시행령」 제9조).

[별지 제1호서식] <개정 2010.8.30>   민원24(www.minwon.go.kr)에서도 신청할 수 있습니다.

토지이용계획확인 신청서
(앞 쪽)

접수번호	접수일	발급일	처리기간 1일

| 신청인 | 성명 (서명 또는 인) | | 전화번호 | |
| | 주소 | | | |

대상 토지	연번	소재지	지번	신청부수
	1			
	2			
	3			
	4			
	5			
	6			
	7			
	8			
	9			
	10			

| 확인 사항 | 지역·지구등의 지정 내용 (「토지이용규제 기본법 시행령」 제9조제4항 각 호에 해당되는 사항 포함) |
| | 지정된 지역·지구등에서의 행위제한 내용을 포함하여 확인 신청합니다. [ ]예 [ ]아니오 |

「토지이용규제 기본법」 제10조제1항에 따라 위 신청토지에 대한 현재의 토지이용계획의 확인을 신청합니다.

년 월 일

○ ○ ○ 특별자치도지사
○ ○ ○ 시장·군수·구청장 귀하

첨부서류	수수료
없음	지방자치단체의 조례로 정함

210mm×297mm[일반용지 60g/㎡]

민원24(www.minwon.go.kr)에서도 신청할 수 있습니다.
(뒤 쪽)

유의사항

1. 토지이용계획 확인서는 「토지이용규제 기본법」 제5조 각 호에 따른 지역·지구 등의 지정 내용과 그 지역·지구등에서의 행위제한 내용, 그리고 같은 법 시행령 제9조제4항에서 정하는 사항을 확인해 드리는 것으로서 지역·지구·구역 등의 명칭을 쓰는 모든 것을 확인해 드리는 것은 아닙니다
2. 「토지이용규제 기본법」 제8조제2항 단서에 따라 지형도면을 작성·고시하지 않는 경우로서 「철도안전법」 제45조에 따른 철도보호지구, 「학교보건법」 제5조에 따른 학교환경위생 정화구역 등과 같이 별도의 지정 절차 없이 법령 또는 자치법규에 따라 지역·지구등의 범위가 직접 지정되는 경우에는 그 지역·지구등의 지정 여부를 확인해 드리지 못할 수 있습니다.
3. 「토지이용규제 기본법」 제8조제3항 단서에 따라 지역·지구등의 지정시 지형도면등의 고시가 곤란한 경우로서 「토지이용규제 기본법 시행령」 제7조제4항 각 호에 해당되는 경우에는 그 지형도면등의 고시 전에 해당 지역·지구등의 지정 여부를 확인하여 드리지 못합니다.
4. "토지이용계획 확인서"로는 지역·지구등의 지정 내용만을 확인받거나, 지역·지구등의 지정 내용과 그 지역·지구등에서의 행위제한 내용을 함께 확인받을 수 있으므로 신청인은 필요한 사항을 구분하여 확인을 신청하시기 바랍니다.
   * 지역·지구등에서의 행위제한 내용은 관계 법령에 규정된 내용을 그대로 제공해 드리는 것으로서 발급 매수에 따라 수수료가 추가될 수 있으므로 필요한 경우에만 발급받으시기 바랍니다.
5. "토지이용계획 확인 신청서"에 여러 개의 필지를 적으신 경우에도 "토지이용계획 확인서"는 1개의 필지 단위로 발급되며, 수수료도 각각 계산됩니다.

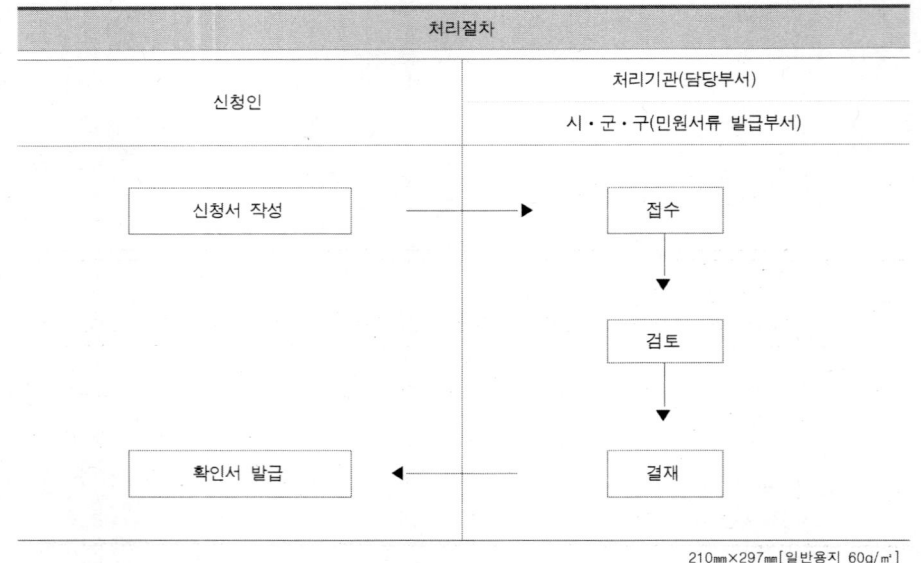

210mm×297mm[일반용지 60g/㎡]

(3) 농지전용허가의 가능 확인

농지를 전용하여 농지 이외의 목적으로 사용하기 위해 농지를 취득하려는 사람은 농지전용에 관한 협의를 하거나 농지전용허가를 받을 수 있는지를 확인하고 농지를 매수해야 한다(「농지법」 제34조참조).

(4) 토지거래허가구역 내인 경우 토지거래허가 가능 확인

농지가 토지거래허가구역 내에 위치한 경우 토지거래허가를 받을 수 있는지를 행정관청에 문의해야 한다(「부동산 거래신고 등에 관한 법률」 제10조참조).

4. 현장조사

(1) 현장조사

부동산등기부와 대장의 일치여부를 확인한 뒤에는 실제 농지가 등기부 등의 기재와 일치하는지 여부를 반드시 확인해야 한다.

(2) 현장조사 시 확인사항

현장조사 시 확인사항은 다음과 같다.

- 농경지로 이용되는지 여부
- 도로와 현황도로가 일치하는지 여부
- 농지가 접하고 있는지 여부
- 경계선과 현장의 경계선이 일치하는지 여부
- 방위가 지적도상의 방위와 일치하는지 여부
- 농지의 주변환경
- 수로, 경지정리 여부 등 농업생산기반시설 정비 여부
- 침수지역 여부
- 인근 농지로부터 피해 여부 등

[지적도]

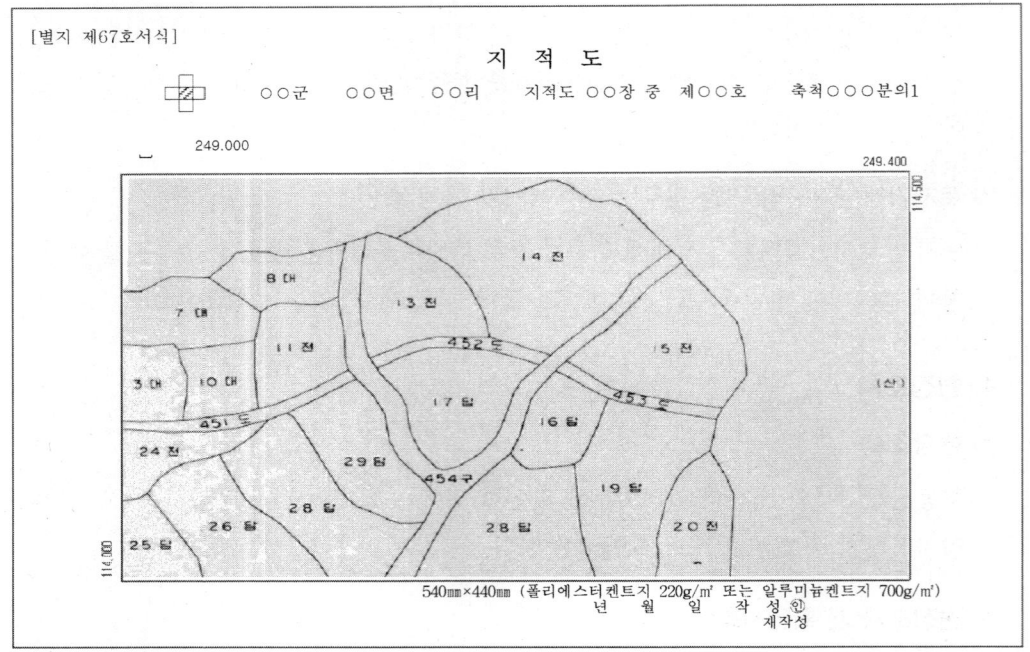

[임야도]

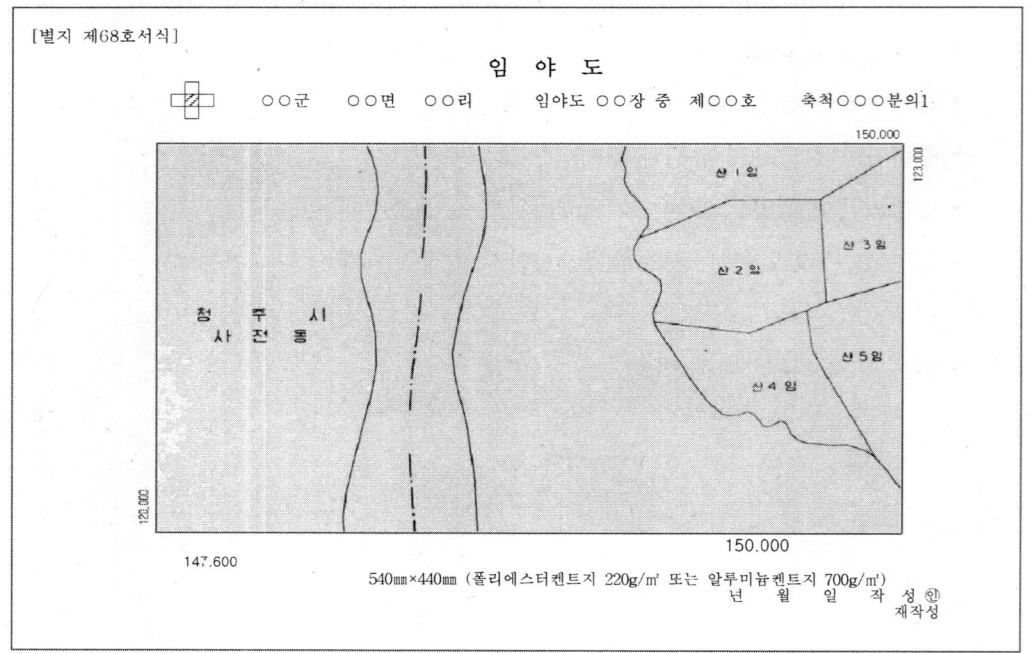

02 당사자의 확인

1. 매매계약체결 시 확인사항

(1) 매매계약체결 시 확인사항

1) 농지 매매계약을 체결할 때 매수인은 매도인이 농지의 소유권자인지를 살펴야 한다.

2) 매수인이 농지를 취득할 수 있는 자격이 있는 사람인지를 확인한다.

3) 매수인 또는 매도인의 대리인과 매매계약을 체결한 경우 대리인이 대리권을 가지고 있는지 확인해야 한다.

4) 개업공인중개사의 도움을 얻어 매매계약을 체결하는 경우 해당 개업공인중개사가 소속된 중개사무소가 등록된 중개사무소인지, 보증보험 또는 공제에 가입했는지를 확인하고 계약을 체결한다.

2. 매매계약의 당사자

(1) 매매계약의 당사자

1) 매매계약을 체결하는 매도인과 매수인은 매매계약의 당사자이다.

① 매도인은 물건을 파는 사람을, 매수인은 물건을 사는 사람을 말한다.

2) 매수인은 특히 매도인이 실제 소유자인지를 정확하게 확인해야 한다.

① 매도인이 서류를 위조하여 다른 사람의 부동산을 자기 것인 양 매도하는 경우에는 권한없는 자의 처분행위가 되므로 무효가 된다. 따라서 매매계약을 체결하고 등기까지 이루어졌다고 하더라도 매수인은 소유자가 될 수 없다.

② 참고로 매매계약체결 시 매수하려는 부동산의 소유자로 등기된 자가 명의수탁자인 경우에는 추후 법적 분쟁의 소지가 있으므로 주의해야 한다.

✓ 부동산의 명의신탁은 「부동산 실권리자명의 등기에 관한 법률」에 따라 금지된다. 즉, 누구든지 부동산에 관한 물권을 명의신탁약정에 의하여 명의수탁자의 명의로 등기해서는 안 되며, 명의신탁의 약정과 이에 따라 행해진 등기에 의한 부동산 물권변동은 무효가 된다(「부동산 실권리자명의 등기에 관한 법률」 제3조 및 제4조).

✓ 따라서 매매계약 체결 시 매도인이 명의수탁자라는 것을 매수인이 안 경우에는 매도인과 매수인이 매매계약을 체결하고 매수인 명의로 소유권이전등기가 이루어진 경우에도 매수인은 소유권을 취득하지 못하는 위험이 있다.

[부동산 명의 신탁]

1. 명의신탁의 개념

"명의신탁약정"이란 부동산에 관한 소유권을 보유한 자 또는 사실상 취득하거나 취득하려는 자(이하 "실권리자"라 함)가 타인과의 사이에서 대내적으로는 실권리자가 부동산에 관한 물권을 보유하거나 보유하기로 하고 그에 관한 등기(가등기 포함)는 그 타인의 명의로 하기로 하는 약정을 말한다(「부동산 실권리자명의 등기에 관한 법률」 제2조제1호).

2. 명의신탁 약정 및 등기의 효과

- 부동산에 관한 물권을 명의신탁약정에 따라 명의수탁자의 명의로 등기해서는 안 된다(「부동산 실권리자명의 등기에 관한 법률」 제3조제1항).
- 명의신탁약정은 무효이므로 명의신탁약정에 따라 행해진 등기에 의한 부동산 물권변동은 무효가 된다(「부동산 실권리자명의 등기에 관한 법률」 제4조제1항 및 제2항 본문).
- 부동산에 관한 물권을 취득하기 위한 계약에서 명의수탁자가 그 일방 당사자가 되고 그 타방 당사자는 명의신탁약정이 있다는 사실을 알지 못한 경우에는 유효한다(「부동산 실권리자명의 등기에 관한 법률」 제4조제2항 단서).

3. 예외적 허용

- 다음에 해당하는 경우로서 조세포탈, 강제집행의 면탈 또는 법령상 제한의 회피를 목적으로 하지 않는 경우에만 명의신탁이 허용된다(「부동산 실권리자명의 등기에 관한 법률」 제8조).
- 종중이 보유한 부동산에 관한 물권을 종중(종중과 그 대표자를 같이 표시하여 등기한 경우 포함)외의 자의 명의로 등기한 경우
- 배우자 명의로 부동산에 관한 물권을 등기한 경우
- 종교단체의 명의로 그 산하 조직이 보유한 부동산에 관한 물권을 등기한 경우

4. 과징금·이행강제금 및 형사처벌

- **과징금**

  명의신탁약정을 한 명의신탁자는 다음의 과징금 부과율을 합한 과징금 부과율에 부동산평가액(소유권의 경우「소득세법」 제99조에 따른 기준시가를 말함)을 곱한 과징금을 납부해야 한다(「부동산 실권리자명의 등기에 관한 법률」 제5조제1항, 제2항, 제3항 및 「부동산 실권리자명의 등기에 관한 법률 시행령」 제3조의2, 별표).

- **이행강제금**

  과징금이 부과되면 지체 없이 실명으로 등기해야 하고, 이를 위반한 자에 대해서는 과징금 부과일부터 1년이 경과한 때에 부동산평가액의 10%에 해당하는 금액과, 다시 1년이 경과한 때에 부동산평가액의 20%에 해당하는 금액이 각각 이행강제금으로 부과된다(「부동산 실권리자명의 등기에 관한 법률」 제6조).

- 위반 시 처벌
  명의신탁자는 5년 이하의 징역 또는 2억원 이하의 벌금에 처해진다(「부동산 실권리자명의 등기에 관한 법률」 제7조제1항).

[부동산 매매: 부동산 명의신탁]

✅ **질의**
매도인과 부동산 매매계약을 체결한 후 저와 제 친구는 그 부동산에 대한 소유권이전등기를 제 친구 명의로 하기로 약속하였습니다. 이 경우 친구명의로 소유권이전등기를 하는 것이 가능한가요?

✅ **답변**
부동산에 관한 물권을 명의신탁약정에 따라 명의수탁자의 명의로 등기해서는 안 됩니다. 명의신탁약정은 무효이므로 명의신탁약정에 따라 행해진 등기에 의한 부동산 물권변동은 무효가 됩니다.

- 부동산 명의신탁의 개념
  "명의신탁약정"이란 부동산에 관한 소유권을 보유한 자 또는 사실상 취득하거나 취득하려는 자(이하 "실권리자"라 함)가 타인과의 사이에서 대내적으로는 실권리자가 부동산에 관한 물권을 보유하거나 보유하기로 하고 그에 관한 등기(가등기 포함)는 그 타인의 명의로 하기로 하는 약정을 말합니다.

- 예외적 허용
  종중이 보유한 부동산에 관한 물권을 종중(종중과 그 대표자를 같이 표시하여 등기한 경우 포함)외의 자의 명의로 등기한 경우 또는 배우자 명의로 부동산에 관한 물권을 등기한 경우로서 조세포탈, 강제집행의 면탈 또는 법령상 제한의 회피를 목적으로 하지 않는 경우에만 명의신탁이 허용됩니다.

- 관련법령「부동산 실권리자명의 등기에 관한 법률」제2조, 제3조, 제4조 및 제8조

(2) 농지취득자격증명의 확인

원칙적으로 농지는 자경농민만이 소유할 수 있도록 하되 예외적으로 주말·체험 영농을 위한 농지의 소유 등 만이 허용되고 있으므로, 농지의 매수인은 자신이 농지취득자격이 있는지를 행정관청에 확인하고 매매계약을 체결하는 것이 좋다(「농지법」 제8조제1항).

> ※ **한국농어촌공사(농지은행사업)와의 농지매매**
>
> 한국농어촌공사는 농지의 가격 및 거래 등에 관한 정보를 제공하고, 농지시장 안정과 농지이용의 효율성 증대를 위한 농지의 매입·매도·임대사업, 경영회생 지원을 위한 농지매입사업 및 농지의 임대 등의 수탁사업("농지은행사업")을 시행하고 있다(「한국농어촌공사 및 농지관리기금법」 제10조제1항제4호의2). 따라서 이러한 농지은행사업을 통하여 한국농어촌공사와 농지를 매매할 수 있다. 한편, 농지의 상속 등으로 농업경영을 하지 않는 자가 농지를 매도해야 하는 때에도 한국농어촌공사를 통해 농지를 매도할 수 있다.

3. 대리인

(1) 대리인의 개념

1) "대리"란 타인이 본인의 이름으로 법률행위를 하거나 또는 의사를 받음으로써 그 법률효과가 직접 본인에 관하여 생기는 제도를 말한다.

2) 대리제도에서 본인의 이름으로 법률행위를 하는 자를 대리인이라고 한다.

> ※ 매매계약 체결 과정에서 대리인은 매도인에 의해 선임될 수 있고, 매수인에 의해 선임될 수도 있으며, 양자 모두에 의해 선임될 수도 있다.

3) 대리인이 행한 의사표시의 효과는 모두 직접 본인에게 귀속한다(「민법」 제114조). 예를 들어 매수인이 대리인을 사용하여 매매계약을 체결한 경우, 매매계약에 따른 소유권이전등기청구권, 대금지급채무 등의 법적 권리·의무는 대리인이 아닌 매수인에게 귀속된다.

(2) 대리인과의 매매계약체결

1) 매매계약 당사자가 선임한 대리인과 매매계약을 체결할 때에는, 대리인에게 대리권이 있는지부터 확인해야 한다.

2) 이를 위해 계약상대방은 대리인이 법정대리인인 경우에는 인감증명서를 요구하고, 대리인이 위임대리인인 경우에는 위임장을 함께 요구하여 이를 확인해야 한다.

① 위임장에는 부동산의 소재지와 소유자 이름 및 연락처, 계약의 목적, 대리인 이름·주소 및 주민번호, 계약의 모든 사항을 위임한다는 취지가 기재되고 연월일이 기재된 후 위임인의 인감이 날인되어 있어야 한다.

② 인감증명서는 위임장에 찍힌 위임인의 날인 및 매매계약서에 찍을 날인이 인감증명서의 날인과 동일해야 법적으로 문제가 발생하지 않기 때문에 반드시 인감증명서가 첨부되어야 한다.

> ※ 인감증명제도는 행정관청에서 인감신고자가 현재 사용하는 인감이 신고된 인감임을 증명해 주는 제도로서(대법원 2001. 7. 10. 선고 2000두2136 판결), 재산권의 처분이나 채무 부담행위를 하는 때에 본인의 의사를 확인하기 위한 방법으로 사용되고 있다.
>
> ※ 인감증명을 받으려는 사람은 미리 그 주소 또는「주민등록법」제10조의3제1항단서 및제19조제3항에 따른 행정상 관리주소를 관할하는 증명청에 인감을 신고해야 한다. 다만, 미성년자는 법정대리인의 동의를 받아 신고해야 하고, 피한정후견인은 한정후견인의 동의를 받아 신고해야 하며, 피성년후견인은 성년후견인이 신고해야 한다(「인감증명법」제3조제1항).
>
> ※ 부부라도 상대방 명의의 부동산의 처분과 관련하여 위임장 없이 대리할 수 없다.

3) 부부 간에는 일상가사대리권이 인정된다. 이때 "일상가사대리권"이란 일상의 가사에서 부부가 서로에 대해 대리할 수 있는 것을 말한다(「민법」제827조및제832조).

① 일상가사의 범위는 부부공동체의 생활구조, 정도 그 부부의 생활장소인 지역사회의 사회통념에 따라 결정된다(대법원 1999. 3. 9. 선고 98다46877 판결).

따라서, 거주용 가옥의 임차와 같이 가족의 의식주에 관한 사무는 일상가사의 범위에 포함되어 배우자가 타방 배우자를 대리할 수 있으나, 타방 명의의 부동산의 매각은 일상가사대리의 범위 안에 포함되지 않는다.

즉, 상대방 명의의 부동산의 매각에는 본인 명의의 위임장이 있어야 한다.

4. 개업공인중개사

(1) 개업공인중개사란

1) "공인중개사"란「공인중개사법」에 따른 공인중개사 자격을 취득한 자를 말한다(「공인중개사법」제2조제2호).

2) "개업공인중개사"란「공인중개사법」에 따라 중개사무소의 개설등록을 한 자를 말한다(「공인중개사법」제2조제4호).

3) 개업공인중개사는 매매계약의 당사자는 아니지만 부동산의 매도인이나 매수인과 부동산 중개계약을 통해 부동산 거래에 개입하게 된다.

4) 부동산의 매매계약을 체결하려는 당사자는 시장·군수·구청장에게 등록된 중개사무소에서 매매계약을 체결하는 것이 안전하다.

5) 개업공인중개사는 매도인이나 매수인 또는 양 당사자 모두와 부동산 중개에 관한 계약(일종의 위임계약)을 체결한다. 따라서 개업공인중개사는 중개의뢰의 내용에 따라 선량한 관리자의 주의로써 의뢰받은 중개업무를 처리해야 할 의무를 부담한다(「민법」 제681조 대법원 1992. 2. 11. 선고 91다36239 판결).

(2) 개업공인중개사와의 중개계약의 체결

1) 개업공인중개사와 부동산 중개에 관한 위임계약을 체결할 때에는 개업공인중개사가 소속된 중개사무소가 등록된 중개사무소인지, 보증보험 또는 공제에 가입했는지를 확인하고 중개에 관한 계약을 체결한다(「공인중개사법」 제17조 및 제30조제3항).

① 등록된 중개사무소인지의 여부는 해당 중개사무소 안에 게시되어 있는 중개사무소 등록증, 공인중개사자격증 등으로 확인한다(「공인중개사법」 제17조, 「공인중개사법 시행규칙」 제10조제1호 및 제3호).

② 보증보험 또는 공제에 가입했는지의 여부는 중개사무소에 게시된 보증의 설정 증명서류를 확인하면 알 수 있다(「공인중개사법 시행규칙」 제10조제4호).

> ※ 개업공인중개사의 의무
> 개업공인중개사는 부동산중개계약을 체결한 당사자에게 신의성실 및 비밀누설금지의무, 설명의무, 거래계약서 사본의 보존의무 및 허위계약서 작성 금지의무, 중개대상물확인·설명서의 교부·보존 의무, 공제증서의 교부의무를 부담한다(「공인중개사법」 제25조, 제25조의2, 제29조 및 제30조제5항).

(3) 개업공인중개사의 손해배상책임

1) 개업공인중개사는 중개행위를 할 때 고의나 과실로 거래당사자에게 재산상의 손해를 발생하게 한 때에는 그 손해를 배상할 책임이 있다(「공인중개사법」 제30조제1항).

2) 개업공인중개사는 자기의 중개사무소를 다른 사람의 중개행위의 장소로 제공함으로써 거래당사자에게 재산상의 손해를 발생하게 한 때에는 그 손해를 배상할 책임이 있다(「공인중개사법」 제30조제2항).

3) 어떠한 행위가 중개행위에 해당하는지 여부는 거래당사자의 보호에 목적을 둔 법규정의 취지에 비추어 중개한 자의 행위를 객관적으로 보아 사회통념상 거래의 알선, 중개를 위한 행위라고 인정되는지 여부에 의하여 결정된다(대법원 2000. 12. 22. 선고 2000다48098 판결).

> 부동산 매매계약 체결을 중개하고 계약체결 후 계약금 및 중도금 지급에도 관여한 개업공인중개사가 잔금 중 일부를 횡령한 경우, 중개업자가 중개행위를 함에 있어서 거래당사자에게 재산상의 손해를 발생하게 한 경우는 개업공인중개사가 손해배상의 책임을 지는 경우에 해당된다(대법원 2005. 10. 7. 선고 2005다32197 판결).

03 판례

1. 대법원 2005. 10. 7. 선고 2005다32197 판결 공제금청구등

대법원 2005. 10. 7. 선고 2005다32197 판결 【공제금청구등】
[공2005.11.15.(238),1772]

【판시사항】

[1] 부동산중개업법 제19조 제1항이 정한 '중개행위' 해당 여부의 판단 기준

[2] 부동산 매매계약 체결을 중개하고 계약체결 후 계약금 및 중도금 지급에도 관여한 부동산 중개업자가 잔금 중 일부를 횡령한 경우, 부동산중개업법 제19조 제1항이 정한 '중개업자가 중개행위를 함에 있어서 거래당사자에게 재산상의 손해를 발생하게 한 경우'에 해당한다고 본 사례

[3] 피해자의 부주의를 이용하여 고의로 불법행위를 저지른 자가 그 피해자의 부주의를 이유로 과실상계를 주장할 수 있는지 여부(소극)

【판결요지】

[1] 부동산중개업법 제2조 제1호는 "중개라 함은 제3조의 규정에 의한 중개대상물에 대하여 거래당사자 간의 매매·교환·임대차 기타 권리의 득실·변경에 관한 행위를 알선하는 것을 말한다."고 규정하고, 같은 법 제19조 제1항은 "중개업자가 중개행위를 함에 있어서 고의 또는 과실로 인하여 거래 당사자에게 재산상의 손해를 발생하게 한 때에는 그 손해를 배상할 책임이 있다."고 규정하고 있는바, 여기서 어떠한 행위가 중개행위에 해당하는지 여부는 거래당사자의 보호에 목적을 둔 법 규정의 취지에 비추어 볼 때 중개업자가 진정으로 거래당사자를 위하여 거래를 알선·중개하려는 의사를 갖고 있었느냐고 하는 중개업자의 주관적 의사에 의하여 결정할 것이 아니라 중개업자의

고 있었느냐고 하는 중개업자의 주관적 의사에 의하여 결정할 것이 아니라 중개업자의 행위를 객관적으로 보아 사회통념상 거래의 알선·중개를 위한 행위라고 인정되는지 여부에 의하여 결정하여야 한다.

[2] 부동산 매매계약 체결을 중개하고 계약체결 후 계약금 및 중도금 지급에도 관여한 부동산 중개업자가 잔금 중 일부를 횡령한 경우, 부동산중개업법 제19조 제1항이 정한 '중개업자가 중개행위를 함에 있어서 거래당사자에게 재산상의 손해를 발생하게 한 경우'에 해당한다고 본 사례.

[3] 손해배상청구 소송에서 피해자에게 과실이 인정되면 법원은 손해배상의 책임 및 그 금액을 정함에 있어서 이를 참작하여야 하며, 배상의무자가 피해자의 과실에 관하여 주장하지 않는 경우에도 소송자료에 의하여 과실이 인정되는 경우에는 이를 법원이 직권으로 심리·판단하여야 할 것이지만, 피해자의 부주의를 이용하여 고의로 불법행위를 저지른 자가 바로 그 피해자의 부주의를 이유로 자신의 책임을 감하여 달라고 주장하는 것은 허용될 수 없다.

2. 대법원 2001. 7. 10. 선고 2000두2136 판결 인감발급무효

2001. 7. 10. 선고 2000두2136 판결 【인감발급무효】[공2001.9.1.(137),1862]

【판시사항】

[1] 행정소송법 제35조 소정의 '법률상 이익'의 의미
[2] 인감증명발급 무효확인을 구하는 소의 적법 여부(소극)

【판결요지】

[1] 항고소송인 무효등확인소송에 있어서 소의 이익이 인정되기 위하여는 행정소송법 제35조 소정의 '법률상의 이익'이 있어야 하는바, 그 법률상의 이익은 당해 처분의 근거 법률에 의하여 보호되는 직접적이고 구체적인 이익이 있는 경우를 말하고 간접적이거나 사실적, 경제적 이해관계를 가지는 데 불과한 경우는 여기에 해당되지 아니한다.

[2] 인감증명행위는 인감증명청이 적법한 신청이 있는 경우에 인감대장에 이미 신고된 인감을 기준으로 출원자의 현재 사용하는 인감을 증명하는 것으로서 구체적인 사실을 증명하는 것일 뿐, 나아가 출원자에게 어떠한 권리가 부여되거나 변동 또는 상실되는 효력을 발생하는 것이 아니고, 인감증명의 무효확인을 받아들인다 하더라도 이로써 이미 침해된 당사자의 권리가 회복되거나 또는 곧바로 이와 관련된 새로운 권리가 발생하는 것도 아니므로 무효확인을 구할 법률상 이익이 없어 부적법하다.

3. 대법원 2000. 12. 22. 선고 2000다48098 판결 손해배상(기)

대법원 2000. 12. 22. 선고 2000다48098 판결 【손해배상(기)】
[공2001.2.15.(124),351]

【판시사항】

[1] 구 부동산중개업법 제19조 제2항 소정의 '중개행위' 해당 여부의 판단 기준

[2] 중개업자인 갑이 자신의 사무소를 을의 중개행위의 장소로 제공하여 을이 그 사무소에서 임대차계약을 중개하면서 거래당사자로부터 종전 임차인에게 임대차보증금의 반환금을 전달하여 달라는 부탁을 받고 금원을 수령한 후 이를 횡령한 경우, 갑은 구 부동산중개업법 제19조 제2항에 따라 거래당사자가 입은 손해를 배상할 책임이 있다고 본 원심의 판단을 수긍한 사례

【판결요지】

[1] 부동산중개업법 제2조 제1호는 '중개라 함은 중개대상물에 대하여 거래당사자간의 매매·교환·임대차 기타 권리의 득실·변경에 관한 행위를 알선하는 것을 말한다'고 규정하고, 구 부동산중개업법(1999. 3. 31. 법률 제5957호로 개정되기 전의 것) 제19조 제2항은 '중개업자는 자기의 사무소를 다른 사람의 중개행위의 장소로 제공함으로써 거래당사자에게 재산상의 손해를 발생하게 한 때에는 그 손해를 배상할 책임이 있다'고 규정하고 있는바, 여기서 어떠한 행위가 중개행위에 해당하는지 여부는 거래당사자의 보호에 목적을 둔 법규정의 취지에 비추어 중개한 자의 행위를 객관적으로 보아 사회통념상 거래의 알선, 중개를 위한 행위라고 인정되는지 여부에 의하여 결정하여야 한다.

[2] 중개업자인 갑이 자신의 사무소를 을의 중개행위의 장소로 제공하여 을이 그 사무소에서 임대차계약을 중개하면서 거래당사자로부터 종전 임차인에게 임대차보증금의 반환금을 전달하여 달라는 부탁을 받고 금원을 수령한 후 이를 횡령한 경우, 갑은 구 부동산중개업법(1999. 3. 31. 법률 제5957호로 개정되기 전의 것) 제19조 제2항에 따라 거래당사자가 입은 손해를 배상할 책임이 있다고 본 원심의 판단을 수긍한 사례.

4. 대법원 1999. 3. 9. 선고 98다46877 판결 대여금

대법원 1999. 3. 9. 선고 98다46877 판결 【대여금】[공1999.4.15.(80),637]

【판시사항】

[1] 민법 제832조 소정의 '일상가사에 관한 법률행위'의 범위 및 그 판단 기준
[2] 금전차용행위가 일상가사에 관한 법률행위에 속하는지 여부의 판단 기준 및 아파트 구입비용 명목의 금전차용행위가 부부공동체 유지에 필수적인 주거 공간을 마련하기 위한 경우, 일상가사에 속한다고 볼 수 있는지 여부(적극)
[3] 부인이 남편 명의로 분양받은 45평형 아파트의 분양금을 납입하기 위한 명목으로 금전을 차용하여 분양금을 납입하였고, 그 아파트가 남편의 유일한 부동산으로서 가족들이 거주하고 있는 경우, 그 금전차용행위는 일상가사에 해당한다고 본 사례

【판결요지】

[1] 민법 제832조에서 말하는 일상의 가사에 관한 법률행위라 함은 부부가 공동생활을 영위하는데 통상 필요한 법률행위를 말하므로 그 내용과 범위는 그 부부공동체의 생활구조, 정도와 그 부부의 생활 장소인 지역사회의 사회통념에 의하여 결정되며, 문제가 된 구체적인 법률행위가 당해 부부의 일상의 가사에 관한 것인지를 판단함에 있어서는 그 법률행위의 종류·성질 등 객관적 사정과 함께 가사처리자의 주관적 의사와 목적, 부부의 사회적 지위·직업·재산·수입능력 등 현실적 생활상태를 종합적으로 고려하여 사회통념에 따라 판단하여야 한다.
[2] 금전차용행위도 금액, 차용 목적, 실제의 지출용도, 기타의 사정 등을 고려하여 그것이 부부의 공동생활에 필요한 자금조달을 목적으로 하는 것이라면 일상가사에 속한다고 보아야 할 것이므로, 아파트 구입비용 명목으로 차용한 경우 그와 같은 비용의 지출이 부부공동체 유지에 필수적인 주거 공간을 마련하기 위한 것이라면 일상가사에 속한다고 볼 수 있다.
[3] 부인이 남편 명의로 분양받은 45평형 아파트의 분양금을 납입하기 위한 명목으로 금전을 차용하여 분양금을 납입하였고, 그 아파트가 남편의 유일한 부동산으로서 가족들이 거주하고 있는 경우, 그 금전차용행위는 일상가사에 해당한다고 본 사례.

5. 대법원 1994. 2. 8. 선고 93다39379 판결 소유권이전등기

> 대법원 1994. 2. 8. 선고 93다39379 판결 【소유권이전등기】
> [공1994.4.1.(965),1004]
>
> 【판시사항】
> 가. 일반적으로 임의대리권은 상대방의 의사표시를 수령하는 대리권을 포함하는지 여부
> 나. 매매계약을 체결할 대리권을 수여받은 대리인은 중도금 등을 수령할 권한도 있는지 여부
>
> 【판결요지】
> 가. 임의대리에 있어서 대리권의 범위는 수권행위(대리권수여행위)에 의하여 정하여지는 것이므로 어느 행위가 대리권의 범위 내의 행위인지의 여부는 개별적인 수권행위의 내용이나 그 해석에 의하여 판단할 것이나, 일반적으로 말하면 수권행위의 통상의 내용으로서의 임의대리권은 그 권한에 부수하여 필요한 한도에서 상대방의 의사표시를 수령하는 이른바 수령대리권을 포함하는 것으로 보아야 한다.
> 나. 부동산의 소유자로부터 매매계약을 체결할 대리권을 수여받은 대리인은 특별한 사정이 없는 한 그 매매계약에서 약정한 바에 따라 중도금이나 잔금을 수령할 권한도 있다고 보아야 한다.

6. 대법원 1992. 4. 14. 선고 91다43107 판결 소유권이전등기

대법원 1992. 4. 14. 선고 91다43107 판결 【소유권이전등기】
[공1992.6.1.(921),1582]

【판시사항】

가. 매수인의 중도금지급의무의 불이행을 이유로 매도인이 매매계약을 해제하지 않고 있는 상태에서 잔금지급기일이 지난 경우 매수인의 중도금을 포함한 매매잔대금의 지급의무와 매도인의 소유권이전등기의무와의 관계

나. 매매계약을 체결할 대리권을 수여받은 대리인이 중도금 등을 수령할 권한이 있는지 여부와 매매계약의 체결과 이행에 관하여 포괄적으로 대리권을 수여받은 대리인이 약정된 매매대금의 지급기일을 연기하여 줄 권한을 가지는지 여부

【판결요지】

가. 매수인이 약정대로 중도금을 지급하지 않음으로써, 매도인이 소유권이전등기의무의 이행을 제공하지 않은 것과 관계없이 매수인이 이행지체에 빠졌다고 하더라도, 매도인이 매수인의 중도금지급의무의 불이행을 이유로 매매계약을 해제하지 않고 있는 상태에서 잔금지급기일이 도래하였는데도 매수인이 약정대로 잔금을 지급하지 않았다면, 매수인의 중도금을 포함한 매매잔대금의 지급의무와 매도인의 소유권이전등기의무는, 특별한 다른 사정이 없는 한 동시이행의 관계에 있는 것이라고 봄이 상당하므로 매도인으로서는 소유권이전등기의무의 이행을 제공하지 아니한 채 매수인의 매매잔대금지급의무의 불이행을 이유로 매매계약을 해제할 수 없다.

나. 부동산의 소유자로부터 매매계약을 체결할 대리권을 수여받은 대리인은 특별한 다른 사정이 없는 한 그 매매계약에서 약정한 바에 따라 중도금이나 잔금을 수령할 수도 있다고 보아야 하고, 매매계약의 체결과 이행에 관하여 포괄적으로 대리권을 수여받은 대리인은 특별한 다른 사정이 없는 한 상대방에 대하여 약정된 매매대금지급기일을 연기하여 줄 권한도 가진다고 보아야 할 것이다.

7. 대법원 1992. 2. 11. 선고 91다36239 판결 손해배상(기)

> ### 대법원 1992. 2. 11. 선고 91다36239 판결 【손해배상(기)】
> [집40(1)민,67;공1992.4.1.(917),1000]
>
> 【판시사항】
>
> 부동산 중개에 있어 매도 등 처분을 하려는 자가 진정한 권리자와 동일인 인지의 여부에 관한 부동산 중개업자의 조사 확인의무의 내용과 정도
>
> 【판결요지】
>
> 부동산 중개업자와 중개의뢰인과의 법률관계는 민법상의 위임관계와 같으므로 민법 제681조에 의하여 중개업자는 중개의뢰의 본지에 따라 선량한 관리자의 주의로써 의뢰받은 중개업무를 처리하여야 할 의무가 있을 뿐 아니라 부동산중개업법 제16조에 의하여 신의와 성실로써 공정하게 중개행위를 하여야 할 의무를 부담하고 있는바, 부동산중개업법 제17조 제1항은 중개의뢰를 받은 중개업자는 당해 중개대상물의 권리관계, 법령의 규정에 의한 거래 또는 이용제한사항 기타 대통령령이 정하는 사항을 확인하여 중개의뢰인에게 설명할 의무가 있음을 명시하고 있고 위 권리관계 중에는 당해 중개대상물의 권리자에 관한 사항도 포함되어 있다고 할 것이므로, 중개업자는 선량한 관리자의 주의와 신의·성실로써 매도 등 처분을 하려는 자가 진정한 권리자와 동일인인지의 여부를 부동산등기부와 주민등록증 등에 의하여 조사 확인할 의무가 있다.

Ⅱ. 매매계약의 체결

01 계약서의 작성 및 계약금의 교부

1. 매매계약서

(1) 매매계약

매매계약은 원래 매도인과 매수인 사이의 매매의 합의만으로도 체결될 수 있다. 그러나 부동산을 거래할 때에는 매매계약서를 꼼꼼히 작성해야 불필요한 법적 분쟁을 미리 막을 수 있다.

(2) 매매계약서의 기재사항

1) 매매계약서는 일반적으로 표준매매계약서를 사용하지만, 다음과 같은 내용의 기재만 있으면 직접 작성하는 것도 가능하다.

① 매도인과 매수인(이름, 주소, 주민등록번호, 전화번호)
② 농지의 소재지, 지목과 그 면적 및 내역 등
③ 매매대금(계약금, 중도금, 잔금의 액수 및 지급일자)
④ 소유권이전과 인도
⑤ 계약의 해제
⑥ 그 밖의 특약사항

(3) 매매계약서 양식

부동산 매매계약을 체결할 때 필요한 표준매매계약서 및 그 밖의 매매계약서 양식은 참조와 같다.

매매 1-③ 양식 : 토지

간 이 부 동 산 매 매 계 약 서

부동산의 표시
　소재지: _____
　토지의 표시　지목: _____　면적: _____ ㎡

당사자의 표시
매 도 인　　이름(회사이름과 대표자): _____
(파는 사람)　주소(회사본점이 있는 곳): _____
　　　　　　주민등록번호(사업자등록번호): _____
　　　　　　전화번호: _____
매 수 인　　이름(회사이름과 대표자): _____
(사는 사람)　주소(회사본점이 있는 곳): _____
　　　　　　주민등록번호(사업자등록번호): _____
　　　　　　전화번호: _____

매도인(파는 사람)과 매수인(사는 사람)은 위 부동산을 아래와 같이 사고 판다.

제1조(매매대금)
① 매수인은 매도인에게 매매대금을 아래와 같이 주기로 한다.
매매대금　_____원 (₩_____)
계 약 금　_____원은 계약하는 날에 주고, [받은 사람의 확인:_____]
1차중도금　_____원은 20___년___월___일에 주며,
2차중도금　_____원은 20___년___월___일에 주고,
잔　　금　_____원은 20___년___월___일에 주기로 한다.
② 나중에 위 부동산을 실제로 측량한 결과 그 면적이 계약서에 기재된 면적과 다른 경우 아래와 같이 해결한다(선택한 사항의 확인란에 서명 또는 날인할 것)
　　□ 매매대금과 관련하여 서로 정산을 요구할 수 없다.
　[확인란] 매도인 :_____(서명 또는 인)　매수인 :_____(서명 또는 인)

　　　　□ ㎡당_____원으로 계산하여 실제로 측량한 면적을 기준으로 매매대금을 정산
　　　　　한다.
　　　　　[확인란] 매도인 : _____(서명 또는 인) 매수인 : _____(서명 또는 인)
제2조(소유권이전과 인도)
　① 매도인은 잔금을 받으면서 매수인에게 소유권이전등기에 필요한 서류 전부를 주고 위 부
　　동산도 넘겨주어야 한다. 다만, 매도인과 매수인 사이에 ②항과 같이 따로 정하는 경우 그에
　　따른다.
　② 소유권이전에 필요한 서류를 주는 날 : _____
　　　부동산을 넘겨주는 날 : _____
제3조(계약의 해제)
　　매수인이 매도인에게 중도금을 주기 전까지(중도금을 정하지 않은 경우에는 잔금을 주기 전
　　까지)는, 매도인은 매수인에게 계약금의 2배를 주고 이 계약을 해제할 수 있고, 매수인은 계
　　약금을 포기하고 이 계약을 해제할 수 있다.
제4조(특별히 정하는 사항)
　　　① _____
　　　② _____
　　　③ _____

　　　　　　　　　　　　　　20___년___월___일

　　　　　　　　　　　매도인 _____(서명 또는 인)
　　　　　　　　　　　　대리인_____(서명 또는 인)
　　　　　　　　　　　　(대리인의 주민등록번호:_____)

　　　　　　　　　　　매수인 _____(서명 또는 인)
　　　　　　　　　　　　대리인_____(서명 또는 인)
　　　　　　　　　　　　(대리인의 주민등록번호:_____)

작성방법 및 해설 – 부동산매매계약서

▶ 계약 체결시 확인사항

계약을 체결할 때 최소한 다음 사항을 반드시 확인해야 한다.

① 등기부등본을 발급받아 보고 매도인이 등기부상 소유자로 등기된 사람인지를 확인하고, 신분증을 보고 그 사람이 맞는지를 확인해야 한다. 만약 계약하는 상대방이 자신이 매도인의 대리인이라는 취지로 이야기할 경우, 그 대리인의 신분증과 매도인 본인의 인감증명서가 첨부된 위임장을 요구하여 그 사본을 받아 놓는 것이 좋다. 가능하면 토지, 임야대장 및 건축물대장, 도시계획확인서 등을 발급받아 부동산의 현황이 토지 및 건축물대장과 일치하는지 알아보는 것도 좋다.

② 등기부등본을 발급받아 그 부동산에 대하여 저당권 등 제한물권이나 가압류, 가처분 등 처분제한 등기, 예고등기 등이 있는지 여부를 확인하기 바란다.

③ 건물을 구입할 때에는 그 건물을 현재 누가 사용하고 있는지를 알아보아야 한다. 그 건물의 사용관계에 대하여도 그 건물을 사용하고 있는 사람을 통하여 확인하는 것이 좋다.

④ 매도인은 미리 전기, 가스, 수도 등의 요금 납부 영수증을 찾아 준비하고, 매수인은 이것을 확인하여 공과금 등이 미납된 것이 있는지 여부를 알아보기 바란다.

⑤ 계약금, 중도금 및 잔금을 지급하기 전에 등기부를 확인하여 권리의 변동사항이 있는지 여부를 확인하는 것이 좋다. 그리고 이들 금액을 지급하는 때에는 영수증을 받아두어야 한다.

⑥ 잔금을 지급하는 때에는 매도인과 매수인이 소유권이전등기에 필요한 서면을 준비하여 관할 등기소에 가서 소유권이전등기를 신청하거나, 또는 법무사·변호사 사무실에 가서 소유권이전등기신청을 위임하여야 한다.

▶ 작성방법 및 해설

계약서를 작성하기 전에 다음의 사항을 먼저 읽어보면 도움이 된다.

■ 부동산의 표시

- 등기부를 발급받거나 인터넷으로 열람하여 보고, 부동산의 표시를 등기부의 표제부 중 표시란에 기재된 것과 동일하게 기재하기 바란다.
- 소재지는 그 건물이 소재하는 시·구·읍·면·동과 그 번지를 기재한다. 등기부등본의 "소재지번"란에 기재된 내용을 보고 기재하면 된다.
- 토지인 경우 그 지목과 면적을 기재한다. 등기부의 제일 앞면을 보면 표제부에 "지목"란이 있다. 이곳에 지목이 기재되어 있다. 그리고 그 옆의 "면적"란에 면적이 기재되어 있으니 그 부분을 참고하면 된다.

■ 당사자의 표시

- 매도인은 파는 사람을 말하고, 매수인은 사는 사람을 말한다. 매도인은 등기부상 소유자로 기재되어 있는 사람이어야 함이 원칙이다.
- 매도인 또는 매수인이 개인이 아닌 회사(법인)라면, 먼저 계약상대방인 회사의 법인등기부등본을 보고, 현재 계약을 체결하는 사람이 회사를 대표할 권한이 있는 사람인지 여부를 확인한 후, 반드시 그 회사의 이름과 대표자의 이름을 계약서에 기재하여야 한다.

■ 제1조(매매대금)

- 매매대금과 그 지급날짜를 기재한다. 매매대금은 착오를 방지하기 위하여 한글과 아라비아 숫자로 나란히 기재하는 것이 안전한다. 중도금은 꼭 기재하여야 하는 것은 아니고 당사자가 원하지 않을 경우 중도금 약정을 하지 않아도 된다.
- 토지는 실제로 측량한 면적과 계약서에 기재된 면적이 다를 수 있다. 이러한 경우 매매대금을 정산할지 여부를 선택하여 각 해당 확인란에 서명 또는 날인하면 된다.

■ 제2조(소유권이전과 인도)

- 매도인은 매수인으로부터 매매대금 잔금을 받으면서 소유권이전등기에 필요한 서류 전부를 주어야 한다. 소유권이전등기신청에 필요한 서류는 대법원 홈페이지 중 인터넷 등기소에 가서 등기신청서 양식을 참고하면 된다.
- 매도인이 잔금을 받으면서 부동산을 넘겨주고 소유권이전에 필요한 서류 전부를 주는 것이 원칙이지만, 따로 정할 수도 있다. 이때에는 ②항에 따로 정한 날짜를 기재하면 된다.

■ 제3조(계약의 해제)

- 당사자는 계약금만 주고 받은 상태에서는 계약을 해제할 수 있다. 이 경우 매수인은 계약금을 포기하여야 하고, 매도인은 계약금의 2배를 반환하여야 한다.

■ 제4조(특별히 정하는 사항)

- 위 조항 이외에 특별히 정하는 사항을 기재하면 된다. 가능하면 구체적으로 자세히 기재하는 것이 좋다.

■ 날짜 및 서명날인

- 계약을 맺은 날짜를 기재한다. 계약서가 두 장 이상일 경우 간인을 하거나 계약서 전체에 쪽번호를 기재하는 것이 좋다.
- 당사자가 회사인 경우, 회사의 이름과 대표자의 이름을 기재하고, 반드시 대표이사의 직인을 날인하여야 한다.
- 계약서는 계약당사자의 수만큼 작성하여 당사자가 각각 원본을 보관하고 있는 것이 차후의 분쟁을 예방하는 방법이다.

※ 실제 계약서를 작성할 때에는 위 해설과 함께 첨부된 예시문을 참조하기 바란다.

(예시문)간이부동산매매계약서

부동산의 표시
  소재지: 서울 서초구 서초동 000-00
  토지의 표시   지목: 대   면적: 2,045 ㎡

당사자의 표시
  매 도 인   이름(회사이름과 대표자): 홍길동
  (파는 사람) 주소(회사본점이 있는 곳): 서울 중구 서소문동 000
              주민등록번호(사업자등록번호): 51****-1******
              전화번호: (02)210-4321
  매 수 인   이름(회사이름과 대표자): 한국무역 주식회사 대표이사 김보통
  (사는 사람) 주소(회사본점이 있는 곳): 서울 서초구 서초동 000
              주민등록번호(사업자등록번호): 11****-001****
              전화번호: (02)3454-4543

매도인(파는 사람)과 매수인(사는 사람)은 위 부동산을 아래와 같이 사고 판다.

제1조(매매대금)
  ① 매수인은 매도인에게 매매대금을 아래와 같이 주기로 한다.
  매매대금   삼억   원 (₩ 300,000,000   )
  계약금   삼천만   원은 계약하는 날에 주고, [받은 사람의 확인: 홍길동]
  1차중도금 일억이천만   원은 2006년 11월 15일에 주며,
  2차중도금 _____ 원은 20__년 __월 __일에 주고,
  잔   금   일억오천만   원은 2006년 12월 15일에 주기로 한다.
  ② 나중에 위 부동산을 실제로 측량한 결과 그 면적이 계약서에 기재된 면적과 다른 경우 아래와 같이 해결한다(선택한 사항의 확인란에 서명 또는 날인할 것)
    □ 매매대금과 관련하여 서로 정산을 요구할 수 없다.

[확인란] 매도인 : _____(서명 또는 인) 매수인 :_____(서명 또는 인)

☐ ㎡당_____원으로 계산하여 실제로 측량한 면적을 기준으로 매매대금을 정산한다.

[확인란] 매도인 : _____(서명 또는 인) 매수인 :_____(서명 또는 인)

제2조(소유권이전과 인도)

① 매도인은 잔금을 받으면서 매수인에게 소유권이전등기에 필요한 서류 전부를 주고 위 부동산도 넘겨주어야 한다. 다만, 매도인과 매수인 사이에 ②항과 같이 따로 정하는 경우 그에 따른다.

② 소유권이전에 필요한 서류를 주는 날 : _____

부동산을 넘겨주는 날 : _____

제3조(계약의 해제)

매수인이 매도인에게 중도금을 주기 전까지(중도금을 정하지 않은 경우에는 잔금을 주기 전까지)는, 매도인은 매수인에게 계약금의 2배를 주고 이 계약을 해제할 수 있고, 매수인은 계약금을 포기하고 이 계약을 해제할 수 있다.

제4조(특별히 정하는 사항)

① _____
② _____
③ _____

20<u>06</u>년 <u>11</u>월 <u>1</u>일

매도인 <u>홍길동</u>_____ (서명 또는 인)
대리인_____(서명 또는 인)
(대리인의 주민등록번호:_____)

매수인 <u>한국무역 주식회사 대표이사 김보통</u> (서명 또는 인)
대리인_____(서명 또는 인)
(대리인의 주민등록번호:_____)

※ 서울중앙지방법원은 일반적이고 전형적인 계약의 경우 법률 전문가의 도움 없이도 쉽게 작성할 수 있는 계약서 양식을 게시하고 있다. 이에 관한 자세한 사항은 서울중앙지방법원-민원-생활속의 계약서를 참조하시기 바란다.

02 매매계약서의 작성요령

(1) 매매계약 합의의 표시

- 매매계약서에 계약의 내용이 매매계약임을 명시한다.
- 통상은 "매도인과 매수인은 다음과 같은 내용으로 매매계약을 체결한다."고 기재한다.

(2) 부동산의 표시

- 매매목적물을 특정하기 위해 매매계약서에 부동산의 표시를 기재한다.
- 부동산의 표시는 부동산등기부의 표제부 중 표시란에 기재된 것과 동일하게 기재해야 한다.

따라서 부동산의 소재지, 지목과 그 면적 및 건물내역과 같은 부동산의 표시가 부동산등기부와 일치하지 않는 경우, 매매목적물의 특정 하는 데 어려움을 겪을 수 있으므로 주의해야 한다.

(3) 당사자의 표시

- 매도인과 매수인을 매매계약서에 기재한다. 이때 상대방의 주민등록증을 직접 확인하여 기재내용과 상대방이 일치하는지를 확인해야 한다.
- 매도인은 원칙적으로 등기부상 소유자로 기재되어 있는 사람을 기재한다.
  다만, 매도인이나 매수인 중 대리인을 선임하는 경우에 대리인의 명의로 매매계약서를 작성하는 경우에도 매매계약은 유효한다.
- 매도인 또는 매수인이 개인이 아닌 회사(법인)인 경우, 먼저 계약상대방인 회사의 법인등기부등본을 보고, 현재 계약을 체결하는 사람이 회사를 대표할 권한이 있는 사람인지 여부를 확인한 후, 반드시 그 회사의 이름과 대표자의 이름을 계약서에 기재한다.

(4) 매매대금

- 매매대금과 그 지급날짜를 정확히 기재한다.
- 매매대금은 그 총액과, 계약금, 중도금, 잔금의 순서로 기재하는 것이 보통이다.

(5) 소유권이전과 인도에 관한 사항

원칙적으로 매도인은 매수인으로부터 매매대금의 잔금을 받음과 동시에 소유권이전등기에 필요한 서류 전부를 주어야한다. 다만, 이를 따로 정할 수도 있다.

※ **소유권이전등기에 필요한 서류**

등기를 신청할 때에는 다음의 서면을 제출해야 한다(「부동산등기법」 제24조제1항 제1호 참조).

- 신청서
- 등기원인을 증명하는 서면
- 등기의무자의 권리에 관한 등기필증
- 등기원인에 대하여 제3자의 허가, 동의 또는 승낙이 필요할 때에는 이를 증명하는 서면
- 대리인이 등기를 신청할 때에는 그 권한을 증명하는 서면
- 소유권의 보존 또는 이전의 등기를 신청하는 경우에는 신청인의 주소를 증명하는 서면
- 등기권리자인 경우에는 법인등기부 등본 또는 초본, 법인 아닌 사단이나 재단(외국법인으로서 국내에서 법인등기를 마치지 않은 사단이나 재단을 포함) 또는 외국인이 등기권리자인 경우에는 부동산등기용 등록번호를 증명하는 서면
- 소유권의 이전등기를 신청하는 경우에는 토지대장·임야대장·건축물대장의 등본, 그 밖의 부동산의 표시를 증명하는 서면
- 매매에 관한 거래계약서를 등기원인을 증명하는 서면으로 하여 소유권이전등기를 신청하는 경우에는 대법원규칙으로 정하는 거래신고필증과 매매목록
  「부동산 거래신고 등에 관한 법률」 제3조제1항에서 정하는 계약을 등기원인으로 하는 소유권이전등기를 신청하는 경우에는 거래가액을 신청정보의 내용으로 등기소에 제공하고, 시장·군수 또는 구청장으로부터 제공받은 거래계약신고필증정보를 첨부정보로서 등기소에 제공해야 한다(「부동산등기규칙」 제124조).
  ✓ 거래부동산이 2개 이상인 경우 또는 거래부동산이 1개라 하더라도 여러 명의 매도인과 여러 명의 매수인 사이의 매매계약인 경우에는 거래가액, 거래계약신고필증정보와 함께 매매목록도 첨부정보로서 등기소에 제공해야 한다(「부동산등기규칙」 제124조제2항 단서).
- 농지취득자격증명(「농지법」 제8조제4항)

(6) **계약의 해제**

계약금만을 주고받은 경우 계약을 해제할 수 있다. 이 경우 매수인은 계약금을 포기해야 하고, 매도인은 계약금의 2배를 반환해야 한다.

그 밖의 계약사항을 위반하는 경우 일정한 요건 하에 계약이 해제된다는 것을 약정할 수도 있다.

(7) 그 밖의 특약사항

이 외에 특별히 정하는 사항을 구체적이고 자세하게 기재한다.

(8) 날짜 및 서명날인

- 계약을 맺은 날짜를 기재하고, 당사자 명의의 서명을 날인한다. 이때, 대리인이 있는 경우 본인의 명의와 그 대리인의 명의를 병기할 수 있다.
- 계약서는 당사자의 수만큼 작성하여 당사자가 각각 원본을 보관함으로써 분쟁을 예방할 수 있다.

3. 계약금의 교부

(1) 계약금의 의의

- 부동산 매매계약을 체결할 때, 통상 당사자의 한 쪽이 상대방에게 금전 그 밖의 유가물(有價物)을 교부한다.
  이때 지급하는 금전 그 밖의 유가물을 계약금이라 하고, 계약금을 교부하는 계약을 계약금 계약이라 한다.
- 매수인은 통상 매매대금의 10퍼센트의 금액을 계약금으로 교부하는데, 이는 매매대금에 산입된다.

(2) 계약금 계약의 효과

- 계약금이 지급되면 계약금은 매매계약체결의 증거가 된다.
- 매매의 당사자 일방이 계약 당시에 금전 그 밖의 물건을 계약금, 보증금 등의 명목으로 상대방에게 교부한 때에는 당사자 간에 다른 약정이 없는 한 당사자의 일방이 이행에 착수할 때까지 교부받은 자는 이를 포기하고 수령자는 그 배액을 상환하여 매매계약을 해제할 수 있다(「민법」 제565조제1항).
- 당사자가 채무를 불이행한 경우, 계약금을 교부한 자는 그것을 몰수당하고, 계약금을 교부받은 자는 배액을 배상할 것을 매매계약서에 특별히 명시하여 정한 때에는 손해배상액을 미리 정한 것과 같은 성질을 가진다.

(3) 거래상 실례

통상 많이 사용되는 표준매매계약서에는 명시적으로 매수인이 매도인에게 중도금을 주기 전까지(중도금을 정하지 않은 경우에는 잔금을 주기 전까지) 매도인은 매수인에게 계약금의 2배를 주고 이 계약을 해제할 수 있고, 매수인은 계약금을 포기하고 이 계약을 해제할 수 있다고 특약하는 조항을 넣고 있다.

그러나 계약서에 이러한 명시적인 조항이 들어가 있지 않더라도, 계약금의 교부만으로 당사자의 일방이 이행에 착수할 때까지 교부자는 이를 포기하고 수령자는 그 배액을 상환하여 매매계약을 해제할 수 있다(「민법」 제565조제1항).

4. 판례

(1) 대법원 2006. 2. 10. 선고 2004다11599 판결 소유권이전등기

대법원 2006. 2. 10. 선고 2004다11599 판결 【소유권이전등기】
[공2006.3.15.(246),419]

【판시사항】

[1] 민법 제565조에서 해제권 행사의 시기를 당사자의 일방이 이행에 착수할 때까지로 제한한 취지 및 이행기의 약정이 있는 경우, 이행기 전에 이행에 착수할 수 있는지 여부(한정 적극)

[2] 매매계약의 체결 이후 시가 상승이 예상되자 매도인이 구두로 구체적인 금액의 제시 없이 매매대금의 증액요청을 하였고, 매수인은 이에 대하여 확답하지 않은 상태에서 중도금을 이행기 전에 제공하였는데, 그 이후 매도인이 계약금의 배액을 공탁하여 해제권을 행사한 사안에서, 시가 상승만으로 매매계약의 기초적 사실관계가 변경되었다고 볼 수 없고, 이행기 전의 이행의 착수가 허용되어서는 안 될 만한 불가피한 사정이 있는 것도 아니므로 매도인은 위의 해제권을 행사할 수 없다고 한 원심의 판단을 수긍한 사례

【판결요지】

[1] 민법 제565조가 해제권 행사의 시기를 당사자의 일방이 이행에 착수할 때까지로 제한한 것은 당사자의 일방이 이미 이행에 착수한 때에는 그 당사자는 그에 필요한 비용을 지출하였을 것이고, 또 그 당사자는 계약이 이행될 것으로 기대하고 있는데 만일 이러한 단계에서 상대방으로부터 계약이 해제된다면 예측하지 못한 손해를 입게 될 우려가 있으므로 이를 방지하고자 함에 있고, 이행기의 약정이 있는 경우라 하더라도 당사자가 채무의 이행기 전에는 착수하지 아니하기로 하는 특약을 하는 등 특별한 사정이 없는 한 이행기 전에 이행에 착수할 수 있다.

[2] 매매계약의 체결 이후 시가 상승이 예상되자 매도인이 구두로 구체적인 금액의 제시 없이 매매대금의 증액요청을 하였고, 매수인은 이에 대하여 확답하지 않은 상태에서 중도금을 이행기 전에 제공하였는데, 그 이후 매도인이 계약금의 배액을 공탁하여 해제권을 행사한 사안에서, 시가 상승만으로 매매계약의 기초적 사실관계가 변경되었다고 볼 수 없어 '매도인을 당초의 계약에 구속시키는 것이 특히 불공평하다'거나 '매수인에게 계약내용 변경요청의 상당성이 인정된다'고 할 수 없고, 이행기 전의 이행의 착수가 허용되어서는 안 될 만한 불가피한 사정이 있는 것도 아니므로 매도인은 위의 해제권을 행사할 수 없다고 한 원심의 판단을 수긍한 사례.

03 부동산 실거래 가격의 신고

1. 부동산 거래신고의무제도란

"부동산 거래신고의무제도"란 이중계약서 작성 등 잘못된 관행을 없애고 부동산 거래를 투명하게 하기 위해 부동산의 실제거래가격을 신고하는 제도를 말한다(「부동산 거래신고에 관한 법률」 제3조).

2. 신고의무

(1) 농지를 매매한 경우 거래 당사자는 계약체결일로부터 60일 이내에 실제거래가격으로 부동산 소재지 관할 시장·군수·구청장에게 공동으로 신고해야 한다. 다만, 거래당사자 중 일방이 신고를 거부하는 경우에는 단독으로 신고할 수 있다(「부동산 거래신고에 관한 법률」 제3조제1항).

(2) 개업공인중개사가 거래계약서를 작성·교부한 때에는 해당 개업공인중개사가 이를 신고(공동으로 중개하는 경우에는 공동으로 신고)해야 한다(「부동산 거래신고에 관한 법률」 제3조제2항).

(3) 신고된 부동산 거래가격은 허위 신고 여부 등에 대해 가격검증을 거치게 되며, 거래내역 및 검증결과는 국세청 및 시·군·구청 세무부서에 통보하여 과세자료로 활용된다.

3. 신고의무의 위반

(1) 부동산 실거래가격을 신고하지 않은 경우(공동신고를 거부한 경우를 포함)에는 500만원 이하의 과태료가 부과된다(「부동산 거래신고에 관한 법률」 제8조제2항제1호).

(2) 부동산 실거래가격을 거짓으로 한 경우에는 다음의 구분에 따라 과태료가 부과된다(「부동산 거래신고에 관한 법률」 제8조제3항).

- 부동산을 매매한 경우 : 해당 부동산에 대한 취득세(취득세가 비과세·면제·감경되는 경우에는 비과세·면제·감경되지 않는 경우에 납부해야 할 취득세의 상당액을 말함)의 3배 이하에 상당하는 금액

- 부동산을 취득할 수 있는 권리를 매매한 경우 : 해당 권리 취득가액의 100분의 5 이하에 상당하는 금액

부동산 농지와 산지 시리즈 ❶ 농지의 취득과 전용

Ⅲ 매매계약의 이행

01 매매계약의 이행

1. 매매계약의 효력

(1) 매도인의 소유권이전등기의무와 매수인의 대금지급의무

매도인은 매수인에 대하여 매매의 목적이 된 권리를 이전해야 하며 매수인은 매도인에게 그 대금을 지급해야 한다(「민법」 제568조제1항).

쌍방의무는 특별한 약정이나 관습이 없으면 동시에 이행해야 한다(「민법」 제568조제2항).

(2) 동일기한의 추정

매매의 당사자 일방에 대한 의무이행의 기한이 있는 때에는 상대방의 의무이행에 대해서도 동일한 기한이 있는 것으로 추정된다(「민법」 제585조).

(3) 대금지급장소

매매의 목적물(농지)의 인도와 동시에 대금을 지급할 경우에는 그 인도 장소에서 이를 지급해야 한다(「민법」 제586조).

(4) 과실의 귀속

1) 매매계약 있은 후에도 인도하지 않은 부동산으로부터 생긴 과실은 매도인에게 속한다(「민법」 제587조전단).

따라서 농지를 인도하기 전까지 농지로부터 발생하는 과실은 매도인의 소유가 된다.

> ※ 이때 '과실(果實)'이란 물건으로부터 생기는 경제적 수익을 말한다.
> - '천연과실'이란 물건의 용법에 따라 수취하는 산출물을 말한다.
>   천연과실에는 수목의 열매, 가축의 새끼, 토사나 석재 등이 있다.
> - '법정과실'이란 물건의 사용대가로 받는 금전 그 밖의 물건을 말한다(「민법」 제101조제2항).
>   법정과실에는 임료, 지료, 이자 등이 있다.

(5) 대금의 이자

매매대금의 지급에 대하여 기한이 없으면 매수인이 목적물의 인도를 받은 때까지 그 매매대금을 지급하지 않은 경우에는 목적물의 인도를 받은 날부터 대금의 이자를 지급해야 한다(「민법」 제587조후단).

2. 매수인의 매매대금지급 의무

(1) 매수인의 매매대금지급 의무

1) 매수인은 매매대금을 지급기한 일자에 맞추어 매도인에게 지급해야 한다(「민법」제568조제1항).
2) 매매대금은 통상 계약금, 중도금, 잔금으로 나누어 지급한다.
3) 잔금지급 시에 매도인으로부터 소유권이전을 위한 일체의 서류를 제공받는다.(「민법」제568조제2항).

> ※ 부동산의 매수인이 매매목적물에 관한 근저당권의 피담보채무 또는 임대차보증금 채무를 인수하는 한편, 그 채무액을 매매대금에서 공제하기로 약정한 경우 매수인은 매매대금에서 그 채무액을 공제한 나머지를 지급함으로써 잔금지급의무를 다하게 된다(대법원 2004. 7. 9. 선고 2004다13083 판결).

(2) 권리주장자가 있는 경우와 대금지급거절권

- 매매의 목적물에 대하여 권리를 주장하는 자가 있는 경우에 매수인이 매수한 권리의 전부나 일부를 잃을 염려가 있는 때에는 매수인은 그 위험의 한도에서 대금의 전부나 일부의 지급을 거절할 수 있다. 그러나 매도인이 상당한 담보를 제공한 때에는 그 지급을 거절할 수 없다(「민법」제588조).
- 위의 경우 매도인은 매수인에 대하여 대금의 공탁을 청구할 수 있다(「민법」제589조).

> ※ '공탁(供託)'이란 채권자가 변제를 받지 않거나 받을 수 없는 때 또는 변제자가 과실 없이 채권자를 알 수 없는 경우에 채권자를 위해 공탁소에 변제의 목적물을 제공하여 그 채무를 면하는 것을 말한다(「민법」제487조).

3. 매도인의 소유권 이전 의무

(1) 소유권 이전 의무

매도인은 농지를 매수인에게 이전해야 할 의무를 진다(「민법」제568조제1항).

매도인의 소유권이전의무는 원칙적으로 매수인의 대금지급의무와 동시이행의 관계에 있다(「민법」제568조제2항).

(2) 소유권 이전 등기 의무

- 부동산 매매계약으로 매수인이 소유권을 얻으려면, 부동산을 매매한다는 당사자의 의사의 합치 외에 등기를 해야 그 효력이 생긴다(「민법」 제186조제1항).
- 부동산의 소유권을 이전하는 부동산 매매계약에서는 다른 특약이나 특별한 사정이 없는 한 아무런 부담이 없는 완전한 것이어야 한다(대법원 1967. 7. 11. 선고 67다813 판결). 따라서 매매목적 부동산에 가압류등기 등이 경료 되어 있는 경우에는 소유권이전등기청구권의 가압류를 해제하여 완전한 소유권이전등기를 경료해 주어야 한다(대법원 2001. 7. 27. 선고 2001다27784, 27791 선고).

(3) 목적 부동산의 점유의 이전

매도인은 매수인에게 부동산의 점유를 이전해주어야 한다(「민법」 제568조제1항).

- '부동산의 점유(占有)'란 부동산을 사실상 지배하는 것을 말한다.

만약 매매목적물인 부동산에 불법점유자(不法占有者)가 있는 경우, 매도인은 불법점유자로부터 부동산의 점유를 회복하여 매수인에게 부동산의 점유를 이전해 줄 의무가 있다.

(4) 소유권이전등기를 위한 서면의 지급

1) 매도인은 매수인에게 소유권이전등기에 필요한 서면을 지급해야 한다(「부동산등기법」 제24조제1항제1호 참조).

① 신청서

② 등기원인을 증명하는 서면

③ 등기의무자의 권리에 관한 등기필증

④ 등기원인에 대하여 제3자의 허가, 동의 또는 승낙이 필요할 때에는 이를 증명하는 서면

⑤ 대리인이 등기를 신청할 때에는 그 권한을 증명하는 서면

⑥ 소유권의 보존 또는 이전의 등기를 신청하는 경우에는 신청인의 주소를 증명하는 서면

⑦ 법인이 등기권리자인 경우에는 법인등기부 등본 또는 초본, 법인 아닌 사단이나 재단(외국법인으로서 국내에서 법인등기를 마치지 않은 사단이나 재단을 포함) 또는 외국인이 등기권리자인 경우에는 부동산등기용 등록번호를 증명하는 서면

⑧ 소유권의 이전등기를 신청하는 경우에는 토지대장·임야대장·건축물대장의 등본, 그 밖의 부동산의 표시를 증명하는 서면

⑨ 매매에 관한 거래계약서를 등기원인을 증명하는 서면으로 하여 소유권이전등기를 신청하는 경우에는 대법원규칙으로 정하는 거래신고필증과 매매목록

✓ 「부동산 거래신고 등에 관한 법률」 제3조제1항에서 정하는 계약을 등기원인으로 하는 소유권이전등기를 신청하는 경우에는 거래가액을 신청정보의 내용으로 등기소에 제공하고, 시장·군수 또는 구청장으로부터 제공받은 거래계약신고필증정보를 첨부정보로서 등기소에 제공해야 한다(「부동산등기규칙」 제124조).

✓ 거래부동산이 2개 이상인 경우 또는 거래부동산이 1개라 하더라도 여러 명의 매도인과 여러 명의 매수인 사이의 매매계약인 경우에는 거래가액, 거래계약신고필증정보와 함께 매매목록도 첨부정보로서 등기소에 제공해야 한다(「부동산등기규칙」 제124조제2항단서).

(5) 종물 또는 종된 권리의 이전

종물은 주물의 처분에 따르는 것이 원칙이므로 특약이 없는 한 매도인은 종물 또는 종된 권리도 이전해야 한다(「민법」 제100조제2항).

> ※ 물건의 소유자가 그 물건의 상용에 공하기 위해 자기 소유인 다른 물건을 이에 부속하게 한 때에는 그 물건을 주물(主物)이라고 하고 주물에 부속된 물건을 종물(從物)이라고 한다(「민법」 제100조제1항).

4. 판례

(1) 대법원 2004. 7. 9. 선고 2004다13083 판결 소유권이전등기

대법원 2004. 7. 9. 선고 2004다13083 판결 【소유권이전등기】
[공2004.8.15.(208),1330]

【판시사항】

[1] 채무액을 초과하여 과다한 이행을 요구하는 이행최고 및 이에 터잡은 계약해제의 효력

[2] 변론재개신청에 대하여 법원이 허부결정을 하여야 하는지 여부(소극)

[3] 부동산의 매수인이 매매목적물에 관한 근저당권의 피담보채무를 인수하는 한편, 그 채무액을 매매대금에서 공제하기로 약정한 경우 그 채무인수의 성질(=이행인수) 및 매수인은 매매대금에서 그 채무액을 공제한 나머지를 지급함으로써 잔금지급의무를 다하게 되는 것인지 여부(적극)

[4] 매매목적물에 관한 근저당권의 피담보채무를 인수한 매수인이 인수채무의 변제를 게을리함으로써 매매목적물에 관하여 경매절차가 개시되고 매도인이 경매절차의 진행을 막기 위하여 피담보채무를 변제한 경우, 매도인이 이를 이유로 매매계약을 해제할 수 있는지 여부(적극)

[5] 부동산매매계약과 함께 이행인수계약이 이루어진 경우, 매수인의 인수채무불이행 또는 매도인의 임의변제로 인한 매수인의 손해배상채무 또는 구상채무가 매도인의 소유권이전등기의무와 동시이행의 관계에 있는지 여부(적극)

【판결요지】

[1] 채권자의 이행최고가 본래 이행하여야 할 채무액을 초과하는 경우에도 본래 급부하여야 할 수량과의 차이가 비교적 적거나 채권자가 급부의 수량을 잘못 알고 과다한 최고를 한 것으로서 과다하게 최고한 진의가 본래의 급부를 청구하는 취지라면, 그 최고는 본래 급부하여야 할 수량의 범위 내에서 유효하다고 할 것이나, 그 과다한 정도가 현저하고 채권자가 청구한 금액을 제공하지 않으면 그것을 수령하지 않을 것이라는 의사가 분명한 경우에는 그 최고는 부적법하고 이러한 최고에 터잡은 계약의 해제는 그 효력이 없다

[2] 변론의 재개신청은 법원의 직권발동을 촉구하는 의미밖에 없으며, 변론의 재개 여부는 법원의 직권사항이고 당사자에게 신청권이 없으므로 이에 대한 허부의 결정을 할 필요가 없으며, 또한 변론재개신청이 있다 하여 법원에 재개의무가 있는 것도 아니다.

[3] 부동산의 매수인이 매매목적물에 관한 근저당권의 피담보채무를 인수하는 한편, 그 채무액을 매매대금에서 공제하기로 약정한 경우, 다른 특별한 약정이 없는 이상 이는 매도인을 면책시키는 채무인수가 아니라 이행인수로 보아야 하고, 매수인이 위 채무를 현실적으로 변제할 의무를 부담한다고 해석할 수 없으며, 특별한 사정이 없는 한 매수인은 매매대금에서 그 채무액을 공제한 나머지를 지급함으로써 잔금지급의무를 다하였다고 할 것이다.

[4] 매매목적물에 관한 근저당권의 피담보채무를 인수한 매수인이 인수채무의 일부인 근저당권의 피담보채무의 변제를 게을리함으로써 매매목적물에 관하여 근저당권의 실행으로 임의경매절차가 개시되고 매도인이 경매절차의 진행을 막기 위하여 피담보채무를 변제하였다면, 매도인은 채무인수인에 대하여 손해배상채권을 취득하는 이외에 이 사유를 들어 매매계약을 해제할 수 있다.

[5] 부동산매매계약과 함께 이행인수계약이 이루어진 경우, 매수인이 인수한 채무는 매매대금지급채무에 갈음한 것으로서 매도인이 매수인의 인수채무불이행으로 말미암아 또는 임의로 인수채무를 대신 변제하였다면, 그로 인한 손해배상채무 또는 구상채무는 인수채무의 변형으로서 매매대금지급채무에 갈음한 것의 변형이므로 매수인의 손해배상채무 또는 구상채무와 매도인의 소유권이전등기의무는 대가적 의미가 있어 이행상 견련관계에 있다고 인정되고, 따라서 양자는 동시이행의 관계에 있다고 해석함이 공평의 관념 및 신의칙에 합당하다.

(2) 대법원 2001. 7. 27. 선고 2001다27784,27791 판결 양도채권금·차액금반환

> 대법원 2001. 7. 27. 선고 2001다27784,27791 판결 【양도채권금·차액금반환】
> [공2001.9.15.(138),1953]
>
> 【판시사항】
> [1] 쌍무계약인 매매계약에서 매수인이 선이행의무인 잔금지급의무를 이행하지 않고 있는 사이에 매도인의 소유권이전등기의무의 이행기가 도과한 경우, 매도인과 매수인 쌍방의 의무가 동시이행 관계에 있게 되는지 여부(적극)
> [2] 소유권이전등기청구권이 가압류되어 있어 가압류를 해제하여야만 소유권이전등기를 경료받을 수 있는 자가 그 목적물을 매도한 경우, 매수인은 위 가압류가 해제되어 완전한 소유권이전등기를 경료받을 때까지 동시이행의 항변권을 행사하여 매매잔대금의 지급을 거절할 수 있는지 여부(적극)
>
> 【판결요지】
> [1] 쌍무계약인 매매계약에서 매수인이 선이행의무인 분양잔대금 지급의무를 이행하지 않고 있는 사이에 매도인의 소유권이전등기의무의 이행기가 도과한 경우, 분양잔대금 지급채무를 여전히 선이행하기로 약정하는 등 특별한 사정이 없는 한 매도인과 매수인 쌍방의 의무는 동시이행 관계에 놓이게 된다.
> [2] 소유권이전등기청구권이 가압류되어 있어 가압류의 해제를 조건으로 하여서만 소유권이전등기절차의 이행을 명받을 수 있는 자가 그 목적물을 매도한 경우, 위 가압류를 해제하지 아니하고서는 자신 명의로 소유권이전등기를 경료받을 수 없고, 따라서 매수인 명의로 소유권이전등기도 경료하여 줄 수가 없으므로, 그러한 경우에는 소유권이전등기청구권의 가압류를 해제하여 완전한 소유권이전등기를 경료하여 주는 것까지 동시이행관계에 있는 것으로 봄이 상당하고, 위 가압류가 해제되지 않는 이상 매수인은 매매잔대금의 지급을 거절할 수 있다.

(3) 대법원 1967.7.11. 선고 67다813 판결 계약금반환등

> 대법원 1967. 7. 11. 선고 67다813 판결 【계약금반환등】[집15(2)민,160]
>
> 【판시사항】
> 매매부동산이 세금체납으로 압류되어 있으므로 매수인이 잔대금의 지급을 거절한 경우와 채무불이행

> 【판결요지】
> 매매부동산에 대하여 매도인의 세금체납으로 인한 압류등기가 되어있는 이상 당사자 간에 다른 특별한 특약이 있다거나 그 체납된 세금이 극히 근소한 금액에 불과하므로 소유권취득에 지장이 없다고 보통 인정할 수 있는 경우를 제외하고는 원칙적으로 매도인은 아무 부담 없는 완전한 소권을 매수인에게 이전하여야 할 의무가 있다 할 것이므로, 매도인이 위와 같은 압류의 해제가 있기 전에는 전대금 지급을 거절하였다 하더라도 매수인의 의무 불이행에 해당된다 할 수 없다.

02 농지취득자격증명의 발급

1. 농지취득자격증명의 발급

(1) **농지를 취득하려는 사람은 농지 소재지를 관할하는 시·구·읍·면의 장에게 농지취득자격증명을 발급받아야 한다**(「농지법」 제8조제1항 본문).

> ※ 농지가 토지거래허가구역 내에 있는 경우에는 토지거래허가를 받으면 농지취득자격증명을 받은 것으로 본다(「부동산 거래신고 등에 관한 법률」 제20조제2항).

(2) **다만, 다음의 어느 하나에 해당하면 농지취득자격증명을 발급받지 않아도 농지를 취득할 수 있다**(「농지법」 제8조제1항 단서, 「농지법 시행령」 제6조).

1) 국가나 지방자치단체가 농지를 소유하는 경우

2) 상속(상속인에게 한 유증을 포함)으로 농지를 취득하여 소유하는 경우

3) 담보농지를 취득하여 소유하는 경우[유동화전문회사등이 「농지법」 제13조제1항제1호부터 제4호까지에 규정된 저당권자(농협, 수협, 한국농어촌공사, 은행, 한국자산공사 등)로부터 농지를 취득하는 경우 포함]

4) 농지전용협의를 마친 농지를 소유하는 경우(「농지법」 제34조제2항)

5) 농업기반시설을 인수한 한국농어촌공사가 「농어촌정비법」에 따라 소유권을 승계하는 경우(「농어촌정비법」 제16조)

6) 환지계획에 따라 소유권을 취득하는 경우(「농어촌정비법」제25조)

7) 교환·분할·합병의 시행에 따라 소유권을 취득하는 경우(「농어촌정비법」제43조) 이때, '교환·분할·합병'이란 시장·군수·구청장 또는 한국농어촌공사가 농지 소

유자 2명 이상이 신청하거나 농지 소유자가 신청하지 않더라도 토지 소유자가 동의를 한 경우 농지에 관한 권리, 그 농지의 이용에 필요한 토지에 관한 권리 및 농업기반시설과 농어촌용수의 사용에 관한 권리의 교환하거나 나누어 합치는 것을 말한다(「농어촌정비법」제43조제1항).

8) 농어촌관광휴양단지 개발에 따라 농지를 취득하는 경우(「농어촌정비법」제82조)

9) 한계농지정비사업의 시행자가 정비지구의 농지를 매입할 경우(「농어촌정비법」제100조)

10) 「공유수면 관리 및 매립에 관한 법률」에 따라 매립농지를 취득하여 소유하는 경우

11) 토지수용으로 농지를 취득하여 소유하는 경우

12) 농림축산식품부장관과의 협의를 마치고, 「공익사업을 위한 토지 등의 취득 및 보상에 관한 법률」에 따라 농지를 취득하여 소유하는 경우

13) 농업법인의 합병으로 농지를 취득하는 경우(「농지법」제8조제1항제2호)

14) 시효의 완성으로 농지를 취득하는 경우

15) 환매권자가 환매권에 따라 농지를 취득하는 경우(「징발재산 정리에 관한 특별조치법」제20조, 「공익사업을 위한 토지 등의 취득 및 보상에 관한 법률」제91조)

16) 환매권자 등이 환매권 등에 따라 농지를 취득하는 경우(「국가보위에 관한 특별조치법 제5조제4항에 의한 동원대상지역 내의 토지의 수용·사용에 관한 특별조치령에 의하여 수용·사용된 토지의 정리에 관한 특별조치법」제2조및제3조)

17) 농지이용증진사업 시행계획에 따라 농지를 취득하는 경우(「농지법」제17조)

2. 발급 절차

(1) 발급신청

1) 농지취득자격증명을 발급받으려는 사람은 다음의 사항이 모두 포함된 농업경영계획서 또는 주말·체험영농계획서를 작성하고 농림축산식품부령으로 정하는 서류를 첨부하여 농지 소재지를 관할하는 시·구·읍·면의 장에게 발급신청을 해야 한다(「농지법」제8조제2항).

   ① 취득 대상 농지의 면적

   ② 취득 대상 농지에서 농업경영을 하는 데에 필요한 노동력 및 농업 기계·장비·시설의 확보 방안

③ 소유 농지의 이용 실태(농지 소유자에게만 해당)

④ 농지취득측자격증을 발급하려는 자의 직업·영농경력·영농거리

2) 이때 농지취득자격증명을 발급받으려는 사람은 농지취득자격증명신청서류를 농지의 소재지를 관할하는 시장(구를 두지 아니한 시의 시장을 말하며, 도농복합형태의 시에 있어서는 농지의 소재지가 동지역인 경우)·구청장(도농복합형태의 시의 구에 있어서는 농지의 소재지가 동지역인 경우)·읍장 또는 면장에게 제출해야 한다(「농지법 시행령」 제7조제2항).

① 농지취득자격증명신청서류란 다음의 서류를 말한다(「농지법 시행규칙」 제7조제1항).

- ✓ 농지취득인정서(「농지법 시행규칙」 별지 제2호서식, 「초·중등교육법」 「고등교육법」에 따른 학교, 공공단체·농업연구기관·농업생산자단체 또는 종묘나 그 밖의 농업 기자재 생산자가 그 목적사업을 수행하기 위하여 필요한 시험지·연구지·습지 또는 종묘생산지로 쓰기 위하여 농지를 취득하여 소유하는 경우에 한정)
- ✓ 농지취득자격증명신청서(「농지법 시행규칙」 별지 제3호서식)
- ✓ 농업경영계획서(「농지법 시행규칙」 별지 제4호서식, 농지를 농업경영 목적으로 취득하는 경우에 한정)
- ✓ 농지임대차계약서 또는 농지사용대차계약서(농업경영을 하지 않는 자가 취득하려는 농지의 면적이 고정식온실·버섯재배사·비닐하우스·축사 그 밖의 농업생산에 필요한 시설이 설치되어 있거나 설치하려는 농지의 경우에는 330 제곱미터 미만, 그 이외의 농지의 경우에는 1천 제곱미터 미만의 경우에 한정)
- ✓ 농지전용허가(다른 법률에 따라 농지전용허가가 의제되는 인가 또는 승인 등을 포함)를 받거나 농지전용신고를 한 사실을 입증하는 서류(농지를 전용목적으로 취득하는 경우에 한정)

3) 시·구·읍·면의 장은 농지 투기가 성행하거나 성행할 우려가 있는 지역의 농지를 취득하려는 자 등 농림축산식품부령으로 정하는 자가 농지취득자격증명 발급을 신청한 경우 「농지법」 제44조에 따른 농지위원회의 심의를 거쳐야 한다(「농지법」 제8조제3항).

4) 시·구·읍·면의 장은 「농지법」 제8조 제1항에 따른 농지취득자격증명의 발급 신청을 받은 때에는 그 신청을 받은 날부터 7일(제2항 단서에 따라 농업경영계획서를 작성하지 아니하고 농지취득자격증명의 발급신청을 할 수 있는 경우에는 4일, 제3항에

따른 농지위원회의 심의 대상의 경우에는 14일) 이내에 신청인에게 농지취득자격증명을 발급하여야 한다(「농지법」 제8조 제4항).

5) 신청 및 발급 절차 등에 필요한 사항은 대통령령으로 정한다.

6) 농지취득자격증명을 발급받아 농지를 취득하는 자가 그 소유권에 관한 등기를 신청할 때에는 농지취득자격증명을 첨부하여야 한다.

7) 농지취득자격증명의 발급에 관한 민원의 처리에 관하여 「농지법」제8조에서 규정한 사항을 제외하고 「민원 처리에 관한 법률」이 정하는 바에 따른다.

[농지위원회]

「농지법」 제44조(농지위원회의 설치) 농지의 취득 및 이용의 효율적인 관리를 위해 시·구·읍·면에 각각 농지위원회를 둔다. 다만, 해당 지역 내의 농지가 농림축산식품부령으로 정하는 면적 이하이거나, 농지위원회의 효율적 운영을 위하여 필요한 경우 시·군의 조례로 정하는 바에 따라 그 행정구역 안에 권역별로 설치할 수 있다.

제45조(농지위원회의 구성) ① 농지위원회는 위원장 1명을 포함한 10명 이상 20명 이하의 위원으로 구성하며 위원장은 위원 중에서 호선한다.

② 농지위원회의 위원은 다음 각 호의 어느 하나에 해당하는 사람으로 구성한다.
1. 해당 지역에서 농업경영을 하고 있는 사람
2. 해당 지역에 소재하는 농업 관련 기관 또는 단체의 추천을 받은 사람
3. 「비영리민간단체 지원법」 제2조에 따른 비영리민간단체의 추천을 받은 사람
4. 농업 및 농지정책에 대하여 학식과 경험이 풍부한 사람

③ 농지위원회의 효율적 운영을 위하여 필요한 경우에는 각 10명 이내의 위원으로 구성되는 분과위원회를 둘 수 있다.

④ 분과위원회의 심의는 농지위원회의 심의로 본다.

⑤ 위원의 임기·선임·해임 등 농지위원회 및 분과위원회의 운영에 필요한 사항은 대통령령으로 정한다.

제46조(농지위원회의 기능) 농지위원회는 다음 각 호의 기능을 수행한다.
1. 제8조제3항에 따른 농지취득자격증명 심사에 관한 사항
2. 제34조제1항에 따른 농지전용허가를 받은 농지의 목적사업 추진상황에 관한 확인
3. 제54조제1항에 따른 농지의 소유 등에 관한 조사 참여
4. 그 밖에 농지 관리에 관하여 농림축산식품부령으로 정하는 사항

(2) 발급요건의 확인 및 발급

1) 시·구·읍·면의 장은 농지취득자격증명의 발급신청을 받은 때에는 그 신청을 받은 날부터 4일(농업경영계획서를 작성하지 않고 농지취득자격증명의 발급신청을 할 수 있는 경우에는 2일) 이내에 다음의 요건에 적합한지의 여부를 확인하여 이에 적합한 경우에는 신청인에게 농지취득자격증명을 발급해야 한다(「농지법 시행령」 제7조제2항).

① 농지의 취득요건에 적합할 것(「농지법」 제6조제1항, 「농지법」 제6조제2항제2호·제3호·제7호 또는 제9호)

② 농업인이 아닌 개인이 주말·체험영농에 이용하려고 농지를 취득하는 경우에는 신청 당시 소유하고 있는 농지의 면적에 취득하려는 농지의 면적을 합한 면적이 1천 제곱미터 이내일 것

③ 농업경영계획서를 제출하여야 하는 경우에는 그 계획서에 취득 대상 농지의 면적, 취득 대상 농지에서 농업경영을 하는 데에 필요한 노동력 및 농업 기계·장비·시설의 확보 방안, 소유 농지의 이용 실태 등이 포함되어야 하고, 그 내용이 신청인의 농업경영능력 등을 참작할 때 실현가능하다고 인정될 것

④ 신청인이 소유농지의 전부를 타인에게 임대 또는 사용대(使用貸)하거나 농작업의 전부를 위탁하여 경영하고 있지 않을 것. 다만, 주말·체험영농을 목적으로 하거나, 「한국농어촌공사 및 농지관리기금법」에 따른 농지의 개발사업지구에 있는 농지의 경우에는 제외된다(「농지법」 제6조제2항제3호 또는 제9호).

⑤ 신청당시 농업경영을 하지 아니하는 자가 자기의 농업경영에 이용하기 위해 농지를 취득하는 경우에는 해당 농지의 취득 후 농업경영에 이용하려는 농지의 총면적이 다음의 어느 하나에 해당할 것

- ✓ 고정식온실·버섯재배사·비닐하우스·축사 그 밖의 농업생산에 필요한 시설이 설치되어 있거나 설치하려는 농지의 경우 : 330제곱미터 이상
- ✓ 곤충사육사가 설치되어 있거나 곤충사육사를 설치하려는 농지의 경우 : 165제곱미터 이상
- ✓ 그 밖의 농지의 경우 : 1천제곱미터 이상

2) 농지취득자격을 확인할 때에는 다음의 사항을 종합적으로 고려해야 한다. 이 경우 정보·통신매체를 통한 교육으로 학력을 인정받는 학교에 재학 중인 학생 또는 야간수업을 받는 학생 등 통상적인 농업경영 관행에 따라 농업경영을 할 수 있다고 인정되는 학생, 농업경영을 하고 있는 학생 또는 주말·체험영농(「농지법」 제6조제2항제3호)의 목적으로 농지를 취득하려는 「고등교육법」에 따른 학교에 재학 중인 학생을 제외한 「초·중

등교육법」「고등교육법」에 따른 학교에 재학 중인 학생은 농지취득자격이 없는 것으로 본다(「농지법 시행령」 제7조제3항 및 「농지법 시행규칙」 제7조제3항).

① 취득대상 농지의 면적
② 취득대상 농지를 농업경영에 이용하기 위한 노동력 및 농업기계·장비 등의 확보 여부 또는 확보방안
③ 소유농지의 이용실태(농지를 소유하고 있는 자의 경우에 한정)
④ 경작하려는 농작물 또는 재배하려는 다년생식물의 종류
⑤ 농작물의 경작지 또는 다년생식물의 재배지 등으로 이용되고 있지 않는 농지의 경우에는 농지의 복구가능성 등 취득대상 토지의 상태
⑥ 신청자의 연령·직업 또는 거주지 등 영농여건
⑦ 신청자의 영농의지

> ※ 농지 소유 제한(「농지법」 제6조)이나 농지 소유 상한(「농지법」 제7조)을 위반하여 농지를 소유할 목적으로 거짓이나 그 밖의 부정한 방법으로 농지취득자격증명을 발급받은 사람은 5년 이하의 징역 또는 5천만원 이하의 벌금에 처해진다(「농지법」 제58조제1호).

(3) 농지취득자격증명의 발급제한

1) 시·구·읍·면의 장은 농지취득자격증명을 발급받으려는 자가 「농지법」 제8조제2항에 따라 농업경영계획서 또는 주말·체험영농계획서에 포함하여야 할 사항을 기재하지 아니하거나 첨부하여야 할 서류를 제출하지 아니한 경우 농지취득자격증명을 발급하여서는 아니 된다.

2) 시·구·읍·면의 장은 1필지를 공유로 취득하려는 자가 「농지법」 제22조제3항에 따른 시·군·구의 조례로 정한 수를 초과한 경우에는 농지취득자격증명을 발급하지 아니할 수 있다.

[「농지법」 제22조(농지 소유의 세분화 방지)]

③ 시장·군수 또는 구청장은 농지를 효율적으로 이용하고 농업생산성을 높이기 위하여 통상적인 영농 관행 등을 감안하여 농지 1필지를 공유로 소유(제6조제2항제4호의 경우는 제외한다)하려는 자의 최대인원수를 7인 이하의 범위에서 시·군·구의 조례로 정하는 바에 따라 제한할 수 있다.

3) 시·구·읍·면의 장은「농어업경영체 육성 및 지원에 관한 법률」제20조의2에 따른 실태조사 등에 따라 영농조합법인 또는 농업회사법인이 같은 법 제20조의3제2항에 따른 해산명령 청구 요건에 해당하는 것으로 인정하는 경우에는 농지취득자격증명을 발급하지 아니할 수 있다.

[농어업경영체 육성 및 지원에 관한 법률]

제20조의2(실태조사) ① 주된 사무소 관할 시장·군수·구청장은 농업법인 또는 어업법인의 적법한 운영과 효율적 관리를 위하여 농림축산식품부령 또는 해양수산부령으로 정하는 조사주기·방법 등에 따라 다음 각 호의 사항에 대하여 농업법인 또는 어업법인의 운영실태 등에 대한 조사를 실시하여야 한다. 〈개정 2021. 8. 17.〉
1. 조합원(준조합원을 포함한다) 또는 사원이나 주주의 인적 사항, 주소 및 출자 현황
2. 사업범위와 관련된 사항
3. 소유한 농지의 규모 및 경작유무 등 현황

② 시장·군수·구청장은 제1항에 따른 농업법인 또는 어업법인의 운영실태 등에 대한 조사를 위하여 필요한 경우 경영상의 자유를 침해하지 아니하는 범위에서 다음 각 호의 행위를 할 수 있다.
1. 농업법인 또는 어업법인에게 필요한 서류 등의 제출을 요구하는 행위
2. 등기소와 그 밖의 관계 행정기관에 필요한 서류의 열람·복사 또는 그 등본·초본의 발급을 요청하는 행위. 이 경우 열람·복사 또는 그 등본·초본의 발급은 무료로 한다.
3. 소속 공무원으로 하여금 그 사무소에 출입하여 조사하게 하거나 관계인에게 필요한 질문을 하게 하는 행위

③ 제2항에 따라 출입·조사를 하는 자는 그 권한을 표시하는 증표를 지니고 이를 관계인에게 내보여야 한다.
④ 농업법인 또는 어업법인은 제1항에 따른 실태조사에 협조하여야 한다.
⑤ 농림축산식품부장관 또는 해양수산부장관은 원활한 실태조사를 위하여 시장·군수·구청장에게 농업법인 및 어업법인의 사업범위와 운영실태의 확인을 위한 자료와 실태조사에 필요한 비용을 예산의 범위에서 지원할 수 있다. 〈신설 2021. 8. 17.〉
⑥ 농림축산식품부장관 또는 해양수산부장관은 제5항에 따른 자료 제공을 위하여 법인등기전산정보, 과세정보, 부동산거래신고정보 등 대통령령으로 정하는 정보에 대해 해당 정보를 관리하는 기관에 그 정보에 관한 자료를 요청할 수 있으며, 요청을 받은 관리기관의 장은 특별한 사정이 없으면 그에 따라야 한다. 〈신설 2021. 8. 17.〉
⑦ 농림축산식품부장관 또는 해양수산부장관이 제6항에 따라 국세청장에게 과세정보의 제출을 요청할 경우 문서로 하여야 한다. 이 경우 다음 각 호의 사항을 명시하여 과세정보 제출을 요청하여야 한다. 〈신설 2021. 8. 17.〉
1. 사업자등록정보(사업자등록번호, 사업의 종류)

2. 매출액
3. 주식등변동상황명세서상 주주현황

⑧ 시장·군수·구청장은 제1항에 따른 실태조사를 실시한 후 다음 각 호의 사항에 대하여 대통령령으로 정하는 기간 내에 시정하도록 명할 수 있다. 〈개정 2021. 8. 17.〉

1. 조합원 5명 미만인 영농조합법인 또는 영어조합법인
2. 비농업인 또는 비어업인이 보유한 출자지분이 제19조제2항 또는 제4항에서 정한 출자한도를 초과한 농업회사법인 또는 어업회사법인

⑨ 시장·군수·구청장은 제1항에 따른 실태조사 결과「농지법」제2조제3호의 요건을 충족하지 못한 농업회사법인과 제19조의5를 위반하여 부동산업을 영위한 것으로 인정한 농업법인에 대하여「농지법」제10조제2항에 따른 농지의 처분통지 등 필요한 조치를 하여야 한다. 〈신설 2021. 8. 17.〉

⑩ 농림축산식품부장관 또는 해양수산부장관은 시장·군수·구청장에게 제1항에 따른 농업법인 또는 어업법인의 실태조사 결과의 제출을 요청할 수 있다. 〈개정 2021. 8. 17.〉

[본조신설 2015. 1. 6.]

[시행일 : 2022. 5. 18.] 제20조의2

[농어업경영체 육성 및 지원에 관한 법률]

20조의3(해산명령) ① 농업법인 또는 어업법인의 해산명령에 관하여는「상법」제176조에 따른 회사의 해산명령에 관한 규정을 준용한다. 이 경우 "회사"는 "농업법인 또는 어업법인"으로 본다.

② 시장·군수·구청장은 다음 각 호에 해당하는 농업법인 및 어업법인에 대하여 법원에 해산을 청구할 수 있다. 〈개정 2021. 8. 17.〉

1. 조합원이 5명 미만이 된 후 1년 이내에 5명 이상이 되지 아니한 영농조합법인 또는 영어조합법인
2. 총 출자액 중 비농업인 또는 비어업인이 보유한 출자지분이 제19조제2항 또는 제4항에서 정한 출자한도를 초과한 후 1년 이상 경과한 농업회사법인 또는 어업회사법인
3. 제19조의4제1항에 따른 사업범위에서 벗어난 사업을 하는 농업법인
4. 제19조의4제2항에 따른 사업범위에서 벗어난 사업을 하는 어업법인
5. 제1항에 따라 준용되는「상법」제176조제1항 각 호에 해당하는 농업법인 또는 어업법인
6. 제20조의2제8항에 따른 시장·군수·구청장의 시정명령에 3회 이상 불응한 농업법인 또는 어업법인

[본조신설 2015. 1. 6.]

[시행일 : 2022. 8. 18.] 제20조의3

3. 판례

(1) 대법원 2008. 3. 27. 선고 2007도7393 판결 부동산등기특별조치법위반

대법원 2008. 3. 27. 선고 2007도7393 판결 【부동산등기특별조치법위반】
[공2008상,631]

【판시사항】

[1] 부동산등기 특별조치법 제2조 제3항은 유효한 부동산 소유권이전계약을 전제로 하는지 여부(적극)

[2] 농지법상 농지취득 자격증명의 성격

[3] 농지취득 자격증명을 발급받지 못하여 소유권이전등기를 신청할 수 없는데도 불구하고, 농지 취득자가 순전히 전매이익을 취득할 목적으로 매수한 농지를 제3자에게 전매하였다면, 부동산등기 특별조치법 제2조 위반죄가 성립한다고 한 사례

[4] 타인 명의로 부동산을 매수한 경우 명의자와 행위자 중 누가 부동산등기 특별조치법 위반의 범죄주체가 되는 '소유권이전을 내용으로 하는 계약을 체결한 자'에 해당하는지의 판단 방법

[5] 계약당사자의 대리인 등도 부동산등기 특별조치법 제8조의 범죄 주체가 될 수 있는지 여부(적극)

【판결요지】

[1] 부동산의 소유권을 이전받을 것을 내용으로 하는 계약을 체결한 자가 부동산등기 특별조치법 제2조 제1항 각 호에 정하여진 날 이전에 그 부동산에 관하여 다시 제3자와 소유권이전을 내용으로 하는 계약을 체결한 경우, 소정 기간 내에 먼저 체결된 계약에 따른 소유권이전등기를 신청하여야 한다고 규정한 같은 법 제2조 제3항은 부동산 소유권이전을 내용으로 하는 계약 자체가 유효함을 전제로 한 규정이다.

[2] 농지법 제8조 제1항 소정의 농지취득 자격증명은 농지를 취득하는 자가 그 소유권에 관한 등기를 신청할 때에 첨부하여야 할 서류로서(농지법 제8조 제4항), 농지를 취득하는 자에게 농지취득의 자격이 있다는 것을 증명하는 것일 뿐 농지취득의 원인이 되는 법률행위의 효력을 발생시키는 요건은 아니다.

[3] 농지취득 자격증명을 발급받지 못하여 소유권이전등기를 신청할 수 없는데도 불구하고, 농지 취득자가 순전히 전매이익을 취득할 목적으로 매수한 농지를 제3자에게 전매하였다면, 부동산등기 특별조치법 제2조 위반죄가 성립한다고 한 사례.

[4] 부동산등기 특별조치법 제2조 제1항, 제3항 소정의 소유권이전등기를 신청하지 아니한 자로서 부동산등기 특별조치법 위반의 범죄주체가 되는 '소유권이전을 내용으로 하는 계약을 체결한 자'는 매매·교환·증여 등 소유권이전을 내용으로 하는 계약의

당사자를 가리키는바, 어떤 사람이 타인을 통하여 부동산을 매수함에 있어 매수인 명의를 그 타인 명의로 하기로 하였다면, 이와 같은 매수인 명의의 신탁관계는 그들 사이의 내부적인 관계에 불과한 것이어서 대외적으로는 그 타인을 매매당사자로 보아야 하므로, 달리 특별한 사정이 없는 한 그 본인은 소유권이전을 내용으로 하는 계약을 체결한 자라고 볼 수 없다. 반면에, 계약의 일방 당사자가 타인의 이름을 임의로 사용하여 법률행위를 한 경우에는 누가 그 계약의 당사자인가를 먼저 확정하여야 할 것인데, 행위자 또는 명의자 가운데 누구를 당사자로 할 것인지에 관하여 행위자와 상대방의 의사가 일치한 경우에는 그 일치한 의사대로 행위자의 행위 또는 명의인의 행위로서 확정하여야 할 것이지만, 그러한 일치하는 의사를 확정할 수 없을 경우에는 그 계약의 성질, 내용, 목적, 체결 경위 등 그 계약 체결을 전후한 구체적인 제반 사정을 토대로 상대방이 합리적인 사람이라면 행위자와 명의자 중 누구를 계약 당사자로 이해할 것인가에 의하여 당사자를 결정하고, 이에 터잡아 계약의 성립 여부와 효력을 판단하여야 한다.

[5] 부동산등기 특별조치법 제8조는 "조세부과를 면하려 하거나 다른 시점간의 가격변동에 따른 이득을 얻으려 하거나 소유권 등 권리변동을 규제하는 법령의 제한을 회피할 목적으로 제2조 제3항의 규정에 위반한 자는 처벌한다"고 규정하고 있고, 같은 법 제10조는 "법인의 대표자 또는 법인이나 개인의 대리인·사용인 기타 종업원이 그 법인 또는 개인의 업무에 관하여 제8조의 위반행위를 한 때에는 행위자를 벌하는 외에 그 법인 또는 개인에 대하여도 각 해당 조의 벌금형을 과한다"고 규정하고 있는바, 위 규정의 취지에 비추어 보면 개인의 대리인이 개인의 업무에 관하여 법 제8조의 위반행위를 한 경우에는 그 행위자인 대리인은 당연히 처벌된다.

4. 법령해석례

(1) 안건명: 07-0362, 「국토의 계획 및 이용에 관한 법률」 제126조제1항

> ◎ 질의
> 「농업·농촌기본법」 제3조제5호에 따른 농촌이 택지개발예정지구로 지정(다만, 택지개발사업실시계획 승인전)되면서 용도지역이 관리지역에서 도시지역으로 변경되었으나 아직 주거·상업·공업·녹지지역으로 그 세부용도가 지정되지 않은 경우, 그 지역에 있는 농지에 대하여 시장·군수 또는 구청장이 택지개발사업시행자 외의 자에게 토지거래계약 허가를 하는 때에 「국토의 계획 및 이용에 관한 법률」 제126조제1항에 따라 농지취득자격증명의 발급요건에 적합한지의 여부를 확인하여야 하는지?
>
> ◎ 회신
> 「농업·농촌기본법」 제3조제5호에 따른 농촌이 택지개발예정지구로 지정(다만, 택지개발사업실시계획 승인전)되면서 용도지역이 관리지역에서 도시지역으로 변경되었으나 아직 주거·상업·공업·녹지지역으로 그 세부용도가 지정되지 않은 경우, 그 지역에 있는 농지에 대하여 택지개발사업시행자 외의 자에게 토지거래계약 허가를

부동산 농지와 산지 시리즈 ❶ 농지의 취득과 전용

하는 때에 시장·군수 또는 구청장은「국토의 계획 및 이용에 관한 법률」제126조제1항 후단에 따라 농지취득자격증명의 발급요건에 적합한지의 여부에 대하여 확인을 하여야 합니다.

✓ 해석기관 및 출처

해석기관: 법제처

출처: 법제처 법령해석포탈서비스(https://ahalaw.moleg.go.kr)

5. 국민신문고

(1) 농지취득 자격증명

✓ 질의

농지취득자격증명 발급 조건 및 절차는?

✓ 답변

농지를 취득하고자 하는 자는 농지법 제8조의 규정에 의하여 농업경영계획서를 작성하여 농지소재지 시·구·읍·면에서 농지취득자격증명을 발급받아 취득대상 농지의 소유권에 관한 등기시 이를 첨부하도록 하고 있으며, 농지취득자격증명은 농지법 시행령 제9조 및 동법시행규칙 제7조제4항의 규정에 의하여 신청인의 영농능력, 영농의사, 거주지·나이·직업 등 영농여건 등을 종합적으로 고려하여 농업경영계획서의 내용이 실현가능한지 여부, 농지소유상한 초과여부 등을 확인하여 발급하도록 하고 있습니다.

✓ 출처

농림수산식품부 농업정책국 농지과 (☎ 044-201-1736)

(2) 외국인인데 농지취득자격증명을 발급받을수 있는지요

✓ 질의

외국인인데 농지취득자격증명을 발급받을수 있는지요물론 출입국관리사무소에서 발급받은 외국인사실증명을 첨부하여 필수서류에 포함하면 되는지요?

✓ 회신

농지는 헌법의 경자유전 원칙 실현을 위해 자기의 농업경영에 이용하고자 하는 자만 소유할 수 있도록 하고 있으며, 농지취득후 질병, 자연재해 등 정당한 사유없이 당해 농지를 휴경,임대,위탁경영하는 경우에는 당해 농지를 처분하여야 합니다(농지법 제6조 및 제10조). 또한, 농지를 자기의 농업경영에 이용하고자 취득하는 경우에 농지소재지 시·구·읍·면에 농지취득자격증명을 발급받아야 소유권이전등기를 할 수 있도록 하고 있으며, 동증명은 시구읍면장이 신청인이 작성하여 제출한 농업

경영계획서의 내용이 실현가능하다고 인정되는 때에 발급하도록 하고 있습니다(농지법 제8조 및 동법시행령 제10조). 다만, 농업경영계획서의 실현가능성은 다음 사항을 종합적으로 고려하여 판단하도록 하고 있습니다(농지법시행규칙 제7조).

1. 취득대상 농지의 면적
2. 취득대상 농지를 농업경영에 이용하기 위한 노동력 및 농업기계, 장비 등의 확보여부 또는 확보방안
3. 소유농지의 이용실태(농지를 소유하고 있는 자에 한함)
4. 경작, 재배하고자 하는 농작물이나 다년성식물의 종류
5. 농작물 경작 등에 이용되지 않는 농지의 경우에는 농지로의 복구가능성 등 취득대상 토지의 상태
6. 신청자의 연령, 신체적인 조건, 직업 또는 거주지 등 영농여건
7. 신청자의 영농의지

외국인이라 하여 농지취득이 별도로 제한되지는 않으나, 국내에 거주하지 않으면 사실상 농업경영이 가능하지 않은 것으로 보아 국내에 거주하면서 영농을 하고자 하는 경우에 농지취득이 가능하며, 참고로 외국인의 경우에는 외국인투자촉진법에 의하여 벼, 보리재배는 투자가 제한되므로 벼, 보리재배 목적으로는 농지취득이 어렵습니다. 농지취득자격여부는 농지소재지 시·구·읍·면장이 거주지 등 영농여건 이외에 취득면적, 농작물종류, 노동력 등 위의 사항을 종합적으로 고려하여 판단할 사항일 것이며, 외국인의 경우 국내에 농업경영을 영위할 수 있을 정도로 장기간 거주하고 있고 거주할 것임을 입증하는 서류가 필요할 것입니다.

✓ 출처
농림수산식품부 농업정책국 농지과 (☎ 02-500-1579)

03 토지거래허가구역 내인 경우

1. 토지거래허가구역에서의 농지 매매

(1) 토지거래허가구역에서의 농지 매매

취득하려는 농지가 토지거래허가구역 내에 있는 경우에는 토지거래허가를 받아야 한다. 토지거래허가를 받은 경우에는 농지취득자격증명을 받은 것으로 간주된다(「부동산 거래신고 등에 관한 법률」 제20조제1항 전단).

(2) 토지거래허가제란

"토지거래허가제"란 국토의 이용 및 관리에 관한 계획의 원활한 수립 및 집행, 합리적 토지이용 등을 위하여 토지의 투기적인 거래가 성행하거나 지가가 급격히 상승하는

지역과 그러한 우려가 있는 지역에 대해 5년 이내의 기간을 정하여 국토교통부장관이 토지거래계약에 대해 허가를 받도록 하는 제도를 말한다(「부동산 거래신고 등에 관한 법률」 제10조제1항).

(3) 토지거래의 허가

1) 허가구역 안에 있는 토지에 대해 토지거래계약을 체결하려는 당사자는 공동으로 시장·군수 또는 구청장의 허가를 받아야 한다. 허가받은 사항을 변경하려는 때에도 변경허가를 받아야 한다(「부동산 거래신고 등에 관한 법률」 제11조제1항).

> ※ '토지거래계약'이란 토지에 관한 소유권·지상권(소유권·지상권의 취득을 목적으로 하는 권리를 포함)을 이전 또는 설정(대가를 받고 이전 또는 설정하는 경우에 한함)하는 계약을 말하며 예약을 포함한다.

2) 토지거래허가를 받지 않고 체결한 토지거래계약은 그 효력이 발생하지 않는다(「부동산 거래신고 등에 관한 법률」 제11조제6항).

- 판례는 허가를 받지 못한 매매 등의 거래행위의 효력은 무효이지만 일단 허가를 받으면 그 계약은 소급해서 유효가 되고 이와 달리 불허가가 된 때에는 무효로 확정되므로 허가를 받기 전까지는 유동적 무효의 상태에 있다고 한다(대법원 1991. 12. 24. 선고 90다12243 판결).

> ※ 토지거래허가 또는 변경허가를 받지 않고 토지거래계약을 체결하거나, 속임수나 그 밖의 부정한 방법으로 토지거래계약 허가를 받은 사람은 2년 이하의 징역 또는 계약체결 당시의 개별공시지가에 따른 해당 토지가격의 100분의 30에 상당하는 금액 이하의 벌금에 처해진다(「부동산 거래신고 등에 관한 법률」 제26조제2항).

토지거래허가구역 내의 농지를 취득하려는 경우 별도의 허가가 필요한지 여부

Q. A는 B로부터 농지를 매수하려고 합니다. 그런데 해당 농지가 토지거래허가구역 내에 있습니다. 이 경우 별도의 허가나 절차가 필요한가요?

A. 원칙적으로 토지거래허가구역 안에 있는 토지에 대해 매매 등의 계약을 하려는 당사자는 공동으로 해당 관할 시장·군수 또는 구청장의 허가를 받아야 합니다. 이 허가를 받기 위해서는 허가신청서와 농업경영계획서 및 토지취득자금조달계획서를 제출해야 합니다. 해당 서류를 제출받은 시장·군수 또는 구청장은 지체 없이 필요한 조사를 하며 조사결과를 토대로 신청인에게 허가증을 교부하게 됩니다.(「부동산 거래신고 등에 관한 법률」 제11조제1항, 「부동산 거래신고 등에 관한 법률 시행령」 제8조제1항 및 「부동산 거래신고 등에 관한 법률 시행규칙」 제9조).

> 따라서 A씨가 취득하려는 농지가 토지거래허가구역 내에 있는 경우에는 허가신청서, 농업경영계획서 및 토지취득자금조달계획서를 작성하여 관할 시장·군수 또는 구청장의 허가를 받으면 됩니다. 토지거래허가를 받은 경우에는 농지취득자격증명을 받은 것으로 간주됩니다(「부동산 거래신고 등에 관한 법률」 제20조제1항).
> 토지거래허가의 기준에 대해서는 본문의 〈 토지거래허가기준 〉을 참고하시기 바랍니다.

2. 허가 절차

(1) 토지거래허가의 신청

1) 토지거래허가를 받으려는 사람은 그 허가신청서에 계약내용과 그 토지의 이용계획·취득자금 조달계획 등을 적어 시장·군수 또는 구청장에게 제출해야 한다(「부동산 거래신고 등에 관한 법률」 제11조제3항 전단).

2) 토지거래계약을 체결하려는 당사자는 공동으로 허가신청서에 다음의 서류를 첨부하여 그 토지를 관할하는 시장·군수 또는 구청장에게 제출해야 한다(「부동산 거래신고 등에 관한 법률 시행령」 제8조제1항 및 「부동산 거래신고 등에 관한 법률 시행규칙」 제9조제2항).

   ① 토지이용계획서(농지취득자격증명을 발급받아야 하는 농지의 경우에는 「농지법」 제8조제2항의 규정에 따른 농업경영계획서를 말함)
   ② 토지취득자금조달계획서(「부동산 거래신고 등에 관한 법률 시행규칙」별지 제10호)

   > ※ 허가신청서에 다음과 같은 사항을 기재한다(「부동산 거래신고 등에 관한 법률 시행령」 제8조제1항).
   > - 당사자의 성명 및 주소(법인인 경우에는 법인의 명칭 및 소재지와 대표자의 성명 및 주소)
   > - 토지의 지번·지목·면적·이용현황 및 권리설정 현황
   > - 토지의 정착물인 건축물·공작물 및 입목 등에 관한 사항
   > - 이전 또는 설정하려는 권리의 종류
   > - 계약예정금액
   > - 토지의 이용에 관한 계획
   > - 토지취득(토지에 관한 소유권·지상권 또는 소유권·지상권의 취득을 목적으로 하는 권리를 이전하거나 설정하는 것을 말함)에 필요한 자금조달계획

3) 시장·군수 또는 구청장은 허가신청서를 받으면 「민원 처리에 관한 법률」에 따른 처리기간에 허가 또는 불허가의 처분을 하고, 그 신청인에게 허가증을 발급하거나 불허가처분

사유를 서면으로 알려야 한다. 다만, 선매협의절차가 진행 중인 때에는 위의 기간 이내에 그 사실을 신청인에게 통지해야 한다(「부동산 거래신고 등에 관한 법률」 제11조제4항).

4) 선매협의절차의 진행 기간에 허가증의 교부 또는 불허가처분사유의 통지가 없거나 선매협의사실의 통지가 없는 때에는 해당 기간이 만료한 날의 다음날에 토지거래허가가 있는 것으로 본다. 이 경우 시장·군수 또는 구청장은 지체 없이 신청인에게 허가증을 교부해야 한다(「부동산 거래신고 등에 관한 법률」 제11조제5항).

(2) 토지거래허가기준

다음의 어느 하나에 해당하는 경우에는 허가되지 않는다(「부동산 거래신고 등에 관한 법률」 제12조).

1) 토지거래계약을 체결하려는 자의 토지이용 목적이 다음에 해당되지 않는 경우

   ① 자기의 거주용 주택용지로 이용하려는 것인 경우

   ② 허가구역을 포함한 지역의 주민을 위한 복지시설 또는 편익시설로서 관할 시장·군수 또는 구청장이 확인한 시설의 설치에 이용하려고 하는 것인 경우

   ③ 허가구역 안에 거주하는 농업인·임업인·어업인 또는 「부동산 거래신고 등에 관한 법률 시행령」 제10조제1항에 해당하는 일정한 자가 해당 허가구역 안에서 농업·축산업·임업 또는 어업을 영위하기 위하여 필요한 것인 경우

   ④ 「공익사업을 위한 토지 등의 취득 및 보상에 관한 법률」 그 밖의 법률에 따라 토지를 수용 또는 사용할 수 있는 사업을 시행하는 자가 그 사업을 시행하기 위하여 필요한 것인 경우

   ⑤ 허가구역을 포함한 지역의 건전한 발전을 위하여 필요하고 관계 법률의 규정에 의하여 지정된 지역·지구·구역 등의 지정 목적에 적합하다고 인정되는 사업을 시행하는 자 또는 시행하려고 하는 자가 그 사업에 이용하려는 것인 경우

   ⑥ 허가구역의 지정 당시 그 구역이 속한 특별시·광역시·특별자치시·시(「제주특별자치도 설치 및 국제자유도시 조성을 위한 특별법」 제10조제2항에 따른 행정시를 포함)·군 또는 인접한 특별시·광역시·특별자치시·시·군에서 사업을 시행하고 있는 자가 그 사업에 이용하려는 경우나 그 자의 사업과 밀접한 관련이 있는 사업을 하는 자가 그 사업에 이용하려는 경우

   ⑦ 허가구역이 속한 특별시·광역시·특별자치시·시 또는 군에 거주하고 있는 자의 일상생활과 통상적인 경제활동에 필요한 것 등으로서 다음의 용도에 이용하려는 경우(「부동산 거래신고 등에 관한 법률 시행령」 제10조제2항)

㉠ 「공익사업을 위한 토지 등의 취득 및 보상에 관한 법률」또는 그 밖의 법령에 따라 농지 외의 토지를 공익사업용으로 협의양도하거나 수용된 사람이 그 협의양도하거나 수용된 날부터 3년 이내에 그 허가구역에서 협의양도하거나 수용된 토지에 대체되는 토지(종전의 토지가액 이하인 토지로 한정한다)를 취득하려는 경우

㉡ 관계 법령에 따라 개발·이용행위가 제한되거나 금지된 다음의 토지에 대하여 현상 보존의 목적으로 토지를 취득하려는 경우(「부동산 거래신고 등에 관한 법률 시행규칙」 제13조제2항)

- ✓ 나대지·잡종지 등의 토지(임야 및 농지는 제외한다. 이하 같다)로서 「건축법」 제18조에 따른 건축허가의 제한 등 관계 법령에 따라 건축물 또는 공작물의 설치행위가 금지되는 토지
- ✓ 나대지·잡종지 등의 토지로서 「국토의 계획 및 이용에 관한 법률」 제63조에 따른 개발행위허가의 제한 등 관계 법령에 따라 형질변경이 금지되거나 제한되는 토지
- ✓ 「국토의 계획 및 이용에 관한 법률」 제2조제7호에 따른 도시·군계획시설에 편입되어 있는 토지로서 그 사용·수익이 제한되는 토지

㉢ 「민간임대주택에 관한 특별법」 제2조제7호에 따른 임대사업자 등 관계 법령에 따라 임대사업을 할 수 있는 자가 임대사업을 위하여 건축물과 그에 딸린 토지를 취득하려는 경우

2) 토지거래계약을 체결하려는 자의 토지이용목적이 다음에 해당되는 경우

① 도시군계획이나 그 밖에 토지의 이용 및 관리에 관한 계획에 맞지 않은 경우
② 생태계의 보전과 주민의 건전한 생활환경 보호에 중대한 위해를 끼칠 우려가 있는 경우

3) 허가신청 면적이 그 토지의 이용목적에 적합하지 않다고 인정되는 경우

(3) **이의신청**

토지거래허가처분에 이의가 있는 사람은 그 처분을 받은 날부터 1월 이내에 시장·군수 또는 구청장에게 이의를 신청할 수 있다(「부동산 거래신고 등에 관한 법률」 제13조제1항). 이의의 신청을 받은 시장·군수 또는 구청장은 시·군·구도시계획위원회의 심의를 거쳐 그 결과를 이의신청인에게 알려야 한다(「부동산 거래신고 등에 관한 법률」 제13조제2항).

3. 판례

(1) 대법원 1991. 12. 24. 선고 90다12243 전원합의체 판결 토지소유권이전등기

> **대법원 1991. 12. 24. 선고 90다12243 전원합의체 판결 【토지소유권이전등기】**
> **[공1992.2.15.(914),642]**
>
> 【판시사항】
>
> 가. 「국토이용관리법」상의 규제구역 내의 토지에 대하여 허가받을 것을 전제로 체결한 거래계약의 효력(유동적 무효)과 이 경우 허가 후에 새로이 거래계약을 체결할 필요가 있는지 여부(소극)
>
> 나. 같은 법 제31조의2 소정의 벌칙적용대상인 "허가없이 '토지등의 거래계약'을 체결하는 행위"의 의미
>
> 다. 같은 법 제21조의3 제1항 소정의 "허가"의 법적 성질
>
> 라. 규제구역 내의 토지에 대하여 거래계약이 체결된 경우 쌍방 당사자는 공동으로 관할관청의 허가를 신청할 의무가 있는지 여부(적극) 및 허가신청절차에 협력하지 않는 상대방에 대하여 그 협력의무의 이행을 소송으로써 구할 이익이 있는지 여부(적극)
>
> 마. 규제구역 내의 토지에 대하여 매매계약을 체결하고 공동허가신청절차에 협력하지 아니하는 상대방에게 토지거래허가신청절차의 이행 및 허가가 있을 것을 조건으로 소유권이전등기절차의 이행을 명한 원심판결 중 허가를 조건으로 소유권이전등기절차의 이행을 명한 부분을 위 "가"항의 법리에 따라 파기한 사례
>
> 바. 위 "마"항의 매매계약을 체결한 경우에 있어 그 허가를 받기까지 매수인의 대금지급이 없었음을 이유로 매도인이 계약을 해제할 수 있는지 여부(소극)
>
> 【판결요지】
>
> 가. 「국토이용관리법」상의 규제구역 내의 '토지등의 거래계약'허가에 관한 관계규정의 내용과 그 입법취지에 비추어 볼 때 토지의 소유권 등 권리를 이전 또는 설정하는 내용의 거래계약은 관할 관청의 허가를 받아야만 그 효력이 발생하고 허가를 받기 전에는 물권적 효력은 물론 채권적 효력도 발생하지 아니하여 무효라고 보아야 할 것인바, 다만 허가를 받기 전의 거래계약이 처음부터 허가를 배제하거나 잠탈하는 내용의 계약일 경우에는 확정적으로 무효로서 유효화될 여지가 없으나 이와 달리 허가받을 것을 전제로 한 거래계약(허가를 배제하거나 잠탈하는 내용의 계약이 아닌 계약은 여기에 해당하는 것으로 본다)일 경우에는 허가를 받을 때까지는 법률상 미완성의 법률행위로서 소유권 등 권리의 이전 또는 설정에 관한 거래의 효력이 전혀 발생하지 않음은 위의 확정적 무효의 경우와 다를 바 없지만, 일단 허가를 받으면 그 계약은 소급하여 유효한 계약이 되고 이와 달리 불허가가 된 때에는 무효로 확정되므로 허가를 받기까지는 유동적 무효의 상태에 있다고 보는 것이 타당하므로 허가받을 것을 전제로 한 거래계약은 허가받기 전의 상태에서는 거래계약의 채권적 효력도 전혀 발생하지 않으므로 권리

　　의 이전 또는 설정에 관한 어떠한 내용의 이행청구도 할 수 없으나 일단 허가를 받으면 그 계약은 소급해서 유효화되므로 허가 후에 새로이 거래계약을 체결할 필요는 없다.

나. 같은 법 제31조의2 소정의 벌칙적용대상인 "허가 없이 '토지등의 거래계약'을 체결하는 행위"라 함은 처음부터 허가를 배제하거나 잠탈하는 내용의 계약을 체결하는 행위를 가리키고 허가받을 것을 전제로 한 거래계약을 체결하는 것은 이에 해당하지 않는다.

다. 같은 법 제21조의3 제1항 소정의 허가가 규제지역 내의 모든 국민에게 전반적으로 토지거래의 자유를 금지하고 일정한 요건을 갖춘 경우에만 금지를 해제하여 계약체결의 자유를 회복시켜 주는 성질의 것이라고 보는 것은 위 법의 입법취지를 넘어선 지나친 해석이라고 할 것이고, 규제지역 내에서도 토지거래의 자유가 인정되나 다만 위 허가를 허가 전의 유동적 무효 상태에 있는 법률행위의 효력을 완성시켜 주는 인가적 성질을 띤 것이라고 보는 것이 타당하다.

라. 규제지역 내의 토지에 대하여 거래계약이 체결된 경우에 계약을 체결한 당사자 사이에 있어서는 그 계약이 효력 있는 것으로 완성될 수 있도록 서로 협력할 의무가 있음이 당연하므로, 계약의 쌍방 당사자는 공동으로 관할 관청의 허가를 신청할 의무가 있고, 이러한 의무에 위배하여 허가신청절차에 협력하지 않는 당사자에 대하여 상대방은 협력의무의 이행을 소송으로써 구할 이익이 있다.

마. 규제지역 내에 있는 토지에 대하여 체결된 매매계약이 처음부터 허가를 배제하거나 잠탈하는 내용의 계약이 아니라 허가를 전제로 한 계약이라고 보여지므로 원심이 원고의 청구 중 피고에 대하여 토지거래허가신청절차의 이행을 구하는 부분을 인용한 것은 정당하지만, 허가가 있을 것을 조건으로 하여 소유권이전등기절차의 이행을 구하는 부분에 있어서는 위 "가"항의 법리와 같이 허가받기 전의 상태에서는 아무런 효력이 없어 권리의 이전 또는 설정에 관한 어떠한 이행청구도 할 수 없는 것이므로 원심이 이 부분 청구까지도 인용한 것은 같은 법상의 토지거래허가와 거래계약의 효력에 관한 법리를 오해하여 판결에 영향을 미친 위법을 저지른 것이라 하여 이를 파기한 사례.

바. 위 "마"항의 매매계약을 체결한 경우에 있어 관할 관청으로부터 토지거래허가를 받기까지는 매매계약이 그 계약내용대로의 효력이 있을 수 없는 것이어서 매수인으로서도 그 계약내용에 따른 대금지급의무가 있다고 할 수 없으며, 설사 계약상 매수인의 대금지급의무가 매도인의 소유권이전등기의무에 선행하여 이행하기로 약정되어 있었다고 하더라도, 매수인에게 그 대금지급의무가 없음은 마찬가지여서 매도인으로서는 그 대금지급이 없었음을 이유로 계약을 해제할 수 없다.

(다수의견에 대한 보충의견)

「국토이용관리법」상의 규제구역내 토지등의 거래계약허가에 관한 관계규정의 본래의 취지는 허가를 얻기 전에는 거래계약 그 자체를 체결하여서는 안되고, 이에 위반하여 거래계약을 체결하더라도 그 효력이 없다는 취지인 것이며, 다만 그렇다고 하더라도 관할 관청의 허가를 얻어서 거래계약을 체결하기 위한 준비행위로서의 합의는 법이 당연히 예정하고 있다고 할 것인바, 규제구역 내에 있는 '토지등의 거래계약'을 체결하고자 하는 당사자는 거래계약의 예정금액 등 장차 체결할 거래계약의 기본이 되는 사항은 미리 합의를 할 것이고, 이 거래계약을 실현시키기 위하여 준비행위로서 먼저 허가신청의 내용이나 방법에 관한 합의를 하는 것이 당연한 순서일 것이며, 당사자가 공동으로 관할 관청의 허가를 신청할 의무는 이와 같은 준비행위로서의 합의에 근거하여 발생한다고 보는 것이 상당하다. 그런데 이와 같은 준비행위로서의 합의를 함에 있어 거래계약의 내용을 미리 정하여 거래계약의 허가가 있을 경우 새삼스럽게 거래계약을 별도로 체결할 것 없이 그와 같은 내용의 거래계약의 약정이 있는 것으로 하는 합의가 동시에 이루어지는 것이 오히려 통상적일 것이고, 그와 같은 경우에는 거래계약의 허가가 있었을 때에 미리 합의한 내용에 따른 거래계약이 성립되고 이 때에 그 효력을 발생하는 것으로 해석하는 것이 상당하며 위와 같은 두개의 합의(약정)를 하였음에도 당사자의 일방이 허가신청절차에 협력하지 아니한다면 상대방은 소송으로써 그 이행을 구할 이익이 있다고 보아야 할 것이다. 그리고 당사자의 의사는 위와 같은 공동으로 허가신청을 할 합의와 허가가 있으면 미리 합의된 바에 따라 거래계약의 체결이 있는 것으로 하는 합의가 함께 있었던 것으로 해석하는 것이 상당할 것이고, 이 때에 그 계약서에 허가신청에 관한 명시적인 언급이 없다 하더라도 묵시적인 합의가 있었다고 보아야 할 것이다.

(다수의견 중 허가조건부 소유권이전등기절차이행청구부분에 대한 별개의견)

다수의견이 토지등의 거래계약허가와 관련된 국토이용관리법상의 판시 금지규정, 효력규정, 처벌규정과 그 법률의 입법목적, 기본이념 등에 터잡아 허가를 받지 않고 맺은 '토지 등의 거래계약'이 채권계약으로서는 물론 물권계약으로서도 절대무효라고 본 견해에는 이론이 없으나 토지 등의 거래계약허가는 다수의견과 같이 '토지 등의 거래계약'의 성립을 인정하는 바탕 위에서 그 거래계약의 효력을 완성시키는 인가적 성질을 갖는 것이 아니라 허가 없는 거래계약의 일반적 금지에 대한 개별적 해제인 허가적 성질을 갖는다고 하여야 할 것이며 결국 국토이용관리법상 허가 전의 '토지 등의 거래계약'은 성립을 용인할 수 없으며 이에 위반한 거래계약은 절대적으로 무효라는 점에서 허가를 조건으로 한 소유권이전등기청구권은 발생할 여지가 없다.

(반대의견)

관계 규정을 종합하면 거래계약 당사자가 공동으로 허가신청을 하였다 하더라도 그 허가 여부는 오로지 관할 도지사의 재량에 맡겨져 있고 설사 거래 당사자에게 허가협력의무를 명하는 판결이 있다 하더라도 그 판결은 그에 따른 공동허가신청만을 강제하거나 공동허가신청과 같은 효력만을 낳을 뿐 그 허가 여부는 여전히 관할 도지사의 재량에 맡겨지기는 마찬가지라 할 것이며 그렇게 하여 허가가 났다 한들 허가 전의 '토지 등의 거래계약' 자체의 성립이 법률상 부인되는 바에야 어차피 허가 후에 다시 '토지 등의 거래계약'을 맺어야 되는데 그 때 당사자의 한 쪽이 그 계약체결에 불응해 버리면 그 계약은 성립할 여지가 없게 되어 그 허가협력의무의 이행만으로는 아무런 권리변동의 효력을 가져 올 수 없음이 분명하므로 이렇게 본다면 허가협력을 소송으로 청구하는 것은 아무런 이익이 없다.

4. 법령해석례

(1) 안건명: 07-0362, 「국토의 계획 및 이용에 관한 법률」제126조제1항

> **⊙ 질의**
> 「농업·농촌기본법」제3조제5호에 따른 농촌이 택지개발예정지구로 지정(다만, 택지개발사업실시계획 승인전)되면서 용도지역이 관리지역에서 도시지역으로 변경되었으나 아직 주거·상업·공업·녹지지역으로 그 세부용도가 지정되지 않은 경우, 그 지역에 있는 농지에 대하여 시장·군수 또는 구청장이 택지개발사업시행자 외의 자에게 토지거래계약 허가를 하는 때에 「국토의 계획 및 이용에 관한 법률」제126조제1항에 따라 농지취득자격증명의 발급요건에 적합한지의 여부를 확인하여야 하는지?
>
> **⊙ 회답**
> 「농업·농촌기본법」제3조제5호에 따른 농촌이 택지개발예정지구로 지정(다만, 택지개발사업실시계획 승인전)되면서 용도지역이 관리지역에서 도시지역으로 변경되었으나 아직 주거·상업·공업·녹지지역으로 그 세부용도가 지정되지 않은 경우, 그 지역에 있는 농지에 대하여 택지개발사업시행자 외의 자에게 토지거래계약 허가를 하는 때에 시장·군수 또는 구청장은 「국토의 계획 및 이용에 관한 법률」제126조제1항 후단에 따라 농지취득자격증명의 발급요건에 적합한지의 여부에 대하여 확인을 하여야 합니다.
>
> **⊙ 해석기관 및 출처**
> 해석기관: 법제처
> 출처: 법제처 법령해석포탈서비스(https://ahalaw.moleg.go.kr)

5. 국민신문고

(1) 토지거래허가 구역내 허가대상면적미만의 토지분할 또는 지분거래시 허가 가능여부

> **⊙ 질의**
> 토지거래허가대상면적인 토지를 허가대상면적 미만으로 분할하거나 지분을 설정하여 거래하는 경우에도 토지거래허가를 받아야 하는지 여부
>
> **⊙ 답변**
> 토지거래허가구역 지정일 이후에 허가대상면적 미만으로 분할하거나 지분을 설정하여 거래하는 경우에는 당해 분할토지(또는 지분)를 최초 거래하는 경우에 각각 허가를 받아야 함.

예) 한 필지의 토지를 소유한 갑이 당해 토지를 허가대상면적 미만인 두 개의 필지로 분할하여 각각 을과 병에게 매도하는 경우 각각의 거래는 모두 허가를 받아야 하며, 이후 허가를 받아 토지를 취득한 을과 병이 각각 타인과 당해 토지를 거래하는 경우에는 허가대상이 아님. 다만, 허가받아 취득한 각각의 토지 소유자는 국토의계획및이용에관한법률 제124조의 규정에 의한 이용의무를 지니게 됨.

출처
국토해양부 주택토지실 토지정책관 토지정책과 (☎ 1599-0001)

(2) 토지거래허가구역내 농지취득 요건

질의
허가구역 내에서 농업을 영위하기 위하여 토지를 취득 조건

답변
「국토의 계획 및 이용에 관한 법률 시행령」제119조제1항의 규정에 의하면「농어촌발전특별조치법」제2조제2호의 규정에 의한 농업인인 경우에는 그가 거주하는 특별시.광역시(광역시의 관할구역 안에 있는 군 제외).시 또는 군(광역시의 관할구역 안에 있는 군을 포함)에 소재하는 농업을 영위하기 위한 토지를 취득할 수 있도록 되어 있고, 비록 그가 거주하는 시.군에 소재하고 있지 않는 토지라고 하더라도 그가 거주하는 주소지로부터 20킬로미터 이내에 소재하는 토지를 취득할 수 있도록 되어 있으며, 신규로 농업을 영위하기 위해 토지를 취득하고자 하는 자는 같은법 시행규칙 제23조의 규정에 따라 세대주를 포함한 세대원(세대주와 동일한 세대별 주민등록표상에 등재되어 있지 아니한 세대주의 배우자와 미혼인 직계비속을 포함하되, 세대주 또는 세대원중 취학.질병요양.근무지 이전 또는 사업상 형편 등 불가피한 사유로 인하여 당해 지역에 거주하지 아니하는 자 제외) 전원이 당해 토지가 소재하는 특별시.광역시.시 또는 군에 허가신청일부터 소급하여 1년 이상 계속 주민등록이 되어 있는 자로서 실제로 당해 지역에 거주하고「농지법」제8조의 규정에 의한 농지취득자격증명을 발급받았거나 그 발급요건에 적합한 자이어야 합니다.

참고로,「토지거래업무처리규정(건설교통부 훈령 제658호)」제8조제11항의 규정에 의하면 상기 농업인의 판단은 토지거래허가신청일 현재 1회 이상의 수확기를 포함하여 6월 이상 직접 경작한 자로 한정하여 판단하고 있음을 알려드리며, 구체적인 사항은 허가권자와 상의하여 주시기 바랍니다.

출처
국토해양부 주택토지실 토지정책관 토지정책과 (☎ 1599-0001)

04 소유권이전등기의 신청

1. 부동산의 소유권변동과 등기

(1) **부동산의 소유권 변동과 등기**

매매계약으로 인한 부동산의 소유권 변동을 위해서는 등기해야 효력이 생긴다(「민법」 제186조).

2. 부동산소유권이전등기

(1) **부동산소유권이전등기의 개념**

"부동산소유권이전등기"란 부동산 소유자가 변동되는 경우에 이를 부동산등기부에 등기하는 것을 말한다. 부동산매매계약이 체결되면 매도인은 매수인에게 부동산 소유권을 이전할 의무를 지게 되고, 이에 따라 매도인과 매도인은 함께 등기소에 부동산소유권이전등기신청을 한다(「부동산등기법」 제23조제1항 및 제24조제1항제1호 참조).

(2) **등기신청을 할 수 있는 자**

등기는 신청인 또는 그 대리인(代理人)이 등기소에 출석하여 신청정보 및 첨부정보를 적은 서면을 제출하여 신청한다. 다만, 대리인이 변호사[법무법인, 법무법인(유한) 및 법무조합을 포함]나 법무사[법무사법인 및 법무사법인(유한)을 포함]인 경우에는 사무원을 등기소에 출석하게 하여 그 서면을 제출할 수 있다(「부동산등기법」 제24조제1항제1호).

> ※ '등기권리자'란 등기신청을 할 수 있는 자, 즉 매수인을 의미하고, '등기의무자'란 등기신청에 협력해야 하는 자, 즉 매도인을 의미한다.
> ※ 등기소에 출석해 등기신청서를 제출할 수 있는 변호사나 법무사[법무법인·법무법인(유한)·법무조합 또는 법무사법인 법무사법인(유한)을 포함. 이하 '자격대리인'이라 함.]의 사무원은 자격자대리인의 사무소 소재지를 관할하는 지방법원장이 허가하는 1명으로 한다. 다만, 법무법인·법무법인(유한)·법무조합 또는 법무사법인 법무사법인(유한)의 경우에는 그 구성원 및 구성원이 아닌 변호사나 법무사 수만큼의 사무원을 허가할 수 있다(「부동산등기규칙」 제58조제1항).

(3) **관할 등기소**

등기할 권리의 목적인 부동산의 소재지를 관할하는 지방법원, 그 지원 또는 등기소를 관할 등기소로 한다(「부동산등기법」 제7조제1항).

3. 등기신청절차

(1) 등기신청에 필요한 서면

1) 등기를 신청할 때에는 다음의 서면을 제출해야 한다(「부동산등기법」 제24조제1항제1호 참조).

① 신청서

② 등기원인을 증명하는 서면

③ 등기의무자의 권리에 관한 등기필증

④ 등기원인에 대하여 제3자의 허가, 동의 또는 승낙이 필요할 때에는 이를 증명하는 서면

⑤ 대리인이 등기를 신청할 때에는 그 권한을 증명하는 서면

⑥ 소유권의 보존 또는 이전의 등기를 신청하는 경우에는 신청인의 주소를 증명하는 서면

⑦ 법인이 등기권리자인 경우에는 법인등기부 등본 또는 초본, 법인 아닌 사단이나 재단(외국법인으로서 국내에서 법인등기를 마치지 않은 사단이나 재단을 포함) 또는 외국인이 등기권리자인 경우에는 부동산등기용 등록번호를 증명하는 서면

⑧ 소유권의 이전등기를 신청하는 경우에는 토지대장·임야대장·건축물대장의 등본, 그 밖의 부동산의 표시를 증명하는 서면

⑨ 매매에 관한 거래계약서를 등기원인을 증명하는 서면으로 하여 소유권이전등기를 신청하는 경우에는 대법원규칙으로 정하는 거래신고필증과 매매목록

「부동산 거래신고 등에 관한 법률」 제3조제1항에서 정하는 계약을 등기원인으로 하는 소유권이전등기를 신청하는 경우에는 거래가액을 신청정보의 내용으로 등기소에 제공하고, 시장·군수 또는 구청장으로부터 제공받은 거래계약신고필증정보를 첨부정보로서 등기소에 제공해야 한다(「부동산등기규칙」 제124조).

✓ 거래부동산이 2개 이상인 경우 또는 거래부동산이 1개라 하더라도 여러 명의 매도인과 여러 명의 매수인 사이의 매매계약인 경우에는 거래가액, 거래계약신고필증정보와 함께 매매목록도 첨부정보로서 등기소에 제공해야 한다(「부동산등기규칙」 제124조제2항단서).

⑩ 농지취득자격증명(「농지법」 제8조제4항)

(2) 신청서의 기재사항

1) 신청서에는 다음의 사항을 적고 신청인이 이에 기명날인하거나 서명한다(「부동산등기법」 제6조제1항, 제48조제1항 「부동산등기규칙」 제3조참조).

① 부동산의 소재와 지번

② 지목과 면적

③ 신청인의 성명 또는 명칭과 주소

④ 대리인이 등기를 신청할 때에는 그 성명, 주소

⑤ 등기원인과 그 연월일

⑥ 등기의 목적

⑦ 등기소의 표시

⑧ 연월일

⑨ 매매에 관한 거래계약서를 등기원인을 증명하는 서면으로 하여 소유권이전등기를 신청하는 경우에는 거래계약서에 적힌 거래가액

> ※ '거래가액'이란 「부동산 거래신고 등에 관한 법률」 제3조에 따라 신고한 금액을 말한다(「부동산등기규칙」 제124조제1항).
> ※ 등기권리자의 성명 또는 명칭을 적을 때에는 등기권리자의 주민등록번호 또는 부동산등기용등록번호와 주소 또는 사무소 소재지를 함께 적어야 한다(「부동산등기법」 제48조제2항).
> ※ 법인 아닌 사단이나 재단 명의의 등기를 할 때에는 그 대표자나 관리인의 성명, 주소 및 주민등록번호를 함께 적어야 한다(「부동산등기법」 제48조제3항).

(3) 시장·군수·구청장의 검인(檢印)

1) 계약을 원인으로 소유권이전등기를 신청할 때에는 다음의 사항이 기재된 계약서에 검인신청인을 표시하여 부동산의 소재지를 관할하는 시장·군수·구청장 또는 그 권한의 위임을 받은 자의 검인을 받아 관할등기소에 이를 제출해야 한다(「부동산등기 특별조치법」 제3조제1항).

① 당사자

② 목적부동산

③ 계약연월일

④ 대금 및 그 지급일자 등 지급에 관한 사항 또는 평가액 및 그 차액의 정산에 관한 사항

⑤ 부동산중개업자가 있을 때에는 부동산중개업자

⑥ 계약의 조건이나 기한이 있을 때에는 그 조건 또는 기한

※ 다만, 토지거래허가증을 교부받은 경우에는 시장·군수·구청장의 검인을 받은 것으로 본다(「부동산 거래신고 등에 관한 법률」 제20조제2항).

(4) 수수료

소유권이전등기를 하려는 사람은 수수료를 내야 한다(「부동산등기법」 제22조제3항).

제3장 농지의 증여·교환

Ⅰ 증여·교환계약의 체결

01 증여계약

1. 농지의 증여

(1) 농지의 증여란

"농지의 증여"는 당사자 일방이 무상으로 농지를 상대방에 수여하는 의사를 표시하고 상대방이 이를 승낙함으로써 효력이 생긴다(「민법」 제554조).

증여계약은 당사자의 의사의 합치만으로도 성립되지만 농지와 같은 부동산을 증여할 때에는 계약서를 작성하여 체결해야 증여를 원인으로 농지의 소유권을 이전할 수 있다(「부동산등기 특별조치법」 제3조제1항).

증여계약의 당사자는 증여자와 수증자이다. '증여자'는 증여를 하는 사람을, '수증자'는 증여를 받는 사람을 말한다.

농지의 증여계약은 수증자가 일정한 의무를 부담하는 것을 조건으로 하는 부담부(負擔附) 증여나 증여자의 사망으로 인해 효력이 발생하는 증여인 사인증여(死因贈與) 등의 방식으로도 이루어질 수 있다(「민법」 제561조및제562조).

(2) 증여계약의 효과

1) 증여계약에 따라 증여자는 농지를 수증자에게 주어야 할 채무를 부담하고 수증자는 이에 대응하는 채권을 취득한다(「민법」 제554조).

따라서 증여자가 계약을 이행하지 않은 경우에는 수증자는 이행을 강제할 수 있으며, 또한 이행지체 그 밖에 채무불이행이 있는 때에는 손해배상을 청구할 수 있다.

2) 증여계약은 다음의 경우에 해제될 수 있다.

① 당사자의 구두합의는 있었으나 증여계약서를 작성하기 전(「민법」 제555조)

② 증여자 또는 그 배우자나 직계혈족에 대한 범죄행위가 있는 경우(「민법」 제556조제 1호)

③ 증여자에 대해서 부양의무가 있는 경우에 이를 이행하지 않는 경우(「민법」 제556조 제2호)

④ 증여계약 후에 증여자의 재산상태가 현저히 변경되고 그 이행으로 생계에 중대한 영향을 미칠 경우(「민법」 제557조)

3) 매매계약과 달리 증여계약은 무상의 계약이므로 원칙적으로 증여자는 목적물에 흠결이 있더라도 담보책임을 지지 않는다(「민법」 제559조제1항본문).

다만, 증여자가 그 흠결을 알고 수증자에게 고지하지 않은 때에는 담보책임을 진다(「민법」 제559조제1항단서).

2. 부동산 증여계약서의 작성

(1) 증여계약서의 기재사항

농지와 같은 부동산의 증여계약서는 다음과 같은 내용을 기재하여 직접 작성할 수 있다.

① 증여자와 수증자(이름, 주소, 주민등록번호, 전화번호)

② 부동산의 소재지, 지목과 그 면적 및 내역 등

③ 증여의 합의

④ 소유권이전과 인도

⑤ 그 밖의 특약사항

(2) 증여계약서의 작성요령

1) 증여계약서의 작성요령은 다음과 같다.

① **증여계약 합의의 표시**

✓ 증여계약서에, 계약의 내용이 증여계약임을 명시한다.

✓ 통상은 "증여자와 수증자는 다음과 같은 내용으로 증여계약을 체결한다."고 기재한다.

② **부동산의 표시**

✓ 목적물을 특정하기 위해 증여계약서에 부동산의 표시를 기재한다.

✓ 부동산의 표시는 부동산등기부의 표제부 중 표시란에 기재된 것과 동일하게 기재해야 한다.

✓ 부동산의 소재지, 지목과 그 면적 및 건물내역과 같은 부동산의 표시가 부동산등기부와 일치하지 않는 경우, 증여목적물을 특정하는 데 어려움을 겪을 수 있으므로 주의해야 한다.

③ 당사자의 표시

증여자와 수증자를 증여계약서에 기재한다. 이때 상대방의 주민등록증을 직접 확인하여 기재내용과 상대방이 일치하는 지를 확인해야 한다.

④ 소유권이전과 인도에 관한 사항

농지의 소유권이전과 인도일을 기재한다.

⑤ 그 밖의 특약사항

✓ 부담부 증여의 경우 그 부담의 내용

✓ 소유권이전의 비용부담

⑥ 날짜 및 서명날인

계약을 맺은 날짜를 기재하고 당사자의 명의의 서명날인을 한다. 이때 대리인이 있는 경우에는 그가 대리인임을 표시하고 본인의 서명날인과 함께 대리인의 서명날인도 기재한다.

(3) 증여계약서의 검인

1) 농지의 증여계약을 통해 농지의 소유권을 이전받으려는 수증자는 다음의 사항이 기재된 계약서에 검인신청인을 표시하여 부동산의 소재지를 관할하는 시장·군수·구청장 또는 그 권한의 위임을 받은 자의 검인을 받아 관할등기소에 이를 제출해야 한다(「부동산등기 특별조치법」 제3조제1항).

① 당사자

② 목적부동산

③ 계약연월일

④ 대금 및 그 지급일자등 지급에 관한 사항 또는 평가액 및 그 차액의 정산에 관한 사항

⑤ 부동산중개업자가 있을 때에는 부동산중개업자

⑥ 계약의 조건이나 기한이 있을 때에는 그 조건 또는 기한

3. 판례

(1) 대법원 2003. 4. 11. 선고 2003다1755 판결 소유권이전등기

> ### 대법원 2003. 4. 11. 선고 2003다1755 판결 【소유권이전등기】[공2003.6.1.(179),1174]
>
> 【판시사항】
>
> [1] 민법 제555조의 '서면에 의한 증여'의 의미
> [2] 민법 제555조 소정의 해제의 법적 성질(=철회) 및 제척기간의 적용 여부(소극)
>
> 【판결요지】
>
> [1] 서면에 의한 증여란 증여계약 당사자 사이에 있어서 증여자가 자기의 재산을 상대방에게 준다는 증여의사가 문서를 통하여 확실히 알 수 있는 정도로 서면에 나타난 증여를 말하는 것으로서, 비록 서면의 문언 자체는 증여계약서로 되어 있지 않더라도 그 서면의 작성에 이르게 된 경위를 아울러 고려할 때 그 서면이 바로 증여의사를 표시한 서면이라고 인정되면 이를 민법 제555조에서 말하는 서면에 해당한다고 보아야 한다.
> [2] 민법 제555조에서 말하는 해제는 일종의 특수한 철회일 뿐 민법 제543조 이하에서 규정한 본래 의미의 해제와는 다르다고 할 것이어서 형성권의 제척기간의 적용을 받지 않는다.
>
> 【참조조문】
>
> [1] 민법 제555조
> [2] 민법 제543조, 제555조
>
> 【참조판례】
>
> [1] 대법원 1993. 3. 9. 선고 92다18481 판결(공1993상, 1143), 대법원 1996. 3. 8. 선고 95다54006 판결(공1996상, 1222), 대법원 1998. 9. 25. 선고 98다22543 판결(공1998하, 2571), 대법원 2000. 4. 25. 선고 99다44403 판결, 대법원 2000. 9. 8. 선고 2000다32192 판결
>
> 【전 문】
>
> 【원고,상고인】 전송자 외 4인 (소송대리인 변호사 강봉훈)
>
> 【피고,피상고인】 김소애 (소송대리인 변호사 강윤호)
>
> 【원심판결】 광주고법 2002. 12. 6. 선고 (제주)2002나528 판결

【주 문】
상고를 모두 기각한다. 상고비용은 원고들이 부담한다.

【이 유】
1. 상고이유 제1점에 관하여

서면에 의한 증여란 증여계약 당사자 사이에 있어서 증여자가 자기의 재산을 상대방에게 준다는 증여의사가 문서를 통하여 확실히 알 수 있는 정도로 서면에 나타난 증여를 말하는 것으로서, 비록 서면의 문언 자체는 증여계약서로 되어 있지 않더라도 그 서면의 작성에 이르게 된 경위를 아울러 고려할 때 그 서면이 바로 증여의사를 표시한 서면이라고 인정되면 이를 민법 제555조에서 말하는 서면에 해당한다고 보아야 할 것이다 (대법원 1996. 3. 8. 선고 95다54006 판결, 1998. 9. 25. 선고 98다22543 판결 참조). 그러나 갑 제11호증(포기서)은 증여자인 박경옥이 작성한 문서가 아니라 피고가 작성한 문서이고 그 내용도 이 사건 토지상의 점포 4개에 대한 피고의 상속분에 해당하는 사용수익권을 포기한다는 것으로서, 이 서면에 박경옥이 이 사건 토지 중 92분의 52 지분을 성영범에게 증여한다는 의사표시가 표시되었다고 볼 수는 없다. 같은 취지의 원심의 판단은 정당하고, 거기에 서면에 의한 증여에 관한 법리나, 처분문서의 해석에 관한 법리를 오해한 위법이 없다.

2. 상고이유 제3, 4점에 관하여

원심은 갑 제11호증(포기서)의 기재만으로 피고가 민법 제555조 소정의 해제권을 포기하였음을 인정할 수 없다고 판단하였는바, 기록에 비추어 살펴보면 원심의 이러한 판단은 정당하고, 거기에 해제권 포기에 관한 법리를 오해한 위법이 없다.

민법 제555조에서 말하는 해제는 일종의 특수한 철회일 뿐 민법 제543조 이하에서 규정한 본래 의미의 해제와는 다르다고 할 것이어서 형성권의 제척기간의 적용을 받지 않는다고 할 것이다. 따라서 민법 제555조 소정의 해제권은 형성권으로서 10년의 제척기간이 적용됨을 전제로 판시 증여계약이 성립된 때부터 10년이 경과한 후에 이루어진 피고의 증여계약 해제의사표시는 효력이 없다는 원고들의 주장을 배척한 원심의 판단은 정당하고, 거기에 형성권의 제척기간에 관한 법리를 오해한 위법이 없다.

3. 상고이유 제2점에 관하여

민법 제555조는 "증여의 의사가 서면으로 표시되지 아니한 경우에는 각 당사자는 이를 해제할 수 있다."고 규정하고 있고, 민법 제558조는 " 전 3조의 규정에 의한 계약의 해제는 이미 이행한 부분에 대하여는 영향을 미치지 아니한다."고 규정하고 있는바, 망인이 생전에 서면에 의하지 아니한 의사표시로 부동산의 지분을 증여하고 그의 뜻에 따라 증여한 부동산의 지분 중 일부 지분에 대하여만 소유권이전등기를 경료하고, 나머지 지분은 소유권이전등기를 경료하지 않은 채 사망하였다면, 증여계약에 따른 권리의무를 승계한 상속인은 이미 이행된 지분에 관하여는 증여의 의사표시를 해제할 수 없다고 하겠으나, 아직 이행되지 아니한 지분에 관한 증여의 의사표시는 민법 제555조에

의하여 이를 해제할 수 있다고 할 것이다. 같은 취지의 원심의 판단은 정당하고, 거기에 증여계약 해제에 관한 법리를 오해한 잘못이 없다.

4. 상고이유 제5점에 관하여

원심은, 성영범이 1977. 9. 29. 또는 늦어도 1980. 1. 1.부터 이 사건 토지 중 52평을 박경옥으로부터 증여받아 소유의 의사로 평온·공연하게 점유하여 오다가 2001. 6. 9. 사망하였고, 그 후로는 그의 처인 원고 전송자와 자식들인 나머지 원고들이 이를 점유함으로써 1997. 9. 29. 또는 2000. 1. 1.에는 점유취득시효가 완성되었으므로, 피고는 이 사건 토지 중 아직 소유권이전등기가 경료되지 아니한 22평에 해당하는 박경옥의 공유지분 92분의 22 지분 중 피고의 상속지분에 상응하는 지분에 관하여 원고들에게 취득시효완성을 원인으로 한 소유권이전등기절차를 이행할 의무가 있다는 원고들의 예비적 청구에 관하여, 원고들이 증여받았다는 52평 부분이 특정되지 아니하였을 뿐만 아니라 이는 이 사건 토지에 대한 92분의 52 지분을 증여받았다는 주위적 청구에서의 주장과도 모순되고, 판시 증거들만으로 성영범이 이 사건 토지 중 52평을 배타적으로 점유하여 왔다는 점을 인정하기에 부족하며, 52평을 증여받았다면서 전체 토지 중 지분이전등기가 경료된 92분의 30 지분을 제외한 나머지 92분의 22 지분에 대한 소유권이전등기를 구할 수도 없다는 이유로 원고들의 예비적 청구를 배척하였다. 관련 증거를 기록에 비추어 살펴보면, 원심의 위와 같은 인정과 판단은 정당하고 거기에 사실오인이나 석명권을 행사하지 아니하거나 점유취득시효에 관한 법리를 오해한 위법이 있다 할 수 없다.

5. 결 론

그러므로 상고를 모두 기각하고 상고비용은 패소자들이 부담하는 것으로 하여 관여 대법관의 일치된 의견으로 주문과 같이 판결한다.

대법관   손지열(재판장) 조무제 유지담(주심) 이규홍

02 교환계약

1. 농지의 교환

(1) 농지교환의 개념

"농지의 교환"이란 당사자 쌍방이 농지를 상호 이전할 것을 약정하는 계약을 말한다(「민법」 제598조).

통상 교환계약은 목적물의 가격이 균등한 경우에 이루어지나, 균등하지 않은 경우에는 그 차액을 보충하기 위한 보충금이 지급된다(「민법」 제597조). 보충금(補充金)에 대해서는 매매대금에 관한 규정을 준용된다(「민법」 제597조).

교환계약은 당사자의 합의만으로도 성립하나 농지와 같은 부동산의 교환계약은 소유권이전을 위해 교환계약서를 작성해야 한다(「부동산등기 특별조치법」 제3조).

(2) 교환계약의 효과

교환계약의 효력에 대해서 특별한 규정이 없으나 교환계약은 유상계약이므로 민법의 매매에 관한 규정이 준용된다(「민법」 제567조).

따라서 교환계약을 체결하면 교환목적물에 대한 소유권의 이전과 그 목적물을 인도할 의무가 있다. 이때 교환목적물이나 그 소유권에 흠결이 있는 때에는 목적물의 소유자는 담보책임을 진다(「민법」 제567조).

교환계약의 의무를 고의·과실로 위반한 의무자는 이행강제, 채무불이행책임, 계약해제의 책임을 지게 된다(「민법」 제567조).

2. 동산 교환계약서의 작성

(1) 교환계약서의 기재사항

1) 농지와 같은 부동산의 교환계약서는 다음과 같은 내용을 기재하여 직접 작성할 수 있다.

① 당사자 2인(이름, 주소, 주민등록번호, 전화번호)
② 교환목적물인 각 농지의 소재지, 지목과 그 면적 및 내역 등
③ 교환의 합의
④ 소유권이전과 인도
⑤ 그 밖의 특약사항

(2) 교환계약서의 작성요령

1) 교환계약서의 작성요령은 다음과 같다.

① 교환계약 합의의 표시
   ✓ 교환계약서에 계약의 내용이 교환계약임을 명시한다.
   ✓ 통상은 "갑과 을은 아래의 토지에 대하여 다음과 같은 내용으로 교환계약을 체결한다."고 기재한다.

② 농지의 표시
   ✓ 목적물을 특정하기 위해 교환계약서에 갑과 을의 부동산을 각각 기재한다.
   ✓ 농지의 표시는 부동산등기부의 표제부 중 표시란에 기재된 것과 동일하게 기재해야 한다.

> ✓ 농지의 소재지, 지목과 그 면적과 같은 부동산의 표시가 부동산등기부와 일치하지 않는 경우, 교환목적물의 특정 하는 데 어려움을 겪을 수 있으므로 주의해야 한다.

③ **당사자의 표시**

당사자(갑, 을의 이름, 주소, 주민등록번호, 전화번호)를 교환계약서에 기재한다. 이때 상대방의 주민등록증을 직접 확인하여 기재내용과 상대방이 일치하는지를 확인해야 한다.

④ **소유권이전과 인도에 관한 사항**

농지의 소유권이전에 관한 사항과 인도일을 기재한다.

⑤ **그 밖의 특약사항**

그 밖의 특약사항으로는 다음과 같은 것이 있다.

> ✓ 보충금이 있을 때 보충금에 관한 사항
> ✓ 소유권이전의 비용, 세금 등의 부담
> ✓ 손해배상의 특약

⑥ **날짜 및 서명날인**

계약을 맺은 날짜를 기재하고 당사자의 명의의 서명날인을 한다. 이때 대리인이 있는 경우에는 그가 대리인임을 표시하고 본인의 서명날인과 함께 대리인의 서명날인도 기재한다.

(3) 교환계약서의 검인

1) 농지의 교환계약을 통해 농지의 소유권을 이전받으려는 당사자는 다음의 사항이 기재된 계약서에 검인신청인을 표시하여 부동산의 소재지를 관할하는 시장·군수·구청장 또는 그 권한의 위임을 받은 자의 검인을 받아 관할등기소에 이를 제출해야 한다(「부동산등기 특별조치법」 제3조제1항).

① 당사자
② 목적부동산
③ 계약연월일
④ 대금 및 그 지급일자등 지급에 관한 사항 또는 평가액 및 그 차액의 정산에 관한 사항
⑤ 부동산중개업자가 있을 때에는 부동산중개업자
⑥ 계약의 조건이나 기한이 있을 때에는 그 조건 또는 기한

II 증여·교환계약의 이행

01 농지취득자격증명의 발급

1. 농지취득자격증명의 발급

(1) 농지를 취득하려는 사람은 농지 소재지를 관할하는 시·구·읍·면의 장에게 농지취득자격증명을 발급받아야 한다(「농지법」 제8조제1항 본문).

> ※ 농지가 토지거래허가구역 내에 있는 경우에는 토지거래허가를 받으면 농지취득자격증명을 받은 것으로 본다(「부동산 거래신고 등에 관한 법률」 제20조제1항).

다만, 다음의 어느 하나에 해당하면 농지취득자격증명을 발급받지 않아도 농지를 취득할 수 있다(「농지법」 제8조제1항 단서, 「농지법 시행령」 제6조).

1) 국가나 지방자치단체가 농지를 소유하는 경우

2) 상속(상속인에게 한 유증을 포함)으로 농지를 취득하여 소유하는 경우

3) 담보농지를 취득하여 소유하는 경우{「농지법」 제13조, 유동화전문회사 등(「자산유동화에 관한 법률」 제3조)이 저당권자로부터 농지를 취득하는 경우(「농지법」 제13조제1항제1호부터 제4호까지)를 포함}

4) 농지전용협의를 마친 농지를 소유하는 경우(「농지법」 제34조제2항)

5) 농업기반시설을 인수한 한국농어촌공사가 「농어촌정비법」에 따라 소유권을 승계하는 경우(「농어촌정비법」 제16조)

6) 환지계획에 따라 소유권을 취득하는 경우(「농어촌정비법」 제25조)

7) 교환·분할·합병의 시행에 따라 소유권을 취득하는 경우(「농어촌정비법」 제43조)

> '교환·분할·합병'이란 시장·군수·구청장 또는 한국농어촌공사가 농지 소유자 2명 이상이 신청하거나 농지 소유자가 신청하지 않더라도 토지 소유자가 동의를 한 경우 농지에 관한 권리, 그 농지의 이용에 필요한 토지에 관한 권리 및 농업기반시설과 농어촌용수의 사용에 관한 권리의 교환하거나 나누어 합치는 것을 말한다(「농어촌정비법」 제43조제1항).

8) 농어촌관광휴양단지 개발에 따라 농지를 취득하는 경우(「농어촌정비법」 제82조)

9) 한계농지정비사업의 시행자가 정비지구의 농지를 매입할 경우(「농어촌정비법」제100조)

10) 「공유수면 관리 및 매립에 관한 법률」에 따라 매립농지를 취득하여 소유하는 경우

11) 토지수용으로 농지를 취득하여 소유하는 경우

12) 농림축산식품부장관과의 협의를 마치고, 「공익사업을 위한 토지 등의 취득 및 보상에 관한 법률」에 따라 농지를 취득하여 소유하는 경우

13) 시효의 완성으로 농지를 취득하는 경우

14) 환매권자가 환매권에 따라 농지를 취득하는 경우(「징발재산 정리에 관한 특별조치법」제20조, 「공익사업을 위한 토지 등의 취득 및 보상에 관한 법률」제91조)

15) 환매권자 등이 환매권 등에 따라 농지를 취득하는 경우(「국가보위에 관한 특별조치법 제5조제4항에 의한 동원대상지역 내의 토지의 수용·사용에 관한 특별조치령에 의하여 수용·사용된 토지의 정리에 관한 특별조치법」제2조·제3조)

16) 농지이용증진사업 시행계획에 따라 농지를 취득하는 경우(「농지법」제17조)

17) 농업법인의 합병으로 농지를 취득하는 경우(「농지법」제8조제1항제2호)

18) 공유 농지의 분할이나 「농지법 시행령」제6조가 정하는 원인으로 농지를 취득하는 경우(「농지법」제8조제1항제3호)

2. 발급 절차

(1) 발급신청

1) 농지취득자격증명을 발급받으려는 사람은 다음의 사항이 모두 포함된 농업경영계획서를 작성하여 농지 소재지를 관할하는 시·구·읍·면의 장에게 발급신청을 해야 한다(「농지법」제8조제2항).

  ① 취득 대상 농지의 면적

  ② 취득 대상 농지에서 농업경영을 하는 데에 필요한 노동력 및 농업 기계·장비·시설의 확보 방안

  ③ 소유 농지의 이용 실태(농지 소유자에게만 해당)

2) 농지취득자격증명을 발급받으려는 사람은 농지취득자격증명신청서류를 농지의 소재지를 관할하는 시장(구를 두지 아니한 시의 시장을 말하며, 도농복합형태의 시에 있어

서는 농지의 소재지가 동지역인 경우)·구청장(도농복합형태의 시의 구에 있어서는 농지의 소재지가 동지역인 경우)·읍장 또는 면장에게 제출해야 한다(「농지법 시행령」 제7조제2항).

① 농지취득자격증명신청서류란 다음의 서류를 말한다(「농지법 시행규칙」 제7조).
- ✓ 농지취득인정서(「농지법 시행규칙」 별지 제2호서식, 「초·중등교육법」「고등교육법」에 따른 학교, 공공단체·농업연구기관·농업생산자단체 또는 종묘나 그 밖의 농업 기자재 생산자가 그 목적사업을 수행하기 위하여 필요한 시험지·연구지·습지 또는 종묘생산지로 쓰기 위하여 농지를 취득하여 소유하는 경우에 한정)
- ✓ 농지취득자격증명신청서(「농지법 시행규칙」 별지 제3호서식)
- ✓ 농업경영계획서(「농지법 시행규칙」 별지 제4호서식, 농지를 농업경영 목적으로 취득하는 경우에 한정)
- ✓ 농지임대차계약서 또는 농지사용대차계약서(농업경영을 하지 않는 자가 취득하려는 농지의 면적이 고정식온실·버섯재배사·비닐하우스·축사 그 밖의 농업생산에 필요한 시설이 설치되어 있거나 설치하려는 농지의 경우에는 330 제곱미터 미만, 그 이외의 농지의 경우에는 1천 제곱미터 미만의 경우에 한정)
- ✓ 농지전용허가(다른 법률에 따라 농지전용허가가 의제되는 인가 또는 승인 등을 포함)를 받거나 농지전용신고를 한 사실을 입증하는 서류(농지를 전용목적으로 취득하는 경우에 한정)

(2) 발급요건의 확인 및 발급

1) 시·구·읍·면의 장은 농지취득자격증명의 발급신청을 받은 때에는 그 신청을 받은 날부터 4일(농업경영계획서를 작성하지 않고 농지취득자격증명의 발급신청을 할 수 있는 경우에는 2일) 이내에 다음 각 호의 요건에 적합한지의 여부를 확인하여 이에 적합한 경우에는 신청인에게 농지취득자격증명을 발급해야 한다(「농지법 시행령」 제7조제2항).

① 농지의 취득요건에 적합할 것(「농지법」 제6조제1항, 제6조제2항제2호·제3호·제7호 또는 제9호)

② 농업인이 아닌 개인이 주말·체험영농에 이용하려고 농지를 취득하는 경우에는 신청 당시 소유하고 있는 농지의 면적에 취득하려는 농지의 면적을 합한 면적이 1천 제곱미터 이내일 것

③ 농업경영계획서를 제출하여야 하는 경우에는 그 계획서에 취득 대상 농지의 면적, 취득 대상 농지에서 농업경영을 하는 데에 필요한 노동력 및 농업 기계·장비·시설의 확보 방안, 소유 농지의 이용 실태 등이 포함되어야 하고, 그 내용이 신청인의 농업경영능력 등을 참작할 때 실현가능하다고 인정될 것

④ 신청인이 소유농지의 전부를 타인에게 임대 또는 무상사용하게 하거나 농작업의 전부를 위탁하여 경영하고 있지 않을 것. 다만, 주말·체험영농을 목적으로 하거나, 「한국농어촌공사 및 농지관리기금법」에 따른 농지의 개발사업지구에 있는 농지의 경우에는 제외된다(「농지법」 제6조제2항제3호 또는 제9호).

⑤ 신청당시 농업경영을 하지 아니하는 자가 자기의 농업경영에 이용하기 위해 농지를 취득하는 경우에는 해당 농지의 취득 후 농업경영에 이용하려는 농지의 총면적이 다음의 어느 하나에 해당할 것

- ✓ 고정식온실·버섯재배사·비닐하우스·축사 그 밖의 농업생산에 필요한 시설이 설치되어 있거나 설치하려는 농지의 경우 : 330제곱미터 이상
- ✓ 곤충사육사가 설치되어 있거나 곤충사육사를 설치하려는 농지의 경우 : 165제곱미터 이상
- ✓ 그 밖의 농지의 경우 : 1천제곱미터 이상

2) 농지취득자격을 확인할 때에는 다음의 사항을 종합적으로 고려해야 한다. 이 경우 정보·통신매체를 통한 교육으로 학력을 인정받는 학교에 재학 중인 학생 또는 야간수업을 받는 학생 등 통상적인 농업경영 관행에 따라 농업경영을 할 수 있다고 인정되는 학생, 농업경영을 하고 있는 학생 또는 주말·체험영농(「농지법」 제6조제2항제3호)의 목적으로 농지를 취득하려는 「고등교육법」에 따른 학교에 재학 중인 학생을 제외한 「초·중등교육법」「고등교육법」에 따른 학교에 재학 중인 학생은 농지취득자격이 없는 것으로 본다(「농지법 시행령」 제7조제3항 및 「농지법 시행규칙」 제7조제3항).

① 취득대상 농지의 면적

② 취득대상 농지를 농업경영에 이용하기 위한 노동력 및 농업기계·장비 등의 확보 여부 또는 확보방안

③ 소유농지의 이용실태(농지를 소유하고 있는 자의 경우에 한정)

④ 경작하려는 농작물 또는 재배하려는 다년생식물의 종류

⑤ 농작물의 경작지 또는 다년생식물의 재배지 등으로 이용되고 있지 아니하는 농지의 경우에는 농지의 복구가능성 등 취득대상 토지의 상태

⑥ 신청자의 연령·직업 또는 거주지 등 영농여건

⑦ 신청자의 영농의지

3) 농지 소유 제한(「농지법」 제6조)이나 농지 소유 상한(「농지법」 제7조)을 위반하여 농지를 소유할 목적으로 거짓이나 그 밖의 부정한 방법으로 농지취득자격증명을 발급받은 사람은 5년 이하의 징역 또는 5천만원 이하의 벌금에 처해진다(「농지법」 제58조제1호).

3. 판례

(1) **대법원 2008. 3. 27. 선고 2007도7393 판결 부동산등기특별조치법위반**

대법원 2008. 3. 27. 선고 2007도7393 판결 【부동산등기특별조치법위반】
[공2008상,631]

【판시사항】

[1] 부동산등기 특별조치법 제2조 제3항은 유효한 부동산 소유권이전계약을 전제로 하는지 여부(적극)

[2] 농지법상 농지취득 자격증명의 성격

[3] 농지취득 자격증명을 발급받지 못하여 소유권이전등기를 신청할 수 없는데도 불구하고, 농지 취득자가 순전히 전매이익을 취득할 목적으로 매수한 농지를 제3자에게 전매하였다면, 부동산등기 특별조치법 제2조 위반죄가 성립한다고 한 사례

[4] 타인 명의로 부동산을 매수한 경우 명의자와 행위자 중 누가 부동산등기 특별조치법 위반의 범죄주체가 되는 '소유권이전을 내용으로 하는 계약을 체결한 자'에 해당하는지의 판단 방법

[5] 계약당사자의 대리인 등도 부동산등기 특별조치법 제8조의 범죄 주체가 될 수 있는지 여부(적극)

【판결요지】

[1] 부동산의 소유권을 이전받을 것을 내용으로 하는 계약을 체결한 자가 부동산등기 특별조치법 제2조 제1항 각 호에 정하여진 날 이전에 그 부동산에 관하여 다시 제3자와 소유권이전을 내용으로 하는 계약을 체결한 경우, 소정 기간 내에 먼저 체결된 계약에 따른 소유권이전등기를 신청하여야 한다고 규정한 같은 법 제2조 제3항은 부동산 소유권이전을 내용으로 하는 계약 자체가 유효함을 전제로 한 규정이다.

[2] 농지법 제8조 제1항 소정의 농지취득 자격증명은 농지를 취득하는 자가 그 소유권에 관한 등기를 신청할 때에 첨부하여야 할 서류로서(농지법 제8조 제4항), 농지를 취득하는 자에게 농지취득의 자격이 있다는 것을 증명하는 것일 뿐 농지취득의 원인이 되는 법률행위의 효력을 발생시키는 요건은 아니다.

[3] 농지취득 자격증명을 발급받지 못하여 소유권이전등기를 신청할 수 없는데도 불구하고, 농지 취득자가 순전히 전매이익을 취득할 목적으로 매수한 농지를 제3자에게 전매하였다면, 부동산등기 특별조치법 제2조 위반죄가 성립한다고 한 사례.

[4] 부동산등기 특별조치법 제2조 제1항, 제3항 소정의 소유권이전등기를 신청하지 아니한 자로서 부동산등기 특별조치법 위반의 범죄주체가 되는 '소유권이전을 내용으로 하는 계약을 체결한 자'는 매매·교환·증여 등 소유권이전을 내용으로 하는 계약의 당사자를 가리키는바, 어떤 사람이 타인을 통하여 부동산을 매수함에 있어 매수인 명의를 그 타인 명의로 하기로 하였다면, 이와 같은 매수인 명의의 신탁관계는 그들 사이의 내부적인 관계에 불과한 것이어서 대외적으로는 그 타인을 매매당사자로 보아야 하므로, 달리 특별한 사정이 없는 한 그 본인은 소유권이전을 내용으로 하는 계약을 체결한 자라고 볼 수 없다. 반면에, 계약의 일방 당사자가 타인의 이름을 임의로 사용하여 법률행위를 한 경우에는 누가 그 계약의 당사자인가를 먼저 확정하여야 할 것인데, 행위자 또는 명의자 가운데 누구를 당사자로 할 것인지에 관하여 행위자와 상대방의 의사가 일치한 경우에는 그 일치한 의사대로 행위자의 행위 또는 명의인의 행위로서 확정하여야 할 것이지만, 그러한 일치하는 의사를 확정할 수 없을 경우에는 그 계약의 성질, 내용, 목적, 체결 경위 등 그 계약 체결을 전후한 구체적인 제반 사정을 토대로 상대방이 합리적인 사람이라면 행위자와 명의자 중 누구를 계약 당사자로 이해할 것인가에 의하여 당사자를 결정하고, 이에 터잡아 계약의 성립 여부와 효력을 판단하여야 한다.

[5] 부동산등기 특별조치법 제8조는 "조세부과를 면하려 하거나 다른 시점간의 가격변동에 따른 이득을 얻으려 하거나 소유권 등 권리변동을 규제하는 법령의 제한을 회피할 목적으로 제2조 제3항의 규정에 위반한 자는 처벌한다"고 규정하고 있고, 같은 법 제10조는 "법인의 대표자 또는 법인이나 개인의 대리인·사용인 기타 종업원이 그 법인 또는 개인의 업무에 관하여 제8조의 위반행위를 한 때에는 행위자를 벌하는 외에 그 법인 또는 개인에 대하여도 각 해당 조의 벌금형을 과한다"고 규정하고 있는바, 위 규정의 취지에 비추어 보면 개인의 대리인이 개인의 업무에 관하여 법 제8조의 위반행위를 한 경우에는 그 행위자인 대리인은 당연히 처벌된다.

02 토지거래허가구역 내인 경우

1. 지거래허가구역에서의 농지의 증여·교환

(1) 토지거래허가구역에서의 농지의 증여·교환

취득하려는 농지가 토지거래허가구역 내에 있는 경우에는 토지거래허가를 받아야 한다. 토지거래허가를 받은 경우에는 농지취득자격증명을 받은 것으로 간주된다(「부동산 거래신고 등에 관한 법률」 제20조제1항 전단).

(2) 토지거래허가제란

"토지거래허가제"란 국토의 이용 및 관리에 관한 계획의 원활한 수립 및 집행, 합리적 토지이용 등을 위하여 토지의 투기적인 거래가 성행하거나 지가가 급격히 상승하는 지역과 그러한 우려가 있는 지역에 대해 5년 이내의 기간을 정하여 국토교통부장관이 토지거래계약에 대해 허가를 받도록 하는 제도를 말한다(「부동산 거래신고 등에 관한 법률」 제10조제1항).

(3) 토지거래의 허가

1) 허가구역 안에 있는 토지에 대해 토지거래계약을 체결하려는 당사자는 공동으로 시장·군수 또는 구청장의 허가를 받아야 한다. 허가받은 사항을 변경하려는 때에도 변경허가를 받아야 한다(「부동산 거래신고 등에 관한 법률」 제11조제1항).

> ※ '토지거래계약'이란 토지에 관한 소유권·지상권(소유권·지상권의 취득을 목적으로 하는 권리를 포함)을 이전 또는 설정(대가를 받고 이전 또는 설정하는 경우에 한함)하는 계약을 말하며 예약을 포함한다.

2) 토지거래허가를 받지 않고 체결한 토지거래계약은 그 효력이 발생하지 않는다(「국토의 계획 및 이용에 관한 법률」 제118조제6항).

판례는 허가를 받지 못한 매매 등의 거래행위의 효력은 무효이지만, 일단 허가를 받으면 그 계약은 소급해서 유효가 되고 이와 달리 불허가가 된 때에는 무효로 확정되므로 허가를 받기 전까지는 유동적 무효의 상태에 있다고 한다(대법원 1991. 12. 24. 선고 90다12243 판결).

> ※ 토지거래허가를 받지 않고 체결한 토지거래계약은 그 효력이 발생하지 않는다(「부동산 거래신고 등에 관한 법률」 제11조제6항).

2. 허가 절차

(1) 토지거래허가의 신청

- 토지거래허가를 받으려는 사람은 그 허가신청서에 계약내용과 그 토지의 이용계획·취득자금 조달계획 등을 적어 시장·군수 또는 구청장에게 제출해야 한다(「부동산 거래신고 등에 관한 법률」 제11조제3항 전단).
- 토지거래계약을 체결하려는 당사자는 공동으로 허가신청서에 다음의 서류를 첨부하여 그 토지를 관할하는 시장·군수 또는 구청장에게 제출해야 한다(「부동산 거래

신고 등에 관한 법률 시행령」 제8조제1항 및 「부동산 거래신고 등에 관한 법률 시행규칙」 제9조제2항).

- 토지이용계획서(농지취득자격증명을 발급받아야 하는 농지의 경우에는 「농지법」 제8조제2항의 규정에 따른 농업경영계획서를 말함)
- 토지취득자금조달계획서(「부동산 거래신고 등에 관한 법률 시행규칙」별지 제10호)

※ 허가신청서에 다음과 같은 사항을 기재한다(「부동산 거래신고 등에 관한 법률 시행령」 제8조제1항).
  ✓ 당사자의 성명 및 주소(법인인 경우에는 법인의 명칭 및 소재지와 대표자의 성명 및 주소)
  ✓ 토지의 지번·지목·면적·이용현황 및 권리설정 현황
  ✓ 토지의 정착물인 건축물·공작물 및 입목 등에 관한 사항
  ✓ 이전 또는 설정하려는 권리의 종류
  ✓ 계약예정금액
  ✓ 토지의 이용에 관한 계획
  ✓ 토지취득(토지에 관한 소유권·지상권 또는 소유권·지상권의 취득을 목적으로 하는 권리를 이전하거나 설정하는 것을 말함)에 필요한 자금조달계획

- 시장·군수 또는 구청장은 허가신청서를 받으면 「민원 처리에 관한 법률」에 따른 처리기간에 허가 또는 불허가의 처분을 하고, 그 신청인에게 허가증을 발급하거나 불허가처분 사유를 서면으로 알려야 한다. 다만, 선매협의절차가 진행 중인 때에는 위의 기간 이내에 그 사실을 신청인에게 통지해야 한다(「부동산 거래신고 등에 관한 법률」 제11조제4항).
- 선매협의절차의 진행 기간에 허가증의 교부 또는 불허가처분사유의 통지가 없거나 선매협의사실의 통지가 없는 때에는 해당 기간이 만료한 날의 다음날에 토지거래허가가 있는 것으로 본다. 이 경우 시장·군수 또는 구청장은 지체 없이 신청인에게 허가증을 교부해야 한다(「부동산 거래신고 등에 관한 법률」 제11조제5항).

(2) 토지거래허가기준

다음의 어느 하나에 해당하는 경우에는 허가되지 않는다(「부동산 거래신고 등에 관한 법률」 제12조).

1) 토지거래계약을 체결하려는 자의 토지이용 목적이 다음에 해당되지 않는 경우
   ① 자기의 거주용 주택용지로 이용하려는 것인 경우

② 허가구역을 포함한 지역의 주민을 위한 복지시설 또는 편익시설로서 관할 시장·군수 또는 구청장이 확인한 시설의 설치에 이용하려고 하는 것인 경우

③ 허가구역 안에 거주하는 농업인·임업인·어업인 또는 「부동산 거래신고 등에 관한 법률 시행령」 제10조제1항에 해당하는 일정한 자가 해당 허가구역 안에서 농업·축산업·임업 또는 어업을 영위하기 위하여 필요한 것인 경우

④ 「공익사업을 위한 토지 등의 취득 및 보상에 관한 법률」 그 밖의 법률에 따라 토지를 수용 또는 사용할 수 있는 사업을 시행하는 자가 그 사업을 시행하기 위하여 필요한 것인 경우

⑤ 허가구역을 포함한 지역의 건전한 발전을 위하여 필요하고 관계 법률의 규정에 의하여 지정된 지역·지구·구역 등의 지정 목적에 적합하다고 인정되는 사업을 시행하는 자 또는 시행하려고 하는 자가 그 사업에 이용하려는 것인 경우

⑥ 허가구역의 지정 당시 그 구역이 속한 특별시·광역시·특별자치시·시(「제주특별자치도 설치 및 국제자유도시 조성을 위한 특별법」 제10조제2항에 따른 행정시를 포함)·군 또는 인접한 특별시·광역시·특별자치시·시·군에서 사업을 시행하고 있는 자가 그 사업에 이용하려는 경우나 그 자의 사업과 밀접한 관련이 있는 사업을 하는 자가 그 사업에 이용하려는 경우

⑦ 허가구역이 속한 특별시·광역시·특별자치시·시 또는 군에 거주하고 있는 자의 일상생활과 통상적인 경제활동에 필요한 것 등으로서 다음의 용도에 이용하려는 경우(「부동산 거래신고 등에 관한 법률 시행령」 제10조제2항)

　㉠ 「공익사업을 위한 토지 등의 취득 및 보상에 관한 법률」 또는 그 밖의 법령에 따라 농지 외의 토지를 공익사업용으로 협의양도하거나 수용된 사람이 그 협의양도하거나 수용된 날부터 3년 이내에 그 허가구역에서 협의양도하거나 수용된 토지에 대체되는 토지(종전의 토지가액 이하인 토지로 한정한다)를 취득하려는 경우

　㉡ 관계 법령에 따라 개발·이용행위가 제한되거나 금지된 다음의 토지에 대하여 현상 보존의 목적으로 토지를 취득하려는 경우(「부동산 거래신고 등에 관한 법률 시행규칙」 제13조제2항)

　　• 나대지·잡종지 등의 토지(임야 및 농지는 제외한다. 이하 같다)로서 「건축법」 제18조에 따른 건축허가의 제한 등 관계 법령에 따라 건축물 또는 공작물의 설치행위가 금지되는 토지

　　• 나대지·잡종지 등의 토지로서 「국토의 계획 및 이용에 관한 법률」 제63조에

따른 개발행위허가의 제한 등 관계 법령에 따라 형질변경이 금지되거나 제한되는 토지

- 「국토의 계획 및 이용에 관한 법률」 제2조제7호에 따른 도시·군계획시설에 편입되어 있는 토지로서 그 사용·수익이 제한되는 토지

ⓒ 「민간임대주택에 관한 특별법」 제2조제7호에 따른 임대사업자 등 관계 법령에 따라 임대사업을 할 수 있는 자가 임대사업을 위하여 건축물과 그에 딸린 토지를 취득하려는 경우

2) 토지거래계약을 체결하려는 자의 토지이용목적이 다음에 해당되는 경우

① 도시군계획이나 그 밖에 토지의 이용 및 관리에 관한 계획에 맞지 않은 경우
② 생태계의 보전과 주민의 건전한 생활환경 보호에 중대한 위해를 끼칠 우려가 있는 경우

3) 허가신청 면적이 그 토지의 이용목적에 적합하지 않다고 인정되는 경우

(3) 이의신청

토지거래허가처분에 이의가 있는 사람은 그 처분을 받은 날부터 1월 이내에 시장·군수 또는 구청장에게 이의를 신청할 수 있다(「부동산 거래신고 등에 관한 법률」 제13조제1항). 이의의 신청을 받은 시장·군수 또는 구청장은 시·군·구도시계획위원회의 심의를 거쳐 그 결과를 이의신청인에게 알려야 한다(「부동산 거래신고 등에 관한 법률」 제13조제2항).

03 소유권이전등기의 신청

1. 부동산의 소유권이전등기

(1) 부동산소유권이전등기란

증여·교환계약으로 인한 부동산의 소유권 변동을 위해서는 등기해야 효력이 생긴다(「민법」 제186조).

"부동산소유권이전등기"란 부동산 소유자가 변동되는 경우에 이를 부동산등기부에 등기하는 것을 말한다.

농지의 증여·교환계약이 체결되면 매도인은 매수인에게 부동산 소유권을 이전할 의무를 지게 되고, 이에 따라 매도인과 매도인은 함께 등기소에 부동산소유권이전등기 신청을 한다(「부동산등기법」 제23조제1항 및 제24조제1항제1호 참조).

(2) 등기신청을 할 수 있는 자

등기는 신청인 또는 그 대리인(代理人)이 등기소에 출석하여 신청정보 및 첨부정보를 적은 서면을 제출하여 신청한다. 다만, 대리인이 변호사[법무법인, 법무법인(유한) 및 법무조합을 포함]나 법무사[법무사법인 및 법무사법인(유한)을 포함]인 경우에는 사무원을 등기소에 출석하게 하여 그 서면을 제출할 수 있다(「부동산등기법」 제24조제1항제1호).

> ※ '등기권리자'란 등기신청을 할 수 있는 자를 의미하고, '등기의무자'란 등기신청에 협력해야 하는 자를 의미한다.
> ※ 등기소에 출석해 등기신청서를 제출할 수 있는 변호사나 법무사[법무법인·법무법인(유한)·법무조합 또는 법무사법인 법무사법인(유한)을 포함. 이하 '자격대리인'이라 함.]의 사무원은 자격대리인의 사무소 소재지를 관할하는 지방법원장이 허가하는 1명으로 한다. 다만, 법무법인·법무법인(유한)·법무조합 또는 법무사법인 법무사법인(유한)의 경우에는 그 구성원 및 구성원이 아닌 변호사나 법무사 수만큼의 사무원을 허가할 수 있다(「부동산등기규칙」 제58조제1항).

(3) 관할 등기소

등기할 권리의 목적인 부동산의 소재지를 관할하는 지방법원, 그 지원 또는 등기소를 관할 등기소로 한다(「부동산등기법」 제7조제1항).

2. 등기신청절차

(1) 등기신청에 필요한 서면

1) 등기를 신청할 때에는 다음의 서면을 제출해야 한다(「부동산등기법」 제24조제1항제1호 참조).

① 신청서
② 등기원인(증여·교환)을 증명하는 서면
③ 등기의무자의 권리에 관한 등기필증
④ 등기원인에 대하여 제3자의 허가, 동의 또는 승낙이 필요할 때에는 이를 증명하는 서면
⑤ 대리인이 등기를 신청할 때에는 그 권한을 증명하는 서면
⑥ 소유권의 보존 또는 이전의 등기를 신청하는 경우에는 신청인의 주소를 증명하는 서면

⑦ 법인이 등기권리자인 경우에는 법인등기부 등본 또는 초본, 법인 아닌 사단이나 재단(외국법인으로서 국내에서 법인등기를 마치지 않은 사단이나 재단을 포함) 또는 외국인이 등기권리자인 경우에는 부동산등기용 등록번호를 증명하는 서면

⑧ 소유권의 이전등기를 신청하는 경우에는 토지대장·임야대장·건축물대장의 등본, 그 밖의 부동산의 표시를 증명하는 서면

⑨ 거래계약서를 등기원인을 증명하는 서면으로 하여 소유권이전등기를 신청하는 경우에는 대법원규칙으로 정하는 거래신고필증과 그 목록

✓ 「부동산 거래신고 등에 관한 법률」 제3조제1항에서 정하는 계약을 등기원인으로 하는 소유권이전등기를 신청하는 경우에는 거래가액을 신청정보의 내용으로 등기소에 제공하고, 시장·군수 또는 구청장으로부터 제공받은 거래계약신고필증정보를 첨부정보로서 등기소에 제공해야 한다(「부동산등기규칙」 제124조).

✓ 거래부동산이 2개 이상인 경우 또는 거래부동산이 1개라 하더라도 여러 명의 매도인과 여러 명의 매수인 사이의 매매계약인 경우에는 거래가액, 거래계약신고필증정보와 함께 매매목록도 첨부정보로서 등기소에 제공해야 한다(「부동산등기규칙」 제124조제2항단서).

(2) 신청서의 기재사항

1) 신청서에는 다음의 사항을 적고 신청인이 이에 기명날인하거나 서명한다(「부동산등기법」 제6조제1항, 제48조제1항 「부동산등기규칙」 제3조참조).

① 부동산의 소재와 지번

② 지목과 면적

③ 신청인의 성명 또는 명칭과 주소

④ 대리인이 등기를 신청할 때에는 그 성명, 주소

⑤ 등기원인과 그 연월일

⑥ 등기의 목적

⑦ 등기소의 표시

⑧ 연월일

⑨ 거래계약서를 등기원인을 증명하는 서면으로 하여 소유권이전등기를 신청하는 경우에는 거래계약서에 적힌 거래가액

> ※ '거래가액'이란 「부동산 거래신고 등에 관한 법률」 제3조에 따라 신고한 금액을 말한다 (「부동산등기규칙」 제124조제1항).
> ※ '거래가액'이란 「부동산 거래신고 등에 관한 법률」 제3조에 따라 신고한 금액을 말한다 (「부동산등기규칙」 제124조제1항).
> ※ 등기권리자의 성명 또는 명칭을 적을 때에는 등기권리자의 주민등록번호 또는 부동산등기용등록번호와 주소 또는 사무소 소재지를 함께 적어야 한다(「부동산등기법」 제48조제2항).
> ※ 법인 아닌 사단이나 재단 명의의 등기를 할 때에는 그 대표자나 관리인의 성명, 주소 및 주민등록번호를 함께 적어야 한다(「부동산등기법」 제48조제3항).

(3) 시장·군수·구청장의 검인(檢印)

1) 계약을 원인으로 소유권이전등기를 신청할 때에는 다음의 사항이 기재된 계약서에 검인신청인을 표시하여 부동산의 소재지를 관할하는 시장·군수·구청장 또는 그 권한의 위임을 받은 자의 검인을 받아 관할등기소에 이를 제출해야 한다(「부동산등기특별조치법」 제3조제1항).

① 당사자
② 목적부동산
③ 계약연월일
④ 대금 및 그 지급일자 등 지급에 관한 사항 또는 평가액 및 그 차액의 정산에 관한 사항
⑤ 부동산중개업자가 있을 때에는 부동산중개업자
⑥ 계약의 조건이나 기한이 있을 때에는 그 조건 또는 기한

> ※ 다만, 토지거래허가증을 교부받은 경우에는 시장·군수·구청장의 검인을 받은 것으로 본다(「부동산 거래신고 등에 관한 법률」 제20조제2항).

(4) 수수료

소유권이전등기를 하려는 사람은 수수료를 내야 한다(「부동산등기법」 제22조제3항).

농지 취득과 전용   M/E/M/O

제4장 농지상속

I 농지의 상속

01 상속의 개시

1. 상속 개시

(1) 상속인은 피상속인의 사망으로 농지를 취득할 수 있다. 이 경우 농지취득자격증명을 발급받지 않아도 된다(「농지법」 제8조제1항제1호).

1) 상속은 피상속인의 사망으로 인하여 개시된다(「민법」 제997조).

2) 상속이 개시되면 상속인은 그때부터 피상속인의 재산에 관한 포괄적 권리의무를 승계한다. 따라서 농지와 같은 토지소유권은 상속의 대상이 된다(「민법」 제1005조).

> ※ '피상속인'이란 사망 또는 실종선고로 인하여 상속재산을 물려주는 사람을 말하며, '상속인'이란 피상속인의 사망으로 상속재산을 물려받는 사람을 말한다.

2. 상속 순위

현행법상 상속인은 다음과 같은 순위로 정해진다(「민법」 제1000조제1항).

상속순위	상속인	비고
1	피상속인의 직계비속·배우자	항상 상속인이 됨
2	피상속인의 직계존속·배우자	직계비속이 없는 경우 상속인이 됨
3	피상속인의 형제자매	1, 2 순위가 없는 경우 상속인이 됨
4	피상속인의 4촌 이내의 방계혈족	1, 2, 3 순위가 없는 경우 상속인이 됨

> ※ 법정 상속인을 결정할 때 같은 순위의 사람이 여러 사람 있을 때에는 가장 가까운 상속인을 우선순위로 하며, 촌수가 같은 상속인이 여러 명인 경우에는 공동상속인이 된다(「민법」 제1000조제2항).

※ 한편, 태아는 상속순위에 대해 이미 출생한 것으로 본다(「민법」 제1000조제3항).
※ 배우자는 1순위인 직계비속과 같은 순위로 공동상속인이 되며, 직계비속이 없는 경우에는 2순위인 직계존속과 공동상속인이 된다. 한편, 직계비속과 직계존속이 모두 없는 경우에는 배우자가 단독상속인이 된다(「민법」 제1003조).

3. 상속분

(1) 피상속인은 유언에 따라 공동상속인의 상속분을 지정할 수 있으며, 유언상속을 하지 않은 경우에는 공동상속인과 협의하여 분할하거나 「민법」에 규정된 법정상속분에 따라 상속재산을 분할한다.

1) 같은 순위의 상속인이 여러 명인 때에는 그 상속분은 동일한 것으로 한다(「민법」 제1009조제1항).

2) 배우자의 상속분은 직계비속과 공동으로 상속하는 때에는 직계비속의 상속분에 5할을 가산하고, 직계존속과 공동으로 상속하는 때에는 직계존속의 상속분에 5할을 가산한다(「민법」 제1009조제2항).

※ 예를 들어, 피사망자의 상속인으로 배우자와 3명의 자녀가 있는 경우 배우자는 9분의 3, 3명의 자녀는 각각 9분의 2의 상속분을 가진다.

02 상속등기

1. 상속등기

(1) 상속이 개시되면 그때부터 피상속인의 재산에 관한 포괄적 권리의무를 승계하므로, 소유권은 등기 없이도 상속인에게 이전된다(「민법」 제1005조). 다만, 상속된 농지를 처분할 때는 상속인 앞으로 상속을 원인으로 하는 소유권이전등기를 신청한 뒤에야 농지를 처분할 수 있다(「민법」 제187조).

(2) 상속등기는 상속인 본인이 단독으로 신청한다(「부동산등기법」 제23조제3항).

(3) 등기원인이 상속인 경우에는 가족관계등록에 관한 정보 등 상속이 있었다는 사실을 증명하는 정보를 첨부정보로서 등기소에 제공해야 한다(「부동산등기법」 제27조 「부동산등기규칙」 제49조).

※ **상속으로 취득한 농지의 임대차 또는 사용대차**

농지는 자경농민만이 소유할 수 있으나 상속인의 경우에는 자경농민이 아니더라도 1만 제곱미터 내에서 예외적으로 농지를 소유할 수 있다(「농지법」 제6조제2항제4호, 「농지법」 제10조제1항).

- 상속인이 상속받은 농지를 자경할 수 없을 때에는 농지를 임대차하거나 무상사용하게 할 수 있다(「농지법」 제23조제1항제1호).
- 농지를 자경하지 않는 농지의 상속인이 1만 제곱미터의 소유 상한을 초과해서 소유하고 있는 농지의 경우에도 농지를 그 사유가 발생한 날 당시 세대를 같이하는 세대원이 아닌자에게 처분하지 않고 농지를 한국농어촌공사에 위탁하여 임대하거나 무상사용하게 할 수 있다(「농지법」 제23조제1항제7호, 「농지법」 제10조제1항).

농지 취득과 전용　　　　　　　　　　　　　　　　　　　　M/E/M/O

제 5 장 세금·중개보수

I 매매 관련 세금

01 매수인이 부담하는 세금

1. 취득세

(1) 취득세의 개념

1) "취득세"란 부동산의 취득에 대해 해당 부동산의 소재지인 지방자치단체(특별시·광역시·도)에서 그 취득자에게 부과하는 지방세를 말하며, 취득세의 산정은 다음과 같다(「지방세기본법」 제8조, 「지방세법」 제7조제1항 및 제8조제1항제1호).

> 취득세 = 농지의 취득 당시의 가액 × 취득세의 표준세율

2) 취득세는 과세물건을 취득하는 때에 그 납세의무가 성립한다(「지방세기본법」 제34조제1항제1호).

3) 취득세의 과세표준은 취득 당시의 가액으로 하며, 다만 연부(年賦)로 취득하는 경우에는 연부금액(매회 사실상 지급되는 금액을 말하며, 취득금액에 포함되는 계약보증금을 포함함)으로 한다(「지방세법」 제10조제1항).

① 취득 당시의 가액은 취득자가 신고한 가액으로 하며, 다만 신고 또는 신고가액의 표시가 없거나 그 신고가액이 「지방세법」 제4조에서 정하는 시가표준액보다 적을 때에는 그 시가표준액으로 한다(「지방세법」 제10조제2항).

4) 매매를 통해 농지를 취득하는 경우 취득세의 표준세율은 취득물건의 가액 또는 연부금액의 1,000분의 30으로 한다(「지방세법」 제11조제1항제7호가목).

① 지방자치단체의 장은 조례로 정하는 바에 따라 취득세의 세율을 표준세율의 100분의 50의 범위에서 가감할 수 있다(「지방세법」 제14조).

(2) 신고·납부하는 경우

1) 취득세 과세물건을 취득한 사람은 농지를 취득한 날(토지거래계약에 관한 허가구역에 있는 토지를 취득하는 경우로서 토지거래계약에 관한 허가를 받기 전에 거래대금을 완납한 경우에는 그 허가일이나 허가구역의 지정 해제일 또는 축소일을 말함)부터 60일 이내에 해당 시장·군수 또는 구청장에게 과세표준에 따라 산출한 세액을 신고하고 납부해야 한다. 이때 그 취득이 상속으로 인한 경우는 상속개시일부터, 실종으로 인한 경우는 실종선고일부터 각각 6개월(납세자가 외국에 주소를 둔 경우에는 각각 9개월) 이내에 신고하고 납부하면 된다(「지방세법」 제20조제1항).

2) 취득세를 신고하려는 사람은 취득세신고서[주택 취득을 원인으로 신고하려는 경우에는 부표를 포함(「지방세법 시행규칙」 별지 제3호서식)]에 다음 ①의 서류 및 ②부터 ⑤까지의 서류 중 해당되는 서류를 첨부하여 납세지를 관할하는 특별자치시장·특별자치도지사·시장·군수 또는 구청장(이하 "시장·군수·구청장"이라 함)에게 신고해야 한다(「지방세법 시행령」 제33조제1항 및 「지방세법 시행규칙」 제9조제1항).

   ① 매매계약서, 증여계약서, 부동산거래계약 신고필증 또는 법인 장부 등 취득가액 및 취득일 등을 증명할 수 있는 서류 사본 1부
   ② 「지방세특례제한법 시행규칙」 별지 제1호서식의 지방세 감면 신청서 1부
   ③ 「지방세법 시행규칙」 별지 제4호서식의 취득세 납부서 납세자 보관용 영수증 사본 1부
   ④ 「지방세법 시행규칙」 별지 제8호서식의 취득세 비과세 확인서 1부
   ⑤ 근로소득 원천징수영수증 또는 소득금액증명원 1부

3) 취득세를 납부하려는 사람은 취득세 납부서 납세자 보관용 영수증(「지방세법 시행규칙」 별지 제4호서식)으로 해당 지방자치단체의 금고 또는 지방세수납대행기관(「지방회계법 시행령」 제49조제1항 및 제2항에 따라 지방자치단체 금고업무의 일부를 대행하는 금융회사 등을 말함)에 납부해야 한다(「지방세법 시행령」 제33조제3항 및 「지방세법 시행규칙」 제9조제2항).

(3) 무신고·납부지연 등에 대한 가산세

1) 다음의 어느 하나에 해당하는 경우 산출세액 또는 그 부족세액에 「지방세기본법」 제53조부터 제55조까지에 따른 무신고가산세 또는 과소신고가산세와 납부지연가산세를 합한 금액을 세액으로 하여 보통징수의 방법으로 부과·징수한다(「지방세법」 제21조제1항).

① 취득세 납세의무자가「지방세법」제20조에 따른 신고 또는 납부의무를 다하지 아니한 경우
②「지방세법」제10조제5항부터 제7항까지의 규정에 따른 과세표준이 확인된 경우

2. 인지세

(1) 인지세의 개념

"인지세"란 국내에서 부동산 취득과 관련하여 계약서 그 밖의 이를 증명하는 증서를 작성하는 경우 납부해야 하는 세금을 말한다(「인지세법」제1조).

(2) 납부방법

국내에서 농지 취득과 관련하여 계약서 그 밖의 이를 증명하는 증서를 작성하는 경우 증서의 기재금액별 인지세액에 상당하는 수입인지를 구입하여 증서에 붙이고 인장 또는 서명으로 소인(消印)한다.

(3) 인지세액

농지와 같은 부동산 소유권 이전에 대한 증서(소유권이전에 관한 등기 또는 등록신청 시에 제출하는 계약서 등 등기원인 서류)의 기재금액별 인지세액은 다음과 같다(「인지세법」제3조「인지세법 시행규칙」제3조).

기재금액	세액
1천만원 초과~3천만원 이하	2만원
3천만원 초과~5천만원 이하	4만원
5천만원 초과~1억원 이하	7만원
1억원 초과~10억원 이하	15만원
10억원 초과	35만원

※ 이때 부동산의 소유권 이전에 관한 증서의 기재금액은 그 이전(移轉)의 대가액을 말하며, 이전과 관련된 비용은 포함되지 않는다(「인지세법 시행규칙」제8조제1호).

3. 농어촌특별세 · 지방교육세

(1) 농어촌특별세 · 지방교육세

1) 「지방세법」· 「지방세특례제한법」「조세특례제한법」에 따라 감면을 받는 취득세의 감면세액에 100분의 20을 곱하여 계산한 금액과 「지방세법」제11조에 따른 표준세율을 100분의 2로 적용하여 「지방세법」· 「지방세특례제한법」「조세특례제한법」에 따라 산출한 취득세액에 100분의 10을 곱하여 계산한 금액을 농어촌특별세로 납부한다(「농어촌특별세법」제5조제1항제1호 및 제6호).

2) 취득세를 납부할 때에는 「지방세법」제151조에서 정한 과세표준과 세율에 따라 산출한 금액을 지방교육세로 납부해야 한다(「지방세법」제150조제1호 및 제151조).

02 매도인이 부담하는 세금

1. 양도소득세

(1) 양도소득세의 개념

1) "양도소득세"란 자산의 양도로 인해 발생하는 소득에 대해 부과되는 세금을 말한다. "양도"란 자산에 대한 등기 또는 등록과 관계없이 매도, 교환, 법인에 대한 현물출자 등을 통하여 그 자산이 유상으로 사실상 이전되는 것을 말한다(「소득세법」제88조제1항 전단).
"양도소득"이란 매매·교환계약을 통한 재산의 양도로 인하여 발생하는 소득을 말한다(「소득세법」제94조).

2) 납부의무의 성립 시기는 대금을 청산한 날이 분명하지 아니한 경우 등을 제외하고는 원칙적으로 해당 자산의 대금을 청산(즉, 잔금을 완불)한 날로 한다. 이 경우 자산의 대금에는 해당 자산의 양도에 대한 양도소득세 및 양도소득세의 부가세액을 양수자가 부담하기로 약정한 경우에는 해당 양도소득세 및 양도소득세의 부가세액은 제외한다 「소득세법」제98조 「소득세법 시행령」제162조).

(2) 양도소득금액

1) 양도소득금액은 양도소득의 총수입금액(이하 "양도가액"이라 함)에서 그 밖의 필요경비를 공제하고, 그 금액(이하 "양도차익"이라 함)에서 장기보유특별공제액을 공제한 금액으로 한다(「소득세법」제95조제1항).

① 양도차익을 산정함에 있어 양도가액이 실지거래가액에 의할 때에는 취득가액도 실지거래가액에 따르고, 양도가액이 기준시가에 의할 때에는 취득가액도 기준시가에 따른다(「소득세법」 제100조제1항).

② "그 밖의 필요경비"란 취득가액(「지적재조사에 관한 특별법」 제18조에 따른 경계의 확정으로 지적공부상의 면적이 증가되어 같은 법제20조에 따라 징수한 조정금은 제외), 자본적 지출액, 양도비 등 실제 증빙에 의하여 계산한 가액의 합계액을 말한다(「소득세법」 제97조).

③ "장기보유특별공제액"이란 보유기간이 3년 이상인 것 및 부동산을 취득할 수 있는 권리(건물이 완성되는 때에 그 건물과 이에 딸린 토지를 취득할 수 있는 권리를 포함)에 따른 자산 중 조합원입주권(조합원으로부터 취득한 것은 제외)에 대하여 그 자산의 양도차익(조합원입주권을 양도하는 경우에는 「도시 및 주거환경정비법」 제74조에 따른 관리처분계획 인가 및 「빈집 및 소규모주택 정비에 관한 특례법」 제29조에 따른 사업시행계획인가 전 토지분 또는 건물분의 양도차익으로 한정)에 다음에 규정된 보유기간별 공제율을 곱하여 계산한 금액을 말한다(「소득세법」 제95조제2항).

보유기간	공제율
3년 이상 4년 이하	100분의 10
4년 이상 5년 이하	100분의 12
5년 이상 6년 이하	100분의 15
6년 이상 7년 이하	100분의 18
7년 이상 8년 이하	100분의 21
8년 이상 9년 이하	100분의 24
9년 이상 10년 이하	100분의 27
10년 이상	100분의 30

※ 양도소득세의 필요경비 계산 특례
- 거주자가 양도일부터 소급하여 5년(등기부에 기재된 소유기간) 이내에 그 배우자(양도 당시 혼인관계가 소멸된 경우를 포함하되, 사망으로 혼인관계가 소멸된 경우는 제외) 또는 직계존비속으로부터 증여받은 농지 자산의 양도차익을 계산할 때 양도가액에서 공제할 필요경비는 취득가액, 자본적 지출액, 양도비 등 실제 증빙에 의하여 계산한 가액의 합계액으로 한다. 이 경우 거주자가 증여받은 자산에 대하여 납부하였거나 납부할 증여세 상당액이 있는 경우에는 필요경비에 산입한다(「소득세법」 제97조의2제1항·제3항).

- 사업인정고시일부터 소급하여 2년 이전에 농지를 증여받은 경우로서 법률에 따라 협의매수 또는 수용된 경우에는 특례규정이 적용되지 않는다(「소득세법」 제97조의2제2항제1호).

(3) 양도소득과세표준의 계산

1) 양도소득과세표준은 양도소득금액에서 양도소득 기본공제(연간 250만원)를 한 금액으로 한다(「소득세법」 제92조제2항 및제103조제1항).

> ※ 자경농지에 대한 양도소득세의 감면
> - 농지소재지에 거주하는 거주자가 8년 이상 직접 경작한 토지로서 농업소득세의 과세대상이 되는 토지 중 일정한 토지의 양도로 인하여 발생하는 소득에 대해서는 양도소득세의 100분의 100에 상당하는 세액을 감면한다(「조세특례제한법」 제69조제1항 본문).
> - "농지소재지에 거주하는 거주자"란 8년 이상 다음의 어느 하나에 해당하는 지역에 거주하면서 경작한 자로서 농지 양도일 현재 「소득세법」 제1조의2제1항제1호에 따른 거주자인 자(비거주자가 된 날부터 2년 이내인 자를 포함)를 말한다(「조세특례제한법 시행령」 제66조제1항).
>   ✓ 농지가 소재하는 시(특별자치시와 「제주특별자치도 설치 및 국제자유도시 조성을 위한 특별법」 제15조제2항에 따라 설치된 행정시를 포함, 이하 같음)·군·구(자치구인 구, 이하 같음) 안의 지역
>   ✓ 농지가 소재하는 시·군·구 안의 지역과 연접한 시·군·구 안의 지역
>   ✓ 해당 농지로부터 직선거리 30킬로미터 이내의 지역
>   "직접 경작"이란 다음의 어느 하나에 해당하는 것을 말한다(「조세특례제한법 시행령」 제66조제13항).
>   ✓ 거주자가 그 소유농지에서 농작물의 경작 또는 다년생식물의 재배에 상시 종사하는 것
>   ✓ 거주자가 그 소유농지에서 농작업의 2분의 1 이상을 자기의 노동력에 의하여 경작 또는 재배하는 것

(4) 예정신고 후 또는 확정신고 후 납부하는 경우

1) 부동산을 양도한 거주자는 양도소득과세표준을 그 양도일이 속하는 달의 말일부터 2개월 이내에 납세지 관할 세무서장에게 신고(양도소득과세표준 예정신고)해야 한다(「소득세법」 제105조제1항).

 농지 취득과 전용

① 거주자가 예정신고를 할 때에는「소득세법」제107조에 따라 계산한 산출세액에서 「조세특례제한법」이나 그 밖의 법률에 따른 감면세액을 뺀 세액을 납세지 관할 세무서, 한국은행 또는 체신관서에 납부해야 한다. 이를 '예정신고납부'라 한다(「소득세법」제106조제1항).

2) 해당 과세기간의 양도소득금액이 있는 거주자는 그 양도소득과세표준을 해당 과세기간의 다음 연도 5월 1일부터 5월 31일까지(토지거래허가구역 내에서의 토지거래는 토지의 거래계약허가일이 속하는 과세기간의 다음 연도 5월 1일부터 5월 31일까지) 납세지 관할 세무서장에게 신고(양도소득과세표준 확정신고)해야 한다. 이와 같은 내용은 해당 과세기간의 과세표준이 없거나 결손금액이 있는 경우에도 적용된다(「소득세법」제110조제1항 및 제2항).

① 예정신고를 한 자는 위와 같은 규정에도 불구하고 해당 소득에 대한 확정신고를 하지 않을 수 있다(「소득세법」제110조제4항 본문).

② 거주자는 해당 과세기간의 과세표준에 대한 양도소득 산출세액에서 감면세액과 세액공제액을 공제한 금액을 확정신고 기한까지 납세지 관할 세무서, 한국은행 또는 체신관서에 납부하여야 한다(「소득세법」제111조제1항).

(5) 분할납부

1) 거주자로서 예정신고납부 또는 확정신고납부에 따라 납부할 세액이 각각 1천만원을 초과하는 자는 그 납부할 세액의 일부를 납부기한 경과 후 2개월 이내에 분할납부할 수 있으며, 이에 따라 분할납부할 수 있는 세액은 다음과 같다(「소득세법」제112조 「소득세법 시행령」제175조).

① 납부할 세액이 2천만원 이하인 때에는 1천만원을 초과하는 금액

② 납부할 세액이 2천만원을 초과하는 때에는 그 세액의 100분의 50 이하의 금액

> ※ 양도소득세의 감면·비과세
> 경작 상 필요에 따라 교환하는 농지(교환에 의하여 새롭게 취득하는 농지를 3년 이상 농지소재지에 거주하면서 경작하는 경우에 한함)의 교환 또는 분합으로 인하여 발생하는 소득에 대해서는 다음의 요건을 갖추면 양도소득세를 과세하지 않는다(「소득세법」제89조제1항제2호 및「소득세법 시행령」제153조제1항제3호).
>
> ※ "농지의 분합"이란 자기 소유의 농지의 일부를 타인에게 주고 타인 소유 농지의 일부를 자기가 차지하는 것을 말한다.
> 이때, 새로운 농지의 취득 후 3년 이내에「공익사업을 위한 토지 등의 취득 및 보상에

관한 법률」에 의한 협의매수·수용 및 그 밖의 법률에 의하여 수용되는 경우에는 3년 이상 농지소재지에 거주하면서 경작한 것으로 본다(「소득세법 시행령」 제153조제5항). 새로운 농지 취득 후 3년 이내에 농지 소유자가 사망한 경우로서 상속인이 농지소재지에 거주하면서 계속 경작한 때에는 피상속인의 경작기간과 상속인의 경작기간을 통산한다(「소득세법 시행령」 제153조제6항).

다음의 경우에는 농지의 교환·분합·대토의 비과세 대상에서 제외된다(「소득세법 시행령」 제153조제4항 및 「소득세법 시행규칙」 제70조).

양도일 현재 특별시·광역시(광역시에 있는 군을 제외)·특별자치시(특별자치시에 있는 읍·면지역은 제외)·특별자치도(「제주특별자치도 설치 및 국제자유도시 조성을 위한 특별법」 제10조제2항에 따라 설치된 행정시의 읍·면지역은 제외) 또는 시지역(「지방자치법」에 의한 도·농복합 형태의 시의 읍·면지역을 제외)에 있는 농지 중 「국토의 계획 및 이용에 관한 법률」에 의한 주거지역·상업지역 또는 공업지역 안의 농지로서 이들 지역에 편입된 날부터 3년이 지난 농지. 다만, 다음의 어느 하나에 해당하는 경우는 제외된다.

- ✓ 사업지역 내의 토지소유자가 1천명 이상이거나 사업 시행 면적이 100만 제곱미터 또는 「택지개발촉진법」에 의한 택지개발사업 또는 「주택법」에 의한 대지조성사업의 경우로서 해당 개발 사업 시행 면적이 10만 제곱미터 규모 이상인 개발 사업 지역(사업인정고시일이 같은 하나의 사업시행지역을 말함) 안에서 개발사업의 시행으로 인하여 「국토의 계획 및 이용에 관한 법률」에 따른 주거지역·상업지역 또는 공업지역에 편입된 농지로서 사업시행자의 단계적 사업시행 또는 보상지연으로 이들 지역에 편입된 날부터 3년이 지난 경우
- ✓ 사업시행자가 국가, 지방자치단체,「공공기관의 운영에 관한 법률」에 따라 지정된 공공기관과 「지방공기업법」에 따라 설립된 지방직영기업·지방공사·지방공단공공기관인 개발사업지역 안에서 개발사업의 시행으로 인하여 「국토의 계획 및 이용에 관한 법률」에 따른 주거지역·상업지역 또는 공업지역에 편입된 농지로서 사업 또는 보상이 지연된 경우로서 그 책임이 해당 사업시행자에게 있다고 인정되는 사유에 해당하는 경우 해당 농지에 대하여 환지처분이전에 농지 외의 토지로 환지예정지의 지정이 있는 경우로서 그 환지예정지 지정일부터 3년이 지난 농지

※ 양도소득세의 중과세

비사업용 토지의 경우 양도소득세율이 일반양도소득세율에 100분의 10을 더한 세율로 일반적인 양도소득세의 세율보다 높다(「소득세법」 제104조제1항제8호).

비사업용 토지란 농지로서 다음과 같은 요건을 갖춘 토지를 말한다(「소득세법」 제104조의3제1항).

비사업용 토지의 기간 요건으로 해당 토지를 소유하는 기간 중 다음의 어느 하나의 기간에 해당하는 경우. 다만, 이 경우 기간의 계산은 일수로 함(「소득세법 시행령」 제168조의6)

> - 토지의 소유기간이 5년 이상인 경우에는 양도일 직전 5년 중 2년을 초과하는 기간, 양도일 직전 3년 중 1년을 초과하는 기간, 토지의 소유기간의 100분의 40에 상당하는 기간을 초과하는 기간 모두에 해당할 것
> - 토지의 소유기간이 3년 이상이고 5년 미만인 경우에는 토지의 소유기간에서 3년을 차감한 기간을 초과하는 기간, 양도일 직전 3년 중 1년을 초과하는 기간, 토지의 소유기간의 100분의 40에 상당하는 기간을 초과하는 기간 모두에 해당할 것
> - 토지의 소유기간이 3년 미만인 경우에는 토지의 소유기간에서 2년을 차감한 기간을 초과하는 기간, 토지의 소유기간의 100분의 40에 상당하는 기간을 초과하는 기간 모두에 해당할 것
> - 토지의 소유기간이 2년 미만인 경우에는 토지의 소유기간의 100분의 40에 상당하는 기간을 초과하는 기간에 해당할 것
> 비사업용 토지의 물적 요건으로 다음의 어느 하나에 해당하는 경우(「소득세법」제104조의3제1항)
> - 소유자가 농지소재지에 거주하지 않거나 자기가 경작하지 않는 농지(전·답 및 과수원)
> - 특별시·광역시 및 시의 지역 중 「국토의 계획 및 이용에 관한 법률」의 규정에 의한 도시지역 안의 농지

2. 지방소득세

(1) 지방소득세 과세표준

양도소득에 대한 개인지방소득세 과세표준은 양도소득세 과세표준에 따라 계산한 금액(「조세특례제한법」및 다른 법률에 따라 과세표준 산정에 관련한 조세감면 또는 중과세 등의 조세특례가 적용되는 경우에는 이에 따라 계산한 금액)으로 한다(「지방세법」제103조제2항).

(2) 세액공제 및 세액감면

양도소득에 대한 개인지방소득세의 세액공제 및 세액감면에 관한 사항은 「지방세특례제한법」에서 정한다. 다만, 양도소득에 대한 개인지방소득세의 공제세액 또는 감면세액이 산출세액을 초과하는 경우에는 그 초과금액은 없는 것으로 한다(「지방세법」제103조의4).

(3) 지방소득세의 신고 및 납부

1) 과세표준 예정신고와 납부

- 거주자가 양도소득과세표준 예정신고를 하는 경우에는 해당 신고기한까지 양도소득에 대한 개인지방소득세 과세표준과 세액을 납세지 관할 지방자치단체의 장에게 신고해야 한다(「지방세법」 제103조의5제1항).
- 거주자가 예정신고를 할 때에는 양도소득에 대한 개인지방소득세 예정신고 산출세액에서 감면세액과 수시부과세액을 공제한 세액을 납세지 관할 지방자치단체의 장에게 납부해야 한다(「지방세법」 제103조의5제3항).

2) 과세표준 확정신고와 납부

거주자가 양도소득과세표준 확정신고를 하는 경우에는 해당 신고기한까지 양도소득에 대한 개인지방소득세 과세표준과 세액을 납세지 관할 지방자치단체의 장에게 확정신고·납부해야 한다(「지방세법」 제103조의7제1항).

3. 농어촌특별세

(1) 농어촌특별세

「조세특례제한법」에 따라 감면을 받는 양도소득세의 감면세액에 100분의 20을 곱하여 계산한 금액을 농어촌특별세로 납부해야 한다(「농어촌특별세법」 제2조제2항 및 「농어촌특별세법」 제5조제1항제1호).

4. 헌재결정례

(1) 안건명: 헌법재판소 2003. 11. 27. 2003헌바2 전원재판부 (구)「조세특례제한법」

**헌법재판소 2003. 11. 27. 2003헌바2 전원재판부 (구)「조세특례제한법」
제69조제1항제1호 위헌확인**

【판시사항】

1. 자경농지의 양도소득세 면제대상자를 "대통령령이 정하는 바에 따라 농지소재지에 거주하는 거주자"라고 위임한 구 조세특례제한법 제69조 제1항 제1호(이하 '이 사건 법률조항'이라 한다)의 포괄위임금지 및 조세법률주의 위반 여부(소극)
2. 법령이 거듭 개정되어온 결과 법인의 경우와 달리 자연인에 대하여만 거주요건을 둔 것이 거주자를 비거주자에 대하여, 자연인을 법인에 대하여, 그리고 조세법령의 변경 내용 숙지 여부에 따라 차별하여 조세평등주의에 위반되는지 여부(소극)
3. 이 사건 법률조항이 거주·이전의 자유를 침해하는지 여부(소극)
4. 이 사건 법률조항이 헌법상 경자유전(耕者有田)의 원칙에 위반되는지 여부(소극)

5. 이 사건 법률조항이 재산권을 침해하는지 여부(소극)
6. 양도소득세면세대상자의 범위를 종전보다 축소하는 것으로 변경된 대통령령에 대하여 신뢰이익 침해를 이유로하여 위헌심사형 헌법소원으로 다툴 수 있는지 여부(소극)

【결정요지】

1. 이 사건 법률조항이 정하고 있는 "농지소재지"나 "거주자"의 일상적 용어의 의미는 농지가 있는 곳, 생활의 근거를 두고 있는 자를 뜻하는 것으로 우선 그 개념이 명확하고, 구 조세특례제한법(이하 '법'이라 한다) 제69조의 입법목적은 육농정책의 일환으로 농지의 양도에 따른 조세부담을 경감시켜 주기 위한 것으로서, 특히 이 사건 법률조항의 목적은 외지인의 농지투기를 방지하고 8년 이상 자경한 농민의 조세부담을 덜어주어 농업·농촌을 활성화하기 위하여 그 면제 대상자를 육농정책의 변화에 따라 융통성 있게 정할 수 있도록 대통령령에 위임하고 있는 것이라 할 것인데, 그러한 조세감면의 우대조치는 한정된 범위 내에서 예외적으로 허용되어야 하며, 법 제69조 제1항 본문이 조세면제의 대상을 "8년 이상 계속하여 직접 경작한 토지"로만 한정하여 규정함으로써 면제대상자의 주요범위를 이미 법률에서 분명히 하고 있으므로, 대통령령에서 "농지소재지에 거주하는 거주자"로 규정될 범위는 자경한다고 볼 수 있는 통작(通作) 가능한 거리에 생활의 근거지를 둔 자의 범위 내에서 정해질 것임은 누구라도 예측할 수 있다 할 것이다. 따라서 위 규정은 구체적으로 범위를 정하여 위임하고 있다고 볼 수 있어서 헌법 제75조에 위반되지 않는다고 할 것이고, 이와 같이 정당한 위임 범위 내에서 조세감면의 근거가 명확하게 법률에서 정해지고 있으므로, 조세법률주의에 위배된 것이라고도 할 수 없다.

2. 위 규정의 입법목적은 농업의 보호와 지원을 규정한 헌법 제123조 제1항에 비추어 볼 때 정당하고, 그러한 입법목적에 비추어 농지소재지 거주자와 비거주자는 상이하게 취급될 합리적 이유가 있다. 또한 양도소득세 면제대상을 정함에 있어서, 자연인과 법인이 그 법적 지위나 성격, 설립 및 활동상 차이가 있음에 기초하여 위와 같은 입법목적에 충실하게 자연인과 법인에 각각 걸맞는 다른 요건을 둘 수 있는 것인데, 8년 이상 자경농지 양도에 대하여 특별부가세를 면제하고 있는 법인에 대한 법 제69조 제1항 제2호 및 이에 따른 법시행령의 규정내용과 농업·농촌기본법의 관련규정을 볼 때, 법인의 경우에도 농지의 자경을 보다 확실하게 담보하고 농지투기를 방지하기 위한 규율을 하고 있음을 알 수 있는바, 법인에 대하여 거주나 소재지 요건을 두지 않았다고 하여 자연인을 차별하는 것이라 보기는 어렵다. 이 사건 법령의 개정내용을 알지 못한 청구인에 대하여도 개정법령이 적용된다고 하여 법령의 변화를 알고 있던 자에 비하여 차별을 받는다는 것은 아니다.

3. 위 규정은 자경농민이 농지소재지로부터 거주를 이전하는 것을 직접적으로 제한하는 내용의 규정이라고 볼 수 없고, 다만 8년 이상 농지를 자경한 농민이 농지소재지에 거주하는 경우 양도소득세를 면제함으로써 농지소재지 거주자가 농지에서 이탈되는 것이 억제될 것을 기대하는 범위 내에서 간접적으로 제한되는 측면이 있을 뿐이며, 따라서

양도세의 부담을 감수하기만 한다면 자유롭게 거주를 이전할 수 있는 것이므로 거주·이전의 자유를 형해화할 정도로 침해하는 것은 아니라 할 것이다.
4. 위 규정의 입법목적이 외지인의 농지투기를 방지하고 조세부담을 덜어주어 농업·농촌을 활성화하는 데 있음을 고려하면 위 규정은 경자유전의 원칙을 실현하기 위한 것으로 볼 것이지 경자유전의 원칙에 위배된다고 볼 것은 아니라 할 것이다.
5. 위 규정에 포괄위임금지, 조세법률주의 및 조세평등주의, 기타 거주·이전의 자유, 경자유전의 원칙 등과 관련하여 위헌적인 요소가 없다고 보는 이상 청구인이 위 규정이 정하는 양도소득세 면제요건을 충족하지 못하여 그 납세의무를 진다 하여 재산권 침해가 되는 것은 아니라 할 것이다. 더욱이 위 규정과 같은 수익적 입법의 시혜대상에서 제외되었다는 이유만으로 재산권 침해가 생기는 것은 아니고, 시혜적 입법의 시혜대상이 될 경우 얻을 수 있는 재산상 이익의 기대가 성취되지 않았다고 하여도 그러한 단순한 재산상 이익의 기대는 헌법이 보호하는 재산권의 영역에 포함되지 않으므로 이 사건에서 재산권침해가 문제되지는 않는다고 볼 것이다.
6. 종전의 시행령 규정에 의해 양도소득세를 면제받으리라는 기대가 이 사건 시행령 규정으로 인하여 실현되지 않게 되었다 하더라도 시행령 규정은 이 사건과 같은 위헌심사형 헌법소원 심판대상이 될 수 없다.

【심판대상조문】

조세특례제한법(1998. 12. 28. 법률 제5584호로 전문 개정되고 2001. 12. 29. 법률 제6538호로 개정되기 전의 것) 제69조(자경농지에 대한 양도소득세등의 면제) ① 다음 각호의 1에 해당하는 자가 8년 이상 계속하여 직접 경작한 토지로서 농지세의 과세대상(비과세·감면 및 소액불징수의 대상이 되는 토지를 포함한다)이 되는 토지 중 대통령령이 정하는 토지의 양도로 인하여 발생하는 소득에 대하여는 양도소득세 또는 특별부가세를 면제한다.
1. 대통령령이 정하는 바에 따라 농지소재지에 거주하는 거주자
2. 생략
② 생략

【참조조문】

헌법 제10조, 제11조 제1항, 제14조, 제59조, 제75조, 제123조 제1항
조세특례제한법시행령(1998. 12. 31. 대통령령 제15976호로 개정되고 2001. 12. 31. 대통령령 제17458호로 개정되기 전의 것) 제66조(자경농지에 대한 양도소득세 등의 면제) ① 법 제69조제1항 본문에서 "대통령령이 정하는 토지"라 함은 취득한 때부터 양도할 때까지의 사이에 8년 이상 자기가 경작한 사실이 있는 농지로서 다음 각호의 1에 해당하는 것을 제외한 것을 말한다. 이 경우 상속받은 농지의 경작한 기간을 계산함에 있어서는 피상속인이 취득하여 경작한 기간은 상속인이 이를 경작한 기간으로 본다.

1. 양도일 현재 특별시·광역시(광역시에 있는 군을 제외한다) 또는 시(지방자치법 제3조 제4항의 규정에 의하여 설치된 도·농복합형태의 시의 읍·면지역을 제외한다)에 있는 농지중 도시계획법에 의한 주거지역·상업지역 및 공업지역안에 있는 농지로서 이들 지역에 편입된 날부터 3년이 지난 농지. 다만, 다음 각목의 1에 해당하는 대규모 개발사업지역(사업인정고시일이 동일한 하나의 사업시행지역을 말한다)안에서 개발사업의 시행으로 인하여 도시계획법에 의한 주거지역·상업지역 또는 공업지역에 편입된 농지로서 사업시행자의 단계적 사업시행 또는 보상지연으로 이들 지역에 편입된 날부터 3년이 지난 농지를 제외한다.
   가. 사업시행지역안의 토지소유자가 1천명 이상인 지역
   나. 사업시행면적이 재정경제부령이 정하는 규모 이상인 지역
2. 환지처분이전에 농지 외의 토지로 환지예정지를 지정하는 경우에는 그 환지예정지지정일부터 3년이 지난 농지

② 제1항의 규정을 적용받는 농지는 소득세법시행령 제162조의 규정에 의한 양도일 현재의 농지를 기준으로 한다. 다만, 양도일이전에 매매계약조건에 따라 매수자가 형질변경, 건축착공 등을 한 경우에는 매매계약일 현재의 농지를 기준으로 한다.

③ 소득세법 제89조 제2호·제4호 및 법인세법 제100조 제1항 제2호의 규정에 의하여 농지를 교환·분합 및 대토한 경우로서 새로이 취득하는 농지가 공공용지의취득및손실보상에관한특례법이 적용되는 공공사업으로 당해 공공사업의 시행자에게 양도되거나 토지수용법 기타 법률에 의하여 수용되는 경우에 있어서는 교환·분합 및 대토전의 농지에서 경작한 기간을 당해 농지에서 경작한 기간으로 보아 제1항 본문의 규정을 적용한다.

④ 법 제69조 제1항 제1호에서 "대통령령이 정하는 바에 따라 농지소재지에 거주하는 거주자"라 함은 8년 이상 다음 각호의 1에 해당하는 지역에 거주하면서 경작한 자를 말한다.
1. 농지가 소재하는 시·군·구(자치구인 구를 말한다. 이하 이 조에서 같다)안의 지역
2. 제1호의 지역과 연접한 시·군·구안의 지역

⑤ 법 제69조 제1항 제2호에서 "대통령령이 정하는 법인"이라 함은 농업을 주업으로 하는 법인을 말하되, 농업과 다른 사업을 겸영하는 경우에는 당해 농지의 양도일이 속하는 사업연도의 직전사업연도의 농업생산수입금액이 당해 법인의 총수입금액의 100분의 50 이상인 법인을 말한다.

⑥ 법 제69조 제2항의 규정에 의하여 양도소득세 또는 특별부가세의 면제신청을 하고자 하는 자는 당해 농지를 양도한 날이 속하는 과세연도의 과세표준신고(거주자인 경우에는 자산양도차익 예정신고를 포함한다)와 함께 재정경제부령이 정하는 세액면제신청서를 납세지 관할세무서장에게 제출하여야 한다.

【참조판례】
1. 헌재 1998. 3. 26. 96헌바57, 판례집 10-1, 255
   헌재 1994. 7. 29. 93헌가12, 판례집 6-2, 53

    헌재 2002. 9. 19. 2002헌바2, 판례집 14-2, 330
    헌재 1996. 6. 26. 93헌바2, 판례집 8-1, 525
    헌재 1996. 3. 28. 94헌바42, 판례집 8-1, 199
2. 헌재 1999. 11. 25. 98헌마55, 판례집 11-2, 593
    헌재 1996. 6. 26. 93헌바2, 판례집 8-1, 525
    헌재 1996. 8. 29. 95헌바41, 판례집 8-2, 117
    헌재 2000. 7. 20. 98헌바99, 판례집 12-2, 95
    헌재 2002. 10. 31. 2002헌바43, 판례집 14-2, 529
3. 헌재 1996. 3. 28. 94헌바42, 판례집 8-1, 199
    헌재 1995. 2. 23. 91헌마204, 판례집 7-1, 267
5. 헌재 1997. 12. 24. 96헌가19등, 판례집 9-2, 762
    헌재 1999. 7. 22. 98헌바14, 판례집 11-2, 205
6. 헌재 1998. 7. 16. 96헌바52등, 판례집 10-2, 172

【당 사 자】

청 구 인   임갑병
국선대리인 변호사   남광호
당해사건   대전지방법원 2002구합1771 양도소득세부과처분취소

【주 문】

구 조세특례제한법(1998. 12. 28. 법률 제5584호로 전문 개정되고 2001. 12. 29. 법률 제6538호로 개정되기 전의 것) 제69조 제1항 중 제1호 부분은 헌법에 위반되지 아니한다.

【이 유】

1. 사건의 개요 및 심판의 대상

  가. 사건의 개요

    ⑴ 청구인은 1987. 12. 17. 대전 유성구 봉명동 359 소재 답 3,018㎡(이하 "이 사건 농지"라 한다)를 취득하여 소유권이전등기를 마치고 위 농지를 자경하여 오던 중 2000. 2. 26. 청구 외 박난희 등에게 양도하였는바, 이 사건 농지의 소재지인 위 봉명동은 원래 대전시 중구에 속해 있었으나 1988. 1. 1. 행정구역 개편분구로 대전시 서구에 속하는 것으로 변경되었으며, 1989. 1. 1. 다시 행정구역이 개편분구되어 대전직할시 유성구에 속하게 되었다.

    ⑵ 청구인은 이 사건 농지를 취득할 당시에 이 사건 농지소재지와 같은 구인 대전시 중구에서 거주하였으나, 위 1989. 1. 1.의 행정구역 개편 이후로 청구인의 거주지였던 대전직할시 중구와 이 사건 농지의 소재지인 유성구는 위 서구를 사이에 두게 되었고, 청구인은 1995. 10. 23. 대전시 동구로 거주지를 이전하였다.

(3) 청구인은 이 사건 농지를 8년 이상 자경하였으므로 양도소득세 감면대상으로 보고 자산양도차액예정신고와 과세표준확정신고를 하지 아니하였고, 이에 청구 외 서대전 세무서장은 청구인의 경우 구 조세특례제한법(1998. 12. 28. 법률 제5584호로 개정되고 2001. 12. 29. 법률 제6538호로 개정되기 전의 것, 이하 "법"이라 한다) 제69조 제1항이 정한 거주요건을 갖추지 못하여 양도소득세 면제대상에 해당하지 않는다는 이유로 2001. 7. 19. 청구인에게 양도소득세 부과처분을 하였다.

청구인은 위 부과처분에 대한 취소소송 중에 법 제69조 제1항에 대하여 위헌심판제청신청을 하였으나(2002카기1637) 2002. 12. 28. 제청신청 기각결정을 송달받고 2003. 1. 10. 이 사건 헌법소원심판을 청구하였다.

나. 심판의 대상

청구인은 법 제69조 제1항에 대하여 위헌법률심판제청신청을 하고 이 사건 헌법소원심판을 청구하고 있으나, 청구취지와 청구이유를 종합하여 볼 때 청구인이 다투는 내용은 같은 조항 제1호에서 "대통령령이 정하는 바에 따라 농지소재지에 거주하는 거주자"라는 요건을 둠으로써 조세법률주의, 포괄위임금지 등에 위반되고 거주자와 비거주자를 차별하여 평등원칙에 위반된다는 것 등이어서 위 조항 중 이 사건과 관련이 있는 것은 위 제1호 부분이라 할 것이므로 이 사건 심판대상을 법 제69조 제1항 중 제1호 부분(이하 "이 사건 법률조항"이라 한다)의 위헌 여부로 한다. 이 사건 법률조항과 관련규정의 내용은 다음과 같다.

법 제69조(자경농지에 대한 양도소득세 등의 면제) ① 다음 각호의 1에 해당하는 자가 8년 이상 계속하여 직접 경작한 토지로서 농지세의 과세대상(비과세·감면 및 소액부징수의 대상이 되는 토지를 포함한다)이 되는 토지 중 대통령령이 정하는 토지의 양도로 인하여 발생하는 소득에 대하여는 양도소득세 또는 특별부가세를 면제한다.

1. 대통령령이 정하는 바에 따라 농지소재지에 거주하는 거주자
2. 농업생산을 주된 사업으로 영위하는 법인으로서 대통령령이 정하는 법인 또는 영농조합법인

법시행령(1998. 12. 31. 대통령령 제15976호로 개정되고 2001. 12. 31. 대통령령 제17458호로 개정되기 전의 것)

제66조(자경농지에 대한 양도소득세 등의 면제) ④법 제69조 제1항 제1호에서 "대통령령이 정하는 바에 따라 농지소재지에 거주하는 거주자"라 함은 8년 이상 다음 각호의 1에 해당하는 지역에 거주하면서 경작한 자를 말한다.

1. 농지가 소재하는 시·군·구(자치구인 구를 말한다. 이하 이 조에서 같다) 안의 지역
2. 제1호의 지역과 연접한 시·군·구 안의 지역

⑤ 법 제69조 제1항 제2호에서 "대통령령이 정하는 법인"이라 함은 농업을 주업으

로 하는 법인을 말하되, 농업과 다른 사업을 겸영하는 경우에는 당해 농지의 양도일이 속하는 사업년도의 직전 사업년도의 농업생산수입금액이 당해 법인의 총수입금액의 100분의 50 이상인 법인을 말한다.

2. 청구인의 주장과 법원의 위헌제청기각 이유 및 이해관계인의 의견

가. 청구인의 주장

(1) 납세의무자인지 여부는 조세에 있어서 본질적 사항임에도 불구하고 이 사건 법률조항에서는 거주자라는 모호한 규정만을 두고 그 거주요건을 전적으로 대통령령에 위임하고 있는바 이는 포괄위임금지 및 조세법률주의에 위반된다.

(2) 청구인이 이 사건 농지를 취득할 당시 자경농지의 양도에 대한 과세를 규율하던 구 소득세법(1974. 12. 24. 법률 제2705호로 개정되고 1988. 12. 26. 법률 제4019호로 개정되기 전의 것)에는 8년 이상 자경요건만 있었을 뿐 8년 이상 거주요건은 없었는데, 그 후 관계 법령이 개정되면서 거주요건이 추가되었고, 청구인은 위와 같은 법령변화를 알지 못하여 8년이 충족되지 않는 시점인 1995. 10. 23. 거주지를 이전하여 양도소득세를 부과당하게 되었는바, 이는 조세관련 법령의 숙지여부를 일차적으로 고려한 결과로 합리적 근거 없는 차별이다.
이 사건 법률조항은 농지를 자경하는 점에서 자연인이 법인과 달리 취급될 이유가 없음에도 불구하고 자연인의 경우에만 거주요건을 둠으로써 합리적 근거 없이 자연인을 차별하고 있다.
또한 자경농지에 대한 양도소득세 등의 면제는 자경농지인지의 여부가 원칙적인 요건이고 거주요건은 부차적 요건이라 할 것인바 자경요건 외에 거주요건을 요구하는 것은 합리적 이유가 없이 비거주자를 차별하는 것이다.

(3) 이 사건 법률조항은 비거주자에 대해 양도소득세 등을 부과하여 경작자가 농지 소재지에서 이탈하는 것을 방지함으로써 거주·이전의 자유를 제한하고 있으며 재산권에 대해서도 제한하고 있는바, 그 제한의 방법이 적정하지 않다.
또한 종전의 구 조세감면규제법시행령에는 농경지로부터 20킬로미터 이내의 지역에 거주하면서 8년 이상 자경하면 양도소득세를 면제하도록 하였으나, 이 사건 법률조항에 따라 시행령을 개정하면서, 종전 규정에 의하여 농지소재지 거주자로 인정되는 경우 그 효력을 계속 유지해주던 부칙조항을 삭제함으로써 구 법령상의 신뢰이익이 침해되고, 행정구역의 개편이라는 외부적 사정에 의해 거주요건이 충족되지 않게 되어 예상하지 못한 과세부담을 안게 되어 문제이다.

(4) 법상의 거주요건은 농지의 양도를 어렵게 하여 농업의 영세화를 고착시킬 우려가 농후한 바 이는 현대적 의미의 경자유전의 원칙과 국가의 농업인 보호의무에 정면으로 반하는 입법이다.

나. 법원의 위헌제청기각 이유의 요지

법 제69조에서 자경농지에 대한 양도소득세 등을 면제하는 입법취지는 육농정책의 일환으로 농지를 직접 경작하는 자에 대하여 농지의 양도에 따른 조세부담을

경감시켜 주자는 것이다.

농지의 양도에 따른 조세부담을 경감시켜 줄 대상이 되는 자의 범위는 시대의 변화와 그 당시의 사회적·경제적 상황에 의한 정부의 육농정책에 따라 유동적인 것이고 그 구체적 요건을 국회에서 제정한 법률로 모두 규율한다는 것은 불가능하거나 부적당한 점에 비추어 볼 때, 이 사건 법률조항은 면제의 대상을 8년 이상 계속하여 직접 경작한 토지로서 농지소재지에 거주하는 거주자로 구체적·개별적으로 한정하여 그 범위 내에서 그 입법목적이나 위임배경 등을 참작하여 세부적인 내용을 정하도록 대통령령에 위임한 것이므로 이는 헌법이 정한 입법권 위임의 한계를 준수하였다고 볼 것이다.

농지소재지 거주 항목을 조세감면의 요건으로 추가하기로 하였다고 하여 직접적으로 농지소유자의 거주·이전의 자유를 침해하는 것이라고 보기는 어렵고 나아가 이를 두고 농지소유자의 재산권을 합리적인 근거 없이 제한하였다거나 평등권을 침해하였다고 인정할 수 없으며 또한 이러한 점들을 모두 참작하여 보면 위 법조항에서 정한 면제요건이 지나치게 엄격하여 과잉금지에 위반된다고 판단되지는 않는다.

다. 국세청장의 의견 요지

아래의 의견 이외에는 위 법원의 위헌제청기각 이유의 요지와 같다.

(1) 이 사건 법률조항이 그 법령내용의 숙지 유무에 따른 차별적 내용을 규정하지 않고 있는 이상 청구인이 세법의 내용을 충분히 숙지하지 못한 상태에서 거주지를 이전하고 농지를 양도함으로써 양도소득세 감면혜택을 받지 못하였다고 하더라도 합리적 근거 없는 차별을 받았다고 볼 수는 없다.

법인의 경우 그 법적 지위나 성격 그리고 그 설립 및 활동목적이 자연인의 그것과는 다를 뿐만 아니라 특히 영농조합법인의 경우 엄격한 설립요건이 요구되어 그 자체 구성원과 활동목적, 장소 등의 제한이 공시되어 있다는 점에서 자연인인 농업인과는 동일선 상에서 논할 수 없고 따라서 이 사건 법률조항에서 자연인에 대해서만 소재지 거주요건을 요구하였다 하여 법인에 비하여 합리적 근거 없는 차별을 받았다고 할 수는 없다.

(2) 종전의 구 조세감면규제법시행령(1993. 12. 31. 대통령령 제14084호)에서는 농지소재지로부터 20킬로미터 이내에 거주하면서 자경하는 농민에 대하여는 양도소득세를 면제하도록 규정하고 있었는바, 종전의 시행령 규정에 의해 양도소득세를 면제받으리라고 기대하였다가 이 사건 시행령 규정으로 인하여 양도소득세를 면제받지 못하게 되어 신뢰이익이 침해되었다 하더라도 시행령 규정은 적법한 위임형식에 의하여 제정된 이상 이 사건과 같은 위헌심사형 헌법소원 심판대상이 아닐 뿐만 아니라 더 나아가 청구인이 내세우는 위와 같은 사정을 모두 고려한다고 하더라도 청구인의 위 주장에 법적으로 보호받을 가치가 있는 어떠한 신뢰이익이 형성되었다고 보기 어렵다.

(3) 헌법 제121조의 경자유전의 원칙은 부재지주 내지 외지인에 의한 농지 경작을 방지함으로써 과거의 폐습이었던 소작제도를 근절하여 농지 내지 농업경영을 원칙적으로 현지 농민의 자율과 계산에 의해서 이루어지도록 하려는 것에 있다. 그렇다면 외지인에 의한 농지 투기 내지 농지경영 나아가 부재지주의 출현을 방지하여 진정한 의미의 자경농을 보호하기 위한 이 사건 법률조항의 입법 취지에 비추어 볼 때 이 사건 법률조항은 오히려 헌법상 경자유전의 원칙에 부합될 뿐만 아니라 농업보호라는 국가의 의무에도 충실한 제도라고 할 것이다.

라. 재정경제부장관의 의견의 요지

법인의 경우 개인과는 달리 농지 양도시 발생한 양도소득은 법인세가 부과되고 있으므로 이 사건 법률조항이 자연인과 법인을 차별하는 조항이라고 보기 어렵다는 의견 이외에는 위 국세청장의 의견의 요지와 같다.

3. 판 단

가. 자경농지에 대한 양도소득세 감면제도의 변천

(1) 소득세법에 의한 규율

자경농민에 대한 양도소득세 감면제도가 처음으로 입법된 것은 1974. 12. 24. 소득세법(법률 제2705호)으로, 당시에는 8년간의 자경기간만 규정되고 거주요건은 요구하지 않았는데, 1988. 12. 26.에 소득세법이 개정되면서(법률 제4019호) 8년 이상 자경한 토지 중 대통령령이 정하는 토지의 양도로 인하여 발생한 소득에 대하여 양도소득세를 감면한다는 위임규정을 두었다. 한편 법인세법(1993. 6. 11. 법률 제4561호)에서는 8년 이상 계속하여 법인이 경작한 토지로서 농지세의 과세대상이 되는 토지 중 대통령령이 정하는 토지의 양도로 인하여 발생하는 소득에 대하여는 특별부가세를 부과하지 아니하도록 하였다.

(2) 조세감면규제법에 의한 규율

1993. 12. 31. 구 조세감면규제법(법률 제4666호)에서 위 구 소득세법과 구 법인세법 상의 규정을 흡수하여 자경농지에 대한 양도소득세 면제 규정을 두면서 구 조세감면규제법 시행령(1993. 12. 31. 대통령령 제14084호)에서 거주지로부터 20킬로미터 이내의 농지를 자경하는 경우를 포함하고, 법인에 대하여는 농업을 주업으로 하는 법인이나 영농조합법인에 대하여만 감면을 하는 것으로 대체하였다. 1995. 12. 30. 위 구 조세감면규제법시행령이 개정되면서(대통령령 제14869호) 20킬로미터 이내 거리규정이 삭제되고 부칙에서 1996. 1. 1. 시행 당시 종전규정에 의해 거주자로 인정되는 경우에는 종전규정에 의한다는 경과규정을 두었다.

(3) 조세특례제한법에 의한 규율

1998. 12. 28. 법에서 자경농지에 관한 규정을 흡수하면서 법시행령에서 (1998. 12. 31. 대통령령 제15976호) 위 부칙 규정을 삭제하였다. 이 사건 농

지의 양도 이후인 2001. 12. 29. 조세특례제한법이 개정되고(법률 제6538호) 이에 따라 2001. 12. 31. 같은 법시행령이 개정되면서(대통령령 제17458호) 경작개시 당시에는 농지소재지에 거주하였으나 행정구역의 개편 등으로 농지소재지에 해당되지 않게 된 경우에도 농지소재지에 거주하는 것으로 보도록 규정하였다.

나. 이 사건 법률조항의 위헌여부

이 사건의 주된 쟁점은 자경농지에 대한 양도소득세 면제대상을 대통령령에 위임하면서 헌법이 허용하지 않는 포괄위임을 한 것은 아닌지 여부 및 법인의 경우와 달리 농지소재지 거주를 양도소득세 면제요건으로 하는 것이 자연인을 차별하여 조세평등주의에 위반되는지의 여부인바, 기타 청구인의 주장과 함께 이하에서 차례로 검토한다.

(1) 포괄위임금지 및 조세법률주의 위반 여부

(가) 심사의 기준

헌법은 제38조에서 "모든 국민은 법률이 정하는 바에 의하여 납세의 의무를 진다"라고 규정하면서 제59조에서 "조세의 종목과 세율은 법률로 정한다"고 규정하고 있다. 한편 복잡다양하고도 끊임없이 변천하는 사회·경제상황에 대처하여 정확하게 과세대상을 포착하고 적정하게 과세표준을 산출하기 위하여는 경제현실의 변화나 전문적 기술의 발달 등에 즉응하여야 하는 세부적인 사항에 관하여는 행정입법에 이를 위임할 필요가 있다. 이에 우리 헌법은 제75조에서 "대통령은 법률에서 구체적으로 범위를 정하여 위임받은 사항과 법률을 집행하기 위하여 필요한 사항에 관하여 대통령령을 발할 수 있다."라고 규정하고 있는바, "구체적으로 범위를 정하여"라 함은 법률에 대통령령 등 하위법규에 규정될 내용 및 범위의 기본사항이 가능한 한 구체적이고도 명확하게 규정되어 있어서 누구라도 당해 법률 그 자체로부터 대통령령 등에 규정될 내용의 대강을 예측할 수 있어야 함을 의미한다. 이러한 예측가능성의 유무는 당해 특정조항 하나만을 가지고 판단할 것은 아니고 관련 법 조항 전체를 유기적·체계적으로 보아 법률조항과 법률의 입법취지를 종합적으로 고찰하여 합리적으로 그 대강이 예측될 수 있는가의 여부로 판단되고, 따라서 각 대상 법률의 성질에 따라 구체적·개별적으로 검토하여야 하며, 국민에게 이익을 부여하는 규정에 대해서는 위임입법의 구체성·명확성의 요구 정도는 상대적으로 완화될 수 있다고 할 것이다(헌재 1998. 3. 26. 96헌바57, 판례집 10-1, 255, 26 ; 헌재 1994. 7. 29. 93헌가12, 판례집 6-2, 53, 58-59 참조).

(나) 이 사건 법률조항의 경우

이 사건 법률조항은 양도소득세 면제 대상자를 "대통령령이 정하는 바에 따라 농지소재지에 거주하는 거주자"라고 규정하고 있어서 농지소재지 지번으로부터 과연 어느 범위안에 거주하여야 하는 것인지 알 수 없으므로 일견 아무런 범위도 정하고 있지 않은 것처럼 보인다. 그러나 이 사건 법률조항이 정하고 있는 "농지소재지"나 "거주자"의 일상적 용어의 의미는 농지가 있는 곳, 생활의 근거를 두고 있는 자를 뜻하는 것으로 우선 그 개념이 명확하고, 둘째, 법 제69조의 입법목적은 육농정책의 일환으로 농지의 양도에 따른 조세부담을 경감시켜 주기 위한 것으로서(헌재 2002. 9. 19. 2002헌바2, 판례집14-2, 330, 337 참조), 특히 이 사건 법률조항의 목적은 외지인의 농지투기를 방지하고 8년 이상 자경한 농민의 조세부담을 덜어주어 농업·농촌을 활성화하기 위하여 그 면제 대상자를 육농정책의 변화에 따라 융통성 있게 정할 수 있도록 대통령령에 위임하고 있는 것이라 할 것인데 그러한 조세감면의 우대조치는 조세평등주의에 반하고 국가나 지방자치단체의 재원의 포기이기도 하여 가급적 억제되어야 하고 그 범위를 확대하는 것은 결코 바람직하지 못하므로 특히 정책목표 달성이 필요한 경우에 그 면제혜택을 받는 자의 요건을 엄격히 하여 극히 한정된 범위 내에서 예외적으로 허용되어야 하며(헌재 2002. 9. 19. 2002헌바2, 판례집 14-2, 330, 33 ; 헌재 1996. 6. 26. 93헌바2, 판례집 8-1, 525, 536), 셋째, 법 제69조 제1항 본문이 조세면제의 대상을 "8년 이상 계속하여 직접 경작한 토지"로만 한정하여 규정함으로써 면제대상자의 주요범위를 이미 법률에서 분명히 하고 있다.

이상 여러 가지 점을 종합하여 보면, 대통령령에서 "농지소재지에 거주하는 거주자"로 규정될 범위는 자경한다고 볼 수 있는 통작 가능한 거리에 생활의 근거지를 둔 자의 범위 내에서 정해질 것임은 누구라도 예측할 수 있다 할 것이다(헌재 1996. 3. 28. 94헌바42, 판례집 8-1, 199, 209-211 참조). 그렇다면 이 사건 법률조항은 대통령령에 규정될 내용의 대강을 예측할 수 있게 구체적으로 범위를 정하여 위임하고 있다고 볼 수 있어서 포괄위임입법을 금지하는 헌법 제75조에 위반되지 않는다고 할 것이다. 한편 이와 같이 정당한 위임 범위 내에서 면제대상을 위임하고 있고, 또한 이 사건 법률조항 내에서 조세감면의 근거가 명확하게 법률에서 정해지고 있으므로, 조세법률주의에 위배된 것이라고도 할 수 없다.

(2) 조세평등주의 위반 여부

  (가) 평등원칙과 조세평등주의

헌법 제11조 제1항은 "모든 국민은 법 앞에 평등하다. 누구든지 성별·종교 또는 사회적 신분에 의하여 정치적·경제적·사회적·문화적 생활의 모든 영역에 있어 차별을 받지 아니한다"고 평등의 원칙을 선언하고 있고 이와 같은 평등의 원칙이 세법 영역에서 구현된 것이 조세평등주의로서, 이는 조세의 부과와 징수는 납세자의 담세능력에 상응하여 공정하고 평등하게

이루어져야 하고 합리적인 이유 없이는 특정의 납세의무자를 불리하게 차별하거나 우대하는 것은 허용되지 아니한다는 원칙이다(헌재 1999. 11. 25. 98헌마55, 판례집 11-2, 593-60 ; 헌재 1996. 6. 26. 93헌바2, 판례집8-1, 525, 535). 그리고 조세감면의 우대조치의 경우에 있어서도 특정 납세자에 대하여만 감면조치를 하는 것이 현저하게 비합리적이고 불공정한 조치라고 인정될 때에는 조세평등주의에 반하여 위헌이 된다(헌재 1996. 8. 29. 95헌바41, 판례집 8-2, 107, 117 참조). 다만 조세감면의 혜택을 부여하는 입법에서 그 범위를 결정하는 것은 입법자의 광범위한 재량에 속하고 재량의 범위를 뚜렷하게 벗어난 것으로 볼 수 없는 한 이것을 위헌이라고 단정할 수 없는바, 오늘날 조세입법자는 조세의 부과를 통하여 재정수입의 확보라는 목적 이외에 국민경제적, 재정정책적, 사회정책적 목적달성을 위하여 여러 가지 관점을 고려할 수 있기 때문에 위와 같은 입법재량에 대한 요청은 더욱 크다 할 것이다(헌재 2000. 7. 20. 98헌바99, 판례집12-2, 95, 10 ; 헌재 2002. 10. 31. 2002헌바43, 판례집 14-2, 529, 538).

(나) 이 사건 **법률조항의 경우**

이 사건 법률조항의 입법목적은 외지인의 농지투기를 방지하고 조세부담을 덜어 줌으로써 농업·농촌의 활성화를 도모하는 것이고, 이는 농업의 보호와 지원을 규정한 헌법 제123조 제1항에 비추어 볼 때 정당하고, 그러한 입법목적에 비추어 농지소재지 거주자와 비거주자는 상이하게 취급될 합리적 이유가 있다고 할 것이고 따라서 양도소득세 면제대상을 농지소재지 거주자로 한정하는 것이 합리적 이유 없이 농지소재지 비거주자를 차별하는 것은 아니라 할 것이다.

또한 양도소득세 면제대상을 정함에 있어서, 자연인과 법인이 그 법적 지위나 성격, 설립 및 활동상 차이가 있음에 기초하여 위와 같은 입법목적에 충실하게 자연인과 법인에 각각 걸맞는 다른 요건을 둘 수 있는 것이므로, 조세감면제도를 규율함에 있어서 법인에 대하여 자연인의 경우와 동일한 형식을 취하지 않았다는 것만으로 불합리한 차별이라고 보기는 어렵다 할 것이다. 구체적으로 농지의 자경을 보다 확실하게 담보하고 농지투기를 방지함에 있어서 자연인의 경우 농지소재지 거주요건이 행하는 기능과 법인의 주된 사무소 소재지가 하는 기능이 같다고 할 수 없으므로 법인에 대하여 소재지 요건을 두지 않았다고 하여 자연인을 차별하는 것이라 보기는 어렵다.

법 제69조 제1항 제2호에서는 농업생산을 주된 사업으로 영위하는 대통령령이 정하는 법인이나 영농조합법인의 8년 이상 자경농지에 대한 특별부가세 면제를 정하고 있다. 이에 따라 법시행령에서는 법에서 정한 위 법인에 대하여, 농업을 주업으로 하는 법인을 말하되 농업과 다른 사업을 겸영하는 경우에는 직전 사업년도의 농업생산수입금액이 당해 법인의 총수입금액의 50퍼센트 이상인 법인으로 구체화하고 있고, 영농조합법인에 대하여는 농

업·농촌기본법상 설립요건, 그 사업범위, 영업의 개시와 계속 등에 관하여 엄격하게 정하고 있다. 결국 법에서 8년 이상 자경농지 양도에 대하여 특별부가세를 면제하고 있는 법인에 대하여는 명실상부하게 농업 생산 및 경영을 하도록 규율하고 있음을 알 수 있고, 자연인의 경우 거주요건을 부과하는 것과 같이 법인의 경우에도 농지의 자경을 보다 확실하게 담보하고 농지투기를 방지하기 위한 규율을 하고 있음을 알 수 있다 할 것이다.

따라서 8년 이상 자경한 법인 가운데 농업을 주로 하는 법인과 영농조합법인에 대하여 특별부가세를 면제하면서 자연인의 경우와 같은 거주요건을 설정하지 않았다고 하여 법인에 비하여 자연인을 불합리하게 차별하는 것이라 보기 어렵다.

일반적으로 법률은 공포와 동시에 그 효력을 발생하는 것이고 수범자가 법률 내용을 알았는가의 여부에 따라 그 적용을 달리하는 것은 아니므로, 이 사건 법령의 개정내용을 알지 못한 청구인에 대하여도 개정법령이 적용된다고 하여 법령의 변화를 알고 있던 자에 비하여 차별을 받는다는 것은 아니며 따라서 이 사건에서 법령의 숙지 여부에 따른 평등권침해는 문제되지 않는다 할 것이다.

(3) 거주·이전의 자유의 침해 여부

헌법 제14조는 "모든 국민은 거주·이전의 자유를 가진다"고 규정하는바, 거주·이전의 자유란 국민이 자기가 원하는 곳에 체류지와 거주지를 결정하고 일단 정한 체류지와 거주지를 그의 의사에 반하여 옮기지 아니할 자유를 말한다.

살피건대 이 사건 법률조항은 자경농민이 농지소재지로부터 거주를 이전하는 것을 직접적으로 제한하는 내용의 규정이라고 볼 수 없고, 다만 8년 이상 농지를 자경한 농민이 농지소재지에 거주하는 경우 양도소득세를 면제함으로써 농지소재지 거주자가 농지에서 이탈되는 것이 억제될 것을 기대하는 범위 내에서 간접적으로 제한되는 측면이 있을 뿐이며, 따라서 양도세의 부담을 감수하기만 한다면 자유롭게 거주를 이전할 수 있는 것이므로 거주·이전의 자유를 형해화할 정도로 침해하는 것은 아니라 할 것이다(헌재 1996. 3. 28. 94헌바42 판례집 8-1, 199, 20 ; 헌재 1995. 2. 23. 91헌마204, 판례집 7-1, 267, 279-280 참조).

(4) 경자유전 원칙의 침해 여부

헌법 제121조 제1항은 "국가는 농지에 관하여 경자유전의 원칙이 달성될 수 있도록 노력하여야 하며, 농지의 소작제도는 금지된다."고 규정하고 있다. 이는 곧 전근대적인 법률관계인 소작제도의 청산을 의미하며 나아가 헌법은 부재지주로 인하여 야기되는 농지이용의 비효율성을 제거하기 위하여 경자유전의 원칙을 국가의 의무로서 천명하고 있는 것이다.

앞서 본 바와 같이 이 사건 법률조항의 입법목적이 외지인의 농지투기를 방지하고 조세부담을 덜어주어 농업·농촌을 활성화하는 데 있음을 고려하면 이

사건 법률조항은 경자유전의 원칙을 실현하기 위한 것으로 볼 것이지 경자유전의 원칙에 위배된다고 볼 것은 아니라 할 것이다.

(5) 재산권 침해 여부

일반적으로 조세와 재산권의 관계에 있어서 조세의 부과 징수는 국민의 납세의무에 기초하는 것으로서 원칙으로 재산권의 침해가 되지 않는다고 하더라도 그로 인하여 납세의무자의 사유재산에 관한 이용, 수익, 처분권이 중대한 제한을 받게되는 경우에는 재산권의 침해가 될 수 있다고 한다(헌재 1997. 12. 24. 96헌가19등, 판례집 9-2, 762, 773).

지금까지 살펴본 바와 같이 이 사건 법률조항에 포괄위임금지, 조세법률주의 및 조세평등주의, 기타 거주·이전의 자유, 경자유전의 원칙 등과 관련하여 위헌적인 요소가 없다고 보는 이상 청구인이 이 사건 법률조항이 정하는 양도소득세 면제요건을 충족하지 못하여 양도소득세 납세의무를 진다 하여 청구인의 사유재산에 관한 이용·수익 처분권이 중대한 제한을 받게되는 것이 아니므로 재산권의 침해가 되지 않는다 할 것이다.

더욱이 이 사건 법률조항과 같은 수익적 입법의 시혜대상에서 제외되었다는 이유만으로 재산권 침해가 생기는 것은 아니고, 시혜적 입법의 시혜대상이 될 경우 얻을 수 있는 재산상 이익의 기대가 성취되지 않았다고 하여도 그러한 단순한 재산상 이익의 기대는 헌법이 보호하는 재산권의 영역에 포함되지 않으므로(헌재 1999. 7. 22. 98헌바14, 판례집 11-2, 205, 220-221), 이 사건에서 재산권침해가 문제되지는 않는다고 볼 것이다.

(6) 기타 청구인의 주장에 관하여

청구인은 시행령 규정의 변경으로 신뢰이익이 침해되었다는 취지의 주장을 하나, 종전의 시행령 규정에 의해 양도소득세를 면제받으리라는 기대가 이 사건 시행령 규정으로 인하여 실현되지 않게 되었다 하더라도 시행령 규정은 그것이 적법한 위임형식에 의하여 제정된 이상 당해 소송에서 그 위헌 위법성을 다툴 수 있음은 별론으로 하고 이 사건과 같은 위헌심사형 헌법소원 심판대상이 될 수 없다(헌재 1998. 7. 16. 96헌바52등, 판례집 10-2, 172, 195-196).

4. 결 론

따라서 이 사건 법률조항은 헌법상 조세법률주의, 포괄위임입법금지 및 조세평등주의, 경자유전의 원칙 등에 위반되지 아니하고 거주·이전의 자유를 침해하지 아니하며 달리 헌법에 위반된다고 할 수 없으므로 재판관 전원의 일치된 의견으로 주문과 같이 결정한다.

재판관 윤영철(재판장) 하경철(주심) 김영일 권 성 김효종 김경일 송인준 주선회 전효숙

5. 국민신문고

(1) 증여받아 8년미만 자경하던 농지의 양도소득세 감면 방법 문의

> **질의**
>
> 2006년 증여받은 후 자경하던 농지를 양도하려고 하는데 양도소득세 납부 예상세액이 많아 양도소득세를 감면받을 수 있는 방법이 있는지 문의함
>
> **답변**
>
> 안녕하십니까?
>
> 평소 국세행정에 관심과 애정을 가져주신데 대하여 깊은 감사를 드립니다.
>
> 2006년 증여받은 농지의 경우 그 취득일은 부동산 등기부상 '증여등기 접수일'이므로 2012년 현재 양도할 경우에는 자경기간이 8년 이상이 되지 않아서 조세특례제한법 제69조[자경농지에 대한 양도소득세의 감면](이른바 '8년자경감면')에 의한 감면은 해당되지 않습니다.
>
> 하지만, 조세특례제한법 제70조[농지대토에 대한 양도소득세 감면]규정에 따른 감면 요건에 해당될 수 있는지 검토해 보시기 바랍니다.
>
> ※ 농지의 대토란 "자경농민이 경작상 필요에 의하여 3년 이상 농지소재지에 거주하며 경작하던 자기 농지를 양도하고 그에 상응하는 다른 농지를 1년이내 취득하여 3년 이상 그 취득한 농지소재지에 거주하면서 경작하는 것"을 말한다. 농지대토에 대한 세부적인 감면 요건 등 기타 세금과 관련된 궁금한 사항이 있으시면 세미래 콜센타(국번없이 126번)나 국세청 홈페이지(www.nts.go.kr)를 이용하면 도움을 받을 수 있다.
>
> 고객님께 항상 행복과 건강이 함께 하시길 기원합니다.
>
> 감사합니다.
>
> **출처**
>
> 법제처 법령해석 포탈서비스(https://ahalaw.moleg.go.kr)

(2) 농지소재지와 거주지의 직선거리가 20km를 초과시 8년 자경 감면을 받을 수 없다는 규정에

> **질의**
>
> 저는 부산에 살면서 경남 OO지역에 밭이있어 2001년부터 직접 경작을 해왔습니다. 노후에 텃밭가꾸며 사는것이 유일한 희망인지라 멀지만 주말에는 남편의 승용차로 한시간. 평일은 지하철과 버스를 번갈아 타면 2시간 30분 정도 걸리지만 열심히 농사를 지어 오고 있습니다. 남편이 임시직으로 직장을 다니는지라 퇴직하면 경남 OO으로 이사할 계획을 세우고 여태까지 농약과 금비를 쓰지않고 유기농으로 농사를

지어왔습니다. 기름값과 차비가 아깝다며 남들은 미쳤다고하지만 취미생활에 돈안드는거 있느냐며 유기농으로 직접 가꾸어서 내가족, 이웃들과 나누어 먹는것이 너무 행복하고 자부심도 느끼며 지내왔습니다. 000평인데 구석구석 훗날을위해 감, 매실, 대추, 복숭, 호두, 무화과, 두릅, 가죽,뽕등 다양한 나무를 심고 70~80평은 채소를심었습니다. 그런데 실직한 아들을 위해서는 너무 아깝지만 팔아야 했습니다. 올 9월달에 아들과 가게를 차리면서 2억여원의 빚이 생겼습니다.팔려고 하니까 자경농은 인근 지역 20km내에 살아야 인정을 받는다며 세금이 끔찍하게 많이 나오더군요. 다팔아서 갚아도 모자라는 돈인데.... 제가 특혜를 보자고 하는것이아니라 거리가 멀다고 자경농이 아니라니 너무 억울해서 하는 소리입니다. 법률로 정한것은 이해합니다만 이렇게 선량하게 사는사람이 피해를 입는다는것은 납득할수가 없습니다. 열사람의 도둑을 놓치더라도 한사람의 억울함은 막아야 한다는것이 법의 정신이라고 압니다. 너무 억울하니 어떻게 해야하나요.

✅ 답변

항상 국세행정에 관심을 가져 주신데 대하여 감사를 드립니다.

고객님께서 국민신문고에 올리신 내용을 검토한 바, 경남 00에 소재한 전(田)을 2001년부터 텃밭 등으로 경작을 하였으나, 통작 거리가 20km를 초과하여 8년 자경 감면을 받을 수 없음을 호소하였습니다.

그러나 아래의 8년 자경 감면요건을 모두 충족하지 못하면 어떠한 경우에도 8년 자경 감면을 받을 수 없습니다.

- 8년 자경 감면 요건
    1. 거주요건: 농지가 소재하는 시. 군. 구(자치구인 구)안의 지역이나 그 지역과 연접한 시. 군. 구안의 지역에서 거주할 것
    2. 경작요건: 취득일부터 양도일 사이에 8년 이상 농지를 직접 경작할 것
    3. 농지요건: 양도당시 농지일 것
    4. 직선거리 20km 이내 개정: 자경농지의 통작거리 20km 규정은 1995.12.31. 이전 양도분에 대하여 적용하다가 1996.1.1. 이후부터 연접 시. 군. 구 규정이 적용되면서 폐지되었으나, 2008.2.22. 양도분부터 직선거리 20km 이내는 농지소재지와 거주지가 행정구역이 연접이 아니라도 자경으로 인정.

기타 세법에 관련된 궁금한 사항이 있으시면 국세청미래콜센타(국번없이 126번)이나 국세청 홈페이지(http://nts.go.kr)를 이용하시면 많은 도움이 될 것입니다.
고객님께 항상 행복과 건강이 함께 하시길 기원합니다.

감사합니다.

✅ 출처

국세청 부산지방국세청 북부산세무서 재산세과 (☎ 051-310-6483)

(3) 8년 자경 농지 해당여부

> **질의**
> 1998년 회사원인 본인 명의로 농지를 취득하고 이후 동일세대원인 남편과 함께 경작하였음. 해당 농지를 양도하는 경우 동일세대원인 남편이 경작한 경우도 감면혜택을 받을 수 있는지 알려주세요.
>
> **답변**
> 안녕하십니까? 노원세무서 재산법인세과입니다.
> 귀하의 민원신청에 대해 다음과 같이 답변드립니다.
> 조세특례제한법 제69조 제1항에서 '직접 경작'이라 함은 동법 시행령 제66조 제12항에 의하여 거주자가 그 소유농지에서 농작물을 경작 또는 다년생 식물의 재배에 상시 종사하거나 2분의 1이상을 자기의 노동력에 의하여 경작 또는 재배하는 것을 말하며, 동일세대원인 부인의 소유 농지를 남편이 경작한 경우는 이에 해당되지 않는 것입니다.
>
> **출처**
> 국세청 서울지방국세청 노원세무서 재산법인세과 (☎ 126)

(4) 8년 자경 농지의 경작기간 계산

> **질의**
> 조부가 경작하던 소유 농지를 조부 사망후 부가 농지를 상속받아 경작을 해 왔음. 최근 부가 사망하여 농지를 상속받아 자경하다가 양도할 예정임. 이 경우 감면을 적용받기 위한 농지의 경작기간은 조부와 부 본인의 경작기간을 통산하는 것인지 궁금함.
>
> **답변**
> 안녕하세요. 노원세무서 재산법인세과입니다.
> 귀하의 민원신청에 대해 다음과 같이 답변드립니다.
> 자경농지에 대한 양도소득세의 감면규정과 관련하여 상속받은 농지의 경작기간을 계산함에 있어 2회 이상 상속된 농지의 경우 양도자(상속인)의 직전 피상속인이 취득하여 경작한 기간만을 양도자의 경작기간에 통산하는 것인 바, 귀하의 경우 귀하와 귀하의 부가 경작한 기간만을 통산하게 됩니다.
> 기타 문의사항은 노원세무서 재산법인세과(02-3499-0481)로 전화주시면 자세히 안내해 드리겠습니다.
> 감사합니다.
>
> **출처**
> 국세청 서울지방국세청 노원세무서 재산법인세과 (☎ 126)

(5) 상속받은 농지의 경작기간 계산

> **✅ 질의**
> - 사실관계: 2001년 甲은 父로부터 농지 4필지를 상속받음 – 父는 8년이상 재촌자경하였고, 甲은 상속받은 후 5년간 재촌자경함 – 2006년 12월 위 농지 중 3필지가 수용되어 8년자경 감면 받음(1억원 감면) – 현재 甲은 재촌자경하지 않음
> - 질의내용 〈남아있는 1필지가 수용되는 경우 8년자경 감면 여부〉: 양도일 현재 재촌자경하지 않는 경우 피상속인 경작기간 통산 여부
>
> **✅ 답변**
> 「조세특례제한법 시행령」제66조제4항에 따른 경작기간을 계산함에 있어 상속받은 농지를 상속인이 경작한 경우(양도일 현재 경작하고 있지 않은 경우 포함)에는 피상속인이 경작한 기간은 상속인이 경작한 기간으로 보는 것입니다.
>
> **✅ 출처**
> 국세청 서울지방국세청 동작세무서 납세자보호담당관 (☎ 126)

(6) 농지의 자경기간 계산

> **✅ 질의**
> - 사실관계: 1977. 3.12. 본인외 1인이 전을 공유로 취득하여 1990.까지 농지소재지에 거주하면서 자경 – 1999.12.29. 농지를 공유물 분할 – 2009. 본인 소유 농지를 양도
> - 질의내용: 조세특례제한법 제69조의 8년 이상 자경기간을 계산함에 있어 의제취득일(1985.1.1.)이전 자경기간도 통산하는지
>
> **✅ 답변**
> 「조세특례제한법」제69조에 따른 자경농지에 대한 양도소득세의 감면 규정 적용 여부를 판단함에 있어 경작기간은 당해 농지를 취득한 때부터 양도할 때까지의 경작기간으로 하는 것입니다.
> - 재일46014-2190, 1999.12.31.
>
> 공유로 취득한 농지를 공유물분할 후 양도하는 경우 조세특례제한법 제69조에서 규정하는 8년자경기간은 공유물분할전 경작기간을 통산하는 것입니다.
> 공유농지를 공유자중 1인이 경작한 경우 직접 경작하지 않은 공유자의 농지는 같은 법 같은조에서 규정하는 양도소득세 감면규정을 적용하지 않는 것입니다.
>
> **✅ 출처**
> 국세청 서울지방국세청 동작세무서 재산세과 (☎ 126)

(7) 양도소득세 감면 문의합니다.

✅ 질의
8년 자경 토지를 양도하려 합니다. 하지만 양도당시에는 농지가 아니었는데, 이런 경우에는 8년자경농지에대한 양도소득세 감면규정을 적용받을 수 없나요?

✅ 답변
항상 국세행정에 관심을 가져 주셔서 감사합니다

귀하께서 문의하신 질문에 대한 답변입니다.

8년 이상 자경농지에 대한 양도소득세 감면을 받으려면 양도일 현재 농지상태로 양도하여야 합니다.

여기서 '양도일'이란 대금 청산일을 말하되, 대금청산일이 분명하지 않은 경우에는 소유권이전 등기 접수일을 말합니다.

그러나 현실적으로는 8년 이상 농지소재지에 거주하면서 직접 경작한 사실이 있지만 양도일 현재는 농지가 아닌 상태로 양도하는 경우가 있을 수 있습니다.

- 양도일 이전에 매매계약조건에 따라 매수자가 형질변경을 하거나 건축착공 등을 한 경우에는 매매계약일 현재를 기준으로 합니다. 따라서 매매계약체결 당시에는 농지였음을 입증하면 됩니다.

- 환지처분 전에 당해 농지가 농지 외의 토지로 환지예정지 지정이되고, 그 환지예정지 지정일로부터 3년이 경과하기 전의 토지로서 환지예정지 지정 후 토지조성공사의 시행으로 경작을 못하게 된 경우에는 토지 조성공사 착수일 현재 농지이면 감면을 받을 수 있습니다.

공부상 지목이 농지라 하더라도 양도일 현재 실제로 경작에 사용되고 있지 아니한 토지는 양도소득세 감면대상이 아니나, 일시적 휴경상태 하에서 양도한 경우에는 농지를 양도한 것으로 봅니다.

- 특히 매수자가 농지를 매입한 다음 그 위에다 건물을 신축한 후 그 분양대금으로 잔금을 지급하기로 하는 매매계약을 체결하는 경우가 있는데, 이러한 경우에는 매매계약일 현재 당해 토지가 농지였다는 사실을 적극적으로 입증하여 인정을 받아야 합니다.

기타 세법과 관련된 궁금한 사항은 세미래 콜센터(국번없이 126번) 또는 국세청 홈페이지(http://nts.go.kr)를 이용하시면 많은 도움이 되실 것입니다.

감사합니다.

✅ 출처
국세청 대구지방국세청 경주세무서 납세자보호담당관 (☎ 054-779-1213)

 농지 취득과 전용

(8) 8년자경감면농지에 해당되는지 궁금합니다.

✓ 질의
부친이 시골에서 평생 농업에 종사하시다가 5개월전에 돌아가셨는데 본인은 도시에서 회사에 다니는 입장으로 농사지을 형편이 되지 못하여 처분을 고려 중인데 세금 때문에 망설이고 있습니다. 양도소득세와 관련하여 설명을 부탁드립니다.

✓ 답변
평소 국세행정에 협조해 주신데 대하여 감사드립니다.

고객님이 문의하신 내용에 대하여 아래와 같이 답변을 드립니다.

조세특례제한법 69조에서 일정요건을 갖춘 농지를 8년이상 재촌자경 후 양도하면 연간 2억원범위내에서 양도소득세가 감면됩니다.

또한 조세특례제한법 시행령 제66조에서 피상속인이 8년이상 재촌자경하던 농지를 상속개시일로부터 3년이내 양도시 피상속인의 자경기간을 합산하도록 규정되어 있습니다.

귀하의 부친께서 자경한 농지가 감면대상 농지에 해당되는지 여부는 조세특례제한법 제69조를 참고 하시면 도움이 되리라 생각됩니다.

기타 국세에 관련된 궁금한 사항이 있으시면 세미래콜쎈타(국번없이 126번)이나 국세청홈페이지(http://nts.go.kr)을 이용하시면 많은 도움이 될 것 같습니다.

고객님께 항상 행복과 건강이 함께 하시길 기원합니다.

안녕히 계십시오.

✓ 출처
국세청 대전지방국세청 동청주세무서 납세자보호담당관 (☎ 126)

(9) 부동산의 거래와 관련되는 세금

✓ 질의
주택 등의 부동산을 살때 부담하는 세금은 무엇이고 부동산을 팔때 부담하는 세금은 어떤 것이 있나요?

✓ 답변
- ◆ 부동산 거래와 관련되는 세금
  - 부동산을 사고 팔 때는 다음과 같은 세금이 관련됩니다.
    - 일반적으로 부동산을 살 때는 지방세인 취득세와 등록세를 내야 하고, 부동산을 팔 때는 국세인 양도소득세를 내야합니다.

- 등기소에 등기원인 서류로 제출하는 매매계약서에는 소정의 수입인지를 첨부 하여야 합니다.

구분	국세	지방세제	
		지방세	관련부가세
취득시점	인지세(계약서작성시) 상속세(상속받은 경우) 증여세(증여받은 경우)	취득세 등록세	농어촌특별세 (국세)
보유시점	종합부동산세(일정기준금액 초과시) 농어촌특별세(종부세 관련부가세)	재산세	지방교육세 공동시설세 도시계획세
양도시점	양도소득세	지방소득세 소득분	

- 2006년부터 부동산 실거래가격 신고의무제도가 시행 중입니다.
  - 부동산을 매매한 경우에는 계약체결일로부터 30일 이내에 실지거래가격으로 부동산소재지 관할 시·군·구청에 신고하여야 합니다.
    ※ 2007. 6. 29 이후 계약체결분은 60일 이내 신고
  - 신고된 가격은 등기부에 기재되며, 2007년부터는 실지거래가격으로 양도 소득세를 과세하고 있습니다.
- 1세대가 1주택을 3년 이상 보유한 후 팔게되면 세금을 내지 않아도 됩니다.
  ※ 구체적인 내용은 【1세대 1주택 비과세】를 참고하시기 바란다.
- 8년 이상 자경농지를 양도하는 경우에 세금이 감면됩니다.
- 부동산을 팔 때는 지방세인 지방소득세 소득분도 함께 납부해야 합니다.
  - 양도소득세가 과세되는 경우에는 양도소득세액의 10%를 지방소득세 소득분도 납부하여야 합니다.
- 부동산을 살 때는 지방세인 등록세·취득세와 이에 부수하여 지방교육세와 농어촌특별세를 내야 합니다.

취득방법	취득세		등록세		농어촌특별세		지방교육세		합계 (취득가액의)
	과세표준	세율	과세표준	세율	과세표준	세율	과세표준	세율	
매매 (주택제외)	취득가액	2%	취득가액	2%	취득세액	10%	등록세액	20%	4.6%
매매 (국민주택이하)	취득가액	1%	취득가액	1%	취득세액	비과세	등록세액	20%	2.2%
매매 (국민주택초과)	취득가액	1%	취득가액	1%	취득세액 등록세액	30% 20%	등록세액	20%	2.7%
신축	취득가액	2%	취득가액	0.8%	취득세액	10%	등록세액	20%	3.16%
상속	취득가액	2%	취득가액	0.8%	취득세액	10%	등록세액	20%	3.16%
증여	취득가액	2%	취득가액	1.5%	취득세액	10%	등록세액	20%	4.0%

- 매매거래를 통해서 부동산을 취득한 경우라도 증여세 문제를 생각해 보아야 합니다.
    - 부부간의 거래나 직계 존·비속간의 거래는 원칙적으로 증여로 봅니다.
    - 미성년자가 집을 사거나 성년자라도 직업 또는 연령 등에 맞지 않게 고가의 부동산을 취득하게 되면 취득자금에 대한 자금출처 조사를 받게 되며 조사 결과 취득자금의 출처를 제시하지 못한 금액에 대하여는 증여세를 물어야 합니다.

✓ 출처
국세청 대구지방국세청 북대구세무서 납세자보호담당관 (☎ 053-350-4216)

⑽ 농지 구입 관련 세금에 관련

✓ 질의
20년동안 농사를 지으신 아버지 께서 농업 경작을 목적으로 농지를 구입 할려고 합니다. 농민과 농민끼리 농지 구입시 세금 감면 혜택이 있는지 궁금합니다. 그리고 납부해야 할 세금이 몇프로이며 감면이 있는지 궁금합니다.

✓ 답변
농지 구입 및 매도시 세금은 관련 세법에 따라 납부하여야 하는 데, 보통 구입시는 취득세와 등록세, 매도시는 양도소득세 등이 부과됩니다.
농업인끼리 농지를 사고 판다고 해서 세금혜택이 주어지는 것은 아닙니다.
다만, 재촌 농업인의 경우 농어촌 특별세 등에서 감면 혜택은 주어지는 것으로 파악됩니다.
세금 감면과 관련된 사항은 농림수산식품부에서 전혀 관여하지 않고 있으니 자세한 사항은 세무사나 그와 관련된 기관 등에 문의하시면 자세한 사항을 알 수 있을 것입니다.

✓ 출처
농림수산식품부 농업정책국 농지과 (☎ 02-500-1722)

Ⅱ 교환 관련 세금

01 취득세

1. 취득세의 개념

(1) "취득세"란 부동산의 취득에 대해 해당 부동산의 소재지인 지방자치단체(특별시·광역시·도)에서 그 취득자에게 부과하는 지방세를 말하며, 취득세의 산정은 다음과 같다(「지방세기본법」 제8조, 「지방세법」 제7조제1항 및 제8조제1항제1호).

$$\text{취득세} = \text{농지의 취득 당시의 가액} \times \text{취득세의 표준세율}$$

(2) 취득세는 과세물건을 취득하는 때에 그 납세의무가 성립한다(「지방세기본법」 제34조제1항제1호).

(3) 취득세의 과세표준은 취득 당시의 가액으로 하며, 다만 연부(年賦)로 취득하는 경우에는 연부금액(매회 사실상 지급되는 금액을 말하며, 취득금액에 포함되는 계약보증금을 포함함)으로 한다(「지방세법」 제10조제1항).

- 취득 당시의 가액은 취득자가 신고한 가액으로 하며, 다만 신고 또는 신고가액의 표시가 없거나 그 신고가액이 「지방세법」 제4조에서 정하는 시가표준액보다 적을 때에는 그 시가표준액으로 한다(「지방세법」 제10조제2항).

(4) 교환을 통해 농지를 취득하는 경우 취득세의 표준세율은 취득물건의 가액 또는 연부금액의 1,000분의 30으로 한다(「지방세법」 제11조제1항제7호가목).

- 지방자치단체의 장은 조례로 정하는 바에 따라 취득세의 세율을 표준세율의 100분의 50의 범위에서 가감할 수 있다(「지방세법」 제14조).

2. 신고·납부하는 경우

(1) 취득세 과세물건을 취득한 사람은 농지를 취득한 날(토지거래계약에 관한 허가구역에 있는 토지를 취득하는 경우로서 토지거래계약에 관한 허가를 받기 전에 거래대금을 완납한 경우에는 그 허가일이나 허가구역의 지정 해제일 또는 축소일을 말함)부터 60일 이내에 해당 시장·군수 또는 구청장에게 과세표준에 따라 산출한 세액을 신고하고 납부해야 한다. 이때 그 취득이 상속으로 인한 경우는 상속개시일부터, 실종으로 인한 경우는 실종선고일부터 각각 6개월(외국에 주소를 둔 상속인이 있는 경우에는 각각 9개월) 이내에 신고하고 납부하면 된다(「지방세법」 제20조제1항).

(2) 취득세를 신고하려는 사람은 취득세신고서[주택 취득을 원인으로 신고하려는 경우에는 부표를 포함(「지방세법 시행규칙」 별지 제3호서식)]에 다음 1.의 서류 및 2.부터 5.까지의 서류 중 해당되는 서류를 첨부하여 납세지를 관할하는 특별자치시장·특별자치도지사·시장·군수 또는 구청장(이하 "시장·군수·구청장"이라 함)에게 신고해야 한다(「지방세법 시행령」 제33조제1항 및 「지방세법 시행규칙」 제9조제1항).

1) 매매계약서, 증여계약서, 부동산거래계약 신고필증 또는 법인 장부 등 취득가액 및 취득일 등을 증명할 수 있는 서류 사본 1부

2) 「지방세특례제한법 시행규칙」 별지 제1호서식의 지방세 감면 신청서 1부

3) 「지방세법 시행규칙」 별지 제4호서식의 취득세 납부서 납세자 보관용 영수증 사본 1부

4) 「지방세법 시행규칙」 별지 제8호서식의 취득세 비과세 확인서 1부

5) 근로소득 원천징수영수증 또는 소득금액증명원 1부

(3) 취득세를 납부하려는 사람은 취득세 납부서 납세자 보관용 영수증(「지방세법 시행규칙」 별지 제4호서식)으로 해당 지방자치단체의 금고 또는 지방세수납대행기관(「지방회계법 시행령」 제49조제1항 및 제2항에 따라 지방자치단체 금고업무의 일부를 대행하는 금융회사 등을 말함)에 납부해야 한다(「지방세법 시행령」 제33조제3항 및 「지방세법 시행규칙」 제9조제2항).

3. 무신고·납부지연 등에 대한 가산세

(1) 다음의 어느 하나에 해당하는 경우 산출세액 또는 그 부족세액에 「지방세기본법」 제53조부터 제55조까지에 따른 무신고가산세 또는 과소신고가산세와 납부지연가산세를 합한 금액을 세액으로 하여 보통징수의 방법으로 부과·징수한다(「지방세법」 제21조제1항).

1) 취득세 납세의무자가 「지방세법」 제20조에 따른 신고 또는 납부의무를 다하지 아니한 경우

2) 「지방세법」 제10조제5항부터 제7항까지의 규정에 따른 과세표준이 확인된 경우

02 인지세

1. 인지세의 개념

"인지세"란 국내에서 부동산 취득과 관련하여 계약서 그 밖의 이를 증명하는 증서를 작성하는 경우 납부해야 하는 세금을 말한다(「인지세법」 제1조).

2. 납부방법

국내에서 농지 취득과 관련하여 계약서 그 밖의 이를 증명하는 증서를 작성하는 경우 증서의 기재금액별 인지세액에 상당하는 수입인지를 구입하여 증서에 붙이고 인장 또는 서명으로 소인한다.

3. 인지세액

농지와 같은 부동산 소유권 이전에 대한 증서(소유권이전에 관한 등기 또는 등록신청시에 제출하는 계약서 등 등기원인 서류)의 기재금액별 인지세액은 다음과 같다(「인지세법」제3조, 「인지세법 시행규칙」제3조).

기재금액	세액
1천만원 초과~3천만원 이하	2만원
3천만원 초과~5천만원 이하	4만원
5천만원 초과~1억원 이하	7만원
1억원 초과~10억원 이하	15만원
10억원 초과	35만원

※ 이때 부동산의 소유권 이전에 관한 증서의 기재금액은 그 이전(移轉)의 대가액을 말하며, 이전과 관련된 비용은 포함되지 않는다(「인지세법 시행규칙」제8조제1호).

03 농어촌특별세 · 지방교육세

1. 농어촌특별세 · 지방교육세

(1) 「지방세법」·「지방세특례제한법」「조세특례제한법」에 따라 감면을 받는 취득세의 감면세액에 100분의 20을 곱하여 계산한 금액과 ②「지방세법」제11조에 따른 표준세율을 100분의 2로 적용하여 「지방세법」·「지방세특례제한법」「조세특례제한법」에 따라 산출한 취득세액에 100분의 10을 곱하여 계산한 금액을 농어촌특별세로 납부한다(「농어촌특별세법」제5조제1항제1호 및 제6호).

(2) 취득세를 납부할 때에는 「지방세법」제151조에서 정한 과세표준과 세율에 따라 산출한 금액을 지방교육세로 납부해야 한다(「지방세법」제150조제1호 및제151조).

04 양도소득세

1. 양도소득세의 개념

(1) "양도소득세"란 자산의 양도로 인해 발생하는 소득에 대해 부과되는 세금을 말한다. "양도"란 자산에 대한 등기 또는 등록과 관계없이 매도, 교환, 법인에 대한 현물출자 등을 통하여 그 자산이 유상으로 사실상 이전되는 것을 말한다(「소득세법」 제88조제1호 전단).

"양도소득"이란 매매·교환계약을 통한 재산의 양도로 인하여 발생하는 소득을 말한다(「소득세법」 제94조).

(2) 납부의무의 성립 시기는 대금을 청산한 날이 분명하지 아니한 경우 등을 제외하고는 원칙적으로 해당 자산의 대금을 청산(즉, 잔금을 완불)한 날로 한다. 이 경우 자산의 대금에는 해당 자산의 양도에 대한 양도소득세 및 양도소득세의 부가세액을 양수자가 부담하기로 약정한 경우에는 해당 양도소득세 및 양도소득세의 부가세액은 제외한다(「소득세법」 제98조 「소득세법 시행령」 제162조).

2. 양도소득금액

(1) 양도소득금액은 양도소득의 총수입금액(이하 "양도가액"이라 함)에서 그 밖의 필요경비를 공제하고, 그 금액(이하 "양도차익"이라 함)에서 장기보유특별공제액을 공제한 금액으로 한다(「소득세법」 제95조제1항).

1) 양도차익을 산정함에 있어 양도가액이 실지거래가액에 의할 때에는 취득가액도 실지거래가액에 따르고, 양도가액이 기준시가에 의할 때에는 취득가액도 기준시가에 따른다(「소득세법」 제100조제1항).

2) "그 밖의 필요경비"란 취득가액(「지적재조사에 관한 특별법」 제18조에 따른 경계의 확정으로 지적공부상의 면적이 증가되어 같은 법 제20조에 따라 징수한 조정금은 제외), 자본적 지출액, 양도비 등 실제 증빙에 의하여 계산한 가액의 합계액을 말한다(「소득세법」 제97조).

3) "장기보유특별공제액"이란 보유기간이 3년 이상인 것 및 부동산을 취득할 수 있는 권리(건물이 완성되는 때에 그 건물과 이에 딸린 토지를 취득할 수 있는 권리를 포함)에 따른 자산 중 조합원입주권(조합원으로부터 취득한 것은 제외)에 대하여 그 자산의 양도차익(조합원입주권을 양도하는 경우에는 「도시 및 주거환경정비법」 제74조에 따른 관리처분계획 인가 및 「빈집 및 소규모주택 정비에 관한 특례법」 제29조에 따른

사업시행계획인가 전 토지분 또는 건물분의 양도차익으로 한정)에 다음에 규정된 보유기간별 공제율을 곱하여 계산한 금액을 말한다(「소득세법」 제95조제2항).

보유기간	공제율
3년 이상 4년 미만	100분의 6
4년 이상 5년 미만	100분의 8
5년 이상 6년 미만	100분의 10
6년 이상 7년 미만	100분의 12
7년 이상 8년 미만	100분의 14
8년 이상 9년 미만	100분의 16
9년 이상 10년 미만	100분의 18
10년 이상 11년 미만	100분의 20
11년 이상 12년 미만	100분의 22
12년 이상 13년 미만	100분의 24
13년 이상 14년 미만	100분의 26

(2) 다만 1세대가 양도일 현재 국내에 1주택을 소유하고 있는 경우 그 1세대 1주택(이에 딸린 토지를 포함)에 해당하는 자산의 경우에는 그 자산의 양도차익에 다음에 따른 보유기간별 공제율을 곱하여 계산한 금액과 거주기간별 공제율을 곱하여 계산한 금액을 합산한다(「소득세법」제95조제2항 단서 및 「소득세법 시행령」제159조의3).

보유기간	공제율
3년 이상 4년 이하	100분의 24
4년 이상 5년 이하	100분의 32
5년 이상 6년 이하	100분의 40
6년 이상 7년 이하	100분의 48
7년 이상 8년 이하	100분의 56
8년 이상 9년 이하	100분의 64
9년 이상 10년 이하	100분의 72
10년 이상	100분의 80

> ※ 양도소득세의 필요경비 계산 특례
> 1. 거주자가 양도일부터 소급하여 5년(등기부에 기재된 소유기간) 이내에 그 배우자(양도 당시 혼인관계가 소멸된 경우를 포함하되, 사망으로 혼인관계가 소멸된 경우는 제외) 또는 직계존비속으로부터 증여받은 농지 자산의 양도차익을 계산할 때 양도가액에서 공제할 필요경비는 취득가액, 자본적 지출액, 양도비 등 실제 증빙에 의하여 계산한 가액의 합계액으로 한다. 이 경우 거주자가 증여받은 자산에 대하여 납부하였거나 납부할 증여세 상당액이 있는 경우에는 필요경비에 산입한다(「소득세법」 제97조의2제1항·제3항).
> 2. 사업인정고시일부터 소급하여 2년 이전에 농지를 증여받은 경우로서 법률에 따라 협의매수 또는 수용된 경우에는 특례규정이 적용되지 않는다(「소득세법」 제97조의2제2항 제1호).

3. 양도소득과세표준의 계산

양도소득과세표준은 양도소득금액에서 양도소득 기본공제(연간 250만원)를 한 금액으로 한다(「소득세법」 제92조제2항 및제103조제1항).

4. 양도소득세의 세율

(1) 양도소득세는 해당 과세기간의 양도소득과세표준에 다음의 세율을 적용하여 계산한 금액을 그 세액으로 한다(「소득세법」 제104조제1항).

구분		양도소득세율
보유기간 1년 미만		양도소득 과세표준의 100분의 50
보유기간 1년 이상 2년 미만		양도소득 과세표준의 100분의 40
보유기간 2년 이상	1200만원 이하	과세표준의 6퍼센트
	1200만원 초과 4600만원 이하	72만원 + (1200만원을 초과하는 금액의 15퍼센트)
	4600만원 초과 8800만원 이하	582만원 + (4600만원을 초과하는 금액의 24퍼센트)
	8800만원 초과 1억5000만원 이하	1590만원 + (8800만원을 초과하는 금액의 35퍼센트)
	1억5000만원 초과 3억원 이하	3760만원 + (1억5000만원을 초과하는 금액의 38퍼센트)
	3억원 초과 5억원 이하	9,460만원 + (3억원을 초과하는 금액의 40퍼센트)

	5억원 초과	1억 7,460만원 + (5억원을 초과하는 금액의 42퍼센트)
비사업용토지	「소득세법」제104조제1항제8호에 따른 세율	
미등기양도자산	양도소득 과세표준의 100분의 70	

(2) 「소득세법」 제104조의2에 따른 지정지역에 있는 비사업용토지를 양도하는 경우에는 위의 세율에 100분의10을 더한 세율을 적용한다. 이 경우 해당 부동산 보유기간이 2년 미만인 경에는 보유기간 2년 이상의 세율에 100분의 10을 더한 세율, 보유기간이 1년 이상 2년 미만인 경우의 세율 또는 보유기간이 1년 미만인 경우의 세율 중 높은 세율을 적용한다(「소득세법」 제104조제4항제3호).

5. 분할납부

(1) 거주자로서 예정신고납부 또는 확정신고납부에 따라 납부할 세액이 각각 1천만원을 초과하는 자는 그 납부할 세액의 일부를 납부기한 경과 후 2개월 이내에 분할납부할 수 있으며, 이에 따라 분할납부할 수 있는 세액은 다음과 같다(「소득세법」 제112조 「소득세법 시행령」 제175조).

1) 납부할 세액이 2천만원 이하인 때에는 1천만원을 초과하는 금액
2) 납부할 세액이 2천만원을 초과하는 때에는 그 세액의 100분의 50 이하의 금액

05 헌재결정례

1. 안건명 : 헌법재판소 2003. 11. 27. 2003헌바2 전원재판부 (구)조세특례제한법 제69조제1항제1호(이하, '이 사건 법률조항'이라 한다)의 포괄위임금지 및 조세법률주의 위반 여부(소극)

> 헌법재판소 2003. 11. 27. 2003헌바2 전원재판부
> (구)조세특례제한법 제69조제1항제1호(이하, '이 사건 법률조항'이라 한다)의 포괄위임금지 및 조세법률주의 위반 여부(소극)
>
> 【판시사항】
> 가. 자경농지의 양도소득세 면제대상자를 "대통령령이 정하는 바에 따라 농지소재지에 거주하는 거주자"라고 위임한 (구)「조세특례제한법」 제69조제1항제1호(이하, '이 사건 법률조항'이라 한다)의 포괄위임금지 및 조세법률주의 위반 여부(소극)

나. 법령이 거듭 개정되어온 결과 법인의 경우와 달리 자연인에 대하여만 거주요건을 둔 것이 거주자를 비거주자에 대하여, 자연인을 법인에 대하여, 그리고 조세법령의 변경 내용 숙지 여부에 따라 차별하여 조세평등주의에 위반되는지 여부(소극)

다. 이 사건 법률조항이 거주·이전의 자유를 침해하는지 여부(소극)

라. 이 사건 법률조항이 헌법상 경자유전의 원칙에 위반되는지 여부(소극)

마. 이 사건 법률조항이 재산권을 침해하는지 여부(소극)

바. 양도소득세면세대상자의 범위를 종전보다 축소하는 것으로 변경된 대통령령에 대하여 신뢰이익 침해를 이유로하여 위헌심사형 헌법소원으로 다툴 수 있는지 여부(소극)

【결정요지】

가. 이 사건 법률조항이 정하고 있는 "농지소재지"나 "거주자"의 일상적 용어의 의미는 농지가 있는 곳, 생활의 근거를 두고 있는 자를 뜻하는 것으로 우선 그 개념이 명확하고, (구)「조세특례제한법」(이하 '법'이라 한다) 제69조의 입법목적은 육농정책의 일환으로 농지의 양도에 따른 조세부담을 경감시켜 주기 위한 것으로서, 특히 이 사건 법률조항의 목적은 외지인의 농지투기를 방지하고 8년 이상 자경한 농민의 조세부담을 덜어주어 농업·농촌을 활성화하기 위하여 그 면제 대상자를 육농정책의 변화에 따라 융통성 있게 정할 수 있도록 대통령령에 위임하고 있는 것이라 할 것인데, 그러한 조세감면의 우대조치는 한정된 범위 내에서 예외적으로 허용되어야 하며, 법 제69조제1항 본문이 조세면제의 대상을 "8년 이상 계속하여 직접 경작한 토지"로만 한정하여 규정함으로써 면제대상자의 주요범위를 이미 법률에서 분명히 하고 있으므로, 대통령령에서 "농지소재지에 거주하는 거주자"로 규정될 범위는 자경한다고 볼 수 있는 통작 가능한 거리에 생활의 근거지를 둔 자의 범위 내에서 정해질 것임은 누구라도 예측할 수 있다 할 것이다. 따라서 위 규정은 구체적으로 범위를 정하여 위임하고 있다고 볼 수 있어서 헌법 제75조에 위반되지 않는다고 할 것이고, 이와 같이 정당한 위임 범위 내에서 조세감면의 근거가 명확하게 법률에서 정해지고 있으므로, 조세법률주의에 위배된 것이라고도 할 수 없다.

나. 위 규정의 입법목적은 농업의 보호와 지원을 규정한「대한민국헌법」제123조제1항에 비추어 볼 때 정당하고, 그러한 입법목적에 비추어 농지소재지 거주자와 비거주자는 상이하게 취급될 합리적 이유가 있다. 또한 양도소득세 면제대상을 정함에 있어서, 자연인과 법인이 그 법적 지위나 성격, 설립 및 활동상 차이가 있음에 기초하여 위와 같은 입법목적에 충실하게 자연인과 법인에 각각 걸맞는 다른 요건을 둘 수 있는 것인데, 8년 이상 자경농지 양도에 대하여 특별부가세를 면제하고 있는 법인에 대한 법 제69조제1항제2호 및 이에 따른 법시행령의 규정내용과 농업·농촌기본법의 관련규정을 볼 때, 법인의 경우에도 농지의 자경을 보다 확실하게 담보하고 농지투기를 방지하기 위한 규율을 하고 있음을 알 수 있는바, 법인에 대하여 거주나 소재지 요건을 두지 않았다고 하여 자연인을 차별하는 것이라 보기는 어렵다. 이 사건 법령의 개정내용을 알지 못한 청구인에 대하여도 개정법령이 적용된다고 하여 법령의 변화를 알고 있던 자에 비하여 차별을 받는다는 것은 아니다.

다. 위 규정은 자경농민이 농지소재지로부터 거주를 이전하는 것을 직접적으로 제한하는 내용의 규정이라고 볼 수 없고, 다만 8년 이상 농지를 자경한 농민이 농지소재지에 거주하는 경우 양도소득세를 면제함으로써 농지소재지 거주자가 농지에서 이탈되는 것이 억제될 것을 기대하는 범위 내에서 간접적으로 제한되는 측면이 있을 뿐이며, 따라서 양도세의 부담을 감수하기만 한다면 자유롭게 거주를 이전할 수 있는 것이므로 거주·이전의 자유를 형해화할 정도로 침해하는 것은 아니라 할 것이다.

라. 위 규정의 입법목적이 외지인의 농지투기를 방지하고 조세부담을 덜어주어 농업·농촌을 활성화하는 데 있음을 고려하면 위 규정은 경자유전의 원칙을 실현하기 위한 것으로 볼 것이지 경자유전의 원칙에 위배된다고 볼 것은 아니라 할 것이다.

마. 위 규정에 포괄위임금지, 조세법률주의 및 조세평등주의, 기타 거주·이전의 자유, 경자유전의 원칙 등과 관련하여 위헌적인 요소가 없다고 보는 이상 청구인이 위 규정이 정하는 양도소득세 면제요건을 충족하지 못하여 그 납세의무를 진다 하여 재산권 침해가 되는 것은 아니라 할 것이다. 더욱이 위 규정과 같은 수익적 입법의 시혜대상에서 제외되었다는 이유만으로 재산권 침해가 생기는 것은 아니고, 시혜적 입법의 시혜대상이 될 경우 얻을 수 있는 재산상 이익의 기대가 성취되지 않았다고 하여도 그러한 단순한 재산상 이익의 기대는 헌법이 보호하는 재산권의 영역에 포함되지 않으므로 이 사건에서 재산권침해가 문제되지는 않는다고 볼 것이다.

바. 종전의 시행령 규정에 의해 양도소득세를 면제받으리라는 기대가 이 사건 시행령 규정으로 인하여 실현되지 않게 되었다 하더라도 시행령 규정은 이 사건과 같은 위헌심사형 헌법소원 심판대상이 될 수 없다.

Ⅲ. 증여 관련 세금

01 증여 관련 세금 개관

1. 농지의 증여와 관련하여 부과되는 세금

(1) 수증자는 증여세, 취득세, 인지세를 납부해야 한다.

(2) 다음의 어느 하나에 해당하는 경우를 제외하고 배우자 또는 직계존비속의 부동산 등을 취득하는 경우에는 증여로 취득한 것으로 본다(「지방세법」 제7조제11항).

1) 공매(경매를 포함)를 통해 부동산 등을 취득한 경우

2) 파산선고에 따라 처분되는 부동산 등을 취득한 경우

3) 권리의 이전이나 행사에 등기 또는 등록이 필요한 부동산 등을 서로 교환한 경우

4) 해당 부동산 등의 취득을 위해 그 대가를 지급한 사실이 다음의 어느 하나에 의해 증명되는 경우

　① 그 대가를 지급하기 위한 취득자의 소득이 증명되는 경우

　② 소유재산을 처분 또는 담보한 금액으로 해당 부동산을 취득한 경우

　③ 이미 상속세 또는 증여세를 과세(비과세 또는 감면받은 경우를 포함함) 받았거나 신고한 경우로서 그 상속 또는 수증 재산의 가액으로 그 대가를 지급한 경우

　④ 위 1.부터 3.까지에 준하는 것으로서 취득자의 재산으로 그 대가를 지급한 사실이 입증되는 경우

(3) 다음의 어느 하나에 해당하는 경우를 제외하고 상속개시 후 상속재산에 대해 각 상속인의 상속분이 확정되어 등기된 후, 그 상속재산에 대해 공동상속인이 협의하여 재분할한 결과 특정 상속인이 당초 상속분을 초과하여 취득하게 되는 재산가액은 그 재분할에 따라 상속분이 감소한 상속인으로부터 증여받아 취득한 것으로 본다(「지방세법」 제7조제13항).

1) 신고·납부기한 내에 재분할에 의하여 취득한 경우

2) 상속회복청구의 소에 의한 법원의 확정판결에 의하여 상속인 및 상속재산에 변동이 있는 경우

3) 채권자대위권의 행사에 따라 공동상속인들의 법정상속분대로 등기된 상속재산을 상속인사이의 협의분할에 의해 재분할하는 경우

2. 부담부 증여의 경우

(1) 부담부 증여의 수증자는 증여세, 취득세, 인지세를 납부해야 한다.

(2) 부담부증여 시 수증자가 부담하는 채무액에 해당하는 부분은 그 자산이 유상으로 이전된 것으로 보아, 그 부분에 대해 양도소득세가 부과된다(「소득세법」 제88조제1호 후단).

(3) 증여자의 채무를 인수하는 부담부 증여의 경우에는 그 채무액에 상당하는 부분은 부동산등을 유상으로 취득하는 것으로 본다. 다만 배우자 또는 직계비속으로부터 부동산등의 부담부 증여의 경우에는 예외로 한다(「지방세법」 제7조제12항).

02 증여세

1. 증여세란

(1) "증여세"란 증여받은 재산을 과세물건으로 하여 부과되는 국세를 말한다(「상속세 및 증여세법」 제4조참조).

(2) 다른 사람의 증여로 농지를 취득하는 사람이 거주자(본점이나 주된 사무소의 소재지가 국내에 있는 비영리법인을 포함함)인 경우에는 증여세의 과세대상이 되는 모든 증여재산에 대하여 납세의무를 진다(「상속세 및 증여세법」 제4조의2제1항제1호).

2. 증여세 산정 순서

(1) 증여세과세가액의 산정(「상속세 및 증여세법」 제47조제1항)

> 증여재산가액의 합계액 − 해당 증여재산에 담보된 채무로서 수증자가 인수한 금액

(2) 증여세과세표준의 산정(「상속세 및 증여세법」 제53조부터 제55조까지)

> 증여세과세가액 − (증여재산공제 + 재해손실공제) − 감정평가수수료

(3) 증여세산출세액의 산정(「상속세 및 증여세법」 제56조)

> 증여세과세표준 × 과세표준별 세율

(4) 증여세 자진신고 납부세액의 산정[신고 후 자진납부 하는 경우(「상속세 및 증여세법」 제68조및제69조제2항)]

> (증여세산출세액 − 감면세액) − 신고세액공제

(5) 증여세 결정고지납부의 경우(「상속세 및 증여세법」 제76조및제77조)

> (증여세산출세액 − 감면세액) + 신고불성실가산세액 + 납부불성실가산세액

3. 증여세의 계산방법

(1) 증여세과세가액의 산정(「상속세 및 증여세법」 제47조제1항)

> 증여재산가액의 합계액 – 해당 증여재산에 담보된 채무로서 수증자가 인수한 금액

1) "증여세과세가액"이란 증여일 현재 「상속세 및 증여세법」의 규정에 의한 증여재산가액의 합계액에서 해당 증여재산에 담보된 채무로서 수증자가 인수한 금액을 차감한 금액으로 한다(「상속세 및 증여세법」 제47조제1항).

① "「상속세 및 증여세법」의 규정에 의한 증여재산가액의 합계액"이란 같은 법에서 신탁이익 및 보험금의 증여 등 증여재산에 포함되는 재산의 가액과 증여추정, 증여의제되는 재산의 가액을 합산한 금액을 말한다(「상속세 및 증여세법」 제33조부터 제45조까지).

> ※ 해당 증여일 전 10년 이내에 동일인(증여자가 직계존속인 경우에는 그 직계존속의 배우자를 포함)으로부터 받은 증여재산가액의 합계액이 1천만원 이상인 경우에는 그 가액이 증여세과세가액에 가산된다(「상속세 및 증여세법」 제47조제2항).
> ※ 배우자 간 또는 직계존비속 간의 부담부 증여에 대해서는 수증자가 증여자의 채무를 인수한 경우에도 해당 채무액은 수증자에게 채무가 인수되지 않은 것으로 추정된다 (「상속세 및 증여세법」 제47조제3항).
> ※ 「소득세법 시행령」 제107조제1항 각 호의 어느 하나에 해당하는 장애인이 부동산을 증여받고 신고기한까지 다음의 요건을 모두 갖춘 경우에는 그 증여받은 재산가액(그 장애인이 살아 있는 동안 증여받은 재산가액을 합친 금액을 말하며, 5억원을 한도로 함)을 증여세 과세가액에 산입하지 않는다 (「상속세 및 증여세법」 제52조의2제1항, 「상속세 및 증여세법 시행령」 제45조의2제1항 및 제3항제3호).
>   1. 증여받은 재산 전부를 「자본시장과 금융투자업에 관한 법률」에 따른 신탁업자에게 신탁하였을 것
>   2. 그 장애인이 신탁의 이익 전부를 받는 수익자일 것
>   3. 신탁기간이 그 장애인이 사망할 때까지로 되어 있을 것(다만, 장애인이 사망하기 전에 신탁기간이 끝나는 경우에는 신탁기간을 장애인이 사망할 때까지 계속 연장해야 함)

(2) 증여세과세표준의 산정(「상속세 및 증여세법」 제53조부터 제55조까지)

> 증여세과세가액 – (증여재산공제 + 재해손실공제) – 감정평가수수료

1) 증여세 과세표준은 증여과세가액에서 증여재산공제 및 재해손실공제를 한 금액으로 한다(「상속세 및 증여세법」 제53조부터 제55조까지).

① "증여재산공제"란 수증자가 배우자로부터 증여를 받은 경우에는 6억원, 직계존속 [수증자의 직계존속과 혼인(사실혼 제외)중인 배우자 포함]으로부터 증여를 받은 경우에는 5천만원(미성년자가 직계존속으로부터 증여를 받은 경우에는 2천만원), 직계비속(수증자와 혼인중인 배우자의 직계비속 포함)으로부터 증여를 받은 경우에는 5천만원, 그 밖의 친족으로부터 증여를 받은 경우에는 1천만원을 공제하는 것을 말한다(「상속세 및 증여세법」 제53조).

✓ 다만, 수증자를 기준으로 해당 증여 전 10년 이내에 공제받은 금액과 해당 증여에서 공제받을 금액의 합계액이 위의 공제금액을 초과하는 경우에 그 초과하는 부분을 공제되지 않는다.

② "재해손실공제"란 6월 이내에 화재・붕괴・폭발・환경오염사고 및 자연재해 등으로 인한 재난으로 인하여 증여재산이 멸실・훼손된 경우에는 그 손실가액을 증여세과세가액에서 공제한다. 다만, 그 손실가액에 대한 보험금 등의 수령 또는 구상권 등의 행사에 따라 해당 손실가액에 상당하는 금액을 보전받을 수 있는 경우에는 그 가액에서 공제하지 않는다(「상속세 및 증여세법」 제23조, 제54조 「상속세 및 증여세법 시행령」 제20조제1항).

③ "감정평가수수료"란 상속세 신고・납부를 위해 상속재산을 평가하는데 소요되는 수수료를 말한다(「상속세 및 증여세법」 제55조)

(3) **증여세산출세액의 산정**(「상속세 및 증여세법」 제56조)

> (증여세 과세표준 × 과세표준별 세율) − 누진공제액

(4) **증여세의 과세표준과 세율은 다음과 같다**(「상속세 및 증여세법」 제56조).

과세표준	세율	누진공제액
1억원 이하	10%	−
1억원 초과 5억원 이하	20%	1천만원
5억원 초과 10억원 이하	30%	6천만원
10억원 초과 30억원 이하	40%	1억 6천만원
30억원 초과	50%	4억 6천만원

(5) 증여세 자진신고 납부세액의 산정[신고 후 자진납부 하는 경우(「상속세 및 증여세법」 제68조 및 제69조제2항)]

> (증여세산출세액 − 감면세액) − 신고세액공제

1) 상속세 과세표준을 신고한 경우 증여세 자진신고 납부세액은 증여세산출세액에서 신고세액공제를 뺀 금액이다(「상속세 및 증여세법」 제69조제2항 및 제70조).

2) "신고세액공제"란 증여세과세표준을 신고한 경우에 증여세산출세액(직계비속에 대한 증여의 할증과세를 포함)에서 다음의 금액을 공제한 금액의 100분의 3에 상당하는 금액을 공제하는 것을 말한다(「상속세 및 증여세법」 제69조제2항).

   ① 농지가 「문화재보호법」에 의한 보호구역 안의 토지인 경우 징수를 유예받은 금액
   ② 「상속세 및 증여세법」또는 다른 법률의 규정에 따라 산출세액에서 공제 또는 감면되는 금액

※ 자경농민에 대한 증여세 감면

- 다음의 요건을 모두 충족하는 농지·초지·산림지 또는 축사(해당 농지·초지·산림지·어선·어업권·어업용 토지등 또는 축사용지를 영농조합법인 또는 영어조합법인에 현물출자하여 취득한 출자지분을 포함)를 농지 등의 소재지에 거주하면서 영농[양축(養畜) 및 영어(營漁)를 포함함]에 종사하는 직접 경작하는 거주자(이하 '자경농민'이라 함)에 종사하는 「조세특례제한법 시행령」 제68조제1항에서 정하는 거주자(이하 '자경농민등'이라 함)에게 2022년 12월 31일까지 증여하는 경우에는 해당 농지등의 가액에 대한 증여세의 100분의 100에 상당하는 세액을 감면한다(「조세특례제한법」 제71조제1항 및 「조세특례제한법 시행령」 제68조제4항).

  ✓ 직접 경작한 농지·초지·산림지 또는 축사
  ✓ 「국토의 계획 및 이용에 관한 법률」 제36조에 따른 주거지역·상업지역 및 공업지역 외에 소재하는 농지일 것
  ✓ 「택지개발촉진법」에 따른 택지개발지구나 「조세특례제한법 시행령」 별표 6의2에 따른 개발사업사업지구로 지정된 지역 외에 소재하는 농지일 것

- 다만 증여세를 감면받은 농지를 영농자녀등의 사망 등 다음과 같은 정당한 사유 없이 증여받은 날부터 5년 이내에 양도하는 경우에는 즉시 그 농지에 대한 증여세의 감면세액에 상당하는 금액을 징수한다(「조세특례제한법」 제71조제2항 및 「조세특례제한법 시행령」 제68조제5항).

  ✓ 「공익사업을 위한 토지 등의 취득 및 보상에 관한 법률」에 따른 협의매수·수용 및 그 밖의 법률에 따라 수용되는 경우

> - ✓ 국가·지방자치단체에 양도하는 경우
> - ✓ 「농어촌정비법」그 밖의 법률에 따른 환지처분에 따라 해당 농지가 농지로 사용될 수 없는 다른 지목으로 변경되는 경우
> - ✓ 영농자녀등이 「해외이주법」에 따른 해외이주를 하는 경우
> - ✓ 「소득세법」 제89조제1항제2호 및 「조세특례제한법」 제70조에 따라 농지를 교환·분합 또는 대토한 경우로서 종전 농지의 자경기간과 교환·분합 또는 대토 후의 농지의 자경기간을 합하여 8년 이상이 되는 경우
> - 또한 질병·취학 등 다음과 같은 정당한 사유 없이 해당 농지에서 직접 영농에 종사하지 않게 된 때에는 즉시 그 농지에 대한 증여세의 감면세액에 상당하는 금액을 징수한다(「조세특례제한법」 제71조제2항 및 「조세특례제한법 시행령」 제68조 제6항).
>   - ✓ 영농자녀등이 1년 이상의 치료나 요양을 필요로 하는 질병으로 인하여 치료나 요양을 하는 경우
>   - ✓ 영농자녀등이 「고등교육법」에 따른 학교 중 농업계열(영어의 경우는 제외)의 학교에 진학하여 일시적으로 영농에 종사하지 못하는 경우
>   - ✓ 「병역법」에 따라 징집되는 경우
>   - ✓ 「공직선거법」에 따른 선거에 의하여 공직에 취임하는 경우

3) 증여받은 재산의 가액은 증여 당시의 시가로 평가한다(「상속세 및 증여세법」 제60조).

> ※ 토지의 경우 「부동산 가격공시에 관한 법률」에 따른 개별공시지가로 한다. 다만, 개별공시지가가 없는 토지의 가액은 납세지 관할세무서장이 인근 유사 토지의 개별공시지가를 고려하여 「상속세 및 증여세법 시행령」 제50조제1항에서 정하는 방법으로 평가한 금액으로 하고, 지가가 급등하는 지역으로서 각종 개발사업 등으로 지가가 급등하거나 급등할 우려가 있는 지역으로서 국세청장이 지정한 지역의 토지 가액은 배율방법(倍率方法)으로 평가한 가액으로 한다(「상속세 및 증여세법」 제61조제1항 제1호, 「상속세 및 증여세법 시행령」 제50조제1항 및 제2항).

(5) 증여세 결정고지납부의 경우(「상속세 및 증여세법」 제76조 및 제77조)

(증여세산출세액 - 감면세액) + 신고불성실가산세액 + 납부불성실가산세액

1) 위에서 계산한 증여세산출세액에서 공제 또는 감면세액을 공제한 금액에 무신고, 과소신고, 초과신고, 납부·환급불성실의 경우(「국세기본법」 제47조의2부터 제47조의5까지)에 부과되는 가산세를 가산하여 증여세 결정고지납부의 세액이 결정된다.

4. 신고 후 자진납부하는 경우

(1) 증여세납세의무가 있는 사람은 증여받은 날이 속하는 달의 말일부터 3월 이내에 증여세의 과세가액 및 과세표준을 납세지관할세무서장에게 신고해야 한다(「상속세 및 증여세법」 제68조제1항).

- 이 경우 증여세과세표준의 계산에 필요한 증여재산의 종류·수량·평가가액 및 각종 공제 등을 입증할 수 있는 서류 등을 첨부한다(「상속세 및 증여세법」 제68조제2항).

(2) 증여세의 신고를 하는 사람은 신고기한(증여받은 날이 속하는 달의 말일부터 3월) 이내에 증여세 자진신고납부세액에 해당하는 금액을 납세지관할 세무서장·한국은행 또는 체신관세에 납부해야 한다(「상속세 및 증여세법」 제70조).

5. 결정고지를 통해 납부하는 경우

(1) 법정신고 기한 내에 과세표준신고서를 제출하지 않은 경우(즉, 예정신고나 확정신고를 하지 않은 경우)에는 산출세액의 100분의 20에 상당하는 금액의 일반 무신고 가산세액을 가산하여 납부해야 한다(「국세기본법」 제47조의2제1항제2호).

① 부정행위로 법정신고기한까지 세법에 따른 국세의 과세표준 신고를 하지 않은 경우에는 산출세액의 100분의 40(역외거래에서 발생한 부정행위인 경우에는 100분의 60)에 해당하는 금액의 부당무신고가산세액을 가산하여 납부해야 한다(「국세기본법」 제47조의2제1항제1호).

(2) 법정납부기한 내에 양도소득세를 납부하지 않거나 납부한 세액에 미달한 경우에는 납부지연가산세액을 가산하여 납부해야 한다(「국세기본법」 제47조의5제1항).

1) 납부지연가산세액의 계산방식은 다음과 같다(「국세기본법」 제47조의5제1항 및 「국세기본법 시행령」 제27조의4).

① 납부하지 아니한 세액 또는 미달한 세액 × 납부기한의 다음 날부터 자진납부일 또는 납부고지일까지의 기간 × 10000분의 3

6. 분납·연납 및 물납

(1) 자진납부할 세액이 1천만원을 초과하는 경우에는 납부할 세액의 일부를 납부기한 경과 후 2개월 이내에 나누어 낼 수 있다(「상속세 및 증여세법」 제70조제2항 및 「상속세 및 증여세법 시행령」 제66조제2항).

1) 납부할 세액이 2천만원 이하인 경우 : 1천만원을 초과하는 금액

2) 납부할 세액이 2천만원을 초과하는 경우 : 납부할 세액의 2분의 1 이하의 금액

(2) 납부할 세액이 2천만원을 초과하는 경우에는 세무서에 담보를 제공하고 각 회분 분납세액이 1천만원을 초과하도록 연부연납기간을 정하여 나누어 낼 수 있다(「상속세 및 증여세법」 제71조).

(3) 증여받은 농지의 가액이 전체 재산가액의 2분의 1을 초과하고 납부세액이 2천만원을 초과하는 경우에는 증여받은 농지로 세금을 낼 수 있다(「상속세 및 증여세법」 제73조제1항제1호).

> ※ 신고에 사용되는 서식은 국세청 홈페이지에서 확인할 수 있다.

03 취득세

1. 취득세란

(1) "취득세"란 부동산의 취득에 대해 해당 부동산의 소재지인 지방자치단체(특별시·광역시·도)에서 그 취득자에게 부과하는 지방세를 말하며, 취득세의 산정은 다음과 같다(「지방세기본법」 제8조, 「지방세법」 제7조제1항 및 제8조제1항제1호).

> 취득세 = 농지의 취득 당시의 가액 × 취득세의 표준세율

(2) 취득세는 과세물건을 취득하는 때에 그 납세의무가 성립한다(「지방세기본법」 제34조제1항제1호).

(3) 취득세의 과세표준은 취득 당시의 가액으로 하며, 다만 연부(年賦)로 취득하는 경우에는 연부금액(매회 사실상 지급되는 금액을 말하며, 취득금액에 포함되는 계약보증금을 포함함)으로 한다(「지방세법」 제10조제1항).

 1) 취득 당시의 가액은 취득자가 신고한 가액으로 하며, 다만 신고 또는 신고가액의 표시가 없거나 그 신고가액이 「지방세법」 제4조에서 정하는 시가표준액보다 적을 때에는 그 시가표준액으로 한다(「지방세법」 제10조제2항).

(4) 증여를 통해 농지를 취득하는 경우 취득세의 표준세율은 취득물건의 가액 또는 연부금액의 1,000분의 35로 한다(「지방세법」 제11조제1항제2호 본문).

1) 다만, 다음의 비영리사업자의 경우에는 1000분의 28로 한다(「지방세법」 제11조제1항 제2호 단서 및 「지방세법 시행령」 제22조).

   ① 종교 및 제사를 목적으로 하는 단체
   ② 「초·중등교육법」「고등교육법」에 따른 학교, 「경제자유구역 및 제주국제자유도시의 외국교육기관 설립·운영에 관한 특별법」또는 「기업도시개발 특별법」에 따른 외국교육기관을 경영하는 자 및 「평생교육법」에 따른 교육시설을 운영하는 평생교육단체
   ③ 「사회복지사업법」에 따라 설립된 사회복지법인
   ④ 「지방세특례제한법」 제22조제1항에 따른 사회복지법인등
   ⑤ 「정당법」에 따라 설립된 정당

2) 지방자치단체의 장은 조례로 정하는 바에 따라 취득세의 세율을 표준세율의 100분의 50의 범위에서 가감할 수 있다(「지방세법」 제14조).

2 신고·납부하는 경우

(1) 취득세 과세물건을 취득한 사람은 농지를 취득한 날(토지거래계약에 관한 허가구역에 있는 토지를 취득하는 경우로서 토지거래계약에 관한 허가를 받기 전에 거래대금을 완납한 경우에는 그 허가일이나 허가구역의 지정 해제일 또는 축소일을 말함)부터 60일 이내에 해당 시장·군수 또는 구청장에게 과세표준에 따라 산출한 세액을 신고하고 납부해야 한다. 이때 그 취득이 상속으로 인한 경우는 상속개시일부터, 실종으로 인한 경우는 실종선고일부터 각각 6개월(외국에 주소를 둔 상속인이 있는 경우에는 각각 9개월) 이내에 신고하고 납부하면 된다(「지방세법」 제20조제1항).

(2) 취득세를 신고하려는 사람은 취득세신고서[주택 취득을 원인으로 신고하려는 경우에는 부표를 포함(「지방세법 시행규칙」 별지 제3호서식)]에 다음 1.의 서류 및 2.부터 5.까지의 서류 중 해당되는 서류를 첨부하여 납세지를 관할하는 특별자치시장·특별자치도지사·시장·군수 또는 구청장(이하 "시장·군수·구청장"이라 함)에게 신고해야 한다(「지방세법 시행령」 제33조제1항 및 「지방세법 시행규칙」 제9조제1항).

1) 매매계약서, 증여계약서, 부동산거래계약 신고필증 또는 법인 장부 등 취득가액 및 취득일 등을 증명할 수 있는 서류 사본 1부
2) 「지방세특례제한법 시행규칙」 별지 제1호서식의 지방세 감면 신청서 1부
3) 「지방세법 시행규칙」 별지 제4호서식의 취득세 납부서 납세자 보관용 영수증 사본 1

4) 「지방세법 시행규칙」 별지 제8호서식의 취득세 비과세 확인서 1부

5) 근로소득 원천징수영수증 또는 소득금액증명원 1부

(3) 취득세를 납부하려는 사람은 취득세 납부서 납세자 보관용 영수증(「지방세법 시행규칙」 별지 제4호서식)으로 해당 지방자치단체의 금고 또는 지방세수납대행기관(「지방회계법 시행령」 제49조제1항 및 제2항에 따라 지방자치단체 금고업무의 일부를 대행하는 금융회사 등을 말함)에 납부해야 한다(「지방세법 시행령」 제33조제3항 및 「지방세법 시행규칙」 제9조제2항).

3. 신고·납부지연에 대한 가산세

(1) 다음의 어느 하나에 해당하는 경우 산출세액 또는 그 부족세액에 「지방세기본법」 제53조부터 제55조까지에 따른 무신고가산세 또는 과소신고가산세와 납부지연가산세를 합한 금액을 세액으로 하여 보통징수의 방법으로 부과·징수한다(「지방세법」 제21조제1항).

1) 취득세 납세의무자가 「지방세법」 제20조에 따른 신고 또는 납부의무를 다하지 아니한 경우

2) 「지방세법」 제10조제5항부터 제7항까지의 규정에 따른 과세표준이 확인된 경우

4. 자경농민에 대한 취득세 경감

(1) 자경농민이 다음의 요건 모두를 갖추고 직접 경작할 목적으로 취득하는 농지(「지방세법」 제11조제1항제1호가목 및 같은 항 제7호가목에 따른 세율을 적용받는 농지로서 논, 밭, 과수원 및 목장용지를 말함) 및 관계 법령에 따라 농지를 조성하기 위해 취득하는 임야에 대하여는 취득세의 100분의 50을 경감한다(「지방세특례제한법」 제6조제1항 본문, 「지방세특례제한법 시행령」 제3조제1항 및 제2항).

1) 농지 및 임야의 소재지가 「국토의 계획 및 이용에 관한 법률」에 따른 도시지역(개발제한구역과 녹지지역은 제외) 외의 지역일 것

2) 농지 및 임야를 취득하는 사람의 주소지가 농지 및 임야의 소재지인 특별자치시·특별자치도시·군·구(자치구를 말함. 이하 "시·군·구"라 함) 또는 그 지역과 잇닿아 있는 시·군·구 지역이거나 농지 및 임야의 소재지로부터 20킬로미터 이내의 지역일 것

3) 소유 농지 및 임야(도시지역 안의 농지 및 임야 포함)의 규모가 새로 취득하는 농지 및 임야를 합하여 논·밭·과수원은 3만제곱미터(「농지법」에 따라 지정된 농업진흥

지역 안의 논·밭·과수원의 경우에는 20만제곱미터), 목장용지는 25만제곱미터, 임야는 30만제곱미터 이내일 것. 이 경우 초과부분이 있을 때에는 그 초과부분만을 경감대상에서 제외

> ※ "자경농민"이란 ①「지방세법 시행령」제21조에 따른 농지의 소재지인 시·군·구 및 그와 잇닿아 있는 시·군·구 또는 농지의 소재지로부터 20킬로미터 이내의 지역에 거주하면서 직전연도 농업 외의 종합소득금액이 3천7백만원 미만인 농지소유자 또는 농지를 임차하여 경작한 사람과 그 배우자[「주민등록법」제7조에 따른 세대별 주민등록표(이하 "세대별 주민등록표"라 함)에 함께 기재되어 있는 경우로 한정함] 중의 1명 이상이 취득일 현재 직접 2년 이상 영농에 종사한 사람, ② 후계농업경영인, ③ 농업계열 학교 또는 학과의 이수자·재학생 등을 말한다(「지방세특례제한법」제6조제1항 본문, 「지방세특례제한법 시행령」제3조제1항 및 「농업·농촌 공익기능 증진 직접지불제도 운영에 관한 법률 시행령」제6조제1항).

(2) 다만, 정당한 사유 없이 그 취득일부터 2년이 경과할 때까지 자경농민으로서 농지를 직접 경작하지 않거나 농지조성을 시작하지 않는 경우 또는 해당 농지를 직접 경작한 기간이 2년 미만인 상태에서 매각·증여하거나 다른 용도로 사용하는 경우 그 해당 부분에 대하여는 경감된 취득세를 추징한다(「지방세특례제한법」제6조제1항 단서).

04 인지세

1. 인지세란

"인지세"란 국내에서 부동산 취득과 관련하여 계약서 그 밖의 이를 증명하는 증서를 작성하는 경우 납부해야 하는 세금을 말한다(「인지세법」제1조).

2. 납부방법

국내에서 농지 취득과 관련하여 계약서 그 밖의 이를 증명하는 증서를 작성하는 경우 증서의 기재금액별 인지세액에 상당하는 수입인지를 구입하여 증서에 붙이고 인장 또는 서명으로 소인(消印)한다.

3. 인지세액

농지와 같은 부동산 소유권 이전에 대한 증서(소유권이전에 관한 등기 또는 등록신청시에 제출하는 계약서 등 등기원인 서류)의 기재금액별 인지세액은 다음과 같다(「인지세법」제3조「인지세법 시행규칙」제3조).

기재금액	세액
1천만원 초과~3천만원 이하	2만원
3천만원 초과~5천만원 이하	4만원
5천만원 초과~1억원 이하	7만원
1억원 초과~10억원 이하	15만원
10억원 초과	35만원

※ 이때 부동산의 소유권 이전에 관한 증서의 기재금액은 그 이전(移轉)의 대가액을 말하며, 이전과 관련된 비용은 포함되지 않는다(「인지세법 시행규칙」 제8조제1호).

05 농어촌특별세

1. 농어촌특별세

(1) 「지방세법」・「지방세특례제한법」・「조세특례제한법」에 따라 감면을 받는 취득세의 감면세액에 100분의 20을 곱하여 계산한 금액과 (2) 「지방세법」 제11조에 따른 표준세율을 100분의 2로 적용하여 「지방세법」・「지방세특례제한법」・「조세특례제한법」에 따라 산출한 취득세액에 100분의 10을 곱하여 계산한 금액을 농어촌특별세로 납부한다(「농어촌특별세법」 제5조제1항제1호 및 제6호).

06 국민신문고

1. 영농자녀의 증여세 감면에 대하여

> ✅ **질의**
> 부친과 같이 살면서 농사를 짓고 있는데 농지를 증여받을때 증여세가 감면된다는데 .. 설명을 해 주세요.
>
> ✅ **답변**
> 평소 국세행정에 관심을 가져 주신데 감사드립니다.
> 자경농민이 영농자녀에게 농지 등을 2011. 12. 31.까지 증여하고 증여세 과세표준 신고기한까지 감면신청을 하는 경우 증여세를 감면합니다.(5년간 1억원 한도)
> - **자경농민**: 당해 농지 등이 소재하는 시.군.구(자치구)나 이와 연접한 시.군.구(자치구)또는 해당 농지로부터 20㎞ 이내에 거주하면서 증여일로부터 소급하여 3년 이상 계속하여 직접 영농에 종사하고 있는 농민.

- 영농자녀: 위 자경농민의 요건을 갖춘 만18세 이상의 직계비속.
- 농지등의 범위 : 농지(29,700㎡ 이내), 초지(148,500㎡ 이내), 산림지(297,000㎡ 이내), 영농조합법인 출자지분 포함.

이상입니다.

오늘도 즐거운 하루 되시기 바랍니다. 감사합니다.

◎ 출처

국세청 광주지방국세청 광주세무서 납세자보호담당관 (☎ 062-605-0214)

2. 영농자녀가 증여받는 농지등에 대한 증여세의 감면

◎ 질의

안녕하세요?저는 회사에 다니고 있는 근로자입니다. 아버지가 연로하시어 아버지가 수년간 농사를 짓고 있던 농지를 증여받아 농사를 경작하려고 하는데 농지 증여세 감면을 받을 수 있는지 긍금합니다.증여세 감면요건(예규 및 판례포함) 및 감면 신청시 제출할 서류 등에 대하여 자세히 설명하여 주시면고맙겠습니다.답변부탁드립니다.

◎ 답변

항상 국세행정에 협조와 관심을 가져 주신데 대하여 감사를 드립니다.

농지등 증여세 감면 규정인 조세특례제한법에 대하여 말씀드리겠습니다.

(조세특례제한법 제71조) 농지등 증여세 감면 규정를 보면

제1항 감면요건

1. 다음 각 목의 어느 하나에 해당하는 농지등

   가. 농지 :「지방세법」에 따라 농업소득세(비과세・감면 및 소액부징수 포함) 과세대상이 되는 농지로서 2만9천700제곱미터 이내의 것

   나. 초지 :「초지법」에 따른 초지로서 14만8천500제곱미터 이내의 것

2.「국토의 계획 및 이용에 관한 법률」제36조의 규정에 따른 주거지역・상업지역 및 공업지역 외에소재하는 농지등

제2항 사후관리

제1항의 규정에 따라 증여세를 감면받은 농지등을 영농자녀의 사망등 대통령령이 정하는 정당한 사유없이 증여받은 날부터 5년 이내에 양도하거나 질병・취학 등 대통령령이 정하는 정당한 사유없이 해당농지등에서 직접 영농에 종사하지 아니하게 된 때에는 즉시 그 농지등에 대한 증여세의 감면세액에 상당하는 금액을 징수한다.

(조세특례제한법시행령 제68조)

제1항 법 제71조제1항 각 호 외의 부분에서 '대통령령이 정하는 거주자'라 함은 다음 각 호의 요건을 모두 갖춘자를 말한다.

1. 법 71조제1항 각 호 외의 부분에 따른 농지등9이하 이조에서 '농지등'이라 한다) 이 소재하는 시·군·구(자치구) 또는 그와 연접한 시·군·구에 거주할 것
2. 농지등의 증여일부터 소급하여 3년 이상 계속하여 직접 영농에 종사하고 있을 것

제3항 법 71조제1항 각 호 외의 부분에서 '대통령령이 정하는 직계비속'이라 함은 다음 각 호의 어느하나에 해당하는 자를 말한다.

1. 다음 각 목의 요건을 모두 갖춘 재경경제부령이 정하는 영농 및 임업후계자
   가. 농지등의 증여일 현재 만18세 이상인 직계비속일 것
   나. 농지등이 소재하는 시·군·구 또는 그와 연접한 시·군·구에 거주할 것
2. 제1호외의 자로서 다음 각 목의 요건을 모두 갖춘 자
   가. 농지등의 증여일 현재 만18세 이상인 직계비속일 것
   나. 농지등이 소재하는 시·군·구 또는 그와 연접한 시·군·구에 거주할 것
   다. 농지등의 증여일부터 소급하여 3년이상 계속하여 직접 영농에 종사하고 있을 것

제9항 : 세액감면신청시 제출할 서류

1. 세액감면신청서
2. 자경농민 및 영농자녀의 농업소득세 납세증명서 또는 영농사실을 확인할 수 있는 서류
3. 해당 농지등 취득시의 매매계약서 사본
4. 해당 농지등에 대한 증여계약서 사본
5. 증여받은 농지등의 명세서
6. 해당 농지등을 영농조합법인에 현물출자한 경우에는 영농조합법인에 출자한 증서
7. 증여받은 농지등의 토지이용계획 확인서

예규 및 판례

(심사증여 2006-70. 2006.12.26)
농업을 주업으로 하지 아니하고 다른 직업에 종사하면서 농업을 부업으로 하는 자는 영농자녀에 포함되지 아니함

(대법원 2007두23804. 2008.01.17)
증여세를 면제받기 위하여는 증여받는 직계비속이 영농에 종사하여야 하고, 증여받는 직계비속이 다른 직업에 전념하면서 증여자의 농업을 간접적으로 도운 것에 불과한 경우에는 앞서 본 영농자녀에 해당한다고 볼 수 없다고 할 것임

※ 관련 예규는 국세청홈페이지 국세법령정보시스템에서 검색하실 수 있다.

기타 세금과 관련된 궁금한 사항이 있으면 경우 세미래콜센터(국번없이 126)나 국세청홈페이지(http;//nts.go.kr)를 이용하면 도움을 받을수 있습니다.

고객님께 항상 행복과 건강이 함께 하시길 기원합니다.

감사합니다.

3. 증여받은 농지의 감면요건

✓ 질의

농지를 아버지로부터 2010.3.15.증여받았는데 감면요건중 거주지에서 증여받은 농지의거리제한이 있다고 들었는데 이에 대하여 구체적인 설명을 하여 주시기 바랍니다.

✓ 답변

안녕하십니까?

항상 국세행정에 관심을 가져 주신데 대하여 감사드립니다.

영농자녀가 증여받은 농지 등의 감면규정은 조세특례제한법 제15조 제2항의 규정에 의거 영농자녀 요건으로 만 18세이상의 직계비속일것, 농지등이 소재하는시·군·구에 거주할 것, 또는 2008.2.22.이후 증여분부터는 해당농지로부터 직선거리 20킬로미터 이내에 거주할 것, 농지등의 증여일로부터 소급하여 3년이상 직접영농에 종사하여야 할 것 등 위 요건이 충족되어야 감면받을 수 있습니다.

그리고 증여받은 날로부터 5년이내에 양도하거나 해당농지에서 직접영농에 종사하지 아니한 때에는 증여세의 감면세액에 상당하는 금액을 추징하도록 규정되어 있습니다.

이에 대하여 궁금하신 사항이나 문의는 세미래콜센터(국번없이126번)나 국세청고객만족센터에 문의하시면 많은 도움이 될 것 같습니다.

고객님께서 항상 건강과 행복이 함께 하시길 기원합니다.

✓ 출처

국세청 대전지방국세청 논산세무서 납세자보호담당관 (☎ 041-730-8211)

Ⅳ 상속 관련 세금

01 상속세

1. 상속세의 정의

(1) "상속세"란 자연인의 사망을 계기로 무상으로 이전되는 재산에 대하여 그 재산의 취득자에게 과세되는 조세를 말한다.

(2) 상속인은 상속세의 납부의무자가 되며, 「상속세 및 증여세법」의 상속인에는 「민법」상 상속인 뿐 아니라 이 밖에도 수유자·사인증여의 수유자(受遺者) 및 상속재산을 분여받은 특별연고자도 포함된다(「상속세 및 증여세법」 제1조제1항 및 제3조의2).

> ※ '수유자'란 유증을 받은 자, 사인증여에 의하여 재산을 취득한 자, 유언대용신탁 및 수익자연속신탁에 의하여 신탁의 수익권을 취득한 자를 말한다(「상속세 및 증여세법」 제2조제5호).

(3) 상속세의 납세의무는 상속을 개시하는 때에 성립하는데, 상속개시 시점은 피상속인이 사망한 때이다(「상속세 및 증여세법」 제2조제2호).

> ※ 다른 세금과 달리 상속세는 농지를 포함한 전체적인 상속재산을 합산하여 결정하는 것이다.

2. 상속세 산정순서

(1) 상속재산의 범위산정(「상속세 및 증여세법」 제8조부터 제10조까지)

> 본래의 상속재산 + 상속간주재산

(2) 상속세과세가액의 산정(「상속세 및 증여세법」 제13조부터 제15조까지)

> 상속재산(공과금 + 장례비용 + 채무) + (사전증여재산 + 상속추정재산)

(3) 상속세과세표준의 산정(「상속세 및 증여세법」 제18조부터 제25조까지)

> 상속세과세가액 – 상속공제 – 감정평가수수료

(4) 상속세산출세액의 산정(「상속세 및 증여세법」 제26조)

> 상속세과세표준 × 과세표준별 세율

(5) 상속세 자진신고 납부세액의 산정[신고 후 자진납부 하는 경우(「상속세 및 증여세법」 제67조및제69조제1항)]

> 상속세산출세액 - 신고세액공제

(6) 상속세 결정고지납부의 경우(「상속세 및 증여세법」 제76조및제77조)

> (상속세산출세액 공제·감면세액) + 신고불성실가산세액 + 납부불성실가산세액

3. 상속세의 계산방법

(1) 상속재산의 범위산정(「상속세 및 증여세법」 제7조부터 제10조까지)

> 본래의 상속재산 + 상속간주재산

1) 상속재산에는 본래의 상속재산과 간주재산이 포함된다(「상속세 및 증여세법」 제7조부터 제10조까지).

① "본래의 상속재산"이란 상속개시일 현재 피상속인이 소유하고 있던 재산으로서 금전으로서 재산적 가치가 있는 법률상 또는 사실상 권리를 말한다(「상속세 및 증여세법」 제7조제1항).

② "상속간주재산"이란 상속재산으로 보는 다음과 같은 보험금, 신탁재산, 퇴직금 등을 의미한다.

- ✓ 피상속인의 사망으로 인해 받게 되는 생명보험금 또는 손해보험금(「상속세 및 증여세법」 제8조제1항제2호)
- ✓ 피상속인이 신탁한 재산과 신탁으로 인해 피상속인이 받는 이익(「상속세 및 증여세법」 제9조)
- ✓ 피상속인의 사망으로 인해 지급받는 퇴직금 등(「상속세 및 증여세법」 제10조)

(2) 상속세 과세가액의 산정(「상속세 및 증여세법」 제13조부터 제15조까지)

> 상속재산 − (공과금 + 장례비용 + 채무) + (사전증여재산 + 상속추정재산)

1) "상속세 과세가액"이란 상속재산의 가액에서 공과금, 장례비용 및 채무를 차감한 후 사전증여재산가액을 가산한 금액으로 한다(「상속세 및 증여세법」 제13조).

① "공과금"이란 상속개시일 현재 피상속인이 납부할 의무가 있는 것으로서 상속인에게 승계된 조세·공공요금 그 밖에 이와 유사한 것을 말한다(「상속세 및 증여세법」 제14조제1항 및 「상속세 및 증여세법 시행령」 제9조제1항).

② "장례비용"이란 다음의 금액을 합한 것을 말한다(「상속세 및 증여세법」 제14조제1항 및 「상속세 및 증여세법 시행령」 제9조제2항).
- ✓ 피상속인의 사망일부터 장례일까지 장례에 직접 소요된 금액
- ✓ 납골시설의 사용에 소요된 금액

③ "채무"란 상속개시 당시 피상속인이 부담해야 할 채무로서 상속인이 실제로 부담하는 사실이 다음의 방법에 의해 증명되는 것을 말한다(「상속세 및 증여세법」 제14조제1항 및 「상속세 및 증여세법 시행령」 제10조제1항).
- ✓ 국가, 지방자치단체 및 금융회사 등에 대한 채무는 해당 기관에 대한 채무임을 확인할 수 있는 서류
- ✓ 그 밖의 채무는 채무부담계산서, 채권자확인서, 담보설정 및 이자지급에 관한 증빙 등에 따라 그 사실을 확인할 수 있는 서류

④ "사전증여재산"이란 「상속세 및 증여세법」에서는 사전증여를 통해 상속세를 회피하지 못하도록 하기 위해 상속재산가액에 가산하는 다음과 같은 재산을 말한다(「상속세 및 증여세법」 제13조제1항).
- ✓ 상속개시일전 10년 이내에 피상속인이 상속인에게 증여한 재산가액
- ✓ 상속개시일전 5년 이내에 피상속인이 상속인이 아닌 자에게 증여한 재산가액

⑤ "상속추정재산"이란 피상속인이 그 재산을 처분하였거나 채무를 부담한 경우로서 다음의 어느 하나에 해당하는 경우에 이를 상속받은 것으로 추정하는 재산을 말한다(「상속세 및 증여세법」 제15조제1항).
- ✓ 피상속인이 재산을 처분하여 받거나 피상속인의 재산에서 인출한 금액이 재산 종류별로 사망하기 전 1년 이내에 2억원 이상인 경우와 사망하기 전 2년 이내에

　　　5억원 이상인 경우로서 용도가 객관적으로 명백하지 않은 경우(「상속세 및 증여세법」 제15조제1항제1호)

　　✓ 피상속인이 부담한 채무의 합계액이 사망하기 전 1년 이내에 2억원 이상인 경우와 2년 이내에 5억원 이상인 경우로서 용도가 객관적으로 명백하지 않은 경우(「상속세 및 증여세법」 제15조제1항제2호)

(3) **상속세과세표준의 산정**(「**상속세 및 증여세법**」 **제18조부터 제25조까지**)

> 상속세과세가액 − 상속공제 − 감정평가수수료 − 재해손실공제

1) "**상속세의 과세표준**"이란 상속세과세가액에서 상속공제액, 감정평가수수료 및 재해손실가액을 차감한 금액을 말한다(「상속세 및 증여세법」 제25조).

2) "**상속공제**"는 다음의 공제를 말한다(「상속세 및 증여세법」 제18조부터 제24조까지).

　① **기초공제** : 2억원을 공제하되 가업상속 및 영농상속의 경우에는 추가 공제함(「상속세 및 증여세법」 제18조)

　② **배우자상속공제** : 배우자가 실제 상속받은 금액을 공제함(「상속세 및 증여세법」 제19조)

　③ **그 밖의 인적공제** : 자녀공제, 미성년자공제, 60세 이상인자에 대한 공제, 장애인공제(「상속세 및 증여세법」 제20조제1항)

> ※ 다만, 기초공제 2억원과 그 밖의 인적공제(배우자, 자녀, 미성년자, 60세 이상인자, 장애인)의 합계금액을 항목별로 공제받는 대신에 일괄적으로 5억원을 공제받을 수도 있다(「상속세 및 증여세법」 제21조).

　④ **금융재산상속공제**(「상속세 및 증여세법」 제22조)

　"**감정평가 수수료**"란 상속세 신고・납부를 위해 상속재산을 평가하는데 드는 수수료를 말한다(「상속세 및 증여세법」 제25조 「상속세 및 증여세법 시행령」 제20조의3).

3) "**재해손실공제**"란 6월 이내에 화재・붕괴・폭발・환경오염사고 및 자연재해 등으로 인한 재난으로 인하여 상속재산이 멸실・훼손된 경우에는 그 손실가액을 증여세과세가액에서 공제한다. 다만, 그 손실가액에 대한 보험금 등의 수령 또는 구상권 등의 행사에 따라 해당 손실가액에 상당하는 금액을 보전받을 수 있는 경우에는 그 가액에서 공제하지 않는다(「상속세 및 증여세법」 제23조 「상속세 및 증여세법 시행령」 제20조제1항).

※ 상속공제를 할 금액은 상속세과세가액에서 다음에 해당하는 가액을 차감한 잔액을 한도로 한다(「상속세 및 증여세법」 제24조).

① 선순위 상속인이 아닌 자에게 유증 등을 한 재산의 가액
② 선순위 상속인의 상속포기로 그 다음 순위의 상속인이 상속받은 재산의 가액
③ 상속세과세가액에 가산한 증여재산가액[증여재산공제(「상속세 및 증여세법」 제53조 또는 제54조의 규정)에 의해 공제받은 금액이 있는 경우에는 그 증여재산가액에서 이를 차감한 가액을 말함]

(4) **상속세산출세액의 산정**(「상속세 및 증여세법」 제26조)

(상속세 과세표준 × 과세표준별 세율) − 누진공제액

1) 상속세의 과세표준과 세율은 다음과 같다(「상속세 및 증여세법」 제26조).

과세표준	세율	누진공제액
1억원 이하	10%	−
1억원 초과 5억원 이하	20%	1천만원
5억원 초과 10억원 이하	30%	6천만원
10억원 초과 30억원 이하	40%	1억 6천만원
30억원 초과	50%	4억 6천만원

2) 상속인 또는 수유자가 피상속인의 자녀를 제외한 직계비속인 경우에는 상속세산출세액에 상속재산 중 그 상속인 또는 수유자가 받았거나 받을 재산이 차지하는 비율을 곱하여 계산한 금액의 100분의 30(피상속인의 자녀를 제외한 직계비속이면서 미성년자에 해당하는 상속인 또는 수유자가 받았거나 받을 상속재산의 가액이 20억원을 초과하는 경우에는 100분의 40)에 상당하는 금액을 가산한다. 다만, 대습상속(代襲相續)의 경우에는 제외된다(「상속세 및 증여세법」 제27조).

3) 상속받은 재산의 가액은 상속개시 당시의 시가로 평가한다(「상속세 및 증여세법」 제60조).

※ 토지의 경우 「부동산 가격공시에 관한 법률」에 따른 개별공시지가로 한다. 다만, 개별공시지가가 없는 토지의(구체적인 판단기준은 「상속세 및 증여세법 시행령」으로 정함) 가액은 납세지 관할세무서장이 인근 유사 토지의 개별공시지가를 고려하여

> 「상속세 및 증여세법 시행령」 제50조제1항에서 정하는 방법으로 평가한 금액으로 하고, 지가가 급등하는 지역으로서 각종 개발사업 등으로 지가가 급등하거나 급등할 우려가 있는 지역으로서 국세청장이 지정한 지역의 토지 가액은 배율방법(倍率方法)으로 평가한 가액으로 한다(「상속세 및 증여세법」 제61조제1항제1호, 「상속세 및 증여세법 시행령」 제50조제1항 및 제2항).

4. 신고후 자진납부하는 경우

(1) 상속세 납부의무가 있는 상속인 또는 수유자는 상속개시일이 속하는 달의 말일부터 6월 이내에 상속세의 과세표준가액 및 과세표준을 관할 세무서장에게 신고해야 한다(「상속세 및 증여세법」 제67조제1항).

(2) 상속세의 신고를 하는 사람은 신고기한(상속개시일이 속하는 달의 말일부터 6월) 이내에 납세지 관할 세무관서·한국은행 또는 체신관서에 납부해야 한다(「상속세 및 증여세법」 제70조).
이 경우 상속세과세표준의 계산에 필요한 상속재산의 종류·수량·평가가액·재산분할 및 각종 공제 등을 입증할 수 있는 서류를 첨부해야 한다(「상속세 및 증여세법」 제67조제2항).

5. 결정고지를 통해 납부하는 경우

(1) 법정신고 기간 내에 과세표준신고서를 제출하지 않은 경우(즉, 예정신고나 확정신고를 하지 않은 경우)에는 산출세액의 100분의 20에 상당하는 금액의 일반 무신고 가산세액을 가산하여 납부해야 한다(「국세기본법」 제47조의2제1항제2호).

1) 부정행위로 법정신고기한까지 세법에 따른 국세의 과세표준 신고를 하지 않은 경우에는 산출세액의 100분의 40(역외거래에서 발생한 부정행위인 경우에는 100분의 60)에 해당하는 금액의 부당무신고가산세액을 가산하여 납부해야 한다(「국세기본법」 제47조의2제1항제1호).

(2) 법정납부기한 내에 양도소득세를 납부하지 않거나 납부한 세액에 미달한 경우에는 납부지연가산세액을 가산하여 납부해야 한다(「국세기본법」 제47조의5제1항).

1) 납부지연가산세액의 계산방식은 다음과 같다(「국세기본법」 제47조의5제1항 및 「국세기본법 시행령」 제27조의4).

① 납부하지 아니한 세액 또는 미달한 세액 × 납부기한의 다음 날부터 자진납부일 또는 납부고지일까지의 기간 × 10000분의 3

6. 분납·연납 및 물납

(1) 분납할 수 있는 세액은 다음과 같다(「상속세 및 증여세법 시행령」 제66조제2항).

 1) 납부할 세액이 2천만원 이하인 경우 : 1천만원을 초과하는 금액

 2) 납부할 세액이 2천만원을 초과하는 경우 : 납부할 세액의 2분의 1 이하의 금액

(2) 납부할 세액이 2천만원을 초과하는 경우에는 세무서에 담보를 제공하고 각 회분 분납세액이 1천만원을 초과하도록 연부연납기간을 정하여 나누어 낼 수 있다(「상속세 및 증여세법」 제71조).

(3) 상속받은 농지의 가액이 전체 재산가액의 2분의 1을 초과하고 납부세액이 2천만원을 초과하는 경우에는 상속을 받은 농지로 세금을 낼 수 있다(「상속세 및 증여세법」 제73조제1항제1호).

> ※ 상속세의 비과세
> 전쟁 또는 공무의 수행 중 사망하거나 해당 전쟁 또는 공무의 수행 중 입은 부상 또는 그로 인한 질병으로 사망하여 상속이 개시되는 경우에는 상속세를 부과하지 않는다(「상속세 및 증여세법」 제11조). 또한 다음의 재산에 대해서도 상속세를 부과하지 않는다(「상속세 및 증여세법」 제12조).
> - 국가, 지방자치단체, 그 밖에 공공단체에 유증(유언에 의한 증여)한 재산
> - 문화재보호구역 안의 토지
> - 분묘에 속한 9,900 제곱미터 이내의 금양임야(禁養林野)와 1,980제곱미터 이내의 묘토인 농지로 그 한도액이 2억원 이내인 경우

02 취득세

1. 취득세란

(1) "취득세"란 부동산의 취득에 대해 해당 부동산의 소재지인 지방자치단체(특별시·광역시·도)에서 그 취득자에게 부과하는 지방세를 말하며, 취득세의 산정은 다음과 같다(「지방세기본법」 제8조, 「지방세법」 제7조제1항 및 제8조제1항제1호).

> 취득세 = 농지의 취득 당시의 가액 × 취득세의 표준세율

(2) 취득세는 과세물건을 취득하는 때에 그 납세의무가 성립한다(「지방세기본법」 제34조제1항제1호).

(3) 취득세의 과세표준은 취득 당시의 가액으로 하며, 다만 연부(年賦)로 취득하는 경우에는 연부금액(매회 사실상 지급되는 금액을 말하며, 취득금액에 포함되는 계약보증금을 포함함)으로 한다(「지방세법」 제10조제1항).

　1) 취득 당시의 가액은 취득자가 신고한 가액으로 하며, 다만 신고 또는 신고가액의 표시가 없거나 그 신고가액이 「지방세법」 제4조에서 정하는 시가표준액보다 적을 때에는 그 시가표준액으로 한다(「지방세법」 제10조제2항).

(4) 상속을 통해 농지를 취득하는 경우 취득세의 표준세율은 취득물건의 가액 또는 연부금액의 1,000분의 23으로 한다(「지방세법」 제11조제1항제1호가목).

　1) 지방자치단체의 장은 조례로 정하는 바에 따라 취득세의 세율을 표준세율의 100분의 50의 범위에서 가감할 수 있다(「지방세법」 제14조).

2. 신고·납부하는 경우

(1) 취득세 과세물건을 취득한 사람은 농지를 취득한 날(토지거래계약에 관한 허가구역에 있는 토지를 취득하는 경우로서 토지거래계약에 관한 허가를 받기 전에 거래대금을 완납한 경우에는 그 허가일이나 허가구역의 지정 해제일 또는 축소일을 말함)부터 60일 이내에 해당 시장·군수 또는 구청장에게 과세표준에 따라 산출한 세액을 신고하고 납부해야 한다. 이때 그 취득이 상속으로 인한 경우는 상속개시일부터, 실종으로 인한 경우는 실종선고일부터 각각 6개월(외국에 주소를 둔 상속인이 있는 경우에는 각각 9개월) 이내에 신고하고 납부하면 된다(「지방세법」 제20조제1항).

(2) 취득세를 신고하려는 사람은 취득세신고서[주택 취득을 원인으로 신고하려는 경우에는 부표를 포함「지방세법 시행규칙」 별지 제3호서식)]에 다음 1.의 서류 및 2.부터 5.까지의 서류 중 해당되는 서류를 첨부하여 납세지를 관할하는 특별자치시장·특별자치도지사·시장·군수 또는 구청장(이하 "시장·군수·구청장"이라 함)에게 신고해야 한다(「지방세법 시행령」 제33조제1항 및 「지방세법 시행규칙」 제9조제1항).

1) 매매계약서, 증여계약서, 부동산거래계약 신고필증 또는 법인 장부 등 취득가액 및 취득일 등을 증명할 수 있는 서류 사본 1부

2) 「지방세특례제한법 시행규칙」 별지 제1호서식의 지방세 감면 신청서 1부

3) 「지방세법 시행규칙」 별지 제4호서식의 취득세 납부서 납세자 보관용 영수증 사본 1부

4) 「지방세법 시행규칙」 별지 제8호서식의 취득세 비과세 확인서 1부

5) 근로소득 원천징수영수증 또는 소득금액증명원 1부

(3) 취득세를 납부하려는 사람은 취득세 납부서 납세자 보관용 영수증(「지방세법 시행규칙」 별지 제4호서식)으로 해당 지방자치단체의 금고 또는 지방세수납대행기관(「지방회계법 시행령」 제49조제1항 및 제2항에 따라 지방자치단체 금고업무의 일부를 대행하는 금융회사 등을 말함)에 납부해야 한다(「지방세법 시행령」 제33조제3항 및 「지방세법 시행규칙」 제9조제2항).

3. 무신고 · 납부지연 등에 대한 가산세

(1) 다음의 어느 하나에 해당하는 경우 산출세액 또는 그 부족세액에 「지방세기본법」 제53조부터 제55조까지에 따른 무신고가산세 또는 과소신고가산세와 납부지연가산세를 합한 금액을 세액으로 하여 보통징수의 방법으로 부과 · 징수한다(「지방세법」 제21조제1항).

1) 취득세 납세의무자가 「지방세법」 제20조에 따른 신고 또는 납부의무를 다하지 아니한 경우

2) 「지방세법」 제10조제5항부터 제7항까지의 규정에 따른 과세표준이 확인된 경우

4. 자경농민에 대한 취득세 경감

(1) 자경농민이 다음의 요건 모두를 갖추고 직접 경작할 목적으로 취득하는 농지(「지방세법」 제11조제1항제1호가목 및 제7호가목에 따른 세율을 적용받는 농지로서 논, 밭, 과수원 및 목장용지를 말함) 및 관계 법령에 따라 농지를 조성하기 위해 취득하는 임야에 대하여는 취득세의 100분의 50을 경감한다(「지방세특례제한법」 제6조제1항 본문, 「지방세특례제한법 시행령」 제3조제1항 및 제2항).

1) 농지 및 임야의 소재지가 「국토의 계획 및 이용에 관한 법률」에 따른 도시지역(개발제한구역과 녹지지역은 제외) 외의 지역일 것

2) 농지 및 임야를 취득하는 사람의 주소지가 농지 및 임야의 소재지인 특별자치시 · 특별자치도시 · 군 · 구(자치구를 말함. 이하 "시 · 군 · 구"라 함) 또는 그 지역과 잇닿아 있는 시 · 군 · 구 지역이거나 농지 및 임야의 소재지로부터 20킬로미터 이내의 지역일 것

3) 소유 농지 및 임야(도시지역 안의 농지 및 임야 포함)의 규모가 새로 취득하는 농지 및 임야를 합하여 논 · 밭 · 과수원은 3만제곱미터(「농지법」에 따라 지정된 농업진흥지역 안의 논 · 밭 · 과수원의 경우에는 20만제곱미터), 목장용지는 25만제곱미터, 임야는 30만제곱미터 이내일 것. 이 경우 초과부분이 있을 때에는 그 초과부분만을 경감대상에서 제외

> ※ "자경농민"이란 ①「지방세법 시행령」 제21조에 따른 농지의 소재지인 시·군·구 및 그와 잇닿아 있는 시·군·구 또는 농지의 소재지로부터 20킬로미터 이내의 지역에 거주하면서 직전연도 농업 외의 종합소득금액이 3천7백만원 미만인 농지소유자 또는 농지를 임차하여 경작한 사람과 그 배우자[「주민등록법」 제7조에 따른 세대별 주민등록표(이하 "세대별 주민등록표"라 함)에 함께 기재되어 있는 경우로 한정함] 중의 1명 이상이 취득일 현재 직접 2년 이상 영농에 종사한 사람, ② 후계농업경영인, ③ 농업계열 학교 또는 학과의 이수자·재학생 등을 말한다(「지방세특례제한법」 제6조제1항 본문, 「지방세특례제한법 시행령」 제3조제1항 및 「농업·농촌 공익기능 증진 직접지불제도 운영에 관한 법률 시행령」 제6조제1항).

4) 다만, 정당한 사유 없이 그 취득일부터 2년이 경과할 때까지 자경농민으로서 농지를 직접 경작하지 않거나 농지조성을 시작하지 않는 경우 또는 해당 농지를 직접 경작한 기간이 2년 미만인 상태에서 매각·증여하거나 다른 용도로 사용하는 경우 그 해당 부분에 대하여는 경감된 취득세를 추징한다(「지방세특례제한법」 제6조제1항 단서).

03 인지세

1. 인지세란

"인지세"란 국내에서 부동산 취득과 관련하여 계약서 그 밖의 이를 증명하는 증서를 작성하는 경우 납부해야 하는 세금을 말한다(「인지세법」 제1조).

2. 납부방법

국내에서 농지 취득과 관련하여 계약서 그 밖의 이를 증명하는 증서를 작성하는 경우 증서의 기재금액별 인지세액에 상당하는 수입인지를 구입하여 증서에 붙이고 인장 또는 서명으로 소인(消印)한다.

3. 인지세액

농지와 같은 부동산 소유권 이전에 대한 증서(소유권이전에 관한 등기 또는 등록신청시에 제출하는 계약서 등 등기원인 서류)의 기재금액별 인지세액은 다음과 같다(「인지세법」 제3조 「인지세법 시행규칙」 제3조).

기재금액	세액
1천만원 초과~3천만원 이하	2만원
3천만원 초과~5천만원 이하	4만원

5천만원 초과~1억원 이하	7만원
1억원 초과~10억원 이하	15만원
10억원 초과	35만원

※ 이때 부동산의 소유권 이전에 관한 증서의 기재금액은 그 이전(移轉)의 대가액을 말하며, 이전과 관련된 비용은 포함되지 않는다(「인지세법 시행규칙」 제8조제1호).

04 농어촌특별세 · 지방교육세

1. 농어촌특별세 · 지방교육세

(1) 「지방세법」·「지방세특례제한법」「조세특례제한법」에 따라 감면을 받는 취득세의 감면세액에 100분의 20을 곱하여 계산한 금액과 (2)「지방세법」 제11조에 따른 표준세율을 100분의 2로 적용하여 「지방세법」·「지방세특례제한법」「조세특례제한법」에 따라 산출한 취득세액에 100분의 10을 곱하여 계산한 금액을 농어촌특별세로 납부한다(「농어촌특별세법」 제5조제1항제1호 및 제6호).

(2) 취득세를 납부할 때에는 「지방세법」 제151조에서 정한 과세표준과 세율에 따라 산출한 금액을 지방교육세로 납부해야 한다(「지방세법」 제150조제1호 및제151조).

V 중개보수

01 부동산 중개보수

1. 부동산 중개보수의 부담

(1) 개업공인중개사의 중개를 통해 농지의 매매·교환·증여계약을 체결한 사람은 부동산 중개보수를 부담한다(「공인중개사법」 제32조제1항본문).

1) 개업공인중개사의 고의 또는 과실로 부동산 거래행위가 무효·취소 또는 해제된 경우에는 중개보수를 지급할 필요가 없다(「공인중개사법」 제32조제1항단서).

2. 중개보수의 지급시기

중개보수의 지급시기는 개업공인중개사와 중개의뢰인간의 약정에 따르되, 약정이 없을

때에는 중개대상물의 거래대금 지급이 완료된 날로 한다(「공인중개사법」 제32조제3항 「공인중개사법 시행령」 제27조의2).

3. 중개보수의 계산

(1) 중개보수는 거래금액에 중개보수 요율을 곱하여 계산한다.

(2) 거래금액은 다음과 같이 계산한다(「공인중개사법」 제32조제4항 「공인중개사법 시행규칙」 제20조제5항).

 1) 교환계약의 경우에는 교환대상 중개대상물 중 거래금액이 큰 중개대상물의 가액을 거래금액으로 한다.

 2) 동일한 중개대상물에 대하여 동일한 당사자 사이에 매매를 포함한 둘 이상의 거래가 동일한 기회에 이루어지는 경우에는 매매계약에 관한 거래금액만을 기준으로 한다.

4. 중개보수의 한도

(1) 농지(주택 외의 중개대상물)에 대한 중개보수는 중개의뢰인 쌍방으로부터 각각 받되, 거래금액의 1천분의 9 이내에서 중개의뢰인과 개업공인중개사가 서로 협의하여 결정된다(「공인중개사법」 제32조제4항제2호 및 「공인중개사법 시행규칙」 제20조제4항).

(2) 개업공인중개사는 거래금액의 1천분의 9의 범위 안에서 실제 자기가 받고자 하는 중개보수의 상한요율을 중개보수·실비의 요율 및 한도액표에 명시하여 중개사무소 안의 보기 쉬운 곳에 게시해야 하며, 이를 초과해 중개보수를 받아서는 안 된다(「공인중개사법」 제17조, 제32조제4항 「공인중개사법 시행규칙」 제20조제7항).

02 실비

1. 실비의 부담

(1) 중개의뢰인인 계약 당사자는 개업공인중개사에게 중개대상물의 권리관계 등의 확인 또는 계약금 등의 반환채무이행보장에 소요된 실비를 지급해야 한다(「공인중개사법」 제32조제2항).

(2) **실비의 한도**

실비의 한도는 중개대상물의 권리관계 등의 확인 또는 계약금 등의 반환채무이행 보장에 드는 비용으로 하되, 그 구체적 내용은 특별시·광역시·도 또는 특별자치도의 조례로 정한다(「공인중개사법」 제32조제4항 「공인중개사법 시행규칙」 제20조제2항).

03 한도를 초과한 중개보수 및 실비 수수 금지

1. 한도를 초과한 중개보수 및 실비 수수 금지

(1) 개업공인중개사는 사례·증여 그 밖의 어떠한 명목으로도 중개보수 또는 실비의 한도를 초과하여 금품을 받을 수 없다. 이를 위반한 때에는 1년 이하의 징역 또는 1,000만원 이하의 벌금에 처해지게 되며, 등록관청은 해당 중개사무소의 개설등록을 취소할 수 있다(「공인중개사법」 제33조제3호, 제38조제2항제9호 및 제49조제1항제10호).

(2) 만약, 개업공인중개사가 중개보수 또는 실비의 한도를 초과하여 요구하는 경우에는 그 초과분은 무효이고, 한도를 초과하여 지급한 중개보수 또는 실비의 반환을 청구할 수 있다(대법원 2007. 12. 20. 선고 2005다32159 판결).

(3) 한도를 초과하는 중개보수 또는 실비를 요구하는 경우 거래당사자는 초과분에 대해 지급을 거절할 수 있으며, 계속하여 한도를 초과하는 중개보수 또는 실비를 요구하면 행정관청에 신고할 수 있다.

04 판례

1. 대법원 2007. 12. 20. 선고 2005다32159 전원합의체 판결 약정금

> **대법원 2007. 12. 20. 선고 2005다32159 전원합의체 판결 【약정금】**
> 〈한도 초과 중개수수료 반환 판결〉[공2008상,99]
>
> 【판시사항】
> 구 부동산중개업법 및 같은 법 시행규칙 등 관련 법령에서 정한 한도를 초과하는 부동산 중개수수료 약정이 강행법규 위반으로 무효인지 여부(적극)
>
> 【판결요지】
> 구 부동산중개업법(2005. 7. 29. 법률 제7638호 '공인중개사의 업무 및 부동산 거래신고에 관한 법률'로 전문 개정되기 전의 것)은 부동산중개업을 건전하게 지도·육성하고 부동산중개 업무를 적절히 규율함으로써 부동산중개업자의 공신력을 높이고 공정한 부동산거래질서를 확립하여 국민의 재산권 보호에 기여함을 입법목적으로 하고 있으므로(제1조), 중개수수료의 한도를 정하는 한편 이를 초과하는 수수료를 받지 못하도록 한 같은 법 및 같은 법 시행규칙 등 관련 법령 또는 그 한도를 초과하여 받기로 한 중개수수료 약정의 효력은 이와 같은 입법목적에 맞추어 해석되어야 한다. 그뿐 아니라, 중개업자가 구 부동산중개업법 등 관련 법령에 정한 한도를 초과하여 수수료를 받는 행위는 물론 위와 같은

금지규정 위반 행위에 의하여 얻은 중개수수료 상당의 이득을 그대로 보유하게 하는 것은 투기적·탈법적 거래를 조장하여 부동산거래질서의 공정성을 해할 우려가 있고, 또한 구 부동산중개업법 등 관련 법령의 주된 규율대상인 부동산의 거래가격이 높고 부동산중개업소의 활용도 또한 높은 실정에 비추어 부동산 중개수수료는 국민 개개인의 재산적 이해관계 및 국민생활의 편의에 미치는 영향이 매우 커 이에 대한 규제가 강하게 요청된다. 그렇다면, 앞서 본 입법목적을 달성하기 위해서는 고액의 수수료를 수령한 부동산 중개업자에게 행정적 제재나 형사적 처벌을 가하는 것만으로는 부족하고 구 부동산중개업법 등 관련 법령에 정한 한도를 초과한 중개수수료 약정에 의한 경제적 이익이 귀속되는 것을 방지하여야 할 필요가 있으므로, 부동산 중개수수료에 관한 위와 같은 규정들은 중개수수료 약정 중 소정의 한도를 초과하는 부분에 대한 사법상의 효력을 제한하는 이른바 강행법규에 해당하고, 따라서 구 부동산중개업법 등 관련 법령에서 정한 한도를 초과하는 부동산 중개수수료 약정은 그 한도를 초과하는 범위 내에서 무효이다.

05 법령해석례

1. 안건명: 07-0200, 「공인중개사의 업무 및 부동산 거래신고에 관한 법률」 제33조 제3호 규정에 대한 해석

✓ 질의

「공인중개사의 업무 및 부동산 거래신고에 관한 법률」 제33조제3호에 의하면, 중개업자 등은 사례·증여 그 밖의 어떠한 명목으로도 제32조제3항의 규정에 의한 수수료 또는 실비를 초과하여 금품을 받는 행위를 금지하고 있는데, 중개업자가 법정수수료 등을 초과하여 컨설팅 용역비 명목으로 금품을 요구하였고, 나아가 민사소송을 제기한 사실만으로도 이를 위반한 것으로 볼 수 있는지?

✓ 회답

중개업자가 법정수수료 등을 초과하여 금품을 약속·요구하거나 나아가 민사소송까지 제기하였다고 하더라도, 실제로 이를 받은 사실이 없다면 「공인중개사의 업무 및 부동산 거래신고에 관한 법률」 제33조제3호를 위반한 것이라고 할 수 없습니다.

✓ 해석기관 및 출처

해석기관 : 서울시 중랑구

출처 : 법제처 법령해석포탈서비스(https://ahalaw.moleg.go.kr)

2. 06-0211, 「공인중개사의 업무 및 부동산 거래신고에 관한 법률」 제33조제3호

질의
「공인중개사의 업무 및 부동산 거래신고에 관한 법률」 제33조제3호에서 부동산 중개업자는 사례·증여 그 밖의 어떠한 명목으로도 동법 제32조제3항에서 규정하는 수수료를 초과하여 수령하는 것을 금지하고 있는바, 공인중개사가 이러한 법정수수료를 초과하여 부가가치세를 수령하는 것이 「공인중개사의 업무 및 부동산 거래신고에 관한 법률」 제33조제3호의 규정에 위반되는지 여부

회답
「공인중개사의 업무 및 부동산 거래신고에 관한 법률」 제32조제3항에서 규정하고 있는 법정수수료에는 부가가치세가 포함되지 아니하므로 공인중개사가 법정수수료를 초과하여 부가가치세를 수령하는 것은 동법 제33조제3호의 규정에 위반되지 않습니다.

해석기관 및 출처
해석기관 : 서울시 중랑구

출처 : 법제처 법령해석포탈서비스(https://ahalaw.moleg.go.kr)

농지의 취득과 전용

농지 취득과 전용

제 2 부
농지의 소유·이용

제1장 **농지의 소유**
제2장 **농지의 이용**

 제 **1** 장 농지의 소유

I. 농지의 소유

01 농지의 소유제한

1. 농지는 자기의 농업경영에 이용하거나 이용할 자가 아니면 소유하지 못한다(농지법 제6조 제1항).

2. 다음 각 호의 어느 하나에 해당하는 경우에는 농지를 소유할 수 있다(농지법 제6조 제2항)

(1) 국가나 지방자치단체가 농지를 소유하는 경우

(2) 「초·중등교육법」 및 「고등교육법」에 따른 학교, 농림축산식품부령으로 정하는 공공단체·농업연구기관·농업생산자단체 또는 종묘나 그 밖의 농업 기자재 생산자가 그 목적사업을 수행하기 위하여 필요한 시험지·연구지·실습지·종묘생산지 또는 과수 인공수분용 꽃가루 생산지로 쓰기 위하여 농림축산식품부령으로 정하는 바에 따라 농지를 취득하여 소유하는 경우

(3) 주말·체험영농(농업인이 아닌 개인이 주말 등을 이용하여 취미생활이나 여가활동으로 농작물을 경작하거나 다년생식물을 재배하는 것을 말한다. 이하 같다)을 하려고 농지를 소유하는 경우

(4) 상속[상속인에게 한 유증(遺贈)을 포함한다. 이하 같다]으로 농지를 취득하여 소유하는 경우

(5) 대통령령으로 정하는 기간 이상 농업경영을 하던 사람이 이농(離農)한 후에도 이농 당시 소유하고 있던 농지를 계속 소유하는 경우

(6) 제13조제1항에 따라 담보농지를 취득하여 소유하는 경우(「자산유동화에 관한 법률」 제3조에 따른 유동화전문회사등이 제13조제1항제1호부터 제4호까지에 규정된 저당권자로부터 농지를 취득하는 경우를 포함한다)

⑺ 제34조제1항에 따른 농지전용허가[다른 법률에 따라 농지전용허가가 의제(擬制)되는 인가·허가·승인 등을 포함한다]를 받거나 제35조 또는 제43조에 따른 농지전용신고를 한 자가 그 농지를 소유하는 경우

⑻ 제34조제2항에 따른 농지전용협의를 마친 농지를 소유하는 경우

⑼ 「한국농어촌공사 및 농지관리기금법」 제24조제2항에 따른 농지의 개발사업지구에 있는 농지로서 대통령령으로 정하는 1천500제곱미터 미만의 농지나 「농어촌정비법」 제98조제3항에 따른 농지를 취득하여 소유하는 경우
9의2. 제28조에 따른 농업진흥지역 밖의 농지 중 최상단부부터 최하단부까지의 평균경사율이 15퍼센트 이상인 농지로서 대통령령으로 정하는 농지를 소유하는 경우

⑽ 다음 각 목의 어느 하나에 해당하는 경우
- 「한국농어촌공사 및 농지관리기금법」에 따라 한국농어촌공사가 농지를 취득하여 소유하는 경우
- 「농어촌정비법」 제16조·제25조·제43조·제82조 또는 제100조에 따라 농지를 취득하여 소유하는 경우
- 「공유수면 관리 및 매립에 관한 법률」에 따라 매립농지를 취득하여 소유하는 경우
- 토지수용으로 농지를 취득하여 소유하는 경우
- 농림축산식품부장관과 협의를 마치고 「공익사업을 위한 토지 등의 취득 및 보상에 관한 법률」에 따라 농지를 취득하여 소유하는 경우
- 「공공토지의 비축에 관한 법률」 제2조제1호가목에 해당하는 토지 중 같은 법 제7조제1항에 따른 공공토지비축심의위원회가 비축이 필요하다고 인정하는 토지로서 「국토의 계획 및 이용에 관한 법률」 제36조에 따른 계획관리지역과 자연녹지지역 안의 농지를 한국토지주택공사가 취득하여 소유하는 경우. 이 경우 그 취득한 농지를 전용하기 전까지는 한국농어촌공사에 지체 없이 위탁하여 임대하거나 무상사용하게 하여야 한다.

3. 제23조제1항제2호부터 제6호까지의 규정에 따라 농지를 임대하거나 무상사용하게 하는 경우에는 제1항에도 불구하고 임대하거나 무상사용하게 하는 기간 동안 농지를 계속 소유할 수 있다. 〈개정 2020. 2. 11.〉

4. 이 법에서 허용된 경우 외에는 농지 소유에 관한 특례를 정할 수 없다.

02 농지의 소유상한

1. 상속으로 농지를 취득한 사람으로서 농업경영을 하지 아니하는 사람은 그 상속 농지 중에서 총 1만제곱미터까지만 소유할 수 있다(농지법 제7조 제1항).

2. 대통령령으로 정하는 기간 이상 농업경영을 한 후 이농한 사람은 이농 당시 소유 농지 중에서 총 1만제곱미터까지만 소유할 수 있다(농지법 제7조 제2항).

3. 주말·체험영농을 하려는 사람은 총 1천제곱미터 미만의 농지를 소유할 수 있다. 이 경우 면적 계산은 그 세대원 전부가 소유하는 총 면적으로 한다(농지법 제7조 제3항).

4. 제23조제1항제7호에 따라 농지를 임대하거나 무상사용하게 하는 경우에는 제1항 또는 제2항에도 불구하고 임대하거나 무상사용하게 하는 기간 동안 소유 상한을 초과하는 농지를 계속 소유할 수 있다(농지법 제7조 제4항).

Ⅱ 농지의 취득

01 농지취득자격증명의 발급

1. 농지를 취득하려는 자는 농지 소재지를 관할하는 시장(구를 두지 아니한 시의 시장을 말하며, 도농 복합 형태의 시는 농지 소재지가 동지역인 경우만을 말한다), 구청장(도농 복합 형태의 시의 구에서는 농지 소재지가 동지역인 경우만을 말한다), 읍장 또는 면장(이하 "시·구·읍·면의 장"이라 한다)에게서 농지취득자격증명을 발급받아야 한다. 다만, 다음 각 호의 어느 하나에 해당하면 농지취득자격증명을 발급받지 아니하고 농지를 취득할 수 있다(농지법 제8조 제1항)

(1) 제6조제2항제1호·제4호·제6호·제8호 또는 제10호(같은 호 바목은 제외한다)에 따라 농지를 취득하는 경우

(2) 농업법인의 합병으로 농지를 취득하는 경우

(3) 공유 농지의 분할이나 그 밖에 대통령령으로 정하는 원인으로 농지를 취득하는 경우

2. 제1항에 따른 농지취득자격증명을 발급받으려는 자는 다음 각 호의 사항이 모두 포함된 농업경영계획서를 작성하여 농지 소재지를 관할하는 시·구·읍·면의 장에게 발

급신청을 하여야 한다. 다만, 제6조제2항제2호·제3호·제7호·제9호·제9호의2 또는 제10호바목에 따라 농지를 취득하는 자는 농업경영계획서를 작성하지 아니하고 발급신청을 할 수 있다(농지법 제8조 제2항).

⑴ 취득 대상 농지의 면적

⑵ 취득 대상 농지에서 농업경영을 하는 데에 필요한 노동력 및 농업 기계·장비·시설의 확보 방안

⑶ 소유 농지의 이용 실태(농지 소유자에게만 해당한다)

⑷ 농지취득자격증명을 발급받으려는 자의 직업·영농경력·영농거리

3. 시·구·읍·면의 장은 농지 투기가 성행하거나 성행할 우려가 있는 지역의 농지를 취득하려는 자 등 농림축산식품부령으로 정하는 자가 농지취득자격증명 발급을 신청한 경우 제44조에 따른 농지위원회의 심의를 거쳐야 한다.

4. 시·구·읍·면의 장은 제1항에 따른 농지취득자격증명의 발급 신청을 받은 때에는 그 신청을 받은 날부터 7일(제2항 단서에 따라 농업경영계획서를 작성하지 아니하고 농지취득자격증명의 발급신청을 할 수 있는 경우에는 4일, 제3항에 따른 농지위원회의 심의 대상의 경우에는 14일) 이내에 신청인에게 농지취득자격증명을 발급하여야 한다.

5. 「농지법」 제8조 제1항 본문과 제2항에 따른 신청 및 발급 절차 등에 필요한 사항은 대통령령으로 정한다.

6. 「농지법」 제8조 1항 본문과 제2항에 따라 농지취득자격증명을 발급받아 농지를 취득하는 자가 그 소유권에 관한 등기를 신청할 때에는 농지취득자격증명을 첨부하여야 한다.

7. 농지취득자격증명의 발급에 관한 민원의 처리에 관하여 이 조에서 규정한 사항을 제외하고 「민원 처리에 관한 법률」이 정하는 바에 따른다.

02 농업계획서

1. 시·구·읍·면의 장은 농업경영계획서를 10년간 보존하여야 한다.

2. 농업경영계획서 외의 농지취득자격증명 신청서류의 보존기간은 대통령령으로 정한다.

03 농지의 위탁경영

1. 농지 소유자는 다음 각 호의 어느 하나에 해당하는 경우 외에는 소유 농지를 위탁경영할 수 없다(농지법 제9조)

(1) 「병역법」에 따라 징집 또는 소집된 경우

(2) 3개월 이상 국외 여행 중인 경우

(3) 농업법인이 청산 중인 경우

(4) 질병, 취학, 선거에 따른 공직 취임, 그 밖에 대통령령으로 정하는 사유로 자경할 수 없는 경우

(5) 「농지법」 제17조에 따른 농지이용증진사업 시행계획에 따라 위탁경영하는 경우

(6) 농업인이 자기 노동력이 부족하여 농작업의 일부를 위탁하는 경우

04 판례

1. 대법원 2018. 7. 11., 선고, 2014두36518, 판결농지취득자격증명반려처분취소

대법원 2018. 7. 11., 선고, 2014두36518, 판결농지취득자격증명반려처분취소

【판시사항】

[1] 농지를 취득하려는 자가 농지에 관하여 소유권이전등기를 마쳤으나 농지취득자격증명을 발급받지 못한 경우, 소유권을 취득할 수 있는지 여부(소극) 및 농지에 관한 경매절차에서 농지취득자격증명의 발급이 매각허가요건인지 여부(적극)

[2] 농지취득자격증명 발급신청권이 채권자대위권의 행사대상이 될 수 있는지 여부(적극)

【판결요지】

[1] 농지취득자격증명은 농지를 취득하는 자에게 농지취득의 자격이 있다는 것을 증명하는 것으로, 농지를 취득하려는 자는 농지 소재지를 관할하는 시장, 구청장, 읍장 또는 면장으로부터 농지취득자격증명을 발급받아 농지의 소유권에 관한 등기를 신청할 때에 이를 첨부하여야 한다(농지법 제8조 제1항, 제4항). 농지를 취득하려는 자가 농지에 관하여 소유권이전등기를 마쳤다고 하더라도 농지취득자격증명을 발급받지 못한 이상 그 소유권을 취득하지 못하고, 농지에 관한 경매절차에서 농지취득자격증명의 발급은 매각허가요건에 해당한다.

[2] 농지를 취득하려는 자가 농지에 대한 매매계약을 체결하는 등으로 농지에 관한 소유권이전등기청구권을 취득하였다면, 농지취득자격증명 발급신청권을 보유하게 된다. 이러한 농지취득자격증명 발급신청권은 채권자대위권의 행사대상이 될 수 있다.

【참조조문】

[1] 농지법 제8조 제1항, 제4항

[2] 민법 제404조, 농지법 제8조

【참조판례】

[1] 대법원 1999. 2. 23.자 98마2604 결정(공1999상, 827), 대법원 2004. 2. 25.자 2002마4061 결정(공2004상, 593), 대법원 2008. 2. 1. 선고 2006다27451 판결, 대법원 2012. 11. 29. 선고 2010다68060 판결(공2013상, 4)

【전 문】

【원고, 피상고인】

강화농업협동조합 (소송대리인 법무법인 헌암 담당변호사 김진모 외 3인)

【피고, 상고인】

인천 강화군 하점면장 (소송대리인 변호사 윤형모)

【원심판결】

서울고법 2014. 4. 11. 선고 2013누47803 판결

【주 문】

상고를 기각한다. 상고비용은 피고가 부담한다.

【이 유】

상고이유를 판단한다.

1. 농지취득자격증명은 농지를 취득하는 자에게 농지취득의 자격이 있다는 것을 증명하는 것으로, 농지를 취득하려는 자는 농지 소재지를 관할하는 시장, 구청장, 읍장 또는 면장으로부터 농지취득자격증명을 발급받아 농지의 소유권에 관한 등기를 신청할 때에 이를 첨부하여야 한다(농지법 제8조 제1항, 제4항). 농지를 취득하려는 자가 농지에 관하여 소유권이전등기를 마쳤다 하더라도 농지취득자격증명을 발급받지 못한 이상 그 소유권을 취득하지 못하고(대법원 2008. 2. 1. 선고 2006다27451 판결, 대법원 2012. 11. 29. 선고 2010다68060 판결 등 참조), 농지에 관한 경매절차에서 농지취득자격증명의 발급은 매각허가요건에 해당한다(대법원 1999. 2. 23.자 98마2604 결정, 대법원 2004. 2. 25.자 2002마4061 결정 등 참조).

2. 농지를 취득하려는 자가 농지에 대한 매매계약을 체결하는 등으로 농지에 관한 소유권이전등기청구권을 취득하였다면, 농지취득자격증명 발급신청권을 보유하게 된다. 이러한 농지취득자격증명 발급신청권은 채권자대위권의 행사대상이 될 수 있다고 보아야 한다. 그 이유는 다음과 같다.

가. 농지취득자격증명 발급신청권은 농지에 관한 소유권이전등기청구권 행사를 위하여 반드시 필요하므로, 재산권으로서의 성격을 가진다. 반면 농지취득자격증명은 농지에 관한 소유권이전등기를 신청할 때 첨부하여야 하는 서류에 지나지 않고, 농지취득자격증명의 발급 자체로 농지를 취득하려는 자에게 의무를 발생시키는 등 법률관계를 형성하는 효력이 없으므로, 그 발급신청권을 권리자만 행사할 수 있는 행사상의 일신전속적 권리로 볼 수는 없다.

나. 농지취득자격증명 발급신청권이 채권자대위권의 행사대상이 될 수 없다면, 발급신청권자가 발급신청을 하지 않는 경우, 그 채권자는 발급신청권자 명의로 농지를 이전하지 못하여, 발급신청권자에 대한 권리를 실현할 수 없게 된다. 따라서 발급신청권의 대위행사를 인정함으로써 채권자의 권리실현을 보장하도록 함이 보다 타당하다. 발급신청권의 대위행사를 인정하더라도, 발급신청권자에게 그 농지를 자신의 농업경영에 이용할 의사가 있음이 인정되어야 농지취득자격증명을 발급받을 수 있으므로, 농지법이 달성하고자 하는 경자유전의 원칙을 회피하는 탈법행위가 발생할 우려는 없다.

다. 채권자는 농지취득자격증명의 대위 발급을 통해 발급신청권자 앞으로 소유권이전등기를 마친 농지에 관하여 강제집행을 실시하거나 자신 명의로 소유권이전등기를 마침으로써 채권의 만족을 얻을 수 있다. 이때 강제집행 절차에서 농지를 매수하려는 제3자와 자신 명의로 농지의 소유권을 넘겨받으려는 채권자 모두 그들 명의로 농지취득자격증명을 발급받아야 농지에 관한 소유권을 취득할 수 있으므로, 경자유전의 원칙은 계속해서 실현된다.

라. 채권자가 농지취득자격증명을 대위 발급받아 발급신청권자 앞으로 소유권이전등기를 마칠 경우, 발급신청권자는 그 농지를 자기의 농업경영에 이용할 의무를 부담하게 된다(농지법 제10조 제1항 제1호). 농지를 자기의 농업경영에 이용하지 않을 경우 시장·군수 또는 구청장으로부터 처분명령을 받을 수 있고(농지법 제11조 제1항), 정당한 사유 없이 처분명령을 이행하지 아니하면 이행강제금을 부과받게 된다(농지법 제62조 제1항). 이 경우에도 농지 처분명령, 이행강제금 부과 등을 통하여 경자유전의 원칙은 실현될 수 있다.

마. 나아가 발급신청권자의 채권자가 농지취득자격증명 발급신청권을 대위행사할 수 있는 이상, 발급신청권자가 작성한 농업경영계획서가 존재하지 않더라도, 시장, 구청장, 읍장 또는 면장은 채권자가 제출하는 농지취득자격증명신청서 등 다른 자료에 의하여 발급신청권자에게 농업경영의 의사가 있는지 여부를 객관적으로 판단하여 농지취득자격증명을 발급할 수 있다.

3. 원심은, 채권자인 원고가 채무자인 소외인의 농지취득자격증명 발급신청권을 대위행사할 수 있다는 전제에서, 그 대위행사가 불가능함을 이유로 한 이 사건 처분은 그 자체로 위법하다고 판단하였다. 이에 덧붙여 원심은, 이 사건 처분 당시까지 인천 강화군 (주소 생략) 답 2,273㎡의 1/2 지분에 관한 소외인의 농업경영 의사도 계속하여 존재하였던 것으로 인정할 수 있다고 판단하였다.

앞서 본 법리와 기록에 비추어 살펴보면, 원심의 이러한 판단은 정당하고, 거기에 상고이유 주장과 같이 논리와 경험의 법칙을 위반하여 자유심증주의의 한계를 벗어나 사실을 잘못 인정하거나 농지법의 해석·적용에 관한 법리를 오해한 위법이 없다.

4. 그러므로 상고를 기각하고, 상고비용은 패소자가 부담하도록 하여, 관여 대법관의 일치된 의견으로 주문과 같이 판결한다.

대법관 박정화(재판장) 김신 박상옥(주심) 이기택

2. 서울고법 2014. 4. 11., 선고, 2013누47803, 판결 : 상고 농지취득자격증명반려처분취소

> 서울고법 2014. 4. 11., 선고, 2013누47803, 판결 : 상고 농지취득자격증명반려처분취소

【판시사항】

甲 지역농업협동조합이 채무자 乙이 매수한 토지에 관하여 乙 명의로 소유권이전등기를 마친 후 강제집행을 하기 위하여 乙을 대위하여 농지취득자격증명 발급을 신청하였으나, 관할 면장이 반려처분을 한 사안에서, 甲 조합은 대출원리금 반환채권을 보전하기 위하여 乙의 신청권을 대위행사할 수 있고, 乙이 작성한 농업경영계획서가 없다고 하여 위 발급신청을 반려해서는 안 된다고 한 사례

【판결요지】

甲 지역농업협동조합이 채무자 乙이 매수한 토지에 관하여 乙 명의로 소유권이전등기를 마친 후 강제집행을 하기 위하여 乙을 대위하여 농지취득자격증명 발급을 신청하였으나, 관할 면장이 농지를 취득하고자 하는 자의 위임의사 없는 대위신청을 통한 농지취득자격증명은 발급할 수 없다는 이유로 반려처분을 한 사안에서, 농지취득자격증명서 발급신청권은 소유권이전등기를 실현하기 위하여 농지취득자격증명을 발급해 줄 것을 청구하는 재산권의 일종으로, 행사 여부가 乙의 자유로운 의사결정에 전적으로 맡겨진 행사상의 일신전속권이라고 볼 수 없으므로 甲 조합은 대출원리금 반환채권을 보전하기 위하여 스스로 농지취득자격증명 발급신청을 하지 않는 乙의 신청권을 대위행사할 수 있고, 乙에게

매수한 토지에 관하여 농업경영의 의사가 없다고 인정할 만한 증거가 없으므로 乙이 작성한 농업경영계획서가 없다고 하여 위 발급신청을 반려해서는 안 된다고 한 사례.

【참조조문】

농지법 제8조 제1항, 제2항, 제4항, 민법 제404조

【전문】

【원고, 항소인】

강화농업협동조합 (소송대리인 법무법인 헌암 담당변호사 하동규)

【피고, 피항소인】

인천 강화군 하점면장 (소송대리인 변호사 윤형모)

【제1심판결】

인천지법 2013. 9. 5. 선고 2013구합1724 판결

【변론종결】

2014. 3. 14.

【주 문】

1. 제1심판결을 취소한다.
2. 피고가 2013. 3. 26. 원고에 대하여 한 농지취득자격증명신청 반려(불가)처분을 취소한다.
3. 소송총비용은 피고가 부담한다.

【청구취지 및 항소취지】

주문과 같다.

【이 유】

1. 처분의 경위

가. 원고의 소외 1(대판: 소외인)에 대한 대출금 채권의 존재

인천 강화군 (주소 1 생략) 답 4546㎡에 관하여 1980. 10. 17. 소외 2 명의로 소유권이전등기가 마쳐졌다. 소외 2는 2008. 5. 8. 소외 1과 소외 3에게 위 토지를 1/2 지분씩 매도하였고, 소외 3은 2009. 2. 2. 소외 4에게 위 토지 중 1/2 지분을 매도하였다.

위 토지는 2010. 4. 23. (주소 1 생략) 답 2273㎡(이하 '이 사건 토지'라고 한다)와 (주소 2 생략) 답 2273㎡로 분할되었다. (주소 1 생략) 답 4546㎡의 1/2 지분을 매수한 소외 1은 (주소 2 생략) 답 2273㎡에 관하여 2010. 4. 27. 농지취득자격증명

을 발급받아 2010. 5. 6. 소유권이전등기를 마쳤고, 같은 날 원고에게 근저당권설정등기를 마쳐주고 2010. 6. 18. 원고로부터 220,000,000원을 대출받았다.

소외 4는 (주소 1 생략) 답 4546㎡의 1/2 지분을 매수하였음을 이유로 소외 3을 상대로 위 토지에서 분할된 이 사건 토지 및 (주소 2 생략) 토지 중 각 1/2 지분에 관하여 소유권이전등기절차의 이행을, 소외 1을 상대로 (주소 2 생략) 토지 중 1/2 지분에 관하여 소유권이전등기 말소등기절차의 이행을 각 청구하여, 2011. 10. 21. 인천지방법원 2010가합12629호로 승소판결을 받고 위 판결은 2011. 11. 17. 확정되었다. 이어서 소외 4는 원고를 상대로 (주소 2 생략) 토지 중 1/2 지분에 관하여 근저당권설정등기 말소등기절차의 이행을 청구하여, 2012. 3. 15. 인천지방법원 2011가단117197호로 승소판결을 받고 위 판결은 2012. 4. 4. 확정되었다. 위 각 확정판결에 기하여 이 사건 토지 중 1/2 지분에 관하여 2012. 2. 13., (주소 2 생략) 토지 중 1/2 지분에 관하여 2012. 6. 14. 각 소외 3 명의로 소유권이전등기가 마쳐졌고, 2012. 5. 25. (주소 2 생략) 토지에 관한 소외 1 명의의 소유권이전등기 및 그에 터 잡은 원고 명의의 근저당권설정등기는 각 그 토지의 1/2 지분에 관한 것으로 경정되었다. 그러자 원고는 2012. 4. 3. 소외 1을 상대로 위 대출원리금 207,372,948원 및 그중 대출원금 잔액 200,000,000원에 대한 2012. 3. 30.부터 지연손해금의 지급을 청구하고, (주소 2 생략) 토지의 1/2 지분에 관한 근저당권설정등기만으로는 소외 1의 채무 변제에 불충분하고 소외 1에게 별다른 재산이 없음을 이유로, 소외 2를 상대로 소외 2 명의로 남아 있는 이 사건 토지 중 1/2 지분에 관하여 소외 1을 대위하여 소외 1 앞으로 소유권이전등기절차의 이행을 청구하여, 2012. 8. 17. 인천지방법원 2012가단27123호로 승소판결을 받고 위 판결은 2012. 9. 4. 확정되었다.

나. 원고의 채권자대위권 행사와 이 사건 처분

원고는 소외 1 명의로 소유권이전등기를 마친 후 강제집행을 하기 위하여 위 확정판결에 기하여 이 사건 토지 중 1/2 지분에 관하여 소외 1 앞으로 소유권이전등기를 신청하였으나 소외 1의 농지취득자격증명이 첨부되지 않았다는 이유로 등기신청이 각하되었다. 다시 원고는 2013. 3. 25. 소외 1을 대위하여 피고에게 농지취득자격증명 발급신청을 하면서, 소외 1이 농지취득자격은 있으나 위 대위신청의 목적은 강제집행을 하기 위한 것이어서 소외 1로부터 농업경영계획서를 작성받을 수 없다는 이유로 농업경영계획서를 제출하지 않았다. 이에 피고는 2013. 3. 26. "농지취득자격증명은 농지법 제8조 및 농지취득자격증명 발급심사요령 제6조 제1항에 의거 농지를 취득하고자 하는 자가 신청하여야 하며 불가피한 경우 취득하고자 하는 자의 위임을 통한 대리신청은 가능하나 취득하고자 하는 자의 위임의사 없는 대위신청을 통한 농지취득자격증명은 발급할 수 없음"이라는 사유로 반려처분(이하 이 사건 처분이라고 한다)을 하였다.

한편 원고는 소외 1이 농지취득자격 및 자경의사가 있으면서도 강제집행을 회피하기 위하여 그 명의의 농지취득자격증명 발급신청을 하지 않는다는 이유로 2013.

10. 1. 소외 1을 상대로 이 사건 토지 중 1/2 지분에 관한 농지취득자격증명 발급신청절차의 이행을 청구하여, 2013. 12. 30. 인천지방법원 2013가단77309호로 승소판결을 받고 위 판결은 2014. 2. 12. 확정되었다.

[증거] 갑 제1 내지 5, 9호증(가지번호 포함, 이하 같다)의 각 기재, 변론 전체의 취지

2. 관계 법령

• 농지법

제3조(농지에 관한 기본 이념)

① 농지는 국민에게 식량을 공급하고 국토 환경을 보전(保全)하는 데에 필요한 기반이며 농업과 국민경제의 조화로운 발전에 영향을 미치는 한정된 귀중한 자원이므로 소중히 보전되어야 하고 공공복리에 적합하게 관리되어야 하며, 농지에 관한 권리의 행사에는 필요한 제한과 의무가 따른다.

② 농지는 농업 생산성을 높이는 방향으로 소유·이용되어야 하며, 투기의 대상이 되어서는 아니 된다.

제8조(농지취득자격증명의 발급)

① 농지를 취득하려는 자는 농지 소재지를 관할하는 시장, 구청장, 읍장 또는 면장(이하 "시·구·읍·면의 장"이라 한다)에게서 농지취득자격증명을 발급받아야 한다.

② 제1항에 따른 농지취득자격증명을 발급받으려는 자는 다음 각 호의 사항이 모두 포함된 농업경영계획서를 작성하여 농지 소재지를 관할하는 시·구·읍·면의 장에게 발급신청을 하여야 한다.

  1. 취득 대상 농지의 면적
  2. 취득 대상 농지에서 농업경영을 하는 데에 필요한 노동력 및 농업 기계·장비·시설의 확보 방안
  3. 소유 농지의 이용 실태(농지 소유자에게만 해당한다)

④ 제1항 본문과 제2항에 따라 농지취득자격증명을 발급받아 농지를 취득하는 자가 그 소유권에 관한 등기를 신청할 때에는 농지취득자격증명을 첨부하여야 한다.

• 농지취득자격증명 발급심사요령(농림수산식품부예규 제42호)

제1조(목적) 이 요령은 「농지법」(이하 "법"이라 한다) 제8조, 같은 법 시행령(이하 "영"이라 한다) 제6조·제7조 및 같은 법 시행규칙(이하 "규칙"이라 한다) 제7조에 따른 농지취득자격증명의 발급에 관하여 필요한 세부사항을 정함으로써 「헌법」제121조 제1항에 따른 경자유전의 원칙을 달성하고 「농지법」 제3조에 따른 농지에 관한 기본이념을 구현하는 것을 목적으로 한다.

제2조(정의) 이 요령에서 사용하는 용어의 정의는 다음과 같다.

⑤ "농업경영"이란 농업인이나 농업법인이 자기의 계산과 책임으로 농지에서 농작물을 경작하거나 다년생식물을 재배하는 것을 말한다.

제4조(자격증명 발급대상자) 자격증명은 다음 각 호의 어느 하나에 해당하는 자에 대하여 발급한다.

1. 농지를 취득하고자 하는 다음 각 목의 어느 하나에 해당하는 자

   가. 농업인 또는 농업인이 되고자 하는 자

   나. 농업법인

제6조(자격증명 신청자)

① 자격증명은 농지를 취득하고자 하는 자가 신청하여야 한다.

3. 이 사건 처분의 적법 여부

   가. 농지취득자격증명 발급신청권이 채권자대위권의 대상이 되는지 여부

   위 인정 사실에 의하면, 원고는 소외 1에 대하여 이행기에 도달한 위 대출원리금 반환채권을 보전할 필요성이 있고, 소외 1이 스스로 이 사건 토지의 1/2 지분에 관한 농지취득자격증명 발급신청을 하지 않고 있으므로 원고는 소외 1의 위 신청권을 대위행사할 수 있다고 봄이 상당하다. 즉 위 신청권은, 이 사건 토지의 1/2 지분을 매수한 소외 1이 그 소유권이전등기를 실현하기 위하여 자기에 대하여 농지취득자격증명을 발급하여 줄 것을 청구하는 재산권의 일종으로서, 그 행사 여부가 소외 1의 인격적 이익을 위하여 그의 자유로운 의사결정에 전적으로 맡겨진 행사상의 일신전속권이라고 볼 수 없으므로, 농지법 제8조, 농지취득자격증명 발급심사요령 제6조의 규정에도 불구하고 채권자대위권의 대상이 될 수 있다.

   따라서 농지취득자격증명 발급신청권이 채권자대위권의 대상이 될 수 없다는 전제에서 한 이 사건 처분은 위법하다.

   나. 피대위채권의 존재 여부

   1) 원고가 소외 1을 대위하여 이 사건 토지의 1/2 지분에 관하여 농지취득자격증명을 발급하여 줄 것을 신청하면서 소외 1 작성의 농업경영계획서를 제출하지 않은 사실은 위에서 본 바와 같다.

   이에 피고는, 소외 1이 농업경영계획서를 작성하지 아니하였고 소외 1에게 농업경영의 의사가 있다고 볼 수 없으므로, 즉 피대위채권인 소외 1의 행정행위 발급청구권이 존재하지 아니하므로, 소외 1 앞으로 농지취득자격증명을 발급하여 달라는 원고의 신청을 반려한 이 사건 처분은 적법하다고 주장한다.

   그런데 피고 주장의 위 처분사유는 이 사건 처분서에는 없는 내용이므로 이러한 처분사유의 추가가 허용될 수 있는지 살펴본다.

   처분사유의 추가는 당초의 처분사유와 기본적 사실관계의 동일성이 인정되는 범위 내에서 분쟁의 일회적 해결 및 소송경제의 요청과 처분 상대방의 방어권 보장 및 처분의 이유제시 의무제도의 취지를 고려하여 제한적으로 허용된다고 할 것인데, 이 사건 처분사유는 농지취득자격증명의 대위신청이 불가하다는 것이고 추가된 처분사유는 피대위자의 신청권이 존재하지 않는다는 것으로서 그

기초가 되는 사회적 사실관계가 기본적인 점에서 동일하다고 보기 어렵다. 다만 소외 1이 농지취득자격은 있으나 강제집행을 회피하기 위하여 농업경영계획서를 작성하지 않는다는 이유를 밝히면서 원고가 대위신청을 한 이 사건에서, 위 처분사유의 추가를 허용하더라도 원고의 방어권 보장에는 아무런 지장이 없고 오히려 분쟁의 일회적 해결과 소송경제를 위하여 유익하므로 추가된 처분사유의 당부에 관하여 판단하기로 한다.

2) 채무자가 농지를 매수한 후 농업경영계획서를 작성하여 농지취득자격증명 발급신청을 하지 않는 경우에는, 채권자가 채무자 명의로 소유권이전등기를 마친 후 강제집행을 하기 위하여 채무자를 대위하여 농지취득자격증명 발급신청을 할 수 있다고 보아야 한다. 채권자가 채무자 명의로 농지 소유권이전등기를 마친 후 강제집행을 신청하지 않고 채무자도 농업경영을 하지 않는 경우에는, 시장·군수 또는 구청장은 채무자에게 그 농지를 처분할 것을 명할 수 있고, 채무자는 한국농어촌공사에 그 농지의 매수를 청구할 수 있으므로(농지법 제10조, 제11조), 경자유전의 원칙이 훼손될 우려는 없다. 그리고 이 경우에 시·구·읍·면의 장은 채무자 명의의 농업경영계획서가 존재하지 않더라도 채무자에게 농업경영의 의사가 있는지 여부를 다른 자료에 의하여 심사하여 농지취득자격증명 발급 여부를 결정하여야 하고, 단순히 채무자 작성의 농업경영계획서가 없다는 이유로 채권자의 농지취득자격증명 발급신청을 반려하여서는 안 된다.

살피건대 소외 1이 2008. 5. 8. 소외 2로부터 (주소 1 생략) 답 4546㎡의 1/2 지분을 매수하고 다만 그 소유권이전등기는 위 토지에서 분할된 (주소 2 생략) 답 2273㎡에 관하여 2010. 4. 27. 농지취득자격증명을 발급받아 2010. 5. 6. 마쳤으나, 소외 1이 소유권이전등기를 받아야 할 토지는 (주소 2 생략) 답 2273㎡의 1/2 지분 및 이 사건 토지(2273㎡)의 1/2 지분임은 위에서 본 바와 같다. 그런데 을 제1호증의 기재 및 영상만으로는 이 사건 처분 당시 소외 1에게 이 사건 토지의 1/2 지분에 관하여 농업경영의 의사가 없었음을 인정하기에 부족하며 달리 이를 인정할 만한 증거가 없다. 오히려 갑 제6 내지 8, 10호증의 각 기재에 변론 전체의 취지를 종합하면, 원고가 인천지방법원 2013가단7966호로 소외 1이 그 소유의 임야를 소외 5에게 매도하는 매매예약이 사해행위임을 이유로 그 취소를 구하는 소송을 제기한 사실, 그 소송에서 소외 1이 이 사건 토지의 1/2 지분에 관하여도 자경의사가 있으나 원고에게 협조하고 싶지 않아 농지취득자격증명 발급신청을 하지 않았다고 증언한 사실, 소외 1이 원고의 조합원인 사실을 인정할 수 있고, 이에 의하면 소외 1이 (주소 2 생략) 토지에 관하여 농지취득자격증명을 발급받을 당시 (주소 2 생략) 토지의 1/2 지분에 관하여는 물론 이 사건 토지의 1/2 지분에 관하여도 농업경영의 의사가 존재하였고, 그 의사는 이 사건 처분 당시까지 계속되었다고 봄이 상당하다.

따라서 소외 1이 이 사건 토지의 1/2 지분에 관하여 농업경영계획서를 작성하지

않았고 소외 1에게 농업경영 의사가 없기 때문에 이 사건 처분이 적법하다는 추가된 처분사유도 이유 없다.

4. 결론

그렇다면 이 사건 처분은 위법하여 취소하여야 할 것인바, 제1심판결은 이와 결론을 달리 하여 부당하므로 제1심판결 및 이 사건 처분을 취소하기로 하여 주문과 같이 판결한다.

판사 이강원(재판장) 강상욱 정재훈

Ⅲ 농지의 처분

01 농업경영에 이용하지 아니하는 농지 등의 처분

1. 농지 소유자는 다음 어느 하나에 해당하게 되면 그 사유가 발생한 날부터 1년 이내에 해당 농지(제6호의 경우에는 농지 소유 상한을 초과하는 면적에 해당하는 농지를 말한다)를 그 사유가 발생한 날 당시 세대를 같이하는 세대원이 아닌 자에게 처분하여야 한다(「농지법」제10조 제1항).

(1) 소유 농지를 자연재해·농지개량·질병 등 대통령령으로 정하는 정당한 사유 없이 자기의 농업경영에 이용하지 아니하거나 이용하지 아니하게 되었다고 시장(구를 두지 아니한 시의 시장을 말한다. 이하 이 조에서 같다)·군수 또는 구청장이 인정한 경우

(2) 농지를 소유하고 있는 농업회사법인이 제2조제3호의 요건에 맞지 아니하게 된 후 3개월이 지난 경우

(3) 농지를 취득한 자가 그 농지를 해당 목적사업에 이용하지 아니하게 되었다고 시장·군수 또는 구청장이 인정한 경우

[「농지법」제6조제2항제2호]

「초·중등교육법」 및 「고등교육법」에 따른 학교, 농림축산식품부령으로 정하는 공공단체·농업연구기관·농업생산자단체 또는 종묘나 그 밖의 농업 기자재 생산자가 그 목적사업을 수행하기 위하여 필요한 시험지·연구지·실습지·종묘생산지 또는 과수 인공수분용 꽃가루 생산지로 쓰기 위하여 농림축산식품부령으로 정하는 바에 따라 농지를 취득하여 소유하는 경우

(4) 「농지법」제6조제2항제3호인 상속[상속인에게 한 유증(遺贈)을 포함한다. 이하 같다]으로 농지를 취득하여 소유하는 경우, 농지를 취득한 자가 자연재해·농지개량·질병 등 대통령령으로 정하는 정당한 사유 없이 그 농지를 주말·체험영농에 이용하지 아니하게 되었다고 시장·군수 또는 구청장이 인정한 경우

(5) 「농지법」제6조제2항제4호에 따라 농지를 취득하여 소유한 자가 농지를 임대하거나 한국농어촌공사에 위탁하여 임대하는 등 대통령령으로 정하는 정당한 사유 없이 자기의 농업경영에 이용하지 아니하거나 이용하지 아니하게 되었다고 시장·군수 또는 구청장이 인정한 경우

(6) 「농지법」제6조제2항제5호에 따라 농지를 소유한 자가 농지를 임대하거나 한국농어촌공사에 위탁하여 임대하는 등 대통령령으로 정하는 정당한 사유 없이 자기의 농업경영에 이용하지 아니하거나, 이용하지 아니하게 되었다고 시장·군수 또는 구청장이 인정한 경우

(7) 「농지법」제6조제2항제7호에 따라 농지를 취득한 자가 취득한 날부터 2년 이내에 그 목적사업에 착수하지 아니한 경우

(8) 「농지법」제6조제2항제10호마목에 따른 농림축산식품부장관과의 협의를 마치지 아니하고 농지를 소유한 경우

(9) 「농지법」제6조제2항제10호바목에 따라 소유한 농지를 한국농어촌공사에 지체 없이 위탁하지 아니한 경우

(10) 「농지법」제7조에 따른 농지 소유 상한을 초과하여 농지를 소유한 것이 판명된 경우

(11) 자연재해·농지개량·질병 등 대통령령으로 정하는 정당한 사유 없이 「농지법」제8조제2항에 따른 농업경영계획서 내용을 이행하지 아니하였다고 시장·군수 또는 구청장이 인정한 경우

2. 시장·군수 또는 구청장은 제1항에 따라 농지의 처분의무가 생긴 농지의 소유자에게 농림축산식품부령으로 정하는 바에 따라 처분 대상 농지, 처분의무 기간 등을 구체적으로 밝혀 그 농지를 처분하여야 함을 알려야 한다(「농지법」제10조 2항).

02 처분명령과 매수청구

1. 시장(구를 두지 아니한 시의 시장을 말한다)·군수 또는 구청장은 제10조에 따른 처분 의무 기간에 처분 대상 농지를 처분하지 아니한 농지 소유자에게 6개월 이내에 그 농지를 처분할 것을 명할 수 있다(「농지법」 제11조 제1항).

2. 농지 소유자는 제1항에 따른 처분명령을 받으면 「한국농어촌공사 및 농지관리기금법」에 따른 한국농어촌공사에 그 농지의 매수를 청구할 수 있다(「농지법」 제11조 제2항).

3. 한국농어촌공사는 제2항에 따른 매수 청구를 받으면 「부동산 가격공시에 관한 법률」에 따른 공시지가(해당 토지의 공시지가가 없으면 같은 법 제8조에 따라 산정한 개별 토지 가격을 말한다. 이하 같다)를 기준으로 해당 농지를 매수할 수 있다. 이 경우 인근 지역의 실제 거래 가격이 공시지가보다 낮으면 실제 거래 가격을 기준으로 매수할 수 있다(「농지법」 제11조 제3항).

4. 한국농어촌공사가 제3항에 따라 농지를 매수하는 데에 필요한 자금은 「한국농어촌공사 및 농지관리기금법」 제35조제1항에 따른 농지관리기금에서 융자한다(「농지법」 제11조 제4항).

대법원 2005. 11. 30., 자, 2005마1031, 결정 농지법위반

【판시사항】

[1] 처분명령의 대상이 된 농지에 채권최고액이 매우 큰 저당권과 존속기간이 매우 긴 지상권이 각 설정되어 있는 것이 처분명령을 이행하지 아니한 데 대한 정당한 사유에 해당하는지 여부(소극)

[2] 법원이 농지법 제65조 제1항이 정한 이행강제금을 감액하여 부과할 수 있는지 여부(소극)

【판결요지】

[1] 농지법 제11조 제1항에 의한 처분명령의 대상이 된 농지에 채권최고액이 매우 큰 저당권과 존속기간이 매우 긴 지상권이 각 설정되어 있더라도 그것만으로는 농지법 제65조 제1항, 농지법 시행령 제77조 제3항 제2호의 정당한 사유에 해당한다고 볼 수 없다.

[2] 농지법 제65조 제1항이 처분명령을 정당한 사유 없이 이행하지 아니한 자에 대하여 당해 농지의 토지가액의 100분의 20에 상당하는 이행강제금을 부과한다고 정하고 있

으므로, 처분명령이 효력이 없거나 그 불이행에 같은 항 소정의 정당한 사유가 있어 이행강제금에 처하지 아니하는 결정을 하지 않는 한, 법원으로서는 그보다 적은 이행강제금을 부과할 수도 없다.

【참조조문】
[1] 농지법 제11조 제1항, 제65조 제1항, 농지법 시행령 제77조 제3항 제2호
[2] 농지법 제65조 제1항

【전 문】

【재항고인】

【원심결정】
수원지법 2005. 9. 27.자 2005라254 결정

【주 문】
재항고를 기각한다.

【이 유】
농지법 제11조 제1항에 의한 처분명령의 대상이 된 농지에 채권최고액이 매우 큰 근저당권과 존속기간이 매우 긴 지상권이 각 설정되어 있더라도 그것만으로는 농지법 제65조 제1항, 농지법 시행령 제77조 제3항 제2호의 정당한 사유에 해당한다고 볼 수 없다.

또한, 농지법 제65조 제1항이 처분명령을 정당한 사유 없이 이행하지 아니한 자에 대하여 당해 농지의 토지가액의 100분의 20에 상당하는 이행강제금을 부과한다고 정하고 있으므로, 처분명령이 효력이 없거나 그 불이행에 같은 항 소정의 정당한 사유가 있어 이행강제금에 처하지 아니하는 결정을 하지 않는 한, 법원으로서는 그보다 적은 이행강제금을 부과할 수도 없다.

원심은 재항고인이 관할구청장의 농지처분명령을 이행하지 아니한 데 정당한 사유가 없다고 보아 개별공시지가를 기준으로 계산한 처분대상농지 가액의 20%에 상당한 금액을 이행강제금으로 부과한 제1심결정을 유지하였는바, 이러한 원심의 조치는 위에서 본 법리들이나 이 사건 기록에 비추어 정당하고, 거기에 재항고이유에서 주장한 것처럼 농지법 제65조 제1항에서 말하는 '정당한 사유' 및 같은 법 시행령 제77조 제3항 제2호 소정의 사유에 관한 법리나 재량권의 일탈·남용에 관한 법리를 오해하는 등으로 판결 결과에 영향을 미친 위법이 없다.

따라서 재항고를 기각하기로 하여 주문과 같이 결정한다.

대법관 김황식(재판장) 이규홍 박재윤(주심) 김영란

부동산 농지와 산지 시리즈 ❶ 농지의 취득과 전용

대법원 2003. 11. 14., 선고, 2001두8742, 판결 농지처분의무통지처분취소

【판시사항】

[1] 구 농지법상 농지처분의무통지가 독립한 행정처분으로서 항고소송의 대상이 되는지 여부(적극)

[2] 처분성이 없는 농지처분의무의 확정통보에 대한 행정심판 및 소제기로 인하여 농지처분의무통지처분에 대한 전심절차 및 제소기간이 준수되었다고 본 사례

[3] 종국처분인 농지처분명령의 취소를 구하는 소를 제기하여 원고 패소의 판결이 확정된 이상, 그 전단계인 농지처분의무통지의 취소를 구하는 부분의 소는 더 이상 이를 유지할 이익이 없다고 한 사례

【판결요지】

[1] 구 농지법(2002. 1. 14. 법률 제6597호로 개정되기 전의 것) 제10조 제1항 제7호, 제2항, 제11조에 의하면, 농지의 소유자가 정당한 사유 없이 같은 법 제8조 제2항의 규정에 의한 농업경영계획서의 내용을 이행하지 아니하였다고 시장 등이 인정한 때에는 그 사유가 발생한 날부터 1년 이내에 당해 농지를 처분하여야 하고, 시장 등은 농지의 처분의무가 생긴 농지의 소유자에게 농림부령이 정하는 바에 의하여 처분대상농지 · 처분의무기간 등을 명시하여 해당 농지를 처분하여야 함을 통지하여야 하며, 위 통지에서 정한 처분의무기간 내에 처분대상농지를 처분하지 아니한 농지의 소유자에 대하여는 6개월 이내에 당해 농지를 처분할 것을 명할 수 있는바, 시장 등 행정청은 위 제7호에 정한 사유의 유무, 즉 농지의 소유자가 위 농업경영계획서의 내용을 이행하였는지 여부 및 그 불이행에 정당한 사유가 있는지 여부를 판단하여 그 사유를 인정한 때에는 반드시 농지처분의무통지를 하여야 하는 점, 위 통지를 전제로 농지처분명령, 같은 법 제65조에 의한 이행강제금부과 등의 일련의 절차가 진행되는 점 등을 종합하여 보면, 농지처분의무통지는 단순한 관념의 통지에 불과하다고 볼 수는 없고, 상대방인 농지소유자의 의무에 직접 관계되는 독립한 행정처분으로서 항고소송의 대상이 된다.

[2] 처분성이 없는 농지처분의무의 확정통보에 대한 행정심판 및 소제기로 인하여 농지처분의무통지처분에 대한 전심절차 및 제소기간이 준수되었다고 본 사례.

[3] 종국처분인 농지처분명령의 취소를 구하는 소를 제기하여 원고 패소의 판결이 확정된 이상, 그 전단계인 농지처분의무통지의 취소를 구하는 부분의 소는 더 이상 이를 유지할 이익이 없다고 한 사례.

【참조판례】

대법원 2000. 9. 26. 선고 99두646 판결(공2000하, 2228)

【원심판결】

부산고법 2001. 9. 14. 선고 2001누519 판결

【주 문】
상고를 기각한다. 상고비용은 원고의 부담으로 한다.

【이 유】
상고이유를 본다.

1. 원심판결의 요지

    가. 원심판결 이유에 의하면, 원심은 그 판시와 같은 사실을 인정한 다음, 피고가 구 농지법(2002. 1. 14. 법률 제6597호로 개정되기 전의 것, 이하 '농지법'이라 한다) 제10조 제2항의 규정에 의하여 1999. 12. 30. 원고에게 한 농지처분의무통지(이 하 '이 사건 통지'라 한다)는 같은 조 제1항 제7호에 해당하는 사유로 원고에게 법률 상 당연히 그때부터 1년 이내에 이 사건 농지를 처분할 의무가 발생하였음을 고지 해 주는 사실 또는 관념의 통지에 불과할 뿐, 위 통지에 의하여 비로소 농지처분의 무가 생기는 것은 아니어서 항고소송의 대상이 되는 처분이라고 할 수 없고, 또한 이 사건 통지가 있음을 안 날로부터 90일이 지난 후인 2001. 3. 20. 비로소 그 취소 를 구하는 소를 제기함으로써 제소기간이 경과하였으므로, 이 사건 통지의 취소를 구하는 부분의 소는 부적법하다는 이유로 각하하였다.

    나. 그리고 원심은, 위와 같이 이 사건 통지에 처분성이 인정되지 아니함을 전제로, 이 사건 통지에 기한 이 사건 확정통보 또한 단순한 사실의 통지에 불과한 것이므로 항고소송의 대상이 되는 처분이라고 할 수 없다고 판단하여, 이 사건 확정통보의 취소를 구하는 부분의 소도 부적법하다는 이유로 각하하였다.

2. 이 법원의 판단

    가. 이 사건 확정통보의 취소청구 부분에 대하여

    기록과 관계 법령에 비추어 살펴보면, 피고는 원고가 이 사건 통지에 대한 이의신청 을 하자, 그 이의사항에 대하여 내부의 사무처리지침인 1999. 9. 29.자 농림부예 규 '농업경영에이용하지않는농지등의처분관련업무처리요령'에 따라 재조사를 한 다음, 이의내용이 타당하지 않아 원고의 농지처분의무가 확정되었다는 이 사건 확 정통보를 한 사실을 알 수 있는바, 그렇다면 이 사건 확정통보는 피고가 업무처리의 적정 및 원고의 편의를 위하여 한 조치에 불과하고, 이로 인하여 원고에게 권리를 제한하거나 의무를 부담시키는 것은 아니어서, 항고소송의 대상이 되는 처분이라 고 할 수 없다 할 것이다.

    따라서 이 부분의 소를 각하한 원심의 조치는 정당하고, 거기에 처분에 관한 법리오 해의 위법이 있다고 할 수 없다.

    이 부분 상고이유의 주장은 받아들이지 아니한다.

    나. 이 사건 통지의 취소청구 부분에 대하여

    (1) 농지법 제10조 제1항 제7호, 제2항, 제11조에 의하면, 농지의 소유자가 정당한 사유 없이 같은 법 제8조 제2항의 규정에 의한 농업경영계획서의 내용을 이행하

지 아니하였다고 시장 등이 인정한 때에는 그 사유가 발생한 날부터 1년 이내에 당해 농지를 처분하여야 하고, 시장 등은 농지의 처분의무가 생긴 농지의 소유자에게 농림부령이 정하는 바에 의하여 처분대상농지·처분의무기간 등을 명시하여 해당 농지를 처분하여야 함을 통지하여야 하며, 위 통지에서 정한 처분의무기간 내에 처분대상농지를 처분하지 아니한 농지의 소유자에 대하여는 6개월 이내에 당해 농지를 처분할 것을 명할 수 있는바, 시장 등 행정청은 위 제7호에 정한 사유의 유무, 즉 농지의 소유자가 위 농업경영계획서의 내용을 이행하였는지 여부 및 그 불이행에 정당한 사유가 있는지 여부를 판단하여 그 사유를 인정한 때에는 반드시 농지처분의무통지를 하여야 하는 점, 위 통지를 전제로 농지처분명령, 농지법 제65조에 의한 이행강제금부과 등의 일련의 절차가 진행되는 점 등을 종합하여 보면, 이 사건 통지는 단순한 관념의 통지에 불과하다고 볼 수는 없고, 상대방인 원고의 의무에 직접 관계되는 독립한 행정처분으로서 항고소송의 대상이 된다 할 것이다.

그럼에도 불구하고 원심은, 이 사건 통지를 행정처분으로 볼 수 없다고 판단하였으니, 거기에는 농지법상 농지처분의무통지의 성질에 대한 해석을 그르쳐 항고소송의 대상이 되는 행정처분에 관한 법리를 오해한 잘못이 있다.

(2) 한편, 제소기간 준수 여부에 관한 원심의 부가적 판단에 대하여 직권으로 살펴보건대, 행정소송법 제20조 제1항, 제2항에 의하면, 취소소송은 처분이 있음을 안 날로부터 90일, 처분이 있은 날부터 1년 내에 제기하여야 하고, 행정심판청구를 한 경우에는 재결서의 정본을 송달받은 날부터 90일, 재결이 있은 날로부터 1년 내에 소를 제기하여야 하는바, 농지법 제10조 제1항 제7호가 정한 사유에 해당하지 아니하여 농지처분의무가 없다고 다투는 원고로서는 1999. 12. 30.자 이 사건 통지를 대상으로 적법한 기간 내에 그 취소를 구하는 행정심판이나 행정소송을 제기하여야 함에도 불구하고, 원심이 적법하게 확정한 사실관계 및 기록에 의하면, 원고는 처분성이 결여된 2000. 5. 23.자 이 사건 확정통보를 대상으로 같은 해 6. 7. 그 취소를 구하는 행정심판청구를 하였고, 같은 해 8. 7. 위 행정심판청구에 대한 기각재결 후 같은 해 8. 22. 이 사건 제1심 법원에 그 취소를 구하는 소를 제기하였다가, 이 사건 통지가 있음을 안 날부터 90일이 지난 후인 2001. 3. 20. 원심에서 비로소 청구취지 및 항소취지 정정신청서를 제출하면서 이 사건 통지에 대한 취소를 추가하여 구한 사실을 알 수 있으나, 한편 기록에 의하면, 원고가 소장의 청구취지에 처분성이 결여된 이 사건 확정통보를 소송의 대상으로 기재하고 있기는 하지만 청구원인에는 내용상 위 두 가지 행위 모두의 경과를 기재한 다음 이 사건 통지는 농지법 제10조 제1항 제7호의 요건에 해당하지 아니하여 위법하다는 취지를 기재한 점, 이 사건 확정통보에 대한 심판기관의 재결에도 이 사건 통지에 대한 실질적인 심리·판단이 있는 데다가 이 사건 제1심판결은 그 이유 중에서 이 사건 통지 및 이 사건 확정통보 모두에 대하여

처분성 유무를 판단한 점, 원고가 2001. 3. 20. 청구취지 및 항소취지 정정신청서를 제출하면서 이 사건 통지도 처음부터 소송의 대상으로 삼은 것임을 명백히 한 점 등을 알 수 있는바, 그렇다면 원고가 원심에서 이 사건 통지에 대한 취소청구를 추가한 것은 청구취지의 정정에 해당한다고 볼 것이고, 원고는 이 사건 확정통보에 대한 행정심판 및 소제기로 인하여 이 사건 통지에 대한 행정심판을 거치고 적법한 제소기간 내에 소를 제기하였다고 보아야 할 것이다(대법원 2000. 9. 26. 선고 99두646 판결 참조).

그럼에도 불구하고 원심은, 이 사건 확정통보에 대한 재결을 이 사건 통지에 대한 행정심판청구 및 재결로 볼 수 없고, 가사 이 사건 통지에 대한 재결로 본다고 하더라도 이 부분 소는 제소기간을 도과한 후에 제기된 것으로 부적법하다고 판단하였으니, 거기에는 청구취지의 정정 및 제소기간준수에 관한 법리를 오해한 잘못도 있다.

(3) 그러나 기록에 의하면, 원고가 2001. 1. 17.경 피고로부터 이 사건 통지에 기한 농지처분명령을 받고, 이 사건과는 별도로 그 취소를 구하는 소를 제기하자, 그 제1심 법원은 이 사건 통지 당시 원고에게 농지법 제10조 제1항 제7호 소정의 사유가 있고 위 농지처분명령에 있어서 재량권을 남용한 위법도 없다고 판단하여 원고의 청구를 기각하였으며, 항소심 법원 역시 원고의 항소를 기각하여 위 판결이 확정되었음을 알 수 있는바, 이 사건 통지와 농지처분명령은 동일한 행정목적을 달성하기 위하여 단계적인 일련의 절차로 연속하여 행하여지는 것으로서 서로 결합하여 원고에게 농지처분의무를 부과하는 법률효과를 발생시키는데, 원고가 종국처분인 위 농지처분명령의 취소를 구하는 소를 제기하여 이 사건 통지의 전제가 되는 위 제7호 소정의 사유가 있다는 판단을 받고 원고 패소의 판결이 확정된 이상, 이 사건 통지의 취소를 구하는 부분의 소는 더 이상 이를 유지할 이익이 없다고 보아야 할 것이다.

(4) 따라서 원심이 이 부분 소를 각하한 것은 결론에 있어서 정당하고, 거기에 판결 결과에 영향을 미친 법리오해 등의 위법이 있다고 할 수 없다.

이 부분 상고이유 주장 역시 받아들이지 아니한다.

3. 결 론

그러므로 상고를 기각하고, 상고비용은 패소자의 부담으로 하기로 하여 관여 법관의 일치된 의견으로 주문과 같이 판결한다.

대법관 강신욱(재판장) 변재승(주심) 윤재식 고현철

03 처분명령의 유예

1. 시장(구를 두지 아니한 시의 시장을 말한다. 이하 이 조에서 같다)·군수 또는 구청장은 「농지법」제10조제1항에 따른 처분의무 기간에 처분 대상 농지를 처분하지 아니한 농지 소유자가 다음 각 호의 어느 하나에 해당하면 처분의무 기간이 지난 날부터 3년간 제11조제1항에 따른 처분명령을 직권으로 유예할 수 있다(「농지법」제12조 제1항).
   - 해당 농지를 자기의 농업경영에 이용하는 경우
   - 한국농어촌공사나 그 밖에 대통령령으로 정하는 자와 해당 농지의 매도위탁계약을 체결한 경우

2. 시장·군수 또는 구청장은 제1항에 따라 처분명령을 유예 받은 농지 소유자가 처분명령 유예 기간에 제1항 각 호의 어느 하나에도 해당하지 아니하게 되면 지체 없이 그 유예한 처분명령을 하여야 한다(농지법 제12조 제2항).

3. 농지 소유자가 처분명령을 유예 받은 후 제2항에 따른 처분명령을 받지 아니하고 그 유예 기간이 지난 경우에는 제10조제1항에 따른 처분의무에 대하여 처분명령이 유예된 농지의 그 처분의무만 없어진 것으로 본다(농지법 제12조 제3항).

04 담보농지의 취득

1. 농지의 저당권자로서 다음 각 호의 어느 하나에 해당하는 자는 농지 저당권 실행을 위한 경매기일을 2회 이상 진행하여도 경락인(競落人)이 없으면 그 후의 경매에 참가하여 그 담보 농지를 취득할 수 있다(「농지법」제13조 제1항).
   - 「농업협동조합법」에 따른 지역농업협동조합, 지역축산업협동조합, 품목별·업종별협동조합 및 그 중앙회와 농협은행, 「수산업협동조합법」에 따른 지구별 수산업협동조합, 업종별 수산업협동조합, 수산물가공 수산업협동조합 및 그 중앙회와 수협은행, 「산림조합법」에 따른 지역산림조합, 품목별·업종별산림조합 및 그 중앙회
   - 한국농어촌공사
   - 「은행법」에 따라 설립된 은행이나 그 밖에 대통령령으로 정하는 금융기관
   - 「한국자산관리공사 설립 등에 관한 법률」에 따라 설립된 한국자산관리공사
   - 「자산유동화에 관한 법률」제3조에 따른 유동화전문회사등
   - 「농업협동조합의 구조개선에 관한 법률」에 따라 설립된 농업협동조합자산관리회사

2. 농지 저당권자는 제1항에 따라 취득한 농지의 처분을 한국농어촌공사에 위임할 수 있다(「농지법」제13조 제2항).

제2장 농지의 이용

I 농지의 자경

01 "농지의 자경"이란

"농지의 자경"이란 농업인이 그 소유농지에서 농작물 경작 또는 다년생식물재배에 상시 종사하거나 농작업의 2분의 1 이상을 자기의 노동력으로 경작 또는 재배하는 것과 농업법인이 그 소유농지에서 농작물을 경작하거나 다년생식물을 재배하는 것을 말한다(「농지법」 제2조제5호).

> ※ "농업인"이란 농업에 종사하는 개인으로서 다음의 어느 하나에 해당해야 한다(「농지법」 제2조제2호 및 「농지법 시행령」 제3조).

- ✓ 1천 제곱미터 이상의 농지에서 농작물 또는 다년생식물을 경작 또는 재배하거나 1년 중 90일 이상 농업에 종사하는 사람
- ✓ 농지에 330제곱미터 이상의 고정식온실·버섯재배사·비닐하우스 등 농업생산에 필요한 시설을 설치하여 농작물 또는 다년생식물을 경작 또는 재배하는 사람
- ✓ 대가축 2두, 중가축 10두, 소가축 100두, 가금(家禽: 집에서 기르는 날짐승) 1천수 또는 꿀벌 10군 이상을 사육하거나 1년 중 120일 이상 축산업에 종사하는 사람
- ✓ 농업경영을 통한 농산물의 연간 판매액이 120만원 이상인 사람

> ※ "농업법인"이란 「농어업경영체 육성 및 지원에 관한 법률」 제16조에 따라 설립된 영농조합법인과 「농어업경영체 육성 및 지원에 관한 법률」 제19조에 따라 설립되고 업무집행권을 가진 자 중 3분의 1 이상이 농업인인 농업회사법인을 말한다(「농지법」 제2조제3호).

02 자경증명의 발급신청

1. 자경하고 있는 농업인 또는 농업법인은 시·구·읍·면의 장에게 자경증명을 발급받을 수 있다(「농지법」 제50조제2항).

2. 자경증명을 발급 받으려는 사람은 자경증명발급신청서(「농지법 시행규칙」 별지 제60호서식)를 해당 농지의 소재지를 관할하는 시·구·읍·면장에게 제출한다(「농지법 시행규칙」 제59조제1항).

3. 시·구·읍·면장은 이러한 신청이 있는 때 신청인의 농업경영상황을 조사한 후 자경하는 사실이 명백한 경우에는 신청일부터 4일 이내에 자경증명을 발급한다.(「농지법 시행규칙」 제59조제2항).

※ 자경증명을 발급받으려는 사람은 1천원의 수수료를 부담한다. 다만, 전자민원창구 또는 통합전자민원창구를 통하여 발급받는 경우에는 수수료를 면제한다(「농지법」 제56조제5호 및 「농지법 시행령」 제74조제1항제6호).

Ⅱ 위탁경영

01 위탁경영이란

1. "위탁경영"이란 농지 소유자가 타인에게 일정한 보수를 지급하기로 약정하고 농작업의 전부 또는 일부를 위탁하여 행하는 농업경영을 말한다(「농지법」 제2조제6호).

2. 농지 소유자는 다음의 어느 하나에 해당하는 경우 외에는 소유 농지를 위탁경영할 수 없다. (「농지법」 제9조).

(1) 「병역법」에 따라 징집 또는 소집된 경우

(2) 3개월 이상 국외 여행 중인 경우

(3) 농업법인이 청산 중인 경우

(4) 질병, 취학, 선거에 따른 공직 취임, 부상으로 3개월 이상의 치료가 필요한 경우, 교도소·구치소 또는 보호감호시설에 수용 중인 경우, 임신 중이거나 분만 후 6개월 미만인 경우(「농지법 시행령」 제8조제1항)

(5) 농지이용증진사업 시행계획(「농지법」 제17조)에 따라 위탁경영하는 경우

(6) 농업인이 다음과 같은 경우로서 통상적인 농업경영관행에 따라 농업경영을 함에 있어서 자기 또는 세대원의 노동력으로는 해당 농지의 농업경영에 관련된 농작업의 전부를 행할 수 없어서 농작업의 일부를 위탁하는 경우

1) 다음의 어느 하나에 해당하는 재배작물의 종류별 주요 농작업의 3분의 1 이상을 자기 또는 세대원의 노동력에 의하는 경우

① **벼** : 이식 또는 파종, 재배관리 및 수확

② **과수** : 가지치기 또는 열매솎기, 재배관리 및 수확

③ **벼, 과수 외의 농작물 또는 다년생식물** : 파종 또는 육묘, 이식, 재배관리 및 수확

2) 자기의 농업경영에 관련된 위의 농작물의 농작업에 1년 중 30일 이상 직접 종사하는 경우

> ※ 농지의 위탁경영요건(「농지법」 제9조)에 위반하여 농지를 위탁경영한 사람은 1천만 원 이하의 벌금에 처해진다(「농지법」 제60조제1호).

02 판례

1. 대법원 2006. 2. 24. 선고 2005도8080 판결 「농지법」위반

대법원 2006. 2. 24. 선고 2005도8080 판결 【농지법위반】
[공2006.4.1.(247),558]

【판시사항】

[1] 농지법상 자신의 노동력을 투입하지 아니한 채 농작업의 전부 또는 일부를 위탁경영하는 것이 허용되는지 여부(한정 적극) 및 농지법 제61조에 정한 '사위 기타 부정한 방법으로 제8조 제1항의 규정에 의한 농지취득자격증명을 발급받은 자'의 의미

[2] 농지의 매입 과정에서 자경을 하지 아니하면 농지의 소유가 불가능하다는 규정을 회피하기 위하여 허위의 사실을 기재하여 농지취득자격증명을 발급받은 경우, 사위 기타 부정한 방법으로 농지취득자격증명을 발급받은 경우에 해당한다고 본 사례

【판결요지】

[1] 농지법 제2조, 제6조, 제8조, 제9조 및 같은 법 시행령의 규정에 비추어 보면, 농지법 제9조 소정의 예외적인 경우를 제외하고 자신의 노동력을 투입하지 아니한 채 농작업의 전부 또는 일부를 위탁경영하는 것은 허용되지 아니하고, 농지법 제61조 소정의 사위 기타 부정한 방법으로 제8조 제1항의 규정에 의한 농지취득자격증명을 발급받은 자라 함은 '정상적인 절차에 의하여는 농지취득자격증명을 받을 수 없는 경우임에도 불구하고 위계 기타 사회통념상 부정이라고 인정되는 행위로써 농지취득자격증명을 받은 자'를 의미한다.

[2] 피고인이 처음부터 농지 전부를 자신이 자경하지 아니하고 현지인에게 위탁경영할 목적으로 매입하였고, 이 과정에서 자경을 하지 아니하면 농지의 소유가 불가능하다는 규정을 회피하기 위하여 농지취득자격증명 신청서에 첨부된 농업경영계획서의 노동력확보방안란에 '자기노동력' 또는 '자기노동력과 일부 고용'이라고 허위의 사실을 기재하여 농지취득자격증명을 발급받은 경우, 이는 농지법 제61조에서 정하는 사위 기타 부정한 방법으로 농지취득자격증명을 발급받은 경우에 해당한다고 본 사례.

【참조조문】

[1] 농지법 제8조 제1항, 제9조, 제61조 / [2] 농지법 제8조 제1항, 제61조

【전 문】

【피 고 인】 피고인

【상 고 인】 피고인

【변 호 인】 변호사 이문재외 1인

【원심판결】 제주지법 2005. 10. 6. 선고 2005노256 판결

【주 문】

상고를 기각한다.

【이 유】

1. 원심은, 그 채용 증거들을 종합하여 피고인의 주거는 과천시에, 직장은 인천과 서울에 소재하고 있고, 피고인의 처인 공소외 1은 과천에서 유치원을 경영하고 있으며, 아들인 공소외 2는 서울 여의도에서 은행에 근무하고 있고, 같은 공소외 3도 인천 소재 회사의 연구원으로 근무하고 있기 때문에 피고인이 이 사건 농지에서 직접 농사를 짓기는 사실상 불가능하였고, 피고인은 이 사건 농지를 매입한 후 2004. 3.경 공소외 4 등에게 이 사건 농지를 개간하여 농작물을 경작하도록 하면서 향후 농장에서 수확되는 농작물을 판매하여 이윤이 발생하면 그 중 일정 비율을 공소외 4 등에게 주기로 약정한 사실 등을

인정한 다음, 피고인은 처음부터 이 사건 농지의 경작에 상시 종사하거나 농작업의 2분의 1 이상을 자신이 자경하지 아니하고 현지인에게 위탁경영할 목적으로 이를 매입한 것이라는 취지로 판단하였는바, 기록에 비추어 살펴보면, 원심의 증거취사, 사실인정 및 판단은 수긍이 가고, 거기에 상고이유로 주장하는 바와 같은 채증법칙 위배로 인한 사실오인 등의 위법이 없다.

2. 농지법 제2조, 제6조, 제8조, 제9조 및 같은 법 시행령의 규정에 비추어 보면, 농지법 제9조 소정의 예외적인 경우를 제외하고 자신의 노동력을 투입하지 아니한 채 농작업의 전부 또는 일부를 위탁경영하는 것은 허용되지 아니하고, 농지법 제61조 소정의 사위 기타 부정한 방법으로 제8조 제1항의 규정에 의한 농지취득자격증명을 발급받은 자라 함은 '정상적인 절차에 의하여는 농지취득자격증명을 받을 수 없는 경우임에도 불구하고 위계 기타 사회통념상 부정이라고 인정되는 행위로써 농지취득자격증명을 받은 자'를 의미한다.

앞서 본 바와 같이 피고인이 처음부터 이 사건 농지 전부를 자신이 자경하지 아니하고 현지인에게 위탁경영할 목적으로 매입하였고, 이 과정에서 자경을 하지 아니하면 농지의 소유가 불가능하다는 규정을 회피하기 위하여 이 사건 농지취득자격증명 신청서에 첨부된 농업경영계획서의 노동력확보방안란에 '자기노동력' 또는 '자기노동력과 일부 고용'이라고 허위의 사실을 기재하여 농지취득자격증명을 발급받은 사실을 인정할 수 있으므로 이는 사위 기타 부정한 방법으로 농지취득자격증명을 발급받은 경우에 해당한다고 할 것이다.

같은 취지의 원심의 판단은 정당하고, 거기에 상고이유로 주장하는 바와 같은 농지법 제61조 소정의 사위 기타 부정한 방법의 해석·적용에 관한 법리오해 등의 위법이 없다.

3. 그러므로 상고를 기각하기로 하여, 관여 대법관의 일치된 의견으로 주문과 같이 판결한다.

대법관　김용담(재판장) 이강국(주심) 손지열 박시환

III. 농지의 이용증진

01. 농지의이용계획의 수립

1. 시장·군수 또는 자치구구청장(그 관할 구역의 농지가 대통령령으로 정하는 면적 이하인 시의 시장 또는 자치구의 구청장은 제외한다)은 농지를 효율적으로 이용하기 위하여 대통령령으로 정하는 바에 따라 지역 주민의 의견을 들은 후, 「농업·농촌 및 식품산업 기본법」 제15조에 따른 시·군·구 농업·농촌및식품산업정책심의회(이하 "시·군·구 농업·농촌및식품산업정책심의회"라 한다)의 심의를 거쳐 관할 구역의 농지를 종합적으로 이용하기 위한 계획(이하 "농지이용계획"이라 한다)을 수립하여야 한다. 수립한 계획을 변경하려고 할 때에도 또한 같다.

2. 농지이용계획에는 다음 각 호의 사항이 포함되어야 한다.

(1) 농지의 지대(地帶)별·용도별 이용계획

(2) 농지를 효율적으로 이용하고 농업경영을 개선하기 위한 경영 규모 확대계획

(3) 농지를 농업 외의 용도로 활용하는 계획

3. 시장·군수 또는 자치구구청장은 농지이용계획을 수립(변경한 경우를 포함한다)하면 관할 특별시장·광역시장 또는 도지사의 승인을 받아 그 내용을 확정하고 고시하여야 하며, 일반인이 열람할 수 있도록 하여야 한다.

4. 시·도지사, 시장·군수 또는 자치구구청장은 농지이용계획이 확정되면 농지이용계획대로 농지가 적정하게 이용되고 개발되도록 노력하여야 하고, 필요한 투자와 지원을 하여야 한다.

5. 농지이용계획 수립에 필요한 사항은 농림축산식품부령으로 정한다.

02. 농지이용증진사업의 시행

1. 시장·군수·자치구구청장, 한국농어촌공사, 그 밖에 대통령령으로 정하는 자(이하 "사업시행자"라 한다)는 농지이용계획에 따라 농지 이용을 증진하기 위하여 다음 어느 하나에 해당하는 사업을 시행할 수 있다.

(1) 농지의 매매·교환·분합 등에 의한 농지 소유권 이전을 촉진하는 사업

(2) 농지의 장기 임대차, 장기 사용대차에 따른 농지 임차권(사용대차에 따른 권리를 포함한다. 이하 같다) 설정을 촉진하는 사업

(3) 위탁경영을 촉진하는 사업

(4) 농업인이나 농업법인이 농지를 공동으로 이용하거나 집단으로 이용하여 농업경영을 개선하는 농업 경영체 육성사업

03 농지이용증진사업의 요건

1. 농지이용증진사업은 다음의 모든 요건을 갖추어야 한다.

(1) 농업경영을 목적으로 농지를 이용할 것

(2) 농지 임차권 설정, 농지 소유권 이전, 농업경영의 수탁·위탁이 농업인 또는 농업법인의 경영규모를 확대하거나 농지이용을 집단화하는 데에 기여할 것

(3) 기계화·시설자동화 등으로 농산물 생산 비용과 유통 비용을 포함한 농업경영 비용을 절감하는 등 농업경영 효율화에 기여할 것

04 농지이용증진 사업 시행계획의 수립

1. 시장·군수 또는 자치구구청장이 농지이용증진사업을 시행하려고 할 때에는 농림축산식품부령으로 정하는 바에 따라 농지이용증진사업 시행계획을 수립하여 시·군·구 농업·농촌및식품산업정책심의회의 심의를 거쳐 확정하여야 한다. 수립한 계획을 변경하려고 할 때에도 또한 같다.

2. 시장·군수 또는 자치구구청장 외의 사업시행자가 농지이용증진사업을 시행하려고 할 때에는 농림축산식품부령으로 정하는 바에 따라 농지이용증진사업 시행계획을 수립하여 시장·군수 또는 자치구구청장에게 제출하여야 한다.

3. 시장·군수 또는 자치구구청장은 제2항에 따라 제출받은 농지이용증진사업 시행계획이 보완될 필요가 있다고 인정하면 그 사유와 기간을 구체적으로 밝혀 사업시행자에게 그 계획을 보완하도록 요구할 수 있다.

4. 농지이용증진사업 시행계획에는 다음 각 호의 사항이 포함되어야 한다.

(1) 농지이용증진사업의 시행 구역

⑵ 농지 소유권이나 임차권을 가진 자, 임차권을 설정받을 자, 소유권을 이전받을 자 또는 농업경영을 위탁하거나 수탁할 자에 관한 사항

⑶ 임차권이 설정되는 농지, 소유권이 이전되는 농지 또는 농업경영을 위탁하거나 수탁하는 농지에 관한 사항

⑷ 설정하는 임차권의 내용, 농업경영 수탁・위탁의 내용 등에 관한 사항

⑸ 소유권 이전 시기, 이전 대가, 이전 대가 지급 방법, 그 밖에 농림축산식품부령으로 정하는 사항

05 농지소유의 세분화 방지

1. 국가와 지방자치단체는 농업인이나 농업법인의 농지 소유가 세분화되는 것을 막기 위하여 농지를 어느 한 농업인 또는 하나의 농업법인이 일괄적으로 상속・증여 또는 양도받도록 필요한 지원을 할 수 있다.

2. 「농어촌정비법」에 따른 농업생산기반정비사업이 시행된 농지는 다음 어느 하나에 해당하는 경우 외에는 분할할 수 없다.

⑴ 「국토의 계획 및 이용에 관한 법률」에 따른 도시지역의 주거지역・상업지역・공업지역 또는 도시・군계획시설부지에 포함되어 있는 농지를 분할하는 경우

⑵ 「농지법」 제34조제1항에 따라 농지전용허가(다른 법률에 따라 농지전용허가가 의제되는 인가・허가・승인 등을 포함한다)를 받거나 「농지법」 제35조나 제43조에 따른 농지전용신고를 하고 전용한 농지를 분할하는 경우

⑶ 분할 후의 각 필지의 면적이 2천제곱미터를 넘도록 분할하는 경우

⑷ 농지의 개량, 농지의 교환・분합 등 대통령령으로 정하는 사유로 분할하는 경우

3. 시장・군수 또는 구청장은 농지를 효율적으로 이용하고 농업생산성을 높이기 위하여 통상적인 영농 관행 등을 감안하여 농지 1필지를 공유로 소유하려는 자의 최대인원수를 7인 이하의 범위에서 시・군・구의 조례로 정하는 바에 따라 제한할 수 있다.

Ⅳ 임대차 · 사용대차

01 임대차 · 사용대차의 정의

1. 임대차

"농지의 임대차"란 농지의 소유자(임대인)가 상대방에게 농지(임대물)를 사용·수익하게 할 것을 약정하고, 상대방(임차인)이 이에 대해 차임을 지급할 것을 약정함으로써 성립하는 계약을 말한다(「민법」 제618조).

2. 사용대차

"농지의 사용대차"란 당사자 일방(대주)이 상대방(차주)에게 무상으로 사용·수익하게 하기 위해서 농지를 인도할 것을 약정하고, 상대방은 이를 사용·수익한 후 그 물건을 반환할 것을 약정함으로써 성립하는 계약을 말한다(「민법」 제609조).

> ※ 농지의 임대차와 사용대차는 농지를 사용·수익하게 하는 것을 목적으로 하는 점에서는 동일하나, 지료를 부담하는지 아닌지에 따라 결정된다. 즉, 농지를 유상으로 사용·수익하도록 하는 것을 임대차, 무상으로 사용·수익하도록 하는 것을 사용대차라고 한다.

02 농지의 임대차 · 사용대차를 할 수 있는 경우

1. 농지는 농업경영을 하는 사람이 농지를 소유할 수 있으므로, 원칙적으로 농지를 임대차·사용대차 할 수 없다(「농지법」 제6조 및 제23조제1항).

2. 다만, 다음과 같은 경우에는 예외적으로 농지를 임대차하거나 사용대차할 수 있다(「농지법」 제23조제1항).

(1) 다음과 같은 농지를 임대하거나 무상사용하게 하는 경우(「농지법」 제6조제2항제1호 및 제4호부터 제9호까지 및 제9호의2 및 제10호의 규정)
  - ✓ 국가나 지방자치단체가 농지를 소유하는 경우
  - ✓ 상속(상속인에게 한 유증을 포함)으로 농지를 취득하여 소유하는 경우
  - ✓ 8년 이상 농업경영을 하던 사람이 이농한 후에도 이농 당시 소유하고 있던 농지를 계속 소유하는 경우(「농지법 시행령」 제4조)

- ✓ 담보농지를 취득하여 소유하는 경우(「농지법」 제13조제1항, 유동화전문회사 등 (「자산유동화에 관한 법률」 제3조)이 저당권자(「농지법」 제13조제1항제1호부터 제4호까지)로부터 농지를 취득하는 경우를 포함)
- ✓ 농지전용허가(「농지법」 제34조제1항, 다른 법률에 따라 농지전용허가가 의제되는 인가·허가·승인 등을 포함)를 받거나 농지전용신고(「농지법」 제35조 또는 제43조)를 한 사람이 그 농지를 소유하는 경우
- ✓ 농지전용협의(「농지법」 제34조제2항)를 마친 농지를 소유하는 경우
- ✓ 농지의 개발사업지구(「한국농어촌공사 및 농지관리기금법」 제24조제2항)에 있는 농지로서 「한국농어촌공사 및 농지관리기금법」에 따라 한국농어촌공사가 개발하여 매도하는 도·농간의 교류촉진을 위한 1천500제곱미터 미만의 농원부지 또는 농어촌관광휴양지에 포함된 1천500제곱미터 미만의 농지를 취득하여 소유하는 경우(「농지법 시행령」 제5조제1항) 또는 「농어촌정비법」에 따라 농지를 취득하여 소유하는 경우(「농어촌정비법」 제98조제3항)
- ✓ 「농지법」 제28조에 따른 농업진흥지역 밖의 농지 중 최상단부부터 최하단부까지의 평균경사율이 15% 이상인 농지로서 「농지법 시행령」 제5조의2에 따른 영농여건 불리농지를 소유하는 경우
- ✓ 「한국농어촌공사 및 농지관리기금법」에 따라 한국농어촌공사가 농지를 취득하여 소유하는 경우
- ✓ 「농어촌정비법」에 따라 농지를 취득하여 소유하는 경우(「농어촌정비법」 제16조·제25조·제43조·제82조 또는 제100조)
- ✓ 「공유수면 관리 및 매립에 관한 법률」에 따라 매립농지를 취득하여 소유하는 경우
- ✓ 토지수용으로 농지를 취득하여 소유하는 경우
- ✓ 공익사업에 필요한 토지(「공공토지의 비축에 관한 법률」 제2조제1호가목) 중 공공토지비축심의위원회(「공공토지의 비축에 관한 법률」 제7조제1항)가 비축이 필요하다고 인정하는 토지로서 계획관리지역과 자연녹지지역(「국토의 계획 및 이용에 관한 법률」 제36조) 안의 농지를 한국토지주택공사가 취득하여 소유하는 경우
- ✓ 농지이용증진사업 시행계획(「농지법」 제17조)에 따라 농지를 임대하거나 무상사용하게 하는 경우

3. 질병, 징집, 취학, 선거에 따른 공직취임, 그 밖에 다음과 같은 부득이한 사유로 인하여 일시적으로 농업경영에 종사하지 않게 된 사람이 소유하고 있는 농지를 임대하거나 무상사용하게 하는 경우(「농지법 제23조」, 「농지법 시행령」 제24조제1항)

- ✓ 부상으로 3월 이상의 치료가 필요한 경우
- ✓ 교도소·구치소 또는 보호감호시설에 수용 중인 경우
- ✓ 3월 이상 국외여행을 하는 경우
- ✓ 농업법인이 청산 중인 경우
- ✓ 임신 중이거나 분만 후 6개월 미만인 경우

4. 60세 이상인 사람으로서 농업경영에 더 이상 종사하지 않게 된 사람이나 농업인이 거주하는 시(특별시 및 광역시를 포함)·군 또는 이에 연접한 시·군에 있는 소유 농지 중에서 자기의 농업경영에 이용한 기간이 5년이 넘은 농지를 임대하거나 무상사용하는 경우(「농지법 시행령」 제24조제2항)

5. 농업인이 자신의 농업경영에 이용하기 위해 소유하고 있는 농지를 주말·체험영농을 하려는 자에게 임대하거나 무상사용하게 하는 경우 또는 주말·체험영농을 하려는 자에게 임대하는 것을 업으로 하는 자에게 임대하거나 무상사용하게 하는 경우

6. 농업인이 자신의 농업경영에 이용하기 위해 소유하고 있는 농지를 한국농어촌공사에게 위탁하여 임대하거나 무상사용하게 하는 경우

7. 다음 어느 하나에 해당하는 농지를 한국농어촌공사나 그 밖에 「농지법 시행령」으로 정하는 자에게 위탁하여 임대하거나 무상사용하게 하는 경우(「농지법」 제7조제1항·제2항 및 「농지법시행령」 제4조)
    - ✓ 상속으로 농지를 취득한 자로서 농업경영을 하지 않은 사람이 1만 제곱미터의 소유 상한을 초과해서 소유하고 있는 농지
    - ✓ 8년 이상 농업경영을 한 후 이농한 사람이 1만 제곱미터의 소유 상한을 초과해서 소유하고 있는 농지

8. 자경 농지를 농림축산식품부장관이 정하는 이모작을 위해 8개월 이내로 임대하거나 무상사용하게 하는 경우

9. 「농지법 시행령」으로 정하는 농지 규모화, 농작물 수급 안정 등을 목적으로 한 사업을 추진하기 위하여 필요한 자경 농지를 임대하거나 무상사용하게 하는 경우

위의 상황에도 불구하고 농지를 임차하거나 사용대차한 임차인 또는 사용대차인이 그 농지를 정당한 사유 없이 농업경영에 사용하지 않을 때에는 시장·군수·구청장이 임대차 또는 사용대차의 종료를 명할 수 있다. (「농지법」 제23조제2항)

부동산 농지와 산지 시리즈 ❶ 농지의 취득과 전용

03 계약의 체결

1. 계약의 방법과 확인

- 임대차계약(농업경영을 하려는 자에게 임대하는 경우만 해당함)과 사용대차계약(농업경영을 하려는 자에게 무상사용하게 하는 경우만 해당함)은 서면 계약을 원칙으로 한다.(「농지법」 제24조제1항).
- 임대차계약은 그 등기가 없는 경우에도 임차인이 농지소재지를 관할하는 시·구·읍·면의 장의 확인을 받고, 해당 농지를 인도(引渡)받은 경우에는 그 다음 날부터 제삼자에 대하여 효력이 생긴다.
- 시·구·읍·면의 장은 농지임대차계약 확인대장을 갖추어 두고, 임대차계약증서를 소지한 임대인 또는 임차인의 확인 신청이 있는 때에는 농림축산식품부령으로 정하는 바에 따라 임대차계약을 확인한 후 대장에 그 내용을 기록하여야 한다.

2. 임대차 기간

- 임대차 기간은 3년 이상으로 하여야 한다. 다만, 다년생식물 재배지 등 「농지법 시행령」으로 정하는 농지의 경우에는 5년 이상으로 하여야 한다(「농지법」 제24조2 제1항).
- 임대차 기간을 정하지 아니하거나 기간 미만으로 정한 경우에는 농지법 제24조의2의 1항에 따른 기간으로 약정된 것으로 본다. 다만, 임차인은 제1항에 따른 기간 미만으로 정한 임대차 기간이 유효함을 주장할 수 있다(「농지법」 제24조2 제2항).
- 임대인은 「농지법」 제24조의 2의 제1항 및 제2항2)에도 불구하고 질병, 징집 등 대통령령으로 정하는 불가피한 사유가 있는 경우에는 임대차 기간을 제1항에 따른 기간 미만으로 정할 수 있다(「농지법」 제24조2 제3항).
- 규정에 따른 임대차 기간은 임대차계약을 연장 또는 갱신하거나 재계약을 체결하는 경우에도 동일하게 적용한다(「농지법」 제24조2 제4항).

3. 묵시의 갱신

임대인이 임대차 기간이 끝나기 3개월 전까지 임차인에게 임대차계약을 갱신하지 않는다는 뜻이나 임대차계약 조건을 변경한다는 뜻을 통지하지 않으면 그 임대차 기간이 끝난 때에 이전의 임대차계약과 같은 조건으로 다시 임대차계약을 한 것으로 본다(「농지법」 제25조).

---

2) 「농지법」 제24조의2(임대차 기간) ① 제23조제1항 각 호(제8호는 제외한다)의 임대차 기간은 3년 이상으로 하여야 한다. 다만, 다년생식물 재배지 등 대통령령으로 정하는 농지의 경우에는 5년 이상으로 하여야 한다.
② 임대차 기간을 정하지 아니하거나 제1항에 따른 기간 미만으로 정한 경우에는 제1항에 따른 기간으로 약정된 것으로 본다. 다만, 임차인은 제1항에 따른 기간 미만으로 정한 임대차 기간이 유효함을 주장할 수 있다.

4. 임대인의 지위 승계

임대 농지의 양수인은 이 법에 따른 임대인의 지위를 승계한 것으로 본다(「농지법」 제26조).

04 국유농지와 공유농지의 임대차 특례

「국유재산법」과 「공유재산 및 물품 관리법」에 따른 국유재산과 공유재산인 농지에는 「농지법」상 농지의 임대차·사용대차의 규정을 적용하지 않는다(「농지법」 제27조).

[한국농어촌공사(농지은행사업)와의 농지임대차]

한국농어촌공사는 영농규모의 적정화, 농지의 효율적 이용, 농업구조개선 및 농지시장과 농업인의 소득 안정 등을 위해 농지의 매매·임대차·교환·분리·합병에 관한 사업, 농지의 가격, 거래동향 등에 관한 정보의 제공, 경영회생 지원을 위한 농지 매입사업, 농지의 임대 등의 수탁사업 및 농지를 담보로 한 농업인의 노후생활안정 지원사업(이하 "농지은행사업"이라 함)을 시행하고 있습다(「한국농어촌공사 및 농지관리기금법」 제10조제1항제5호). 따라서 이러한 농지은행사업을 통하여 자기소유의 농지를 한국농어촌공사에 임대차할 수 있다. 한편, 농지의 상속 등으로 농업경영을 하지 않는 사람이 초과 소유한 농지를 매도해야 하는 경우 한국농어촌공사를 통해 농지를 임대하거나 무상사용하게 하여 농지처분의무를 면제받을 수 있다(「농지법」 제7조제4항 및제23조제1항제7호).

농지은행에 관해 자세한 사항은 〈농지은행·농지연금 홈페이지〉를 참조하시기 바란다.

---

05 위반 시 제재조치

위의 규정을 위반하여 소유 농지를 임대하거나 무상사용하게 한 사람은 1천만원 이하의 벌금에 처해진다(「농지법」 제60조제2호).

임대차 또는 사용대차의 종료 명령을 따르지 않은 사람은 1천만원 이하의 벌금에 처해진다(「농지법」 제60조제3호).

06 국민신문고

1. 농지 임대차 가능여부

> **질문**
> 농지 임대차계약에 대해 몇가지 궁금한점이 있어 질의하게 되었는데요~농지법 제22조의 규정에 보면 60세 이상의 고령으로 인하여 농사를 짓지 않게 된 자로서 농지소유자가 거주하는 시.군 또는 이에 연접한 시.군에 소재하는 농지는 임대가 가능한

걸로 나오는데1. 60세 이상의 고령자가 소유하고 있는 필지중 일부만 임대가 가능한지 여부2. 농지소재지는 ○○ ○○, 농지 소유자는 서울거주, 농지 임차인은 ○○ ○○에 거주 할 경우 임대가 가능한지 여부(농지 소유자가 거주하는 시군 또는 연접한 시군에 소재해야 한다는 규정에 어긋나지 않은지…)

답변

- 농지법 23조 4호와 동법 시행령 24조 2항의 규정에 따라 96년이후 취득농지는 개인간 임대차가 원칙적으로 불가하나 60세이상이 되어 더 이상 농업경영에 종사하지 아니하게 된 자의 거주지 시·군 또는 연접 시·군에 있는 농지중 5년 이상 자경한 농지는 임대가 가능함을 알려드리니 업무 추진에 착오없으시기 바랍니다.
- 따라서, 귀하께서 질의한 고령자는 거주지가 서울로 소유농지가 거주지 시군이 아닌 ○○ ○○에 있으며,계속 농업경영을 하다가 은퇴하고자 하는 농업인도 아닌 것으로 파악되므로 임대가 불가함을 알려드립니다.
- 참고로, 개인간 임대차가 불가한 농지는 2005년에 도입한 농지은행에 임대위탁을 하여 임대차를 할 경우 적법하게 임대차 계약 성립이 가능하니 가까운 한국농촌공사 지사에 문의하도록 안내하여 주시기 바랍니다.

2. 농지원부의 임차기재

질문

5월말경 농지를 구입하면서 매도자가 파종을 하였으니 경작하게 해 달라고 사정해서 밭은 그냥무료로 주었고 논은 쌀 5가니주겠다고 하였읍니다 (답:2000평임). 거의 무료이고 구두입니다.. 헌데 어느날 농지원부에 임차로 기재가 되어있어 경작자에게 자경하겠으니 농지원부 수정에 협조를 요청하니 2년치분의 돈을 요구하고 있음. 면사무소에 의의를 제기하니 경작하고있으므로 임차기재 했다함. 물론 소유자에게는 확인도없고, 임대차계약서도 없는 상태에서 어떻게 임차로 기재가 가능한지요?

답변

- 농지법상 농지의 임대차라 함은 농지의 소유자가 당해 농지를 이용하여 농업경영을 하고자 하는 상대방에게 그 농지를 사용·수익하게 하고, 이에 대하여 임차료를 지급할 것을 약정함으로서 성립하는 계약을 말합니다.
- 또한, '96.1.1 농지법 시행일 이후에 취득한 농지는 다음과 같이 농지법 제23조(농지의 임대차 또는 사용대차)에서 허용되는 경우가 아니면 원칙적으로 임대를 금지하고 있으며, 이를 위반하여 임대할 경우에 당해 농지를 처분하도록 하고 있으며, 임대인에게는 1천만원이하의 벌금형에 처할 수 있습니다.(농지법 제23조)

> ※ 농지법 제23조에서 농지의 임대차 또는 사용대차가 허용되는 경우
> 1. 질병, 3월이상 국외여행, 선거에 의한 공직취임, 징집 등 부득이한 사유로 일시적으로 임대하는 경우
> 2. 60세이상 고령은퇴농업인이 5년이상 자경한 농지를 임대하는 경우
> 3. 농지전용허가를 받은 농지를 임대하는 경우
> 4. 상속받은 농지(3ha 이내에 한함 : 개인간(1ha), 농지은행(2ha))를 임대하는 경우 *2006.1.22 농지법개정
> 5. 8년이상 영농하던 자가 이농당시 소유농지(1ha 미만)를 임대하는 경우(소유상한 1ha를 초과하는 경우에도 농지를 한국농촌공사에 위탁하여 임대하는 경우는 허용) *2006.1.22 농지법개정
> 6. 농지이용증진사업에 의하여 임대하는 경우
> 7. 1996.1.1 농지법 시행일 전에 취득한 농지

- 상기 각 호의 어느 하나에 해당하는 농지를 임차하여 경작하고 있는 경우에는 농지원부 작성 대상이 되며, 이 경우 서면에 의한 임대차계약서 등에 의하여 농지의 임대차관계를 확인할 수 있어야 한다.
- 따라서, 질의하신 대상농지는 '96.1.1일 이후 취득한 농지로 개인간 임대차를 허용되지 않고 있으므로 농지원부상 임차농지로 등재할 수 없다. 만약, 해당농지를 농지원부에 등재하였다면 이는 행정기관의 행정착오로 볼 수 있으므로 조속히 시정하도록 요청하셔야 한다.

농지 취득과 전용

제3부
농지의 전용

제1장 **농지의 보전**
제2장 **농지전용**
제3장 **전용 후 관리**

부동산 농지와 산지 시리즈 ❶ 농지의 취득과 전용

제 1 장 농지의 보전

I. 농업진흥지역의 지정

01 농업진흥지역의 지정

1. 농업진흥지역의 지정

시·도지사는 농지를 효율적으로 이용하고 보전하기 위하여 농업진흥지역을 지정한다(「농지법」 제28조제1항).

"진흥지역 신규지정"이란 경지정리·간척지내부개답·개간 등으로 집단화된 농지가 조성된 지역 또는 기존 진흥지역이 없는 지역에 진흥지역을 지정하는 것을 말한다(농업진흥지역관리규정 제2조).

2. 농업진흥지역 지정기준

진흥지역은 해당 지역의 자연적, 경제·사회적 특성을 반영함으로써 합리적인 보전·이용을 도모할 수 있도록 평야지·중간지 또는 산간지로 농업지대를 구분하여 지대별로 지정기준을 적용하며 농업지대의 구분기준은 다음과 같다.

농업지대 구분기준

1. 농업지대구분 목적

○ 진흥지역을 지정함에 있어 지역의 자연적, 경제·사회적 특성을 충분히 반영함으로써 진흥지역의 합리적인 보전·이용을 도모하기 위하여 농지분포비율·영농유형에 따라 농업지대를 구분하고 농업지대별로 지정기준을 달리 적용하기 위한 것임

2. 농업지대구분 방법

가. 농림지역·관리지역·자연환경보전지역

○ 농업지대는 읍·면단위의 행정구역을 세분하여 영농권을 설정하고 영농권별로 농지가 분포하는 비율에 따라 아래표와 같이 평야지·중간지·산간지로 구분한다.

– 영농권은 영농유형(답작지대, 전작지대, 혼작지대로 구분), 작목반 등의 생산유통조직 등을 감안하여 설정하되 가능한한 읍·면 또는 법정 리를 영농권의 경계가 되도록 하여 행정통계자료를 이용할 수 있도록 한다.

※ 답작지대 : 논비율 70%이상, 전작지대 : 논비율 40%이하, 혼작지대 : 논비율 40~70%

[농업지대 구분 기준]

구분	기준	비고
평야지	영농권내 전체 농경지의 평탄지 분포비율이 25%이상인 지역	농지분포비율은 농촌진흥청에서 발행한 토양도를 기준으로 산정
중간지	영농권내 전체 농경지의 평탄지 분포비율이 25%이하이고 곡간선상지 분포비율이 45%이상인 지역	
산간지	영농권내 전체 농경지의 평탄지 분포비율이 25%이하이고 곡간선상지 분포비율이 45%이하인 지역	

※ 지대구분은 가급적 한국농촌공사에서 '91년에 작성하여 각 시·군까지 배부한「시·군 농업진흥지역 지정구상안」의 지대구분을 그대로 적용한다.(동 책자가 없는 시·군은 시·도에서 복사활용)

나. 녹지지역

○ 녹지지역은 도시화의 진전속도 등을 감안하여 경지율에 관계없이 다음과 같이 구분한다.
– 개발제한구역인 녹지지역 : 중간지
– 개발제한구역이외의 녹지지역 : 평야지

3. 농업진흥지역 대상 토지

농업진흥지역 지정은 「국토의 계획 및 이용에 관한 법률」에 따른 녹지지역·관리지역·농림지역 및 자연환경보전지역을 대상으로 한다. 다만, 서울특별시의 녹지지역은 제외한다(「농지법」 제29조).

4. 농업진흥지역 지정고시 및 열람

시·도지사는 농업진흥지역을 지정하면 바로 이 사실을 고시하고 관계 기관에 통보하며, 시장·군수 또는 자치구구청장으로 하여금 일반인에게 열람하게 한다(「농지법」 제30조제2항).

02 농업진흥지역의 종류

1. 농업진흥지역의 종류

농업진흥지역은 다음의 용도구역으로 구분하여 지정할 수 있다(「농지법」 제28조제2항).

(1) 농업진흥구역

농업의 진흥을 도모하여야 하는 다음의 어느 하나에 해당하는 지역으로서 「농업진흥지역관리규정」(농림축산식품부훈령 제241호, 2016. 12. 19. 발령·시행)에서 정한 규모로 농지가 집단화되어 농업 목적으로 이용할 필요가 있는 지역(「농지법」 제28조제2항제1호)

- 농지조성사업 또는 농업기반정비사업이 시행되었거나 시행 중인 지역으로서 농업용으로 이용하고 있거나 이용할 토지가 집단화되어 있는 지역
- 위 지역 외의 지역으로서 농업용으로 이용하고 있는 토지가 집단화되어 있는 지역

1) 농업진흥구역 지정기준

농업진흥구역의 지정기준은 다음과 같다.

부동산 농지와 산지 시리즈 ❶ 농지의 취득과 전용

농업진흥구역 지정기준

1. 지정기준설정 방향
○ 진흥구역의 지정기준은 생산성이 높은 농지로서 영농기계화로 노동력과 비용을 절감할 수 있고 경지정리·용수개발 등 생산기반투자의 효율이 높은 농지집단지역이 지정될 수 있도록 하는데 그 목표를 두고 설정한다.

2. 지정기준의 구분
○ 진흥구역 지정기준은 농지집단화도의 기준과 토지생산성 기준으로 구분하며, 신규지정·편입 또는 대체지정시와 주민희망지역지정시의 기준을 다음과 같이 달리 적용한다.

가. 신규지정·편입·대체지정시의 적용기준
(1) 농지집단화도의 기준
○ 다음과 같은 지역을 지정한다.
- 평야지는 영농유형이 수도작 위주로 대형농기계 투입이 가능하므로 집단화 규모 10ha이상인 지역
- 중간지는 영농유형이 대부분 수도작 + 전작형태로서 7ha의 경우 기계화 연면적은 10ha의 효과가 있으므로 집단화 규모 7ha이상인 지역
- 산간지는 영농유형이 수도작 + 전작형태를 이루고 있으나 지형여건상 전작의 기계화는 어려우므로 수도작의 기계화를 중심으로 하여 집단화 규모 3ha이상인 지역

○ 기준이하의 소규모 농지집단지역이라도 인접농지와 종합하여 집단화도를 측정한다.
○ 여건변화로 진흥구역에 연접된 비진흥지역을 진흥지역으로 편입하는 경우에는 기존 진흥지역과 종합하여 집단화도를 측정한다.

(2) 토지생산성의 기준
○ 농촌진흥청에서 분류한 우리나라 토양의 지목별 토지적성등급과 경사도에 따르는 다음의 기준을 농업지대별로 적용하되, 농지개량사업으로 토양개량이 가능한 지역은 기준이하라도 진흥구역에 포함한다.

지대별	논		밭		과수원	
	경사도	토지적성등급	경사도	토지적성등급	경사도	토지적성등급
평야지	5%이하	2급지이상	7%이하	2급지이상	15%이하	3급지이상
중간지	5%이하	3급지이상	"	"	"	"
산간지	7%이하	"	"	"	"	"

나. 주민희망지역의 지정기준

농지집단화도	논		밭		과수원	
	경사도	토지적성등급	경사도	토지적성등급	경사도	토지적성등급
3ha이상	7%이하	3급지이상	15%이하	3급지이상	15%이하	3급지이상

○ 지역주민이 진흥지역 편입을 희망하는 지역으로서 다음 각항에 모두 해당하는 경우에는 경사도 기준에 관계없이 진흥구역으로 지정할 수 있다.
① 농지가 대규모로 집단화되어 있고 장차 농업목적으로 장기간 활용가능하며 투기목적의 소유가 우려되지 아니할 것
② 해당지역의 재배작목과 영농형태를 감안할 때 경영규모 확대가 필요한 지역일 것
③ 경지정리·농업용수개발 기타 생산기반투자가 가능하고 상당수준의 농업기계화가 가능할 것

(2) 농업보호구역

농업진흥구역의 용수원 확보, 수질 보전 등 농업 환경을 보호하기 위하여 필요한 지역 (「농지법」 제28조제2항제2호)

[농업보호구역의 지정기준]

1. 농림지역·관리지역 및 자연환경보전지역
   - 농업진흥구역의 용수원 확보와 수질보전을 위하여 필요한 다음 지역
     - 농업진흥구역에 필요한 수원공(저수지등)의 직접유역안에 있는 모든 토지
     - 직접유역밖에서는 농업진흥구역의 농지를 오·폐수의 오염으로부터 보호하여야 할 필요성이 있는 지역의 농지
   - 기타 농업진흥구역의 농업환경을 보호하기 위하여 필요한 지역
     - 농업진흥구역으로 둘러싸인 잡종지 또는 임야
2. 녹지지역의 보호구역
   - 도시계획상 시가화(주거·상업·공업지역, 도시계획시설)로 지정되지 아니한 녹지지역으로서 다음에 해당하는 지역
     - 농업진흥구역에 필요한 수원공의 직접유역안에 있는 녹지지역
     - 녹지지역 주변의 공단폐수 또는 도시생활하수로부터 농업진흥구역의 농업환경을 보호할 필요가 있는 지역

---

03 실태조사

1. 농림축산식품부장관은 효율적인 농지 관리를 위하여 매년 다음의 조사를 하여야 한다.

(1) 「농지법」 제20조제1항에 따른 유휴농지 조사

[「농지법」 제20조제1항]

시장·군수 또는 구청장은 유휴농지(농작물 경작이나 다년생식물 재배에 이용되지 아니하는 농지로서 대통령령으로 정하는 농지를 말한다)에 대하여 대통령령으로 정하는 바에 따라 그 농지의 소유권자나 임차권자를 대신하여 농작물을 경작할 자(이하 "대리경작자"라 한다)를 직권으로 지정하거나 농림축산식품부령으로 정하는 바에 따라 유휴농지를 경작하려는 자의 신청을 받아 대리경작자를 지정할 수 있다

---

(2) 농지법 제28조에 따른 농업진흥지역의 실태조사

(3) 정보시스템에 등록된 농지의 현황에 대한 조사

(4) 그 밖의 농림축산식품부령으로 정하는 사항에 대한 조사

2. 농림축산식품부장관이 농업진흥지역 실태조사 결과 농업진흥지역 등의 변경 및 해제 사유가 발생했다고 인정하는 경우 시·도지사는 해당 농업진흥지역 또는 용도구역을 변경하거나 해제할 수 있다.

3. 실태조사의 범위와 방법 등에 필요한 사항은 대통령령으로 정한다.

04 농업진흥구역에서의 행위제한

1. 농업진흥구역에서는 농업 생산 또는 농지 개량과 직접적으로 관련된 행위로서 대통령령으로 정하는 행위 외의 토지이용행위를 할 수 없다. 다만, 다음 각 호의 토지이용행위는 그러하지 아니하다.

(1) 대통령령으로 정하는 농수산물(농산물·임산물·축산물·수산물을 말한다. 이하 같다)의 가공·처리 시설의 설치 및 농수산업(농업·임업·축산업·수산업을 말한다. 이하 같다) 관련 시험·연구 시설의 설치

(2) 어린이놀이터, 마을회관, 그 밖에 대통령령으로 정하는 농업인의 공동생활에 필요한 편의 시설 및 이용 시설의 설치

(3) 대통령령으로 정하는 농업인 주택, 어업인 주택, 농업용 시설, 축산업용 시설 또는 어업용 시설의 설치

(4) 국방·군사 시설의 설치

(5) 하천, 제방, 그 밖에 이에 준하는 국토 보존 시설의 설치

(6) 문화재의 보수·복원·이전, 매장 문화재의 발굴, 비석이나 기념탑, 그 밖에 이와 비슷한 공작물의 설치

(7) 도로, 철도, 그 밖에 대통령령으로 정하는 공공시설의 설치

(8) 지하자원 개발을 위한 탐사 또는 지하광물 채광(採鑛)과 광석의 선별 및 적치(積置)를 위한 장소로 사용하는 행위

(9) 농어촌 소득원 개발 등 농어촌 발전에 필요한 시설로서 대통령령으로 정하는 시설의 설치

2. 농업보호구역에서는 다음 각 호 외의 토지이용행위를 할 수 없다.

(1) 제1항에 따라 허용되는 토지이용행위

(2) 농업인 소득 증대에 필요한 시설로서 대통령령으로 정하는 건축물·공작물, 그 밖의 시설의 설치

(3) 농업인의 생활 여건을 개선하기 위하여 필요한 시설로서 대통령령으로 정하는 건축물·공작물, 그 밖의 시설의 설치

3. 농업진흥지역 지정 당시 관계 법령에 따라 인가·허가 또는 승인 등을 받거나 신고하고 설치한 기존의 건축물·공작물과 그 밖의 시설에 대하여는 제1항과 제2항의 행위 제한 규정을 적용하지 아니한다.

4. 농업진흥지역 지정 당시 관계 법령에 따라 다음 각 호의 행위에 대하여 인가·허가·승인 등을 받거나 신고하고 공사 또는 사업을 시행 중인 자(관계 법령에 따라 인가·허가·승인 등을 받거나 신고할 필요가 없는 경우에는 시행 중인 공사 또는 사업에 착수한 자를 말한다)는 그 공사 또는 사업에 대하여만 제1항과 제2항의 행위 제한 규정을 적용하지 아니한다.

(1) 건축물의 건축

(2) 공작물이나 그 밖의 시설의 설치

(3) 토지의 형질변경

(4) 그 밖에 제1호부터 제3호까지의 행위에 준하는 행위

05 농업진흥지역에 대한 개발투자 확대 및 우선 지원

1. 농업진흥지역에 대한 개발투자 확대 및 우선 지원

(1) 국가와 지방자치단체는 농업진흥지역에 대하여 다음의 농지 및 농업시설의 개량·정비, 농어촌도로·농산물유통시설의 확충, 그 밖에 농업 발전을 위한 사업에 우선적으로 투자한다(「농지법」 제33조제1항 및 「농지법 시행령」 제31조).

- ✓ 농지 및 농업시설을 개량·정비하기 위한 사업
- ✓ 농업용수를 개발하기 위한 사업
- ✓ 농어촌도로를 확충하기 위한 사업
- ✓ 농업기계화를 촉진하는 사업

- ✓ 농업인 또는 농업법인의 경영규모 확대를 지원하는 사업
- ✓ 「농어업경영체 육성 및 지원에 관한 법률」에 따른 후계농업경영인과 「농업·농촌 및 식품산업 기본법」에 따른 전업농업인을 육성하는 사업
- ✓ 농산물의 집하장·선과장(選果場), 그 밖의 농산물유통시설을 확충하기 위한 사업
- ✓ 농업인의 생활환경을 개선하기 위한 사업

(2) 국가와 지방자치단체는 농업진흥지역의 농지에 농작물을 경작하거나 다년생식물을 재배하는 농업인 또는 농업법인에게 자금 지원이나 「조세특례제한법」에 따른 조세경감 등 필요한 지원을 우선 실시한다(「농지법」 제33조제2항).

06 판례

1. 대법원 1995. 12. 26. 선고 95누10587 판결 농업진흥지역지정처분취소

대법원 1995. 12. 26. 선고 95누10587 판결 【농업진흥지역지정처분취소】
[공1996.2.15.(4),594]

【판시사항】
[1] 상소인에게 불이익한 재판인지 여부에 대한 판단기준
[2] 시·도지사의 농업진흥지역지정고시에 첨부된 지정도면과 토지조서를 시장·군수로 하여금 일반에게 열람시키도록 한 규정의 취지
[3] 농업진흥지역지정고시에 첨부된 지정도면과 토지조서를 누락한 채 일반에게 열람시킨 하자가 있어 농업진흥지역지정처분이 위법하다고 한 사례

【판결요지】
[1] 상소는 자기에게 불이익한 재판에 대하여서만 제기할 수 있는 것이고, 재판이 상소인에게 불이익한 것인지의 여부는 재판의 주문을 표준으로 하여 상소제기 당시를 기준으로 판단하여야 한다.
[2] 관계 법령의 규정내용을 종합하여 보면 시·도지사가 농업진흥지역 지정을 고시함으로써 농업진흥지역 지정의 효력이 발생하는 것으로서, 시·도지사는 지정된 농업진흥지역의 위치와 규모 등 일반적·추상적인 내용을 고시에 의하여 관계 행정기관과 국민 일반에게 알려준 다음, 농업진흥지역 지정도면 등을 시장·군수에게 통보하여 용도구역별 토지조서와 함께 일반에게 열람시키도록 함으로써 농업진흥지역에 포함될 토지의 지번, 면적 등 보다 구체적이고 상세한 농업진흥지역 지정의 내용을 국민에게 알려주려는 것이 바로 위 관계 법령의 규정취지라고 해석된다.

[3] 군수가 도지사의 농업진흥지역 지정고시에 첨부된 지정도면과 토지조서를 누락한 채 일반에게 열람시킴으로써 농업진흥지역 지정처분이 그 열람절차에 하자가 있어 위법하다고 한 사례.

【참조조문】

[1] 민사소송법 제392조

[2] 구 농어촌발전특별조치법(1994. 12. 22. 법률 제 4817호 농지법 부칙 제15조 제1항으로 폐지) 제42조, 구 농어촌발전특별조치법시행령 제48조(1995. 12. 22. 대통령령 제14835호로 폐지)

[3] 구 농어촌발전특별조치법(1994. 12. 22. 법률 제4817호 농지법 부칙 제15조 제1항으로 폐지) 제42조, 구 농어촌발전특별조치법시행령 제48조(1995. 12. 22. 대통령령 제14835호로 폐지)

【참조판례】

[1] 대법원 1992. 3. 27. 선고 91다40696 판결(공1992, 1389), 대법원 1993. 6. 25. 선고 92다33008 판결(공1993하, 2100), 대법원 1994. 11. 4. 선고 94다21207 판결(공1994하, 3233)

[2] 대법원 1990. 1. 25. 선고 89누2936 판결(공1990, 549)

【전 문】

【원고,피상고인】 윤정은 외 2인

【피고,상고인】 충청남도지사

【원심판결】 대전고법 1995. 6. 16. 선고 94구2990 판결

【주 문】

이 사건 상고 중 원심판결의 별지 부동산목록 표시 제9항 및 제18항 기재 각 부동산에 관한 부분을 각하한다. 피고의 나머지 상고를 기각한다. 상고비용은 피고의 부담으로 한다.

【이 유】

1. 직권판단 부분

상소는 자기에게 불이익한 재판에 대하여서만 제기할 수 있는 것이고, 재판이 상소인에게 불이익한 것인지의 여부는 재판의 주문을 표준으로 하여 상소제기 당시를 기준으로 판단되어야 할 것인바(당원 1994. 11. 4. 선고 94다21207 판결 등 참조), 기록에 의하면 피고는 원심판결 별지 부동산목록 표시 제9항 및 제18항 기재 각 부동산에 대한 피고의 1992. 12. 24.자 농업진흥지역지정처분의 취소를 구하는 원고 홍병선 및 원고 홍승균의 청구 부분에 대하여 원심에서 각하하는 판결을 선고받았음이 분명하므로, 이에 대하여 상고를 제기할 아무런 이익이 없다고 할 것이다.

2. 상고이유 제1점에 대한 판단

기록에 비추어 보면, 원심이 그 판시이유에서 원고들의 이 사건 소가 적법한 전심절차를 거쳐 제기된 것이라 하여 피고의 본안전 항변을 배척한 조치는 정당하고 거기에 논하는 바와 같은 법리오해의 위법이 있다고 할 수 없다. 논지는 이유가 없다.

3. 상고이유 제2점에 대한 판단

농어촌발전특별조치법(이하 '법'이라고 약칭한다) 제40조 제1항, 제2항에 의하면 정부는 농지를 효율적으로 이용·보전함으로써 농업의 생산성의 향상을 도모하기 위하여 농업진흥지역을 지정하되, 농업진흥지역은 상당한 규모로 농지가 집단화된 지역으로서 농업목적으로 이용하는 것이 필요한 지역인 농업진흥구역과 농업진흥구역의 농업환경을 보호하기 위하여 필요한 지역인 농업보호구역으로 용도구역을 구분하여 지정할 수 있다고 규정되어 있고, 한편 그 지정절차에 관하여 법 제42조 제1항, 제2항, 제4항, 같은법시행령(이하 '령'이라 약칭한다) 제48조 제1항, 제2항에 의하면 시·도지사가 농어촌발전심의회의 심의를 거쳐 농림수산부장관의 승인을 얻어 농업진흥지역을 지정한 때에는 지정 연월일, 행정구역별 농업진흥지역의 면적, 농업진흥지역 등이 표시된 축척 5천분의 1 또는 2만5천분의 1의 지형도를 지체 없이 고시하고, 그 고시내용을 지체 없이 농림수산부장관에게 보고하는 동시에 시장·군수에게 통지하여야 하며, 그 통지를 받은 시장·군수는 읍·면·동별로 용도구역별 토지조서를 포함하여 20일 이상 일반에게 열람하게 하여야 한다고 규정되어 있다. 위 관계 법령의 규정내용을 종합하여 보면 시·도지사가 농업진흥지역 지정을 고시함으로써 농업진흥지역 지정의 효력이 발생하는 것으로서, 시·도지사는 지정된 농업진흥지역의 위치와 규모 등 일반적·추상적인 내용을 고시에 의하여 관계 행정기관과 국민 일반에게 알려준 다음, 농업진흥지역 지정도면 등을 시장·군수에게 통보하여 용도 구역별 토지조서와 함께 일반에게 열람시키도록 함으로써 농업진흥지역에 포함될 토지의 지번, 면적 등 보다 구체적이고 상세한 농업진흥지역 지정의 내용을 국민에게 알려주려는 것이 바로 위 관계 법령의 규정취지라고 해석된다.

원심판결 이유에 의하면 원심은, 피고가 충청남도 농어촌발전심의회의 심의를 거쳐 농림수산부장관으로부터 농업진흥지역지정승인을 받아 1992. 12. 24. 이를 충청남도 고시 제1992-229호로 도보에 농업진흥지역 지정을 고시한 사실, 위 고시에서 피고는 농업진흥지역의 총대상면적을 157,149.4ha로 하였고 대상필지는 아산군의 경우 농업진흥구역은 44,018필지, 농업보호구역은 19,441필지로 하였으며, 농업진흥지역 지정도면을 첨부하고, 시·군에 대하여 20일 이상 지정도면과 토지조서를 열람하도록 하면서 지정도면과 토지조서가 상이할 경우 지정도면을 기준으로 한다고 하였는데 위 농업진흥지역 지정도면에는 이 사건 토지들(원심판결의 별지 부동산목록 중 제9항, 제18항 기재 토지를 제외한 나머지 토지들)이 포함되어 있었으나 위 아산군의 농업진흥구역 대상필지 수에는 당초 시·군으로부터의 보고시부터 이 사건 토지들이 포함되지 않았던 관계로 포함되지 아니한 사실, 피고는 관할시·군에 위 고시내용을 통보하여 일반에게 열람하도록 하면서 시·군별 농업진흥지역 지정면적이 담긴 농업진흥지

역 지정 고시내용을 송부하였고, 아산군 염치읍도 위 고시내용을 통보받아 이를 일반에게 열람하도록 하였는데 아직 농업진흥구역 지정도면과 용도구역별 토지조서는 송부되어 오지 않았던 관계로 지정 연월일과 행정구역별 농업진흥지역의 면적만이 담긴 위 고시내용을 열람하도록 하였고, 토지조서를 작성함에 있어서도 처음에는 이 사건 토지들이 소재하고 있는 방현리의 경우 농업진흥구역으로 418필지, 농업보호구역으로 91필지 합계 509필지만을 대상으로 작성하여 이 사건 토지들을 누락시켰다가 이 사건 소송이 제기된 후인 1995. 3.경에 이르러서야 아산시의 지시에 따라 염치읍 산업계에서 이 사건 토지들을 포함하여 농업진흥구역 26필지를 추가하는 보충토지조서를 작성한 사실을 인정한 다음, 피고가 이 사건 토지들에 대하여 한 농업진흥지역 지정처분의 절차를 보면, 피고가 그 과정에서 농업진흥지역 지정도면과 용도구역별 토지조서를 산하 아산군 염치읍으로 하여금 일반에게 열람토록 하지 않았다 할 것이므로 이 사건 농업진흥지역 지정처분은 그 열람절차에 하자가 있어 결국 소정의 지정절차에 위배되어 이루어진 것으로서 위법하다고 판단하였는바, 앞에서 본 바와 같은 법령의 규정 취지에 비추어 볼 때 원심의 위와 같은 판단은 정당하고, 원심판결에 논하는 바와 같은 위법이 있다고 볼 수 없다. 논지도 이유가 없다.

4. 그러므로 피고의 원심판결 별지 부동산목록 표시 제9항 및 제18항 기재의 각 부동산에 대한 상고는 부적법하므로 이를 각하하고, 나머지 상고는 이유 없으므로 이를 기각하며, 상고비용은 패소자의 부담으로 하기로 하여, 관여 법관의 일치된 의견으로 주문과 같이 판결한다.

대법관　정귀호(재판장) 김석수 이돈희 이임수(주심)

07 행정심판례

1. 04-07602, 농업진흥지역해제이행청구

> 사　　건　04-07602 농업진흥지역해제이행청구
> 청 구 인　김 ○○
> 　　　　　경기도 ○○시 ○○동 723 ○○마을 ○○아파트 507-505
> 피청구인　충청남도지사
> 　　　　　청구인이 2004. 5. 17. 제기한 심판청구에 대하여 2004년도 제33회 국무총리 행정심판위원회는 주문과 같이 의결한다.
> 주　　문　청구인의 청구를 각하한다.
>
> **청구취지**
>
> 피청구인이 1997. 1. 9. 결정·고시한 농업진흥지역 중 충청남도 ○○시 ○○읍 ○○리 산286번지 및 2786번지를 농업진흥지역에서 해제하라.
>
> **이　유**
>
> **1. 사건개요**
>
> 　피청구인은 1997. 1. 9. 충청남도 ○○시 ○○읍 ○○리 산286번지 및 2786번지(이하 "이 건 토지"라 한다)를 포함한 충청남도 농업진흥지역을 고시하였고, 청구인은 2004. 4. 26. 청구외 서산시장에게 이 건 토지를 준농림지역에서 관리지역으로 변경해달라는 진정을 하자, 위 서산시장은 2004. 5. 1. 농업진흥지역 해제요건이 충족되지 않아 해제할 수 없다는 회신(이하 "이 건 처분"이라 한다)을 하였다.
>
> **2. 청구인 주장**
>
> 　이에 대하여 청구인은 다음과 같이 주장한다.
>
> 가. 청구인이 1995. 10. 5. 이 건 토지를 매입할 당시 준농림지역으로 되어 있어 퇴직한 후 음료수를 판매할 목적으로 이를 매입하였는데, 그 후 피청구인이 용도변경에 대한 설명이나 공청회도 없이 이 건 토지를 농업진흥지역으로 변경하여 2종 건물의 신축이 불가능하게 되는 피해를 보게 되었다.
>
> 나. 이 건 토지는 담수호로부터 140m, 저수지로부터 450m 떨어진 위치에 있어 환경을 파괴하거나 농지를 훼손할 우려가 없고, 이와 유사한 ○○군의 토지는 공장을 세우는 등의 토지이용을 높이는 행정을 하고 있으며, 더욱이 이 건 토지는 전부 돌산으로 되어 있어 농지에 적합하지 않으므로 농지의 효율적인 이용을 위하여 이 건 토지는 관리지역을 변경되어야 한다.

3. 피청구인 주장

피청구인은 다음과 같이 주장한다.

가. 이 건 토지는 농업기반공사가 시행한 대호지구 농업종합개발사업의 준공으로 공유수면이 새로운 토지로 조성되어 농지법 제30조 및 농업진흥지역지정·관리규정 제6조에 의하여 적법한 절차에 따라 농업진흥지역으로 지정되었고, 1996. 4. 30. 충청남도 공고 제1996-102호로, 1996. 5. 10. 서산시 공고 제1996-14호로 각각 공고하여 열람하도록 하였다.

나. 농업진흥지역지정은 권역단위로 지정하기 때문에 권역 내에 포함되어 있는 대지, 임야, 잡종지도 지정될 수 있고, 그 구획선은 도로, 하천, 수로 등의 지형을 구획선으로 활용하도록 농업진흥지역지정·관리규정 제7조에 명시하고 있는 바, 이 건 토지의 80%에 해당하는 운산리 2786번지(잡종지) 4,805.9㎡는 전 소유자 강○○이 벼농사를 지으면서 논농업직불보조금을 수령한 것으로 보아 사실상 농지인 점 등을 고려하면 이 건 토지를 농업진흥지역으로 지정한 것은 정당하다.

다. 이 건 토지는 국토의계획및이용에관한법률에 의한 관리지역으로 변경하더라도 서산시도시계획조례 제26조〈별표 24〉에 의하여 휴게음식점 등으로 설치할 수 없는 지역이고, 공장이 설립되어 있는 ○○군 ○○면 ○○리 475-22번지 일대는 대호간척지내에 포함되지 않는 관리지역으로 관련법상 저촉사항이 없어 공장신축이 가능한 지역인 것이다.

라. 농업진흥지역의 지정은 국토이용관리법 제6조의 규정에 의한 농림지역, 준농림지역, 자연환경보전지역 및 도시계획법상 녹지지역을 대상으로 하고 있고, 준 농림지역안에서 농지법에 의해 농업진흥지역으로 지정된 지역은 국토이용관리법 제13조3의 규정에 의해 농림지역으로 의제되는 바, 피청구인이 관련법에 따른 적법한 절차에 따라 이 건 토지를 농업진흥지역으로 지정한 것은 적법하므로 이 건 청구는 기각되어야 한다.

4. 이 건 청구의 행정심판적격여부

가. 관계법령

행정심판법 제2조 및 제3조

나. 판 단

(1) 청구인 및 피청구인이 제출한 진정서, 진정사항에 대한 회신, 토지이용계획확인서, 지적도, 농업진흥지역변경(해제) 및 대체지정 승인문 등 각 사본의 기재내용에 의하면, 피청구인은 1997. 1. 9. 농림부장관의 승인을 거쳐 충청남도 ○○시 ○○읍 ○○리 산286번지 및 2786번지를 포함한 충청남도 농업진흥지역을 지정·고시하였고, 청구인이 2004. 4. 26. 청구외 ○○시장에게 이 건 토지는 그동안 잡종지와 건물이 있었고 지역주변 농가에 물을 공급하는 펌프장과 마을이 존재하고 있어 농업진흥지역으로지정되기에는 불합리한 지역이므로 국민의 재

산권보호차원에서 관리지역으로 변경하여달라는 진정을 하자, 위 서산시장이 2004. 5. 1. 이 건 토지는 1997. 1. 9. 농업진흥구역으로 지정된 지역으로 농업진흥구역의 해제는 요건이 충족되지 않아 해제할 수 없다고 회신한 사실을 인정할 수 있다.

(2) 살피건대, 행정심판법 제3조제1항의 규정에 의하면, 행정심판은 행정청의 처분이나 부작위에 대하여 제기할 수 있다고 되어 있고, 동법 제2조제1항제1호의 규정에 의하면, "처분"이라 함은 행정청이 행하는 구체적인 사실에 대한 법집행으로서의 공권력의 행사 또는 그 거부와 그밖에 이에 준하는 행정작용이라고 되어 있고, 국민의 적극적 행위 신청에 대하여 행정청이 그 신청에 따른 행위를 하지 않겠다고 거부한 행위가 행정심판의 대상이 되는 행정처분에 해당하는 것이라고 하려면, 그 신청한 행위가 공권력의 행사 또는 이에 준하는 행정작용이어야 하고 그 거부행위가 신청인의 법률관계에 어떤 변동을 일으키는 것이어야 하며 그 국민에게 그 행위발동을 요구할 법규상 또는 조리상의 신청권이 있어야 한다고 할 것인 바, 농업진흥지역의 지정과 해제에 대하여 규정하고 있는 농지법의 관련규정에 의하면, 농업진흥지역의 지정과 해제는 시·도지사가 직권으로 소정의 절차를 거쳐 하도록 되어 있을 뿐 주민이 농업진흥지역의 해제를 신청할 수 있다는 규정이 없을 뿐만 아니라 조리상의 신청권도 인정할 수 없으므로 이 건 농업진흥지역해제신청은 단순한 민원의 제기에 불과하여 신청에 따른 행정청의 처분이 없었다고 하더라도 그것이 행정심판의 대상이 되는 것으로 볼 수 없다고 할 것이고, 더욱이 청구인은 피청구인에 대하여 농업진흥지역의 해제를 신청한 것이 아니라 청구외 서산시장에 대하여 농업진흥지역의 해제를 신청하였으므로 이 건 청구는 행정심판의 대상이 아닌 사항에 대하여 제기된 부적법한 심판청구라고 할 것이다.

5. 결 론

그렇다면, 청구인의 청구는 심판제기요건을 결한 부적법한 심판청구라 할 것이므로 이를 각하하기로 하여 주문과 같이 의결한다.

08 국민신문고

1. 농업진흥지역 해제조건 및 절차

> **질의**
> 농지에서 ○○설치가 가능하도록 농업진흥지역 해제는?
>
> **답변**
> - 농업진흥지역은 국민식량의 안정적인 공급기반을 유지하고 농지를 효율적으로 이용·보전하기 위하여 지정하고 있으며, 농지법 제31조 및 동법시행령 제28조에 따라 농업진흥지역을 해제할 수 있는 경우는 다음과 같음.
>   ① 국토의계획및이용에관한법률 제6조의 규정에 의한 용도지역을 변경하는 경우(농지의 전용을 수반하는 경우에 한함)
>   ② 농지법 제34조제2항제1호에 해당하는 경우로서 미리 농지의 전용에 관한 협의를 하는 경우
>   ③ 당해 지역의 여건변화로 농업진흥지역의 지정요건에 적합하지 아니하게 된 경우. 이 경우 그 토지의 면적이 2만제곱미터 이하인 때에 한함
>   - 이때, 여건변화라 함은 관련법에 의해 도로, 철도 등이 설치되거나 택지, 산업단지 지정 등으로 인하여 집단화된 농지와 분리된 짜투리 토지로서 영농여건상 농업진흥지역으로 계속 관리하는 것이 부적합하게 된 경우를 말하며, 개별 필지별이 아닌 해당지역 주변 전체를 대상으로 검토하게 됨
> - 농업진흥지역 해제 절차는
>   - 시장·군수가 신청하여 시·도지사가 위와 같은 사유로 농업진흥지역 해제 승인을 요청
>   - 농림수산식품부장관은 인근농지의 분포상태, 당해 농지의 보전가치, 당해 지역 외의 활용 가능한 토지의 유무 등 제반사항을 종합적으로 검토하여 진흥지역 해제 여부를 결정
>
> **해석기관 및 출처**
> 농림수산식품부 농업정책국 농지과 (☎ 02-500-1725)

Ⅱ 농업진흥구역에서의 행위제한

01 농업진흥구역에서의 행위 제한 및 특례

1. 농업진흥구역에서의 행위 제한 및 특례

농업진흥구역에서는 농업 생산 또는 농지 개량과 직접적으로 관련되는 토지이용행위, 그 밖에 「농지법」에서 정한 토지이용행위 만이 허용된다(「농지법」 제32조제1항 본문).

2. 농업진흥지역 지정 당시의 행위제한에 대한 특례

(1) 농업진흥지역 지정 당시 관계 법령에 따라 인가·허가 또는 승인 등을 받거나 신고하고 설치한 기존의 건축물·공작물과 그 밖의 시설에는 행위 제한 규정이 적용되지 않는다(「농지법」 제32조제3항).

(2) 농업진흥지역 지정 당시 관계 법령에 따라 다음의 행위에 대하여 인가·허가·승인 등을 받거나 신고하고 공사 또는 사업을 시행 중인 자(관계 법령에 따라 인가·허가·승인 등을 받거나 신고할 필요가 없는 경우에는 시행 중인 공사 또는 사업에 착수한 자)는 그 공사 또는 사업에 대해서만 위의 농업진흥지역에서의 행위제한 규정이 적용되지 않는다(「농지법」 제32조제4항).

- 건축물의 건축
- 공작물이나 그 밖의 시설의 설치
- 토지의 형질변경
- 그 밖에 위의 행위에 준하는 행위

02 농업진흥구역에서 허용되는 토지이용행위

1. 농업진흥구역에서 허용되는 농업생산 또는 농업개량과 직접 관련된 토지이용행위

농업생산 또는 농업개량과 직접 관련된 토지이용행위는 다음과 같다(「농지법」 제32조제1항 본문, 「농지법 시행령」 제29조제1항 및 「농지법 시행규칙」 제3조의2).

- 농작물의 경작
- 다년생식물의 재배
- 고정식온실·버섯재배사 및 비닐하우스와 그 부속시설의 설치
- 축사·곤충사육사와 그 부속시설의 설치
- 간이퇴비장의 설치

- 농지개량사업 또는 농업용수개발사업의 시행
- 다음 시설의 설치
  - 농막: 농작업에 직접 필요한 농자재 및 농기계 보관, 수확 농산물 간이 처리 또는 농작업 중 일시 휴식을 위하여 설치하는 시설(연면적 20제곱미터 이하이고, 주거 목적이 아닌 경우로 한정)
  - 간이저온저장고(연면적 33제곱미터 이하일 것)
  - 간이액비저장조(저장 용량이 200톤 이하일 것)

03 농업진흥구역에서 허용되는 그 밖의 토지이용행위

1. 농업진흥구역에서 농업 생산 또는 농지개량과 직접 관련되지는 않지만 예외적으로 허용되는 토지이용행위는 다음과 같다(「농지법」 제32조제1항 단서, 「농지법 시행령」 제29조제2항부터 제7항까지).

(1) 농수산물(농산물·임산물·축산물·수산물을 말함)의 가공·처리 시설 및 농수산업(농업·임업·축산업·수산업을 말함) 관련 시험·연구 시설(「농지법」 제32조제1항 제1호, 「농지법 시행령」 제29조제2항)

1) 다음의 요건을 모두 갖춘 농수산물의 가공·처리 시설(「건축법 시행령」 별표 1제4호너목에 따른 제조업소 또는 같은 표 제17호에 따른 공장에 해당하는 시설을 말하며, 그 시설에서 생산된 제품을 판매하는 시설을 포함함)

① 국내에서 생산된 농수산물(「농업·농촌 및 식품산업 기본법 시행령」 제5조제1항 및 제2항에 따른 농수산물을 말하며, 임산물 중 목재와 그 가공품 및 토석은 제외함. 이하 같음) 및 농림축산식품부장관이 정하여 고시하는 농수산가공품을 주된 원료로 하여 가공하거나 건조·절단 등 처리를 거쳐 식품을 생산하기 위한 시설일 것

② 농업진흥구역 안의 부지 면적이 1만5천제곱미터[미곡의 건조·선별·보관 및 가공시설(이하 "미곡종합처리장"이라 한다)의 경우에는 3만제곱미터] 미만인 시설(판매시설이 포함된 시설의 경우에는 그 판매시설의 면적이 전체 시설 면적의 100분의 20 미만인 시설에 한정한다)일 것

2) 양곡가공업자가 농림축산식품부장관 또는 지방자치단체의 장과 계약을 체결해 정부관리양곡을 가공·처리하는 시설

3) 농수산업 관련 시험·연구 시설: 육종연구를 위한 농수산업에 관한 시험·연구 시설로서 그 부지의 총면적이 3천제곱미터 미만인 시설

(2) 어린이놀이터, 마을회관, 그 밖에 다음과 같은 농업인의 공동생활에 필요한 편의 시설 및 이용 시설의 설치(「농지법」 제32조제1항제2호 및 「농지법 시행령」 제29조제3항)

1) 농업인이 공동으로 운영하고 사용하는 창고・작업장・농기계수리시설・퇴비장

2) 경로당, 어린이집, 유치원, 정자, 보건지소, 보건진료소, 「응급의료에 관한 법률」 제2조제6호에 따른 응급의료 목적에 이용되는 항공기의 이착륙장 및 「민방위기본법」 제15조제1항제1호에 따른 비상대피시설

3) 농업인이 공동으로 운영하고 사용하는 일반목욕장・화장실・구판장・운동시설・마을공동주차장 및 마을공동취수장

4) 국가・지방자치단체 또는 농업생산자단체가 농업인으로 하여금 사용하게 할 목적으로 설치하는 일반목욕장, 화장실, 운동시설, 구판장, 농기계 보관시설 및 농업인 복지회관

(3) 농업인 주택, 어업인 주택의 설치(「농지법」 제32조제1항제3호 및 「농지법 시행령」 제29조제4항)

> ※ 농업인 주택 및 어업인 주택(이하 '농어업인 주택'이라 함)은 다음의 요건을 모두 갖춘 건축물 및 시설물을 말한다.
> 1. 농업인 또는 어업인(「수산업・어촌 발전 기본법」 제3조제3호에 따른 어업인을 말함, 이하 같음) 1명 이상으로 구성되는 농업・임업・축산업 또는 어업을 영위하는 세대로서 다음의 어느 하나에 해당하는 세대의 세대주가 설치하는 것일 것
>   가. 해당 세대의 농업・임업・축산업 또는 어업에 따른 수입액이 연간 총수입액의 2분의 1을 초과하는 세대
>   나. 해당 세대원의 노동력의 2분의 1 이상으로 농업・임업・축산업 또는 어업을 영위하는 세대
> 2. 제1호 각 목의 어느 하나에 해당하는 세대의 세대원이 장기간 독립된 주거생활을 영위할 수 있는 구조로 된 건축물(별장 또는 고급주택(「지방세법 시행령」 제28조)을 제외] 및 해당 건축물에 부속한 창고・축사 등 농업・임업・축산업 또는 어업을 영위하는데 필요한 시설로서 그 부지의 총면적이 1세대 당 660제곱미터 이하일 것. 다만, 부지면적을 적용함에 있어서 농지를 전용하여 농업인 주택 및 어업인 주택(이하 "농어업인 주택"이라 함)을 설치하는 경우에는 그 전용하려는 면적에 해당 세대주가 그 전용허가신청일 또는 협의신청일 이전 5년간 농어업인 주택의 설치를 위하여 부지로 전용한 농지면적을 합산한 면적(공공사업으로 인하여 철거

> 된 농어업인 주택의 설치를 위하여 전용하였거나 전용하려는 농지면적을 제외)을 해당 농어업인주택의 부지면적으로 본다.
>
> 3. 제1호 각 목의 어느 하나에 해당하는 세대의 농업·임업·축산업 또는 어업의 경영의 근거가 되는 농지·산림·축사 등이 있는 시(구를 두지 않은 시를 말하며, 도농복합형태의 시에 있어서는 동지역에 한함)·구(도농복합형태의 시의 구에 있어서는 동 지역에 한함)·읍·면 또는 이에 연접한 시·구·읍·면 지역에 설치하는 것일 것

(4) 다음에 해당하는 농업용 시설, 축산업용 시설 또는 어업용 시설의 설치(「농지법」 제32조제1항제3호 및 「농지법 시행령」 제29조제5항)

1) 농업인 또는 농업법인이 자기가 생산한 농산물을 건조·보관하기 위하여 설치하는 시설(다만, 자기의 농업 또는 축산업의 경영의 근거가 되는 농지·축사 등이 있는 시·구·읍·면 또는 이에 연접한 시·구·읍·면 지역에 설치하는 경우에 한정함)

2) 다음의 어느 하나에 해당하는 시설을 제외한 야생동물의 인공사육시설

   ① 「야생생물 보호 및 관리에 관한 법률」 제14조제1항에 따라 포획 등이 금지된 야생동물(포획 등 허가를 받은 경우는 제외)

   ② 「야생생물 보호 및 관리에 관한 법률」 제19조제1항에 따라 포획이 금지된 야생동물(포획 허가를 받은 경우는 제외)

   ③ 「생물다양성 보전 및 이용에 관한 법률」 제24조제1항에 따라 수입 등이 금지된 생태계교란 생물(수입 등 허가를 받은 경우는 제외)

3) 「건축법」에 따른 건축허가 또는 건축신고의 대상 시설이 아닌 간이양축시설

4) 농업인 또는 농업법인이 농업 또는 축산업을 영위하거나 자기가 생산한 농산물을 처리하는데 필요한 농업용 또는 축산업용시설로서 다음의 시설(「농지법 시행규칙」 제24조, 다만, 자기의 농업 또는 축산업의 경영의 근거가 되는 농지·축사 등이 있는 시·구·읍·면 또는 이에 연접한 시·구·읍·면 지역에 설치하는 경우에 한함)

   ① 탈곡장 및 잎담배건조실

   ② 농업인 또는 농업법인이 자기의 농업경영에 사용하는 비료·종자·농약·농기구·사료 등의 농업자재를 생산 또는 보관하기 위하여 설치하는 시설

   ③ 농업용·축산업용 관리사(주거목적이 아닌 경우에 한함)

   ④ 총부지의 면적이 1천500제곱미터 이하인 콩나물재배사

5) 부지의 총면적이 3만제곱미터 미만인 양어장·양식장, 그 밖에 다음의 어느 하나에 해당하는 어업용 시설(「농지법 시행규칙」 제25조)

　① 수산종묘 배양시설

　② 어업인이 자기가 생산한 수산물을 건조·보관하기 위하여 설치하는 시설

　③ 어업인이 자기의 어업경영에 사용하는 사료·어구 등의 어업자재를 보관하기 위하여 설치하는 시설

6) 「가축분뇨의 관리 및 이용에 관한 법률」 제2조제8호에 따른 처리시설

7) 특별시장·광역시장 또는 도지사, 시장·군수·구청장 또는 「농업협동조합법」 제2조제1호에 따른 조합이 설치하는 가축 방역을 위한 소독시설

(5) 국방·군사 시설의 설치(「농지법」 제32조제1항제4호)

(6) 하천, 제방, 그 밖에 이에 준하는 국토 보존 시설의 설치(「농지법」 제32조제1항제5호)

(7) 문화재의 보수·복원·이전, 매장 문화재의 발굴, 비석이나 기념탑, 그 밖에 이와 비슷한 공작물의 설치(「농지법」 제32조제1항제6호)

(8) 도로, 철도 그 밖에 다음에 해당하는 공공시설의 설치(「농지법」 제32조제1항제7호 및 「농지법 시행령」 제29조제6항)

1) 상하수도(하수종말처리시설 및 정수시설을 포함), 운하, 공동구, 가스공급설비, 전주(유·무선송신탑을 포함), 통신선로, 전선로, 변전소, 소수력·풍력발전설비, 송유설비, 방수설비, 유수지시설, 하천부속물 및 기상관측을 위한 무인(無人)의 관측시설

2) 사도(「사도법」 제4조)

(9) 지하자원 개발을 위한 탐사 또는 지하광물 채광과 광석의 선별 및 적치를 위한 장소로 사용하는 행위(「농지법」 제32조제1항제8호)

(10) 농어촌 소득원 개발 등 농어촌 발전에 필요한 시설로서 다음에 해당하는 시설의 설치(「농지법」 제32조제1항제9호 및 「농지법 시행령」 제29조제7항)

1) 국내에서 생산되는 농수산물을 집하·예냉(豫冷)·저장·선별 또는 포장하는 산지유통시설(농수산물을 저장만 하는 시설은 제외)로서 그 부지의 총면적이 3만제곱미터 미만인 시설

2) 부지의 총면적이 3천제곱미터 미만인 농업기계수리시설

3) 부지의 총면적이 3천제곱미터(지방자치단체 또는 농업생산자단체가 설치하는 경우에는 1만제곱미터) 미만인 남은 음식물이나 농수산물의 부산물을 이용한 유기질비료의 제조시설

4) 부지의 총면적이 3천제곱미터(지방자치단체 또는 농업생산자단체가 설치하는 경우에는 3만제곱미터) 미만인 사료 제조시설(해당 시설에서 생산된 제품을 유통·판매하는 시설 포함)

5) 농지의 타용도 일시사용(「농지법」 제36조및제36조의2) 및 이에 필요한 시설

6) 국내에서 생산된 농수산물과 「농지법 시행령」 제29조제2항제1호에 해당하는 시설에서 생산한 농수산물의 가공품을 판매하는 시설(공산품 판매시설 및 「건축법 시행령」 별표 1제3호자목에 따른 금융업소를 포함하며, 공산품 판매시설 및 금융업소가 포함된 시설의 경우에는 공산품 판매시설 및 금융업소의 면적이 전체 시설 면적의 100분의 30 미만인 시설에 한정)로서 농업생산자단체 또는 「수산업·어촌 발전 기본법」 제3조제5호에 따른 생산자단체가 설치하여 운영하는 시설 중 그 부지의 총면적이 1만제곱미터 미만인 시설

7) 「전기사업법」 제2조제1호의 전기사업을 영위하기 위한 목적으로 설치하는 「신에너지 및 재생에너지 개발·이용·보급 촉진법」 제2조제2호가목에 따른 태양에너지를 이용하는 발전설비(이하 "태양에너지 발전설비"라 함)로서 다음의 어느 하나에 해당하는 발전설비

   ① 건축물(「건축법」 제11조또는 같은 법제14조에 따라 건축허가를 받거나 건축신고를 한 건축물만 해당한다) 지붕에 설치하는 태양에너지 발전설비(해당 설비에서 생산한 전기를 처리하기 위하여 인근 부지에 설치하는 부속설비를 포함, 이하 같음)

   ② 국가, 지방자치단체 또는 「공공기관의 운영에 관한 법률」 제4조에 따른 공공기관이 소유한 건축물 지붕 또는 시설물에 설치하는 태양에너지 발전설비

> ※ 다만, 「전기사업법」 제2조제1호에 따른 전기사업을 영위하기 위한 목적으로 태양에너지를 이용하는 발전설비를 설치하는 자가 태양에너지 발전설비를 설치하려는 경우에는 태양에너지 발전설비의 설치를 위한 「전기사업법」 제7조에 따른 전기사업 허가(「집단에너지사업법」 제9조및제48조에 따라 「전기사업법」 제7조제1항에 따른 발전사업의 허가를 받은 것으로 보는 경우에는 「집단에너지사업법」 제9조에 따라 받은 허가를 말함)를 2015년 12월 31일 이전에 받고, 2015년 12월 31일 이전에 건축물대장에 기재되거나 준공검사필증을 교부받은 건축물(「건축법」 제11조또는제14조에 따라 건축허가를 받거나 건축신고를 한 건축물만 해당) 또는 시설물에 설치하는 발전설비에 한정된다.

⑾ **다음의 어느 하나에 해당하는 농산어촌 체험시설**

1) 「도시와 농어촌 간의 교류촉진에 관한 법률」 제2조제5호에 따른 농어촌체험·휴양마을사업의 시설로서 다음 요건에 모두 적합하고 그 부지의 총면적이 1만제곱미터 미만인 시설

① 숙박서비스시설을 운영하는 경우에는 「도시와 농어촌 간의 교류촉진에 관한 법률」 제8조에 따른 규모 이하일 것

② 승마장을 운영하는 경우에는 「도시와 농어촌 간의 교류촉진에 관한 법률」 제9조에 따른 규모 이하일 것

③ 음식을 제공하거나 즉석식품을 제조·판매·가공하는 경우에는 「도시와 농어촌 간의 교류촉진에 관한 법률」 제10조에 따른 영업시설기준을 준수한 시설일 것

2) 농업인·어업인 또는 농업법인·어업법인(「농어업경영체 육성 및 지원에 관한 법률」 제2조제5호에 따른 어업법인을 말함)이 자기가 경영하는 농지·산림·축사·어장 또는 농수산물 가공·처리시설을 체험하려는 자를 대상으로 설치하는 교육·홍보시설 또는 자기가 생산한 농수산물과 그 가공품을 판매하는 시설로서 그 부지의 총면적이 1천제곱미터 미만인 시설

⑿ 농기자재(농기구, 농기계, 농기계 부품, 농약, 미생물제제, 비료, 사료, 비닐 및 파이프 등 농업생산에 필요한 기자재를 말함) 제조시설로서 다음의 어느 하나에 해당하지 않는 시설(2006년 6월 30일 이전에 지목이 공장용지로 변경된 부지에 설치하는 경우에 한정)

1) 「농지법 시행령」 제44조제1항 각 호의 시설

2) 「농지법 시행령」 제44조제2항 각 호의 시설

⒀ 「농지법 시행령」 제29조제1항제1호부터 제4호까지의 토지이용행위와 정보통신기술을 결합한 농업을 육성하기 위한 시설로서 다음 요건을 모두 갖춘 시설

1) 농림축산식품부장관이 고시한 지역에 설치하는 시설일 것

2) 시·도지사가 농림축산식품부장관과 협의한 사업계획에 따라 설치하는 시설일 것

3) 「농지법 시행령」제44조제3항제1호에 해당하는 시설(「건축법 시행령」 별표1 제10호다목 및 제14호에 해당하는 시설은 제외함)이 아닐 것

04 위반 시 제재

이러한 행위제한에 위배되는 행위를 하는 사람은 5년 이하의 징역 또는 5천만원 이하의 벌금에 처해진다(「농지법」제58조제2호).

05 법령해석례

1. 「농지법」 제32조제1항(시·도지정문화재인 무형문화재의 전수관을 농업진흥구역에 설치할 수 있는지의 여부

> ✅ 질의
> 「농지법」 제32조제1항에 따르면 같은 법 제28조제2항의 농업진흥구역에서는 농업생산 또는 농지 개량과 직접적으로 관련되지 아니한 토지이용행위를 할 수 없도록 하고, 다만, 예외적으로 허용되는 토지이용행위 중의 하나로 "문화재의 보수·복원·이전, 매장 문화재의 발굴, 비석이나 기념탑, 그 밖에 이와 비슷한 공작물의 설치"를 규정하고 있는바, 시·도지정문화재인 무형문화재의 전수관을 같은 법 제32조제1항제6호에 따라 같은 법 제28조제2항의 농업진흥구역에 설치할 수 있는지?
>
> ✅ 회신
> 시·도지정문화재인 무형문화재의 전수관을 「농지법」 제32조제1항제6호에 따라 같은 법 제28조제2항의 농업진흥구역에 설치할 수는 없습니다.

2. 「농지법」 제32조제1항제7호(태양광발전소가 농업진흥구역에 설치할 수 있는 "전기 공급 설비"에 포함되는지 여부

> ✅ 질의
> 태양광발전소가 「농지법」 제32조제1항제7호에 따라 농업진흥구역에 설치할 수 있는 "전기 공급 설비"에 포함되는지?
>
> ✅ 회신
> 태양광발전소는 「농지법」 제32조제1항제7호에 따라 농업진흥구역에 설치할 수 있는 "전기 공급 설비"에 포함되지 아니합니다.

06 국민신문고

1. 농업진흥구역에서 할 수 있는 행위

> **질의**
>
> 농업진흥구역에서 할 수 있는 토지이용행위는?
>
> **답변**
> - 농업진흥지역은 국민식량의 안정적인 공급기반을 유지하고 농지를 효율적으로 이용·보전하기 위하여 지정하고 있으며, 농지조성사업 또는 농업기반정비사업이 시행되었거나 시행중인 지역으로서 농업용으로 이용하고 있거나 이용할 토지가 집단화되어 있는 지역을 농업진흥구역으로 지정하고 있음
> - 농업진흥구역은 원칙적으로 농작물의 경작에 이용되도록 하고 예외적으로 농가주택, 축사, 농업용 창고 등 농업생산관련 시설과 공용·공공용시설 등의 설치를 허용하고 있음
> - 이런 취지에 따라 농지법 제32조 및 같은 법 시행령 제29조에서는 농업진흥구역에서 허용되는 농작물의 경작, 다년성식물의 재배 및 고정식 온실·버섯재배사 및 비닐하우스와 그 부속시설의 설치 등 농업생산 또는 농지개량과 직접 관련되는 토지이용행위를 규정하는 한편, 동 지역내에서 설치할 수 있는 시설(농업용시설, 공용·공공용시설)들을 매우 한정적으로 열거하고, 그 외 시설은 설치할 수 없도록 제한하고 있음

2. 농업인의 공동생활 편의시설 속하는 지 여부?

> **질의**
>
> 농지법 시행령 29조 3항 2호의 시설에 보면 경로당 보육시설 유치원 등 노유자시설, 정자, 및 보건진료소라는 시설있습니다. 이번에 하고져하는 시설이 농업인의 공동생활 편의시설(노유자시설)속하는 지 여부? 사단법인 하나에서 관리지역에(농업보호구역,농업진흥이구역이아님) 노유자시설(노인복지시설)을 건립을 하고져함에 있어 비영리 목적으로 국비보조를 받아 노유자시설(노인복지시설)을 건립하며, 사단법인 하나에서 경영을 하는 시설로서 차후 경영을 포기할시 모든 시설물은 국고로 환수되는 사업입니다.이럴경우 농업인의 공동생활에 필요한 편의 시설로 볼수있나요? 위 사항은 농지전용 신고대상입니까? 아니면 허가 대상입니까?
>
> **답변**
> - 농업진흥지역은 국민식량의 안정적인 공급기반을 유지하고 농지를 효율적으로 이용·보전하기 위하여 지정하고 있으며, 원칙적으로 농작물의 경작에 이용되도

록 하고 예외적으로 농가주택, 축사, 농업용 창고 등 농업생산관련 시설의 설치를 허용하고 있으며 이런 취지에 따라 농지법 제32조와 농지법시행령 제29조·제30조에서는 농업진흥구역과 농업보호구역에 할 수 있는 행위 및 설치가능한 면적을 규정하고 있습니다.

- 농지법 제32조 제1항 제2호 및 농지법시행령 제29조 제3항 제2호에서는 농업인의 공동생활에 필요한 편의시설 및 이용시설로서 노유자시설의 설치를 허용하고 있으나, 이때 농업인의 공동생활의 편익을 위한 시설 및 이용시설이라 함은 설치시설 이용자의 대다수가 농업인이나 농업인 자녀, 부모 등을 대상으로 편익을 제공하거나 이용토록 하기 위해 설치하는 시설을 말합니다.

3. 묘목 식재및 재배판매시 농가로서의 인정여부

◎ 질의

관리사(주택)을 짖고져 00시에 개발행위를 신청하였으나 농가로서의 인정여부를 받지못하여 반려를 받고 말았습니다. 본 신청지는 진흥지역으로서 도로보다지지대가낮아 매립하여 묘목을 재배 생산하고 있습니다.상기와같은 조건일때 임업농가로서의 인정여부를 회신하여 주시기바랍니다.

◎ 답변

- 농지법시행령 제3조에 따르면 농업인이란 다음 각 호의 어느 하나에 해당하는 자를 말한다고 규정하고 있습니다.
  - 1천제곱미터 이상의 농지에서 농작물 또는 다년생식물을 경작 또는 재배하거나 1년중 90일 이상 농업에 종사하는 자
  - 농지에 330제곱미터 이상의 고정식 온실·버섯재배사·비닐하우스, 그 밖의 농림부령이 정하는 농업생산에 필요한 시설을 설치하여 농작물 또는 다년성식물을 경작 또는 재배하는 자
  - 대가축 2두, 중가축 10두, 소가축 100두, 가금 1천수 또는 꿀벌 10군이상을 사육하거나 1년중 120일이상 축산업에 종사하는 자
  - 농업경영을 통한 농산물의 연간 판매액이 100만원 이상인 자
- 또한, 농지법시행령 제29조제5항제4호의 규정에 의하면 농업인 또는 농업법인이 농업 또는 축산업을 영위하거나 자기가 생산한 농산물을 처리하는 데 필요한 농업용 또는 축산업용시설로서 농업용·축산업용 관리사(주거목적이 아닌 경우에 한함)는 농업진흥지역내 설치할 수 있습니다.
- 농지전용허가를 신청하는 경우 허가권자는 설치하고자 하는 시설의 규모·용도 및 지역여건 등을 참작할 때 전용하고자 하는 농지에 대해 동법시행령 제33조의

규정에 의한 심사기준에 따라 심사하고, 그 결과 적합한 경우에 한하여 허가를 하도록 하고 있습니다.
- 귀하의 경우가 이에 해당하는지 여부 등 기타 자세한 사항은 관할 시·군 허가권자(농지담당부서)에게 직접 문의하여주시기 바랍니다.

4. 농림지역(농업진흥지역)내 체험학습장 시설 가능여부

질의

1. 농장(체험학습장)부지가 농림지역(농업진흥지역)이고 목장용지입니다.
2. 체험학습내용은 목장우유를 이용한 치즈만들기, 요구르트 만들기 체험을 할려고 합니다.
    - 체험학습대상은 : 도시민, 어린이 등을 대상으로하면 판매는 하지 않습니다.
3. 만일 농림지역내 체험학습장 시설이 않된다면 관련법 개정계획이(언제쯤) 있나요?
4. 그리고 현재 관련(농지)법으로 우유를 이용한 체험학습 시설은 어느부분까지 가는한지요?
5. 정부, 지방자치단체에서 추진하는 영농체험장, 농체험목장(유제품 체험 등) 등이 있는 로 알고 있는데 농림지역에 시설이 불가능한 것인지요?

답변

- 농업진흥지역은 국민식량의 안정적인 공급기반을 유지하고 농지를 효율적으로 이용·보전하기 위하여 지정하고 있으며, 원칙적으로 농작물의 경작에 이용되도록 하고 예외적으로 농가주택, 축사, 농업용 창고 등 농업생산관련 시설의 설치를 허용하고 있으며, 이런 취지에 따라 농지법시행령 제29조·제30조에서는 농업진흥구역 및 농업보호구역에서 허용되는 시설들을 한정적으로 열거하고, 그 외 시설은 설치할 수 없도록 제한하고 있습니다.
- 농지법시행령 제29조제3항제3호에 따르면 농업인의 공동생활에 필요한 편의시설 및 이용시설로서 농업인이 공동으로 운영하고 사용하는 목욕탕·구판장·운동시설·마을공동주차장·마을공동취수장 및 마을공동농산어촌체험시설은 농업진흥지역에 설치가 가능토록 하고 있습니다.
- 이때 "농업인이 공동으로 운영하고 사용한다"라 함은 그 시설의 운영에 필요한 경비를 공동으로 부담하고 당해 시설에서 발생하는 수익도 공동으로 처리하며, 이용자의 대다수가 농업인임을 말합니다.

5. 농업진흥구역안의 건조장설치

> **질의**
> 저는 농지에 비닐하우스를 설치해서 곶감 건조장으로 사용을 해오고 있습니다. 곶감 건조장은 농업생산시설이 아니라서 신고를 해서 사용하라는 이야기를 들었습니다. 가능한지요 가능하다면 절차는요 그리고 신고와 함께 관리사도 함께 설치를 하고싶은데 관리사의 기준은 얼마가지 가능한지 알고싶네요.
>
> **답변**
> - 농지법시행령 별표1 제2호의 규정에 의하면 농지법시행령 제29조제4항제1호 각목의 1에 해당하는 세대의 세대원인 농업인과 농업법인이 설치하는 농지법시행령 제29조제5항제1호에 해당되는 시설 및 동항 제4호에 해당하는 시설중 농업용시설은 농업인 세대당 1천500제곱미터 또는 농업법인 법인당 7천제곱미터(농업진흥지역안의 경우에는 3천300제곱미터) 이하까지 농지전용신고로 설치할 수 있습니다.
> - 농지법시행령 제29조 제5항 제1호에 의한 시설은 농업인 또는 농업법인이 자기가 생산한 농산물을 건조·보관하기 위하여 설치하는 시설로 규정하고 있습니다.
> - 또한, 농지법시행령 제29조제5항제4호의 규정에 의한 농업인 또는 농업법인이 농업 또는 축산업을 영위하거나 자기가 생산한 농산물을 처리하는 데 필요한 농업용 또는 축산업용시설은 다음과 같습니다.
>   - 농업인 또는 농업법인이 자기의 농업경영에 사용하는 비료·종자·농약·농기구·사료 등의 농업자재를 생산 또는 보관하기 위하여 설치하는 시설, 농업용·축산업용 관리사(주거목적이 아닌 경우에 한함), 총부지의 면적이 1천500제곱미터이하인 콩나물재배사, 탈곡장·잠실·애누에 공동사육장 및 잎담배건조실

Ⅲ 농업보호구역에서의 행위제한

01 농업보호구역에서의 행위제한 및 특례

1. 농업보호구역에서의 허용행위

농업보호구역에서는 농업진흥구역에서 허용되는 토지이용행위 및 농업인 소득 증대에 필요한 시설의 설치, 농업인의 생활여건을 개선하기 위해 필요한 시설의 설치행위만이 허용된다(「농지법」 제32조제2항).

2. 농업진흥지역 지정 당시의 행위제한에 대한 특례

농업진흥지역 지정 당시 관계 법령에 따라 인가·허가 또는 승인 등을 받거나 신고하고 설치한 기존의 건축물·공작물과 그 밖의 시설에는 행위 제한 규정이 적용되지 않는다(「농지법」 제32조제3항).

농업진흥지역 지정 당시 관계 법령에 따라 다음의 행위에 대하여 인가·허가·승인 등을 받거나 신고하고 공사 또는 사업을 시행 중인 자(관계 법령에 따라 인가·허가·승인 등을 받거나 신고할 필요가 없는 경우에는 시행 중인 공사 또는 사업에 착수한 자)는 그 공사 또는 사업에 대해서만 위의 농업진흥지역에서의 행위제한 규정이 적용되지 않는다(「농지법」 제32조제4항).

(1) 건축물의 건축

(2) 공작물이나 그 밖의 시설의 설치

(3) 토지의 형질변경

(4) 그 밖에 위의 행위에 준하는 행위

02 농업보호구역에서 허용되는 토지이용행위

1. 농업보호구역에서 허용되는 농업생산 또는 농업개량과 직접 관련된 토지이용행위

농업보호구역에서 허용되는 농업생산 또는 농지개량과 직접 관련된 토지이용행위는 다음과 같다(「농지법」 제32조제1항 본문, 「농지법 시행령」 제29조제1항 및 「농지법 시행규칙」 제3조의2).

(1) 농작물의 경작

(2) 다년생식물의 재배

(3) 고정식온실·버섯재배사 및 비닐하우스와 「농지법 시행규칙」 제23조의2제1항에서 정하는 부속시설의 설치

(4) 축사·곤충사육사와 「농지법 시행규칙」 제23조의2제2항에서 정하는 부속시설의 설치

(5) 간이퇴비장의 설치

(6) 농지개량사업 또는 농업용수개발사업의 시행

(7) 다음 시설의 설치

1) 농막

농작업에 직접 필요한 농자재 및 농기계 보관, 수확 농산물 간이 처리 또는 농작업 중 일시 휴식을 위하여 설치하는 시설(연면적 20㎡ 이하이고, 주거 목적이 아닌 경우로 한정)

2) 간이저온저장고(연면적 33㎡ 이하일 것)

3) 간이액비저장조(저장 용량이 200톤 이하일 것)

03 농업보호구역에서 허용되는 그 밖의 토지 이용행위

1. 농업보호구역에서 농업 생산 또는 농지개량과 직접 관련되지는 않지만 예외적으로 허용되는 토지이용행위는 다음과 같다(「농지법」 제32조제1항 단서 및 「농지법 시행령」 제29조제2항부터 제7항까지).

(1) 농수산물(농산물·임산물·축산물·수산물을 말한다. 이하 같다)의 가공·처리 시설 및 농수산업(농업·임업·축산업·수산업을 말한다. 이하 같다) 관련 시험·연구 시설(「농지법」 제32조제1항제1호 및 「농지법 시행령」 제29조제2항)

1) 다음의 요건을 모두 갖춘 농수산물의 가공·처리 시설(「건축법 시행령」 별표 1제4호너목에 따른 제조업소 또는 같은 표 제17호에 따른 공장에 해당하는 시설을 말하며, 그 시설에서 생산된 제품을 판매하는 시설을 포함함)

① 국내에서 생산된 농수산물(「농업·농촌 및 식품산업 기본법 시행령」 제5조제1항 및 제2항에 따른 농수산물을 말하며, 임산물 중 목재와 그 가공품 및 토석은 제외함. 이하 같음) 및 농림축산식품부장관이 정하여 고시하는 농수산가공품을 주된 원료로 하여 가공하거나 건조·절단 등 처리를 거쳐 식품을 생산하기 위한 시설일 것

② 농업진흥구역 안의 부지 면적이 1만5천제곱미터[미곡의 건조·선별·보관 및 가공시설(이하 "미곡종합처리장"이라 한다)의 경우에는 3만제곱미터] 미만인 시설(판매시설이 포함된 시설의 경우에는 그 판매시설의 면적이 전체 시설 면적의 100분의 20 미만인 시설에 한정한다)일 것

2) 양곡가공업자가 농림축산식품부장관 또는 지방자치단체의 장과 계약을 체결해 정부관리양곡을 가공·처리하는 시설

3) 농수산업 관련 시험·연구 시설: 육종연구를 위한 농수산업에 관한 시험·연구 시설로서 그 부지의 총면적이 3천제곱미터 미만인 시설

(2) 어린이놀이터, 마을회관, 그 밖에 다음과 같은 농업인의 공동생활에 필요한 편의 시설 및 이용 시설의 설치(「농지법」 제32조제1항제2호 및 「농지법 시행령」 제29조제3항)

1) 농업인이 공동으로 운영하고 사용하는 창고・작업장・농기계수리시설・퇴비장

2) 경로당, 어린이집, 유치원, 정자, 보건지소, 보건진료소, 「응급의료에 관한 법률」 제2조제6호에 따른 응급의료 목적에 이용되는 항공기의 이착륙장 및 「민방위기본법」 제15조제1항제1호에 따른 비상대피시설

3) 농업인이 공동으로 운영하고 사용하는 일반목욕장・화장실・구판장・운동시설・마을공동주차장 및 마을공동취수장

4) 국가・지방자치단체 또는 농업생산자단체가 농업인으로 하여금 사용하게 할 목적으로 설치하는 일반목욕장, 화장실, 운동시설, 구판장, 농기계 보관시설 및 농업인 복지회관

(3) 농업인 주택, 어업인 주택의 설치(「농지법」 제32조제1항제3호 및 「농지법 시행령」 제29조제4항)

> ※ 농업인 주택 및 어업인 주택(이하 "농어업인 주택"이라 함)은 다음의 요건을 모두 갖춘 건축물 및 시설물을 말한다.
> 1. 농업인 또는 어업인(「수산업・어촌 발전 기본법」 제3조제3호에 따른 어업인을 말함, 이하 같음) 1명 이상으로 구성되는 농업・임업・축산업 또는 어업을 영위하는 세대로서 다음의 어느 하나에 해당하는 세대의 세대주가 설치하는 것일 것
>   가. 해당 세대의 농업・임업・축산업 또는 어업에 따른 수입액이 연간 총수입액의 2분의 1을 초과하는 세대
>   나. 해당 세대원의 노동력의 2분의 1 이상으로 농업・임업・축산업 또는 어업을 영위하는 세대
> 2. 위 1.의 어느 하나에 해당하는 세대의 세대원이 장기간 독립된 주거생활을 영위할 수 있는 구조로 된 건축물(별장 또는 고급주택(「지방세법 시행령」 제28조)을 제외) 및 해당 건축물에 부속한 창고・축사 등 농업・임업・축산업 또는 어업을 영위하는데 필요한 시설로서 그 부지의 총면적이 1세대 당 660제곱미터 이하일 것. 다만, 부지면적을 적용함에 있어서 농지를 전용하여 농업인 주택 및 어업인 주택(이하 "농어업인 주택"이라 함)을 설치하는 경우에는 그 전용하려는 면적에 해당 세대주가 그 전용허가신청일 또는 협의신청일 이전 5년간 농어업인 주택의 설치를 위하여 부지로 전용한 농지면적을 합산한 면적(공공사업으로 인하여 철거된 농어업인 주택의 설치를 위하여 전용하였거나 전용하려는 농지면적을 제외)을 해당 농어업인주택의 부지면적으로 본다.

> 3. 위 1.의 어느 하나에 해당하는 세대의 농업·임업·축산업 또는 어업의 경영의 근거가 되는 농지·산림·축사 또는 어장 등이 있는 시(구를 두지 않은 시를 말하며, 도농복합형태의 시에 있어서는 동지역에 한함)·구(도농복합형태의 시의 구에 있어서는 동 지역에 한함)·읍·면 또는 이에 연접한 시·구·읍·면 지역에 설치하는 것일 것

(4) 다음에 해당하는 농업용 시설, 축산업용 시설 또는 어업용 시설의 설치(「농지법」제32조제1항제3호 및 「농지법 시행령」제29조제5항)

1) 농업인 또는 농업법인이 자기가 생산한 농산물을 건조·보관하기 위하여 설치하는 시설(다만, 자기의 농업 또는 축산업의 경영의 근거가 되는 농지·축사 등이 있는 시·구·읍·면 또는 이에 연접한 시·구·읍·면 지역에 설치하는 경우에 한정함)

2) 다음의 어느 하나에 해당하는 시설을 제외한 야생동물의 인공사육시설

   ①「야생생물 보호 및 관리에 관한 법률」제14조제1항에 따라 포획 등이 금지된 야생동물(포획 등 허가를 받은 경우는 제외)

   ②「야생생물 보호 및 관리에 관한 법률」제19조제1항에 따라 포획이 금지된 야생동물(포획 허가를 받은 경우는 제외)

   ③「생물다양성 보전 및 이용에 관한 법률」제24조제1항에 따라 수입 등이 금지된 생태계교란 생물(수입 등 허가를 받은 경우는 제외)

3) 「건축법」에 따른 건축허가 또는 건축신고의 대상 시설이 아닌 간이양축시설

4) 농업인 또는 농업법인이 농업 또는 축산업을 영위하거나 자기가 생산한 농산물을 처리하는데 필요한 농업용 또는 축산업용시설로서 다음의 시설(「농지법 시행규칙」제24조, 다만, 자기의 농업 또는 축산업의 경영의 근거가 되는 농지·축사 등이 있는 시·구·읍·면 또는 이에 연접한 시·구·읍·면 지역에 설치하는 경우에 한함)

   ① 탈곡장 및 잎담배건조실

   ② 농업인 또는 농업법인이 자기의 농업경영에 사용하는 비료·종자·농약·농기구·사료 등의 농업자재를 생산 또는 보관하기 위하여 설치하는 시설

   ③ 농업용·축산업용 관리사(주거목적이 아닌 경우에 한함)

   ④ 총부지의 면적이 1천500제곱미터 이하인 콩나물재배사

5) 부지의 총면적이 3만제곱미터 미만인 양어장·양식장, 그 밖에 다음의 어느 하나에 해당하는 어업용 시설(「농지법 시행규칙」제25조)

① 수산종묘 배양시설

② 어업인이 자기가 생산한 수산물을 건조·보관하기 위하여 설치하는 시설

③ 어업인이 자기의 어업경영에 사용하는 사료·어구 등의 어업자재를 보관하거나 수리하기 위하여 설치하는 시설

6) 「가축분뇨의 관리 및 이용에 관한 법률」 제2조제8호에 따른 처리시설

7) 특별시장·광역시장·특별자치시장·도지사·특별자치도지사, 시장·군수·구청장 또는 「농업협동조합법」 제2조제1호에 따른 조합이 설치하는 가축 방역을 위한 소독시설

⑸ 국방·군사 시설의 설치(「농지법」 제32조제1항제4호)

⑹ 하천, 제방, 그 밖에 이에 준하는 국토 보존 시설의 설치(「농지법」 제32조제1항제5호)

⑺ 문화재의 보수·복원·이전, 매장 문화재의 발굴, 비석이나 기념탑, 그 밖에 이와 비슷한 공작물의 설치(「농지법」 제32조제1항제6호)

⑻ 도로, 철도 그 밖에 다음에 해당하는 공공시설의 설치(「농지법」 제32조제1항제7호 및 「농지법 시행령」 제29조제6항)

1) 상하수도(하수종말처리시설 및 정수시설을 포함), 운하, 공동구, 가스공급설비, 전주(유·무선송신탑을 포함), 통신선로, 전선로, 변전소, 소수력·풍력발전설비, 송유설비, 방수설비, 유수지(遊水池)시설, 하천부속물 및 기상관측을 위한 무인(無人)의 관측시설

2) 사도(「사도법」 제4조)

⑼ 지하자원 개발을 위한 탐사 또는 지하광물 채광과 광석의 선별 및 적치를 위한 장소로 사용하는 행위(「농지법」 제32조제1항제8호)

⑽ 농어촌 소득원 개발 등 농어촌 발전에 필요한 시설로서 다음에 해당하는 시설의 설치(「농지법」 제32조제1항제9호 및 「농지법 시행령」 제29조제7항)

1) 국내에서 생산되는 농수산물을 집하·예냉(豫冷)·저장·선별 또는 포장하는 산지유통시설(농수산물을 저장만 하는 시설은 제외)로서 그 부지의 총면적이 3만제곱미터 미만인 시설

2) 부지의 총면적이 3천제곱미터 미만인 농업기계수리시설

3) 부지의 총면적이 3천제곱미터(지방자치단체 또는 농업생산자단체가 설치하는 경우에는 1만제곱미터) 미만인 남은 음식물이나 농수산물의 부산물을 이용한 유기질비료의 제조시설

4) 부지의 총면적이 3천제곱미터(지방자치단체 또는 농업생산자단체가 설치하는 경우에는 3만제곱미터) 미만인 사료 제조시설(해당 시설에서 생산된 제품을 유통·판매하는 시설 포함)

5) 농지의 타용도 일시사용(「농지법」 제36조 및 제36조의2) 및 이에 필요한 시설

6) 국내에서 생산된 농수산물과 「농지법 시행령」 제29조제2항제1호에 해당하는 시설에서 생산한 농수산물의 가공품을 판매하는 시설(공산품 판매시설 및 「건축법 시행령」 별표 1제3호자목에 따른 금융업소를 포함하며, 공산품 판매시설 및 금융업소가 포함된 시설의 경우에는 공산품 판매시설 및 금융업소의 면적이 전체 시설 면적의 100분의 30 미만인 시설에 한정)로서 농업생산자단체 또는 「수산업·어촌 발전 기본법」 제3조제5호에 따른 생산자단체가 설치하여 운영하는 시설 중 그 부지의 총면적이 1만제곱미터 미만인 시설

7) 「전기사업법」 제2조제1호의 전기사업을 영위하기 위한 목적으로 설치하는 「신에너지 및 재생에너지 개발·이용·보급 촉진법」 제2조제2호가목에 따른 태양에너지를 이용하는 발전설비(이하 "태양에너지 발전설비"라 함)로서 다음의 어느 하나에 해당하는 발전설비

① 건축물(「건축법」 제11조 또는 같은 법 제14조에 따라 건축허가를 받거나 건축신고를 한 건축물만 해당함) 지붕에 설치하는 태양에너지 발전설비(해당 설비에서 생산한 전기를 처리하기 위하여 인근 부지에 설치하는 부속설비를 포함, 이하 같음)

② 국가, 지방자치단체 또는 「공공기관의 운영에 관한 법률」 제4조에 따른 공공기관이 소유한 건축물 지붕 또는 시설물에 설치하는 태양에너지 발전설비

※ 다만, 「전기사업법」 제2조제1호에 따른 전기사업을 영위하기 위한 목적으로 태양에너지를 이용하는 발전설비를 설치하는 자가 태양에너지 발전설비를 설치하려는 경우에는 태양에너지 발전설비의 설치를 위한 「전기사업법」 제7조에 따른 전기사업 허가(「집단에너지사업법」 제9조 및 제48조에 따라 「전기사업법」 제7조제1항에 따른 발전사업의 허가를 받은 것으로 보는 경우에는 「집단에너지사업법」 제9조에 따라 받은 허가를 말함)를 2015년 12월 31일 이전에 받고, 2015년 12월 31일 이전에 건축물대장에 기재되거나 준공검사필증을 교부받은 건축물(「건축법」 제11조 또는 제14조에 따라 건축허가를 받거나 건축신고를 한 건축물만 해당) 또는 시설물에 설치하는 발전설비에 한정된다.

⑾ 다음의 어느 하나에 해당하는 농산어촌 체험시설

1) 「도시와 농어촌 간의 교류촉진에 관한 법률」 제2조제5호에 따른 농어촌체험·휴양마을사업의 시설로서 다음 요건에 모두 적합하고 그 부지의 총면적이 1만제곱미터 미만인 시설

   ① 숙박서비스시설을 운영하는 경우에는 「도시와 농어촌 간의 교류촉진에 관한 법률」 제8조에 따른 규모 이하일 것

   ② 승마장을 운영하는 경우에는 「도시와 농어촌 간의 교류촉진에 관한 법률」 제9조에 따른 규모 이하일 것

   ③ 음식을 제공하거나 즉석식품을 제조·판매·가공하는 경우에는 「도시와 농어촌 간의 교류촉진에 관한 법률」 제10조에 따른 영업시설기준을 준수한 시설일 것

2) 농업인·어업인 또는 농업법인·어업법인(「농어업경영체 육성 및 지원에 관한 법률」 제2조제5호에 따른 어업법인을 말함)이 자기가 경영하는 농지·산림·축사·어장 또는 농수산물 가공·처리시설을 체험하려는 자를 대상으로 설치하는 교육·홍보시설 또는 자기가 생산한 농수산물과 그 가공품을 판매하는 시설로서 그 부지의 총면적이 1천제곱미터 미만인 시설

⑿ 농기자재(농기구, 농기계, 농기계 부품, 농약, 미생물제제, 비료, 사료, 비닐 및 파이프 등 농업생산에 필요한 기자재를 말함) 제조시설로서 다음의 어느 하나에 해당하지 않는 시설(2006년 6월 30일 이전에 지목이 공장용지로 변경된 부지에 설치하는 경우에 한정)

1) 「농지법 시행령」 제44조제1항 각 호의 시설

2) 「농지법 시행령」 제44조제2항 각 호의 시설

> 제44조(농지전용허가의 제한대상시설) ① 법 제37조제1항제1호에서 "대통령령으로 정하는 시설"이란 다음 각 호의 시설을 말한다. 〈개정 2007. 9. 6., 2007. 11. 15., 2009. 11. 26., 2016. 3. 29., 2019. 6. 25.〉
>
> 1. 「대기환경보전법 시행령」 별표 1의3에 따른 1종사업장부터 4종사업장까지의 사업장에 해당하는 시설. 다만, 미곡종합처리장의 경우에는 3종사업장 또는 4종사업장에 해당하는 시설을 제외한다.
>
> 2. 「대기환경보전법 시행령」 별표 1의3에 따른 5종사업장에 해당하는 시설 중 「대기환경보전법」 제2조제9호에 따른 특정대기유해물질을 배출하는 시설. 다만, 「자원의 절약과 재활용촉진에 관한 법률」 제2조제10호에 따른 재활용시설, 「폐기물관리법」 제2조제8호에 따른 폐기물처리시설 및 「의료법」 제16조에 따른 세탁물의 처리시설을 제외한다.

> ② 법 제37조제1항제2호에서 "대통령령으로 정하는 시설"이란 다음 각 호의 시설을 말한다. 〈개정 2007. 9. 6., 2007. 11. 30., 2008. 2. 29., 2013. 3. 23., 2018. 1. 16.〉
> 1. 「물환경보전법 시행령」 별표 13에 따른 1종사업장부터 4종사업장까지의 사업장에 해당하는 시설
> 2. 「물환경보전법 시행령」 별표 13에 따른 5종사업장에 해당하는 시설 중 농림축산식품부령으로 정하는 시설. 다만, 「자원의 절약과 재활용촉진에 관한 법률」 제2조제6호에 따른 재활용시설, 「폐기물관리법」 제2조제8호에 따른 폐기물처리시설 및 「농수산물유통 및 가격안정에 관한 법률」 제2조제5호에 따른 농수산물공판장 중 축산물공판장을 제외한다.

⒀ 「농지법 시행령」 제29조제1항제1호부터 제4호까지의 토지이용행위와 정보통신기술을 결합한 농업을 육성하기 위한 시설로서 다음 요건을 모두 갖춘 시설

1) 농림축산식품부장관이 고시한 지역에 설치하는 시설일 것

2) 시·도지사가 농림축산식품부장관과 협의한 사업계획에 따라 설치하는 시설일 것

3) 농지법 시행령 제44조제3항제1호에 해당하는 시설(「건축법 시행령」 별표 1제10호다목 및 제14호에 해당하는 시설은 제외함)이 아닐 것

04 농업보호구역에서 허용되는 농업인 소득 증대에 필요한 시설의 설치

1. 농업인 소득 증대에 필요한 시설로서 다음과 같은 건축물·공작물과 시설의 설치(「농지법」 제32조제2항제2호 및 「농지법 시행령」 제30조제1항)

⑴ 관광농원사업(「농어촌정비법」 제2조제16호나목)으로 설치하는 시설로서 농업보호구역 안의 부지 면적이 2만제곱미터 미만인 것

⑵ 주말농원사업(「농어촌정비법」 제2조제16호다목)으로 설치하는 시설로서 농업보호구역 안의 부지 면적이 3천제곱미터 미만인 것

⑶ 태양에너지 발전설비로서 농업보호구역 안의 부지 면적이 1만제곱미터 미만인 것

⑷ 그 밖에 농촌지역 경제활성화를 통하여 농업인 소득증대에 기여하는 농수산업 관련 시설로서 농림축산식품부령으로 정하는 시설

05 농업보호구역에서 허용되는 농업인의 생활 여건의 개선을 위한 필요시설의 설치

1. 다음과 같은 건축물·공작물, 그 밖의 시설의 설치(「농지법」 제32조제2항제3호 및 「농지법 시행령」 제30조제2항)

(1) 다음에 해당하는 시설로서 농업보호구역 안의 부지 면적이 1천제곱미터 미만인 것

1) 단독주택(「건축법 시행령」 별표 1제1호가목)

2) 「건축법 시행령」에 따른 제1종 근린생활시설 중 다음에 해당하는 시설(「건축법 시행령」 별표 1제3호가목, 라목부터 바목까지 및 사목)

① 식품·잡화·의류·완구·서적·건축자재·의약품·의료기기 등 일용품을 판매하는 소매점으로서 같은 건축물(하나의 대지에 두 동 이상의 건축물이 있는 경우에는 이를 같은 건축물로 봄. 이하 같음)에 해당 용도로 쓰는 바닥면적의 합계가 1천제곱미터 미만인 것

② 의원, 치과의원, 한의원, 침술원, 접골원(接骨院), 조산원, 안마원, 산후조리원 등 주민의 진료·치료 등을 위한 시설

③ 탁구장 및 체육도장으로서 같은 건축물에 해당 용도로 쓰는 바닥면적의 합계가 500제곱미터 미만인 것

④ 지역자치센터, 파출소, 지구대, 소방서, 우체국, 방송국, 보건소, 공공도서관, 건강보험공단 사무소 등 주민의 편의를 위하여 공공업무를 수행하는 시설로서 같은 건축물에 해당 용도로 쓰는 바닥면적의 합계가 1천제곱미터 미만인 것

⑤ 마을회관, 마을공동작업소, 마을공동구판장, 지역아동센터(단독주택과 공동주택에 해당하는 것은 제외) 등 주민이 공동으로 이용하는 시설

3) 「건축법 시행령」에 따른 제2종 근린생활시설 중 다음에 해당하는 시설[「건축법 시행령」 별표 1제4호가목, 나목, 라목부터 사목까지, 차목부터 타목까지, 파목 및 하목]

① 공연장(극장, 영화관, 연예장, 음악당, 서커스장, 비디오물감상실, 비디오물소극장, 그 밖에 이와 비슷한 것을 말함. 이하 같음)으로서 같은 건축물에 해당 용도로 쓰는 바닥면적의 합계가 500제곱미터 미만인 것

② 종교집회장[교회, 성당, 사찰, 기도원, 수도원, 수녀원, 제실(祭室), 사당, 그 밖에 이와 비슷한 것을 말함]으로서 같은 건축물에 해당 용도로 쓰는 바닥면적의 합계가 500제곱미터 미만인 것

③ 서점(제1종 근린생활시설에 해당하지 않는 것)

④ 총포판매소

⑤ 사진관, 표구점

⑥ 소년게임제공업소, 복합유통게임제공업소, 인터넷컴퓨터게임시설제공업소, 그 밖에 이와 비슷한 게임 관련 시설로서 같은 건축물에 해당 용도로 쓰는 바닥면적의 합계가 500제곱미터 미만인 것

⑦ 장의사, 동물병원, 동물미용실, 동물위탁관리업을 위한 시설, 그 밖에 이와 유사한 것

⑧ 학원(자동차학원·무도학원 및 정보통신기술을 활용해 원격으로 교습하는 것은 제외), 교습소(자동차교습·무도교습 및 정보통신기술을 활용해 원격으로 교습하는 것은 제외), 직업훈련소(운전·정비 관련 직업훈련소는 제외)로서 같은 건축물에 해당 용도로 쓰는 바닥면적의 합계가 500제곱미터 미만인 것

⑨ 독서실, 기원

⑩ 테니스장, 체력단련장, 에어로빅장, 볼링장, 당구장, 실내낚시터, 놀이형시설(「관광진흥법」에 따른 기타유원시설업의 시설을 말함) 등 주민의 체육 활동을 위한 시설(1종 근린생활시설 중 탁구장, 체육도장으로서 같은 건축물에 해당 용도로 쓰는 바닥면적의 합계가 500제곱미터 미만인 것은 제외)로서 같은 건축물에 해당 용도로 쓰는 바닥면적의 합계가 500제곱미터 미만인 것

⑫ 금융업소, 사무소, 부동산중개사무소, 결혼상담소 등 소개업소, 출판사 등 일반업무시설로서 같은 건축물에 해당 용도로 쓰는 바닥면적의 합계가 500제곱미터 미만인 것(제1종 근린생활시설에 해당하는 것은 제외)

(2) **공중화장실, 대피소, 그 밖에 이와 비슷한 시설 및 변전소 및 도시가스배관시설을 제외한 통신용 시설(해당 용도로 쓰는 바닥면적의 합계가 1천제곱미터 미만인 것에 한정함), 정수장, 양수장 등 주민의 생활에 필요한 에너지공급·통신서비스제공이나 급수·배수와 관련된 시설(「건축법 시행령」 별표 1제3호사목 및 아목)로서 농업보호구역 안의 부지 면적이 3천제곱미터 미만인 것**

06 위반 시 제재

1. 위반 시 제재

이러한 행위제한에 위배되는 행위를 하는 사람은 5년 이하의 징역 또는 5천만원 이하의 벌금에 처해진다(「농지법」 제58조제2호).

농지 취득과 전용

M/E/M/O

제2장 농지전용

I 농지의 전용허가

01 농지의 전용허가

1. 농지의 전용허가

- 농지를 전용하려는 사람은 농림축산식품부장관 또는 그 권한을 위임받은 시·도지사 및 시장·군수·구청장의 허가를 받아야 한다(「농지법」 제34조제1항 및 제51조).
- 다만, 다음의 경우에는 전용허가를 받을 필요가 없다(「농지법」 제34조제1항).
  - 농지전용신고(「농지법」 제35조)를 하고 농지를 전용하는 경우
  - 다른 법률에 따라 농지전용허가가 의제되는 협의를 거쳐 농지를 전용하는 경우
  - 「국토의 계획 및 이용에 관한 법률」에 따른 도시지역 또는 계획관리지역에 있는 농지로서 농지전용협의를 거친 농지나 그 협의 대상에서 제외되는 농지를 전용하는 경우
  - 산지전용허가(「산지관리법」 제14조)를 받지 않거나 산지전용신고(「산지관리법」 제15조)를 하지 않고 불법으로 개간한 농지를 산림으로 복구하는 경우
  - 「하천법」에 따라 하천관리청의 허가를 받고 농지의 형질을 변경하거나 공작물을 설치하기 위하여 농지를 전용하는 경우
- 허가받은 농지의 면적 또는 경계 등 다음과 같은 중요 사항을 변경하려는 경우에도 농림축산식품부장관의 변경허가를 받아야 한다(「농지법」 제34조제1항 후단 및 「농지법 시행령」 제32조제5항).
  - 전용허가를 받은 농지의 면적 또는 경계
  - 전용허가를 받은 농지의 위치(동일 필지 안에서 위치를 변경하는 경우에 한함)
  - 전용허가를 받은 자의 명의

- 설치하려는 시설의 용도 또는 전용목적사업(「농지법 시행령」 제59조제3항제1호 부터 제3호까지의 규정에 해당하는 경우에 한함)

2. 전용허가 및 협의가 의제되는 인·허가 등

- 다른 법률에 따라 농지전용허가가 의제되는 협의를 거쳐 농지를 전용하는 경우에는 따로 농지전용의 허가 절차를 받을 필요가 없다(「농지법」 제34조제1항제1호).
- 이렇게 농지전용허가가 의제되는 법률은 다음과 같다.

농지전용허가가 의제되는 법률
「건축법」 제10조제6항제3호
「건축법」 제11조제5항제7호
「과학관의 설립·운영 및 육성에 관한 법률」 제8조제5호
「관광진흥법」 제16조제1항제1호
「광업법」 제43조제1항제5호
「국가통합교통체계효율화법」 제52조제1항제8호
「공공주택 특별법」 제18조제1항제11호
「공공주택 특별법」 제35조제4항제7호
「국토의 계획 및 이용에 관한 법률」 제61조제1항제5호
「국토의 계획 및 이용에 관한 법률」 제92조제1항제8호
「농어촌도로정비법」 제12조제1항제7호
「농어촌정비법」 제106조제2항제9호
「농어촌주택개량촉진법」 제6조제1항제4호
「농촌융복합산업 육성 및 지원에 관한 법률」 제9조제1항제3호
「댐건설 및 주변지역지원 등에 관한 법률」 제9조제2항제5호
「도로법」 제29조제1항제6호
「도시개발법」 제19조제1항제8호
「도시 및 주거환경정비법」 제57조제1항제6호
「도시철도법」 제8조제1항제6호
「무인도서의 보전 및 관리에 관한 법률」 제18조제1항제2호
「문화산업진흥 기본법」 제28조제1항제7호
「물류시설의 개발 및 운영에 관한 법률」 제21조제1항제6호
「물류시설의 개발 및 운영에 관한 법률」 제30조제1항제11호

「박물관 및 미술관 진흥법」 제20조제1항제5호
「산업집적활성화 및 공장설립에 관한 법률」 제13조의2제1항제1호
「새만금사업추진 및 지원에 관한 특별법」 제17조제1항제11호
「소하천정비법」 제10조의2제1항제3호
「공항시설법」 제8조제1항제8호
「신행정수도 후속대책을 위한 연기·공주지역 행정중심복합도시 건설을 위한 특별법」 제22조제1항제12호
「자전거 이용 활성화에 관한 법률」 제14조제1항제5호
「전통시장 및 상점가 육성을 위한 특별법」 제40조제1항제5호
「전원개발촉진법」 제6조제1항제9호
「주택법」 제19조제1항제7호
「주한미군기지 이전에 따른 평택시 등의 지원 등에 관한 특별법」 제5조제1항제7호
「주한미군기지 이전에 따른 평택시 등의 지원 등에 관한 특별법」 제18조제1항제1호
「중소기업창업 지원법」 제35조제1항제9호
「중소기업진흥에 관한 법률」 제81조제1항제8호
「지역 개발 및 지원에 관한 법률」 제24조제1항 및 별표 제12호
「집단에너지사업법」 제49조제1항제11호
「체육시설의 설치·이용에 관한 법률」 제28조제1항제1호
「철도의 건설 및 철도시설 유지관리에 관한 법률」 제11조제1항제8호
「청소년활동 진흥법」 제33조제1항제3호
「청소년활동 진흥법」 제52조제1항제11호
「초지법」 제20조제1항제5호
「택지개발촉진법」 제11조제1항제9호
「폐기물처리시설 설치촉진 및 주변지역지원 등에 관한 법률」 제12조제1항제제10호
「하천법」 제32조제1항제8호
「학교시설사업 촉진법」 제5조제6호
「한강수계 상수원수질개선 및 주민지원 등에 관한 법률」 제15조제1항제10호
「한국가스공사법」 제16조의3제11호
「한국수자원공사법」 제18조제1항제8호
「항만공사법」 제23조제1항제8호

02 농지전용허가 절차

1. 신청서의 제출

- 농지전용의 허가 또는 변경허가를 받으려는 사람은 농지전용허가신청서(「농지법 시행규칙」 별지 제14호서식)에 신청서류를 첨부하여 해당 농지의 소재지를 관할하는 시장·군수 또는 자치구구청장에게 제출한다(「농지법 시행령」 제32조제1항).

- 농지전용 허가 또는 변경허가를 위한 신청서류의 목록은 다음과 같다(「농지법 시행규칙」 제26조제1항 및 제2항).

  - 전용목적, 사업시행자 및 시행기간, 시설물의 배치도, 소요자금 조달방안, 시설물관리·운영계획, 「대기환경보전법 시행령」 별표 1 「물환경보전법 시행령」 별표 13에 따른 사업장 규모 등을 명시한 사업계획서

  - 전용하려는 농지의 소유권을 입증하는 서류(토지 등기사항증명서로 확인할 수 없는 경우에 한함) 또는 사용승낙서·사용승낙의 뜻이 기재된 매매계약서 등 사용권을 가지고 있음을 입증하는 서류

  - 전용예정구역이 표시된 지적도등본 또는 임야도등본과 지형도

  - 해당 농지의 전용이 농지개량시설 또는 도로의 폐지 및 변경이나 토사의 유출, 폐수의 배출, 악취의 발생 등을 수반하여 인근 농지의 농업경영과 농어촌생활환경의 유지에 피해가 예상되는 경우에는 대체시설의 설치 등 피해방지계획서

  - 변경내용을 증명할 수 있는 서류를 포함한 변경사유서(변경허가 신청의 경우에 한정)

  - 농지보전부담금을 납부한 후 농지전용허가를 받은 자의 명의가 변경되는 경우에는 농지보전부담금의 권리 승계를 증명할 수 있는 서류(농지전용허가를 받은 자의 명의가 변경되어 변경허가 신청을 하는 경우에 한정)

  - 농지보전부담금 분할납부신청서(분할납부를 신청하는 경우에 한정)

2. 농지전용허가의 심사

- 시장·군수 또는 자치구구청장은 농지전용허가신청서 등을 제출받은 때에는 그 심사기준에 따라 심사한 후 다음의 서류를 첨부하여 그 제출받은 날(신청서류의 보완 또는 보정을 요구한 경우에는 그 보완 또는 보정이 완료된 날을 말함)부터 10일 이내에 시·도지사에게 보내야 하며, 시·도지사는 10일 이내에 이에 대한 종합적인 심사의견서를 첨부하여 농림축산식품부장관에게 제출한다(「농지법 시행령」 제33조제1항 및 「농지법 시행규칙」 제28조제1항).

- 농지전용심사의견서(「농지법 시행규칙」 별지 제16호서식)
- 전용대상농지의 「부동산 가격공시에 관한 법률」에 따른 개별공시지가를 확인하여 작성한 개별공시지가확인서(「농지법 시행규칙」 별지 제17호서식)
- 관할 한국농어촌공사 분사무소장의 의견서(전용하려는 농지가 한국농어촌공사 관리지역에 속하는 경우에 한함)

- 시·도지사 및 시장·군수 또는 자치구구청장이 농지전용허가를 심사하는 경우 제출한 서류에 흠이 있으면 지체 없이 보완 또는 보정에 필요한 상당한 기간을 정하여 신청인에게 보완 또는 보정을 요구하게 된다. 이 경우 보완 또는 보정의 요구는 문서·구술·전화 또는 팩스로 하되, 신청인이 특별히 요청하는 때에는 문서로 한다. 보완 또는 보정하지 않은 때에는 신청서류를 반려할 수 있다(「농지법 시행령」 제33조제3항 및 제4항).
- 농림축산식품부장관은 심사기준에 적합하지 않은 경우에는 농지의 전용허가를 하지 않는다(「농지법 시행령」 제33조제2항).

> ※ **농지전용허가의 심사기준은 다음과 같다(「농지법 시행령」 제33조제1항).**
> 1. 농업진흥지역에서의 행위제한(「농지법」 제32조. 농업진흥지역의 농지인 경우에 한함) 및 농지전용허가 제한(「농지법」 제37조)에 위배되지 않을 것
> 2. 다음의 사항 등을 참작할 때 전용하려는 농지가 전용목적사업에 적합하게 이용될 수 있을 것으로 인정될 것
>   - 시설의 규모 및 용도의 적정성
>   - 건축물의 건축에 해당하는 경우에는 도로·수도 및 하수도의 설치 등 해당 지역의 여건
> 3. 다음의 사항 등을 참작할 때 전용하려는 농지의 면적이 전용목적사업의 실현을 위하여 적정한 면적일 것
>   - 「건축법」의 적용을 받는 건축물의 건축 또는 공작물의 설치에 해당하는 경우에는 건폐율 등 「건축법」의 규정
>   - 건축물 또는 공작물의 기능·용도 및 배치계획
> 4. 다음의 사항 등을 참작할 때 전용하려는 농지를 계속하여 보전할 필요성이 크지 않을 것
>   - 경지정리 및 수리시설 등 농업생산기반정비사업 시행 여부
>   - 해당 농지가 포함된 지역농지의 집단화 정도
>   - 해당 농지의 전용으로 인하여 인근 농지의 연쇄적인 전용 등 농지잠식 우려가 있는지의 여부

- 해당 농지의 전용으로 인근농지의 농업경영 환경을 저해할 우려가 있는지의 여부
- 해당 농지의 전용으로 인하여 농지축이 절단되거나 배수가 변경되어 물의 흐름에 지장을 주는지의 여부

5. 해당 농지의 전용이 인근 농지의 농업경영과 농어촌생활환경의 유지에 피해가 없을 것. 다만, 그 피해가 예상되는 경우에는 다음의 사항 등을 고려할 때 그 피해방지계획이 타당하게 수립되어 있을 것
   - 해당 농지의 전용이 농지개량시설 또는 도로의 폐지·변경을 수반하는 경우 예상되는 피해 및 피해방지계획의 적절성
   - 해당 농지의 전용이 토사의 유출, 폐수의 배출, 악취·소음의 발생을 수반하는 경우 예상되는 피해 및 피해방지계획의 적절성
   - 해당 농지의 전용이 인근농지의 일조·통풍·통작(通作)에 현저한 지장을 초래하는 경우 그 피해방지계획의 적절성
6. 해당 농지의 전용이 용수의 취수를 수반하는 경우 그 시기·방법·수량 등이 농수산업 또는 농어촌생활환경유지에 피해가 없을 것. 다만, 그 피해가 예상되는 경우에는 그 피해방지계획이 타당하게 수립되어 있을 것
7. 사업계획 및 자금조달계획이 전용목적사업의 실현에 적합하도록 수립되어 있을 것
8. 전용목적사업이 농지전용의 허가 또는 변경허가를 받으려는 자에게 관련 법령에서 허용된 사업일 것

3. 농지전용허가의 결정

- 농지전용허가권자는 다음과 같다(「농지법」 제51조제1항 및 「농지법 시행령」 제71조제1항·제2항).

구분	농림축산식품부 장관	시·도지사	시장·군수·구청장 (자치구)
농업진흥지역 안의 농지	3만 제곱미터 이상	3천 제곱미터 이상 3만 제곱미터 미만	3천 제곱미터 미만
농업진흥지역 밖의 농지	30만 제곱미터 이상	3만 제곱미터 이상 30만 제곱미터 미만*	3만 제곱미터 미만
전용허가권한을 위임하는 지역 등(「농지법 시행령」 별표 3)의 안	–	10만 제곱미터 이상	10만 제곱미터 미만

* 다만, 「국토의 계획 및 이용에 관한 법률」 제36조에 따른 계획관리지역과 「국토의 계획 및 이용에 관한 법률 시행령」 제30조에 따른 자연녹지지역 안에서의 농지의 전용의 경우에는 3만 제곱미터 이상으로 한다(「농지법 시행령」 제71조제1항제1호나목 단서).

4. 허가증의 발급

- 농림축산식품부장관이나 그 권한을 위임받은 특별시장・광역시장・도지사 및 시장・군수・자치구구청장은 농지전용허가를 하는 경우에는 농지전용허가대장(「농지법 시행규칙」 별지 제18호서식)에 이를 기재하고 농지전용허가증(「농지법 시행규칙」 별지 제19호서식)을 신청인에게 내주어야 한다(「농지법 시행규칙」 제29조제2항 본문).

- 다만, 「농지법」 제38조제2항에 따라 농지보전부담금을 나누어 내게 하는 경우에는 「농지법 시행규칙」 별지 제47호서식에 따라 분할납부 신청에 대한 처리결과를 통지한 후에 농지전용허가증을 내주어야 한다(「농지법 시행규칙」 제29조제2항 단서).

> ※ **농지전용허가의 특례**
> - 농지전용허가를 받아야 하는 사람이 농업진흥지역 밖의 농지 중 최상단부부터 최하단부까지의 평균경사율이 15퍼센트 이상인 농지로서 「농지법 시행령」 제5조의2로 정하는 농지를 소유하는 경우에 해당하는 농지를 전용하려면 농지전용허가 절차 및 제한(「농지법」 제34조제1항 또는 제37조제1항)에도 불구하고 「농지법 시행령」 제60조로 정하는 바에 따라 특별자치시장・특별자치도지사 또는 시장・군수・구청장에게 신고하고 농지를 전용할 수 있다(「농지법」 제43조).
> - 이에 따라 농지전용을 신고하려는 사람은 농지전용신고서(「농지법 시행규칙」 별지 제22호서식)에 다음의 서류를 첨부하여 해당 농지의 소재지를 관할하는 시장・군수 또는 자치구구청장에게 제출한다(「농지법 시행령」 제60조제1항 및 「농지법 시행규칙」 제53조제1항・제2항).
>   ✓ 전용목적 및 시설물의 활용계획 등을 명시한 사업계획서
>   ✓ 전용하려는 농지의 소유권을 입증하는 서류 또는 사용승낙서・사용승낙의 뜻이 기재된 매매계약서 등 사용권을 가지고 있음을 입증하는 서류
>   ✓ 해당 농지의 전용이 인근 농지의 일조・통풍・통작에 영향을 미치거나 토사의 유출, 가스・분진・매연・폐수 등을 배출할 것이 예상되는 경우에는 대체시설의 설치 등 피해방지계획서
> - 시장・군수・구청장은 그 내용을 확인한 후 신고를 수리하는 경우에는 농지전용신고증을 발급한다(「농지법 시행령」 제60조제3항).
> - 특례규정에 따라 농지전용의 신고를 하는 사람은 다음과 같은 수수료를 내야 한다(「농지법」 제56조제3호 및 「농지법 시행령」 제74조제1항제2호).
>   ✓ 허가신청농지의 면적이 3천500제곱미터 이하인 경우에는 2만원
>   ✓ 허가신청농지의 면적이 3천500제곱미터를 초과할 경우에는 2만원에 그 초과면적 350제곱미터마다 2천원을 가산한 금액

> ※ 농지전용을 신청한 사람이 불허가 처분을 받은 경우 또는 농지전용허가의 특례에 따라 신고를 신청하였는데 행정청이 신고반려처분 또는 불수리처분을 한 경우, 이에 관해 이의가 있으면 행정심판을 제기할 수 있다. 행정심판에 관한 자세한 내용은 이 사이트의 『행정심판』에서 확인할 수 있다.

- 농지전용허가(「농지법」 제43조)를 하지 않고 농지를 전용한 사람은 3년 이하의 징역 또는 3천만원 이하의 벌금에 처해진다(「농지법」 제59조제1호).

03 수수료 및 위반시 제재

1. 수수료

- 농지전용허가를 신청하는 사람은 다음과 같은 수수료를 내야 한다(「농지법」 제56조제2호 및 「농지법 시행령」 제74조제1항제2호).
  - 허가신청농지의 면적이 3천500제곱미터 이하인 경우에는 2만원
  - 허가신청농지의 면적이 3천500제곱미터를 초과할 경우에는 2만원에 그 초과면적 350제곱미터마다 2천원을 가산한 금액

2. 위반 시 제재

- 농업진흥지역의 농지를 농지전용허가를 받지 않거나 전용하거나 거짓이나 그 밖의 부정한 방법으로 농지전용허가를 받은 사람은 5년 이하의 징역 또는 해당 토지의 개별공시지가에 따른 토지가액에 해당하는 금액 이하의 벌금에 처해진다(「농지법」 제57조제1항).
- 농업진흥지역 밖의 농지를 농지전용허가를 받지 않고 전용하거나 거짓이나 그 밖의 부정한 방법으로 농지전용허가를 받은 사람은 3년 이하의 징역 또는 해당 토지가액의 100분의 50에 해당하는 금액 이하의 벌금에 처해진다(「농지법」 제57조제2항).
- 이때 징역형과 벌금형은 병과될 수 있다(「농지법」 제57조제3항).

04 판례

1. 대법원 2000. 7. 6. 선고 97누14521 판결 【농지전용허가사항변경신청서반려처분취소】

> **대법원 2000. 7. 6. 선고 97누14521 판결**
> **【농지전용허가사항변경신청서반려처분취소】**[공2000.9.15.(114),1883]
>
> 【판시사항】
>
> 타인이 이미 음식점 용도의 건축물 신축을 목적으로 하는 농지전용허가를 받은 상태에서 그 토지와 연접한 토지의 소유자가 숙박시설 용도의 건축물 신축을 목적으로 하는 농지전용허가신청을 한 경우, 위 숙박시설이 환경처 고시 제90-16호 '팔당·대청호 상수원 수질보전 특별대책지역에 대한 특별종합대책' 소정의 신규입지 제한기준면적에 저촉되는지 여부는 위 숙박시설의 연면적과 위 음식점 용도의 건축물의 연면적을 합산하여 판단하여야 한다고 한 사례
>
> 【판결요지】
>
> 타인이 이미 음식점 용도의 건축물 신축을 목적으로 하는 농지전용허가를 받은 상태에서 그 토지와 연접한 토지의 소유자가 숙박시설 용도의 건축물 신축을 목적으로 하는 농지전용허가신청을 한 경우, 위 각 건축물의 규모, 용도 및 그 부지 면적 등으로 미루어 위 각 건축물이 하나의 사업장으로 운영할 수 있을 만큼 인접하고, 위 농지전용허가 및 농지전용허가신청이 근접한 시점에 이루어졌다면 구 환경정책기본법(1997. 12. 13. 법률 제5454호로 개정되기 전의 것) 제10조, 제19조, 제20조, 제22조, 부칙(1990. 8. 1. 법률 제4257호로 제정된 것) 제4조, 같은법시행령 제5조, 구 환경보전법(1990. 8. 1. 법률 제4257호 환경정책기본법 부칙 제2조로 폐지) 제7조, 제8조 등의 각 규정 취지에 비추어 위 숙박시설이 환경처 고시 제90-16호 '팔당·대청호 상수원 수질보전 특별대책지역에 대한 특별종합대책' 소정의 신규입지 제한기준면적에 저촉되는지 여부는 위 숙박시설의 연면적과 위 음식점 용도의 건축물의 연면적을 합산하여 판단하여야 한다고 한 사례.
>
> 【참조조문】
>
> 구 환경정책기본법(1997. 12. 13. 법률 제5454호로 개정되기 전의 것) 제10조, 제19조, 제20조, 제22조, 부칙(1990. 8. 1.) 제4조, 환경정책기본법시행령 제5조, 구 환경보전법(1990. 8. 1. 법률 제4257호 환경정책기본법 부칙 제2조로 폐지) 제7조, 제8조
>
> 【전 문】
>
> 【원고,피상고인】 유을조 (소송대리인 평화합동법률사무소 담당변호사 장원찬)
>
> 【피고,상고인】 광주군수 (소송대리인 변호사 윤상목)

【원심판결】 서울고법 1997. 7. 31. 선고 96구42613 판결

【주 문】
원심판결을 파기하고 사건을 서울고등법원으로 환송한다.

【이 유】

1. 원심판결 이유의 요지

    가. 이 사건 처분 사유

    피고는 1995. 9. 12. 원고 외 5인에게 분할 전의 경기 광주군 퇴촌면 영동리 242의 3 전 3,679㎡(이하 '종전 토지'라 한다) 중 2,835㎡에 관하여 일반 주택 및 창고를 건립하기 위한 농지전용허가를 하였다. 그 후 종전 토지가 같은 리 242의 3 전 2,630㎡, 같은 리 242의 5 전 205㎡(이하 위 2필지 토지를 '이 사건 농지'라 한다) 등으로 분할된 다음 원고 단독으로 이 사건 농지 중 860㎡에 대하여 연면적 396㎡의 숙박시설(이하 '이 사건 숙박시설'이라 한다)의 부지로 전용하고자 하는 내용으로 위 농지전용허가사항의 변경을 구하는 이 사건 신청을 하였으나 피고는 1997. 3. 24.자로 이를 반려하는 이 사건 처분을 하였다.
    환경처장관(지금의 환경부장관)이 환경보전법(1990. 8. 1. 법률 제4257호로 제정된 환경정책기본법에 의하여 폐지되기 전의 것)에 의하여 1990. 7. 19. 고시 제90-15호로 지정한 팔당·대청호 상수원 수질보전 특별대책지역에 대하여 제90-16호로 고시한 특별종합대책은 위 특별대책지역 Ⅰ권역에 있어서 연면적 800㎡ 이상 건물 및 기타 시설물(창고 및 비오수배출시설은 제외)과 연면적 400㎡ 이상의 숙박시설 및 식품접객시설의 신규입지를 원칙적으로 제한하되 일정한 오수배출요건을 갖춘 경우에 한하여 예외적으로 이를 허용하고 있다.
    피고가 원고의 신청을 반려한 이 사건 처분 사유는 이 사건 농지가 속해 있는 위 특별대책지역 Ⅰ권역에서는 연면적 400㎡ 이상인 숙박시설 등의 신축이 허용되지 아니하고 위 특별대책지역 지정·고시일인 1990. 7. 19. 이후에 분할된 토지의 경우에는 분할 전 토지를 기준으로 그 지상의 건축연면적을 합산하여 위 제한기준면적에의 저촉 여부를 판단하는데 위 고시 후에 분할된 이 사건 농지의 종전 토지를 기준으로 할 때 이를 예정부지로 하는 숙박시설 등의 합산 연면적이 위 기준면적 이상이 되므로 이 사건 숙박시설의 신규입지가 제한되어 이 사건 농지전용 목적사업의 실현가능성이 없다는 이유에서였다.

    나. 이 사건 처분의 적법 여부에 대한 판단

    위 고시상 연면적 400㎡ 이상인 숙박시설 등이라 하더라도 위 특별대책지역 Ⅰ권역의 신규입지가 전면적으로 금지되는 것이 아니라 오수배출에 관한 소정 요건을 갖추는 경우에는 예외적으로 그것이 허용되고 이에 따라 그에 대한 건축허가도 가능한바, 이 사건 숙박시설의 연면적이 그 자체로는 위 고시상의 제한기준면적에 미치지 못할 뿐만 아니라 가사 위 제한기준면적에 저촉되는지 여부에 대한 판단을

피고의 처분 사유에서와 같은 기준에 따른다고 하더라도 위 고시 소정의 오수배출 요건을 갖추기만 하면 이 사건 숙박시설의 입지가 허용되므로 위 고시상의 제한과 관련하여 이 사건 신청상의 농지 전용목적의 실현성이 없다고 할 수 없고 따라서 그 실현성이 없음을 전제로 하여 원고의 신청을 반려한 이 사건 처분은 위법하므로 그 취소를 구하는 원고의 이 사건 청구는 이유 있다.

2. 상고이유(상고이유서 제출기간 도과 후에 제출된 상고이유보충서는 상고이유를 보충하는 범위 내에서)를 판단한다.

가. 상고이유 제2점에 대하여

(1) 원심판결 이유와 기록에 의하면 아래와 같은 사정을 알 수 있다.

이 사건 농지의 종전 토지와 이에 연접한 같은 리 242의 1 전 298㎡, 같은 리 242의 2 답 823㎡는 위 고시 이전부터 소외 이의경의 단독소유에 속하였는데 종전 토지에서 이 사건 농지와 같은 리 242의 6 전 844㎡가 위 고시 후에 분할이 되었다. 소외 조광명은 원고의 이 사건 신청에 앞서 이 사건 농지에 연접한 같은 리 242의 1 전, 같은 리 242의 2 답과 종전 토지에서 분할된 위 같은 리 242의 6 전, 면적합계 1,965㎡에 대하여 음식점 267.6㎡ 등 연면적 515.2㎡인 건축물의 신축을 목적으로 하는 농지전용허가를 받았다가 음식점 323.6㎡ 등 연면적 610.71㎡인 건축물의 부지로 위 농지전용허가사항 변경허가를 받았다.

원고 외 5인에게 당초 농지전용허가를 할 때나 위 조광명에 대한 위 농지전용허가 및 변경허가 당시 각 전용목적 토지 전부가 위 이의경의 소유이었다가 이 사건 농지는 그 후 이 사건 신청에 앞서 원고 등에게 소유권이 이전되었다. 원고와 위 조광명이 각 연접 토지에 건립하고자 하는 각 건축물의 규모, 용도 및 그 부지면적 등으로 미루어 이들은 하나의 사업장으로 운영할 수 있을 만큼 인접할 것으로 보이고 위 조광명이 건립하려는 건축물의 연면적 또는 그 중 음식점의 면적에 이 사건 숙박시설의 연면적을 합산하면 위 고시상의 일반건축물이나 숙박시설 등의 제한기준면적을 훨씬 초과한다. 원고 등과 위 조광명에 대한 위 각 허가와 이 사건 신청 모두가 1년 여 사이의 비교적 근접한 시점에 이루어졌다. 이 사건 신청 당시부터 처분시까지 원고가 당해 지역에 거주한 바가 없다.

(2) 사정이 이러하다면 구 환경정책기본법(1997. 12. 13. 법률 제5454호로 개정되기 전의 것) 제10조, 제19조, 제20조, 제22조, 부칙(1990. 8. 1. 법률 제4257호로 제정된 것) 제4조, 같은법시행령 제5조, 폐지 전의 환경보전법 제7조, 제8조 등의 각 규정 취지에 비추어 볼 때 이 사건 숙박시설이 위 고시상의 신규입지 제한기준면적에 저촉되는지 여부는 이 사건 숙박시설의 연면적만에 의할 것이 아니라 거기에다 위 조광명의 전용 목적사업상의 건축물 연면적까지 합산해서 판단하여야 할 것이고 이를 합산하면 위 고시상의 일반건축물 또는 숙박시설 및 식품접객시설의 각 제한기준면적을 초과함이 명백하므로 이 사건 숙박시설은 위 고시상의 신규입지 제한시설에 해당한다고 보아야 할 것인데도 원심은 이 사건 숙박시설의 연면적이 위 기준면적에 미치지 못한다는 이유로 이에 해당

하지 않는다는 취지로 판단하였으니 거기에는 위 고시상의 신규입지 기준면적에 관한 법리를 오해한 위법이 있다고 할 것이다. 이 점을 지적하는 상고이유의 주장은 이유 있다.

나. **상고이유 제1점에 대하여**

위 고시 및 특별종합대책의 세부집행계획에 의하면 위 특별대책지역 Ⅰ권역에서는 일정 연면적 이상의 숙박시설 및 식품접객시설의 신규입지를 원칙적으로 금지하면서 예외적으로 이를 허용하되 그 예외로서는 오수를 인근 하수종말처리장 또는 공공오수처리장(이하 하수종말처리장과 공공오수처리장을 '공공하수도'라 한다)에 유입·처리하는 경우, 하수도법(1997. 3. 7. 법률 제5300호로 개정되기 전의 것) 제6조의 규정에 의하여 인가받은 공공하수도의 예정 하수처리구역 및 공공오수처리구역(이하 하수처리구역 및 공공오수처리구역을 '배수구역'이라 한다) 내에서 준공시기를 공공하수도의 사용개시 시기와 일치시키거나 공공하수도의 사용이 개시되어 오수를 이에 유입할 수 있을 때까지 오수정화시설을 설치하여 비오디(BOD) 30피피엠(PPM) 이하로 처리하여 방류할 경우로 한정하고 있으므로 이 사건 농지가 기존 공공하수도의 배수구역이나 인가받은 공공하수도의 예정 배수구역 내에 위치하지 아니하는 한 이를 그 부지로 하는 이 사건 숙박시설은 위 고시 소정의 오수배출 요건을 갖출 수가 없어 입지가 허용되지 않는 것이니 원심으로서는 이 사건 처분 당시 이 사건 농지가 기존 공공하수도의 배수구역 내에 있었는지, 아니면 이 사건 농지를 예정 배수구역에 포함시킨 공공하수도의 설치인가가 마쳐져 있었는지 심리하여 이 사건 숙박시설에 대한 위 고시상의 오수배출 요건의 구비 여부를 밝힌 다음 그 입지 허용에 따른 농지전용 목적의 실현가능성 유무를 판단하였어야 하는데도, 원심은 이 사건 숙박시설 예정부지가 공공하수도의 배수구역이나 예정 배수구역 내에 있는지 여부를 불문하고 오수배출요건을 갖출 수 있다는 전제에 서서 이 점에 대한 심리를 하지 아니한 채 이 사건 숙박시설이 위 고시상의 제한기준면적에 저촉된다고 하더라도 예외적 입지허용 기준인 오수배출요건을 갖출 수가 있어 이 사건 농지전용 목적의 실현성이 있으므로 그 실현성이 없음을 이유로 한 이 사건 반려처분이 위법하다는 취지로 판단하고 말았으니 거기에는 위 고시상의 오수배출 요건에 관한 법리를 오해하여 심리를 다하지 아니함으로써 판결 결과에 영향을 미친 위법이 있다고 할 것이다. 이 점을 지적하는 상고이유의 주장도 이유 있다.

3. 그러므로 원심판결을 파기하고 이 사건을 다시 심리·판단하게 하기 위하여 원심법원에 환송하기로 하여 관여 대법관의 일치된 의견으로 주문과 같이 판결한다.

대법관　신성택(재판장)　지창권　서성　유지담(주심)

2. 대법원 2000. 5. 12. 선고 98두15382 판결 【농지전용불허가처분취소】

> 대법원 2000. 5. 12. 선고 98두15382 판결 【농지전용불허가처분취소】
> [공2000.7.1.(109),1428]
>
> 【판시사항】
> [1] 국토 및 자연의 유지와 환경의 보전 등 중대한 공익상 필요가 있다고 인정되는 경우, 농지전용행위를 불허가할 수 있는지 여부(적극)
> [2] 농지전용신청 대상 농지가 국립공원인 치악산 인근에 위치하고 있고 주변이 마을관광단지로 지정되어 일반 시민의 휴식공간으로 이용되고 있으며 산림훼손 제한지역으로 고시되어 있는 경우, 여관 건물을 신축하기 위한 농지전용허가신청에 대한 불허가처분이 중대한 공익상의 필요에 의한 것으로서 적법하다고 한 사례
>
> 【판결요지】
> [1] 농지법이 농지의 소유·이용 및 보전 등에 필요한 사항을 정함으로써 농지의 효율적인 이용·관리 등과 함께 국토의 환경보전에 이바지함을 그 목적으로 하면서(제1조) 농지가 국민의 식량공급과 국토환경보전의 기반으로서 소중히 보전되어야 함은 물론 공공복리에 적합하게 관리되어야 하고 그에 관한 권리의 행사에는 필요한 제한과 의무가 따른다는 것을 농지에 관한 기본이념으로 설정하고 있는 점(제3조 제1항), 구 농지법시행령(1999. 4. 19. 대통령령 제16254호로 개정되기 전의 것)에서 농지전용허가에 대한 심사기준에도 농어촌생활환경에 미치는 영향 등을 고려하도록 하고 있는 점 등에 비추어 볼 때, 농지전용행위에 대하여 허가관청은 구 농지법시행령이 정한 위의 심사기준에 부적합한 경우는 물론 대상 농지의 현상과 위치 및 주위의 상황 등을 종합적으로 고려하여 국토 및 자연의 유지와 환경의 보전 등 중대한 공익상 필요가 있다고 인정되는 경우에도 이를 불허가할 수 있다.
> [2] 농지전용신청 대상 농지가 국립공원인 치악산 인근에 위치하고 있고 주변이 마을관광단지로 지정되어 일반 시민의 휴식공간으로 이용되고 있으며 산림훼손 제한지역으로 고시되어 있는 경우, 여관 건물을 신축하기 위한 농지전용허가신청에 대한 불허가처분이 중대한 공익상의 필요에 의한 것으로서 적법하다고 한 사례.
>
> 【참조조문】
> [1] 농지법 제1조, 제3조 제1항, 제39조 제2항 제2호, 제3호, 구 농지법시행령(1999. 4. 19. 대통령령 제16254호로 개정되기 전의 것) 제38조, 행정소송법 제1조[행정처분일반]
> [2] 농지법 제1조, 제3조 제1항, 제39조 제2항 제2호, 제3호, 구 농지법시행령(1999. 4. 19. 대통령령 제16254호로 개정되기 전의 것) 제38조 제1항, 제2항, 행정소송법 제1조[행정처분일반]

【참조판례】

[1] 대법원 1999. 7. 13. 선고 97누15920 판결, 대법원 2000. 3. 24. 선고 98두8766 판결(공2000상, 1080)

【전 문】

【원고,피상고인】 유순자 (소송대리인 변호사 윤승영)

【피고,상고인】 원주시장 (소송대리인 변호사 이준봉)

【원심판결】 서울고법 1998. 8. 18. 선고 97구48717 판결

【주 문】

원심판결을 파기하고, 사건을 서울고등법원에 환송한다.

【이 유】

상고이유를 판단한다.

원심은, 원고가 원주시 행구동 53의 1 과수원 3,779㎡ 중 495㎡(아래에서는 '이 사건 농지'라 한다)에 대하여 그 위에 지하 1층, 지상 3층의 숙박시설(여관)을 신축할 목적으로 그 부지 조성을 위한 농지전용허가를 신청하였는데, 피고는 이 사건 농지는 소득 높은 과수원으로 이용되고 있고 원주시 지역의 유일한 마을관리관광지로서 원주시민의 휴식처로 제공되고 있으며 국립공원 인접지여서 자연경관의 훼손이 우려되고 지역주민들이 반대한다는 등의 사유를 들어 그 농지전용을 불허가하는 처분(아래에서는 '이 사건 처분'이라 한다)을 한 사실을 인정하였다.

그리고 원심은, 피고로서는 구 농지법시행령(1999. 4. 19. 대통령령 제16254호로 개정되기 전의 것) 제38조 제1항 각 호의 심사기준을 토대로 공익성과 합목적성 등을 고려하여 농지전용허가 여부를 결정할 수 있으나 그 허가 신청이 위의 심사기준에 적합한 이상 허가를 제한함으로써 달성하려는 공익과 이로 인하여 상대방이 받는 불이익을 신중히 비교교량하여 지역사회의 개발, 공용·공공용 목적사업의 시행 기타 부득이한 사유가 없는 한 위의 심사기준 외의 사유를 들어 허가를 거부할 수는 없다고 전제한 다음, 피고가 내세운 위와 같은 사유는 위의 심사기준에 해당하지 아니하고, 한편 피고가 이 사건 소송에 이르러 이 사건 처분의 사유로서 추가하여 들고 있는 사정들 즉 이 사건 농지를 전용하여 여관을 신축할 경우 토사유출로 인하여 인근 농지를 손괴할 우려가 있고 일조와 통풍에 장애가 발생할 우려가 있으며 이 사건 농지의 주위 임야들이 산림훼손 제한지역으로 고시되어 있어 이는 농지법 제39조 제2항 제2호, 제3호와 농지법시행령 제38조 제1항 제2호, 제5호에 정한 제한사유에 해당한다는 점은 피고가 당초 이 사건 처분의 근거로 삼은 사유와 기본적 사실관계를 달리하는 것이어서 이 사건 처분의 적법 여부를 판단할 사유로 삼을 수 없으며, 나아가 이 사건 농지가 마을관리관광지로 지정된 곳에 위치하고 인접한 임야들은 산림보호구역으로 지정되어 있다는 사정만으로는 이 사건 농지의 전용을 불허가할 공

익적 필요가 있다고 보기 어렵고 달리 그 점을 인정할 아무런 증거가 없다는 이유로 이 사건 처분은 재량권 범위를 일탈한 것이므로 위법하다고 판단하여 그 취소를 구하는 원고의 이 사건 청구를 받아들였다.

그러나 농지법이 농지의 소유·이용 및 보전 등에 필요한 사항을 정함으로써 농지의 효율적인 이용·관리 등과 함께 국토의 환경보전에 이바지함을 그 목적으로 하면서(제1조) 농지가 국민의 식량공급과 국토환경보전의 기반으로서 소중히 보전되어야 함은 물론 공공복리에 적합하게 관리되어야 하고 그에 관한 권리의 행사에는 필요한 제한과 의무가 따른다는 것을 농지에 관한 기본이념으로 설정하고 있는 점(제3조 제1항), 그의 시행령에서 농지전용허가에 대한 심사기준에도 농어촌생활환경에 미치는 영향 등을 고려하도록 하고 있는 점 등에 비추어 볼 때, 농지전용행위에 대하여 허가관청은 구 농지법시행령이 정한 위의 심사기준에 부적합한 경우는 물론 대상 농지의 현상과 위치 및 주위의 상황 등을 종합적으로 고려하여 국토 및 자연의 유지와 환경의 보전 등 중대한 공익상 필요가 있다고 인정되는 경우에도 이를 불허가할 수 있다 할 것이다(대법원 1999. 7. 13. 선고 97누15920 판결 참조).

위의 법리와 기록상 알 수 있는 이 사건 특유의 사실관계를 함께 고려할 때, 피고가 당초 이 사건 처분의 근거로 삼은 사유들 중 이 사건 농지는 과수원으로 이용되고 있고 원주시지역의 유일한 마을관리관광지로서 원주시민의 휴식처로 제공되고 있으며 국립공원 인접지여서 자연경관의 훼손이 우려된다는 점은, 이 사건 농지전용허가신청을 불허가할 위에서 본 국토 및 자연의 유지와 환경의 보전 등 중대한 공익상 필요가 있는 경우에 해당하는 사유가 있다는 취지로 이해할 수 있고, 또한 피고가 이 사건 소송에서 추가하여 주장하는 이 사건 농지의 인접 임야들이 산림훼손 제한지역으로 지정되어 있다는 사유는 이 사건 농지에 인접하여 있는 주위 토지의 상황에 관한 구체적인 사정으로서 피고가 당초 이 사건 처분의 근거로 삼은 위와 같은 공익상 필요라는 사유와 기본적 사실관계에 있어서 동일성이 인정된다고 보아야 할 것이다.

그리고 원심이 확정한 사실관계와 기록에 의하니, 이 사건 농지가 포함된 원주시 행구동 53의 1 토지는 국립공원인 치악산 자락에 위치하고 있고 그 주변은 자연경관이 수려하고 관음사, 연암사 등의 사찰이 있어 마을관리관광지로 지정되어 일반 시민의 휴식공간으로 이용되고 있는 사실, 위의 토지는 약 7년생 배나무 130여 그루가 식재되어 있는 과수원이고 그 인접 임야들은 산림이 울창하고 수려하여 산림훼손 제한지역으로 고시되어 있으며 인근에 위치한 과수원 단지에서는 '치악산 복숭아', '치악산 배'로 전국적으로 알려진 품질 좋은 복숭아와 배가 생산되고 있는 사실, 위의 관광지는 원주시 중심가에서 3~4km 정도 떨어져 있어 원주 시민들이 자주 이용하고 있고 그 아래쪽 경계선인 계곡을 따라 하천이 흐르고 있는데, 하천 건너편에는 그 관광지 입구에 이르는 도로가 개설되어 도로 양쪽으로 음식점, 숙박시설 등이 군데군데 들어서 있는 반면, 하천 위쪽 즉 이 사건 농지가 있는 관광지 지역은 개발이 거의 이루어지지 아니한 사실, 원고가 이 사건 농지 위에 건축하려고 하는 건물은 지하 1층 161.25㎡, 지상 1층 281.04㎡, 지상 2, 3층 각 276.36㎡의 여관인 사실을 알 수 있다.

사정이 위와 같아서, 원고가 여관을 건축하게 될 경우 일반시민의 휴식공간으로 이용되고 있는 이 사건 농지 주변의 자연경관에 어울리지 않을 뿐만 아니라 이를 훼손할 우려가 있고 농촌생활환경에도 적지 않은 영향을 미칠 것으로 예상되므로 이 사건 농지는 농지인 상태 그대로 보전할 필요가 있다고 볼 것이기에, 피고가 원고의 이 사건 농지전용허가신청에 대하여 이를 허가하지 아니하는 이 사건 처분을 한 것은 이 사건 농지의 현상과 위치, 주위의 상황 및 원고의 여관건축이 환경에 미치는 영향 등에 비추어 국토 및 자연의 유지와 환경의 보전 등 중대한 공익상의 필요에 의한 것으로서 적법하다고 보아야 할 것이다.

따라서, 원심이 이와 달리 이 사건 농지의 인접 임야들이 산림훼손 제한지역으로 지정되어 있다는 사유까지도 당초의 처분사유와 기본적 사실관계에서의 동일성이 없다고 보고, 아울러 위와 같은 중대한 공익상의 필요가 있어 이루어진 이 사건 처분을 그의 판시와 같은 이유로 위법하다고 판단한 것은, 처분사유의 추가 및 동일성에 관한 법리와 농지전용허가의 제한에 관한 법리를 오해하여 판결 결과에 영향을 미친 위법을 저지른 것이라 할 것이고, 상고이유의 주장 중 이 점을 지적하는 부분은 정당하기에 이를 받아들인다.

그러므로 나머지 상고이유에 대한 판단을 생략한 채 원심판결을 파기하고, 사건을 다시 심리·판단케 하기 위하여 원심법원에 환송하기로 관여 대법관들의 의견이 일치되어 주문에 쓴 바와 같이 판결한다.

대법관　김형선(재판장) 이용훈 조무제(주심) 이용우

3. 대법원 2000. 3. 24. 선고 98두8766 판결 【농지전용불허가처분취소】

대법원 2000. 3. 24. 선고 98두8766 판결 【농지전용불허가처분취소】
[공2000.5.15.(106),1080]

【판시사항】

[1] 복합민원에 있어서 필요한 인·허가를 일괄하여 신청하지 아니하고 그 중 어느 하나의 인·허가만을 신청한 경우, 근거 법령이 아닌 다른 관계 법령을 고려하여 그 인·허가 여부를 결정할 수 있는지 여부(한정 적극)

[2] 농지전용허가에 관한 심사기준을 규정한 구 농지법시행령 제38조 제1항 제2호의 규정 취지

[3] '강화군 향토유적조례'에 의하여 향토유적으로 지정된 봉오리 돈대(돈대)에 인접한 토지에 주택 등을 신축하기 위한 농지전용허가신청에 대하여 향토유적의 보호를 이유로 거부할 수 없다고 한 사례

【판결요지】

[1] 하나의 민원 목적을 실현하기 위하여 관계 법령 등에 의하여 다수 관계기관의 허가·인가·승인·추천·협의·확인 등의 인·허가를 받아야 하는 복합민원에 있어서 필요한 인·허가를 일괄하여 신청하지 아니하고 그 중 어느 하나의 인·허가만을 신청한 경우에도 그 근거 법령에서 다른 법령상의 인·허가에 관한 규정을 원용하고 있거나 그 대상 행위가 다른 법령에 의하여 절대적으로 금지되고 있어 그 실현이 객관적으로 불가능한 것이 명백한 경우에는 이를 고려하여 그 인·허가 여부를 결정할 수 있다.

[2] 구 농지법(1997. 12. 13. 법률 제5453호로 개정되기 전의 것) 제36조 제1항 소정의 농지전용허가에 관하여 그 심사기준을 규정하고 있는 구 농지법시행령(1997. 9. 11. 대통령령 제15480호로 개정되기 전의 것) 제38조 제1항은 제2호에서 '전용하고자 하는 농지가 전용목적사업에 적합하게 이용될 수 있는지 여부'를 들고 있고, 이는 농지전용허가가 있었음에도 그 전용목적사업을 실현할 수가 없어 결과적으로 농지가 이용되지 않은 채 방치되는 것을 방지하기 위하여 둔 심사기준이어서 전용목적사업의 실현에 관하여 법령 등에 의한 인·허가가 필요한 경우에는 그 인·허가의 요건을 갖추고 있을 것도 그 내용으로 한다고 해석하여야 한다.

[3] '강화군 향토유적조례'에 의하여 향토유적으로 지정된 봉오리 돈대(墩臺)에 인접한 토지에 주택 등을 신축하기 위한 농지전용허가신청에 대하여 향토유적의 보호를 이유로 거부할 수 없다고 한 사례.

【참조조문】

[1] 행정소송법 제1조[행정처분일반]

[2] 구 농지법(1997. 12. 13. 법률 제5453호로 개정되기 전의 것) 제36조 제1항, 구 농지법시행령(1997. 9. 11. 대통령령 제15480호로 개정되기 전의 것) 제38조 제1항 제2호

[3] 구 농지법(1997. 12. 13. 법률 제5453호로 개정되기 전의 것) 제36조 제1항, 구 농지법시행령(1997. 9. 11. 대통령령 제15480호로 개정되기 전의 것) 제38조 제1항 제2호, 구 건축법(1997. 12. 13. 법률 제5454호로 개정되기 전의 것) 제12조, 구 문화재보호법(1999. 1. 29. 법률 제5719호로 개정되기 전의 것) 제2조, 제4조, 제5조, 제6조, 제7조, 제8조, 제20조 제4호, 제55조, 제58조 제2항, 지방자치법 제10조 제2항, 지방자치법시행령 제8조 [별표 1] 5. (다)목 2), 행정소송법 제1조[행정처분일반]

【참조판례】

[1] 대법원 1995. 1. 12. 선고 94누3216 판결(공1995상, 914), 대법원 1996. 6. 28. 선고 96누3036 판결(공1996하, 2391), 대법원 1998. 3. 27. 선고 96누19772 판결(공1998상, 1221)

【전 문】

【원고, 피상고인】 김갑숙

【피고, 상고인】 강화군수

【원심판결】 서울고법 1998. 4. 23. 선고 97구41266 판결

【주 문】
상고를 기각한다. 상고비용은 피고의 부담으로 한다.

【이 유】
상고이유를 본다.

1. 원심판결 이유에 의하면, 원심은, 원고가 1997. 5. 6. 인천 강화군 화도면 동막리 2. 전 1,177㎡ 중 336㎡(이하 '이 사건 토지'라고 한다)에 관하여 전용목적을 '부지조성 후 주택 및 화장실 건립'으로 하여 농지전용 허가신청을 하였으나 피고가 같은 해 5월 17일 이 사건 토지에 인접한 향토유적인 분오리 돈대(돈대)의 주변 경관을 저해하고 그 보호·보존에 영향을 미치며 돈대의 화망을 저해한다는 이유로 그 전용을 불허하는 이 사건 처분을 한 사실을 인정한 다음, 농지법에 따른 농지전용허가는 농지법과 그 시행령에서 규정하고 있는 직접적인 제한사유만을 심사하여 그 허부를 결정하여야 하며, 농지법과 그 시행령에서 정하고 있는 제한사유 이외의 사유를 들어 이를 불허할 수는 없다고 전제하고서, 피고가 이 사건 처분의 사유로 삼은 문화재 보호 등은 문화재 보호법령과 건축법상 건축행위에 대한 허가를 제한하는 사유가 될 뿐 농지법과 그 시행령상 농지전용허가를 제한할 수 있는 사유로 규정되어 있지 아니하므로, 그러한 사유를 들어 이 사건 토지에 대한 농지전용허가를 불허한 이 사건 처분은 위법하다고 판단하여 그 취소를 구하는 원고의 이 사건 청구를 인용하였다.

2. 하나의 민원 목적을 실현하기 위하여 관계 법령 등에 의하여 다수 관계기관의 허가·인가·승인·추천·협의·확인 등(이하 '인·허가'라고 한다)을 받아야 하는 복합민원의 경우 필요한 인·허가를 일괄하여 신청하지 아니하고 그 중 어느 하나의 인·허가만을 신청한 경우에도 그 근거 법령에서 다른 법령상의 인·허가에 관한 규정을 원용하고 있거나 그 대상 행위가 다른 법령에 의하여 절대적으로 금지되고 있어 그 실현이 객관적으로 불가능한 것이 명백한 경우에는 이를 고려하여 그 인·허가 여부를 결정할 수 있다(대법원 1998. 3. 27. 선고 96누19772 판결 등 참조).

그런데 구 농지법(1997. 12. 13. 법률 제5453호로 개정되기 전의 것, 이하 같다) 제36조 제1항 소정의 농지전용허가에 관하여 그 심사기준을 규정하고 있는 농지법시행령(1997. 9. 11. 대통령령 제15480호로 개정되기 전의 것, 이하 같다) 제38조 제1항은 제2호에서 '전용하고자 하는 농지가 전용목적사업에 적합하게 이용될 수 있는지 여부'를 들고 있고, 이는 농지전용허가가 있었음에도 그 전용목적사업을 실현할 수가 없어 결과적으로 농지가 이용되지 않은 채 방치되는 것을 방지하기 위하여 둔 심사기준이어서 전용목적사업의 실현에 관하여 법령 등에 의한 인·허가가 필요한 경우에는 그 인·허가의 요건을 갖추고 있을 것도 그 내용으로 한다고 해석하여야 할 것이다. 그러므로 원심이 농지법상의 농지전용허가는 농지법이나 그 시행령에서 직접 제한사유로 규정하

고 있는 사유만을 심사하여 그 허부를 결정하여야 한다는 취지로 판시하고 있는 것은 농지전용허가에 관한 위와 같은 농지법시행령상의 심사기준에 관한 규정의 의미를 오해한 것이라고 하지 않을 수 없다.

그러나 구 건축법(1999. 2. 8. 법률 제5895호로 개정되기 전의 것, 이하 같다) 제8조 제1항의 규정상 건축허가는 건축물의 대지가 도시계획구역이나 국토이용관리법에 의하여 지정된 도시지역과 준도시지역 또는 대통령령이 정하는 지역에 속하거나 건축물의 규모가 연면적 200㎡ 또는 3층 이상인 경우에 요구되는 것인 반면, 기록에 의하면, 이 사건 토지는 국토이용관리법상 준농림지역에 속하는 농지이고, 원고가 이를 전용하여 신축하고자 하는 주택 및 화장실도 연면적이 101.31㎡인 지상 1층의 건축물임을 알 수 있을 뿐이어서(기록 30면), 이 사건 토지에 위와 같은 규모의 건축물을 신축하는 것이 건축법상 건축허가가 요구되는 건축행위라고 단정할 수 없다. 뿐만 아니라, 구 문화재보호법(1999. 1. 29. 법률 제5719호로 개정되기 전의 것, 이하 같다) 제2조, 제4조 내지 제8조, 제20조 제4호, 제55조 및 제58조 제2항에 의하면, 문화재 혹은 그 보호구역에서의 현상변경 행위 등은 소정의 허가를 받아야 하지만, 이는 그 문화재가 국가지정 문화재 또는 시도지정 문화재이거나 시도지사가 지정한 문화재자료에 해당할 것을 전제로 하고 있는 데 비하여, 기록에 의하면, 이 사건 토지에 인접한 원심 판시의 분오리 돈대는 이 사건 처분 당시 '강화군 향토유적조례'에 기하여 지정된 향토유적일 뿐 위와 같은 문화재보호법상의 지정문화재에 해당하지 아니함을 알 수 있으므로, 이와 같은 향토유적 인접지에서의 건축행위에 문화재보호법상의 허가가 요구된다고도 할 수 없다.

또한 기록에 의하면, 피고가 이 사건 처분을 하면서 '강화군 향토유적조례'를 근거로 삼았음이 분명하고, 이 조례는 지방자치법 제10조 제2항과 그 시행령 제8조 [별표 1] 제5항 (다)목의 2에서 시·군의 자치사무로 규정하고 있는 비지정문화재(향토유적 등)의 보존·관리를 위하여 마련된 것으로 보이지만, 그 내용을 기록에 의하여 살펴보면, 이 사건 토지와 같은 향토유적 인접지에서의 건축행위에 대하여 허가제 등의 제한을 직접 법률의 위임에 따라 규정하고 있는 것으로는 볼 수 없다.

그러므로 이 사건 토지에 대한 농지법상의 농지전용허가 여부를 심사하는 데에는 그 전용 목적과 관련된 다른 법령상의 인·허가 요건을 고려할 수 있다고 하더라도, 원고가 구체적으로 전용목적사업으로 삼고 있는 이 사건 주택 및 화장실의 신축은 인근에 향토유적인 원심 판시의 분오리 돈대가 있다고 하여 건축법이나 문화재보호법 또는 '강화군 향토유적조례'상 별도의 인·허가 등을 받아야 하는 것은 아니고, 한편 농지법이나 그 시행령에서 이러한 향토유적의 보호를 농지전용허가의 제한사유로 규정하고 있지도 아니하므로, 결국 이러한 사유를 들어 원고의 이 사건 농지전용허가신청을 거부할 수는 없다고 해야 할 것이다.

따라서 이 사건 처분이 농지법상의 근거를 결한 위법한 처분이라고 본 원심의 판단은 결국 그 결론에서는 정당하고, 거기에 복합민원 등에 관한 법리를 오해하거나 필요한 심리를 다하지 아니하여 판결에 영향을 미친 위법이 있다고 할 수 없다. 이 점을 다투는 상고이유의 주장은 받아들일 수 없다.

3. 그러므로 상고를 기각하고, 상고비용은 패소자의 부담으로 하기로 하여 관여 법관의 일치된 의견으로 주문과 같이 판결한다.

대법관   윤재식(재판장) 이임수 송진훈(주심)

4. 대법원 2000. 11. 24. 선고 2000두2341 판결 【농지전용허가신청불허가처분취소이행신청등】

대법원 2000. 11. 24. 선고 2000두2341 판결
【농지전용허가신청불허가처분취소이행신청등】 [공2001.1.15.(122),164]

【판시사항】

[1] 농지전용허가에 관한 심사기준을 규정한 구 농지법시행령 제38조 제1항 제2호의 규정 취지

[2] 농지의 전용허가를 받으려는 토지에 대하여 택지개발촉진법 제6조 제1항에 의한 토지형질의 변경허가를 받을 수 없는 경우, 구 농지법시행령 제38조 제1항 제2호 소정의 농지전용허가에 관한 심사기준에 저촉되는지 여부(적극)

【판결요지】

[1] 농지법 제36조 제1항 소정의 농지전용허가에 관하여 그 심사기준을 규정하고 있는 구 농지법시행령(1999. 4. 19. 대통령령 제16254호로 개정되기 전의 것) 제38조 제1항은 제2호에서 '전용하고자 하는 농지가 전용목적사업에 적합하게 이용될 수 있는지의 여부'를 들고 있고, 이는 농지전용허가가 있었음에도 그 전용 목적사업을 실현할 수가 없어 결과적으로 농지가 이용되지 않은 채 방치되는 것을 방지하기 위하여 둔 심사기준이어서 전용목적사업의 실현에 관하여 법령 등에 의한 인·허가가 필요한 경우에는 그 인·허가의 요건을 갖추고 있을 것도 그 내용으로 한다고 해석하여야 한다.

[2] 택지개발촉진법 제6조 제1항은 예정지구 안에서 토지형질의 변경 등 행위를 하고자 하는 자는 관할시장 또는 군수의 허가를 받아야 한다고 규정하고 있으므로 택지개발예정지구 안에 있는 토지에 대해서는 농지전용의 허가를 받은 자 하더라도 택지개발촉진법 제6조 제1항에 의한 토지형질의 변경허가를 받지 않고서는 그 전용목적사업을 실현할 수 없는 것이므로, 농지의 전용허가를 받으려는 토지에 대하여 택지개발촉진법 제6조 제1항에 의한 토지형질의 변경허가를 받을 수 없다면 이는 구 농지법시행령(1999. 4. 19. 대통령령 제16254호로 개정되기 전의 것) 제38조 제1항 제2호 소정의 농지전용허가에 관한 심사기준에 저촉된다.

【참조조문】

[1] 농지법 제36조 제1항, 구 농지법시행령(1999. 4. 19. 대통령령 제16254호로 개정되기 전의 것) 제38조 제1항 제2호

[2] 농지법 제36조 제1항, 구 농지법시행령(1999. 4. 19. 대통령령 제16254호로 개정되기 전의 것) 제38조 제1항 제2호, 택지개발촉진법 제6조 제1항

【참조판례】

[1] 대법원 2000. 3. 24. 선고 98두8766 판결(공2000상, 1080)

【전 문】

【원고,피상고인】 조경은

【피고,상고인】 평택시장 (소송대리인 법무법인 대성 담당변호사 윤상목)

【원심판결】 서울고법 2000. 3. 9. 선고 99누10089 판결

【주 문】

원심판결을 파기하고, 사건을 서울고등법원에 환송한다.

【이 유】

상고이유를 본다.

1. 제1점에 대하여

원심판결 이유를 기록에 비추어 살펴보면, 원심은, 피고가 1997. 12. 16. 원고에게 한 통지는 원고의 진정에 대하여 중간처리과정을 알려주고, 향후 불이익한 행정처분이 있을 것을 예고하는 안내문에 불과하고 피고는 1998. 2. 4.에 원고의 농지전용허가신청을 불허가하는 행정처분을 한 것이라고 판단하여, 1997. 12. 16.에 행정처분이 있었음을 전제로 하는 피고의 본안전 항변을 배척한 조치는 정당하고, 거기에 상고이유에서 주장하는 바와 같은 법리오해 등의 위법이 있다 할 수 없다.

2. 제2점에 대하여

원심이 인용한 제1심판결 이유에 의하면 원심은, 농지전용허가신청을 하였을 당시에는 이 사건 토지가 관계 법령이 정하는 농지전용의 심사기준에 적합하였음에도 피고는 이 사건 토지 일대가 택지개발예정지구의 지정을 추진중이라는 이유로 농지전용을 불허가하였고 이에 원고가 위 불허가처분의 취소를 구하는 행정소송을 제기하여 승소하였다는 점, 비록 위 소송의 사실심 변론종결 이후에 이 사건 토지 일대가 택지개발예정지구로 지정되는 새로운 사정이 발생하기는 하였으나 현재까지 농지법시행령 제38조 제1항 소정의 심사기준에 저촉된다는 다른 사정이 있음을 인정할 아무런 자료가 없다는 점, 원고가 이 사건 토지와 함께 농지전용허가를 신청한 주유소부지에 대하여는 그것이 이 사건 토지와 동일지번에 속하고 있었고, 그 위치나 형상이 특별히 다르지 않음에도 피고가 행정심판의 재결에 따라 결국 농지전용허가를 하였다는 점, 이 사건 토지의 위치, 형상 등을 고려할 때 농지의 전용허가를 하더라도 택지개발사업에 지장을 초래한다고 할 수 없으며, 택지개발예정지구의 지정 이후 별다른 사업상의 진척이 없는 점 등의 사정을 이유로 하여, 이 사건 토지 일대가 택지개발예정지구로 지정되었다는 사유만으로 원고의 농지전용허가신청을 불허가한 피고의 이 사건 처분이 위법하다고 판단하였다.

그러나 농지법 제36조 제1항 소정의 농지전용허가에 관하여 그 심사기준을 규정하고 있는 구 농지법시행령(1999. 4. 19. 대통령령 제16254호로 개정되기 전의 것) 제38조 제1항은 제2호에서 '전용하고자 하는 농지가 전용목적사업에 적합하게 이용될 수 있는지의 여부'를 들고 있고, 이는 농지전용허가가 있었음에도 그 전용 목적사업을 실현할 수가 없어 결과적으로 농지가 이용되지 않은 채 방치되는 것을 방지하기 위하여 둔 심사기준이어서 전용목적사업의 실현에 관하여 법령 등에 의한 인·허가가 필요한 경우에는 그 인·허가의 요건을 갖추고 있을 것도 그 내용으로 한다고 해석하여야 할 것이고(대법원 2000. 3. 24. 선고 98두8766 판결 참조), 한편 택지개발촉진법 제6조 제1항은 예정지구 안에서 토지형질의 변경 등 행위를 하고자 하는 자는 관할시장 또는 군수의 허가를 받아야 한다고 규정하고 있으므로 택지개발예정지구 안에 있는 토지에 대해서는 농지전용의 허가를 받은 자라 하더라도 택지개발촉진법 제6조 제1항에 의한 토지형질의 변경허가를 받지 않고서는 그 전용목적사업을 실현할 수 없는 것이므로, 농지의 전용허가를 받으려는 토지에 대하여 택지개발촉진법 제6조 제1항에 의한 토지형질의 변경허가를 받을 수 없다면 이는 농지전용허가에 관한 심사기준에 저촉된다고 보아야 할 것이다.

그런데 토지형질의 변경 등 행위의 허가권자이기도 한 피고가 이 사건 토지일대가 택지개발예정지구로 지정되었음을 이유로 하여 원고의 농지전용허가신청을 불허가한 이상 원고로서는 특별한 사정이 없는 한 달리 택지개발촉진법에 의한 토지형질의 변경허가도 받을 수 없게 되었다고 보아야 할 것이고, 그렇다면 원고의 농지전용허가신청은 농지의 전용허가의 요건을 갖추지 못한 것으로 보아야 할 것이다.

그럼에도 불구하고 원심이, 그 판시와 같은 사정만을 들어 이 사건 처분이 위법하다고 판단한 것은 농지법상의 농지전용허가의 요건에 관한 법리를 오해한 위법을 저지른 것이고, 이는 판결에 영향을 미쳤다 할 것이므로, 이 점을 지적하는 피고의 상고이유의 주장은 이유 있다.

3. 그러므로 원심판결을 파기하고, 사건을 다시 심리·판단하게 하기 위하여 원심법원에 환송하기로 관여 법관의 의견이 일치되어 주문과 같이 판결한다.

대법관 이용우(재판장) 조무제 강신욱 이강국(주심)

5. 대법원 2000. 1. 18. 선고 97누16787 판결 【개발부담금부과처분취소】

대법원 2000. 1. 18. 선고 97누16787 판결 【개발부담금부과처분취소】
[공2000.3.1.(101),499]

【판시사항】

[1] 토지형질변경허가나 농지전용허가를 받지 아니하고 구 건축법 제8조의 규정에 의한 건축허가를 받아 구 개발이익환수에관한법률 제5조 제1항 제10호, 같은법시행령 제4조 제1항 [별표 1] 제10호 소정의 개발사업을 시행함에 있어 토지에 대한 절토·성토·정지 등의 물리적 개발행위를 한 경우, 개발부담금의 부과개시시점(=건축허가일) 및 부과종료시점(=건축물사용검사일 또는 건축물임시사용승인일)

[2] 구 개발이익환수에관한법률 제5조 제1항 제10호, 같은법시행령 제4조 제1항 [별표 1] 제10호 소정의 개발사업에 있어서는 건축 당시에 반드시 토지 자체에 물리적인 개발행위가 요구되는지 여부(소극)

[3] 구 개발이익환수에관한법률 제10조 제1항, 제3항에 규정된 종료시점지가 및 개시시점지가 산정의 기초가 되는 개별공시지가의 의미

[4] 구 개발이익환수에관한법률 제5조 제1항, 제2항, 같은법시행령 제4조 제1항, 같은법시행규칙 제3조의2가 개발제한구역 내의 토지에 대한 개발사업에 대하여 다른 토지에 대한 개발사업에 비하여 개발부담금의 부과대상이 되는 개발사업의 범위를 축소하거나 개발부담금을 감면하거나 그 밖에 특별한 예외를 인정하는 규정을 두지 않고 있는 것이 헌법에 위반되는지 여부(소극)

[5] 구 개발이익환수에관한법률 제8조에서 기초공제에 관한 규정을 두지 않고 있는 것이 헌법에 위반되는지 여부(소극)

[6] 구 개발이익환수에관한법률 제14조 제1항 및 제16조 제1항에서 개발부담금의 부과 및 납부의무를 규정하면서 부과종료시점 이후에 토지의 가격이 하락할 경우를 고려하여 이미 부과·납부된 개발부담금을 정산 내지 환급하는 제도를 함께 규정하지 아니한 것이 헌법에 위반되는지 여부(소극)

【판결요지】

[1] 구 건축법(1995. 1. 5. 법률 제4919호로 개정되기 전의 것) 제8조 제4항, 제7조 제3항 제1호, 제5호 등에 의하면 건축허가를 받은 경우에는 도시계획법상의 토지형질변경허가나 구 농지의보전및이용에관한법률(1994. 12. 22. 법률 제4817호 농지법 부칙 제2조로 폐지)상의 농지전용허가를 받은 것으로 간주되므로, 별도의 토지형질변경허가나 농지전용허가를 받지 아니한 채 구 건축법 제8조의 규정에 의한 건축허가를 받아 구 개발이익환수에관한법률(1997. 1. 13. 법률 제5285호로 개정되기 전의 것) 제5조 제1항 제10호, 같은법시행령(1996. 12. 31. 대통령령 제15238호로 개정되기 전의 것)

제4조 제1항 [별표 1]의 제10호에서 규정하는 개발사업을 시행함에 있어 토지에 대한 절토·성토·정지 등의 물리적 개발행위를 하였다면, 그 개발사업 중 토지에 대한 물리적 개발행위를 한 범위 내에서는 이를 같은 법 제5조 제1항 제11호, 같은법시행령 제4조 제1항 [별표 1]의 제11호에서 규정하는 토지형질변경허가나 농지전용허가에 의하여 시행하는 개발사업에 해당하는 것으로 볼 수도 있으나, 그 개발사업으로 인하여 증가된 개발이익 중에는 토지에 대한 물리적 개발행위로 인하여 증가된 개발이익뿐만 아니라 건축물의 건축과 그에 따른 지목변경으로 인하여 증가된 개발이익까지 포함되므로, 이러한 경우 개발부담금을 산정하기 위하여 부과개시시점 및 부과종료시점을 결정함에 있어서는 같은법시행령 제7조 제1항 [별표 2] 제10호, 제8조 제1항 제2호, 제2항 제3호 등을 적용하여야 하고, 같은법시행령 제7조 제1항 [별표 2] 제11호, 제8조 제1항 제1호, 제2항 제2호 등을 적용할 것은 아니라고 할 것이고, 따라서 이러한 개발사업에 있어 개발부담금의 부과개시시점은 같은 법 제9조 제1항 본문, 같은법시행령 제7조 제1항 [별표 2] 제10호의 규정에 의하여 '건축허가일'이 되고, 그 부과종료시점은 원칙적으로 같은 법 제9조 제3항 본문 및 같은법시행령 제7조 제1항 [별표 2] 제10호의 규정에 따라 '건축물사용검사일'이 되며, 만약 그 사용검사 전에 건축물임시사용승인을 받았다면 예외적으로 같은 법 제9조 제3항 단서 제2호, 같은법시행령 제8조 제1항 제2호, 제2항 제3호의 규정에 의하여 '건축물임시사용승인일'이 된다.

[2] 구 개발이익환수에관한법률(1997. 1. 13. 법률 제5285호로 개정되기 전의 것) 제5조 제1항 제10호, 같은법시행령(1996. 12. 31. 대통령령 제15238호로 개정되기 전의 것) 제4조 제1항 [별표 1]의 제10호의 각 문언과 불로소득적인 개발이익의 환수라는 개발부담금 부과제도의 목적에 비추어 볼 때, 위 법령에서 규정하는 개발사업에 있어서는 건축 당시에 반드시 토지 자체에 대한 절토·성토·정지 등의 물리적인 개발행위가 요구되는 것은 아니다.

[3] 구 개발이익환수에관한법률(1997. 1. 13. 법률 제5285호로 개정되기 전의 것) 제10조 제1항, 제3항, 구 지가공시및토지등의평가에관한법률(1995. 12. 29. 법률 제5108호로 개정되기 전의 것) 제10조 제1항 제6호, 같은법시행령(1996. 6. 29. 대통령령 제15093호로 개정되기 전의 것) 제12조 제2호의 각 규정과 개별토지가격합동조사지침(1990. 4. 14. 국무총리훈령 제241호, 1991. 4. 2. 국무총리훈령 제248호, 1993. 7. 19. 국무총리훈령 제281호)에 의한 개별토지가격제도의 취지에 비추어 볼 때, 구 개발이익환수에관한법률 제10조 제1항, 제3항에 규정된 종료시점지가 및 개시시점지가 산정의 기초가 되는 개별공시지가라 함은 개별토지가격이 결정·공고된 토지의 경우 그 개별토지가격의 결정에 잘못이 있다거나 개별토지가격 결정 당시의 토지현황이 현저히 변동되었다는 등의 특별한 사정이 없는 한 원칙적으로 개별토지가격을 가리키고 그와 다른 토지가격은 인정되지 아니한다.

[4] 구 개발이익환수에관한법률(1997. 1. 13. 법률 제5285호로 개정되기 전의 것) 소정의 부과대상이 되는 개발사업에 해당하는 이상 그로 인하여 개발대상 토지에서 발생하

는 개발이익은 개발부담금 부과대상이 되는 개발이익인 것이고, 개발사업이 개발제한구역 내 행위제한의 일부 해제에 따라 시행된 것이었다고 하여 그 개발이익이 인접 토지의 가격수준으로 회복된 보상적인 것에 불과하다거나 실질적으로 정상지가상승분 그 자체에 해당하는 것이어서 개발부담금의 부과대상이 되지 않는다고 할 수 없고, 같은 법 제5조 제1항, 제2항, 같은법시행령(1996. 12. 31. 대통령령 제15238호로 개정되기 전의 것) 제4조 제1항, 같은법시행규칙(1997. 2. 15. 건설교통부령 제93호로 개정되기 전의 것) 제3조의2가 개발제한구역 내의 토지에 대한 개발사업에 대하여 다른 토지에 대한 개발사업에 비하여 개발부담금의 부과대상이 되는 개발사업의 범위를 축소하거나 개발부담금을 감면하거나 그 밖에 특별한 예외를 인정하는 규정을 두지 않고 있다고 하여 위 각 규정이 형평에 어긋나거나 불합리한 것으로서 헌법 제11조, 제23조, 제38조, 제59조, 제75조, 구 개발이익환수에관한법률 제1조 및 국세기본법 제14조, 제18조 등에 위반된다고 할 수 없다.

[5] 개발이익환수제도에 있어 어떠한 개발이익을 어떠한 기준에 의하여 환수할 것인가는 기본적으로 입법정책적으로 결정될 문제라고 할 것인데, 구 개발이익환수에관한법률(1997. 1. 13. 법률 제5285호로 개정되기 전의 것) 제8조는 종료시점지가에서 개시시점지가와 부과기간 동안의 정상지가상승분 및 개발비용을 공제한 금액을 개발부담금의 부과기준으로 규정함으로써 개발부담금 납부의무자의 재산권보장과 같은 법이 추구하는 같은 법 제1조 소정의 목적 달성과의 조화를 꾀하고 있으므로, 같은 법 제8조에서 기초공제에 관한 규정을 두지 아니하였다고 하여 헌법 제11조, 제23조에 위반된다고 볼 수 없다.

[6] 구 개발이익환수에관한법률(1997. 1. 13. 법률 제5285호로 개정되기 전의 것) 제1조, 제2조 제1호, 제3조 제1항, 제8조, 제9조, 제10조의 각 규정에 비추어 보면, 개발부담금에 의한 환수의 대상이 되는 개발이익은 개발사업의 시행 기타 사회·경제적 요인에 의하여 개발부담금의 부과대상사업이 시행되는 지역에서 개발사업의 시행되는 기간 동안에 발생하는 토지가액의 증가분이라고 할 것이므로, 이는 개발사업의 완료시점 즉 부과종료시점에서 확정된다고 볼 것이지 부과종료시점 이후 개발사업의 시행자 또는 토지 소유자가 개발된 토지를 현실적으로 처분할 때 확정되는 것으로 볼 것은 아니라고 할 것이고, 따라서 부과종료시점 이후에 토지의 가격이 하락한다고 하더라도 이는 개발부담금에 의한 환수의 대상이 되는 개발이익과는 무관한 것이므로, 같은 법이 제14조 제1항 및 제16조 제1항에서 개발부담금의 부과 및 납부의무를 규정하면서 부과종료시점 이후에 토지의 가격이 하락할 경우를 고려하여 이미 부과·납부된 개발부담금을 정산 내지는 환급하는 제도를 함께 규정하지 아니하였다고 하여 헌법 제11조, 제23조에 위반되는 것이라고는 할 수 없다.

【참조조문】

[1] 구 건축법(1995. 1. 5. 법률 제4919호로 개정되기 전의 것) 제8조 제4항, 제7조 제3항 제1호, 제5호, 구 개발이익환수에관한법률(1997. 1. 13. 법률 제5285호로 개정되기

전의 것) 제5조 제1항 제10호, 제11호, 제9조 제1항, 제3항, 구 개발이익환수에관한 법률시행령(1996. 12. 31. 대통령령 제15238호로 개정되기 전의 것) 제4조 제1항 [별표 1] 제10호, 제11호, 제7조 제1항 [별표 2] 제10호, 제11호, 제8조 제1항 제1호, 제2호, 제2항 제2호, 제3호

[2] 구 개발이익환수에관한법률(1997. 1. 13. 법률 제5285호로 개정되기 전의 것) 제5조 제1항 제10호, 구 개발이익환수에관한법률시행령(1996. 12. 31. 대통령령 제15238호로 개정되기 전의 것) 제4조 제1항 [별표 1] 제10호

[3] 구 개발이익환수에관한법률(1997. 1. 13. 법률 제5285호로 개정되기 전의 것) 제10조 제1항, 제3항, 구 지가공시및토지등의평가에관한법률(1995. 12. 29. 법률 제5108호로 개정되기 전의 것) 제10조 제1항 제6호, 구 지가공시및토지등의평가에관한법률시행령(1996. 6. 29. 대통령령 제15093호로 개정되기 전의 것) 제12조 제2호

[4] 구 개발이익환수에관한법률 제1조, 제5조 제1항, 제2항, 구 개발이익환수에관한법률시행령(1996. 12. 31. 대통령령 제15238호로 개정되기 전의 것) 제4조 제1항, 구 개발이익환수에관한법률시행규칙(1997. 2. 15. 건설교통부령 제93호로 개정되기 전의 것) 제3조의2, 헌법 제11조, 제23조, 제38조, 제59조, 제75조, 국세기본법 제14조, 제18조

[5] 구 개발이익환수에관한법률(1997. 1. 13. 법률 제5285호로 개정되기 전의 것) 제1조, 제8조, 헌법 제11조, 제23조

[6] 구 개발이익환수에관한법률(1997. 1. 13. 법률 제5285호로 개정되기 전의 것) 제1조, 제2조 제1호, 제3조 제1항, 제8조, 제9조, 제10조, 제14조 제1항, 제16조 제1항, 헌법 제11조, 제23조

【참조판례】

[1][2] 대법원 1998. 11. 13. 선고 97누2153 판결(공1998하, 2883)

[1][4][5] 대법원 1997. 12. 12. 선고 97누3279 판결(공1998상, 316)

[1] 대법원 1994. 4. 26. 선고 93누7617 판결(공1994상, 1509)

[2] 대법원 1994. 3. 22. 선고 93누6256 판결(공1994상, 1343), 대법원 1996. 1. 23. 선고 95누8287 판결(공1996상, 685), 대법원 1997. 6. 27. 선고 96누12337 판결(공1997하, 2192), 대법원 1998. 7. 14. 선고 97누775 판결(공1998하, 2143), 대법원 1998. 11. 13. 선고 97누2153 판결(공1998하, 2883), 대법원 1999. 7. 23. 선고 98두17326 판결(공1999하, 1806), 대법원 1999. 12. 16. 선고 98두18619 전원합의체 판결(공2000상, 219), 대법원 1999. 12. 28. 선고 97누6872 판결(공2000상, 400), 대법원 1999. 12. 28. 선고 98두17449 판결(공2000상, 405)

[3] 대법원 1994. 4. 12. 선고 93누1879 판결(공1994상, 1485), 대법원 1994. 4. 12. 선고 93누6904 판결(공1994상, 1487), 대법원 1994. 4. 26. 선고 93누7617 판결(공1994상, 1509), 대법원 1999. 4. 9. 선고 98두6982 판결(공1999상, 900)

[4] 대법원 1997. 4. 25. 선고 96누9324 판결(공1997상, 1644)

[5] 대법원 1997. 3. 20. 선고 96누1382 전원합의체 판결(공1997상, 977), 헌법재판소 1998. 5. 28. 선고 95헌바37 결정(헌공28, 463)

【전 문】

【원고,상고인】 최해관 (소송대리인 변호사 권기우)

【피고,피상고인】 부산광역시 강서구청장

【원심판결】 부산고법 1997. 9. 3. 선고 95구9402 판결

【주 문】
상고를 기각한다. 상고비용은 원고의 부담으로 한다.

【이 유】
상고이유를 판단한다.

1. 제3점에 대하여

구 건축법(1991. 5. 31. 법률 제4381호로 전문 개정되어 1995. 1. 5. 법률 제4919호로 개정되기 전의 것, 이하 '구 건축법'이라고 한다) 제8조 제4항, 제7조 제3항 제1호, 제5호 등에 의하면 건축허가를 받은 경우에는 도시계획법상의 토지형질변경허가나 구 농지의보전및이용에관한법률(1994. 12. 22. 법률 제4817호로 제정된 농지법이 1996. 1. 1.부터 시행됨에 따라 폐지되었다)상의 농지전용허가를 받은 것으로 간주되므로, 별도의 토지형질변경허가나 농지전용허가를 받지 아니한 채 구 건축법 제8조의 규정에 의한 건축허가를 받아 구 개발이익환수에관한법률(1993. 6. 11. 법률 제4563호로 개정되어 1997. 1. 13. 법률 제5285호로 개정되기 전의 것, 이하 '법'이라고 한다) 제5조 제1항 제10호, 구 개발이익환수에관한법률시행령(1993. 8. 12. 대통령령 제13956호로 개정되어 1996. 12. 31. 대통령령 제15238호로 개정되기 전의 것, 이하 '영'이라고 한다) 제4조 제1항 [별표 1]의 제10호에서 규정하는 개발사업(이하 '10호 사업'이라고 한다)을 시행함에 있어 토지에 대한 절토·성토·정지 등의 물리적 개발행위를 하였다면, 그 개발사업 중 토지에 대한 물리적 개발행위를 한 범위 내에서는 이를 법 제5조 제1항 제11호, 영 제4조 제1항 [별표 1]의 제11호에서 규정하는 토지형질변경허가나 농지전용허가에 의하여 시행하는 개발사업(이하 '11호 사업'이라고 한다)에 해당하는 것으로 볼 수도 있으나(대법원 1999. 3. 9. 선고 97누2634 판결 참조), 그 개발사업으로 인하여 증가된 개발이익 중에는 토지에 대한 물리적 개발행위로 인하여 증가된 개발이익뿐만 아니라 건축물의 건축과 그에 따른 지목변경으로 인하여 증가된 개발이익까지 포함되므로, 이러한 경우 개발부담금을 산정하기 위하여 부과개시시점 및 부과종료시점을 결정함에 있어서는 10호 사업에 관하여 규정한 영 제7조 제1항 [별표 2] 제10호, 제8조 제1항 제2호, 제2항 제3호 등을 적용하여야 하고, 11호 사업에 관하여 규정한 영 제7조 제1항 [별표 2] 제11호, 제8조 제1항 제1호, 제2항 제2호 등을 적용할 것은 아니라고 할 것이고, 따라서 이러한 개발사업에 있어 개발부담금의 부과개시시점은 법 제9조 제1항 본문, 영 제7조 제1항 [별표 2] 제10호의 규정에 의하여 '건축허가일'이 되고, 그 부과종료시점은 원칙적으로 법 제9조 제3항 본문 및 영 제7조 제1항 [별표 2] 제10호의 규정에 따라 '건축물사용검사일'이 되며, 만약 그 사용검사 전에 건축물임시사용승인을 받았다면 예외적으로 법 제9조 제3항 단서 제2호, 영 제8조 제1항 제2호, 제2항 제3호의 규정에 의하여 '건축물임시사용승인일'이 된다고 할 것이다(대법원 1998. 11. 13. 선고 97누2153 판결 참조).

원심이 인정한 사실과 기록에 의하면, 원고는 개발제한구역 내에 위치한 부산 강서구 강동동 85의 1 답 3,455㎡ 중 1,506㎡(1995. 2. 4. 같은 동 85의 1 잡종지 1,506㎡로 분할 및 지목변경된 부분, 이하 '이 사건 토지'라고 한다) 상에 주유소를 신축하기 위하여 1994. 10. 21. 피고로부터 구 건축법 제8조의 규정에 의한 건축허가를 받아 주유소를 건축하여 1995. 1. 28. 사용검사를 받았는데, 그 건축으로 인하여 위 사용검사 무렵에 이 사건 토지의 지목이 잡종지로 사실상 변경되었고, 1995. 2. 4. 위 분할 전의 같은 동 85의 1 답 3,455㎡ 중 이 사건 토지 부분이 같은 동 85의 1 잡종지 1,506㎡로 분할 및 지목변경된 사실, 원고는 이 사건 개발사업을 시행함에 있어 위 건축허가 외에 별도로 이 사건 토지에 대한 도시계획법에 의한 토지형질변경허가나 농지의보전및이용에관한법률에 의한 농지전용허가는 받지 아니한 사실(피고는 원고의 건축허가신청에 대하여 이 사건 토지에 대한 토지형질변경이나 농지전용이 허용되는지의 점에 대하여도 심사한 후 건축허가만을 하고 별도로 토지형질변경허가나 농지전용허가를 하지 아니하였으며, 다만 그 심사과정에서 피고의 구청 내 농지전용업무의 담당 실무자인 농산과장이 1994. 9. 29. 건축허가업무의 담당 실무자인 건축과장에게 농지의보전및이용에관한법률 제4조 제2항의 규정에 의한 농지전용협의를 통보하였을 뿐이다. 원고가 이 사건 토지에 관하여 농지전용허가를 받았다는 원심의 사실인정은 이와 같은 농지전용협의를 하였다는 취지의 사실인정으로 보인다)을 알아볼 수 있는바, 그렇다면 이 사건 개발사업은 10호 사업에 해당한다고 할 것이고, 그 부과개시시점은 건축허가일인 1994. 10. 21.이 되고, 부과종료시점은 사용검사일인 1995. 1. 28.이 된다고 할 것이다(기록상 원고가 위 사용검사일 이전에 임시사용승인을 받았음을 인정할 자료가 없다).

원심의 이 부분에 관한 이유 설시에는 부적절한 점이 있으나, 원심은 결국 이 사건 개발사업은 10호 사업에 해당하는 것으로서 그 부과개시시점은 1994. 10. 21.이고 부과종료시점은 1995. 1. 28.이라고 판단하고 있으므로, 이러한 원심의 판단은 결론에 있어 정당하고, 거기에 상고이유에서 지적하는 바와 같이 부과개시시점 및 부과종료시점에 관한 법령적용을 잘못하거나 법리를 오해한 위법이 있다고 할 수 없다. 이 점에 관한 상고이유는 받아들일 수 없다.

2. 제1점에 대하여

원심판결 이유에 의하면, 원심은 10호 사업에 해당하기 위하여는 절토·성토·정지 등 토지에 대한 물리적 개발행위를 통하여 대지가 아닌 토지를 대지화하거나 본래 대지

인 토지라도 건축에 적합한 상태로 대지로서의 효용을 높이기 위하여 공사를 하는 경우여야 하고 건축허가 당시에 이미 토지에 대하여 건축을 위한 별도의 물리적 개발행위를 할 필요가 없는 토지였거나 물리적 개발행위가 필요하였다고 하더라도 그것이 건축물의 설치를 위한 것으로서 별도의 토지형질변경허가 등을 얻을 필요가 없는 경미한 것이었기 때문에 별다른 인·허가 절차 없이 건축허가만으로서 건축물의 건축이 가능하였던 경우에는 토지에 대한 개발사업이 없어 이를 개발부담금 부과대상인 10호 사업에 해당한다고 할 수 없다고 전제한 후, 이 사건 토지는 건축허가 당시 그 중 일부가 이미 그 공부상 지목인 답과 달리 사실상 대지화되어 있기는 하였지만 대지화된 토지를 포함한 이 사건 토지 전체가 상당히 경사진 토지였기 때문에 원고가 그에 대한 절토·성토·정지 등 물리적 개발행위를 통하여 주유소 건물의 신축에 적합한 평탄한 토지로 형질을 변경한 사실이 인정되므로, 이 사건 개발사업은 건축물의 건축에 적합한 상태로 대지로서의 효용을 높이기 위하여 공사를 한 경우로서 10호 사업에 해당하므로 개발부담금 부과대상이 된다고 판단하였다.

그러나 법 제5조 제1항 제10호, 영 제4조 제1항 [별표 1]의 제10호의 각 문언과 불로소득적인 개발이익의 환수라는 개발부담금 부과제도의 목적에 비추어 볼 때, 10호 사업에 있어서는 건축 당시에 반드시 토지 자체에 대한 절토·성토·정지 등의 물리적인 개발행위가 요구되는 것은 아니라고 할 것이다(대법원 1998. 11. 13. 선고 97누2153 판결, 1999. 12. 16. 선고 98두18619 전원합의체 판결 등 참조).

따라서 앞서 본 바와 같이 건축법상 건축허가를 받아 지목이 답인 이 사건 토지상에 주유소를 건축하여 사용검사를 받고 그 건축으로 인하여 이 사건 토지의 지목이 잡종지로 변경되었다면, 이 사건 토지상에 주유소를 건축하는 내용의 개발사업은 그 건축시에 실제로 이 사건 토지에 대한 절토·성토·정지 등의 물리적 개발행위를 하였는지 여부를 묻지 아니하고 10호 사업에 해당하여 개발부담금의 부과대상이 된다고 할 것이다. 원심판결 이유 중 10호 사업에 해당하기 위하여는 토지 자체에 대한 물리적인 개발행위가 있음을 요한다고 한 판시 부분은 잘못이라고 할 것이나, 원심은 결국 이 사건 개발사업은 10호 사업에 해당하여 개발부담금의 부과대상이 된다고 판단하고 있으므로 이러한 원심의 판단은 결론에 있어 정당하고, 거기에 상고이유에서 지적하는 바와 같은 10호 사업에 관한 법리오해의 위법이 있다고 할 수 없다. 이 점에 관한 상고이유는 받아들일 수 없다.

3. 제2점에 대하여

원심이 인정한 사실과 기록에 의하면 1990. 2.경 이 사건 토지의 일부가 그 형질변경에 대한 적법한 인·허가절차나 주유소 건축허가 없이 성토되어 사실상 대지화되었음을 알 수 있는바, 이러한 사정만으로는 1990. 2.경 이 사건 토지상에 주유소를 건축하는 이 사건 개발사업의 시행의 착수가 있었다고 할 수 없고 앞서 살펴 본 바와 같이 이 사건 개발사업은 원고가 1994. 10. 21. 건축허가를 받음으로써 비로소 그 시행에 착수하였다고 할 것이므로, 최초의 개발이익환수에관한법률시행령의 시행일인 1990. 3. 2. 및 10호 사업을 개발부담금 부과대상으로 처음 규정한 영(1993. 8. 12. 대통령령 제

12936호로 개정된 것)의 시행일인 1993. 8. 12. 이후에 착수한 이 사건 개발사업이 10호 사업에 해당하는 이유로 개발부담금을 부과한 이 사건 처분이 위 각 시행령의 소급효를 인정한 것이라고 볼 수 없다.

또한 지적법 등 관계 법령에 의하면 지목변경은 토지의 형질변경 등을 위한 인·허가 등을 받은 사업에 대한 준공검사필증 등 소정의 관계 증빙서류를 첨부하여 신청한 경우에 이루어지는 것이므로, 위와 같이 건축허가 이전에 이 사건 토지의 일부가 적법한 인·허가를 받지 아니한 채 사실상 대지화되었다고 하더라도 이 사건 토지의 지목이 사실상 잡종지로 변경되었다고 볼 수 없고 이 사건 토지는 건축허가에 의한 주유소의 건축이 완료된 사용검사 무렵에야 비로소 잡종지로 사실상 지목변경이 되었다고 보아야 할 것이다.

따라서 상고이유에서 적시하고 있는 바와 같은 원심에서의 원고의 주장, 즉 이 사건 개발사업이 10호 사업에 해당한다는 이유로 개발부담금을 부과한 이 사건 처분이 법령의 소급효를 인정하였거나 사실상 또는 공부상 지목변경이 없음에도 지목변경이 있는 것으로 영 제4조 제1항을 잘못 적용하여 위법하다는 취지의 주장은 이유 없음이 명백하므로, 원심이 이러한 원고의 주장에 대하여 명시적인 판단을 하지 아니하였다고 하여 상고이유에서 지적하는 바와 같이 원심판결에 영 제4조 제1항의 규정을 위배하거나 법리를 잘못 해석하고 판단을 유탈하여 판결 결과에 영향을 미칠 위법이 있다고 할 수 없다. 이 점에 관한 상고이유도 받아들일 수 없다.

4. 제4점에 대하여

기록에 의하면, 피고는 이 사건 건축허가를 함에 있어 그 전제로서 이 사건 토지의 분할 전 토지인 위 강동동 85의 1 답 3,455㎡ 중 원심 판시의 31㎡ 부분(이 31㎡ 부분은 구 건축법 제36조 제1항의 규정에 의하여 건축선이 후퇴됨으로 인하여 건축을 할 수 없는 부분으로서 이 사건 주유소의 건축 후에는 인근 주민들의 통행로로 사용되고 있는 것으로 보인다)을 포함한 이 사건 토지 1,506㎡에 대하여 농지의보전및이용에관한법률 제4조 제2항의 규정에 의한 농지전용협의를 거쳐 도시계획법 제4조의 규정에 의한 토지형질변경허가의 가부를 심사한 후 구 건축법 제8조 제4항, 제7조 제3항의 규정에 따라 별도의 토지형질변경허가를 하지 아니한 채(이 사건 토지는 도시계획구역으로서 개발제한구역 내에 위치한 농지이므로 이를 전용함에 있어서는 농지의보전및이용에관한법률 제4조 제1항의 규정에 의한 농지전용허가는 요하지 아니하고 다만 같은 법 제4조 제2항의 규정에 의한 농지전용협의를 요한다) 위 1,506㎡ 전체에 대한 토지형질변경허가 및 농지전용협의를 포함하는 의미에서 이 사건 건축허가를 하게 되었으며(다만 건축허가서에는 대지면적이 위 31㎡를 제외한 1,475㎡로 기재되었다), 이에 따라 이 사건 건축물에 대한 사용검사 후 위 31㎡ 부분을 포함한 이 사건 토지 1,506㎡ 전체가 1필지로서 위 분할 전의 85의 1 답 3,455㎡에서 분할되고 잡종지로 지목변경이 되었음을 알 수 있는바, 이러한 사정에 비추어 보면, 위 31㎡ 부분도 주유소의 건축으로 인하여 지목이 답에서 잡종지로 변경되었다고 할 것이므로, 비록 건축허가서에 대지면적이 위

31㎡ 부분을 제외한 1,475㎡로 기재되었다고 하더라도 이 사건 개발사업의 대상 토지는 위 31㎡ 부분을 포함한 이 사건 토지 1,506㎡ 전체라고 보아야 할 것이고, 따라서 위 31㎡ 부분 또한 이 사건 개발사업에 대한 개발부담금의 부과대상이 된다고 할 것이다. 원심이 위 31㎡ 부분이 주유소 앞 도로부지에 편입되어 차량의 진·출입로로 사용되고 있다는 취지의 사실인정을 한 것은 잘못이라고 할 것이나, 원심은 결국 위 31㎡ 부분이 이 사건 개발부담금의 부과대상이 된다고 판단하고 있으므로 이러한 원심의 판단은 결론에 있어 정당하고, 거기에 채증법칙 위배 또는 심리미진 등으로 인하여 판결 결과에 영향을 미친 위법이 있다고 할 수 없다. 이 부분에 관한 상고이유도 받아들일 수 없다.

또한 원심판결 이유를 기록과 지가공시및토지등의평가에관한법률(이하 '지가공시법'이라고 한다) 등 관계 법령에 비추어 살펴보면, 원심이, 피고가 이 사건 토지의 1996. 1. 1. 기준 개별공시지가를 결정함에 있어 부산 강서구 강동동 119 토지를 비교 표준지로 선정한 것이 적법하다고 판단한 조치는 정당하고, 거기에 상고이유에서 지적하는 바와 같은 지가공시법 제10조의 규정 위배 등의 잘못이 있다고 할 수 없다. 이 부분에 관한 상고이유도 받아들일 수 없다.

5. 제5점에 대하여

법 제10조 제1항, 제3항, 구 지가공시법(1995. 12. 29. 법률 제5108호로 개정되기 전의 것) 제10조 제1항 제6호, 구 지가공시및토지등의평가에관한법률시행령(1996. 6. 29. 대통령령 제15093호로 개정되기 전의 것) 제12조 제2호의 각 규정과 개별토지가격합동조사지침(1990. 4. 14. 국무총리훈령 제241호, 1991. 4. 2. 국무총리훈령 제248호, 1993. 7. 19. 국무총리훈령 제281호)에 의한 개별토지가격제도의 취지에 비추어 볼 때, 법 제10조 제1항, 제3항에 규정된 종료시점지가 및 개시시점지가 산정의 기초가 되는 '개별공시지가'라 함은 개별토지가격이 결정·공고된 토지의 경우 그 개별토지가격의 결정에 잘못이 있다거나 개별토지가격 결정 당시의 토지현황이 현저히 변동되었다는 등의 특별한 사정이 없는 한 원칙적으로 개별토지가격을 가리키고 그와 다른 토지가격은 인정되지 아니한다고 할 것이다(대법원 1999. 4. 9. 선고 98두6982 판결 등 참조). 원심판결 이유를 기록에 비추어 살펴보면, 원심이 이 사건 개발부담금을 산정함에 있어 개시시점지가와 종료시점지가를 감정인이 조사, 감정한 실제가격을 기준으로 산정하여야 한다는 취지의 원고 주장을 배척한 조치는 위 법리에 따른 것으로서 정당하고, 거기에 상고이유에서 지적하는 바와 같이 개시시점지가 및 종료시점지가를 잘못 인정한 위법이 없다. 이 점에 관한 상고이유도 받아들일 수 없다.

6. 제6점에 대하여

법 소정의 부과대상이 되는 개발사업에 해당하는 이상 그로 인하여 개발대상 토지에서 발생하는 개발이익은 개발부담금 부과대상이 되는 개발이익인 것이고, 개발사업이 개발제한구역 내 행위제한의 일부 해제에 따라 시행된 것이었다고 하여 그 개발이익이 인접 토지의 가격수준으로 회복된 보상적인 것에 불과하다거나 실질적으로 정상지가상승분 그 자체에 해당하는 것이어서 개발부담금의 부과대상이 되지 않는다고 할 수 없고, 법

제5조 제1항, 제2항, 영 제4조 제1항, 구 개발이익환수에관한법률시행규칙(1993. 8. 12. 건설부령 제535호로 개정되어 1997. 2. 15. 건설교통부령 제93호로 개정되기 전의 것) 제3조의2가 개발제한구역 내의 토지에 대한 개발사업에 대하여 다른 토지에 대한 개발사업에 비하여 개발부담금의 부과대상이 되는 개발사업의 범위를 축소하거나 개발부담금을 감면하거나 그 밖에 특별한 예외를 인정하는 규정을 두지 않고 있다고 하여 위 각 규정이 형평에 어긋나거나 불합리한 것으로서 헌법 제11조, 제23조, 제38조, 제59조, 제75조, 법 제1조 및 국세기본법 제14조, 제18조 등에 위반된다고 할 수 없다(대법원 1997. 4. 25. 선고 96누9324 판결, 1997. 12. 12. 선고 97누3279 판결 등 참조). 같은 취지의 원심 판단은 정당하고, 거기에 상고이유에서 지적하는 바와 같은 헌법과 법 및 국세기본법의 위 각 규정에 대한 법리를 오해한 위법이 있다고 할 수 없다. 이 점에 관한 상고이유도 받아들일 수 없다.

7. **제7점에 대하여**

개발이익환수제도에 있어 어떠한 개발이익을 어떠한 기준에 의하여 환수할 것인가는 기본적으로 입법정책적으로 결정될 문제라고 할 것인데, 법 제8조는 종료시점지가에서 개시시점지가와 부과기간 동안의 정상지가상승분 및 개발비용을 공제한 금액을 개발부담금의 부과기준으로 규정함으로써 개발부담금 납부의무자의 재산권보장과 법이 추구하는 법 제1조 소정의 목적 달성과의 조화를 꾀하고 있으므로, 법 제8조에서 상고이유에서 주장하는 바와 같은 기초공제에 관한 규정을 두지 아니하였다고 하여 헌법 제11조, 제23조에 위반된다고 볼 수 없다. 이 부분에 관한 원심의 설시는 적절치 아니하나, 법 제8조가 헌법 제11조, 제23조에 위반되지 않는다고 한 원심의 판단은 결론에 있어 정당하고, 거기에 상고이유에서 지적하는 바와 같은 법리오해의 위법이 있다고 할 수 없다. 이 부분에 관한 상고이유도 받아들일 수 없다.

또한 법 제1조, 제2조 제1호, 제3조 제1항, 제8조, 제9조, 제10조의 각 규정에 비추어 보면, 개발부담금에 의한 환수의 대상이 되는 개발이익은 개발사업의 시행 기타 사회·경제적 요인에 의하여 개발부담금의 부과대상사업이 시행되는 지역에서 개발사업의 시행되는 기간 동안에 발생하는 토지가액의 증가분이라고 할 것이므로, 이는 개발사업의 완료시점 즉 부과종료시점에서 확정된다고 볼 것이지 부과종료시점 이후 개발사업의 시행자 또는 토지 소유자가 개발된 토지를 현실적으로 처분할 때 확정되는 것으로 볼 것은 아니라고 할 것이고, 따라서 부과종료시점 이후에 상고이유에서 적시하는 바와 같은 사유로 토지의 가격이 하락한다고 하더라도 이는 개발부담금에 의한 환수의 대상이 되는 개발이익과는 무관한 것이므로, 법이 제14조 제1항 및 제16조 제1항에서 개발부담금의 부과 및 납부의무를 규정하면서 부과종료시점 이후에 토지의 가격이 하락할 경우를 고려하여 이미 부과·납부된 개발부담금을 정산 내지는 환급하는 제도를 함께 규정하지 아니하였다고 하여 헌법 제11조, 제23조에 위반되는 것이라고는 할 수 없다. 이 부분에 관한 원심의 설시는 적절치 아니하나, 법 제14조 제1항, 제16조 제1항이 헌법 제11조, 제23조에 위반되지 않는다고 한 원심의 판단은 결론에 있어 정당하고,

거기에 상고이유에서 지적하는 바와 같은 법리오해의 위법이 있다고 할 수 없다. 이 부분에 관한 상고이유도 받아들일 수 없다.

8. 그러므로 상고를 기각하고, 상고비용은 패소자의 부담으로 하기로 하여 관여 대법관의 일치된 의견으로 주문과 같이 판결한다.

대법관 유지담(재판장) 지창권 신성택(주심) 서성

6. 대법원 1999. 2. 23. 자 98마2604 결정【낙찰허가】

대법원 1999. 2. 23. 자 98마2604 결정【낙찰허가】 [공1999.5.15.(82),827]

【판시사항】

[1] 농지법 소정의 '농지'에 해당하는지 여부의 판단 기준

[2] 지목이 답인 토지에 대하여 제3자 명의로 주택 부지로의 농지전용허가가 되었으나 그 농지의 현상 변경이 일시적인 것에 불과한 경우, 그 토지는 농지법상의 농지로서 그 취득을 위하여는 농지취득자격증명이 필요하다고 본 사례

【결정요지】

[1] 어떤 토지가 농지법 소정의 농지인지의 여부는 공부상의 지목 여하에 불구하고 당해 토지의 사실상의 현상에 따라 가려져야 할 것이고, 공부상 지목이 답인 토지의 경우 그 농지로서의 현상이 변경되었다고 하더라도 그 변경 상태가 일시적인 것에 불과하고 농지로서의 원상회복이 용이하게 이루어질 수 있다면 그 토지는 여전히 농지법에서 말하는 농지에 해당한다.

[2] 지목이 답으로 되어 있는 토지에 대하여 제3자 명의로 주택 부지로의 농지전용허가가 되었다는 점만으로는 이미 농지로서의 성질을 상실하고 사실상 대지화되었다고 보기 어렵고, 여름철에 야영장 등으로 이용되면서 사실상 잡종지로 활용될 뿐 농작물의 경작에 이용되지 않고 있다고 하여도, 그 토지에 별다른 견고한 구조물이 축조되어 있지 아니하고 터파기작업 등이 이루어져 현상이 크게 변동된 것도 아니어서 그 원상회복이 비교적 용이해 보이는 점 등에 비추어 그 현상 변경이 일시적인 것에 불과하다면 그 토지는 농지법상의 농지로서 그 취득에 소재지 관서의 농지취득자격증명이 필요하다고 본 사례.

【참조조문】

[1] 농지법 제2조
[2] 농지법 제2조, 제8조, 민사소송법 제633조 제2호

【참조판례】

[2] 대법원 1987. 1. 15.자 86마1095 결정(공1987, 617), 대법원 1997. 12. 23. 선고 97다42991 판결(공1998상, 381), 대법원 1998. 4. 10. 선고 97누256 판결(공1998상, 1365)

【전 문】

【재항고인】 양기수

【원심결정】 서울지법 1998. 9. 2.자 98라534 결정

【주 문】

재항고를 기각한다.

【이 유】

재항고이유를 판단한다.

어떤 토지가 농지법 소정의 '농지'인지의 여부는 공부상의 지목 여하에 불구하고 당해 토지의 사실상의 현상에 따라 가려져야 할 것이고, 공부상 지목이 답인 토지의 경우 그 농지로서의 현상이 변경되었다고 하더라도 그 변경 상태가 일시적인 것에 불과하고 농지로서의 원상회복이 용이하게 이루어질 수 있다면 그 토지는 여전히 농지법에서 말하는 농지에 해당한다고 할 것이다.

원심결정 이유에 의하면 원심은 그 판시의 별지목록 순번 2, 3번 토지는 지목이 답으로서 그에 대하여 사건외 채영진 등 12인 명의로 주택 부지로의 농지전용허가가 되었다는 점만으로 이미 농지로서의 성질을 상실하고 사실상 대지화되었다고 보기 어렵고, 위 각 토지는 최근에 이르러 여름철에 야영장 등으로 이용되면서 사실상 잡종지로 활용될 뿐 농작물의 경작에 이용되지 않고 있다고 하여도, 그 토지에 별다른 견고한 구조물이 축조되어 있지 아니하고 터파기작업 등이 이루어져 현상이 크게 변동된 것도 아니어서 그 원상회복이 비교적 용이해 보이는 점 등에 비추어 그 현상 변경은 일시적인 것에 불과하다고 보이므로, 위 각 토지는 농지법상의 농지로서 그 취득에 소재지 관서의 농지취득자격증명이 필요하다고 할 것인데, 최고가 매수신고인 양기수는 농지취득자격증명을 발급받은 바 없으므로, 민사소송법 제633조 제2호 소정의 부동산을 매수할 자격이 없는 자라는 이유로, 위 양기수에 대한 낙찰허가결정을 한 제1심결정을 취소하고 위 양기수에 대한 낙찰을 허가하지 아니하였는바, 기록과 위에서 본 법리에 비추어 보면 원심의 이러한 조처는 정당한 것으로 수긍이 가고, 거기에 재항고이유에서 지적하는 바와 같은 채증법칙 위배나 법리오해의 위법 등이 있다고 할 수 없다.

그리고 재항고이유의 주장은 농지에 대하여 일단 농지전용허가가 내려진 이상 그 전용허가가 취소되기 전까지는 농지취득자격증명이 필요 없는 땅으로 된다는 것이나, 기록에 의하면 이 사건 토지에 대해 농지전용허가를 받았던 전경숙, 이광훈, 이용순, 이정옥 등의

전용허가는 이미 취소되었을 뿐 아니라 경락인인 재항고인이 전용허가를 받기 전에는 재항고인과의 관계에서는 농지전용허가가 없는 것이므로 위와 같은 주장은 어느 모로 보아도 받아들일 수 없다.

그러므로 재항고를 기각하기로 관여 법관의 의견이 일치되어 주문과 같이 결정한다.

대법관 서성(재판장) 박준서 이돈희(주심) 이임수

7. 대법원 1998. 5. 29. 선고 97누2542 판결 【농지조성비등부과처분취소등】

대법원 1998. 5. 29. 선고 97누2542 판결 【농지조성비등부과처분취소등】
[공1998.7.1.(61),1792]

【판시사항】

[1] 구 농지의보전및이용에관한법률 제4조 제4항 소정의 '제2항의 규정에 의하여 협의를 받아 농지를 전용하고자 하는 자'가 부담하여야 할 농지조성비 납입의무의 성립시기

[2] 구 농지의보전및이용에관한법률 제2조 제1호 소정의 '농지'의 의미

[3] 공부상 지목이 전이라도 토지의 현황이 사실상 대지화되어 농지조성비와 전용부담금의 부과대상인 농지에 해당하지 않는다고 한 사례

[4] 농지조성비 및 농지전용부담금을 자진 납부한 경우, 농어촌진흥공사를 상대로 그 부과처분 취소를 구할 수 있는지 여부(적극)

【판결요지】

[1] 구 농지의보전및이용에관한법률(1994. 12. 22. 법률 제4817호 농지법 부칙 제2조에 의하여 폐지) 제2조 제7호, 제4조, 농어촌발전특별조치법 제45조의2의 각 규정 등을 종합하면, 구 농지의보전및이용에관한법률(1994. 12. 22. 법률 제4817호 농지법 부칙 제2조에 의하여 폐지) 제4조 제4항에서 정한 '제2항의 규정에 의하여 협의를 받아 농지를 전용하고자 하는 자'의 경우에는 '제1항의 규정에 의하여 농지의 전용허가를 받고자 하는 자'나 '제5조 제1항의 규정에 의하여 협의·동의 또는 승인을 얻어 농지를 전용하고자 하는 자'의 경우와는 달리, 위 제2항의 규정에 의한 협의의 시기가 아니라 실제로 농지전용을 하고자 하는 시기를 농지조성비 납입의무의 성립시기로 보아야 한다.

[2] 농지전용에 따른 농지조성비 및 농지전용부담금을 부과하기 위하여는 그 토지가 구 농지의보전및이용에관한법률(1994. 12. 22. 법률 제4817호 농지법 부칙 제2조에 의하여 폐지) 제2조 제1호 소정의 '농지'이어야 하는데, 위 법조 소정의 농지인지의 여부는 공부상의 지목 여하에 불구하고 당해 토지의 사실상의 현상에 따라 가려져야 할

것이고, 공부상 지목이 전으로 되어 있다고 하여도 농지로서의 현상을 상실하고 그 상실한 상태가 일시적이라고 볼 수 없다면 그 토지는 같은 법에서 말하는 농지에 해당하지 아니한다.

[3] 당해 토지가 토지대장상 지목이 전으로 되어 있으나 1987.경부터 1988.경까지 사이에 공장부지공사로 인하여 당해 건축신고승인 이전에 이미 농지로서의 현상을 상실하였고, 당해 토지를 다시 농경지 또는 다년생식물재배지와 기타 농지의 보전이나 이용에 필요한 시설의 부지로 다시 이용한다는 것도 불가능하여 그 상실상태도 일시적이라고 볼 수 없으므로 이를 농지조성비 등의 부과대상인 농지에 해당하지 아니한다고 본 사례.

[4] 농어촌진흥공사가 당해 토지의 소유권자에 대하여 당해 농지조성비 및 농지전용부담금을 부과고지한 다음에, 위 소유자가 소외 기초자치단체장으로부터 교부받은 확인서 등을 이용하여 수납기관에 위 농지조성비 등을 신고납입하였다면, 이러한 위 납입행위는 달리 특별한 사정이 없는 한 당해 처분에 의하여 부과된 농지조성비 등의 납입의무를 이행한 것에 불과하다고 할 것이므로, 그 처분에 하자가 있어 취소사유에 해당하는 경우 위 소유자로서는 여전히 당해 처분을 대상으로 하여 그 취소를 구할 수 있다.

【참조조문】

[1] 구 농지의보전및이용에관한법률(1994. 12. 22. 법률 제4817호 농지법 부칙 제2조에 의하여 폐지) 제2조 제7호 (현행 농지법 제2조 제9호 참조), 제4조 (현행 농지법 제36조 참조), 농어촌발전특별조치법 제45조의2

[2] 구 농지의보전및이용에관한법률(1994. 12. 22. 법률 제4817호 농지법 부칙 제2조에 의하여 폐지) 제2조 제1호 (현행 농지법 제2조 제1호 참조)

[3] 구 농지의보전및이용에관한법률(1994. 12. 22. 법률 제4817호 농지법 부칙 제2조에 의하여 폐지) 제2조 제1호 (현행 농지법 제2조 제1호 참조)

[4] 구 농지의보전및이용에관한법률(1994. 12. 22. 법률 제4817호 농지법 부칙 제2조에 의하여 폐지) 제4조 (현행 농지법 제36조 참조), 행정소송법 제1조[행정처분일반], 제2조

【참조판례】

[1] 대법원 1996. 3. 26. 선고 95누15933 판결(공1996상, 1427), 대법원 1996. 4. 9. 선고 95누16479 판결, 대법원 1996. 6. 25. 선고 95누18246 판결

[2][3] 대법원 1996. 6. 14. 선고 95누18901 판결(공1996하, 2228), 대법원 1996. 9. 24. 선고 96도1536 판결(공1996하, 3263)

[4] 대법원 1996. 11. 15. 선고 96누10478 판결(공1997상, 100), 대법원 1997. 3. 14. 선고 95누13708 판결(공1997상, 1123)

【전 문】

【원고,피상고인】 구의남 (소송대리인 변호사 박경재)

【피고,상고인】 농어촌진흥공사 (소송대리인 변호사 김학만)

【환송판결】 대법원 1995. 12. 22. 선고 95누14688 판결

【원심판결】 부산고법 1997. 1. 17. 선고 96구518 판결

【주 문】
상고를 기각한다. 상고비용은 피고의 부담으로 한다.

【이 유】
피고 소송대리인의 상고이유를 본다.

1. 제2점 및 제3점에 대하여

구 농지의보전및이용에관한법률(1994. 12. 22. 법률 제4817호로 제정된 농지법의 시행으로 폐지됨. 이하 농지보전법이라 한다) 제2조 제7호, 제4조, 농어촌발전특별조치법 제45조의2의 각 규정 등을 종합하면, 농지보전법 제4조 제4항에서 정한 '제2항의 규정에 의하여 협의를 받아 농지를 전용하고자 하는 자'의 경우에는 '제1항의 규정에 의하여 농지의 전용허가를 받고자 하는 자'나 '제5조 제1항의 규정에 의하여 협의·동의 또는 승인을 얻어 농지를 전용하고자 하는 자'의 경우와는 달리, 위 제2항의 규정에 의한 협의의 시기가 아니라 실제로 농지전용을 하고자 하는 시기를 농지조성비 납입의무의 성립시기로 보아야 함은 논하는 바와 같다(대법원 1996. 3. 26. 선고 95누15933 판결, 1996. 6. 25. 선고 95누18246 판결 등 참조).

그러나 농지전용에 따른 농지조성비 및 농지전용부담금을 부과하기 위하여는 그 토지가 농지보전법 제2조 제1호 소정의 '농지'이어야 하는데, 위 법조 소정의 농지인지의 여부는 공부상의 지목 여하에 불구하고 당해 토지의 사실상의 현상에 따라 가려져야 할 것이고, 공부상 지목이 전으로 되어 있다고 하여도 농지로서의 현상을 상실하고 그 상실한 상태가 일시적이라고 볼 수 없다면 그 토지는 농지보전법에서 말하는 농지에 해당하지 아니한다고 할 것이고(대법원 1996. 6. 14. 선고 95누18901 판결, 1996. 9. 24. 선고 96도1536 판결 등 참조), 이러한 법리에 따라 어느 토지가 사실상의 현상에 의하여 농지에 해당하지 아니하는 것으로 인정되는 경우에 그에 관한 적법한 농지전용허가가 없었다고 하여 달리 볼 것은 아니라 할 것이다.

원심판결 이유를 기록과 관계 법령에 대조하여 보면, 원심이 그 내세운 증거에 의하여 판시와 같은 사실을 인정한 다음, 이 사건 계쟁 토지가 토지대장상 지목이 전으로 되어 있으나 1987.경부터 1988.경까지 사이에 공장부지공사로 인하여 이 사건 건축신고승인 이전에 이미 농지로서의 현상을 상실하였고, 이 사건 계쟁 토지를 다시 농경지 또는 다년생식물재배지와 기타 농지의 보전이나 이용에 필요한 시설의 부지로 다시 이용한다는 것도 불가능하여 그 상실상태도 일시적이라고 볼 수 없으므로 이를 농지조성비 등의 부과대상인 농지에 해당하지 아니한다고 본 조치는 정당하고, 거기에 농지의 범위 및 판정시기 등에 관한 법리오해, 사실오인 등의 위법이 있다고 할 수 없다.

2. 제1점에 대하여

원심이 적법하게 확정한 사실관계 및 기록에 의하면, 피고가 원고에 대하여 이 사건 농지조성비 및 농지전용부담금을 부과고지(이하 이 사건 처분이라 한다)한 다음에, 원고가 소외 부산광역시 사하구청장으로부터 교부받은 확인서 등을 이용하여 수납기관에 위 농지조성비 등을 신고납입하였음을 알 수 있으나, 이러한 위 납입행위는 달리 특별한 사정이 없는 한 이 사건 처분에 의하여 부과된 농지조성비 등의 납입의무를 이행한 것에 불과하다고 할 것이므로, 그 처분에 하자가 있어 취소사유에 해당하는 경우 원고로서는 여전히 이 사건 처분을 대상으로 하여 그 취소를 구할 수 있다고 할 것이다.

원고가 위와 같이 자진납입하였으므로 이 사건 처분의 취소를 구할 수 없다는 원고의 주장에 관하여, 원심이 명시적으로 판단하지는 아니하였으나, 원고의 위 주장 사유만으로는 이 사건 처분에 대한 취소청구에 아무런 장애가 될 수 없음을 전제로 하여 그 취소청구의 당부를 판단한 조치에는 원고의 위 주장을 배척하는 취지도 포함되어 있다고 할 것이므로, 거기에 피고가 주장하는 바와 같은 자진납입에 관한 법리오해, 판단유탈 및 사실오인 등의 위법이 있다고 할 수 없다.

3. 그러므로 상고를 기각하고 상고비용은 패소자의 부담으로 하기로 관여 법관의 일치된 의견으로 주문과 같이 판결한다.

대법관   송진훈(재판장) 천경송 지창권(주심) 신성택

II 농지의 전용신고

01 농지의 전용신고

1. 농지의 전용신고

(1) 농지를 다음의 어느 하나에 해당하는 시설의 부지로 전용하려는 사람은 시장·군수 또는 자치구구청장에게 신고해야 한다. 신고한 사항을 변경하려는 경우에도 신고해야 한다(「농지법」 제35조제1항).

- 농업인 주택, 어업인 주택, 농축산업용 시설{개량시설과 농축산물 생산시설(「농지법」 제2조제1호나목)은 제외}, 농수산물 유통·가공 시설
- 어린이놀이터·마을회관 등 농업인의 공동생활 편의 시설
- 농수산 관련 연구 시설과 양어장·양식장 등 어업용 시설

(2) 농지전용신고 대상 시설의 범위·규모·농업진흥지역에서의 설치제한 또는 설치자의 범위 등은 「농지법 시행령」 별표 1에서 확인할 수 있다(「농지법 시행령」 제36조).

2. 전용신고 및 협의가 의제되는 인·허가 등

한편, 농지전용과 관련하여 다른 법률에서는 해당 법률에 따른 인·허가 등을 받으면 「농지법」에 따른 농지전용신고 및 협의를 얻은 것으로 보는 규정을 두고 있다.

다른 법률에 따른 해당 인·허가 등을 받은 경우에는 따로 농지전용의 신고 절차를 받을 필요가 없다(「농지법」 제34조제1항제1호).

이렇게 농지전용신고가 의제되는 법률은 다음과 같다.

농지전용신고가 의제되는 법률
「건축법」 제10조제6항제3호
「건축법」 제11조제5항제7호
「국토의 계획 및 이용에 관한 법률」 제92조제1항제8호
「농어촌주택개량촉진법」 제6조제1항제4호
「농촌융복합산업 육성 및 지원에 관한 법률」 제9조제1항제3호
「도시개발법」 제19조제1항제8호
「도시 및 주거환경정비법」 제57조제1항제6호
「무인도서의 보전 및 관리에 관한 법률」 제18조제1항제2호
「산업집적활성화 및 공장설립에 관한 법률」 제13조의2제1항제1호
「소하천정비법」 제10조의2제1항제2호
「신행정수도 후속대책을 위한 연기·공주지역 행정중심복합도시 건설을 위한 특별법」 제22조제1항제12호
「전통시장 및 상점가 육성을 위한 특별법」 제40조제1항제5호
「중소기업창업 지원법」 제35조제1항제9호
「택지개발촉진법」 제11조제1항제9호

02 농지전용신고 절차

1. 신고서의 제출

농지전용의 신고 또는 변경신고를 하려는 사람은 농지전용신고서(「농지법 시행규칙」 별지 제22호서식)에 다음의 서류를 첨부하여 해당 농지의 소재지를 관할하는 시장·군수 또는 자치구구청장에게 제출한다. 다만, 변경신고를 하는 경우에는 변경하려는 사항에 관한 서류

만 첨부한다(「농지법 시행령」 제35조제1항 및 「농지법 시행규칙」 제31조제1항·제2항).

- 전용목적 및 시설물의 활용계획 등을 명시한 사업계획서
- 전용하려는 농지의 소유권을 입증하는 서류(토지 등기사항증명서로 확인할 수 없는 경우에 한함) 또는 사용승낙서·사용승낙의 뜻이 기재된 매매계약서 등 사용권을 가지고 있음을 입증하는 서류
- 해당 농지의 전용이 농지개량시설 또는 도로의 폐지 및 변경이나 토사의 유출, 폐수의 배출, 악취의 발생 등을 수반하여 인근 농지의 농업경영과 농어촌생활환경의 유지에 피해가 예상되는 경우에는 대체시설의 설치 등 피해방지계획서
- 변경내용을 증명할 수 있는 서류를 포함한 변경사유서(변경신고의 경우에 한함)
- 농지보전부담금을 납부한 후 농지전용신고를 한 자의 명의가 변경되는 경우에는 농지보전부담금의 권리 승계를 증명할 수 있는 서류(농지전용신고를 한 자의 명의가 변경되어 변경신고를 하는 경우에 한정)
- 농지보전부담금 분할납부신청서(분할납부를 신청하는 경우에 한정)

2. 신청의 보완 또는 보정

시·도지사 및 시장·군수 또는 자치구구청장이 농지전용신고를 심사하는 경우 제출한 서류에 흠이 있으면 지체 없이 보완 또는 보정에 필요한 상당한 기간을 정하여 신청인에게 보완 또는 보정을 요구하게 된다. 이 경우 보완 또는 보정의 요구는 문서·구술·전화 또는 팩스로 하되, 신청인이 특별히 요청하는 때에는 문서로 한다. 보완 또는 보정하지 않는 때에는 신청서류를 반려할 수 있다.(「농지법 시행령」 제33조제3항 및 제4항).

3. 신고의 적합여부 결정

(1) 시장·군수 또는 자치구구청장은 농지전용신고서 등을 제출받은 때에는 첨부서류의 적정성과 신고내용이 농지전용신고 대상 시설의 범위·규모·농업진흥지역에서의 설치제한 또는 설치자의 범위 등(「농지법」 제35조 「농지법 시행령」 제36조)에 적합한지의 여부를 검토하여 적합하다고 인정하는 경우에는 농지전용신고증을 신고인에게 발급하며, 적합하지 않다고 인정하는 경우에는 그 사유를 구체적으로 밝혀 제출받은 서류를 반려한다(「농지법 시행령」 제35조제4항).

(2) 시장·군수 또는 자치구구청장은 농지전용신고를 수리하는 경우에는 이를 농지전용신고대장(「농지법 시행규칙」 별지 제23호서식)에 기재하고 농지전용신고증(「농지법 시행규칙」 별지 제24호서식)을 신고인에게 발급한다(「농지법 시행규칙」 제31조제5항).

※ 농지전용신청을 하였는데 그 신청이 반려되거나 신고가 불수리 된 경우 이에 대해 이의가 있으면 행정심판을 제기할 수 있다(대법원 1993. 6. 29. 선고 92누19194 판결).

03 수수료 및 위반 시 제재

1. 수수료

농지전용신고를 하는 사람은 5천원의 수수료를 내야 한다(「농지법」 제56조제3호 및 「농지법 시행령」 제74조제1항제4호).

2. 위반 시 제재

농지전용신고(「농지법」 제35조)를 하지 않고 농지를 전용한 사람은 3년 이하의 징역 또는 3천만원 이하의 벌금에 처해진다(「농지법」 제59조제1호).

04 판례

1. 대법원 1993. 9. 14. 선고 93누6959 판결 【농지전용신고서반려처분취소】

대법원 1993. 9. 14. 선고 93누6959 판결 【농지전용신고서반려처분취소】
[공1993.11.1.(955),2813]

【판시사항】

가. 농어촌발전특별조치법 제47조 제1항의 규정취지 및 동조항의 농지전용신고에 대한 행정청의 실질심사권 유무

나. 행정청이 농지전용신고를 수리함에 있어 농지관리위원회의 확인에 기속되는지 여부

다. 농지전용업무처리심사세부규정(농수산부훈령 제713호) 제3조 제4항의 법적 성질

【판결요지】

가. 농어촌발전특별조치법 제47조 제1항은 농가가 대통령령으로 정하는 규모 이하의 농가주택과 농업용 시설의 설치 등을 목적으로 하는 경우 농지의보전및이용에관한법률 제4조 제1항 등의 규정을 배제하고 자유로이 신고만으로 농지를 전용할 수 있도록 한 취지이므로 위 제47조 제1항의 규정에 의한 농지전용신고를 받은 행정청으로서는 당해 전용신고가 위 법과 같은법시행령 제57조에 규정된, 신고에 의하여 전용할 수 있는 경우에 해당하는지 여부 및 위 법규정에 의한 농지관리위원회의 확인 절차를 거쳤는지

여부 등을 심사하여 그것이 법규정에 부합하는 이상 이를 수리하여야 하고, 위 법규정에 정하지 아니한 농지의 보전가치 등을 심사하여 이를 이유로 신고 수리를 거부할 수 없다.

나. 위 농지전용신고를 함에 있어서 거쳐야 할 농지관리위원회의 확인이란 시장, 군수 등 행정청이 당해 신청인이 농가이고 설치코자 하는 것이 농업용 시설인지 여부 등 법령이 정한 신고 대상에 해당하는지 여부를 쉽사리 알 수 있도록 도와주는 전단계 경유기관의 조치에 불과할 뿐 농지관리위원회에게 신고 수리 여부에 대한 판정권이 주어지거나 행정청이 이에 기속되는 것이 아니다.

다. 농수산부훈령 제713호 농지전용업무처리심사세부규정 제3조 제4항은 군수가 농지전용신고증 발급에 앞서 농지의보전및이용에관한법률시행규칙 제11조의2, 제6조의 규정에 의한 농지전용의 타당성 여부를 심사하도록 규정하고 있으나, 이는 행정기관 내부의 사무처리준칙에 불과한 것으로 관계행정기관이나 직원을 기속함에 그치고, 일반국민이나 법원을 구속하는 법규로서의 효력이 없다.

【참조조문】

가.나.다. 농어촌발전특별조치법 제47조 제1항, 같은법시행령 제57조, 농지의보전및이용에관한법률 제4조, 같은법시행규칙 제11조의2, 제6조

다. 농지전용업무처리심사세부규정(농수산부훈령 제713호) 제3조 제4항

【참조판례】

가. 대법원 1988.8.9. 선고 86누889 판결(공1988,1212), 1988.9.20. 선고 87도449 판결(공1988,1356), 1992.5.8. 선고 91누5655 판결(공1992,1870)

나. 대법원 1992.10.9. 선고 92누11749 판결(공1992,3153)

다. 대법원 1991.9.10. 선고 90누9865 판결(공1991,2547)

【전 문】

【원고, 피상고인】 오성영 소송대리인 변호사 정기용

【피고, 상고인】 평택군수

【원심판결】 서울고등법원 1993.2.11. 선고 92구24020 판결

【주 문】

상고를 기각한다.
상고비용은 피고의 부담으로 한다.

【이 유】

상고이유를 본다.

농어촌발전특별조치법 제47조 제1항은 농가가 대통령령으로 정하는 규모 이하의 농가주택과 농업용 시설의 설치 등을 목적으로 하는 경우 농지의보전및이용에관한법률 제4조 제1항 등의 규정을 배제하고 자유로이 신고만으로써 농지를 전용할 수 있도록 한 취지라 할 것이므로 위 농어촌발전특별조치법 제47조 제1항의 규정에 의한 농지전용신고를 받은 행정청으로서는 당해 전용신고가 과연 위 법과 같은법시행령 제57조에 규정된, 신고에 의하여 전용할 수 있는 경우에 해당하는지 여부 및 위 법규정에 의한 농지관리위원회의 확인 절차를 거쳤는지 여부 등을 심사하여 그것이 법규정에 부합하는 이상 이를 수리하여야 하고, 위 법규정에 정하지 아니한 농지의 보전가치 등을 심사하여 이를 이유로 신고 수리를 거부할 수 없다 할 것이다 (당원 1985.4.23. 선고 84도2953 판결; 1992.5.8. 선고 91누5655 판결 등 참조).

위 농어촌발전특별조치법 제47조 제1항에 의한 농지전용신고를 함에 있어서 거쳐야 할 농지관리위원회의 확인이란 시장, 군수 등 행정청이 당해 신청인이 농가이고 설치코자 하는 것이 농업용 시설인지 여부 등 법령이 정한 신고 대상에 해당하는지 여부를 쉽사리 알 수 있도록 도와주는 전단계 경유기관의 조치에 불과할 뿐 농지관리위원회에게 신고 수리 여부에 대한 판정권이 주어지거나 행정청이 이에 기속되는 것이 아니므로 (당원 1992.10.9. 선고 92누11749 판결 참조), 위 농어촌발전특별조치법시행령 제58조 제1항에 농지관리위원회가 법 제47조 제1항에 의한 확인 요청을 받을 때에는 농수산부령이 정하는 기준에 의하여 확인하도록 규정되어 있고, 농수산부령인 농지의보전및이용에관한법률시행규칙 제11조의2 제2항, 제6조에 그 심사기준에 관하여 규정되어 있다고 하더라도 위 기준은 농지관리위원회가 행정청에 참고자료로 제출하는 확인서 작성시의 기준에 지나지 아니한다고 보아야 하고, 그 기준에 부합하여야만 행정청이 농지전용신고를 수리할 수 있다고 해석할 수는 없다 할 것이다.

농수산부훈령 제713호 농지전용업무처리심사세부규정 제3조 제4항은 군수가 농지전용 신고증 발급에 앞서 농지의보전및이용에관한법률시행규칙 제11조의2, 제6조의 규정에 의한 농지전용의 타당성 여부를 심사하도록 규정하고 있으나, 이는 행정기관 내부의 사무처리준칙에 불과한 것으로 관계행정기관이나 직원을 기속함에 그치고, 일반 국민이나 법원을 구속하는 법규로서의 효력이 없다 할 것이며, 경기도훈령 제897호 경기도농지전용업무처리규정은 그 근거가 된 위 농수산부훈령 제5조 제1항이 농지전용허가·협의·동의 또는 승인과 농지전용 용도변경 승인에 있어서의 구체적 심사기준의 제정을 시·도지사와 군수에게 위임하고 있음에 비추어 알 수 있는 바와 같이 행정청의 허가와 협의·동의·승인 등이 필요한 농지전용에 있어서의 심사기준에 관한 규정이지, 행정청의 허가 등이 필요 없고 단순 신고만으로써 농지를 전용할 수 있는 농어촌발전특별조치법 제47조 제1항에 의한 농지전용신고 수리시 적용될 규정이 아니라 할 것이다.

그렇다면, 농민인 원고가 1991.12.23. 농가주택과 야생조류사육장 부지로 사용코자 관할 농지관리위원회의 확인을 거쳐 당시 시행되던 농어촌발전특별조치법시행령 제57조 제1호 범위 내의 농지전용을 신고한 데 대하여, 피고가 위 훈령 등을 들어 농지로서의 보전가치가 있다는 이유로 그 수리를 거부하였음은 위법이라 할 것이니 같은 취지의 원심판결은 정당하고, 주장과 같은 법리오해의 위법이 없다.

그러므로 상고를 기각하고, 상고비용은 패소자의 부담으로 하여 관여 법관의 일치된 의견으로 주문과 같이 판결한다.

대법관   김용준(재판장) 윤관(주심) 김주한 천경송

05 행정심판 사례

1. 2002경행심258, 농지전용신고반려처분취소청구

> 농업인의 요건을 충족하지 못한 자에 대한 농지전용신고의 수리는 불가하다.
> 농지법시행령 제41조별표1의 제2호의 규정은 위 농지전용신고대상시설의 설치자의 범위를 동법시행령 제34조제4항제1호 각목의 1에 해당하는 세대의 세대원인 농업인과 농업법인으로 정하고 있는바, 이러한 농업인의 요건을 충족하고 있지 못한 자에 대한 농지전용신고의 수리는 불가함

[주 문] 청구인의 청구를 기각한다.

[청구취지] 피청구인이 2002. 8. 19. 청구인에 대하여 한 농지전용신고반려처분은 이를 취소하고, 동 농지전용신고를 수리하라. 라는 재결을 구함

[이 유]

1. 사건개요

   가. 청구인은 2002. 8. 16. ○○시 △△면 ◇◇리 252-1 전 532㎡(이하 이 사건 신청지라고 한다)를 전용하여 창고 및 저장고 시설 236㎡를 건축하겠다는 내용의 농지전용신고를 하였으나,

   나. 피청구인은 2002. 8. 19. 농업용 창고 설치를 위한 농지전용의 신고는 농지법시행령 제3조의 규정에 의한 농업인인 경우에 한하여 농지전용신고를 수리할 수 있으나, 청구인은 위 법령에서 정한 농업인의 요건을 갖추지 못하여 신고를 수리할 수 없다는 이유로 이를 반려하는 처분을 하였다.

2. 당사자 주장

   가. **청구인 주장**

   (1) 청구인은 이 사건 신청지가 소재한 마을이 고향이고 본적지이며, 농민의 자손으로서 고향의 농토를 지키고 있고 생활여건상 주소지와 거소지는 다르나, 본인명의 소유 4,100㎡와 선친의 유산 등을 포함 10,000㎡ 이상의 전답을 경작하고

있으며 농업을 노후의 낙으로 삼아 생활하고 있는 자로서, 농기구(콤바인, 경운기 등) 및 농업용 자재 관리에 편리성을 도모하고자 거소 주택부지에 접한 소규모 부지인 신청지를 농지전용신고한 것이다.

(2) 청구인은 농지법시행령 제3조제1항의 규정에 의한 농업인의 자격요건(1천㎡이상)의 농지를 소유한 경작자로서, 이는 ○○시에서 부과된 과세근거만으로도 확인이 가능하고, 청구인의 거소인 주택이 신청지 옆에 존치되어 왔는데, 다만 법률상 주소가 별도로 되어 있다 하더라도 이는 농어민의 자격요건과는 별개로서 (90일 이상 경작 거주) 논할 사항이 아닌 바, 피청구인이 농업인의 요건 불비를 이유로 이 사건 처분을 한 것은 위법하여 취소되어야 한다.

(3) 농지법시행령 제41조 관련 별표1과 농업,농촌기본법시행령 제3조 및 농어촌발전특별조치법 제2조제2항을 종합적으로 보면 농업인의 범위를 경영, 경작, 종사 또는 농업에 준하는 사항으로 폭넓게 법적으로 명시하고 있으며, 국토이용관리법 제21조의4, 동법시행령 제26조제1항제2호, 동법시행규칙 제7조의4에서도 경작거리 개념상의 농어민 판단기준 등 농지취득자격 요건을 제시하고 있는 바, 청구인의 주소지와 경작지와의 통행거리는 50km 정도로서 승용차로 1시간 정도의 생활권이며 농지전용신고 토지에 연접된 같은 리 252-2번지가 청구인의 거소 주택으로서 영농장비가 집밖에 방치되고 있는 실정으로 이는 기존 농가의 영농편의를 위한 목적의 농지전용신고임이 분명하다.

(4) 청구인은 신청지를 1968.11.25.부터 현재까지 소유자 변동 없이 34년간 소유하여 왔으며, 직장을 마감하고 건강관리상 고향 땅에서 노후를 즐기고자 어려운 여건하에서도 고향은 지켜왔으며, 사실과세인 종합토지세 영수증을 보더라도 청구인의 사실관리 및 소유사실은 명확하다. 한편, 청구외 ○○○가 경작하고 있는 토지는 청구인의 남동생 소유(부친의 상속분) 토지인 같은 리 208-2, -3, -4, 198, 203, 204번지에 대하여 친구사이로서 경작을 잠시 부탁한 사실로 알고 있으며 동생이 수시로 집에 들리는 것을, 피청구인은 이를 청구인의 경우인양 주장하고 있는데 이들 토지는 청구인의 소유가 아니며(본인 소유는 244-1외 5필지로 주로 전(◆으로서 금년같은 경우 노동력이 못미쳐 1천여㎡는 일부 휴경상태로 묵혀있는 실정이다), 한편으로 농지의 위탁경영도 농업인의 위치에서 농지법 제9조의 규정에 의거 위탁농업을 경영할 수 있다고 보므로, 청구인의 이 사건 처분은 취소되어야 한다.

나. 피청구인 주장

(1) 청구인의 거소가 어디인지는 정확히 알 수 없지만, 최소한 신청지 마을이 아님을 확인하였고 거소가 불분명한 상황에서는 주소지를 거소지로 추정할 수 밖에 없는 바, 청구인의 주소지인 서울시 구로구 개봉동에서는 일반적인 통념에 비추어 왕래경작이 도저히 불가능할 뿐만 아니라, 실제로 경작도 하지 않고 있는 실정에서 농업용 자재관리의 편리성 도모를 거론하는 것은 어불성설이다.

(2) 농지원부는 농지의 소유 및 이용실태를 파악하여 이를 효율적으로 이용, 관리하기 위하여 농업인의 주소지 읍, 면장이 작성하여 비치하는 공부로 1,000㎡이상의 농지에서 농작물 또는 다년성 식물을 경작 또는 재배하는 농업인 세대별로 작성하는 것으로서 일반적으로 농업인임을 입증하는 자료로 사용하고 있는바, 도시생활을 하는 청구인이 농지원부에 등재되어 있지 않음은 당연한 것이며, 청구인이 전국 어느 행정관청이든 농지원부를 발급받아 제시하지 못하는 것은 농업인의 자격이 없다는 분명한 증거일 것이다. 물론, 청구인의 주장대로 농지전용신고시 농지원부의 첨부가 필수적인 사항은 아니지만, 농업인으로서의 자격이 검증되지 않은 상황에서 신고인의 말만 믿고 농업인으로 인정하기는 곤란하다.

(3) 농업인 여부는 소유권보다는 객관적, 실체적 관계에서 규명되어야 할 것인데, 농업인으로 인정되기 위하여는 농업소득과 영농일수가 영농이외의 소득과 비교하여 많아야 함이 타당하며, 최소한 법령의 기준에 의하여 자신이 경작하고 있는지 또는 90일이상 농업에 종사하는지를 실체적으로 판단하여 규명하여야 한다고 사료되는바, 객관적으로 그러한 사실이 전혀 없는 청구인을 농업인으로 보기는 어렵다.

(4) 청구인은 고향을 떠난 지 이미 오래 되었고 명절 때나 고향에 들르는 처지라는 것이 마을 사람들의 공통된 의견이며, 청구인이 소유하고 있는 같은 리 176-1, 209 등 토지는 실제로 청구외 ○○○가 대리경작하고 있는 실정이고, 위 ○○○는 현재 ◇◇3리 이장으로 재직하고 있으며 책임감 있는 마을의 대표자임을 감안할 때 그의 확인내용은 신뢰할 만한 것으로 청구인의 청구는 기각되어야 한다.

(5) 한편, 청구인은 청구취지에서 농지전용신고를 수리해 달라는 청구를 하고 있으나, 행정관청이 당해 신고내용의 적합여부를 판단하여 신고증을 교부하거나 반려할 수 있을 뿐 이를 무조건 수리할 의무는 없는 것이므로, 청구인이 피청구인으로 하여금 이미 행정처분한 사항에 대하여 신고수리하도록 의무이행 심판을 구하는 것은 부적법하므로 예비적으로 각하재결을 구한다.

3. 이 사건 처분의 위법, 부당 여부

가. 관계법령

【농지법】

제2조 (정의) 이 법에서 사용하는 용어의 정의는 다음과 같다.

  2. "농업인"이라 함은 농업에 종사하는 개인으로서 대통령령이 정하는 자를 말한다.

제34조 (용도구역안에서의 행위제한) ① 농업진흥구역안에서는 농업생산 또는 농지개량과 직접 관련되지 아니한 토지이용행위를 할 수 없다. 다만, 다음 각호의 토지이용행위의 경우에는 그러하지 아니하다.

3. 농업인주택 기타 대통령령이 정하는 농업용 또는 축산업용 시설의 설치

② 농업보호구역안에서는 다음 각호의 토지이용행위를 할 수 없다. 다만, 제1항 각호의 규정에 의한 토지이용행위의 경우에는 그러하지 아니하다.

제37조 (농지의 전용신고) ① 농지를 다음 각호의 1에 해당하는 시설의 부지로 전용하고자 하는 자는 대통령령이 정하는 바에 의하여 당해 농지의 소재지를 관할하는 농지관리위원회의 확인을 거쳐 시장,군수 또는 자치구구청장에게 신고하여야 한다. 신고한 사항을 변경하고자 하는 경우에도 또한 같다.

1. 농업인주택, 농업용시설, 농수산물유통,가공시설

【농지법시행령】

제3조 (농업인의 범위) 법 제2조제2호에서 "대통령령이 정하는 자"라 함은 다음 각호의 1에 해당하는 자를 말한다.

1. 1천제곱미터이상의 농지에서 농작물 또는 다년성식물을 경작 또는 재배하거나 1년중 90일이상 농업에 종사하는 자
2. 농지에 330제곱미터이상의 고정식온실,버섯재배사,비닐하우스 기타 농림부령이 정하는 농업생산에 필요한 시설을 설치하여 농작물 또는 다년성식물을 경작 또는 재배하는 자
3. 대가축 2두, 중가축 10두, 소가축 100두, 가금 1천수 또는 꿀벌 10군이상을 사육하거나 1년중 120일이상 축산업에 종사하는 자
4. 농업경영을 통한 농산물의 연간 판매액이 100만원 이상인 자

제34조 (농업진흥구역안에서 할 수 있는 행위)

④ 법 제34조제1항제3호의 규정에 의한 농업인주택은 다음 각호의 요건을 모두 갖춘 건축물 및 시설물로 한다. (단서 생략)

1. 농업인 1인이상으로 구성되는 농업,임업 또는 축산업을 영위하는 세대로서 다음 각목의 1에 해당하는 세대의 세대주가 설치하는 것일 것

   가. 당해세대의 농업,임업 또는 축산업에 의한 수입액이 연간 총수입액의 2분의 1을 초과하는 세대
   나. 당해세대원의 노동력의 2분의 1이상으로 농업,임업 또는 축산업을 영위하는 세대

⑤ 법 제34조제1항제3호에서 "기타 대통령령이 정하는 농업용 또는 축산업용 시설"이라 함은 다음 각호의 시설을 말한다. 다만, 제1호 및 제4호의 시설은 자기의 농업 또는 축산업의 경영의 근거가 되는 농지,축사등이 소재하는 시,구,읍,면 또는 이에 연접한 시,구,읍,면지역에 설치하는 경우에 한한다.

1. 농업인 또는 농업법인이 자기가 생산한 농산물을 건조,보관하기 위하여 설치하는 시설

제41조 (신고에 의한 농지전용의 범위) 법 제37조제2항의 규정에 의한 농지전용신고대상시설의 범위,규모,농업진흥지역안에서의 설치제한 또는 설치자의 범위 등은 별표1과 같다.

[별표 1] 농지전용신고대상시설의 범위,규모등(제41조관련)

【○○시사무위임조례】

제2조 (위임사항) 시장의 권한에 속하는 사무 중 출장소장에게 위임하는 사항은 별표1, 읍,면장에게 위임하는 사항은 별표2, 동장에게 위임하는 사항은 별표3과 와 같다.

[별표2] 위임사무명

나. 판 단

(1) 이 사건 신청지는 농업보호구역에 속하므로, 농지법 제34조제1항제3호 및 제2항과 제37조제1항제1호의 규정에 의거 신고로서 농지전용을 하여 농가용 창고를 설치할 수 있으나, 동법시행령 제41조 별표1의 제2호의 규정은 위 농지전용신고대상시설의 설치자의 범위를 동법시행령 제34조제4항제1호 각목의 1에 해당하는 세대의 세대원인 농업인과 농업법인으로 정하고 있는바, 위 각목은 가. 당해세대의 농업,임업 또는 축산업에 의한 수입액이 연간 총수입액의 2분의 1을 초과하는 세대, 나. 당해세대원의 노동력의 2분의 1이상으로 농업,임업 또는 축산업을 영위하는 세대로 각 규정하고 있으므로, 청구인이 위 농업인의 요건을 충족하고 있지 못한 경우에는 이 사건 농지전용신고의 수리는 불가하다고 보인다.

(2) 피청구인의 이 사건 처분사유는 청구인은 농업인의 요건을 갖추지 못하였다는 것이고, 이에 반하여 청구인은 10,000㎡ 이상의 전답을 가지고 있고 법률상 주소가 서울로 되어 있으나, 주소지가 신청지와 50km 정도 떨어져 승용차로 1시간 거리에 불과하고, 한편으로 신청지 옆에는 청구인의 거소 주택이 존재하여 직접 영농을 하고 있어 농업인에 해당한다는 취지의 주장을 하므로 이에 대하여 살펴본다.

농지법 제2조제2호 및 농지법시행령 제3조의 규정에 의하면, 농업인이라 함은 농업에 종사하는 개인으로서 1,000㎡ 이상의 농지에서 농작물 또는 다년성식물을 경작 또는 재배하거나 1년중 90일이상 농업에 종사하는자 또는 농업경영을 통한 농산물의 연간 판매액이 100만원 이상인 자 등으로 정하고 있는데, 비록 청구인의 소유토지가 1,000㎡ 이상에 해당하고 종합토지세가 청구인 명의로 납부되고 있다 하더라도, 서울에서 직장생활을 하고 있고 명절 때나 고향인 신청지 마을을 찾고 있는 것으로 보이는 청구인이 직접 농작물을 경작하였다고 인정하기는 어려워 보이므로, 특별한 사정이 없는 한 청구인을 농업인으로 볼 수는 없다고 판단된다.

또한, 앞서 본바와 같이 동법시행령 제34조제4항제1호 각목의 규정에 의하면, 이 사건과 같은 농업용시설의 농지전용을 할 수 있는 자는 당해세대의 농업에 의한 수입액이 연간 총수입액의 2분의 1을 초과하는 세대 또는 당해세대원의 노동력의 2분의 1이상으로 농업을 영위하는 세대에 해당되어야 하는데, 설령 청구인이 주말 등을 이용하여 신청지 마을에 소재한 청구인 소유의 농지를 직접 경작하였다는 점을 인정하여 농업인으로 보아 준다 하더라도, 이러한 결과로 얻어진 농업수입액이 청구인세대의 연간 총수입액의 2분의 1을 초과하였다거나 세대 전체의 노동력의 2분의 1 이상을 투입하여 농업에 종사하였다고 인정할 만한 아무런 근거가 없으므로, 다른 주장에 대하여 더 살펴보지 않더라도 청구인의 주장은 받아들이기 어렵다.

(3) 한편, 피청구인은 청구인의 의무이행 심판청구 부분에 대하여 예비적으로 각하 재결을 구하고 있으나, 행정심판법 제32조제5항은 의무이행심판 청구에 대한 처분명령재결이 가능함을 규정하고 있으므로, 이 부분에 대한 피청구인의 주장은 받아들이지 아니한다.

4. 결 론

그러므로, 이 사건 심판청구는 모두 이유없다고 인정되므로 기각하기로 하여 주문과 같이 재결한다.

2. 2002경행심184, 농지전용신고불수리처분취소청구

사건명: 2002경행심184 농지전용신고불수리처분취소청구

아직 확정되지 않은 도시계획재정비안을 근거로 한 농지전용신고 불수리처분은 위법하다. 아직 도시계획구역에 편입되지 않아 도시계획구역외의 준농림지역에 해당하는 신청지에 대하여 도시계획법에 근거한 건축허가제한은 위법하고, 신청지의 일부분이 피청구인 계획의 도시계획도로나 완충녹지 안에 포함되어 있기는 하나 청구인이 계획하고 있는 농업용시설의 건축물은 그 계획시설 부분에 위치하는 것이 아니라고 보이는 점 등을 종합적으로 고려하면, 아직 확정되지 않은 도시계획재정비안을 근거로 한 피청구인의 농지전용신고 불수리처분은 위법함

[주 문]
피청구인이 2002. 4. 12. 청구인에 대하여 한 농지전용신고불수리처분은 이를 취소한다.

[청구취지] 주문과 같다.

[이 유]

1. 사건개요

가. 청구인은 2002.4.1. 준농림지역이고 도시계획지역외 지역이며 농지법상 농업진흥지역 밖에 속하는 ○○시 △△동 492-7번지 전 926㎡(이하 이 사건 신청지라고 한다) 상에 699㎡를 전용하여 건축면적 139㎡(농산물 창고 111.2㎡, 농기계 창고 27.8㎡) 규모의 1층 농가용 창고를 건축하겠다는 계획의 농지전용신고를 하였고,

나. 이에 피청구인은 2002.4.12. 신청지가 도시계획재정비(안)상 도시계획도로 및 완충녹지지역에 편입되는 부지로 관계법에 저촉되어 동 신고수리가 불가하다는 이 사건 처분을 하였다.

2. 당사자 주장

가. 청구인 주장

(1) 2002.4.8.에 한 ○○시고시 제2002-61호는 개발행위허가 제한의 근거로 도시계획법 제49조 및 ○○시도시계획조례 제21조의 규정을 들고 있으나 이는 도시계획구역에만 적용되는 법령으로, 국토이용관리법상 준농림지역에 해당하는 신청지에 위 규정을 적용하는 것은 잘못이고, 또한 청구인은 ○○시농지관리위원회에 2002.4.1.자로 농지전용신고서를 접수하였는데, 같은 달 8.의 위 ○○시 고시를 소급적용하여 불가처분을 하는 것은 잘못된 것이다.

(2) 신청서상의 설계도면을 보면 알겠지만, 약 150㎡의 농지가 도시계획재정비(안)상의 완충녹지안에서 대지로 지목변경이 되는 것 뿐이고, 건물이 도시계획도로나 완충녹지안에 들어가는 것도 아니어서 적법하므로, 청구인의 신청을 허용하더라도 현저하게 공공의 복리를 훼손하는 것이 아니다.

(3) 건설교통부와 농림부에 대한 질의회신사항에 의하면, 준농림지역에서의 농지전용신고는 농지법에 따르고, 준농림지역의 농지가 도시계획재정비 대상이라 하여 농지전용허가를 해줄 수 없다는 규정은 농지법에 명시되어 있지 않다는 것이므로, 피청구인의 이 사건 처분은 위법하여 취소되어야 한다.

나. 피청구인 주장

(1) ○○시는 1996.3.1. 도·농복합형태의 시로 승격된 후 1996.9. 2016년을 목표연도로 하는 장기발전구상인 ○○도시기본계획을 수립하여 2001.5.9. 건설교통부로부터 승인을 득한 후 도시계획재정비를 입안하여 경기도에 결정 신청 중에 있으며, 무분별한 난개발을 방지하고 합리적인 도시발전을 위하여 건축법 제12조제3항에 의거 ○○시공고 제2000-299호(2000.4.7)호로 건축허가 제한을 하였으나, 입안중에 있는 ○○도시계획이 결정되지 않아 시민들의 불편을 최소화 하고자 도시계획법 제49조의 규정에 의거 ○○시고시 제2002-61호(2002.4.8)로 도시계획수립에 지장을 초래하는 지역에 한해서만 개발행위허가를 할 수 있도록 제한하였다.

(2) 청구인은 피청구인이 위 ○○시고시 제2002-61호를 소급적용하였다고 주장하나, 도시계획수립과 관련하여 2000.4.7.부터 시행하여온 건축허가 제한사항의 세부운영상 도시계획수립 취지에 부합되지 않은 부분에 대하여 도시계획수립의 원활을 기하고 무분별한 건축행위를 방지하고, 2002.1.28. 경기도에 신청된 도시계획재정비(안) 결정내용을 반영 시행하기 위하여 건축 58551-154호(2002.2.23)호로 "허가제와 관련 건축허가기준"을 마련하여 2002.2.25.부터 도시계획재정비 내용을 반영하여 시행하였는바, 위 소급적용에 해당되지 않는다.

(3) 국토이용관리법상 준농림지역이라고 할지라도 도시계획구역에 새로이 편입되어 도시계획을 입안중인 곳이라면 개발행위허가 제한을 할 수 있는 것이고, 완충녹지가 대지로 지목변경이 되어 마당 및 기타지로 이용된다면 완충녹지를 두는 목적이 퇴색될 뿐만 아니라 청구인이 추후 이곳에 다른 목적의 건물을 건립할 수 있는 것으로 청구인의 청구는 기각되어야 한다.

3. 이 사건 처분의 위법·부당 여부

가. 관계법령

【농지법】

제37조 (농지의 전용신고) ① 농지를 다음 각호의 1에 해당하는 시설의 부지로 전용하고자 하는 자는 대통령령이 정하는 바에 의하여 당해 농지의 소재지를 관할하는 농지관리위원회의 확인을 거쳐 시장·군수 또는 자치구구청장에게 신고하여야 한다. 신고한 사항을 변경하고자 하는 경우에도 또한 같다.

1. 농업인주택, 농업용시설, 농수산물유통·가공시설

【도시계획법】

제49조 (개발행위허가의 기준) ① 특별시장·광역시장·시장 또는 군수는 개발행위허가의 신청내용이 다음 각호의 기준에 적합한 경우에 한하여 개발행위허가를 하여야 한다.

1. 도시계획의 내용에 배치되지 아니할 것
2. 도시계획사업의 시행에 지장이 없을 것

② 특별시장·광역시장·시장 또는 군수는 다음 각호의 1에 해당되는 지역으로서 도시계획상 특히 필요하다고 인정되는 지역에 대하여는 1회에 한하여 3년 이내의 기간동안 제85조의 규정에 의한 지방도시계획위원회의 심의를 거쳐 당해 지방자치단체의 조례가 정하는 바에 따라 개발행위허가를 제한할 수 있다.

1. 녹지지역으로서 수목이 집단적으로 생육되고 있거나 조수류 등이 집단적으로 서식하고 있는 지역 또는 우량농지 등으로 보전할 필요가 있는 지역
2. 개발행위로 인하여 주변의 환경·경관·미관 등이 크게 오염되거나 손상될 우려가 있는 지역

3. 도시계획구역에 새로이 편입되어 도시계획을 입안중인 지역으로서 당해 도시계획이 결정될 경우 개발행위허가의 기준이 크게 달라질 것으로 예상되는 지역

③ 특별시장·광역시장·시장 또는 군수는 제2항의 규정에 의하여 개발행위허가를 제한하고자 하는 때에는 제한지역·제한사유·제한대상행위 및 제한기간을 미리 고시하여야 한다.

【도시공원법】

제10조 (녹지의 세분) 녹지는 그 기능에 따라 다음과 같이 세분한다.

1. 완충녹지
대기오염·소음·진동·악취 기타 이에 준하는 공해와 각종 사고나 자연재해 기타 이에 준하는 재해등의 방지를 위하여 설치하는 녹지를 말한다.

2. 경관녹지
도시의 자연적 환경을 보전하거나 이를 개선함으로써 도시경관을 향상하기 위하여 설치하는 녹지를 말한다.

【○○시도시계획조례】

제21조(개발행위허가제한에 관한 주민의견청취) ① 시장은 법 제49조제2항의 규정에 의하여 개발행위허가를 제한하고자 하는 때에는 미리 당해 지역을 주된 보급지역으로 하는 2이상의 일간신문 및 시홈페이지에 이를 공고하고 14일이상 일반에게 공람하여 주민의 의견을 들어야 한다.

② 시장은 법 제49조 제3항의 규정에 의한 고시는 당해 지역을 주된 보급지역으로 하는 2이상의 일간신문 및 공보 또는 시홈페이지에 게재하여야 한다.

나. 판 단

피청구인은 이 사건 처분 사유로서 신청지가 도시계획재정비(안)상 도시계획도로 및 완충녹지지역에 편입되는 부지로 관계법에 저촉된다고 하고, 또한 2002.4.8.에 한 ○○시고시 제2002-61호로서 개발행위허가를 할 수 있도록 제한하였으며 한편으로 2002.2.23.에 마련한 건축허가기준을 적용하여 이 사건 불수리를 하였다는 취지의 주장을 하므로, 위 사유들이 법령에 근거한 것인지에 대하여 살펴본다.

도시계획법 제49조제2항제3호는 도시계획구역에 새로이 편입되어 도시계획을 입안중인 지역으로서 당해 도시계획이 결정될 경우 개발행위허가의 기준이 크게 달라질 것이 예상되는 지역에 대하여 3년이내의 기간동안 당해 지방자치단체의 조례가 정하는 바에 따라 개발행위허가를 제한할 수 있다고 정하고 있는바, 위 규정은 도시계획구역에는 편입되었으나 도시계획이 아직 입안중인 경우에 개발행위허가를 제한할 수 있는 것이라고 해석되므로, 아직 도시계획구역에 편입되지 않아 도시계획구역외의 준농림지역에 해당하는 이 사건 신청지에 대하여는 위 규정을 적용할 수 없다고 판단된다. 따라서, 위 ○○시고시 제2002-61호는 고시 당시에 도시계획구

역에 편입되어 있는 토지에만 적용될 수 있을 뿐 이 사건 신청지에는 적용될 수 없는 것이므로 피청구인이 위 고시를 이 사건 처분의 근거로 삼은 것은 위법하다.

다음으로, 피청구인이 2002. 2. 23.에 마련한 건축허가기준 또한 내부기준에 불과할 뿐만 아니라 위 기준은 건축허가의 제한기간이 2002. 4. 6.로 만료되는 ○○시공고 제2001-258호(건축허가제한 변경공고)에 근거하고 있으므로, 2002. 4. 12.에 한 이 사건 처분에는 적용될 수도 없는 것이어서, 결과적으로 이 사건 처분의 사유 및 피청구인의 주장들은 법령에 근거하지 않은 것으로 보인다.

따라서, 피청구인의 이 사건 처분 사유는 법령에 근거하지 않아 위법하다고 보이는 점, 신청지의 일부분이 피청구인 계획의 도시계획도로나 완충녹지 안에 포함되어 있기는 하나 청구인이 계획하고 있는 농업용시설의 건축물은 그 계획시설 부분에 위치하는 것이 아니라고 보이는 점 등을 종합적으로 고려하면, 아직 확정되지 않은 도시계획재정비안을 근거로 한 피청구인의 이 사건 처분은 위법하다고 판단된다.

4. 결 론

그러므로. 청구인의 이 사건 심판청구는 이유있다고 인정되므로 인용하기로 하여 주문과 같이 재결한다.

3. 03-97 농가주택철거명령 취소청구

2003-97 농가주택철거명령 취소청구

[청 구 인] 유○○

[피청구인] 당진군수

[주 문] 청구인의 청구를 기각한다.

[청구취지] 피청구인이 2003. 6. 11. 청구인에게 한 당진군 정미면 수당리 ○○번지상 농가주택 철거명령은 이를 취소한다.

[이 유]

1. 사건 경위

피청구인은 청구인이 2003. 3. 24. 당진군 정미면 수당리 ○○번지에 신축중인 농가주택에 대하여 한 국가지정문화재(안국사지 석불입상) 주변 현상변경허가 신청에 대하여, 2003. 6. 11. 문화재청장으로부터 문화재주변 경관 보존상 불허되었음을 사유로 동 농가주택을 2003. 6. 30.까지 철거할 것을 명하면서, 미 이행시에는 문화재보호법 제90조제1항제4호의 규정에 의고 고발됨을 통보하였다.

2. 청구인 주장(요지)

가. 청구인은 2002. 12. 27. 정미면장으로부터 이 사건 농가주택 신축을 위한 농지전용신고를 하고 신고증을 교부 받은 후 82㎡의 건물을 신축하였는데, 피청구인은 2003. 6. 11. 위 건물을 철거하라는 이 사건 처분을 하였다.

나. 청구인의 위 농지전용신고 및 이에 따른 건축행위는 적법절차에 의한 것으로, 이에 대하여 철거를 명하는 것은 청구인이 가지고 있는 신뢰에 어긋나고, 선행 처분에 상치되는 것이므로, 취소되어야 한다.

3. 피청구인 주장(요지)

가. 정미면장은 이 사건 농지전용신고 수리시 단서조항을(6항- 타법에 저촉되는 사항이 없어야 되며, 저촉된 행위를 할 때에는 관계법에 따라 처벌을 받게 됩니다.)삽입하였는 바, 청구인은 문화재보호법에 의한 국가지정문화재 현상변경허가신청을 득하게 되어 있음에도 법적 절차를 결여하였다.

나. 우리 군에서는 이 건 농가주택 신축(골조완성)을 인지하고, 공사중지를 명령한 후 2003. 3. 24. 청구인의 국가지정문화재 현상변경허가신청을 진달하였으나, 문화재청에서는 2003. 5. 30. 문화재 주변경관 보존상 건축이 불가함을 통보하였다.

다. 따라서 이 건 청구는 기각되어야 한다.

4. 관계법령

[농지법] 제34조, 제37조, 제41조

[농지법시행령] 제40조

[문화재보호법] 제20조, 제15조

[문화재보호법시행규칙] 제18조의2

5. 판단

가. 인정되는 사실

(1) 피청구인의 철거명령을 받은 이 사건 건축물은 농지법상 농업진흥지역밖인 당진군 정미면 수당리 ㅇㅇ번지 상에 있는 청구인 소유의 조립식 농가주택(1동 26평, 부지면적 660㎡)인데, 동 주택은 문화재보호법 제18조2항의 규정에 의한 국가지정문화재(안국사지석탑,석불입상)로부터 약 120미터 정도에 위치하고 있다.

(2) 청구인은 2002. 12. 21. 위 농가주택을 신축하기 위하여 피청구인 산하의 정미면장에게 농지전용신고서를 제출하였다.

(3) 위 신고를 받은 정미면장은 2002. 12. 24. 농지관리위원회를 개최·심사한 후 신고에 따른 유의사항과 함께 "타법에 저촉되는 사항이 없어야 함"을 조건으로 2002. 12. 27. 청구인에게 '농지전용신고증'을 교부하였다.

(4) 위 신고증을 받은 청구인은 2003. 11. 27. 준공을 목표로 조립식 농가주택 신축공사에 착수하여 건물의 패널을 조립하고 내부 마감을 앞두고 있었는데, 2003.

3. 21. 피청구인은 청구인이 신축 중인 건축물이 국가지정문화재(안국사지석탑,석불입상)로부터 500미터 이내에 위치하고 있어, 건축행위시 현상변경 허가를 득하여야 함을 사유로 신축 건축물에 대한 공사 중지 명령을 하였다.

(5) 이에 청구인은 2003. 3. 24. 피청구인 및 충청남도지사를 경유하여 문화재청에 '국가지정문화재주변 현상변경허가신청'을 하였으나, 문화재청은 2003. 5. 30. 주변경관 보전이 필요함을 사유로 '농가주택 건축불허 결정'을 하고, 충청남도지사는 2003. 6. 5. 이를 피청구인에게 통보하였다.

(6) 한편, 청구인은 피청구인의 위 공사중지명령에도 불구하고 공사를 계속 하여 위 문화재청의 결정이 있기 전에 공사를 완료하였는데, 신청지의 여건을 보면, 위 국가지정문화재인 안국사지 석불입상 반경 500미터 이내에는 청구인의 농가주택을 비롯하여 3채의 주택(청구인의 기존 주택 및 2채의 주민 주택)이 위치하고 있다.

(7) 위 충청남도지사의 통보를 받은 피청구인은 2003. 6. 11. 청구인의 '현상변경허가신청'이 불허되었음을 사유로 기 건축된 농가주택을 2003. 6. 30.까지 철거할 것을 명령하는 이 사건 처분을 하였다.

나. 이 건 처분이 선행처분에 상치된다는 주장에 대하여

입법목적을 달리하는 법률들이 일정한 행위에 관한 요건을 각각 규정하고 있는 경우에는 어느 법률이 다른 법률에 우선하여 배타적으로 적용된다고 해석되지 않는 이상 그 행위에 관하여 각 법률의 규정에 따른 요건을 갖추어야 하는 것으로서(대법원94누3216판결),이 사건 관계 법률을 보면, 농지법에서는 농지전용신고시 농지관리위원회에서 당해 농지의 토사의 유출 등으로 인근 농지의 농업경영 등에 피해가 예상될 경우 그 방지계획이 수립되어 있는지의 여부 등을 확인·송부하면 시장,군수는 신고내용이 농지법 제37조(농지의 전용신고) 및 시행령 제41조(신고 대상시설의 범위 등)의 규정에 적합할 경우 '전용신고증'을 교부하여야 한다고 규정하고 있고, 문화재보호법에서는 국가지정문화재 등의 현상을 변경하는 행위로, 국가지정문화재의 외곽경계로부터 500미터 이내의 지역에서 행하여지는 당해 국가지정문화재의 경관 등을 저해할 우려가 있는 건축물 등을 설치하는 경우에는 문화재청장의 허가를 받도록 하고 있음을 볼 때, 이 사건 농지전용신고수리 처분 및 농가주택 철거명령 처분의 근거가 되는 농지법 및 문화재보호법은 그 입법목적을 각각 달리하고 있을 뿐만 아니라 행위에 관한 요건 또한 달리 규정하고 있다고 할 것이므로, 단지,농지전용신고 수리라는 선행처분이 있었음을 이유로, 문화재보호법에 근거하여 한 이 건 처분의 취소를 구하는 청구인의 주장은 이유 없다고 할 것이다.

다. 이 건 철거명령 처분의 적법,타당성 여부

문화재보호법에 의하면 국가지정문화재로부터 일정 거리 이내에 설치되는 건축물 등이 동 문화재의 경관을 저해할 경우에는 당해 분야의 전문기관인 문화재청장으로 하여금 건축 허가여부를 결정할 수 있도록 하고 있으므로, 그 결정에 특별한 하자가

발견되지 않는 한 그 결정에 따라서 한 이 사건 처분이 위법,부당하다고 볼 수 없고, 또한, 이 건과 같은 경우에는 행정청은 신고인에게 농지법외에 문화재보호법에 의한 허가사항임을 안내함이 바람직하다고 할 것이나, 그러하지 아니한 것이 이 건 처분을 취소할 정도의 중대한 사유가 된다고 볼 수 없는 점과 정미면장은 농지전용신고시 타 법률에 대한 저촉시 관계법에 따른 처벌을 받게 됨을 '조건'으로 한 점, 더욱이 청구인은 건물 신축 중 문화재보호법에 의한 현상변경허가를 득하지 아니하였음을 사유로 피청구인이 공사중지명령을 하였음에도 이를 무시하고 건축물을 준공한 점과 이 건 처분을 취소할 경우, 금후 이 건과 같은 건축물의 신축을 막을 수 없어 문화재 보호에 상당한 어려움이 있을 것으로 보이는 점 등 제반 정황을 고려할 때, 피청구인의 이 사건 처분이 위법, 부당하다고 볼 수는 없다.

6. 결론

그렇다면, 이 사건 피청구인이 한 처분의 취소를 구하는 청구인의 청구는 이유 없다고 할 것이므로, 이를 기각하기로 하여 주문과 같이 재결한다.

06 국민신문고

1. 농지전용허가와 신고

질의

농지전용신고대상 시설과 절차, 허가대상 시설은?

답변

- 농지전용신고로서 설치가 가능한 시설은 농지법 제35조의 규정에 의하여 신고절차를 거쳐야 하며, 이때 신고절차는 농지법시행령 제35조 규정하고 있는 바와 같이 농지전용신고를 하고자 하는 자가 농지전용신고서에 농지법시행규칙 제31조에 규정한 첨부서류를 첨부하여 당해 농지의 소재지를 관할하는 농지관리위원회에 제출하여야 함
- 농지전용신고서가 접수되면 농지관리위원회는 농지법 시행령 제32조제2항제2호 및 제3호의 확인기준에 따라 당해 농지의 전용이 농지개량시설 또는 도로의 폐지 및 변경이나 토사의 유출, 폐수의 배출, 악취의 발생 등을 수반하여 인근 농지의 농업경영과 농어촌생활환경의 유지에 피해가 예상되는 경우에는 그 피해방지계획이 수립되어 있는지, 전용목적사업이 용수의 취수를 수반하는 경우 그 시기・방법・수량 등이 농수산업 또는 농어촌생활환경유지에 피해가 예상되는지 등을 확인한 후 그 결과를 기재한 농지관리위원회확인서를 첨부하여 신고한 날부터 5일 이내에 관할 시장・군수 또는 자치구구청장(신고수리권자)에게 송부토록 규정하고 있음

- 이때, 신고수리권자는 신고내용이 법 제35조 및 이 영 제41조의 규정에 적합한지의 여부를 검토하여 적합하다고 인정한 경우에는 농지전용신고증을 신고인에게 교부하고, 적합하지 아니하다고 인정하는 경우에는 그 사유를 명시하여 제출받은 서류를 반려하여야 한다고 규정하고 있음
- 한편, 농지법 시행령 제36조 관련 별표1에서는 농지전용신고대상시설의 범위·규모 등을 규정하고 있으며, 신고로서 전용이 가능한 시설에 대해서는 동 법시행령 제52조 별표2의 제20호에 따라 농지보전부담금 100% 감면대상임
- 상기의 농지전용신고대상이 아닌 경우에는 농지법 제36조에 의한 농지전용허가(협의)를 득하여야 함

2. 농업용창고에도 내부칸막이 설치 가능여부

⊘ 질의
농업용창고로 농지전용신고를 득한 후에 농업용창고에도 내부에 칸막이 설치가 가능한가요?

⊘ 답변
- 농지법 제32조 및 동법시행령 제29조제5항제1호의 규정에 의하면 농업인 또는 농업법인이 자기가 생산한 농산물을 건조·보관하기 위하여 설치하는 시설은 농업진흥지역안에 농지전용허가를 받아 설치할 수 있습니다. 단 이 경우에는 자기의 농업 또는 축산업의 경영의 근거가 되는 농지·축사등이 소재하는 시·구·읍·면 또는 이에 연접한 시·구·읍·면지역에 설치하는 경우에 한합니다.
- 또한, 농지법시행령 제36조관련 별표1에 의하면 농지법시행령 제29조제4항제1호의 각목의 어느 하나에 해당되는 세대의 세대원인 농업인이 세대당 1,500㎡이하의 농업용창고를 설치하고자 할 경우에는 신고로 처리할 수 있다고 규정되어 있습니다.
- 농지법시행규칙 제31조에 따르면 농지전용신고후 신고사항의 변경이 있을 경우 전용목적 및 시설물의 활용계획 등을 명시한 사업계획서를 첨부하여 농지법 제35조의 규정에 따라 변경신고 하도록 규정하고 있습니다.
- 귀하의 경우가 이에 해당되는지 여부 등 기타 자세한 사항은 관할 시·군 허가권자(농지담당부서)에 직접 문의하여 주시기 바랍니다.

3. 농가창고의 농지전용신고 有, 無

⊘ 질의

금번신청부지(농림지역/농업진흥구역)에 농가창고를 100㎡가량 건립 목적으로 농지전용신고를 하고자 합니다. 본 신청인은 2007년 단독주택 부지면적 660㎡를 농지전용을 받아 주택을 건립하였고 필지도 분활되어 대지로 변경이 되었습니다. 그러나 인접하여 농지면적 250㎡를 별도 필지로 농가창고가 필요하여 전용신고를 받고자 하나 담당자의 의견이 연접하여 농가창고 부지를 전용받을시 주택전용부지와 합산하여 660㎡를 초과하지 못한다고 하는데 금번신청부지는 인접은 하였으나 별개 필지로 전용을 농가창고의 목적용도로 전용을 받고자 합니다. 법적 해석이 어떻게 적용이 되는지 궁금합니다.

⊘ 답변

- 농지법 제32조 및 동법시행령 제29조제5항제1호의 규정에 의하면 농업인 또는 농업법인이 자기가 생산한 농산물을 건조·보관하기 위하여 설치하는 시설은 농업진흥지역안에 농지전용허가(신고)를 받아 설치할 수 있습니다. 단 이 경우에는 자기의 농업 또는 축산업의 경영의 근거가 되는 농지·축사등이 소재하는 시·구·읍·면 또는 이에 연접한 시·구·읍·면지역에 설치하는 경우에 한합니다.
- 또한, 농지법시행령 제36조관련 별표1에 의하면 농지법시행령 제29조제4항제1호의 각목의 1에 해당되는 세대의 세대원인 농업인이 세대당 1,500㎡이하의 농업용창고를 설치하고자 할 경우에는 신고로 처리할 수 있다고 규정되어 있습니다.
- 상기의 신고대상이 아닌 농업용창고의 경우 농지전용허가 대상이며, 농지전용허가를 신청할 경우 허가권자는 설치하고자 하는 시설의 규모·용도 및 지역여건 등을 참작할 때 전용하고자 하는 농지가 농지법시행령 제33조에서 규정하고 있는 심사기준에 적합할 경우에 한해 허가할 수 있도록 규정하고 있습니다.
- 귀하의 경우가 이에 해당되는지 여부 등 기타 자세한 사항은 관할 시·군 허가권자(농지담당부서)에게 직접 문의하여 주시기 바랍니다.

Ⅲ 타용도 일시사용허가

01 타용도 일시사용허가

1. 타용도 일시사용허가

(1) 농지를 다음의 어느 하나에 해당하는 용도로 일시 사용하려는 사람은 일정 기간 사용한 후 농지로 복구한다는 조건으로 시장·군수 또는 자치구구청장의 허가를 받아야 한다. 허가받은 사항을 변경하려는 경우에도 또한 같다. 다만, 국가나 지방자치단체의 경우에는 시장·군수 또는 자치구구청장과 협의해야 한다.(「농지법」 제36조제1항 및 「농지법 시행령」 제38조제1항제1호·제3항).

1) 「건축법」에 따른 건축허가 또는 건축신고 대상시설이 아닌 간이 농수축산업용 시설{개량시설과 농축산물 생산시설(「농지법」 제2조제1호나목)은 제외}과 농수산물의 간이 처리시설을 설치하는 경우: 7년 이내

2) 주목적사업(해당 농지에서 허용되는 사업만 해당)을 위해 현장 사무소나 부대시설, 그 밖에 이에 준하는 시설을 설치하거나 물건을 적치하거나 매설하는 경우: 그 주목적사업의 시행에 필요한 기간 이내

3) 골재(「골재채취법」 제2조제1호), 광물(「광업법」 제3조제1호), 적조방제·농지개량 또는 토목공사용으로 사용하거나 공업용 원료로 사용하기 위한 토석을 채굴하는 경우: 5년 이내

4) 전기사업(「전기사업법」 제2조제1호)을 영위하기 위한 목적으로 설치하는 태양에너지 발전설비(「신에너지 및 재생에너지 개발·이용·보급 촉진법」 제2조제2호가목, 이하 "태양에너지 발전설비"라 함)로서 다음의 요건을 모두 갖춘 경우: 5년 이내

   ① 공유수면매립을 통하여 조성한 토지 중 토양 염도가 일정 수준 이상인 지역 등 농림축산식품부령으로 정하는 지역에 설치하는 시설일 것

   ② 설치 규모, 염도 측정방법 등 농림축산식품부장관이 별도로 정한 요건에 적합하게 설치하는 시설일 것

(2) 다른 법률에 따른 사업 또는 사업계획 등의 인가·허가 또는 승인 등과 관련해 해당 사업을 시행하려는 자에게 일정 기간 그 농지를 사용한 후 농지로 복구한다는 조건을 붙여 농지의 타용도 일시사용 협의를 할 수 있다(「농지법」 제36조제2항 및 「농지법 시행령」 제38조제1항제2호).

1) 주목적사업(해당 농지에서 허용되는 사업만 해당)을 위해 현장 사무소나 부대시설, 그 밖에 이에 준하는 시설을 설치하거나 물건을 적치하거나 매설하는 경우: 그 주목적사업의 시행에 필요한 기간 이내

2) 위 1. 외의 경우: 5년 이내

> ※ 타용도 일시사용신고
> - 농지를 짧은 기간 동안 이용하고 원상복구하려는 사람을 위해 농지의 타용도 일시사용허가를 받는 대신 신고를 할 수 있도록 농지의 타용도 일시사용신고제도가 도입되었다(「농지법」 제36조의2).
> - 농지를 다음의 어느 하나에 해당하는 용도로 일시 사용하려는 사람은 지력을 훼손하지 아니하는 범위에서 일정 기간 사용한 후 농지로 원상복구한다는 조건으로 시장·군수 또는 자치구구청장에게 신고해야 한다. 이는 신고한 사항을 변경하려는 경우에도 같다(「농지법」 제36조의2제1항).
> - 썰매장, 지역축제장 등으로 일시적으로 사용하는 경우
> - 「건축법」에 따른 건축허가 또는 건축신고 대상시설이 아닌 간이 농수축산업용 시설{개량시설과 농축산물 생산시설(「농지법」 제2조제1호나목)은 제외}과 농수산물의 간이처리시설 또는 주목적사업(해당 농지에서 허용되는 사업만 해당)을 위해 현장 사무소나 부대시설, 그 밖에 이에 준하는 시설을 일시적으로 설치하는 경우

2. 타용도 일시사용허가 및 협의가 의제되는 인·허가 등

한편, 타용도 일시사용허가와 관련하여 다른 법률에서는 해당 법률에 따른 인·허가 등을 받으면 「농지법」에 따른 타용도 일시사용허가 및 협의를 얻은 것으로 보는 규정을 두고 있다.

따라서 다른 법률에서 해당 인·허가 등을 받은 경우에는 「농지법」에 따른 타용도 일시사용허가의 허가 절차를 별도로 받을 필요는 없다(「농지법」 제34조제1항제1호).

> ※ 시장·군수 또는 자치구구청장은 주무부장관이나 지방자치단체의 장이 다른 법률에 따른 사업 또는 사업계획 등의 인가·허가 또는 승인 등과 관련하여 농지의 타용도 일시사용 협의를 요청하면, 그 인가·허가 또는 승인 등을 할 때에 해당 사업을 시행하려는 사람에게 일정 기간 그 농지를 사용한 후 농지로 복구한다는 조건을 붙일 것을 전제로 협의할 수 있다(「농지법」 제36조제2항).

이렇게 타용도 일시사용허가가 의제되는 법률은 다음과 같다.

타용도 일시사용허가가 의제되는 법률
「골재채취법」 제23조제1항제7호
「공공주택 특별법」 제18조제1항제11호
「국토의 계획 및 이용에 관한 법률」 제61조제1항제5호
「국토의 계획 및 이용에 관한 법률」 제92조제1항제8호
「농촌융복합산업 육성 및 지원에 관한 법률」 제9조제1항제3호
「도시개발법」 제19조제1항제8호
「무인도서의 보전 및 관리에 관한 법률」 제18조제1항제2호
「소하천정비법」 제10조의2제1항제3호
「신행정수도 후속대책을 위한 연기·공주지역 행정중심복합도시 건설을 위한 특별법」 제22조제1항제12호
「택지개발촉진법」 제11조제1항제9호
「하천법」 제32조제1항제8호

3. 타용도 일시사용허가의 제한

(1) 농지의 타용도 일시사용허가 및 협의를 할 경우 그 농지가 다음의 어느 하나에 해당하면 타용도 일시사용허가가 제한된다(「농지법」 제37조제2항).

1) 타용도 일시허가를 하려는 농지가 농업생산기반이 정비되어 있거나 농업생산기반 정비사업 시행예정 지역으로 편입되어 우량농지로 보전할 필요가 있는 경우

2) 다른 용도로 일시사용하면 일조·통풍·통작에 매우 크게 지장을 주거나 농지개량시설의 폐지를 수반하여 인근 농지의 농업경영에 매우 큰 영향을 미치는 경우

3) 타용도로 일시 사용하면 토사가 유출되는 등 인근 농지 또는 농지개량시설을 훼손할 우려가 있는 경우

4) 타용도 일시허가 목적을 실현하기 위한 사업계획 및 자금 조달계획이 불확실한 경우

5) 타용도 일시허가하려는 농지의 면적이 그 목적 실현에 필요한 면적보다 지나치게 넓은 경우

02 타용도 일시사용허가 절차

1. 신청서의 제출

(1) 농지의 타용도 일시사용허가 또는 변경허가를 받으려는 사람은 농지의 타용도 일시사용허가신청서(「농지법 시행규칙」 별지 제25호서식)에 다음의 서류를 첨부하여 해당 농지의 소재지를 관할하는 시장·군수 또는 자치구구청장에게 제출한다(「농지법 시행령」 제37조제1항 및 「농지법 시행규칙」 제32조).

1) 타용도로 사용하려는 기간 등이 표시된 사업계획서

2) 타용도로 사용하려는 농지의 소유권을 입증하는 서류(토지 등기사항증명서로 확인할 수 없는 경우만 해당함) 또는 사용권을 가지고 있음을 입증하는 서류(사용승낙서로 한정함)

3) 해당 농지의 타용도사용이 농지개량시설 또는 도로의 폐지 및 변경이나 토사의 유출, 폐수의 배출, 악취의 발생 등을 수반하여 인근 농지의 농업경영과 농어촌생활환경의 유지에 피해가 예상되는 경우에는 대체시설의 설치 등 피해방지계획서

4) 복구계획 및 복구비용명세서(「농지법 시행령」 제40조제1항, 변경허가신청 또는 변경신고의 경우에는 이미 제출한 복구계획과 복구비용명세서의 변경이 필요한 경우에 한정함)

5) 변경내용을 증명할 수 있는 서류를 포함한 변경사유서(변경허가신청의 경우에 한함)

2. 타용도 일시사용허가의 심사

(1) 시장·군수 또는 자치구구청장은 농지의 타용도 일시사용허가 신청 서류를 제출받은 때에는 심사기준에 따라 심사한 후 신청 받은 날(신청 서류의 보완 또는 보정을 요구한 경우에는 그 보완 또는 보정이 완료된 날)부터 10일 이내에 그 결과를 신청인에게 문서로 알려야 한다(「농지법 시행령」 제37조제2항).

(2) 타용도 일시사용허가의 심사기준은 다음과 같다(「농지법 시행령」 제37조제2항).

1) 해당 농지를 전용하거나 다른 용도로 일시사용하면 일조·통풍·통작에 매우 크게 지장을 주거나 농지개량시설의 폐지를 수반하여 인근 농지의 농업경영에 매우 큰 영향을 미치는지의 여부(「농지법」 제37조제2항제2호)

2) 해당 농지를 전용하거나 타용도로 일시 사용하면 토사가 유출되는 등 인근 농지 또는 농지개량시설을 훼손할 우려가 있는지의 여부(「농지법」 제37조제2항제3호)

3) 설치하려는 시설이나 농지를 일시사용하려는 사업의 규모·종류·지역여건 등을 참작할 때 타용도로 일시사용하려는 농지가 해당 목적사업에 적합하게 이용될 수 있는지의 여부

4) 타용도로 일시사용하려는 농지의 면적 또는 사용기간이 해당 목적사업의 실현을 위하여 적정한 면적 또는 기간인지의 여부

5) 타용도로 일시사용하려는 농지가 경지정리·수리시설 등 농업생산기반이 정비되어 있어 농지로서의 보전가치가 있는지의 여부[주목적사업(해당 농지에서 허용되는 사업만 해당)을 위하여 현장 사무소나 부대시설, 그 밖에 이에 준하는 시설을 설치하거나 물건을 적치하거나 매설하는 경우 및 「농지법 시행령」으로 정하는 토석과 광물을 채굴하는 경우에만 해당]

6) 해당 농지의 타용도 일시사용이 농지개량시설 또는 도로의 폐지 및 변경이나 토사의 유출, 폐수의 배출, 악취의 발생 등을 수반하여 인근 농지의 농업경영이나 농어촌생활 환경의 유지에 피해가 예상되는 경우에는 그 피해방지계획이 타당하게 수립되어 있는지의 여부

7) 복구계획서 및 복구비용명세서의 내용이 타당한지의 여부

3. 신청서의 보완 또는 보정

시·도지사 및 시장·군수 또는 자치구구청장이 농지의 타용도 일시사용 심사를 하는 경우 제출한 서류에 흠이 있으면 지체 없이 보완 또는 보정에 필요한 상당한 기간을 정하여 신청인에게 보완 또는 보정을 요구하게 된다. 이 경우 보완 또는 보정의 요구는 문서·구술·전화 또는 팩스로 하되, 신청인이 특별히 요청하는 때에는 문서로 한다. 보완 또는 보정하지 않는 때에는 신청서류를 반려할 수 있다(「농지법 시행령」 제37조제3항 및 제33조제3항·제4항).

4. 타용도 일시사용허가의 결정

타용도 일시사용허가의 심사기준에 적합하지 않은 경우에는 농지의 타용도일시사용허가를 받을 수 없다(「농지법 시행령」 제37조제4항).

※ 타용도 일시사용허가를 신청한 사람이 불허가 처분을 받은 경우 이에 대해 이의가 있으면 행정심판을 제기할 수 있다. 행정심판에 관한 자세한 사항은 이 사이트(www.easylaw.go.kr)의 『행정심판』에서 확인할 수 있다.

5. 복구계획 및 복구비용의 예치

(1) 시장·군수 또는 자치구구청장은 농지의 타용도 일시사용허가 또는 변경허가를 하거나 농지의 타용도 일시사용신고 또는 변경신고를 수리하려는 경우에는 해당사업을 시행하려는 사람에게 농지로의 복구계획 및 복구비용명세서를 제출하게 하고 복구비용을 예치하게 할 수 있다(「농지법」 제36조제3항 전단 및 「농지법 시행령」 제40조제1항 본문).

(2) 다만, 「건축법」에 따른 건축허가 또는 건축신고 대상시설이 아닌 간이 농수축산업용시설{개량시설과 농축산물 생산시설(「농지법」 제2조제1호나목)은 제외}과 농수산물의 간이 처리시설을 설치하는 경우(「농지법」 제36조제1항제1호에 해당하는 경우)에는 복구계획의 제출 및 복구비용의 예치를 하지 않아도 된다(「농지법 시행령」 제40조제1항 단서).

> ※ 이 경우 예치된 복구비용은 사업시행자가 사업이 종료된 후 농지로의 복구계획을 이행하지 않는 경우 복구대행비로 사용할 수 있다(「농지법」 제36조제3항 후단).

(3) 농지의 타용도 일시사용에 따른 복구비용 산출은 다음과 같은 가격을 기준으로 하여 산출된다(「농지법 시행령」 제41조제1항 및 「지방자치단체를 당사자로 하는 계약에 관한 법률 시행령」 제10조제1항).

1) 적정한 거래가 형성된 경우에는 다음의 어느 하나에 해당하는 거래실례가격(「지방자치단체를 당사자로 하는 계약에 관한 법률 시행규칙」 제5조, 법령의 규정에 따라 가격이 결정된 경우에는 그 결정가격의 범위에서의 거래실례가격)

    ① 조달청장이 조사하여 통보한 가격

    ② 기획재정부장관이 정하는 기준에 적합한 전문가격조사기관으로서 기획재정부장관에게 등록한 기관이 조사하여 공표한 가격

    ③ 지방자치단체의 장 또는 계약담당자가 2 이상의 사업자에 대하여 해당 물품의 거래실례를 직접 조사하여 확인한 가격

2) 신규개발품, 특수규격품 등을 사용한 특수한 물품·공사·용역 등 계약의 특수성으로 인하여 적정한 거래실례가격이 없는 경우에는 원가계산에 의한 가격. 이 경우 원가계산에 의한 가격은 계약의 목적이 되는 물품·공사·용역 등을 구성하는 재료비·노무비·경비와 일반관리비 및 이윤으로 이를 계산한다.

3) 공사의 경우 이미 수행한 공사의 종류별 시장거래가격 등을 토대로 산정한 표준시장단가로서 관계 중앙행정기관의 장이 인정한 가격

4) 위에 따른 가격을 기준으로 할 수 없는 경우에는 감정가격, 유사한 물품·공사·용역 등의 거래실례가격 또는 견적가격

(4) 시장·군수·자치구구청장은 최초 농지의 타용도 일시사용 후 목적사업을 완료하지 못하여 그 기간을 연장하려는 경우에는 복구비용을 재산정하여 예치한 복구비용이 재산정한 복구비용보다 적은 경우에는 그 차액을 추가로 예치하게 해야 한다(「농지법」 제36조제4항).

6. 복구비용 예치금 등의 사용

(1) 시장·군수 등은 농지의 타용도 일시사용허가를 받거나 농지의 타용도 일시사용신고를 한 사람(이하 "복구의무자"라고 함)이 복구계획에 따라 농지로 복구하지 아니하면 복구의무자를 대신하여 해당 토지를 농지로 복구하거나 복구의무자로 하여금 복구하게 할 수 있다(「농지법 시행령」 제42조제1항).

1) 이 경우 시장·군수 등은 예치된 복구비용을 복구대행비로 충당하고, 잔액이 있는 경우에는 다음의 구분에 따라 이를 반환해야 한다(「농지법 시행령」 제42조제2항).

① 현금·정기예금증서·수익증권으로 예치된 경우 : 복구비를 예치한 사람에게 반환
② 그 외의 경우 : 보증보험증권발행자나 그 밖의 지급보증서 등을 발행자에게 반환

(2) 시장·군수 등은 복구비용을 예치한 사람이 복구계획에 따라 농지로의 복구를 모두 이행한 때에는 현금으로 예치한 경우에는 복구비용과 이자를, 보증서 등으로 예치한 경우에는 그 보증서 등을 해당 복구비용을 예치한 사람에게 반환해야 한다(「농지법 시행령」 제43조제1항).

(3) 복구비용을 반환받으려는 사람은 복구비용반환청구서(「농지법 시행규칙」 제36조제1항 및 별지 제30호서식)에 복구비용예치증서와 농지로의 복구가 완료되었음을 입증하는 서류를 첨부하여 시장·군수 등에게 제출해야 한다(「농지법 시행령」 제43조제2항 및 「농지법 시행규칙」 제36조).

(4) 시장·군수 등은 그 반환청구가 있으면 바로 이를 청구인에게 반환해야 한다(「농지법 시행령」 제43조제3항).

03 수수료 및 위반 시 제재

1. 수수료

(1) 타용도 일시사용허가를 신청하는 사람은 다음과 같은 수수료를 내야 한다(「농지법」 제56조제2호 및 「농지법 시행령」 제74조제1항제3호).

- 허가신청농지의 면적이 3천500제곱미터 이하인 경우에는 1만원
- 허가신청농지의 면적이 3천500제곱미터를 초과하는 경우에는 1만원에 그 초과면적 350제곱미터마다 1천원을 가산한 금액

2. 위반 시 제재

농지의 타용도 일시사용허가를 받지 않고 농지를 다른 용도로 사용한 사람은 5년 이하의 징역 또는 5천만원 이하의 벌금에 처해진다(「농지법」 제58조제3호).

타용도 일시사용허가가 의제되는 법률

04 행정심판례

1. 01-05799 농지전용허가거부처분취소청구[20081218134957829]

[사 건] 01-05799 농지전용허가거부처분취소청구

[청 구 인] 김 ○ ○
         서울특별시 ○○구 ○○가 328-1

[피청구인] 충청북도지사
         청구인이 2001. 6. 16. 제기한 심판청구에 대하여 2001년도 제31회 국무총리 행정심판위원회는 주문과 같이 의결한다.

[주 문] 청구인의 청구를 기각한다.

[청구취지] 피청구인이 2001. 5. 21. 청구인에 대하여 한 농지전용불허가처분은 이를 취소한다.

[이 유]

1. 사건개요

청구인이 충청북도 ○○군 ○○읍 ○○리 393번지외 3필지 9,900㎡(이하 "이 건 농지"라 한다)에 건설자재야적장을 설치할 목적으로 2001. 5. 14. 농지전용허가신청을 하였

으나, 피청구인은 2001. 5. 21. 청구인에 대하여 이 건 농지는 농업진흥구역밖의 농지로서 일부 농지가 휴경상태에 있는 관계로 농지보전가치는 다소 떨어지나 이 건 농지의 전용으로 인하여 상·하 농지간의 단절을 가져오고, 사업계획서상 상·하단에 옹벽계획은 있으나 사업부지가 경사진 지대로서 대규모의 절·성토가 이루어 질 경우 토사의 유출 등이 수반되어 인근 농경지의 농업경영에 피해가 예상되고, 사업시행시 공사차량의 왕래 및 분진 등의 발생으로 인근 농지의 농업경영과 쾌적한 농촌생활환경의 유지에 피해가 예상된다는 이유로 농지전용불허가처분(이하 "이 건 처분"이라 한다)을 하였다.

2. 청구인 주장

이에 대하여 청구인은 다음과 같이 주장한다.

가. 신청지는 지방도 신설도로에 접하고 있으며, 계곡의 상단부가 아닌 산자락 끝에 있는 소규모 농경지로서, 신청지 측면으로 구거가 설치되어 있으므로 계곡차단에 의한 상·하 농지간의 단절이 초래된다는 것은 현지형태를 잘못 판단한 결과이다.

나. 경사지의 대규모 절·성토에 따른 토사의 유출문제는 피해방지계획서에 있는 바와 같이 사전에 옹벽을 설치하는 한편, 절·성토지에는 보온덮개를 덮은 후 공사후에 줄·평떼를 식재함으로써 토사유출을 방지함은 물론 인근 농지의 농업경영에도 피해를 최소화 할 수 있도록 되어 있다.

다. 신청지에 이르는 도로가 2차선의 포장도로이며, 인근 마을과는 약 400m 떨어져 있고, 건설자재야적장을 설치하는 것이므로 오·폐수방류 등 공해발생문제가 없다.

라. 신청지는 농업진흥지역밖의 농지로서 농업생산기반이 정비되어 있지 않고, 집단화되어 있지도 않은 상태이므로 농지로서의 보전가치가 적으며, 인근 농지의 농업경영과 농촌생활환경유지에 큰 피해가 예상되지 않음에도 불구하고 이 건 처분을 한 것은 위법·부당하므로 마땅히 취소되어야 한다.

3. 피청구인 주장

피청구인은, 청구인이 전용하고자 하는 농지의 위치와 전용목적 등을 종합적으로 판단할 때, 이 건 농지의 전용시 사업부지가 상·하간 농지의 단절을 초래함은 물론 대규모의 절·성토 등으로 인한 토사의 유출 등이 지속적으로 진행되어 계곡 하단부 농지의 농업경영에 피해가 우려되고, 공사차량의 잦은 왕래와 분진발생 등으로 쾌적한 농촌생활환경의 유지가 어려울 것으로 예상되어 이 건 처분을 행한 것으로 농지를 효율적으로 이용·관리하여 농업인의 경영안정 및 생산성향상을 통한 농업의 경쟁력강화와 국민경제의 균형있는 발전 및 국토의 환경보전에 이바지함을 목적으로 하는 농지법의 입법목적과 관계규정에 비추어 볼 때 적법·타당한 처분이므로 청구인의 이 건 청구는 기각되어야 한다고 주장한다.

4. 이 건 처분의 위법·부당여부

가. 관계법령

농지법 제36조제1항, 제39조제2항제2호 및 제3호, 동법시행령 제37조제1항·제2항, 제38조제1항제5호 및 제2항

나. 판 단

(1) 청구인 및 피청구인이 제출한 농지전용불허가처분통지서, 농지전용허가신청서, 토지이용계획확인서, 사업계획서, 토지이용계획확인신청서, 현지조사보고서, 지적도, 농지면적확인서, 농지전용심사의견서, 농지관리위원회확인서 등 각 사본 및 사진의 내용을 종합하여 보면, 다음과 같은 사실을 각각 인정할 수 있다.

(가) 청구인은 2001. 5. 14. 건설자재야적장을 설치할 목적으로 이 건 농지에 대하여 농지전용허가신청서를 제출하였다.

(나) 충청북도 ○○군 ○○읍 농지관리위원장은 2001. 4. 30. 이 건 농지는 경지정리, 수리시설 등 생산기반이 정비되어 있지 아니하고, 건축자재야적장설치에 따른 피해방지계획이 수립되어 있으며, 용수의 취수로 인하여 농업 및 생활환경에 예상되는 피해는 적으나, 지역 및 주민 정서상 자연환경훼손에 따른 피해우려로 주민의 집단반발이 예상된다고 확인하고 있다.

(다) 청구외 ○○군수가 2001. 5. 11.자 작성한 농지전용심사의견서에 의하면, 이 건 신청지는 충청북도 ○○군 ○○읍 ○○리 동골 골짜기안에 위치한 농업진흥지역밖의 농지로서 경지정리 및 농업기반시설이 갖추어지지 않은 농지이고 건설자재야적장 부지조성에 따른 인근 농지의 피해우려 및 자연경관훼손 등으로 지역주민들의 반발이 예상되고 있는 지역이기는 하나, 인근 농지 및 농어촌생활환경유지에는 큰 영향이 없을 것이므로 전용허가가 가능한 것으로 판단된다고 기재되어 있다.

(라) 현장조사보고서, 지적도, 위치도, 현장사진 등을 종합하여 보면, 이 건 신청지는 충청북도 ○○군 ○○읍 ○○리 ↔ ○○리간 지방도 종점 및 동골마을에서 약 400m 떨어진 계곡 상단부에 위치한 농업진흥지역밖의 농지로서 계곡폭은 약 100m로 하단부로 갈수록 넓은 형상이고, 좌측으로는 태령산과 우측으로는 지방도를 사이로 임야와 연접하고 있으며, 전용하고자 하는 농지는 연접한 지방도보다 약 3~4m 낮고, 약 10°~15°의 경사를 이루며, 농지이용현황은 좌측의 농지 일부분은 휴경상태인 것으로 되어 있다.

(마) 피청구인 소속 직원이 2001. 5. 18. 이 건 농지를 출장조사한 후 작성한 보고서에 의하면, 이 건 신청지는 일부 농지가 휴경상태인 관계로 농지이용면에서 보전가치는 다소 떨어지나 사업부지가 계곡을 차단하여 상·하 농지의 단절을 가져오고, 사업계획서상 상·하단에 옹벽설치계획(높이 : 2m, 길이 : 268m)이 있으나 사업부지가 경사진 지대로서 대규모의 절·성토가 이루어질 경우 토사의 유출 등이 수반되어 인근 농지의 농업경영에 피해가 예상되며, 전용하고자 하는 농지가 계곡 상단부에 위치하고 있어 당해 농지를 전용함에 있어 연접된 농지 또는 인근 농지의 계속적인 잠식이 예상되고, 사업시행시 공사차량의 왕래 및 분진 등의 발생으로 인근 농지의 농업경영과 농촌생활환경의 유지에 피해가 예상된다고 기재되어 있다.

(바) 피청구인이 2001. 5. 21. 청구인에 대하여 이 건 농지는 농업진흥구역 밖의 농지로서 일부 농지가 휴경상태에 있는 관계로 농지의 보전가치는 다소 떨어지나 이 건 농지의 전용으로 인하여 상·하 농지간의 단절을 가져오고, 사업계획서상 상·하단에 옹벽계획은 있으나 사업부지가 경사진 지대로서 대규모의 절·성토가 이루어질 경우 토사의 유출 등이 수반되어 인근 농경지의 농업경영에 피해가 예상되며, 사업시행시 공사차량의 왕래 및 분진 등의 발생으로 인근 농지의 농업경영과 쾌적한 농촌생활환경의 유지에 피해가 예상된다는 이유로 이 건 처분을 하였다.

(사) 사업계획서상의 피해방지계획서에 의하면, 인근 농경지로의 토사유출을 방지하기 위하여 토목공사시 절·성토지에는 보온덮개를 덮고, 공사후에는 줄·평떼를 식재하며, 경사지 하단부에는 옹벽(높이 : 2m, 길이 : 268m)을 설치하는 것으로 되어 있다.

(2) 살피건대, 농지법 제36조제1항의 규정에 의하면, 농지를 전용하고자 하는 자는 당해 농지의 소재지를 관할하는 농지관리위원회의 확인을 거쳐 농림부장관의 허가를 받도록 되어 있고, 동법 제39조제2항제2호 및 제3호의 규정에 의하면, 농림부장관은 당해 농지의 전용 또는 타용도일시사용이 일조·통풍·통작에 현저한 지장을 초래하거나 농지개량시설의 폐지를 수반하여 인근 농지의 농업경영에 현저한 영향을 미치는 경우 또는 당해 농지의 전용 또는 타용도일시사용에 따르는 토사의 유출 등으로 인근 농지 또는 농지개량시설을 손괴할 우려가 있는 경우에는 농지전용허가를 제한할 수 있다고 되어 있으며, 동법시행령 제37조제1항 및 제2항의 규정에 의하면, 농지전용의 허가를 받고자 하는 자는 농지전용허가신청서를 당해 농지의 소재지를 관할하는 농지관리위원회에 제출하도록 되어 있고, 농지관리위원회의 위원장은 위 신청서류를 제출받은 때에는 농지관리위원회로 하여금 당해 농지의 전용이 농지개량시설 또는 도로의 폐지 및 변경이나 토사의 유출, 폐수의 배출, 악취의 발생 등을 수반하여 인근농지의 농업경영과 농어촌생활환경의 유지에 피해가 예상되는 경우에는 그 피해방지계획이 수립되어 있는지의 여부 등을 확인하게 하여야 한다고 되어 있으며, 동법시행령 제38조제1항 및 제2항의 규정에 의하면, 시·도지사는 당해 농지의 전용이 농지개량시설 또는 도로의 폐지 및 변경이나 토사의 유출, 폐수의 배출, 악취의 발생 등을 수반하여 인근농지의 농업경영과 농어촌생활환경의 유지에 피해가 예상되는 경우에는 그 피해방지계획이 수립되어 있는지의 여부 등을 심사하여 이에 대한 종합의견을 농림부장관에게 제출하도록 되어 있고, 농림부장관은 심사기준에 적합하지 아니한 경우 농지의 전용을 허가하여서는 아니된다고 되어 있으며, 동법시행령 제72조제1항제1호에 의하면, 농업진흥지역밖의 6천㎡ 이상 6만㎡ 미만의 농지의 전용허가에 관한 권한은 시·도지사에게 위임되어 있다.

위 규정들을 종합하여 보면, 농지전용에 관한 주무관청의 허가여부는 공익성과 합목적성에 따라 할 수 있는 재량행위에 속한다고 할 것이어서 허가권자는 자신의 재량으로 공익상의 필요가 있는지를 판단하여 그 허가여부를 결정할 수 있다고 할 것인 바, 위 인정사실에 의하면, 이 건 농지는 농업진흥구역 밖의 농지로서 일부 농지가 휴경상태에 있는 관계로 농지의 보전가치는 다소 떨어지기는 하나 이 건 농지의 전용으로 인하여 상·하 농지간의 단절을 가져오게 되는 점, 사업계획서상 상·하단에 옹벽설치계획은 있으나 사업부지가 경사진 지대로서 대규모의 절·성토가 이루어 질 경우 토사의 유출 등이 수반되어 인근 농경지의 농업경영에 피해가 예상되는 점, 사업시행시 공사차량의 왕래 및 분진 등의 발생으로 인근 농지의 농업경영과 쾌적한 농촌생활환경의 유지에 피해가 예상되는 점 등에 비추어 볼 때, 피청구인이 이 건 농지를 인근 농지의 농업경영과 쾌적한 농촌생활환경의 유지 등 공익을 위해 보전할 필요가 있다고 판단한 이 건 처분이 재량권을 일탈 또는 남용하였다고 보기는 어렵다고 할 것이다.

5. 결론

그렇다면, 청구인의 청구는 이유없다고 인정되므로 이를 기각하기로 하여 주문과 같이 의결한다.

05 국민신문고

1. 농지의 타용도일시용허가

✓ 질의
농지의 타용도일시용허가 가능조건 및 연장가능 여부는?

✓ 답변
- 농지의 타용도일시사용허가 대상은
  - 건축법에 의한 건축허가 또는 건축신고대상시설이 아닌 간이농업용시설
  - 농수산물의 간이처리시설을 설치하고자 하는 경우
  - 주목적사업(당해 농지에서 허용되는 사업에 한함)을 위하여 현장사무소 또는 부대시설 기타 이에 준하는 시설을 설치하거나 물건을 적치·매설하는 경우
  - 토석 및 광물을 채굴하는 경우
- 타용도일시사용허가는 3년이내 기간동안 사용 후 농지로 복구하는 조건으로 허가할 수 있으며, 다만, 법 제36조제1항제2호에 해당하면 그 주목적 사업의 시행에 필요한 기간 이내로 하고, 농지의 타용도 일시사용기간을 통산하여 3년을 초과하지 아니하는 범위내에서 연장할 수 있음

- 이때, 통산하여 3년을 초과하지 아니하는 범위 내에서 연장할 수 있다는 의미는 허가받은 기간 외에 추가로 연장되는 기간이 3년을 초과하지 않아야 함을 의미함
- 따라서, 주목적사업(해당 농지에서 허용되는 사업에 한함)을 위하여 현장사무소나 부대시설, 그 밖에 이에 준하는 시설을 설치하거나 물건을 적치·매설하는 경우는 주목적 사업의 시행에 필요한 기간까지 연장이 가능하며,
  - 이 외의 경우는 당초 허가받은 기간 외에 추가로 3년의 범위내에서 연장이 가능함

◎ 출처

농림수산식품부 농업정책국 농지과 (☎ 02-500-1720)

2. 타용도일시사용관련

◎ 질의

사실 어려운 내용이라 법적으로 정확히 판단하지못해 군청,전북도에 질의를 하였지만만족할만한 답변을 듣지못해 부득이하게 하였습니다. 지금 실내체육관 건축공사를 하기위해 부지의 흙을 절토하고있습니다. 근데 적치할 부지가 부족하여 인접의 진흥지역안의 농지에 적치하려고 합니다. 군청 담당부서에서는 목적사업에 맞지않아 적치할수없다고 합니다. 지자체에서 하는사업인데 사토하는 흙을 적치하는것이 목적사업에 맞지않고 진흥지역 행위제한사항이라고 하여 적치할 수 없다고 하는것이 맞는지요2.이런방법이 아니라면 가능한방법이 있는지요 여러가지 방법을 다 찾아봐도 제생각으로는 나지않아 부득히 하게 질문하게 됐습니다. 간단하게나마 답변을 주셨으면 감사하겠습니다.

◎ 답변

- 농업진흥지역은 국민식량의 안정적인 공급기반을 유지하고 농지를 효율적으로 이용·보전하기 위하여 지정하고 있으며, 원칙적으로 농작물의 경작에 이용되도록 하고 예외적으로 농가주택, 축사, 농업용 창고 등 농업생산관련 시설의 설치를 허용하고 있으며, 이런 취지에 따라 농지법시행령 제29조·제30조에서는 농업진흥구역 및 농업보호구역에서 허용되는 시설들을 한정적으로 열거하고, 그 외 시설은 설치할 수 없도록 제한하고 있습니다.
- 농지법 제36조제1항에서는 건축법에 의한 건축허가 또는 건축신고대상시설이 아닌 간이농업용시설과 농수산물의 간이처리시설을 설치하고자 하는 경우, 주목적사업(당해 농지에서 허용되는 사업에 한함)을 위하여 현장사무소 또는 부대시설 기타 이에 준하는 시설을 설치하거나 물건을 적치. 매설하는 경우, 대통령령이 정하는 토석 및 광물을 채굴하는 경우에는 3년 이내(다만, 법 제36조제1항제2호에 해당하는 경우는 그 주목적 사업의 시행에 필요한 기간 내로 함) 기간동안 사용

후 농지로 복구하는 조건으로 농지의 타용도 일시사용허가를 받을 수 있도록 규정하고 있으며, 동 법시행령 제38조에 따라 농지의 타용도 일시사용기간을 통산하여 3년을 초과하지 아니하는 범위 내에서 연장할 수 있도록 하고 있습니다.

- 이때, 상기에서 '당해 농지에서 허용되는 사업'이라 함은 주목적사업이 타용도일시사용허가를 득하고자 하는 농지에서 허용되는 사업이어야 함을 의미합니다.
- 또한, 해당지역이 농업진흥지역인 경우 농지법제32조 제1항 제8호의 규정에 의하면 지하자원 개발을 위한 탐사 또는 지하광물 채광과 광석의 선별 및 적치를 위한 장소로 사용하는 행위는 가능하나 이에 해당되지 않는 건축공사용 흙을 적치하는 행위는 허용되고 있지 않음을 알려드립니다.
- 기타 자세한 사항은 관할 시·군 허가권자(농지담당부서)에 직접 문의하여 주시기 바랍니다.

출처
농림수산식품부 농업정책국 농지과 (☎ 02-500-1720)

3. 농지전용허가대상여부

질의

야생동식물 보호법에 의한 비닐하우스와 울타리 시설을 이용한 양서류 인공사육시설을 설치할시 농지전용허가 대상인지의 여부와 농지전용부담금 부가대상사업인지를 알고자 합니다. 본 내용으로 해당관청에 문의하였으나 정확한 판단이 되질 않아 문의 드리는 것이오니 성실한 답변 부탁드립니다.

답변

- 농지법 제2조에 따르면 농지란 전·답·과수원 기타 그 법적지목여하에 불구하고 실제의 토지현상이 농작물의 경작 또는 다년성 식물재배지로 계속하여 이용되는 기간이 3년이상인 토지와 그 토지의 개량시설(유지, 양·배수시설, 수로, 농로, 제방 등)과 그 토지에 설치하는 농축산물생산시설로서 고정식 온실, 버섯재배사 및 비닐하우스와 그 부속시설, 축사와 농림부령으로 정하는 그 부속시설, 농막·간이퇴비장 또는 간이액비저장조 등 농업생산에 필요한 시설의 부지를 말합니다.
- 농지법 제2조7호에 의하면 '농지의 전용'은 농지를 농작물의 경작 또는 다년성식물의 재배등 농업생산 또는 농지개량외의 목적에 사용하는 것을 말한다고 규정되어 있습니다.
- 또한, 농지법시행령 제35조관련 별표1 제8호에 의하면 양어장 및 양식장을 농지법시행령제29조 제4항 제1호 각목의 1에 해당하는 세대의 세대원인 농업인 및 이에 준하는 어업인세대의 세대원인 어업인, 농업법인 및 수산업법 제9조의 규정

에 의한 영어조합법인이 농업진흥지역밖에 설치하는 경우 세대 또는 법인당 1만 제곱미터이하에 대하여는 농지전용신고로 설치가 가능하며, 동 사항 이외에는 농지법제34조의 규정에 의한 전용허가를 받아야 합니다.

- 그리고, 농지법 제36조 제1항 제1호에 따르면 건축법에 의한 건축허가 또는 건축신고 대상시설이 아닌 간이농수축산업용 시설과 농수산물의 간이처리시설을 설치할 경우 농지의 타용도 일시사용이 가능하다고 판단되며, 이때 허가권자는 농지법시행령 제37조제2항에 따른 심사기준과 농지법 제37조제2항의 규정을 종합적으로 검토하여 허가여부를 결정하게 됨을 알려드립니다.

- 기타 자세한 사항은 관할 시·군 허가권자(환경담당부서, 농지담당부서)에게 직접 문의하여 주시기 바랍니다.

◎ 출처

농림수산식품부 농업정책국 농지과 (☎ 02-500-1720)

4. 인허가 관련 여부

◎ 질의

기업도시로 지정되어 공사를 하기 위하여 토사 운반용 차량 진입로가 농업 진흥지역 일부구간을 통과하여야 하므로 농지 타용도 일시 전용허가를 득하여 공사용 가설도로로사용한 후 원상복구 하려는데 농업진흥지역의 농지를 기업도시 사업장 공사를 위한 공사용 가설도로로서 타용도 일시전용이 가능한지 궁금하여 질의합니다.

◎ 답변

- 농지법 제36조제1항에서는 건축법에 의한 건축허가 또는 건축신고대상시설이 아닌 간이농업용시설과 농수산물의 간이처리시설을 설치하고자 하는 경우, 주목적사업(당해 농지에서 허용되는 사업에 한함)을 위하여 현장사무소 또는 부대시설 기타 이에 준하는 시설을 설치하거나 물건을 적치. 매설하는 경우, 대통령령이 정하는 토석 및 광물을 채굴하는 경우에는 3년 이내(다만, 법 제36조제1항제2호에 해당하는 경우는 그 주목적 사업의 시행에 필요한 기간 내로 함) 기간동안 사용 후 농지로 복구하는 조건으로 농지의 타용도 일시사용허가를 받을 수 있도록 규정하고 있으며, 동 법시행령 제38조에 따라 농지의 타용도 일시사용기간을 통산하여 3년을 초과하지 아니하는 범위 내에서 연장할 수 있도록 하고 있습니다.

- 이때, 상기에서 '당해 농지에서 허용되는 사업'이라 함은 주목적사업이 타용도일시사용허가를 득하고자 하는 농지에서 허용되는 사업이어야 함을 의미합니다.

- 또한, 농지법 제36조 제2항에 따르면 시장·군수 또는 자치구구청장은 주무부장관이나 지방자치단체의 장이 다른 법률에 따른 사업 또는 사업계획 등의 인가·허

가 또는 승인 등과 관련하여 농지의 타용도일시사용 협의를 요청하면, 그 인가·허가 또는 승인 등을 할 때에 해당 사업을 시행하려는 자에게 일정기간 그 농지를 사용한 후 농지로 복구한다는 조건을 붙일 것을 전제로 협의할 수 있도록 규정하고 있습니다.
- 귀하의 경우가 이에 해당되는지 여부 등 기타 자세한 사항은 관할 시·군 허가권자(농지담당부서)에 문의하여 주시기 바랍니다.

출처
농림수산식품부 농업정책국 농지과 (☎ 02-500-1720)

5. 농지일시전용허가에 대한질의

질의
지목이 전 으로 되어있는 땅을 농지전용허가를 득하여 골재선별파쇄업을 하고자 할 때에 골재선별파쇄업을 일정기간(예를 들면 1년, 2년.. 등)에 제한된기간으로 허가를 득하고져할때 농지일시전용허가가 가능한지 알고싶습니다.(토지이용계획원상의 용도는 자연녹지지역입니다.)

답변
- 농지법 제36조제1항에서는 건축법에 의한 건축허가 또는 건축신고대상시설이 아닌 간이농업용시설과 농수산물의 간이처리시설을 설치하고자 하는 경우, 주목적 사업(당해 농지에서 허용되는 사업에 한함)을 위하여 현장사무소 또는 부대시설 기타 이에 준하는 시설을 설치하거나 물건을 적치·매설하는 경우, 대통령령이 정하는 토석 및 광물을 채굴하는 경우에는 3년 이내(다만, 법 제36조 제1항 제2호에 해당하는 경우는 그 주목적 사업의 시행에 필요한 기간 내로 함) 기간동안 사용 후 농지로 복구하는 조건으로 농지의 타용도일시사용허가를 받을 수 있도록 규정하고 있습니다.
- 상기의 규정에 해당되는 대통령령이 정하는 토석 및 광물을 채굴하는 경우에 해당되지 않는 골재 선별·파쇄기를 설치하여 건설용자재를 생산 판매하는 행위는 타용도일시사용허가 대상이 아니라 농지전용허가를 거쳐야 할 사항입니다.
- 귀하께서 이에 해당되는지 여부 등 기타 자세한 사항은 관할 시·군 허가권자(농지담당부서)에게 직접 문의하여 주시기 바랍니다.

출처
농림수산식품부 농업정책국 농지과 (☎ 02-500-1722)

6. 모래 채취 허가관련건

질의

지역은 OO군 OO면 OO리 일대 농지이며, 지역구분이 농림지역(진흥지역) 입니다. 현재 토지소유자 보상이 끝났으며, 사전심사 처리결과 OO군 각부서에서 조건부가로 공문을 받았습니다. 이에 부서별 조건부를 다 처리하여, 농지법 36조 1항 에 의한 농지의 타용도 일지전용 서류일체를 접수하였으며, 현재 부서별 협의중에 있습니다. 질의1. 이 경우 OO군 사전 심사에 필요한 업무들을 다 처리하였음에도 반려가 되는것인지 궁금합니다. 질의2. 만약 반려가 된다면 부서별 조건부 문제 (문화제지표조사, 환경영향평가, 사전재해영향평가, 토지장 허가) 등 처리한 비용들은 어떻게 처리하여야 하는지요. 질의3. 군 관계자는 농지법 37조 2항 1에 의한 경지정리를한 우량농지로 보존할 필요가 있다고 하는데 실제 주민들또한 바닥에 모래가 많아 논농사가 제대로 되지않는다고 합니다. 이에 보존을 할 우량농지라는 판단은 어떤조건에서 하는것인지 궁금합니다. 아울러 2002년 OO군 OO면 OO리에는 지역구분이 농림지역(진흥지역) 에 허가를 받아 일을 한것을 확인하였습니다. 우량농지 기준이 무엇인지 기준을 알려주십시오.

답변

- 농지법 제36조제1항에서는 건축법에 따른 건축허가 또는 건축신고 대상시설이 아닌 간이 농수축산업용시설과 농수산물의 간이처리시설을 설치하는 경우, 주목적사업(해당 농지에서 허용되는 사업에 한함)을 위하여 현장사무소나 부대시설 그 밖에 이에 준하는 시설을 설치하거나 물건을 적치.매설하는 경우, 대통령으로 정하는 토석 및 광물을 채굴하는 경우에는 3년 이내(다만, 법 제36조제1항제2호에 해당하는 경우는 그 주목적 사업의 시행에 필요한 기간 내로 함) 기간동안 사용 후 농지로 복구하는 조건으로 농지의 타용도 일시사용허가를 받을 수 있도록 규정하고 있습니다.

- 상기의 규정에서 대통령령으로 정하는 토석과 광물은 농지법시행령 제38조제3항에서 골재채취법 제2조제1호에 따른 골재, 광업법 제3조에 따른 광물, 적조방제·농지개량 또는 토목공사용으로 사용하거나 공업용 원료로 사용하기 위한 토석으로 규정하고 있습니다.

- 농지의 타용도 일시사용허가를 신청할 경우 허가권자(관할 시장·군수)는 농지법시행령 제37조제2항의 규정에 의한 심사기준과 농지법 제37조제2항의 규정을 종합적으로 검토하여 허가 여부를 결정하게 됩니다.

- 일반적으로 우량농지는 경지정리, 농업용수개발 등 농업생산기반시설이 정비되어 있거나 집단화되어 있는 농지로서 논이 아닌 밭이라 하더라도 농지로서의 보전 가치가 있는 경우에는 우량농지로 보게 되며 이러한 기준에 입각하여 허가권자가 우량농지 여부에 대한 판단을 하게 됩니다.

- 따라서, 농지의 타용도일시사용허가 여부는 허가권자가 현지의 농지 상황을 보고 상기의 심사기준에 따라 판단할 사항으로 시·군정을 책임지고 있는 시장·군수·구청장에게 그 권한을 위임하여 처리하고 있음을 알려드리니
- 기타 자세한 사항은 관할 시·군 허가권자(농지담당부서)에 직접 문의하여 주시기 바랍니다.

✓ 출처
농림수산식품부 농업정책국 농지과 (☎ 02-500-1722)

Ⅳ. 농지전용허가의 제한

01 전용허가 등이 제한되는 시설

1. 전용허가 등이 제한되는 시설

(1) 다음의 어느 하나에 해당하는 시설의 부지로 사용하려는 농지는 전용이 허가되지 않는다. 다만, 「국토의 계획 및 이용에 관한 법률」에 따른 도시지역·계획관리지역 및 개발진흥지구에 있는 농지는 다음의 어느 하나에 해당하는 시설의 부지로 사용하더라도 전용을 허가할 수 있다(「농지법」 제37조제1항).

1) 대기오염배출시설(「대기환경보전법」 제2조제9호)로서 다음과 같은 시설(「농지법」 제37조제1항제1호 및 「농지법 시행령」 제44조제1항)

① 1종사업장부터 4종사업장까지의 사업장(「대기환경보전법 시행령」 별표 1의3)에 해당하는 시설. 다만, 미곡종합처리장의 경우에는 3종사업장 또는 4종사업장에 해당하는 시설을 제외한다.

② 5종사업장(「대기환경보전법 시행령」 별표 1의3)에 해당하는 시설 중 특정대기유해물질(「대기환경보전법」 제2조제9호)을 배출하는 시설. 다만, 재활용시설(「자원의 절약과 재활용촉진에 관한 법률」 제2조제10호), 폐기물처리시설(「폐기물관리법」 제2조제8호) 및 세탁물의 처리시설(「의료법」 제16조)을 제외한다.

2) 폐수배출시설(「물환경보전법」 제2조제10호)로서 다음에 해당하는 시설(「농지법」 제37조제1항제2호 및 「농지법 시행령」 제44조제2항)

① 1종사업장부터 4종사업장까지의 사업장(「물환경보전법 시행령」별표 13)에 해당하는 시설

② 5종사업장(「물환경보전법 시행령」별표 13)에 해당하는 시설 중 다음의 시설(「농지법 시행규칙」제37조). 다만, 재활용시설(「자원의 절약과 재활용촉진에 관한 법률」제2조제6호), 폐기물처리시설(「폐기물관리법」제2조제8호) 및 축산물공판장(「농수산물 유통 및 가격안정에 관한 법률」제2조제5호), 인쇄・출판시설, 사진처리시설, 의료・보건시설 및 교육・연구시설로서 해당시설에서 배출되는 특정수질유해물질(「물환경보전법 시행규칙」제4조)을 모두 위탁처리 하는 경우를 제외한다.

- ✓ 배출기준을 초과하는 특정수질유해물질 배출시설(「물환경보전법 시행규칙」제35조의2). 다만, 설치허가를 받은 폐수무방류배출시설(「물환경보전법」제34조)은 제외된다.
- ✓ 폐수배출시설(「물환경보전법 시행규칙」제6조) 중 「농지법 시행규칙」별표 3에 해당하는 폐수배출시설

3) 농업의 진흥이나 농지의 보전을 해칠 우려가 있는 시설로서 다음에 해당하는 시설(「농지법」제37조제1항제3호 및 「농지법 시행령」제44조제3항)

관련 조문	종류	농지 규모
「농지법 시행령」 제44조제3항제1호	1. 아파트: 주택으로 쓰는 층수가 5개 층 이상인 주택(「건축법 시행령」별표 1제2호가목) 2. 1종 근린생활시설 중 휴게음식점, 제과점 등 음료・차(茶)・음식・빵・떡・과자 등을 조리하거나 제조하여 판매하는 시설(제조공장 제외)로서 같은 건축물에 해당 용도로 쓰는 바닥면적의 합계가 300㎡ 미만인 것(「건축법 시행령」별표 1제3호나목) 3. 2종 근린생활시설 중 휴게음식점, 제과점 등 음료・차(茶)・음식・빵・떡・과자 등을 조리하거나 제조하여 판매하는 시설(제조공장 제외)로서 같은 건축물에 해당 용도로 쓰는 바닥면적의 합계가 300㎡ 이상인 것(「건축법 시행령」별표 1제4호아목) 4. 일반음식점(「건축법 시행령」별표 1제4호자목) 5. 제조업소, 수리점 등 물품의 제조・가공・수리 등을 위한 시설로서 같은 건축물에 해당 용도로	제한 없음

쓰는 바닥면적의 합계가 500㎡ 미만이고, 다음 요건 중 어느 하나에 해당하는 것(「건축법 시행령」 별표 1제4호너목)

가. 「대기환경보전법」, 「물환경보전법」 또는 「소음·진동관리법」에 따른 배출시설의 설치 허가 또는 신고의 대상이 아닌 것

나. 「대기환경보전법」, 「물환경보전법」 또는 「소음·진동관리법」에 따른 배출시설의 설치 허가 또는 신고의 대상 시설로서 발생되는 폐수를 전량 위탁처리하는 것

※ 다만, 다음의 어느 하나에 해당하는 시설은 제외합니다.

① 다음의 요건을 모두 갖춘 농수산물의 가공·처리 시설(「건축법 시행령」 별표 1제4호너목에 따른 제조업소 또는 같은 표 제17호에 따른 공장에 해당하는 시설을 말하며, 그 시설에서 생산된 제품을 판매하는 시설을 포함)(「농지법 시행령」 제29조제2항제1호)

- 국내에서 생산된 농수산물(「농업·농촌 및 식품산업 기본법 시행령」 제5조제1항 및 제2항에 따른 농수산물을 말하며, 임산물 중 목재와 그 가공품 및 토석은 제외, 이하 같음) 및 농림축산식품부장관이 정하여 고시하는 농수산가공품을 주된 원료로 하여 가공하거나 건조·절단 등 처리를 거쳐 식품을 생산하기 위한 시설일 것

1만5천제곱미터(미곡의 건조·선별·보관 및 가공시설의 경우에는 3만제곱미터) 미만인 시설(판매시설이 포함된 시설의 경우에는 그 판매시설의 면적이 전체 시설 면적의 100분의 20 미만인 시설에 한정)일 것

② 부지의 총면적이 3천제곱미터 미만인 농업기계수리시설(「농지법 시행령」 제29조제7항제3호)

③ 부지의 총면적이 3천제곱미터(지방자치단체 또는 농업생산자단체가 설치하는 경우에는 1만제곱미터) 미만인 남은 음식물이나 농수

　산물의 부산물을 이용한 유기질비료 제조시설(「농지법 시행령」 제29조제7항제4호)

④ 부지의 총면적이 3천제곱미터(지방자치단체 또는 농업생산자단체가 설치하는 경우에는 3만제곱미터) 미만인 사료 제조시설(해당 시설에서 생산된 제품을 유통·판매하는 시설을 포함)(「농지법 시행령」 제29조제7항제4호의2)

⑤ 농기자재(농기구, 농기계, 농기계 부품, 농약, 미생물제제, 비료, 사료, 비닐 및 파이프 등 농업생산에 필요한 기자재를 말함) 제조시설로서 다음의 어느 하나에 해당하지 않는 시설(2006년 6월 30일 이전에 지목이 공장용지로 변경된 부지에 설치하는 경우에 한정)(「농지법 시행령」 제29조제7항제9호)

　－「농지법 시행령」 제44조제1항각 호의 시설
　－「농지법 시행령」 제44조제2항각 호의 시설

6. 단란주점으로서 같은 건축물에 해당 용도로 쓰는 바닥면적의 합계가 150㎡ 미만인 것(「건축법 시행령」 별표 1제4호더목)

7. 문화 및 집회시설(「건축법 시행령」 별표 1제5호)

8. 「건축법 시행령」에 따른 운수시설(「건축법 시행령」 별표 1제8호)

9. 다음의 교육 연구시설(제2종 근린생활시설에 해당하는 것은 제외,「건축법 시행령」 별표 1제10호다목·라목·바목)

　가. 직업훈련소(운전 및 정비 관련 직업훈련소는 제외)

　나. 학원(자동차학원·무도학원 및 정보통신기술을 활용해 원격으로 교습하는 것은 제외), 교습소(자동차교습·무도교습 및 정보통신기술을 활용하여 원격으로 교습하는 것은 제외)

　다. 도서관

10. 「건축법 시행령」에 따른 업무시설(「건축법 시행령」 별표 1제14호)

	11. 「건축법 시행령」에 따른 숙박시설(「건축법 시행령」 별표 1제15호, 「제주특별자치도 설치 및 국제자유도시 조성을 위한 특별법」 제251조제1항에 따른 1천 ㎡ 이하의 휴양펜션업 시설은 제외) 12. 「건축법 시행령」에 따른 위락시설(「건축법 시행령」 별표 1제16호) 13. 다음의 자동차 관련 시설(건설기계 관련 시설을 포함, 「건축법 시행령」 별표 1제20호나목부터 바목까지) 　가. 세차장 　나. 폐차장 　다. 검사장 　라. 매매장 　마. 정비공장 14. 관광 휴게시설(「건축법 시행령」 별표 1제27호) 　가. 야외음악당 　나. 야외극장 　다. 어린이회관 　라. 관망탑 　마. 휴게소 　바. 공원·유원지 또는 관광지에 부수되는 시설	
「농지법 시행령」 제44조제3항제2호	1. 「건축법 시행령」에 따른 단독주택[단독주택의 형태를 갖춘 가정어린이집·공동생활가정·지역아동센터·공동육아나눔터·작은도서관 및 노인복지시설(노인복지주택은 제외)을 포함]('「건축법 시행령」 별표 1제1호) 2. 다음의 제1종 근린생활시설(「건축법 시행령」 별표 1제3호가목·다목부터 마목까지·사목) 　가. 식품·잡화·의류·완구·서적·건축자재·의약품·의료기기 등 일용품을 판매하는 소매점으로서 같은 건축물(하나의 대지에 두 동 이상의 건축물이 있는 경우에는 이를 같은 건축물로 봄)에 해당 용도로 쓰는 바닥면적의 합계가 1천 ㎡ 미만인 것 　나. 이용원, 미용원, 목욕장, 세탁소 등 사람의 위생관리나 의류 등을 세탁·수선하는 시설	1천 ㎡ 초과

(세탁소의 경우 공장에 부설되는 것과 「대기환경보전법」, 「물환경보전법」 또는 「소음·진동관리법」에 따른 배출시설의 설치 허가 또는 신고의 대상인 것은 제외)

다. 의원, 치과의원, 한의원, 침술원, 접골원(接骨院), 조산원, 안마원, 산후조리원 등 주민의 진료·치료 등을 위한 시설

라. 탁구장 및 체육도장으로서 같은 건축물에 해당 용도로 쓰는 바닥면적의 합계가 500㎡ 미만인 것

마. 지역아동센터(단독주택과 공동주택에 해당하지 않는 것을 말함)

3. 다음의 제2종 근린생활시설(「건축법 시행령」 별표 1제4호가목부터 사목까지·차목부터 거목까지 및 러목)

가. 공연장(극장, 영화관, 연예장, 음악당, 서커스장, 비디오물감상실, 비디오물소극장, 그 밖에 이와 비슷한 것을 말함)으로서 같은 건축물에 해당 용도로 쓰는 바닥면적의 합계가 500㎡ 미만인 것

나. 종교집회장[교회, 성당, 사찰, 기도원, 수도원, 수녀원, 제실(祭室), 사당, 그 밖에 이와 비슷한 것을 말함]으로서 같은 건축물에 해당 용도로 쓰는 바닥면적의 합계가 500㎡ 미만인 것

다. 자동차영업소로서 같은 건축물에 해당 용도로 쓰는 바닥면적의 합계가 1천㎡ 미만인 것

라. 서점(제1종 근린생활시설에 해당하지 않는 것)

마. 총포판매소

바. 사진관, 표구점

사. 청소년게임제공업소, 복합유통게임제공업소, 인터넷컴퓨터게임시설제공업소, 그 밖에 이와 비슷한 게임 관련 시설로서 같은 건축물에 해당 용도로 쓰는 바닥면적의 합계가 500㎡ 미만인 것

아. 장의사, 동물병원, 동물미용실, 동물위탁관리업을 위한 시설, 그 밖에 이와 유사한 것

자. 학원(자동차학원·무도학원 및 정보통신시설을 활용해 원격으로 교습하는 것은 제외), 교습소(자동차교습·무도교습 및 정보통신기술을 활용해 원격으로 교습하는 것은 제외), 직업훈련소(운전·정비 관련 직업훈련소는 제외)로서 같은 건축물에 해당 용도로 쓰는 바닥면적의 합계가 500㎡ 미만인 것

차. 독서실, 기원

카. 테니스장, 체력단련장, 에어로빅장, 볼링장, 당구장, 실내낚시터, 골프연습장, 놀이형시설(「관광진흥법」에 따른 기타유원시설업의 시설을 말함) 등 주민의 체육 활동을 위한 시설(제1종 근린생활시설 중 탁구장, 체육도장은 제외)로서 같은 건축물에 해당 용도로 쓰는 바닥면적의 합계가 500㎡ 미만인 것

타. 금융업소, 사무소, 부동산중개사무소, 결혼상담소 등 소개업소, 출판사 등 일반업무시설로서 같은 건축물에 해당 용도로 쓰는 바닥면적의 합계가 500㎡ 미만인 것(제1종 근린생활시설에 해당하는 것은 제외)

파. 다중생활시설(「다중이용업소의 안전관리에 관한 특별법」에 따른 다중이용업 중 고시원업의 시설로서 국토교통부장관이 고시하는 기준에 적합한 것을 말함)로서 같은 건축물에 해당 용도로 쓰는 바닥면적의 합계가 500㎡ 미만인 것

하. 안마시술소, 노래연습장

4. 「위험물안전관리법」, 「석유 및 석유대체연료 사업법」, 「도시가스사업법」, 「고압가스 안전관리법」, 「액화석유가스의 안전관리 및 사업법」, 「총포·도검·화약류 등 단속법」, 「화학물질 관리법」 등에 따라 설치 또는 영업의 허가를 받아야 하는 위험물 저장 및 처리 시설로서 다음어느 하나에 해당하는 것. 다만, 자가난방, 자가발전,

그 밖에 이와 비슷한 목적으로 쓰는 저장시설은 제외(「건축법 시행령」 별표 1제19호)

가. 주유소(기계식 세차설비를 포함) 및 석유 판매소

나. 액화석유가스 충전소·판매소·저장소(기계식 세차설비를 포함)

다. 위험물 제조소·저장소·취급소

라. 액화가스 취급소·판매소 마. 유독물 보관·저장·판매시설

마. 유독물 보관·저장·판매시설

바. 고압가스 충전소·판매소·저장소

사. 도료류 판매소

아. 도시가스 제조시설

자. 화약류 저장소

차. 그 밖에 가.부터 자.까지의 시설과 비슷한 것

5. 다음의 자동차 관련 시설(건설기계 관련 시설을 포함)(「건축법 시행령」 별표 1제20호가목·사목·아목)

가. 주차장

나. 운전학원 및 정비학원(운전 및 정비 관련 직업훈련시설을 포함)

다. 「여객자동차 운수사업법」, 「화물자동차 운수사업법」「건설기계관리법」에 따른 차고 및 주기장(駐機場)

6. 묘지 관련 시설(「건축법 시행령」 별표 1제26호)

가. 화장시설

나. 봉안당(종교시설에 해당하는 것은 제외)

다. 묘지와 자연장지에 부수되는 건축물

라. 동물화장시설, 동물건조장(乾燥葬)시설 및 동물 전용의 납골시설

| 「농지법 시행령」 제44조제3항제3호 | 1. 지역자치센터, 파출소, 지구대, 소방서, 우체국, 방송국, 보건소, 공공도서관, 건강보험공단 사무소 등 공공업무시설로서 같은 건축물에 해당 용도로 쓰는 바닥면적의 합계가 1천 제곱미터 미만인 제1종 근린생활시설(「건축법 시행령」 별표 1 제3호바목) | 3천 ㎡ 초과 |

	2. 종교시설(「건축법 시행령」 별표 1제6호) 　가. 종교집회장으로서 제2종 근린생활시설에 해당하지 아니하는 것 　나. 종교집회장(제2종 근린생활시설에 해당하지 아니하는 것을 말함)에 설치하는 봉안당(奉安堂) 3. 노유자시설(「건축법 시행령」 별표 1제11호) 　가. 아동 관련 시설(어린이집, 아동복지시설, 그 밖에 이와 비슷한 것으로서 단독주택, 공동주택 및 제1종 근린생활시설에 해당하지 않는 것을 말함) 　나. 노인복지시설(단독주택과 공동주택에 해당하지 않는 것을 말함) 　다. 그 밖에 다른 용도로 분류되지 않은 사회복지시설 및 근로복지시설 4. 수련시설(「건축법 시행령」 별표 1제12호) 　가. 생활권 수련시설(「청소년활동진흥법」에 따른 청소년수련관, 청소년문화의집, 청소년특화시설, 그 밖에 이와 비슷한 것을 말함) 　나. 자연권 수련시설(「청소년활동진흥법」에 따른 청소년수련원, 청소년야영장, 그 밖에 이와 비슷한 것을 말함) 　다. 「청소년활동진흥법」에 따른 유스호스텔 　라. 「관광진흥법」에 따른 야영장 시설로서 아래 5.에 해당하지 아니하는 시설 5. 「관광진흥법」에 따른 야영장 시설로서 관리동, 화장실, 샤워실, 대피소, 취사시설 등의 용도로 쓰는 바닥면적의 합계가 300㎡ 미만인 것(「건축법 시행령」 별표 1제29호)	
「농지법 시행령」 제44조제3항제4호	1. 운동시설 　가. 탁구장, 체육도장, 테니스장, 체력단련장, 에어로빅장, 볼링장, 당구장, 실내낚시터, 골프연습장, 놀이형시설, 그 밖에 이와 비슷한 것으로서 제1종 근린생활시설 및 제2종 근린생활시설에 해당하지 않는 것	5천 ㎡ 초과

	나. 체육관으로서 관람석이 없거나 관람석의 바닥면적이 1천 ㎡ 미만인 것 다. 운동장(육상장, 구기장, 볼링장, 수영장, 스케이트장, 롤러스케이트장, 승마장, 사격장, 궁도장, 골프장 등과 이에 딸린 건축물을 말함)으로서 관람석이 없거나 관람석의 바닥면적이 1천 ㎡ 미만인 것	

「농지법 시행령」 제44조제3항제5호	1. 연립주택: 주택으로 쓰는 1개 동의 바닥면적 합계가 660㎡를 초과하고, 층수가 4개 층 이하인 주택(2개 이상의 동을 지하주차장으로 연결하는 경우에는 각각의 동으로보며, 지하층을 주택의 층수에서 제외)(「건축법 시행령」 별표 1제2호나목)
	2. 다세대주택: 주택으로 쓰는 1개 동의 바닥면적 합계가 660㎡ 이하이고, 층수가 4개 층 이하인 주택(2개 이상의 동을 지하주차장으로 연결하는 경우에는 각각의 동으로 보며, 지하층을 주택의 층수에서 제외)(「건축법 시행령」 별표 1제2호다목)
	3. 기숙사: 학교 또는 공장 등의 학생 또는 종업원 등을 위하여 쓰는 것으로서 1개 동의 공동취사시설 이용 세대 수가 전체의 50% 이상인 것(학생복지주택을 포함, 2개 이상의 동을 지하주차장으로 연결하는 경우에는 각각의 동으로보며, 지하층을 주택의 층수에서 제외)(「건축법 시행령」 별표 1제2호라목)
	4. 상점(그 안에 있는 근린생활시설을 포함)으로서 다음 어느 하나에 해당하는 것 (「건축법 시행령」 별표 1제7호다목)
	  가. 식품·잡화·의류·완구·서적·건축자재·의약품·의료기기 등 일용품을 판매하는 소매점는 용도(서점은 제외)로서 제1종 근린생활시설에 해당하지 아니하는 것
	  나. 청소년게임제공업의 시설(「게임산업진흥에 관한 법률」 제2조제6호의2가목), 일반게임제공업의 시설(「게임산업진흥에 관한 법
		1만 5천 ㎡ 초과

	률」 제2조제6호의2가목), 인터넷컴퓨터게임시설제공업의 시설(「게임산업진흥에 관한 법률」제2조제7호) 및 복합유통게임제공업의 시설(「게임산업진흥에 관한 법률」제2조제8호)로서 제2종 근린생활시설에 해당하지 아니하는 것	
「농지법 시행령」 제44조제3항제6호	1. 다음의 판매시설(「건축법 시행령」 별표 1제7호 가목·나목) 　가. 도매시장(「농수산물 유통 및 가격안정에 관한 법률」에 따른 농수산물도매시장, 농수산물공판장, 그 밖에 이와 비슷한 것을 말하며, 그 안에 있는 근린생활시설을 포함) 　나. 소매시장(「유통산업발전법」제2조제3호에 따른 대규모 점포나 그 밖에 이와 비슷한 것을 말하며, 그 안에 있는 근린생활시설을 포함) 2. 제2종 근린생활시설에 해당하지 않는 다음의 교육연구시설(「건축법 시행령」 별표 1제10호가목) 　가. 학교(유치원, 초등학교, 중학교, 고등학교, 전문대학, 대학, 대학교, 그 밖에 이에 준하는 각종 학교를 말함) 3. 「건축법 시행령」에 따른 공장시설(「건축법 시행령」 별표 1제17호) 4. 「건축법 시행령」에 따른 창고시설(「건축법 시행령」 별표 1제18호, 위험물 저장 및 처리 시설 또는 그 부속용도에 해당하는 것은 제외) 5. 관광농원사업의 시설 및 태양에너지 발전설비(「농어촌정비법」제2조제16호나목)	3만 ㎡ 초과
「농지법 시행령」 제44조제3항제7호	농어촌체험·휴양마을사업의 시설(「농지법 시행령」제29조제7항제8호가목)과 농수산업 관련 시설(「농지법 시행령」제30조제1항제4호)로서 그 부지로 사용하려는 농지의 면적이 해당 조항에서 허용하는 면적을 초과하는 것	해당 조항에서 허용하는 면적
「농지법 시행령」 제44조제3항제8호	「농지법 시행령」 제44조제3항제1호부터 제7호까지에 해당하지 않는 시설로서 그 부지로 전용하려는 농지의 면적이 1만 ㎡를 초과하는 것	제한 없음

	※ 다만, 그 시설이농업진흥구역에 설치할 수 있는 시설(「농지법」 제32조제1항제3호부터 제8호까지), 도시·군계획시설, 마을정비구역으로 지정된 구역에 설치하는 시설(「농어촌정비법」 제101조), 도로부속물(「도로법」 제2조제2호) 중 고속국도관리청이 설치하는 고속국도의 도로부속물 시설, 공원시설(「자연공원법」 제2조제10호) 및 골프장(「체육시설의 설치·이용에 관한 법률」 제3조)에 해당되는 경우는 제외됩니다.	
「농지법 시행령」 제44조제3항제9호	그 밖에 해당 지역의 농지규모·농지보전상황 등 농업여건을 감안하여 시(특별지 및 광역시를 포함)·군의 조례로 정하는 농업의 진흥이나 농지의 보전을 저해하는 시설	제한 없음

02 전용허가 및 협의가 제한되는 경우

1. 전용허가 및 협의가 제한되는 경우

(1) 농지전용허가 및 협의를 할 경우 그 농지가 다음의 어느 하나에 해당하면 농지의 전용이 제한된다(「농지법」 제37조제2항).

- 전용하려는 농지가 농업생산기반이 정비되어 있거나 농업생산기반 정비사업 시행 예정 지역으로 편입되어 우량농지로 보전할 필요가 있는 경우
- 해당 농지를 전용하면 일조·통풍·통작에 매우 크게 지장을 주거나 농지개량시설의 폐지를 수반하여 인근 농지의 농업경영에 매우 큰 영향을 미치는 경우
- 해당 농지를 전용하면 토사가 유출되는 등 인근 농지 또는 농지개량시설을 훼손할 우려가 있는 경우
- 전용 목적을 실현하기 위한 사업계획 및 자금 조달계획이 불확실한 경우
- 전용하려는 농지의 면적이 전용 목적 실현에 필요한 면적보다 지나치게 넓은 경우

03 농지관리위원회의 설치·운영

(1) 농림축산식품부장관의 다음의 사항에 대한 자문에 응하게 하기 위하여 농림축산식품부에 농지관리위원회를 둔다.

1) 농지의 이용, 보전 등의 정책 수립에 관한 사항

2) 농지전용허가 및 협의 또는 농지전용신고 사항 중 대통령령으로 정하는 규모 이상의 농지전용에 관한 사항

3) 그 밖에 농림축산식품부장관이 필요하다고 인정하여 위원회에 부치는 사항

(2) 위원회는 위원장 1명을 포함한 20명 이내의 위원으로 구성한다.

(3) 위원회의 위원은 관계 행정기관의 공무원, 농업·농촌·토지이용·공간정보·환경 등과 관련된 분야에 관한 학식과 경험이 풍부한 사람 중에서 농림축산식품부장관이 위촉하며, 위원장은 위원 중에서 호선한다.

(4) 위원장 및 위원의 임기는 2년으로 한다.

(5) 위원회의 구성·운영에 관하여 필요한 사항은 대통령령으로 정한다.

04 법령해석례

1. 06-0133,「농지법」제39조제1항(농지전용허가의 제한대상시설)

> **질의**
> 「국토의 계획 및 이용에 관한 법률」에 의한 관리지역으로서, 계획관리지역으로 구분·지정되지 아니한 지역안의 농지를 제조업소의 부지로 사용하고자 하는 경우에도 「농지법」제39조제1항 및 동법 시행령 제49조제3항의 규정을 적용하여 농지전용허가를 거부할 수 있는지 여부
>
> **회답**
> 「국토의 계획 및 이용에 관한 법률」에 의한 관리지역으로서, 계획관리지역으로 구분·지정되지 아니한 지역안의 농지를 제조업소의 부지로 사용하고자 하는 경우에도 「농지법」제39조제1항 및 동법 시행령 제49조제3항의 규정을 적용하여 농지전용허가를 거부할 수 있습니다.
>
> **해석기관 및 출처**
> 해석기관 : 법제처
> 출처 : 법제처 법령해석포탈서비스(https://ahalaw.moleg.go.kr)

05 국민신문고

1. 관리지역을 포함한 농지에서의 행위제한

> ✓ 질의
>
> 관리지역에서 음식점이나 제조업소 설치가 가능한지 여부는?
>
> ✓ 회답
>
> - 농지법 제37조 및 농지법시행령 제44조에서는 농지전용허가의 제한대상시설을 규정하고 있음
>   - 다만, 농지법 제37조제1항의 규정에 의하여 「국토의계획및이용에관한법률」에 의한 도시지역·계획관리지역 및 개발진흥지구안의 농지는 동법시행령 제44조(농지전용허가의 제한대상시설)의 규정을 적용 받지 않음
> - 따라서, 관리지역이 세분화되지 않은 지역에서는 농지법시행령 제44조제3항제1호의 규정에 따라 음식점이나 제조업소는 농지전용허가 제한대상 시설에 해당되므로 설치할 수 없음
>   - 농지법 제39조의 적용대상에서 제외 받고자 할 경우에는 국토의계획및이용에관한법률 제30조의 규정에 의한 도시관리계획변경결정으로 관리지역에서 계획관리지역으로 용도지역을 변경하게 되면 설치가 가능할 수 있음
>
> ✓ 출처
>
> 농림수산식품부 농업정책국 농지과 (☎ 02-500-1724)

2. 사회복지시설 신축시 농업진흥지역 밖의 농지전용가능 면적은 얼마인지 궁금합니다.

> ✓ 질의
>
> 사회복지법인을 설립하려고 토지 용도지역이 생산관리지역이며 농업진흥지역 밖으로써 2,897평방미터를 구입하고 설립허가서를 제출하여 법인을 설립, 승인받았습니다. 법인은 농지를 소유할 수 없다고하여 사회복지시설을 건축하고자 건축허가를 받으면서 농지전용서류를 제출하여야 하는데 관계법규를 보면 1,000평방미터 초과는 제한이 된다고 하는데 전문요양시설을 신축할 경우 최소 1,425평방미터의 연면적이 필요합니다. 만약 농업진흥지역 밖에도 농업진흥지역 안의 규정을 따라야 하는지인터넷상에서 보면, 농지전용허가권장인 구청장의 허가권한이 농업진흥지역은 2,000평방미터, 진흥지역 밖은 6,000평방미터로 규정되어있어 너무 궁금합니다. 부디 7월부터 시행되는 정부시책인 장기요양보험기관으로 선정되어 어려운 어르신들을 모실수 있도록 준비하는데 차질이 없도록 조속한 회신부탁드립니다.

⊘ 회답
- 농지법시행령 제44조제3항제1호의 규정에 의하면 건축법시행령 별표1의 제11호 노유자시설은 1,000㎡초과시 농지전용허가의 제한시설로 규정하고 있으며
- 농지전용허가를 신청하는 경우 허가권자는 설치하고자 하는 시설의 규모·용도 및 지역여건 등을 참작할 때 전용하고자 하는 농지에 대해 동법시행령 제33조의 규정에 의한 심사기준에 따라 심사하고, 그 결과 적합한 경우에 한하여 허가를 하도록 하고 있습니다.
- 기타 자세한 사항은 관할 시·군 허가권자(농지담당부서)에 문의하여 주시기 바랍니다.

⊘ 출처
농림수산식품부 농업정책국 농지과 (☎ 02-500-1724)

Ⅴ 농지보전부담금

01 농지보전부담금의 부과 및 납부

1. 농지보전부담금의 개념

"농지보전부담금"이란 농지전용허가를 받는 자가 농지의 보전·관리 및 조성을 위해 농지관리기금을 운용·관리하는 자에게 내는 부담금을 말한다(「농지법」 제38조).

2. 농지보전부담금의 부과대상

(1) 다음의 어느 하나에 해당하는 자는 농지보전부담금을 농지관리기금을 운용·관리하는 한국농어촌공사에 내야 한다(「농지법」 제38조제1항).
- 농지전용허가(「농지법」 제34조제1항)를 받는 자
- 농지전용협의(「농지법」 제34조제2항제1호)를 거친 지역 예정지 또는 시설 예정지에 있는 농지{협의 대상에서 제외되는 농지(「농지법」 제34조제2항제1호 단서)를 포함}를 전용하려는 자
- 농지전용에 관한 협의(「농지법」 제34조제1항제1호의2)를 거친 구역 예정지에 있는 농지를 전용하려는 자

- 농지전용협의(「농지법」 제34조제2항제2호)를 거친 농지를 전용하려는 자
- 다른 법률에 따라 농지전용허가가 의제되는 협의를 거친 농지를 전용하려는 자
- 농지전용신고(「농지법」 제35조또는제43조)를 하고 농지를 전용하려는 자

3. 농지보전부담금의 부과기준

(1) 농지보전부담금은 부과기준일 현재 가장 최근에 공시된 「부동산 가격공시에 관한 법률」에 따른 해당 농지의 개별공시지가의 100분의 30으로 하되, 농업진흥지역과 농업진흥지역 밖의 농지를 차등하여 부과기준을 적용할 수 있으며, 부과기준일은 다음의 구분에 따른다(「농지법」 제38조제7항 및 「농지법 시행령」 제53조제1항·제3항).

- 농지전용허가를 받는 경우: 허가를 신청한 날
- 농지를 전용하려는 경우: 「농지법 시행령」으로 정하는 날
- 다른 법률에 따라 농지전용허가가 의제되는 협의를 거친 농지를 전용하려는 경우: 「농지법 시행령」으로 정하는 날
- 농지전용신고를 하고 농지를 전용하려는 경우: 신고를 접수한 날

(2) 위에 따라 산정한 농지보전부담금의 제곱미터당 금액이 5만원을 초과하는 경우에는 5만원을 농지보전부담금의 제곱미터당 금액으로 한다(「농지법 시행령」 제53조제2항 및 「농지법 시행규칙」 제47조의2).

4. 농지보전부담금의 부과결정 및 징수

(1) 농림축산식품부장관이나 시장·군수 또는 자치구구청장이 농지전용의 허가 또는 농지전용의 신고수리를 하려는 때에는 농지보전부담금의 전부 또는 일부를 미리 납부하게 하여야 한다(「농지법 시행령」 제45조제1항).

(2) 농지전용협의를 거친 농지 또는 다른 법률에 따라 농지전용허가가 의제되는 협의를 거친 농지(「농지법」 제38조제1항제2호부터 제4호까지)의 규정에 따른 농지보전부담금의 납부대상이 되는 농지의 전용이 수반되는 인가·허가·승인·신고 수리 등(이하 "인가등"이라 함)을 하려는 관계 행정기관의 장은 농지보전부담금이 납부되었는지 확인한 후 인가등을 하여야 한다(「농지법 시행령」 제45조제2항).

위에 따라 인가등을 하려는 관계 행정기관의 장은 인가등의 신청이 있을 때에는 지체 없이 그 사실을 농림축산식품부장관(「농지법 시행령」 제71조제1항제5호 및 같은 조 제2항제4호에 따라 농지보전부담금의 부과·징수 등에 관한 권한을 위임받은 자를 포함) 및 해당 농지의 관할 시장·군수 또는 자치구구청장에게 통보하여야 한다(「농지법 시행령」 제46조제1항).

(3) 농림축산식품부장관은 농지보전부담금의 전부 또는 일부를 미리 납부하게 하거나 「농지법 시행령」 제46조에 따른 통보 또는 통지를 받은 때에는 농지보전부담금의 부과에 관한 다음의 사항을 결정하여야 한다(「농지법 시행령」 제47조제1항).

- 농지보전부담금의 부과금액
- 농지보전부담금이 감면되는 시설인 경우에는 그 감면비율
- 그 밖에 농지보전부담금의 징수에 필요한 사항

(4) 한국농어촌공사는 농림축산식품부장관으로부터 농지보전부담금부과결정서를 통보를 받으면 그 통보받은 내용에 따라 농지보전부담금을 내야 하는 자에게 농지보전부담금의 납입을 통지해야 한다(「농지법 시행령」 제49조제1항).

- 한국농어촌공사가 농지보전부담금의 납입을 통지하는 때에 납입금액 및 그 산출근거, 납입기한과 납입장소를 구체적으로 알려준다(「농지법 시행령」 제49조제2항).

(5) 농지보전부담금의 납부기한은 납부통지서 발행일부터 농지전용허가 또는 농지전용신고(다른 법률에 따라 농지전용허가 또는 농지전용신고가 의제되는 인가·허가·승인 등을 포함함) 전까지로 한다(「농지법 시행령」 제49조제3항).

(6) 농지보전부담금의 수납업무를 한국농어촌공사가 대행한다(「농지법 시행령」 제48조제1항).

(7) 농지보전부담금을 내야 하는 자가 납부기한까지 부담금을 내지 않은 경우에는 납부기한이 지난 날부터 체납된 농지보전부담금의 100분의 3에 상당하는 금액이 가산금으로 부과된다(「농지법」 제38조제9항).

5. 농지보전부담금의 분납

(1) 농림축산식품부장관은 다음 어느 하나에 해당하는 사유로 농지보전부담금을 한꺼번에 내기 어렵다고 인정되는 경우에는 농지보전부담금을 나누어 내게 할 수 있다(「농지법」 제38조제2항, 「농지법 시행령」 제50조제1항 및 「농지법 시행규칙」 제45조제4항).

1) 「공공기관의 운영에 관한 법률」에 따른 공공기관과 「지방공기업법」에 따른 지방공기업이 「산업입지 및 개발에 관한 법률」 제2조제8호에 따른 산업단지의 시설용지로 농지를 전용하는 경우

2) 「도시개발법」 제11조제1항에 따른 사업시행자(국가와 지방자치단체를 제외)가 같은 「도시개발법」 제2조제1항제2호에 따른 도시개발사업(환지방식으로 시행하는 경우에 한함)의 부지로 농지를 전용하는 경우

3) 「관광진흥법」 제55조에 따른 개발사업시행자(지방자치단체는 제외)가 같은 「관광진흥법」 제2조제6호에 따른 관광지 또는 같은 법 제2조제7호에 따른 관광단지의 시설용지로 농지를 전용하는 경우

4) 「중소기업기본법」 제2조에 따른 중소기업을 영위하려는 자가 중소기업의 공장용지로 농지를 전용하는 경우

5) 「산업집적활성화 및 공장설립에 관한 법률」 제13조제1항부터 제3항까지의 규정에 따라 공장설립 등의 승인을 받으려는 자가 공장용지로 농지를 전용하는 경우

6) 농지보전부담금이 개인의 경우 건당 2천만원, 개인 외의 경우 건당 4천만원 이상인 경우

(2) 농림축산식품부장관은 농지보전부담금을 나누어 내게 하려면 농지보전부담금을 나누어 내려는 자에게 나누어 낼 농지보전부담금에 대한 납입보증보험증서 등을 미리 예치하게 한다(「농지법」 제38조제3항).

02 농지보전부담금의 환급

1. 농지보전부담금의 환급

(1) 다음의 어느 하나에 해당하는 경우 그에 해당하는 농지보전부담금이 환급된다(「농지법」 제38조제5항).
- 농지보전부담금을 낸 자의 허가가 취소(「농지법」 제39조)된 경우
- 농지보전부담금을 낸 자의 사업계획이 변경된 경우
- 농지보전부담금을 납부하고 허가를 받지 못한 경우
- 그 밖에 이에 준하는 사유로 전용하려는 농지의 면적이 당초보다 줄어든 경우

(2) 농림축산식품부장관은 납부의무자가 농지보전부담금으로 납부한 금액 중 과오납입한 금액이 있거나 환급하여야 할 금액이 있으면 지체 없이 그 과오납액 또는 환급금액을 농지보전부담금환급금으로 결정하고 이를 농지보전부담금납부자와 한국농어촌공사에 각각 통지하여야 한다. 다만, 농지의 원상회복을 명한 경우에는 농지의 원상회복 여부를 확인한 후에 통지하여야 한다(「농지법 시행령」 제51조제1항).

1) 농림축산식품부장관이 농지보전부담금환급금을 통지하는 때에는 농지보전부담금환급금에 다음의 어느 하나에 해당하는 날의 다음 날부터 환급결정을 하는 날까지의 기간과 국세환급가산금의 이율(「국세기본법 시행령」 제43조의3제2항)에 따라 계산한 금

액을 환급가산금으로 결정하고 이를 농지보전부담금환급금과 함께 통지해야 한다(「농지법 시행령」 제51조제2항).

① 착오납입·이중납입 또는 납입 후의 그 부과의 취소·정정으로 인한 농지보전부담금환급금에 있어서는 그 납입일. 다만, 그 농지보전부담금이 2회 이상 분할납입된 것인 때에는 그 최후의 납입일로 하되, 농지보전부담금환급금이 최후에 납입된 금액을 초과하는 경우에는 그 금액에 달할 때까지의 납입일의 순서로 소급하여 계산한 농지보전부담금환급금의 각 납입일로 한다.

② 납입자에게 책임이 있는 사유로 인하여 농지전용허가가 취소된 경우의 농지보전부담금환급금에 있어서는 그 취소일. 다만, 농지의 원상회복(「농지법」 제42조제1항제3호)을 명한 경우에는 농지의 원상회복일로 한다.

③ 농지보전부담금을 납부하고 농지전용허가 또는 농지전용신고(다른 법률에 따라 농지전용허가 또는 농지전용신고가 의제되는 인가·허가·승인 등을 포함함) 등이 되지 아니한 경우의 농지보전부담금환급금에 있어서는 농지보전부담금의 납부일로 한다.

④ 납입자의 사업계획의 변경 그 밖에 이에 준하는 사유로 인한 농지보전부담금환급금에 있어서는 그 변경허가일 또는 이에 준하는 행정처분의 결정일. 다만, 농지의 원상회복(「농지법」 제42조제1항제4호)을 명한 경우에는 농지의 원상회복일로 한다.

2) 농지보전부담금환급금과 환급가산금은 「한국농어촌공사 및 농지관리기금법」에 따른 농지관리기금에서 지급된다(「농지법 시행령」 제51조제3항).

03 농지보전부담금의 감면

1. 농지보전부담금의 감면

다음의 어느 하나에 해당하면 농지보전부담금이 감면될 수 있다(「농지법」 제38조제6항).

- 국가나 지방자치단체가 공용 목적이나 공공용 목적으로 농지를 전용하는 경우
- 중요 산업 시설을 설치하기 위하여 농지를 전용하는 경우
- 농업인 주택, 농축산업용 시설 [개량시설과 농축산물 생산시설(「농지법」 제2조제1호 나목)은 제외], 농수산물 유통·가공 시설, 어린이놀이터·마을회관 등 농업인의 공동생활 편의 시설, 농수산 관련 연구 시설과 양어장·양식장 등 어업용 시설을 설치하기 위하여 농지를 전용하는 경우(「농지법」 제35조제1항)

※ 농지보전부담금의 구체적인 감면대상 및 감면비율 「농지법 시행령」 별표 2

농지보전부담금 감면대상 및 감면비율(제52조 관련)

1. 국가나 지방자치단체가 공용 목적이나 공공용 목적으로 농지를 전용하는 경우(법 제38조제6항제1호 관련)

(단위: 퍼센트)

감면대상	감면비율	
	농업진흥지역 안	농업진흥지역 밖
가. 국가 또는 지방자치단체가 설치하는 제방·사방 등 국토 보존 시설	100	100
나. 국가 또는 지방자치단체가 설치하는 하수종말처리시설·폐수종말처리시설·분뇨처리시설·폐기물처리시설·축산폐수처리시설, 그 밖에 이에 준하는 시설	50	50
다. 국가 또는 지방자치단체가 설치하는 공용·공공용 시설(주된 사업의 부지 안에 설치되는 공용·공공용 시설을 포함한다. 다만, 주된 사업의 농지보전부담금이 감면되는 시설은 제외한다)	50	50

2. 중요 산업 시설을 설치하기 위하여 농지를 전용하는 경우(법 제38조제6항제2호 관련)

(단위: 퍼센트)

감면대상	감면비율	
	농업진흥지역 안	농업진흥지역 밖
가. 국가 또는 지방자치단체가 「농어촌정비법」 제78조에 따라 조성하는 농공단지(「수도권정비계획법」 제2조제1호에 따른 수도권에 있는 농공단지로 한정한다)	0	100
나. 「산업입지 및 개발에 관한 법률」 제2조제8호에 따른 산업단지. 다만, 다음의 어느 하나에 해당하는 경우는 제외한다. 1) 택지로 조성하는 경우 2) 「수도권정비계획법」 제2조제1호에 따른 수도권에 있는 산업단지를 조성하는 경우. 다만, 산업단지를 조성하기 위하여 2017년 1월 1일부터 2018년 12월 31일까지 농지전용허가(변경허가의 경우와 다른 법률에 따라 농지전용허가 또는 그 변경허가가 의제되는 경우를 포함한다. 이하 이 표에서 같다)를 신청하거나 농지전용신고(변경신고의 경우와 다른 법률에 따라 농지전용신고 또는 그 변경신고가 의제되는 경우를 포함한다. 이하 이 표에서 같다)를 하는 경우는 제외한다.	0	100
다. 한국전력공사(「전력산업구조개편 촉진에 관한 법률」에 따라 한국전력공사로부터 분할되어 설립된 신설회사를 포함한다)·한국가스공사·한국지역난방공사·한국석유공사가 시행하는 전원설비·가스공급시설·석유저장시설·송유관·집단에너지시설	50	50
라. 다음의 어느 하나에 해당하는 시설(택지로 조성하는 경우와 이 표의 다른 규정에 따라 감면되는 경우는 제외한다). 이 경우 1)에 대해서는 2020년 1월 1일부터 2022년 12월 31일까지 농지전용허가를 신청하거나 농지전용신고를 하는 경우로 한		

정하고, 2)·3)에 대해서는 2018년 1월 1일부터 2019년 12월 31일까지 농지전용허가를 신청하거나 농지전용신고를 한 경우로 한정한다. 1) 「경제자유구역의 지정 및 운영에 관한 특별법」 제9조에 따라 실시계획의 승인을 받아 경제자유구역에 설치하는 시설 2) 「기업도시개발 특별법」 제12조에 따라 실시계획의 승인을 받아 기업도시개발구역에 설치하는 시설 3) 「새만금사업 추진 및 지원에 관한 특별법」 제11조에 따라 실시계획의 승인을 받아 새만금지역에 설치하는 시설	0 0 0	50 50 50

3. 법 제35조제1항 각 호에 따른 시설이나 그 밖의 시설을 설치하기 위하여 농지를 전용하는 경우(법 제38조제6항제3호 관련)

(단위: 퍼센트)

감면대상	감면비율	
	농업진흥지역 안	농업진흥지역 밖
가. 법 제32조제1항제2호에 따른 농업인의 공동생활에 필요한 편의 시설 및 이용 시설(농업진흥구역 밖에 설치하는 경우를 포함하며, 나목에 해당하는 시설은 제외한다)	100 (1만제곱미터를 초과하는 경우 그 초과면적에 대해서는 50으로 한다)	100
나. 법 제35조제1항 각 호의 시설 중 농지전용신고를 한 시설(다른 법률에 따라 농지전용신고가 의제되는 경우를 포함한다)	100	100
다. 「도로법」 제2조에 따른 도로 및 도로의 부속물(휴게시설과 대기실은 제외한다)	100	100
라. 「농어촌도로 정비법」 제2조 및 제3조에 따른 농어촌도로 및 도로 부속물	100	100
마. 「국토의 계획 및 이용에 관한 법률」 제2조제6호에 따른 도로	100	100
바. 「산림자원의 조성 및 관리에 관한 법률」 제9조에 따른 임도	100	100
사. 「철도사업법」 제2조제4호에 따른 사업용철도 중 다음의 어느 하나에 해당하는 시설 1) 「철도산업발전기본법」 제3조제2호가목부터 라목까지의 규정에 해당하는 철도시설 2) 「철도산업발전기본법」 제3조제2호마목 또는 바목에 해당하는 철도시설	 100 0	 100 50
아. 다음의 어느 하나에 해당하는 도시철도시설 1) 「도시철도법」 제2조제3호가목부터 다목까지의 규정에 해당하는 도시철도시설 2) 「도시철도법」 제2조제3호라목 또는 마목에 해당하는 도시철도시설	 100 0	 100 50

자. 「댐건설 및 주변지역지원 등에 관한 법률」 제2조제2호에 따른 다목적댐의 제당·수몰지 및 그 부대시설	100	100
차. 「농어촌정비법」 제59조에 따른 생활환경정비사업용지	100	100
카. 「농어촌정비법」 제94조에 따라 지정·고시된 한계농지등 정비지구에 설치하는 같은 법 제92조 각 호의 어느 하나에 따른 시설용지(「수도권정비계획법」 제2조제1호 또는 「지방자치법」 제2조제1항제1호에 따른 수도권 또는 광역시에 속하지 아니하는 읍·면 지역에 설치하는 시설로 한정한다)	0	100
타. 「재난 및 안전관리 기본법」 제60조제1항에 따른 특별재난 지역 안에서 재해를 입은 단독주택(「건축법 시행령」 별표 1 제1호가목에 따른 단독주택을 말한다. 이하 이 목에서 같다)의 경우 그 복구를 위하여 신축·증축 또는 이축하는 단독주택(부지의 총면적이 660제곱미터 이하인 경우만 해당한다)	100	100
파. 초지조성용지	100	100
하. 국가 또는 지방자치단체 외의 자가 설치하는 공용·공공용 시설(주된 사업의 부지 내에 설치하는 공용·공공용 시설을 포함한다)로서 국가 또는 지방자치단체에 해당 시설을 무상으로 증여하려고 설치하는 시설의 용지(주된 사업의 농지보전부담금이 감면되는 시설은 제외한다)	100	100
거. 제29조제4항제1호 각 목의 어느 하나에 해당하는 세대(농업진흥구역 밖에 거주하는 세대도 포함한다)의 세대원인 농업인과 이에 준하는 임·어업인, 「농업·농촌 및 식품산업 기본법」 제3조제4호에 따른 생산자단체, 「농어업경영체 육성 및 지원에 관한 법률」 제16조에 따른 영농조합법인·영어조합법인 및 같은 법 제19조에 따른 농업회사법인·어업회사법인, 「수산업협동조합법」 제15조에 따른 어촌계가 설치하는 제29조제2항제1호의 농수산물 가공·처리 시설(농업진흥구역 밖에 설치하는 경우를 포함하며, 나목에 해당하는 시설은 제외한다)	100 (3만제곱미터를 초과하는 경우 그 초과면적에 대해서는 50으로 한다)	100
너. 제29조제2항제3호의 육종연구를 위한 농수산업 관련 시험·연구 시설 중 「종자산업법」 제2조제1호에 따른 종자, 「축산법」 제2조제1호에 따른 가축의 품종개량을 위하여 설치하는 시설(농업진흥구역 밖에 설치하는 경우를 포함하며, 나목에 해당하는 시설은 제외한다)	50 (3천300제곱미터 이하인 경우만 해당한다)	100
더. 제29조제4항에 따른 농어업인 주택(농업진흥구역 밖에 설치하는 경우를 포함한다)	100	100
러. 제29조제5항에 따른 농업용 시설·축산업용 시설·어업용 시설(농업진흥구역 밖에 설치하는 경우를 포함하며, 나목에 해당하는 시설은 제외한다)	100 (3만제곱미터를 초과하는 경우 그 초과면적에 대해서는 50으로 한다)	100

머. 제29조제4항제1호 각 목의 어느 하나에 해당하는 세대(농업진흥구역 밖에 거주하는 세대를 포함한다)의 세대원인 농업인과 이에 준하는 임·어업인, 「농업·농촌 및 식품산업 기본법」 제3조제4호에 따른 생산자단체, 「농어업경영체 육성 및 지원에 관한 법률」 제16조제1항에 따른 영농조합법인 및 같은 법 제19조제1항에 따른 농업회사법인이 설치하는 제29조제7항제2호의 농산물 산지유통시설(농업진흥구역 밖에 설치하는 경우를 포함하며, 나목에 해당하는 시설은 제외한다)	100 (3만제곱미터를 초과하는 경우 그 초과면적에 대해서는 50으로 한다)	100	
버. 농업기계수리시설	0	50	
서. 제29조제4항제1호 각 목의 어느 하나에 해당하는 세대(농업진흥구역 밖에 거주하는 세대를 포함한다)의 세대원인 농업인과 이에 준하는 임·어업인, 「농업·농촌 및 식품산업 기본법」 제3조제4호에 따른 생산자단체, 「농어업경영체 육성 및 지원에 관한 법률」 제16조에 따른 영농조합법인·영어조합법인 및 같은 법 제19조에 따른 농업회사법인·어업회사법인, 「수산업협동조합법」 제15조에 따른 어촌계가 설치하는 제29조제7항제4호의 남은 음식물 또는 농수산물 부산물을 이용한 유기질비료 또는 사료의 제조시설(농업진흥구역 밖에 설치하는 경우를 포함하며, 나목에 해당하는 시설은 제외한다)	50 (3천300제곱미터 이하인 경우만 해당한다)	100	
어. 제29조제7항제8호에 따른 농산어촌 체험시설(농업진흥구역 밖에 설치하는 경우를 포함하며, 나목에 해당하는 시설은 제외한다)	100	100	
저. 산지의 효율적 이용을 촉진하기 위하여 농림축산식품부령으로 정하는 사업으로서 그 부지의 총면적 중 「산지관리법」 제4조제1항제2호에 따른 준보전산지의 면적이 100분의 50을 초과하는 사업시설	100	100	
처. 「농어촌정비법」 제2조제16호에 따른 농어촌 관광휴양사업(같은 호 다목에 해당하는 주말농원사업은 제외한다)의 시설	50	100	
커. 「농업기계화 촉진법」 제2조제1호에 따른 농업기계의 개량 발전을 위하여 설치하는 농업기계 시험·연구 시설	0	50	
터. 「국방·군사시설 사업에 관한 법률」 제2조제1호에 따른 국방·군사시설	50	100	
퍼. 「공항시설법」 제2조제7호에 따른 공항시설	50 (수도권신공항건설사업 중 배후지원단지를 제외한 시설용지의 경우에는 100)	50 (수도권신공항건설사업 중 배후지원단지를 제외한 시설용지의 경우에는 100)	
허. 「항만법」 제2조제5호에 따른 항만시설과 「어촌·어항법」 제2조제5호에 따른 어항시설	50	50	

고. 발전댐·상수도댐의 제당·수몰지 및 그 부대시설		50	50
노. 농지전용을 신청하는 자가 직접 설치하거나 무상으로 용지를 공급하여 설치하는 다음의 어느 하나에 해당하는 시설 　1) 「유아교육법」·「초·중등교육법」 및 「고등교육법」에 따라 설치하는 국·공립학교 　2) 「평생교육법」에 따른 학력인정 교육시설 　3) 농촌(「농업·농촌 및 식품산업 기본법」 제3조제5호에 따른 농촌을 말한다. 이하 같다)에 설치하는 사립학교		100	100
도. 「수목원·정원의 조성 및 진흥에 관한 법률」 제2조제1호에 따른 수목원		50	50
로. 비영리법인이 농촌에 설치·운영하는 「의료법」 또는 「사회복지사업법」에 따른 의료기관 또는 사회복지시설		0	100
모. 농촌에서 설치·운영하는 「영유아보육법」 제10조제6호 및 제7호에 따른 부모협동어린이집과 민간어린이집		100	100
보. 「제주특별자치도 설치 및 국제자유도시 조성을 위한 특별법」 제162조에 따른 제주투자진흥지구 안에 설치하는 시설 및 같은 법 제140조제1항에 따른 종합계획에 따라 농지보전부담금을 감면하기로 한 골프장건설사업용지		50	50
소. 「수도권정비계획법」 제2조제1호 또는 「지방자치법」 제2조제1항제1호에 따른 수도권 또는 광역시에 속하지 않는 읍·면 지역에 설치하는 「관광진흥법」 제2조에 따른 관광지 및 관광단지(택지로 조성하는 경우는 제외한다). 다만, 2020년 1월 1일부터 2022년 12월 31일까지 농지전용허가를 신청하거나 농지전용신고를 하는 경우로 한정한다.		0	100
오. 「수도권정비계획법」 제2조제1호 또는 「지방자치법」 제2조제1항제1호에 따른 수도권 또는 광역시에 속하지 않는 읍·면 지역에 설치하는 「관광진흥법」 제3조제1항제4호에 따른 국제회의업의 시설용지. 다만, 2015년 1월 1일부터 2017년 12월 31일까지 농지전용허가를 신청하거나 농지전용신고를 하는 경우로 한정한다.		0	50
조. 「신행정수도 후속대책을 위한 연기·공주지역 행정중심복합도시 건설을 위한 특별법」 제21조에 따라 실시계획의 승인을 받아 행정중심복합도시예정지역 안에 설치하는 시설로서 이 표의 다른 규정에 따라 감면되는 시설이 아닌 시설(택지로 조성하는 경우는 제외한다)		0	50
초. 「공공기관의 운영에 관한 법률」 제5조제3항제1호에 따른 공기업, 「지방공기업법」에 따른 지방직영기업·지방공사 및 지방공단 또는 「사회기반시설에 대한 민간투자법」 제2조제7호에 따른 사업시행자가 설치하는 같은 조 제1호사목·아목·차목 또는 타목부터 거목까지의 시설		50	50
코. 국가시책에 따라 석탄 생산을 촉진하는 「석탄산업법」 제2조에 따른 석탄광업자가 설치하는 석탄광산 근로자 사택 및 복지후생시설		0	50
토. 국가·지방자치단체 또는 「산업재해보상보험법」에 따른 근로복지공단이 설치하는 근로복지시설		0	50

포. 「국가유공자 등 예우 및 지원에 관한 법률」 제4조에 따른 국가유공자의 자활용사촌의 주택 및 복지공장용지	0	50
호. 「산림자원의 조성 및 관리에 관한 법률」 제2조제1호에 따른 산림(농림축산식품부장관이 정하여 고시하는 기준에 적합한 경우만 해당한다)	0	100
구. 「공공주택 특별법」 제2조제1호가목의 공공임대주택 중 같은 법 제50조의2제1항에 따른 임대의무기간이 30년 이상인 공공임대주택의 사업용지. 다만, 2020년 1월 1일부터 2022년 12월 31일까지 농지전용허가를 신청하거나 농지전용신고를 하는 경우로 한정한다.	0	100 (「수도권정비계획법」 제2조제1호에 따른 수도권의 경우에는 50으로 한다)
누. 「혁신도시 조성 및 발전에 관한 특별법」 제12조에 따라 실시계획의 승인을 받아 혁신도시개발예정지구 안에 설치하는 시설로서 이 표의 다른 규정에 따라 감면되는 시설이 아닌 시설(택지로 조성하는 경우는 제외한다)	0	50
두. 제29조제4항제1호 각 목의 어느 하나에 해당하는 세대(농업진흥구역 밖에 거주하는 세대도 포함한다)의 세대원인 농업인과 이에 준하는 임・어업인이 설치하는 태양에너지 발전설비. 다만, 2018년 2월 13일부터 2019년 12월 31일까지 농지전용허가를 신청하거나 농지전용신고를 하는 경우로 한정한다.	0	50
루. 「문화재보호법」에 따른 문화재의 보존・정비 및 활용 사업시설. 다만, 2009년 11월 28일부터 2012년 12월 31일까지 농지전용허가를 신청하거나 농지전용신고를 하는 경우로 한정한다.	100	100
무. 식물원의 부대시설. 다만, 2009년 11월 28일부터 2012년 12월 31일까지 농지전용허가를 신청하거나 농지전용신고를 하는 경우로 한정한다.	50	50
부. 건축면적 33제곱미터 이하의 주말・체험 영농주택(농림축산식품부장관이 고시하는 기준에 적합한 경우만 해당한다). 다만, 2009년 11월 28일부터 2012년 12월 31일까지 농지전용허가를 신청하거나 농지전용신고를 하는 경우로 한정한다.	0	50
수. 「학교용지 확보 등에 관한 특례법」 제4조제3항제1호에 따라 공급하는 다음의 어느 하나의 경우에 해당하는 학교용지. 다만, 2009년 11월 28일부터 2012년 12월 31일까지 농지전용허가를 신청하거나 농지전용신고를 하는 경우로 한정한다.		
1) 무상으로 공급하는 경우	0	100
2) 학교용지 조성원가의 100분의 50 또는 100분의 70으로 공급하는 경우	0	50
우. 「전통사찰의 보존 및 지원에 관한 법률」 제4조제2항에 따라 지정된 전통사찰이 같은 법 제2조제4호에 따른 문화유산 중 유형문화유산을 보존・관리・활용하기 위하여 문화체육관광부장관의 추천을 받아 설치하는 시설과 진입로 등 부대시설. 다만, 2020년 1월 1일부터 2022년 12월 31일까지 농지전용	0	100

허가를 신청하거나 농지전용신고를 하는 경우로 한정한다.		
주. 「주한미군기지 이전에 따른 평택시 등의 지원 등에 관한 특별법」 제16조에 따른 개발사업의 시행자 및 같은 법 제22조에 따른 국제화계획지구 개발사업의 시행자가 조성하는 산업단지. 다만, 2018년 1월 1일부터 2019년 12월 31일까지 농지전용허가를 신청하거나 농지전용 신고를 하는 경우로 한정한다.	0	50

추. 「지역 개발 및 지원에 관한 법률」 제2조제2호에 따른 지역개발사업구역 중 같은 조 제5호에 따른 낙후지역에 설치하는 아래의 시설(택지로 조성하는 경우는 제외한다). 다만, 2017년 1월 1일부터 2018년 12월 31일까지 농지전용허가를 신청하거나 농지전용신고를 하는 경우로 한정한다.
  1) 「관광진흥법」 제2조제6호 또는 제7호에 따른 관광지 또는 관광단지(이 표 소목에 따라 감면되는 시설은 제외한다)
  2) 「자연공원법」 제20조에 따른 공원시설
  3) 「도시공원 및 녹지 등에 관한 법률」 제19조에 따른 도시공원
  4) 「체육시설의 설치·이용에 관한 법률」 제10조에 따른 체육시설업(같은 조 제1항제1호에 따른 골프장업 및 같은 항 제2호에 따른 무도학원업·무도장업은 제외한다)의 시설
	0	50

쿠. 다른 법률에 의해 농지보전부담금이 면제되는 시설
  1) 「벤처기업육성에 관한 특별조치법」 제2조제4항에 따른 벤처기업집적시설
  2) 「문화산업진흥 기본법」 제25조제4항에 따른 사업시행자가 조성하는 같은 법 제2조제18호에 따른 문화산업단지
  3) 「주한미군기지 이전에 따른 평택시 등의 지원 등에 관한 특별법」 제2조제6호에 따른 주한미군시설사업시행자가 같은 조 제4호에 따라 설치하는 주한미군시설사업
  4) 「산업기술단지 지원에 관한 특례법」 제2조제1호에 따른 산업기술단지
  5) 「농업협동조합법」에 따른 지역조합, 품목조합, 조합공동사업법인, 품목조합연합회, 중앙회 및 같은 법에 따라 설립된 농협경제지주회사·농협금융지주회사·농협은행·농협생명보험·농협손해보험이 설치하는 시설
  6) 「수산업협동조합법」에 따라 설립된 조합과 중앙회가 설치하는 시설
  7) 「산림조합법」에 따라 설립된 조합과 중앙회가 설치하는 시설
  8) 「중소기업은행법」에 따라 설립된 중소기업은행이 설치하는 시설
  9) 「친수구역 활용에 관한 특별법」 제2조제2호에 따른 친수구역조성을 위한 사업 부지
  10) 「협동조합기본법」에 따라 설립된 사회적협동조합이 설치하는 시설
  11) 「중소기업창업 지원법」 제33조에 따라 사업계획 승인을 받은 창업자가 설립하는 공장(농지보전부담금의 감면기간은 그 사업을 개시한 날부터 7년으로 한다). 다만, 같은 법 제
	100	100

39조의3제2항에 따라 「통계법」 제22조제1항에 따라 통계청장이 작성·고시하는 한국표준산업분류상의 제조업을 영위하기 위하여 중소기업을 창업하는 자는 사업을 개시한 날부터 3년간 감면하되 2022년 8월 2일까지 창업한 경우에 한정한다.

12) 「중소기업진흥에 관한 법률」 제62조의10제2항에 따라 소기업 중 「산업집적활성화 및 공장설립에 관한 법률」 제2조제1호에 따른 공장의 건축면적 또는 이에 준하는 사업장의 면적이 1천제곱미터 미만인 기업이 「수도권정비계획법」 제2조제1호에 따른 수도권 외의 지역[이하 12)에서 "수도권 외의 지역이라 한다]에서 신축·증축 또는 이전(신축·증축 또는 이전 후 공장의 총 건축면적과 이에 준하는 사업장 총 면적의 합이 1천제곱미터 미만인 경우로 한정한다)하는 공장과 「중소기업진흥에 관한 법률」 제62조의10제3항에 따라 수도권 외의 지역에서 소기업을 100분의 50 이상 유치하여 조성하는 「산업입지 및 개발에 관한 법률」 제2조제8호에 따른 국가산업단지·일반산업단지·도시첨단산업단지 또는 농공단지

13) 「군 공항 이전 및 지원에 관한 특별법」 제9조에 따라 이전사업 시행자가 설치하는 이전지원사업 시설

14) 「고도 보존 및 육성에 관한 특별법」 제17조의2에 따라 주민지원사업의 시행으로 설치되는 공용·공공용 시설

15) 「공항소음 방지 및 소음대책지역 지원에 관한 법률」 제18조제5항에 따라 주민지원사업의 시행으로 설치되는 공용·공공용 시설

비고
1. 제3호거목·너목·러목·머목·서목에 해당하는 시설의 감면기준면적을 적용할 때에는 해당 시설의 설치자가 농지전용허가신청일·농지전용신고일(다른 법률에 따라 농지전용허가 또는 농지전용신고가 의제되는 인가·허가·승인 등의 경우 그 인가·허가·승인 등의 신청일을 말한다) 이전 5년간 그 시설의 부지로 전용한 면적을 합산한 것으로 한다.
2. 같은 부지 안에 감면비율이 서로 다른 시설을 함께 설치하는 경우로서 그 시설별 농지전용면적이 구분되지 아니하는 때에는 다음 산식에 따라 산정된 면적을 각 시설의 농지전용면적으로 한다.

시설의 농지전용면적 = 전체 농지전용면적 × $\dfrac{\text{해당 시설의 바닥면적을 합산한 면적}}{\text{모든 시설의 바닥면적을 합산한 면적}}$

3. 법 제31조에 따른 농업진흥지역 해제를 수반하는 농지전용허가(다른 법률에 따라 농지전용허가가 의제된 경우를 포함한다)를 받거나 농지전용신고(다른 법률에 따라 농지전용신고가 의제된 경우를 포함한다)를 하는 경우에는 농업진흥지역 안에 대한 감면비율을 적용한다.

04 행정심판례

1. 04-01964, 농지조성비부과처분취소청구

[사 건] 04-01964 농지조성비부과처분취소청구

[청 구 인] 주식회사 ○○(대표이사 이 ○○)
　　　　　충청북도 ○○군 ○○면 ○○리 391
　　　　　대리인 변호사 김 ○○

[피청구인] 농업기반공사

　　　청구인이 2004. 2. 5. 제기한 심판청구에 대하여 2004년도 제15회 국무총리 행정심판위원회는 주문과 같이 의결한다.

[주 문] 피청구인이 2004. 1. 28. 청구인에 대하여 한 1억1,779만800원의 농지조성비부과처분은 이를 취소한다.

[청구취지] 주문과 같다.

[이 유]

1. 사건개요

　청구외 ○○개발이 1993. 6. 17. 중소기업창업사업계획승인을 득하고 충청북도 ○○군 ○○면 ○○리 391외 4필지 소재 11,436㎡(이하 "이 건 토지"라 한다)에 대하여 농지조성비등을 납부하였으나 공장등록을 하지 않은 상태에서 1997. 3. 18. 사업계획 변경승인을 받지 아니하고 승인 받은 업종과 다른 업종으로 불법조업을 하여 중소기업창업사업계획승인이 취소된 뒤, 청구인은 이 건 토지를 매매로 소유권을 취득하여 공장설립변경승인에 따른 농지전용협의를 득하자, 피청구인은 2004. 1. 28. 청구인에 대하여 1억1,779만800원의 농지조성비부과처분(이하 "이 건 처분"이라 한다)을 하였다.

2. 청구인 주장

　청구인은 다음과 같이 주장한다.

　가. 농지조성비는 농지의 전용을 납입대상으로 하는 것인데, 이 건 토지는 2층의 공장건물 1동과 단층의 공장건물 2동, 경비실 등의 부속건물 등이 있고 건축물 내부 및 도로 등에 콘크리트와 아스콘 포장이 되어 있으며, 일부에는 공장기계가 설치되어 있고, 공장굴뚝 등이 세워져 있는 등 이미 농지로서의 기능은 상실되어 사실상 농지로의 원상복구는 불가능하다.

　나. 이 건 토지는 1995. 10. 12. 토지대장 및 등기부상 지목이 전에서 공장용지로 변경되었고, 같은 달 14일 이 건 토지와 같은 리 390-1, 390-2, 391-1, 392-3,

398-6과 공장용지로 합병되었으며, 2000년도부터 공장용지로 종합토지세가 과세되었다.

다. 국민고충처리위원회에서는 이 건 토지는 이미 농지로서의 기능이 상실되었을 뿐만 아니라 그러한 현상이 일시적인 것이라고 볼 수 없으므로 사실상 농지로서의 실질을 보유하지 못한 채 대지로 완전히 전용되었다고 할 것이어서 이 건 처분은 취소하는 것이 타당하다고 판단하였다.

라. 따라서 이 건 토지의 사용을 농지의 전용으로 보고 한 이 건 처분은 위법·부당하다.

3. 피청구인 주장

피청구인은 다음과 같이 주장한다.

가. 중소기업창업사업계획승인이 취소되면 의제처리된 농지전용허가(협의)도 당연히 취소되므로 이는 농지전용의 목적이 완료되지 않은 상태에 해당되고 농지전용허가가 취소되었으므로 전 납입자인 ○○개발에게 농지조성비 및 전용부담금의 환급사유가 발생하였으나, 농지의 원상회복여부를 확인한 후에 환급결정을 하여야 하며, 이 건 토지의 경우 부지조성 및 건축이 되어 농지로 원상회복할 경우 사회적, 경제적으로 막대한 손실이 예상되므로 동 시설을 이용하는 제3자가 창업사업계획승인이나 공장설립승인신청을 하면 원상회복을 면하여 주는 대신 농지전용허가(협의)를 하여야 하며, 이 때 농지조성비를 부과하고 납입을 확인한 후 전 납입자에게 환급결정을 하여야 한다.

나. 이 건 토지의 농지전용허가(협의)의 최종목적은 공장가동을 위한 공장등록에 있으며 공장등록이 되지 않은 상태에서 창업사업계획이 취소되었고 의제된 농지전용허가(협의)도 취소되었으므로 전용목적이 완료되지 않은 농지이고 1997. 3. 18. 중소기업창업사업계획승인이 취소된 이후 공장가동은 농지불법전용에 해당된다.

다. ○○개발이 1993. 6. 17. ○○군수로부터 중소기업창업사업계획승인을 받은 토지가 비록 지목이 공장용지이고 농지로서의 현상이 변경되었다 하더라도 당초의 농지전용목적완료 이전에 ○○개발의 중소기업창업사업계획(농지전용허가)이 적법하게 취소되었고 그로 인하여 의제된 농지전용허가도 취소되어 이 건 토지를 농지로 원상회복하여야 하고 이미 납부한 농지조성비 및 전용부담금을 농지법 제40조제4항의 규정에 의하여 납입자인 ○○개발에게 환급하여야 하는 점 등에 근거하여 이 건 토지는 그 현상변경이 일시적인 것에 불과하므로 지목여하에 불구하고 농지법 제2조의 규정에 의한 농지에 해당된다.

라. 따라서 이러한 점 등을 고려할 때, 이 건 토지에 대하여 부과한 이 건 처분은 적법·타당하다.

4. 이 건 처분의 위법·부당 여부

가. 관계법령

농지법 제2조제1호, 제36조제1항, 제40조제1항제1호·제4호 및 제4항

농지법시행령 제53조제1항, 제56조제1항
중소기업창업지원법 제21조, 제22조제1항, 제24조제1항제3호

나. 판 단

(1) 청구인 및 피청구인이 제출한 공장설립변경승인보고, 공장설립변경승인에 따른 농지전용변경협의, 등기부등본, 일반건축물대장, 토지대장, 질의회신(농지전용허가관련 질의), 농지조성비납입통지서, 국민고충처리위원회의결서, 민원처리결과통보, 민원서류보완요구, 공장부분등록신청서 등 각 사본의 기재를 종합하여 보면, 다음과 같은 사실을 각각 인정할 수 있다.

(가) 이 사건과 관련하여 2003. 7. 22. 국민고충처리위원회에서 의결한 내용은 다음과 같다.

1) 민원표시 : 2003고충8862 농지조성비부과처분취소

2) 민원당사자
  ① 신청인 : 주식회사 ○○(대표이사 이 ○○)
  ② 피신청인 : 충청북도지사

3) 주 문
  피신청인은 신청인 소유의 충청북도 ○○군 ○○면 ○○리 391 공장용지 11,436㎡와 관련하여 신청인에게 행하고자 하는 금 1억1,779만800원의 농지조성비부과처분을 취소할 것을 시정권고한다.

4) 사실관계
  ① 충청북도 ○○군수는 1993. 6. 17. 충북 ○○군 ○○면 ○○리 391외 3필지 전 11,436㎡(이하 "이 민원 토지"라 한다)에 피신청인으로부터 1993. 6. 14. 농지전용협의를 받아 농지조성비 및 전용부담금 2,470만1,760원을 납부하는 조건으로 ○○개발 대표이사 박○○(이하 "신청외"라 한다)에게 중소기업창업사업계획을 승인하였고, 신청외는 1993. 8. 16. 위 농지조성비 및 전용부담금 전액을 납부하였다.
  ② 충청북도 ○○군수는 1997. 3. 18. 신청외가 사업계획변경승인 절차 없이 승인업종과 전혀 다른 업종으로 불법조업의 사유로 중소기업창업지원법 제24조(업종임의변경)에 의하여 이 민원 토지의 중소기업창업계획승인을 취소하였다.
  ③ 신청인은 지목이 공장용지로 되어 있는 이 민원토지를 2002. 7. 8. 매매를 등기원인으로 하여 2002. 8. 13. 소유권이전 보전등기를 하였다.
  ④ 신청인은 2003. 6. 4. 충청북도 ○○군수에게 이 민원 토지에 대한 공장설립변경승인 신청을 하였고, 충청북도 ○○군수는 2003. 6. 27. 피신청인에게 이 민원 토지에 대한 농지전용협의 요청을 하였으

며, 피신청인은 2003. 7. 1. 이 민원토지에 대한 공장설립변경승인 관련 농지전용협의를 반려하였다.

⑤ 우리 위원회에서 조사한 바에 의하면, 이 민원토지는 동 토지가 소재한 같은 마을의 작은 산자락의 골짜기에 위치한 토지로 신축된지 기간이 지난 것으로 보이는 2층의 공장건물 1동과, 단층의 공장건물 2동, 경비실 등의 부속건물 등이 이미 건축되어 위치하고 있고, 건축물 내부 및 도로 등에 콘크리트와 아스콘이 포장되어 있으며, 일부에는 공장기계가 설치되어 있고, 공장굴뚝 등이 세워져 있는 등 이미 농지로서의 기능은 상실되어 사실상 농지로서의 원상복구는 불가능한 것으로 보이고, 충북 ○○군수가 발행한 토지대장에는 이 민원토지의 지목이 1995. 10. 12. 전에서 공장용지로 변경되었고, 1995. 10. 14. 이 민원토지는 같은 마을 390-1, 390-2, 391-1, 392-3, 398-6과 공장용지로 합병된 것으로 등재되어 있으며, 이 민원토지의 일반건축물관리대장에는 1995. 5. 12. 건축허가 되어 1995. 9. 21. 건물사용승인이 된 것으로 등재되어 있고, 또한 이 민원토지의 종합토지세 과세대장 과세내역서에는 2000년부터 공장용지로 기재되어 있어 공장용지로 종합토지세가 과세된 것으로 기재되어 있으며, 1995. 10. 18.에 접수된 이 민원토지의 부동산등기부등본 표제부에도 지목이 공장용지로 등재되어 있는 것으로 확인되었다.

5) 판 단

이 민원토지는 신청외가 1995. 9. 21. 건축법 제18조에 의한 이 민원 건축물 사용승인을 받은 후 중소기업창업승인업종과 다른 업종으로 공장을 가동하여 1997. 3. 18. 중소기업창업승인이 취소된 것으로 볼 때 그 당시 이미 이 민원 토지에 사실상 농지의 전용목적 사업은 실현되었던 것으로 보이는 점, 1997. 3. 18. 이 민원 중소기업창업승인취소시 이 민원 토지에 대하여 중소기업창업지원법 제24조에 의한 원상복구 또는 존치 등의 조치가 없이 예산회계법 제96조에 의한 소멸시효기간이 지난 근 6년 동안 유지된 점, 토지대장에도 1995. 10. 12.부터 지목이 공장용지로 되어 있는 점, 건축법 제8조에 의거 적법하게 건축되어 건축물대장에 등재되어 있는 점, 부동산 등기부에도 지목이 공장용지로 되어 있어 1995. 10. 12.시점에는 농지가 아닌 것으로 추정되는 점, 충북 ○○군수는 이 민원 토지를 농지의 세율인 10/1,000을 적용하지 않고 공장용지의 세율인 30/1,000을 적용하여 이 민원 토지가 행정관청으로부터 이미 농지가 아닌 것으로 일응 인정한 점, 또한 이미 이 민원 건축물에 수많은 기계 등의 공장 시설물이 설치되어 있어 사실상 농지로서의 원상복구는 사실상 불가능하고, 신청인이 이 민원토지를 취득시 공부상에 공장용지로 등재되어 있어 행정기관의 공부를 신뢰할 수 밖에 없었던 점 등을 종합하여 고려하여 볼 때, 이 민원 토지는 이미 농지로서의 기능이 상실되었을 뿐만 아니라, 그러한 현상이 일시적인 것이라고도 볼 수 없으므로 사실상 농지로서의 실질을 보유하지 못한 채 대지로 완전히 적용되었다고 할 것이어서, 이미 대지화된 이 민원 토지와 관련하여 신청인에게 행하려는 피신청인의 이 민원 농지조성비부과는 부당하다고 할 것이다. 따라서 피신청인은 신청인에게 행하고자 하는 이 민원 토지에 대한 농지조성비부과처분을 취소하는 것이 타당하다고 판단된다.

(나) 농림부장관은 2003. 12. 11. 충청북도지사의 질의(중소기업창업지원법 제23조의 규정에 의하여 창업사업계획을 취소한 공장을 경매로 인수한 제3자에게 다시 동법에 의한 창업사업계획을 승인하고자 할 경우에 별도로 농지전용허가(협의)절차를 하여야 하는지)에 대하여 창업사업계획 승인을 취소하였을 경우에는 동 계획 승인시 의제처리된 농지전용허가도 취소되므로 당해 토지를 농지로 원상회복하도록 조치하여야 하며, 이미 납부받은 농지조성비 및 전용부담금은 환급하되, 창업사업계획 승인이 취소된 당해 토지와 건물을 경매로 취득한 제3자에게 바로 다시 창업사업계획을 승인하고자 할 경우에는 별도의 농지전용허가(협의)를 거쳐야 하는데 이 경우 당해 토지를 농지로 원상회복하지 않아도 가능하며, 농지전용허가일(또는 허가가 의제되는 협의를 거친 공장설립승인일)을 기준으로 전용허가(협의)를 받은 자가 농지조성비를 납입하도록 하여야 한다고 회신하였다.

(다) 충청북도지사는 2004. 1. 12. 청구인의 공장설립변경을 위한 농지전용변경협의 요청에 대하여 이 건 토지의 농지전용변경협의를 조건부(농지조성비 납부 등)로 동의하였다.

(라) ○○군수는 2004. 1. 16. 충청북도지사에게 이 건 토지와 관련 청구인의 공장설립변경신청을 승인하였다고 보고하였다.

(마) 피청구인은 2004. 1. 28. 청구인에 대하여 이 건 처분을 하였다.

(2) 이 건 처분이 적법·타당한지 여부에 대하여 살펴본다.

(가) 농지법 제40조제1항의 규정에 의하면, 농지전용허가를 받는 자, 다른 법률에 의하여 농지전용허가가 의제되는 협의를 거친 농지를 전용하고자 하는 자 등은 그 전용하고자 하는 농지에 상당하는 농지의 조성에 소요되는 비용(농지조성비)을 농지관리기금을 운용·관리하는 자에게 납입하여야 한다고 되어 있고, 동법 제2조제1호가목의 규정에 의하면, "농지"라 함은 전·답 또는 과수원 기타 그 법적 지목 여하에 불구하고 실제의 토지현상이 농작물의 경작 또는 다년성식물재배지로 이용되는 토지(초지법에 의하여 조성된 초지등 대통령령이 정하는 토지를 제외한다)를 말한다고 되어 있는 바, 농지전용에 따른 농지조성비를 부과하기 위하여는 그 토지가 농지법 소정

의 농지이어야 하는데 이러한 농지법상의 농지에 해당되는지 여부는 공부상의 지목 여하에 불구하고 당해 토지의 사실상의 현상에 따라 가려져야 할 것이고, 공부상 지목이 전으로 되어 있다고 하여도 농지로서의 현상을 상실하고 그 상실한 상태가 일시적이라고 볼수 없다면 그 토지는 농지법에서 말하는 농지에 해당되지 않는다고 할 것이다.

(나) 피청구인은 당초 청구외 ○○개발에 대하여 중소기업창업계획이 승인되어 이 건 토지에 농지전용허가가 의제처리되었으나, 농지전용의 최종 목적(공장가동을 위한 공장등록)이 완료되지 않은 상태에서 위 창업계획승인이 적법하게 취소됨으로써 의제처리된 농지전용허가도 취소되었으므로 이 건 토지는 지목여하에 불구하고 농지법 소정의 농지에 해당되고 따라서 이 건 토지의 소유권을 취득하여 공장설립승인에 따른 농지전용협의를 득한 청구인에게 이 건 처분을 하는 것은 적법·타당하다는 취지의 주장을 하나, 위 관계법령 및 인정사실에 비추어 볼 때, 이 건 토지는 1995. 10. 12. 토지대장 등 공부상에 지목이 전에서 공장용지로 변경되었고, 같은 달 14일 이 건 토지가 같은 리 390-1, 390-2, 391-1, 392-3, 398-6번지 토지와 공장용지로 합병되었으며, 2000년도부터 공장용지로 종합토지세가 과세되는 등 공장용지로 관리되어 왔을 뿐만 아니라, 이미 이 건 토지의 실제현상이 농지로서의 기능이 상실되었고, 그러한 현상이 일시적인 것이라고도 볼 수 없으므로 사실상 농지로서의 실질을 보유하지 못한 채 공장용지로 완전히 변경된 사실이 인정되므로 이 건 토지를 농지로 보아 행한 피청구인의 이 건 처분은 위법·부당하다고 할 것이다.

5. 결 론

그렇다면, 청구인의 청구는 이유있다고 인정되므로 이를 인용하기로 하여 주문과 같이 의결한다.

05 국민신문고

1. 농지보전부담금의 환급

> ✓ 질의
> 농지보전부담금 환급조건 및 환급대상인지 여부는?
>
> ✓ 답변
> - 농지법 제38조제4항 및 같은 법 시행령제51조제1항의 규정에 의하여 농림수산식품부장관은 납입의무자가 농지보전부담금으로 납입한 금액 중 아래의 경우에는 농지보전부담금을 환급할 수 있도록 규정되어 있음

- 과오납입한 금액이 있거나, 목적사업이 완료되기 전에 허가가 취소되거나 사업계획의 변경 기타 이에 준하는 사유로 인하여 전용하고자 하는 면적이 당초보다 감소한 때
- 또한, 그 과오납입액 또는 환급금액을 농지보전부담금 환급금으로 결정하고 이를 농지보전부담금납입자와 한국농촌공사에 각각 통지하여야 함
- 단, 목적사업이 완료된 사업은 농지보전부담금 환급대상이 아님

✓ 출처

농림수산식품부 농업정책국 농지과 (☎ 02-500-1724)

2. 농지보전부담금의 감면

✓ 질의

농지보전부담금의 감면대상 및 비율은?

✓ 답변

- 농지를 다른 용도로 전용하는 경우에는 농지보전부담금을 부과하고, 다만, 다음의 경우에 대해서는 농지보전부담금을 감면하고 있음
  - 국가나 지방자치단체가 공용 목적이나 공공용 목적으로 농지를 전용으로 농지를 전용하는 경우
  - 중요산업시설을 설치하기 위하여 농지를 전용하는 경우
  - 농지법 제35조제1항에 따른 농지전용신고를 통해 설치하는 시설(농업인주택, 농축산업용 시설, 농수산물 유통·가공 시설, 어린이놀이터·마을회관 등 농업의 공동생활 편의시설, 농수산관련 연구 시설 과 양어장·양식장 등 어업용 시설) 등
- 한편, 구체적인 농지보전부담금 감면대상 및 비율에 대해서는 농지법 시행령 제52조 별표2에 규정하고 있음

✓ 출처

농림수산식품부 농업정책국 농지과 (☎ 02-500-1724)

3. 주말체험영농주택

질의

주말체험영농주택을 신축코자 하는데 o. 주말체험영농주택 신축시 농지보전부담금을 감면 받는것으로 알고 있는데....... – 한시적으로 감면 기간이 설정되어 있는지? – 감면기간이 설정되어 있으면 그 기간은 언제까지인지? – 아니면 계속적으로 감면을 받는지?

답변

- 농지법시행령 제52조관련 별표2 제58호에 따르면 건축면적 33제곱미터 이하의 주말・체험영농주택(농림부장관이 정하여 고시하는 기준에 따라 시장・군수・자치구구청장의 추천이 있는 경우에 한함)을 농업진흥지역밖에 설치할 경우 농지보전부담금을 50% 감면받을 수 있도록 규정하고 있습니다.
- 이에따라, 「주말・체험영농 주택부지로 농지를 전용하는 경우 농지보전부담금 감면기준」(농림부고시 제2006-2호, 2006.1.20)에서 감면대상 농지, 신청인, 추천 절차 등의 기준을 규정하고 있으며 감면기간에 대해서는 규정하고 있지 않습니다.
- 기타 자세한 사항은 관할 시・군 허가권자(농지담당부서)에 직접 문의하여 주시기 바랍니다.

출처

농림수산식품부 농업정책국 농지과 (☎ 02-500-1724)

4. 농지전용 부담금에 관한 질의

질의

소하천 정비법 제3조에 따라 저희 자치구에서 2000년 11월 지정・관리하고 있는 소하천(전소천)은 2002년 11월 치수 및 이수를 목적으로한 소하천 정비 종합계획의 수립이후 홍수시 농경지 침수에 따른 민원이 가중됨에 따라 수로 및 농로 등의 정비를 위하여 하천폭 확장 및 제방 사면의 정비(자연형 제방)등의 사업을 시행하였습니다. 이에 2006년 농지전용협의 이후 2007년 12월 농지전용부담금 납부를 하였으나 아래 항목에 대하여 검토코자 질의합니다.

- 해당 지역은 농촌진흥구역의 밖이나 사업구간의 제내지 대부분의 토지는 농지로 형성되어 있으며 소하천 정비의 주된 시설은 수로,농로,제방으로 구성되는바 농지법 제2조제7호의 규정과 관련 농지 전용으로 보지 아니하는 시설의 대상여부
- 소하천 정비사업의 시설이 농지보전부담금 감면대상 및 감면비율(농지법 시행령 제52조 관련) 제7호에 규정한 국가 또는 '지방자치단체가 설치하는 제방・사방등 국토보존시설'의 100% 감면대상 해당 여부

- 사업의 시행전 하천(구거), 제방(농로)으로 이용되던 토지가 소하천 단면의 확장 및 홍수위 확보를 위한 정비이후 이용 목적의 변경이 없었음에도 불구 농지전용부담금의 납부 대상인지의 여부

◎ 답변
- 농지법 제2조에 따르면 농지란 전·답·과수원 기타 그 법적지목여하에 불구하고 실제의 토지현상이 농작물의 경작 또는 다년성 식물재배지로 계속하여 이용되는 기간이 3년이상인 토지와 그 토지의 개량시설(유지, 양·배수시설, 수로, 농로, 제방 등)과 그 토지에 설치하는 농축산물생산시설로서 고정식 온실, 버섯재배사 및 비닐하우스와 그 부속시설, 축사와 농림부령으로 정하는 그 부속시설, 농막·간이퇴비장 또는 간이액비저장조 등 농업생산에 필요한 시설의 부지를 말합니다.
- 또한, 농지법 제2조7호에 따르면 '농지의 전용'은 농지를 농작물의 경작 또는 다년성식물의 재배등 농업 생산 또는 농지개량외의 목적에 사용하는 것을 말한다고 규정되어 있습니다.
- 농지법시행령 제52조 관련 별표2 제7호에 따르면 국가 또는 지방자치단체가 설치하는 제방·사방 등 국토보존시설을 설치할 경우 농지보전부담금을 100%감면하도록 규정하고 있습니다.
- 따라서, 소하천정비법에 따라 설치한 하천이 제방,사방 등의 국토보존시설에 해당될 경우 농지보전부담금 100%감면 대상으로 판단되니
- 설치한 시설이 이에 해당되는지 여부 등 기타 자세한 사항은 관할 시·군(하천담당부서)에 문의하여 주시기 바랍니다.

◎ 출처
농림수산식품부 농업정책국 농지과 (☎ 02-500-1724)

VI 농지위원회

01 농지위원회 설치

농지의 취득 및 이용의 효율적인 관리를 위해 시·구·읍·면에 각각 농지위원회를 둔다. 다만, 해당 지역 내의 농지가 농림축산식품부령으로 정하는 면적 이하이거나, 농지위원회의 효율적 운영을 위하여 필요한 경우 시·군의 조례로 정하는 바에 따라 그 행정구역 안에 권역별로 설치할 수 있다.

02 농지위원회 구성

1. 농지위원회는 위원장 1명을 포함한 10명 이상 20명 이하의 위원으로 구성하며 위원장은 위원 중에서 호선한다.

2. 농지위원회의 위원은 다음 어느 하나에 해당하는 사람으로 구성한다.

(1) 해당 지역에서 농업경영을 하고 있는 사람

(2) 해당 지역에 소재하는 농업 관련 기관 또는 단체의 추천을 받은 사람

(3) 「비영리민간단체 지원법」 제2조에 따른 비영리민간단체의 추천을 받은 사람

(4) 농업 및 농지정책에 대하여 학식과 경험이 풍부한 사람

3. 농지위원회의 효율적 운영을 위하여 필요한 경우에는 각 10명 이내의 위원으로 구성되는 분과위원회를 둘 수 있다.

4. 분과위원회의 심의는 농지위원회의 심의로 본다.

5. 위원의 임기·선임·해임 등 농지위원회 및 분과위원회의 운영에 필요한 사항은 대통령령으로 정한다.

03 농지위원회 기능

1. 농지위원회는 다음의 기능을 수행한다.

(1) 「농지법」 제8조제3항에 따른 농지취득자격증명 심사에 관한 사항

(2) 「농지법」 제34조제1항에 따른 농지전용허가를 받은 농지의 목적사업 추진상황에 관한 확인

(3) 「농지법」 제54조제1항에 따른 농지의 소유 등에 관한 조사 참여

(4) 그 밖에 농지 관리에 관하여 농림축산식품부령으로 정하는 사항

Ⅶ 농지대장

01 농지대장의 작성과 비치

1. 구·읍·면의 장은 농지 소유 실태와 농지 이용 실태를 파악하여 이를 효율적으로 이용하고 관리하기 위하여 대통령령으로 정하는 바에 따라 농지대장(農地臺帳)을 작성하여 갖추어 두어야 한다.

2. 농지대장에는 농지의 소재지·지번·지목·면적·소유자·임대차 정보·농업진흥지역 여부 등을 포함한다.

3. 시·구·읍·면의 장은 농지대장을 작성·정리하거나 농지 이용 실태를 파악하기 위하여 필요하면 해당 농지 소유자에게 필요한 사항을 보고하게 하거나 관계 공무원에게 그 상황을 조사하게 할 수 있다.

4. 시·구·읍·면의 장은 농지대장의 내용에 변동사항이 생기면 그 변동사항을 지체 없이 정리하여야 한다.

5. 농지대장에 적을 사항을 전산정보처리조직으로 처리하는 경우 그 농지대장 파일(자기디스크나 자기테이프, 그 밖에 이와 비슷한 방법으로 기록하여 보관하는 농지대장을 말한다)은 농지대장으로 본다.

6. 농지대장의 서식·작성·관리와 전산정보처리조직 등에 필요한 사항은 농림축산식품부령으로 정한다.

02 농지이용 정보 등 변경신청

1. 농지소유자 또는 임차인은 다음의 사유가 발생하는 경우 그 변경사유가 발생한 날부터 60일 이내에 시·구·읍·면의 장에게 농지대장의 변경을 신청하여야 한다.

(1) 농지의 임대차계약과 사용대차계약이 체결·변경 또는 해제되는 경우

(2) 「농지법」 제2조제1호나목에 따른 토지의 개량시설과 농축산물 생산시설을 설치하는 경우

(3) 그 밖에 농림축산식품부령으로 정하는 사유에 해당하는 경우

03 농지대장의 열람 또는 등본 등의 교부

1. 시·구·읍·면의 장은 농지대장의 열람신청 또는 등본 교부신청을 받으면 농림축산식품부령으로 정하는 바에 따라 농지대장을 열람하게 하거나 그 등본을 내주어야 한다.

2. 시·구·읍·면의 장은 자경(自耕)하고 있는 농업인 또는 농업법인이 신청하면 농림축산식품부령으로 정하는 바에 따라 자경증명을 발급하여야 한다

제3장 전용 후 관리

I 농지전용허가의 취소

01 농지전용허가의 취소 등

1. 전용허가의 취소 또는 공사의 중지 등

(1) 농림축산식품부장관, 시장·군수 또는 자치구구청장은 농지전용허가 또는 농지의 타용도 일시사용허가를 받았거나 농지전용신고 또는 농지의 타용도 일시사용신고를 한 사람이 다음의 어느 하나에 해당하면 그 허가를 취소하거나 관계 공사의 중지, 조업의 정지, 사업규모의 축소 또는 사업계획의 변경, 그 밖에 필요한 조치를 명할 수 있다. 다만, 허가를 받은 사람이 관계 공사의 중지 등의 조치명령을 위반한 경우 그 허가는 취소된다(「농지법」제39조제1항).

- 거짓이나 그 밖의 부정한 방법으로 허가를 받거나 신고한 것이 판명된 경우
- 허가 목적이나 허가 조건을 위반하는 경우
- 허가를 받지 않거나 신고하지 않고 사업계획 또는 사업 규모를 변경하는 경우
- 허가를 받거나 신고를 한 후 농지전용 목적사업과 관련된 사업계획의 변경 등 다음에서 정하는 정당한 사유 없이 2년 이상 대지의 조성, 시설물의 설치 등 농지전용 목적사업에 착수하지 않거나 농지전용 목적사업에 착수한 후 1년 이상 공사를 중단한 경우(「농지법 시행령」제57조)
    - ✓ 농지전용 목적사업과 관련된 사업계획의 변경에 따른 행정기관의 허가 또는 인가를 얻기 위하여 농지전용 목적사업이 지연되는 경우
    - ✓ 공공사업으로서 정부의 재정여건으로 인하여 농지전용 목적사업이 지연되는 경우
    - ✓ 장비의 수입 또는 제작이 지체되어 농지전용 목적사업이 지연되는 경우
    - ✓ 천재지변·화재, 그 밖의 재해로 인하여 농지전용 목적사업이 지연되는 경우
- 농지보전부담금을 내지 않은 경우

- 허가를 받은 사람이나 신고를 한 사람이 허가취소를 신청하거나 신고를 철회하는 경우
- 허가를 받은 사람이 관계 공사의 중지, 조업의 정지, 사업규모의 축소 또는 사업계획의 변경, 그 밖에 필요한 조치명령을 위반한 경우

(2) 관할청은 허가의 취소·관계 공사의 중지 등 필요한 조치명령을 할 때에는 그 허가를 받은 사람 또는 신고를 한 사람에게 다음의 사항을 서면으로 알려야 한다(「농지법 시행규칙」 제51조제5항).

- 농지의 표시
- 허가 또는 신고의 종류
- 허가 또는 신고연월일 및 허가 또는 신고번호
- 허가취소일 또는 신고의 철회일
- 허가취소 등의 사유와 조치명령을 할 때에는 그 내용

※ 농지의 전용허가가 위법·부당하게 취소된 경우, 이에 관해 이의가 있으면 행정심판을 제기할 수 있다. 행정심판에 관해서는 이 사이트(https://www.easylaw.go.kr/)의 『행정심판』을 참조하시기 바란다.

2. 농지전용허가 등의 취소신청·철회 요청

(1) 농지전용허가의 취소를 신청하려는 사람은 농지전용허가취소신청서(「농지법 시행규칙」 별지 제54호서식)에 허가증을 첨부하여 해당 관할청에 제출해야 한다(「농지법 시행규칙」 제51조제1항).

(2) 농지전용신고를 철회하려는 사람은 농지전용신고철회서(「농지법 시행규칙」 별지 제54호서식)에 신고증을 첨부하여 해당 시장·군수 또는 자치구구청장에게 제출해야 한다(「농지법 시행규칙」 제51조제2항).

(3) 농지의 타용도일시사용허가의 취소를 신청하려는 사람은 농지의 타용도일시사용허가취소신청서(「농지법 시행규칙」 별지 제54호서식)에 허가증을 첨부하여 해당 시장·군수 또는 자치구구청장에게 제출해야 한다(「농지법 시행규칙」 제51조제3항).

(4) 농지의 타용도 일시사용신고를 철회하려는 사람은 농지의 타용도일시사용신고철회서(「농지법 시행규칙」 별지 제54호서식)에 신고증을 첨부하여 해당 시장·군수 또는 자치구구청장에게 제출해야 한다(「농지법 시행규칙」 제51조제4항).

3. 목적사업과 관련된 승인·허가 등의 취소 요청

농림축산식품부장관은 다른 법률에 따라 농지의 전용이 의제되는 협의를 거쳐 농지를 전용하려는 자가 농지보전부담금 부과 후 농지보전부담금을 납부하지 않고 2년 이내에 농지전용의 원인이 된 목적사업에 착수하지 아니하는 경우 관계 기관의 장에게 그 목적사업에 관련된 승인·허가 등의 취소를 요청할 수 있으며, 취소를 요청받은 관계 기관의 장은 특별한 사유가 없으면 이에 따라야 한다(「농지법」 제39조제2항).

Ⅱ 용도변경의 승인

01 용도변경의 승인

1. 용도변경의 승인

농지전용허가(「농지법」제34조제1항), 농지전용협의(「농지법」제34조제2항제2호), 농지전용신고(「농지법」제35조또는제43조) 절차를 거쳐 농지전용 목적사업에 사용되고 있거나 사용된 토지를 5년 이내에 다른 목적으로 사용하려는 경우에는 시장·군수 또는 자치구구청장의 승인을 받아야 한다(「농지법」 제40조제1항 및 「농지법 시행령」 제59조제1항).

2. 용도변경승인이 의제되는 인·허가 등

다만, 용도변경승인과 관련하여 다른 법률에서는 해당 법률에 따른 인·허가 등을 받으면 「농지법」에 따른 용도변경의 승인을 얻은 것으로 보는 규정을 두고 있다. 따라서 해당 인·허가 등을 받은 경우에는 따로 용도변경승인 절차를 밟을 필요가 없다(「농지법」 제34조제1항제1호). 이러한 인·허가 등의 구체적인 예는 다음과 같다.

용도변경승인이 의제되는 법률
「공공주택 특별법」 제18조제1항제11호
「농촌융복합산업 육성 및 지원에 관한 법률」제9조제1항제3호
「도시개발법」 제19조제1항제8호
「산업집적활성화 및 공장설립에 관한 법률」 제13조의2제1항제1호
「중소기업창업 지원법」 제35조제1항제9호
「택지개발촉진법」 제11조제1항제9호

부동산 농지와 산지 시리즈 ❶ 농지의 취득과 전용

02 용도변경 승인의 대상이 되는 다른 목적의 범위

1. 용도변경 승인의 대상이 되는 다른 목적의 범위

(1) 용도변경의 승인으로 사용하는 경우란 해당 시설의 용도를 변경하거나 농지전용목적 사업의 업종을 변경하는 경우로서 다음의 어느 하나에 해당하는 경우를 말한다(「농지법」 제40조제1항 및 「농지법 시행령」 제59조제3항).

- 「대기환경보전법 시행령」 별표 1의3또는 「물환경보전법 시행령」 별표 13에 따른 사업장의 규모별 구분을 달리하는 정도로 시설을 변경하려는 경우
- 농지보전부담금 또는 전용부담금이 감면되는 시설에서 농지보전부담금 또는 전용부담금이 감면되지 않거나 감면비율이 낮은 시설로 변경하려는 경우

> ※ 다만, 「국토의 계획 및 이용에 관한 법률」에 따른 도시지역·계획관리지역 및 개발진흥지구에 있는 토지는 농지보전부담금 또는 전용부담금이 감면되는 시설에서 농지보전부담금 또는 전용부담금이 감면되지 않거나 감면비율이 낮은 시설로 변경하려는 경우에 한정하여 용도변경의 승인을 받을 수 있다(「농지법 시행령」 제59조제3항 단서).

- 다음 각호의 구분(「농지법 시행령」 제44조제3항제1호부터 제6호까지)을 달리하는 종류의 시설로 변경하려는 경우

관련 조문	종류	농지 규모
「농지법 시행령」 제44조제3항제1호	1. 아파트: 주택으로 쓰는 층수가 5개 층 이상인 주택(「건축법 시행령」 별표 1제2호가목) 2. 1종 근린생활시설 중 휴게음식점, 제과점 등 음료·차(茶)·음식·빵·떡·과자 등을 조리하거나 제조하여 판매하는 시설(제조공장 제외)로서 같은 건축물에 해당 용도로 쓰는 바닥면적의 합계가 300㎡ 미만인 것(「건축법 시행령」 별표 1제3호나목) 3. 2종 근린생활시설 중 휴게음식점, 제과점 등 음료·차(茶)·음식·빵·떡·과자 등을 조리하거나 제조하여 판매하는 시설(제조공장 제외)로서 같은 건축물에 해당 용도로 쓰는 바닥면적의 합계가 300㎡ 이상인 것(「건축법 시행령」 별표 1제4호아목) 4. 일반음식점(「건축법 시행령」 별표 1제4호자목)	제한 없음

5. 제조업소, 수리점 등 물품의 제조·가공·수리 등을 위한 시설로서 같은 건축물에 해당 용도로 쓰는 바닥면적의 합계가 500㎡ 미만이고, 다음 요건 중 어느 하나에 해당하는 것(「건축법 시행령」 별표 1제4호너목)

가. 「대기환경보전법」, 「물환경보전법」 또는 「소음·진동관리법」에 따른 배출시설의 설치 허가 또는 신고의 대상이 아닌 것

나. 「대기환경보전법」, 「물환경보전법」 또는 「소음·진동관리법」에 따른 배출시설의 설치 허가 또는 신고의 대상 시설로서 발생되는 폐수를 전량 위탁처리하는 것

※ 다만, 다음의 어느 하나에 해당하는 시설은 제외합니다.

① 다음의 요건을 모두 갖춘 농수산물의 가공·처리 시설(「건축법 시행령」 별표 1제4호너목에 따른 제조업소 또는 같은 표 제17호에 따른 공장에 해당하는 시설을 말하며, 그 시설에서 생산된 제품을 판매하는 시설을 포함)(「농지법 시행령」 제29조제2항제1호)

- 국내에서 생산된 농수산물(「농업·농촌 및 식품산업 기본법 시행령」 제5조제1항 및 제2항에 따른 농수산물을 말하며, 임산물 중 목재와 그 가공품 및 토석은 제외, 이하 같음) 및 농림축산식품부장관이 정하여 고시하는 농수산가공품을 주된 원료로 하여 가공하거나 건조·절단 등 처리를 거쳐 식품을 생산하기 위한 시설일 것
1만5천제곱미터(미곡의 건조·선별·보관 및 가공시설의 경우에는 3만제곱미터) 미만인 시설(판매시설이 포함된 시설의 경우에는 그 판매시설의 면적이 전체 시설 면적의 100분의 20 미만인 시설에 한정)일 것

② 부지의 총면적이 3천제곱미터 미만인 농업기계수리시설(「농지법 시행령」 제29조제7항제3호)

③ 부지의 총면적이 3천제곱미터(지방자치단체 또는 농업생산자단체가 설치하는 경우에는 1만제곱미터) 미만인 남은 음식물이나 농수산물의 부산물을 이용한 유기질비료 제조시설(「농지법 시행령」 제29조제7항제4호)

④ 부지의 총면적이 3천제곱미터(지방자치단체 또는 농업생산자단체가 설치하는 경우에는 3만제곱미터) 미만인 사료 제조시설(해당 시설에서 생산된 제품을 유통·판매하는 시설을 포함)(「농지법 시행령」 제29조제7항제4호의2)

⑤ 농기자재(농기구, 농기계, 농기계 부품, 농약, 미생물제제, 비료, 사료, 비닐 및 파이프 등 농업생산에 필요한 기자재를 말함) 제조시설로서 다음의 어느 하나에 해당하지 않는 시설(2006년 6월 30일 이전에 지목이 공장용지로 변경된 부지에 설치하는 경우에 한정)(「농지법 시행령」 제29조제7항제9호)

　－「농지법 시행령」 제44조제1항각 호의 시설
　－「농지법 시행령」 제44조제2항각 호의 시설

6. 단란주점으로서 같은 건축물에 해당 용도로 쓰는 바닥면적의 합계가 150㎡ 미만인 것(「건축법 시행령」 별표 1제4호더목)

7. 문화 및 집회시설(「건축법 시행령」 별표 1제5호)

8. 「건축법 시행령」에 따른 운수시설(「건축법 시행령」 별표 1제8호)

9. 다음의 교육 연구시설(제2종 근린생활시설에 해당하는 것은 제외, 「건축법 시행령」 별표 1제10호다목·라목·바목)

　가. 직업훈련소(운전 및 정비 관련 직업훈련소는 제외)

　나. 학원(자동차학원·무도학원 및 정보통신기술을 활용해 원격으로 교습하는 것은 제외), 교습소(자동차교습·무도교습 및 정보통신기술을 활용하여 원격으로 교습하는 것은 제외)

　다. 도서관

	10. 「건축법 시행령」에 따른 업무시설(「건축법 시행령」 별표 1제14호)	
	11. 「건축법 시행령」에 따른 숙박시설(「건축법 시행령」 별표 1제15호, 「제주특별자치도 설치 및 국제자유도시 조성을 위한 특별법」 제251조제1항에 따른 1천 ㎡ 이하의 휴양펜션업 시설은 제외)	
	12. 「건축법 시행령」에 따른 위락시설(「건축법 시행령」 별표 1제16호)	
	13. 다음의 자동차 관련 시설(건설기계 관련 시설을 포함, 「건축법 시행령」 별표 1제20호나목부터 바목까지) 가. 세차장 나. 폐차장 다. 검사장 라. 매매장 마. 정비공장	
	14. 관광 휴게시설(「건축법 시행령」 별표 1제27호) 가. 야외음악당 나. 야외극장 다. 어린이회관 라. 관망탑 마. 휴게소 바. 공원·유원지 또는 관광지에 부수되는 시설	
「농지법 시행령」 제44조제3항제2호	1. 「건축법 시행령」에 따른 단독주택[단독주택의 형태를 갖춘 가정어린이집·공동생활가정·지역아동센터·공동육아나눔터·작은도서관 및 노인복지시설(노인복지주택은 제외)을 포함](「건축법 시행령」 별표 1제1호)	1천 ㎡ 초과
	2. 다음의 제1종 근린생활시설(「건축법 시행령」 별표 1제3호가목·다목부터 마목까지·사목) 가. 식품·잡화·의류·완구·서적·건축자재·의약품·의료기기 등 일용품을 판매하는 소매점으로서 같은 건축물(하나의 대지에 두 동 이상의 건축물이 있는 경우에는 이를 같은 건축물로 봄)에 해당 용도로 쓰는 바닥면적의 합계가 1천 ㎡ 미만인 것	

나. 이용원, 미용원, 목욕장, 세탁소 등 사람의 위생관리나 의류 등을 세탁·수선하는 시설(세탁소의 경우 공장에 부설되는 것과 「대기환경보전법」, 「물환경보전법」 또는 「소음·진동관리법」에 따른 배출시설의 설치 허가 또는 신고의 대상인 것은 제외)

다. 의원, 치과의원, 한의원, 침술원, 접골원(接骨院), 조산원, 안마원, 산후조리원 등 주민의 진료·치료 등을 위한 시설

라. 탁구장 및 체육도장으로서 같은 건축물에 해당 용도로 쓰는 바닥면적의 합계가 500㎡ 미만인 것

마. 지역아동센터(단독주택과 공동주택에 해당하지 않는 것을 말함)

3. 다음의 제2종 근린생활시설(「건축법 시행령」 별표 1제4호가목부터 사목까지·차목부터 거목까지 및 러목)

가. 공연장(극장, 영화관, 연예장, 음악당, 서커스장, 비디오물감상실, 비디오물소극장, 그 밖에 이와 비슷한 것을 말함)으로서 같은 건축물에 해당 용도로 쓰는 바닥면적의 합계가 500㎡ 미만인 것

나. 종교집회장[교회, 성당, 사찰, 기도원, 수도원, 수녀원, 제실(祭室), 사당, 그 밖에 이와 비슷한 것을 말함]으로서 같은 건축물에 해당 용도로 쓰는 바닥면적의 합계가 500㎡ 미만인 것

다. 자동차영업소로서 같은 건축물에 해당 용도로 쓰는 바닥면적의 합계가 1천㎡ 미만인 것

라. 서점(제1종 근린생활시설에 해당하지 않는 것)

마. 총포판매소

바. 사진관, 표구점

사. 청소년게임제공업소, 복합유통게임제공업소, 인터넷컴퓨터게임시설제공업소, 그 밖에 이와 비슷한 게임 관련 시설로서 같은 건축물에

해당 용도로 쓰는 바닥면적의 합계가 500㎡ 미만인 것

아. 장의사, 동물병원, 동물미용실, 동물위탁관리업을 위한 시설, 그 밖에 이와 유사한 것

자. 학원(자동차학원·무도학원 및 정보통신시굴을 활용해 원격으로 교습하는 것은 제외), 교습소(자동차교습·무도교습 및 정보통신기술을 활용해 원격으로 교습하는 것은 제외), 직업훈련소(운전·정비 관련 직업훈련소는 제외)로서 같은 건축물에 해당 용도로 쓰는 바닥면적의 합계가 500㎡ 미만인 것

차. 독서실, 기원

카. 테니스장, 체력단련장, 에어로빅장, 볼링장, 당구장, 실내낚시터, 골프연습장, 놀이형시설(「관광진흥법」에 따른 기타유원시설업의 시설을 말함) 등 주민의 체육 활동을 위한 시설(제1종 근린생활시설 중 탁구장, 체육도장은 제외)로서 같은 건축물에 해당 용도로 쓰는 바닥면적의 합계가 500㎡ 미만인 것

타. 금융업소, 사무소, 부동산중개사무소, 결혼상담소 등 소개업소, 출판사 등 일반업무시설로서 같은 건축물에 해당 용도로 쓰는 바닥면적의 합계가 500㎡ 미만인 것(제1종 근린생활시설에 해당하는 것은 제외)

파. 다중생활시설(「다중이용업소의 안전관리에 관한 특별법」에 따른 다중이용업 중 고시원업의 시설로서 국토교통부장관이 고시하는 기준에 적합한 것을 말함)로서 같은 건축물에 해당 용도로 쓰는 바닥면적의 합계가 500㎡ 미만인 것

하. 안마시술소, 노래연습장

4. 「위험물안전관리법」, 「석유 및 석유대체연료 사업법」, 「도시가스사업법」, 「고압가스 안전관리법」, 「액화석유가스의 안전관리 및 사업법」, 「총포·도검·화약류 등 단속법」, 「화학물질 관리법」등에 따라 설치 또는 영업의 허가를 받아야 하

	는 위험물 저장 및 처리 시설로서 다음어느 하나에 해당하는 것. 다만, 자가난방, 자가발전, 그 밖에 이와 비슷한 목적으로 쓰는 저장시설은 제외(「건축법 시행령」 별표 1제19호) 　가. 주유소(기계식 세차설비를 포함) 및 석유 판매소 　나. 액화석유가스 충전소·판매소·저장소(기계식 세차설비를 포함) 　다. 위험물 제조소·저장소·취급소 　라. 액화가스 취급소·판매소 마. 유독물 보관·저장·판매시설 　마. 유독물 보관·저장·판매시설 　바. 고압가스 충전소·판매소·저장소 　사. 도료류 판매소 　아. 도시가스 제조시설 　자. 화약류 저장소 　차. 그 밖에 가.부터 자.까지의 시설과 비슷한 것 5. 다음의 자동차 관련 시설(건설기계 관련 시설을 포함)(「건축법 시행령」 별표 1제20호가목·사목·아목) 　가. 주차장 　나. 운전학원 및 정비학원(운전 및 정비 관련 직업훈련시설을 포함) 　다. 「여객자동차 운수사업법」, 「화물자동차 운수사업법」 「건설기계관리법」에 따른 차고 및 주기장(駐機場) 6. 묘지 관련 시설(「건축법 시행령」 별표 1제26호) 　가. 화장시설 　나. 봉안당(종교시설에 해당하는 것은 제외) 　다. 묘지와 자연장지에 부수되는 건축물	
「농지법 시행령」 제44조제3항제3호	1. 지역자치센터, 파출소, 지구대, 소방서, 우체국, 방송국, 보건소, 공공도서관, 건강보험공단 사무소 등 공공업무시설로서 같은 건축물에 해당 용도로 쓰는 바닥면적의 합계가 1천 제곱미터 미만인 제1종 근린생활시설(「건축법 시행령」 별표 1제3호바목)	3천 ㎡ 초과

	2. 종교시설(「건축법 시행령」 별표 1제6호) 　가. 종교집회장으로서 제2종 근린생활시설에 해당하지 아니하는 것 　나. 종교집회장(제2종 근린생활시설에 해당하지 아니하는 것을 말함)에 설치하는 봉안당(奉安堂) 3. 노유자시설(「건축법 시행령」 별표 1제11호) 　가. 아동 관련 시설(어린이집, 아동복지시설, 그 밖에 이와 비슷한 것으로서 단독주택, 공동주택 및 제1종 근린생활시설에 해당하지 않는 것을 말함) 　나. 노인복지시설(단독주택과 공동주택에 해당하지 않는 것을 말함) 　다. 그 밖에 다른 용도로 분류되지 않은 사회복지시설 및 근로복지시설 4. 수련시설(「건축법 시행령」 별표 1제12호) 　가. 생활권 수련시설(「청소년활동진흥법」에 따른 청소년수련관, 청소년문화의집, 청소년특화시설, 그 밖에 이와 비슷한 것을 말함) 　나. 자연권 수련시설(「청소년활동진흥법」에 따른 청소년수련원, 청소년야영장, 그 밖에 이와 비슷한 것을 말함) 　다. 「청소년활동진흥법」에 따른 유스호스텔 　라. 「관광진흥법」에 따른 야영장 시설로서 아래 5.에 해당하지 아니하는 시설 5. 「관광진흥법」에 따른 야영장 시설로서 관리동, 화장실, 샤워실, 대피소, 취사시설 등의 용도로 쓰는 바닥면적의 합계가 300㎡ 미만인 것(「건축법 시행령」 별표 1제29호)	
「농지법 시행령」 제44조제3항제4호	1. 운동시설 　가. 탁구장, 체육도장, 테니스장, 체력단련장, 에어로빅장, 볼링장, 당구장, 실내낚시터, 골프연습장, 놀이형시설, 그 밖에 이와 비슷한 것으로서 제1종 근린생활시설 및 제2종 근린생활시설에 해당하지 않는 것	5천 ㎡ 초과

	나. 체육관으로서 관람석이 없거나 관람석의 바닥면적이 1천 ㎡ 미만인 것 다. 운동장(육상장, 구기장, 볼링장, 수영장, 스케이트장, 롤러스케이트장, 승마장, 사격장, 궁도장, 골프장 등과 이에 딸린 건축물을 말함)으로서 관람석이 없거나 관람석의 바닥면적이 1천 ㎡ 미만인 것	
「농지법 시행령」 제44조제3항제5호	1. 연립주택: 주택으로 쓰는 1개 동의 바닥면적 합계가 660㎡를 초과하고, 층수가 4개 층 이하인 주택(2개 이상의 동을 지하주차장으로 연결하는 경우에는 각각의 동으로보며, 지하층을 주택의 층수에서 제외)(「건축법 시행령」 별표 1제2호나목) 2. 다세대주택: 주택으로 쓰는 1개 동의 바닥면적 합계가 660㎡ 이하이고, 층수가 4개 층 이하인 주택(2개 이상의 동을 지하주차장으로 연결하는 경우에는 각각의 동으로 보며, 지하층을 주택의 층수에서 제외)(「건축법 시행령」 별표 1제2호다목) 3. 기숙사: 학교 또는 공장 등의 학생 또는 종업원 등을 위하여 쓰는 것으로서 1개 동의 공동취사시설 이용 세대 수가 전체의 50% 이상인 것(학생복지주택을 포함, 2개 이상의 동을 지하주차장으로 연결하는 경우에는 각각의 동으로보며, 지하층을 주택의 층수에서 제외)(「건축법 시행령」 별표 1제2호라목)	1만 5천 ㎡ 초과
「농지법 시행령」 제44조제3항제6호	1. 다음의 판매시설(「건축법 시행령」 별표 1제7호 가목·나목) 가. 도매시장(「농수산물 유통 및 가격안정에 관한 법률」에 따른 농수산물도매시장, 농수산물공판장, 그 밖에 이와 비슷한 것을 말하며, 그 안에 있는 근린생활시설을 포함) 나. 소매시장(「유통산업발전법」 제2조제3호에 따른 대규모 점포나 그 밖에 이와 비슷한 것을 말하며, 그 안에 있는 근린생활시설을 포함) 2. 제2종 근린생활시설에 해당하지 않는 다음의 교육연구시설(「건축법 시행령」 별표 1제10호가목) 가. 학교(유치원, 초등학교, 중학교, 고등학교, 전문대학, 대학, 대학교, 그 밖에 이에 준하는 각종 학교를 말함)	3만 ㎡ 초과

	3. 「건축법 시행령」에 따른 공장시설(「건축법 시행령」 별표 1제17호)	
	4. 「건축법 시행령」에 따른 창고시설(「건축법 시행령」 별표 1제18호, 위험물 저장 및 처리 시설 또는 그 부속용도에 해당하는 것은 제외)	
	5. 관광농원사업의 시설 및 태양에너지 발전설비(「농어촌정비법」 제2조제16호나목)	
「농지법 시행령」 제44조제3항제7호	농어촌체험·휴양마을사업의 시설(「농지법 시행령」제29조제7항제8호가목)과 농수산업 관련 시설(「농지법 시행령」 제30조제1항제4호)로서 그 부지로 사용하려는 농지의 면적이 해당 조항에서 허용하는 면적을 초과하는 것	해당 조항에서 허용하는 면적
「농지법 시행령」 제44조제3항제8호	「농지법 시행령」 제44조제3항제1호부터 제7호까지에 해당하지 않는 시설로서 그 부지로 전용하려는 농지의 면적이 1만 ㎡를 초과하는 것. 다만, 그 시설이 농업진흥구역에 설치할 수 있는 시설(「농지법」 제32조제1항제3호부터 제8호까지), 도시·군계획시설, 마을정비구역으로 지정된 구역에 설치하는 시설(「농어촌정비법」 제101조), 도로부속물(「도로법」 제2조제2호) 중 고속국도관리청이 설치하는 고속국도의 도로부속물 시설, 공원시설(「자연공원법」 제2조제10호) 및 골프장(「체육시설의 설치·이용에 관한 법률」 제3조)에 해당되는 경우는 제외	제한 없음
「농지법 시행령」 제44조제3항제9호	그 밖에 해당 지역의 농지규모·농지보전상황 등 농업여건을 감안하여 시(특별시 및 광역시를 포함)·군의 조례로 정하는 농업의 진흥이나 농지의 보전을 저해하는 시설	제한 없음

• 위 기간은 해당 시설물의 준공검사필증을 교부한 날 또는 건축물대장에 등재된 날, 그 밖의 농지의 전용목적이 완료된 날부터 기산한다(「농지법 시행령」 제59조제2항).

※ 용도변경의 승인을 신청한 사람은 행정청이 위법·부당하게 이를 불승인 한 경우 행정심판을 제기할 수 있습니다. 행정심판에 관한 자세한 내용은 이 사이트(https://www.easylaw.go.kr/)의 「행정심판」에서 확인할 수 있다.

03 수수료, 농지보전부담금 및 위반시 제재

1. 수수료

용도변경의 승인을 얻으려는 사람은 5천원의 수수료를 부담해야 한다(「농지법」 제56조 제4호 및 「농지법 시행령」 제74조제1항제5호).

2. 농지보전부담금

(1) 승인을 받아야 하는 사람 중 농지보전부담금이 감면되는 시설의 부지로 전용된 토지를 농지보전부담금 감면 비율이 다른 시설의 부지로 사용하려는 사람은 그에 해당하는 농지보전부담금을 내야 한다(「농지법」 제40조제2항).

(2) 농지보전부담금이 감면되는 시설의 부지로 전용된 토지를 농지보전부담금의 감면비율이 다른 시설의 부지로 사용하려는 사람이 내야 하는 농지보전부담금은 감면비율이 다른 시설의 부지로 사용하려는 면적에 대하여 전용된 해당 토지에 대한 농지보전부담금 부과기준일 당시의 농지보전부담금의 단위 당 금액과 용도변경승인 당시의 해당 감면비율을 적용하여 산출한 금액에서 이미 납입한 해당 농지보전부담금을 뺀 금액으로 한다(「농지법 시행령」 제59조제4항).

3. 위반 시 제재

용도변경의 승인 없이 농지를 다른 목적으로 사용한 사람은 5년 이하의 징역 또는 5천만원 이하의 벌금에 처해진다(「농지법」 제58조제4호).

04 국민신문고

1. 농지전용 용도변경

> ✅ **질의**
> 농지전용 후 용도변경 대상인지 여부 및 용도변경 가능여부는?
>
> ✅ **답변**
> - 농지법 제40조에 따르면 농지법 제34조에 의한 농지전용허가(협의)를 받거나 동법 제35조 또는 제43조의 규정에 의한 농지전용신고를 하여 농지전용목적사업에 사용되고 있거나 사용된 토지를 5년이내에 농지법 시행령 제59조의 규정에서 정하는 "다른 목적으로 사용하고자 하는 경우"에는 용도변경승인을 받아야 함
>   – 이때, 다른 목적으로 사용하고자 하는 경우라 함은 당해 시설의 용도를 변경하거나 농지전용목적사업의 업종을 변경하는 경우로서 다음과 같음

- 대기환경보전법시행령 별표1 또는 수질환경보전법시행령 별표13에 의한 사업장의 규모별 구분을 달리하는 정도로 시설을 변경하고자 하는 경우
- 농지법시행령 제44조 제3항 각호의 구분을 달리하는 종류의 시설로 변경하고자 하는 경우
- 농지보전부담금 또는 전용부담금이 감면되는 시설에서 농지보전부담금 또는 전용부담금이 감면되지 아니하거나 감면비율이 낮은 시설로 변경하고자 하는 경우

• 이때, 목적사업 완료 후 5년이내에 농지에 설치가 제한되는 시설로의 용도변경은 허용되지 않으며, 농업진흥지역에서의 행위제한은 상기의 5년이 경과한 경우에도 계속 적용됨

출처
농림수산식품부 농업정책국 농지과 (☎ 02-500-1724)

2. 농지보건부담금 등 감면 여부

질의
다름이 아니오라 2013.06.27 사업자등록을 하고 논공단지내 임대공장을 운영 하였으며, 2014.01 부지 992㎡을 매입하여 제조시설 378㎡를 건축하여 제2종 근린생활시설 제조업소로 준공을 받았습니다. (질의) 상기와 같이 제2종 근린생활시설 제조업소(공장)로 건축준공을 받을 경우 소기업 및 소상공인 지원을 위한 특별조치법 제4조 공장설립에 관한 특례 적용 대상이 되지 않는지요? 해당지자체에서는 사업장에 이전에 따른 정정 사항이나 신규로 사업자등록을 하지 않았다는 사유로 농지보전부담금, 개발부담금 등을 납부하여야 한다고 합니다.

답변
안녕하십니까?
중소기업청 창업진흥과입니다.
「소기업 및 소상공인 지원을 위한 특별조치법」제4조는 소기업 중「산업집적활성화 및 공장설립에 관한법률」제2조제1호에 따른 공장의 건축면적 또는 이에 준하는 사업장의 면적이 1천 제곱미터 미만의 기업이「수도권 정비계획법」제2조제1호에 따른 수도권 외의 지역에서 공장을 신축·증축 또는 이전하려는 경우에 농지보전부담금, 대체산림자원조성비, 개발 부담금 등을 면제하도록 규정하고 있습니다. 따라서 동 규정에 따라 부담금을 면제 받기 위해서는 소기업에 해당하여야 할 것으로 질의 본문처럼 사업자 등록증 등 관련 서류를 통하여 소기업임이 입증되지 않을 경우 부담금의 감면은 불가할 것으로 판단되는바 기타 자세한 사항은 해당 시장·군수 또는 구청장에 문의하시거나 답변 내용에 대해 추가 설명이 필요하시면 중소기업청 창업진흥과

(042-481-4384)로 연락주시기 바라며, 중소기업 지원사업 관련 궁금한 사항은 중소기업통합 콜센터 ☎1357 연락 또는 중소기업 종합정책정보 포털 '기업마당' (www.1357.go.kr)을 참고해 주시기 바랍니다.

◎ 출처

중소기업청 창업벤처국 창업진흥과 (☎ 042-481-4384)

3. 농지보전부담금 감면여부

◎ 질의

당사는 제2종 근린생활시설인 제조업소(480㎡)와 창고(480㎡)를 신축하기 위하여 건축허가 신청을 준비하고 있으나,『소기업 및 소상공인 지원을 위한 특별조치법』시행령 제3조의2(공장설립에 대한 특례 적용대상 등) ①항에 근거하여 각종 세제(농지보전부담금, 개발부담금 등)를 감면 받을 수 있는지 여부를 묻고 싶습니다. 『소기업 및 소상공인 지원을 위한 특별조치법』시행령 제3조의2(공장설립에 대한 특례 적용대상 등) ①항을 살펴보면, 제2종 근린생활시설 중 제조업소(건축물 전체가『산업집적활성화 및 공장설립에 관한 법률』제2조 제1호에 따른 공장인 경우에 한한다)에 해당될 경우 적용대상이 된다고 명시되어 있습니다. 「제조업소인 경우 건축물 전체가 공장인 경우에 한한다」라는 의미는 제조시설과 부대시설의 총 건축 연면적이 500㎡이하인 경우를 말하므로 한 부지내에서 제2종 근린생활시설인 제조업소(480㎡) 및 창고(480㎡) 등 전체 건축 연면적이 500㎡를 초과할 경우에는 부담금 면제대상에서 제외되는지 묻고 싶습니다.

「소기업 및 소상공인 지원을 위한 특별조치법」제4조는 소기업 중「산업집적활성화및 공장설립에 관한법률」제2조제1호에 따른 공장의 건축면적 또는 이에 준하는 사업장의 면적이 1,000㎡미만인 기업이 수도권외의 지역에 공장을 신축·증축 또는 이전하려는 경우 부담금(농지보전부담금, 대체산림자원조성비, 개발부담금)을 면제토록 하고 있습니다. 이때 부담금의 면제는 ① 기존 사업장의 면적이 1,000㎡미만이어야 하고② 신축 또는 증축의 경우 기존사업장과의 합산 면적이 1,000㎡미만 이어야 하며 ③ 공장 또는 사업장의 이전의 경우에는 이전된 사업장의 면적도 1,000㎡미만 미만이어야 합니다. 또한 동법 시행령 제3조의 2는 공장설립에 대한 특례 적용대상을 규정하면서 수도권지역에서는 제조시설로 사용되는 기계 또는 장치를 설치하기 위한 건축물 각층의 바닥면적과 제조시설로 사용되는 옥외 공작물의 수평투영면적, 사무실 및 창고의 각층의 바닥면적을 합산한 면적과 수도권 외의 지역에서는 제조시설로 사용되는 기계 또는 장치를 설치하기 위한 건축물 각층의 바닥면적과 제조시설로 사용되는 옥외 공작물의 수평투영면적의 합산면적을 사업장 면적으로 산정하고 있습니다.

질의 본문처럼 제조업소(480㎡)와 창고(480㎡)를 합산한 면적이 1,000㎡미만인 경우 상기 부담금 면제 조건을 충족하는 경우 기준공장면적률에 따라 부담금을 면제받을 수 있음을 알려 드리며 기타 자세한 사항은 토지소재지의 시장·군수 또는 구청장에 문의하시거나 답변 내용에 대해 추가 설명이 필요하시면 중소기업청 창업진흥과(042-481-4384)로 연락주시기 바라며, 중소기업 지원사업 관련 궁금한 사항은 중소기업통합 콜센터 ☎1357 연락 또는 중소기업 종합정책정보 포탈 '기업마당'(www.1357.go.kr)을 참고해 주시기 바랍니다.

◎ 출처
중소기업청 창업벤처국 창업진흥과 (☎ 042-481-4384)

Ⅲ 지목변경

01 농지의 지목변경

1. 지목변경이 허용되는 경우

다음의 어느 하나에 해당하는 경우에는 농지를 전·답·과수원 외의 지목으로 변경할 수 있다(「농지법」제41조).

- 농지전용허가(「농지법」제34조제1항 및 다른 법률에 따라 농지전용허가가 의제되는 협의를 포함)를 받거나 농지전용협의를 통해 농지를 전용(「농지법」제34조제2항)한 경우
- 산지전용허가(「산지관리법」제14조)를 받지 않거나 산지전용신고(「산지관리법」제15조)를 하지 않고 불법으로 개간한 농지를 산림으로 복구하는 경우(「농지법」제34조제1항제4호)
- 「하천법」에 따라 하천관리청의 허가를 받고 농지의 형질을 변경하거나 공작물을 설치하기 위하여 농지를 전용하는 경우(「농지법」제34조제1항제5호)
- 농지전용신고(「농지법」제35조또는제43조)를 하고 농지를 전용한 경우
- 농어촌용수의 개발사업(「농어촌정비법」제2조제5호가목 또는 나목)이나 농업 생산기반 개량사업의 시행으로 토지의 개량 시설의 부지(「농지법」제2조제1호 나목)로 변경되는 경우
- 시장·군수 또는 자치구구청장이 천재지변이나 그 밖의 불가항력의 사유로 그 농지의 형질이 현저히 달라져 원상회복이 거의 불가능하다고 인정하는 경우

부동산 농지와 산지 시리즈 ❶ 농지의 취득과 전용

02 지목변경절차

1. 지목변경의 신청

(1) 토지소유자는 지목변경할 토지가 있으면 토지의 용도가 변경된 그 날부터 60일 이내에 지적소관청[지적공부를 관리하는 특별자치시장, 시장(「제주특별자치도 설치 및 국제자유도시 조성을 위한 특별법」 제10조제2항에 따른 행정시의 시장을 포함하며, 「지방자치법」 제3조제3항에 따라 자치구가 아닌 구를 두는 시의 시장은 제외)·군수 또는 구청장(자치구가 아닌 구의 구청장을 포함)]에 지목변경을 신청해야 한다(「공간정보의 구축 및 관리 등에 관한 법률」 제2조제18호, 제81조 「공간정보의 구축 및 관리 등에 관한 법률 시행령」 제67조제1항제2호).

(2) 토지소유자는 지목변경을 신청하려는 때에는 지목변경사유를 적은 신청서에 다음의 서류를 첨부하여 지적소관청에 제출해야 한다(「공간정보의 구축 및 관리 등에 관한 법률 시행령」 제67조제2항 및 「공간정보의 구축 및 관리 등에 관한 법률 시행규칙」 제84조제1항).
관계법령에 의하여 토지의 형질변경 등의 공사가 준공되었음을 증명하는 서류의 사본
- 국·공유지의 경우에는 용도폐지되었거나 사실상 공공용으로 사용되고 있지 않음을 증명하는 서류의 사본
- 토지 또는 건축물의 용도가 변경되었음을 증명하는 서류의 사본

> ※ 위의 어느 하나에 해당하는 서류를 해당 지적소관청이 관리하는 경우에는 지적소관청의 확인으로 그 서류의 제출을 갈음할 수 있다(「공간정보의 구축 및 관리 등에 관한 법률 시행규칙」 제84조제3항).

03 판례

1. 대법원 2004. 4. 22. 선고 2003두9015 전원합의체 판결 【지목변경신청반려처분취소청구각하취소】

> 대법원 2004. 4. 22. 선고 2003두9015 전원합의체 판결 【지목변경신청반려처분취소청구각하취소】 [공2004.6.1.(203),907]
>
> 【판시사항】
> 지적공부 소관청의 지목변경신청 반려행위가 항고소송의 대상이 되는 행정처분에 해당하는지 여부(적극)

제3장 전용 후 관리

【판결요지】

구 지적법(2001. 1. 26. 법률 제6389호로 전문 개정되기 전의 것) 제20조, 제38조 제2항의 규정은 토지소유자에게 지목변경신청권과 지목정정신청권을 부여한 것이고, 한편 지목은 토지에 대한 공법상의 규제, 개발부담금의 부과대상, 지방세의 과세대상, 공시지가의 산정, 손실보상가액의 산정 등 토지행정의 기초로서 공법상의 법률관계에 영향을 미치고, 토지소유자는 지목을 토대로 토지의 사용・수익・처분에 일정한 제한을 받게 되는 점 등을 고려하면, 지목은 토지소유권을 제대로 행사하기 위한 전제요건으로서 토지소유자의 실체적 권리관계에 밀접하게 관련되어 있으므로 지적공부 소관청의 지목변경신청 반려행위는 국민의 권리관계에 영향을 미치는 것으로서 항고소송의 대상이 되는 행정처분에 해당한다.

【참조조문】

구 지적법(2001. 1. 26. 법률 제6389호로 전문 개정되기 전의 것) 제20조 (현행 제21조 참조) 제38조 제2항 (현행 제24조 제1항 참조) 행정소송법 제2조

【참조판례】

대법원 1971. 8. 31. 선고 71누103 판결(변경), 대법원 1972. 2. 22. 선고 71누196 판결(집20-1, 행19)(변경), 대법원 1976. 5. 11. 선고 76누12 판결(변경), 대법원 1980. 2. 26. 선고 79누439 판결(공1980, 12673)(변경), 대법원 1980. 7. 8. 선고 79누309 판결(공1980, 13038)(변경), 대법원 1981. 7. 7. 선고 80누456 판결(공1981, 14168)(변경), 대법원 1985. 3. 12. 선고 84누681 판결(공1985, 561)(변경), 대법원 1985. 5. 14. 선고 85누25 판결(공1985, 860)(변경), 대법원 1991. 2. 12. 선고 90누7005 판결(공1991, 1001)(변경), 대법원 1993. 6. 11. 선고 93누3745 판결(공1993하, 2039)(변경), 대법원 1995. 12. 5. 선고 94누4295 판결(공1996상, 253)(변경)

【전 문】

【원고,상고인】 이재호

【피고, 피상고인】 경기도지사

【원심판결】 서울고법 2003. 6. 26. 선고 2002누17042 판결

【주 문】

원심판결을 파기하고, 사건을 서울고등법원에 환송한다.

【이 유】

1. 원심은, 토지대장 등 지적공부에 일정한 사항을 등재하거나 등재된 사항을 변경하는 행위는 행정사무집행의 편의와 사실증명의 자료로 삼기 위한 것이고 그 등재나 변경으로 인하여 당해 토지에 대한 실체상의 권리관계에 어떤 변동을 가져오는 것은 아니어서

소관청이 그 등재사항에 대한 변경신청을 거부한 것을 가리켜 항고소송의 대상이 되는 행정처분이라고 할 수 없으므로, 화성시장의 이 사건 지목변경신청 반려행위(이하 '이 사건 반려행위'라 한다)는 항고소송의 대상이 되는 행정처분이 아니라고 판단하였다.

2. 그러나 구 지적법(2001. 1. 26. 법률 제6389호로 전문 개정되기 전의 것, 이하 같다) 제20조, 제38조 제2항의 규정은 토지소유자에게 지목변경신청권과 지목정정신청권을 부여한 것이고, 한편 지목은 토지에 대한 공법상의 규제, 개발부담금의 부과대상, 지방세의 과세대상, 공시지가의 산정, 손실보상가액의 산정 등 토지행정의 기초로서 공법상의 법률관계에 영향을 미치고, 토지소유자는 지목을 토대로 토지의 사용·수익·처분에 일정한 제한을 받게 되는 점 등을 고려하면, 지목은 토지소유권을 제대로 행사하기 위한 전제요건으로서 토지소유자의 실체적 권리관계에 밀접하게 관련되어 있으므로 지적공부 소관청의 지목변경신청 반려행위는 국민의 권리관계에 영향을 미치는 것으로서 항고소송의 대상이 되는 행정처분에 해당한다고 할 것이다.

그럼에도 불구하고, 이와는 달리 지목변경(정정이나 등록전환 등 포함, 이하 같다)신청에 대한 반려(거부)행위를 항고소송의 대상이 되는 행정처분에 해당한다고 할 수 없다고 판시한 대법원 1981. 7. 7. 선고 80누456 판결, 1991. 2. 12. 선고 90누7005 판결, 1993. 6. 11. 선고 93누3745 판결, 1995. 12. 5. 선고 94누4295 판결 등과 지적공부 소관청이 직권으로 지목변경한 것에 대한 변경(정정)신청 반려(거부)행위를 항고소송의 대상이 되는 행정처분에 해당한다고 할 수 없다고 판시한 대법원 1971. 8. 31. 선고 71누103 판결, 1972. 2. 22. 선고 71누196 판결, 1976. 5. 11. 선고 76누12 판결, 1980. 2. 26. 선고 79누439 판결, 1980. 7. 8. 선고 79누309 판결, 1985. 3. 12. 선고 84누681 판결, 1985. 5. 14. 선고 85누25 판결 등을 비롯한 같은 취지의 판결들은 이 판결의 견해에 배치되는 범위 내에서 이를 모두 변경하기로 한다.

따라서 이 사건 반려행위가 항고소송의 대상이 되는 행정처분에 해당한다고 할 수 없다고 판단한 원심판결에는 항고소송의 대상이 되는 행정처분에 관한 법리를 오해하여 판결 결과에 영향을 미친 위법이 있다고 할 것이다.

3. 그러므로 원심판결을 파기하고, 사건을 다시 심리·판단하도록 원심법원에 환송하기로 하여 관여 대법관 전원의 일치된 의견으로 주문과 같이 판결한다.

대법원장 최종영(재판장) 조무제 변재승 유지담(주심) 윤재식 이용우 배기원 강신욱 이규홍 이강국 박재윤 고현철 김용담

04 법령해석례

1. 안건명: 06-0197, 「지적법 시행령」 제16조(지목변경신청)

✓ 질의

개발제한구역 내에 소재하는 임야인 산지에 대해 형질변경이나 산지전용 없이 「개발제한구역의 지정 및 관리에 관한 특별조치법」 제11조제1항제5호 및 동법 시행령 제15조의 규정에 의하여 죽목벌채허가를 받고 「산림법」 제8조의 규정에 의하여 사유림의 영림계획인가를 받아 시업신고를 한 뒤 수종갱신(감나무, 매실 및 석류나무 식재)을 한 경우에 그 임야를 「지적법 시행령」 제16조제1항제1호 및 제2호의 규정에 의하여 과수원으로 지목변경을 할 수 있는지 여부

✓ 답변

개발제한구역 내에 소재하는 임야인 산지에서 「개발제한구역의 지정 및 관리에 관한 특별조치법」 제11조제1항제5호 및 동법 시행령 제15조의 규정에 의하여 죽목벌채허가를 받고 「산림법」 제8조의 규정에 의하여 사유림의 영림계획인가를 받아 시업신고를 하고 수종갱신(감나무, 매실 및 석류나무 식재)을 하였다 하더라도 산지전용허가를 받지 아니한 경우에는 그 임야를 「지적법 시행령」 제16조제1항제1호 및 제2호의 규정에 의하여 과수원으로 지목변경을 할 수 없습니다.

✓ 해석기관 및 출처

해석기관: 법제처

출처: 법제처 법령해석포탈서비스(https://ahalaw.moleg.go.kr)

Ⅳ 원상회복

01 원상회복 등

1. 원상회복 등

(1) 농림축산식품부장관, 시장·군수 또는 자치구구청장은 다음의 어느 하나에 해당하면 그 행위를 한 자에게 기간을 정하여 원상회복을 명할 수 있다(「농지법」 제42조제1항).

- 농지전용허가(「농지법」 제34조제1항) 또는 농지의 타용도 일시사용허가(「농지법」 제36조)를 받지 않고 농지를 전용하거나 다른 용도로 사용한 경우

- 농지전용신고(「농지법」제35조또는제43조) 또는 농지의 타용도 일시사용신고(「농지법」제36조의2)를 하지 않고 농지를 전용하거나 다른 용도로 사용한 경우
- 허가가 취소(「농지법」제39조)된 경우
- 농지전용신고를 한 자가 조치명령(「농지법」제39조)을 위반한 경우

(2) 농림축산식품부장관, 시장·군수 또는 자치구구청장은 원상회복명령을 위반하여 원상회복을 하지 않으면 대집행으로 원상회복을 할 수 있다(「농지법」제42조제2항).
- 대집행의 절차에 관하여는 「행정대집행법」을 적용한다(「농지법」제42조제3항).

02 판례

1. 대법원 1993. 2. 23. 선고 92누16423 판결 농지불법전용지원상회복계고처분취소

대법원 1993. 2. 23. 선고 92누16423 판결 【농지불법전용지원상회복계고처분취소】
[공1993.4.15.(942),1097]

【판시사항】
농지전용허가 없이 상대농지 위에 약방과 식당 등 근린생활시설을 건축하여 농지를 전용하였으나, 부근에 농촌 마을이 형성되어 건물을 철거하더라도 농지로의 원상회복이 어려워, 원상회복을 하려면 농지소유자에게 결정적인 손해를 주게 되며 간접적으로 마을 주민들에게도 약국과 식당을 이용할 수 없는 피해가 생긴다고 하여 원상회복계고처분이 위법하다고 한 사례

【판결요지】
농지전용허가 없이 상대농지 위에 약방과 식당 등 근린생활시설을 건축하여 농지를 전용하였으나, 부근에 농촌 마을이 형성되어 건물을 철거하더라도 농지로의 원상회복이 어려워, 원상회복을 하려면 농지소유자에게 결정적인 손해를 주게 되며 간접적으로 마을 주민들에게도 약국과 식당을 이용할 수 없는 피해가 생긴다고 하여 원상회복계고처분이 위법하다고 한 사례.

【참조조문】
농지의보전및이용에관한법률 제4조, 행정대집행법 제2조

【참조판례】
대법원 1991.3.12. 선고 90누10070 판결(공1991,1192), 1991.8.27. 선고 91누5136 판결(공1991,2456), 1992.4.10. 선고 91누7200 판결(공1992,1606)

【전 문】

【원고, 피상고인】 장두언

【피고, 상고인】 창녕군수

【원심판결】 부산고등법원 1992. 9. 30. 선고 91구3871 판결

【주 문】
상고를 기각한다.
상고비용은 피고의 부담으로 한다.

【이 유】
피고소송수행자의 상고이유에 대하여 판단한다.

원심은, 피고가 원고의 소유인 이 사건 농지에 관하여 원고가 농지의보전및이용에관한법률(이 뒤에는 "법"이라고 약칭한다) 제4조 제1항의 규정에 의한 농지전용의 허가를 받지 아니하고 그 지상에 약방과 식당을 하는 근린생활시설을 신축하여 농지를 전용하였다는 이유로, "법" 제15조 제1항에 의하여 농지로 원상회복할 것을 명하였으나 원고가 원상회복을 하지 아니하자, "법" 제15조 제2항에 의한 대집행을 하기 위하여 원고에게 이 사건 계고처분을 한 사실, 이 사건 농지는 이른바 상대농지로서 그 부근은 농지가 아니고 농촌마을이 형성되어 바로 앞쪽으로 도로가 나있고, 사방으로 가옥·농협창고·계사 및 돈사 등이 설치되어 있어 그 지상건물을 철거하더라도 농지로서 원상회복하기는 어려워 보이는 사실, 벽돌과 슬라브로 건축된 건평 29평인 위 지상건물을 철거하고 다시 건축하려면 금 50,000,000여원이나 필요하여 농촌에 거주하는 원고로서는 가산을 거의 탕진하게 되는 급박한 사정에 놓이게 되는 사실, 이 사건 농지의 부근에는 농촌 마을이 형성되어 원고가 그 지상건물에서 하고 있는 약방과 식당 등의 근린생활시설은 마을 사람들을 위하여도 필요한 사실, 그 지상건물은 5년전에 건축된 것으로서 원고가 직접 건축한 것도 아닌 사실 등을 인정한 다음, 위와 같은 사실 등을 종합하여 고려할 때 이 사건 농지를 그대로 방치한다고 하더라도 전체로 보아 농업생산력의 증진에 기여한다는 "법"의 목적에 심히 위반되는 것은 아니라고 할 것인 한편, 원상회복을 하려고 하면 원고에게는 결정적인 손해를 주게 되고 간접적으로 위 마을 주민에게도 약국과 식당을 이용할 수 없는 피해가 생기게 될 것이므로, 피고의 원고에 대한 이 사건 원상회복계고처분은 위법한 것이라고 판단하였다.

관계증거 및 기록과 관계법령의 규정내용에 비추어 볼 때, 원심의 위와 같은 인정판단은 정당한 것으로 수긍이 되고, 원심판결에 소론과 같이 심리를 제대로 하지 아니한 채 채증법칙을 위반하여 사실을 잘못 인정한 위법이나 법률을 오해한 위법이 있다고 볼 수 없으므로, 논지는 이유가 없다.

그러므로 피고의 상고를 기각하고 상고비용은 패소자인 피고의 부담으로 하기로 관여 법관의 의견이 일치되어 주문과 같이 판결한다.

농지 취득과 전용

부록
관련법규 및 규정

- 농지법
- 농지법 시행령
- 농지법 시행규칙
- 농업진흥지역관리규정

부동산 농지와 산지 시리즈 ❶ 농지의 취득과 전용

농지법

[시행 2021. 8. 17] [법률 제18401호, 2021. 8. 17, 일부개정]

농림축산식품부(농지과-농지 정의, 소유, 취득, 임대차, 세분화) 044-201-1735, 1736
농림축산식품부(농지과-농지전용허가, 농업진흥지역) 044-201-1739, 1740, 1741
농림축산식품부(농지과-농지보전부담금) 044-201-1737, 1738, 1739, 1740, 1741
농림축산식품부(농지과-농지원부) 044-201-1742, 1734

제1장 총칙

제1조(목적) 이 법은 농지의 소유·이용 및 보전 등에 필요한 사항을 정함으로써 농지를 효율적으로 이용하고 관리하여 농업인의 경영 안정과 농업 생산성 향상을 바탕으로 농업 경쟁력 강화와 국민경제의 균형 있는 발전 및 국토 환경 보전에 이바지하는 것을 목적으로 한다.

제2조(정의) 이 법에서 사용하는 용어의 뜻은 다음과 같다. 〈개정 2007. 12. 21., 2009. 4. 1., 2009. 5. 27., 2018. 12. 24., 2021. 8. 17.〉

1. "농지"란 다음 각 목의 어느 하나에 해당하는 토지를 말한다.
   가. 전·답, 과수원, 그 밖에 법적 지목(地目)을 불문하고 실제로 농작물 경작지 또는 대통령령으로 정하는 다년생식물 재배지로 이용되는 토지. 다만, 「초지법」에 따라 조성된 초지 등 대통령령으로 정하는 토지는 제외한다.
   나. 가목의 토지의 개량시설과 가목의 토지에 설치하는 농축산물 생산시설로서 대통령령으로 정하는 시설의 부지
2. "농업인"이란 농업에 종사하는 개인으로서 대통령령으로 정하는 자를 말한다.
3. "농업법인"이란 「농어업경영체 육성 및 지원에 관한 법률」 제16조에 따라 설립된 영농조합법인과 같은 법 제19조에 따라 설립되고 업무집행권을 가진 자 중 3분의 1 이상이 농업인인 농업회사법인을 말한다.
   가. 삭제 〈2009. 5. 27.〉
   나. 삭제 〈2009. 5. 27.〉
4. "농업경영"이란 농업인이나 농업법인이 자기의 계산과 책임으로 농업을 영위하는 것을 말한다.
5. "자경(自耕)"이란 농업인이 그 소유 농지에서 농작물 경작 또는 다년생식물 재배에 상시 종사하거나 농작업(農作業)의 2분의 1 이상을 자기의 노동력으로 경작 또는 재배하는 것과 농업법인이 그 소유 농지에서 농작물을 경작하거나 다년생식물을 재배하는 것을 말한다.

6. "위탁경영"이란 농지 소유자가 타인에게 일정한 보수를 지급하기로 약정하고 농작업의 전부 또는 일부를 위탁하여 행하는 농업경영을 말한다.

7. "농지의 전용"이란 농지를 농작물의 경작이나 다년생식물의 재배 등 농업생산 또는 대통령령으로 정하는 농지개량 외의 용도로 사용하는 것을 말한다. 다만, 제1호나목에서 정한 용도로 사용하는 경우에는 전용(轉用)으로 보지 아니한다.

8. "주말·체험영농"이란 농업인이 아닌 개인이 주말 등을 이용하여 취미생활이나 여가활동으로 농작물을 경작하거나 다년생식물을 재배하는 것을 말한다.

제3조(농지에 관한 기본 이념) ① 농지는 국민에게 식량을 공급하고 국토 환경을 보전(保全)하는 데에 필요한 기반이며 농업과 국민경제의 조화로운 발전에 영향을 미치는 한정된 귀중한 자원이므로 소중히 보전되어야 하고 공공복리에 적합하게 관리되어야 하며, 농지에 관한 권리의 행사에는 필요한 제한과 의무가 따른다.

② 농지는 농업 생산성을 높이는 방향으로 소유·이용되어야 하며, 투기의 대상이 되어서는 아니된다.

제4조(국가 등의 의무) ① 국가와 지방자치단체는 농지에 관한 기본 이념이 구현되도록 농지에 관한 시책을 수립하고 시행하여야 한다.

② 국가와 지방자치단체는 농지에 관한 시책을 수립할 때 필요한 규제와 조정을 통하여 농지를 보전하고 합리적으로 이용할 수 있도록 함으로써 농업을 육성하고 국민경제를 균형 있게 발전시키는 데에 이바지하도록 하여야 한다.

제5조(국민의 의무) 모든 국민은 농지에 관한 기본 이념을 존중하여야 하며, 국가와 지방자치단체가 시행하는 농지에 관한 시책에 협력하여야 한다.

제2장 농지의 소유

제6조(농지 소유 제한) ① 농지는 자기의 농업경영에 이용하거나 이용할 자가 아니면 소유하지 못한다.

② 제1항에도 불구하고 다음 각 호의 어느 하나에 해당하는 경우에는 농지를 소유할 수 있다. 〈개정 2008. 2. 29., 2008. 12. 29., 2009. 5. 27., 2009. 6. 9., 2012. 1. 17., 2012. 12. 18., 2013. 3. 23., 2016. 5. 29., 2017. 10. 31., 2020. 2. 11., 2021. 8. 17.〉

1. 국가나 지방자치단체가 농지를 소유하는 경우

2. 「초·중등교육법」 및 「고등교육법」에 따른 학교, 농림축산식품부령으로 정하는 공공단체·농업연구기관·농업생산자단체 또는 종묘나 그 밖의 농업 기자재 생산자가 그 목적사업을 수행하기 위하여 필요한 시험지·연구지·실습지·종묘생산지 또는 과수 인공수분용 꽃가루 생산지로 쓰기 위하여 농림축산식품부령으로 정하는 바에 따라 농지를 취득하여 소유하는 경우

3. 주말·체험영농을 하려고 제28조에 따른 농업진흥지역 외의 농지를 소유하는 경우
4. 상속[상속인에게 한 유증(遺贈)을 포함한다. 이하 같다]으로 농지를 취득하여 소유하는 경우
5. 대통령령으로 정하는 기간 이상 농업경영을 하던 사람이 이농(離農)한 후에도 이농 당시 소유하고 있던 농지를 계속 소유하는 경우
6. 제13조제1항에 따라 담보농지를 취득하여 소유하는 경우(「자산유동화에 관한 법률」 제3조에 따른 유동화전문회사등이 제13조제1항제1호부터 제4호까지에 규정된 저당권자로부터 농지를 취득하는 경우를 포함한다)
7. 제34조제1항에 따른 농지전용허가[다른 법률에 따라 농지전용허가가 의제(擬制)되는 인가·허가·승인 등을 포함한다]를 받거나 제35조 또는 제43조에 따른 농지전용신고를 한 자가 그 농지를 소유하는 경우
8. 제34조제2항에 따른 농지전용협의를 마친 농지를 소유하는 경우
9. 「한국농어촌공사 및 농지관리기금법」 제24조제2항에 따른 농지의 개발사업지구에 있는 농지로서 대통령령으로 정하는 1천500제곱미터 미만의 농지나 「농어촌정비법」 제98조제3항에 따른 농지를 취득하여 소유하는 경우

9의2. 제28조에 따른 농업진흥지역 밖의 농지 중 최상단부부터 최하단부까지의 평균경사율이 15퍼센트 이상인 농지로서 대통령령으로 정하는 농지를 소유하는 경우

10. 다음 각 목의 어느 하나에 해당하는 경우

　가. 「한국농어촌공사 및 농지관리기금법」에 따라 한국농어촌공사가 농지를 취득하여 소유하는 경우

　나. 「농어촌정비법」 제16조·제25조·제43조·제82조 또는 제100조에 따라 농지를 취득하여 소유하는 경우

　다. 「공유수면 관리 및 매립에 관한 법률」에 따라 매립농지를 취득하여 소유하는 경우

　라. 토지수용으로 농지를 취득하여 소유하는 경우

　마. 농림축산식품부장관과 협의를 마치고 「공익사업을 위한 토지 등의 취득 및 보상에 관한 법률」에 따라 농지를 취득하여 소유하는 경우

　바. 「공공토지의 비축에 관한 법률」 제2조제1호가목에 해당하는 토지 중 같은 법 제7조제1항에 따른 공공토지비축심의위원회가 비축이 필요하다고 인정하는 토지로서 「국토의 계획 및 이용에 관한 법률」 제36조에 따른 계획관리지역과 자연녹지지역 안의 농지를 한국토지주택공사가 취득하여 소유하는 경우. 이 경우 그 취득한 농지를 전용하기 전까지는 한국농어촌공사에 지체 없이 위탁하여 임대하거나 무상사용하게 하여야 한다.

③ 제23조제1항제2호부터 제6호까지의 규정에 따라 농지를 임대하거나 무상사용하게 하

는 경우에는 제1항에도 불구하고 임대하거나 무상사용하게 하는 기간 동안 농지를 계속 소유할 수 있다. 〈개정 2020. 2. 11.〉

④ 이 법에서 허용된 경우 외에는 농지 소유에 관한 특례를 정할 수 없다.

제6조(농지 소유 제한) ① 농지는 자기의 농업경영에 이용하거나 이용할 자가 아니면 소유하지 못한다.

② 제1항에도 불구하고 다음 각 호의 어느 하나에 해당하는 경우에는 농지를 소유할 수 있다. 다만, 소유 농지는 농업경영에 이용되도록 하여야 한다(제2호 및 제3호는 제외한다). 〈개정 2008. 2. 29., 2008. 12. 29., 2009. 5. 27., 2009. 6. 9., 2012. 1. 17., 2012. 12. 18., 2013. 3. 23., 2016. 5. 29., 2017. 10. 31., 2020. 2. 11., 2021. 4. 13., 2021. 8. 17.〉

1. 국가나 지방자치단체가 농지를 소유하는 경우
2. 「초·중등교육법」 및 「고등교육법」에 따른 학교, 농림축산식품부령으로 정하는 공공단체·농업연구기관·농업생산자단체 또는 종묘나 그 밖의 농업 기자재 생산자가 그 목적사업을 수행하기 위하여 필요한 시험지·연구지·실습지·종묘생산지 또는 과수 인공수분용 꽃가루 생산지로 쓰기 위하여 농림축산식품부령으로 정하는 바에 따라 농지를 취득하여 소유하는 경우
3. 주말·체험영농을 하려고 제28조에 따른 농업진흥지역 외의 농지를 소유하는 경우
4. 상속[상속인에게 한 유증(遺贈)을 포함한다. 이하 같다]으로 농지를 취득하여 소유하는 경우
5. 대통령령으로 정하는 기간 이상 농업경영을 하던 사람이 이농(離農)한 후에도 이농 당시 소유하고 있던 농지를 계속 소유하는 경우
6. 제13조제1항에 따라 담보농지를 취득하여 소유하는 경우(「자산유동화에 관한 법률」 제3조에 따른 유동화전문회사등이 제13조제1항제1호부터 제4호까지에 규정된 저당권자로부터 농지를 취득하는 경우를 포함한다)
7. 제34조제1항에 따른 농지전용허가[다른 법률에 따라 농지전용허가가 의제(擬制)되는 인가·허가·승인 등을 포함한다]를 받거나 제35조 또는 제43조에 따른 농지전용신고를 한 자가 그 농지를 소유하는 경우
8. 제34조제2항에 따른 농지전용협의를 마친 농지를 소유하는 경우
9. 「한국농어촌공사 및 농지관리기금법」 제24조제2항에 따른 농지의 개발사업지구에 있는 농지로서 대통령령으로 정하는 1천500제곱미터 미만의 농지나 「농어촌정비법」 제98조제3항에 따른 농지를 취득하여 소유하는 경우

9의2. 제28조에 따른 농업진흥지역 밖의 농지 중 최상단부부터 최하단부까지의 평균경사율이 15퍼센트 이상인 농지로서 대통령령으로 정하는 농지를 소유하는 경우

10. 다음 각 목의 어느 하나에 해당하는 경우

　　가. 「한국농어촌공사 및 농지관리기금법」에 따라 한국농어촌공사가 농지를 취득하여 소유하는 경우

　　나. 「농어촌정비법」제16조·제25조·제43조·제82조 또는 제100조에 따라 농지를 취득하여 소유하는 경우

　　다. 「공유수면 관리 및 매립에 관한 법률」에 따라 매립농지를 취득하여 소유하는 경우

　　라. 토지수용으로 농지를 취득하여 소유하는 경우

　　마. 농림축산식품부장관과 협의를 마치고 「공익사업을 위한 토지 등의 취득 및 보상에 관한 법률」에 따라 농지를 취득하여 소유하는 경우

　　바. 「공공토지의 비축에 관한 법률」제2조제1호가목에 해당하는 토지 중 같은 법 제7조제1항에 따른 공공토지비축심의위원회가 비축이 필요하다고 인정하는 토지로서 「국토의 계획 및 이용에 관한 법률」제36조에 따른 계획관리지역과 자연녹지지역 안의 농지를 한국토지주택공사가 취득하여 소유하는 경우. 이 경우 그 취득한 농지를 전용하기 전까지는 한국농어촌공사에 지체 없이 위탁하여 임대하거나 무상사용하게 하여야 한다.

③ 제23조제1항제1호부터 제6호까지의 규정에 따라 농지를 임대하거나 무상사용하게 하는 경우에는 제1항 또는 제2항에도 불구하고 임대하거나 무상사용하게 하는 기간 동안 농지를 계속 소유할 수 있다. 〈개정 2020. 2. 11., 2021. 4. 13.〉

④ 이 법에서 허용된 경우 외에는 농지 소유에 관한 특례를 정할 수 없다.

[시행일 : 2021. 10. 14.] 제6조

제7조(농지 소유 상한) ① 상속으로 농지를 취득한 사람으로서 농업경영을 하지 아니하는 사람은 그 상속 농지 중에서 총 1만제곱미터까지만 소유할 수 있다. 〈개정 2020. 2. 11.〉

② 대통령령으로 정하는 기간 이상 농업경영을 한 후 이농한 사람은 이농 당시 소유 농지 중에서 총 1만제곱미터까지만 소유할 수 있다. 〈개정 2020. 2. 11.〉

③ 주말·체험영농을 하려는 사람은 총 1천제곱미터 미만의 농지를 소유할 수 있다. 이 경우 면적 계산은 그 세대원 전부가 소유하는 총 면적으로 한다. 〈개정 2020. 2. 11.〉

④ 제23조제1항제7호에 따라 농지를 임대하거나 무상사용하게 하는 경우에는 제1항 또는 제2항에도 불구하고 임대하거나 무상사용하게 하는 기간 동안 소유 상한을 초과하는 농지를 계속 소유할 수 있다. 〈개정 2020. 2. 11.〉

제7조의2(금지 행위) 누구든지 다음 각 호의 어느 하나에 해당하는 행위를 하여서는 아니 된다.

1. 제6조에 따른 농지 소유 제한이나 제7조에 따른 농지 소유 상한에 대한 위반 사실을 알고도 농지를 소유하도록 권유하거나 중개하는 행위

2. 제9조에 따른 농지의 위탁경영 제한에 대한 위반 사실을 알고도 농지를 위탁경영하도록 권유하거나 중개하는 행위
3. 제23조에 따른 농지의 임대차 또는 사용대차 제한에 대한 위반 사실을 알고도 농지 임대차나 사용대차하도록 권유하거나 중개하는 행위
4. 제1호부터 제3호까지의 행위와 그 행위가 행하여지는 업소에 대한 광고 행위

[본조신설 2021. 8. 17.]

제8조(농지취득자격증명의 발급) ① 농지를 취득하려는 자는 농지 소재지를 관할하는 시장(구를 두지 아니한 시의 시장을 말하며, 도농 복합 형태의 시는 농지 소재지가 동지역인 경우만을 말한다), 구청장(도농 복합 형태의 시의 구에서는 농지 소재지가 동지역인 경우만을 말한다), 읍장 또는 면장(이하 "시·구·읍·면의 장"이라 한다)에게서 농지취득자격증명을 발급받아야 한다. 다만, 다음 각 호의 어느 하나에 해당하면 농지취득자격증명을 발급받지 아니하고 농지를 취득할 수 있다. 〈개정 2009. 5. 27.〉

1. 제6조제2항제1호·제4호·제6호·제8호 또는 제10호(같은 호 바목은 제외한다)에 따라 농지를 취득하는 경우
2. 농업법인의 합병으로 농지를 취득하는 경우
3. 공유 농지의 분할이나 그 밖에 대통령령으로 정하는 원인으로 농지를 취득하는 경우

② 제1항에 따른 농지취득자격증명을 발급받으려는 자는 다음 각 호의 사항이 모두 포함된 농업경영계획서 또는 주말·체험영농계획서를 작성하고 농림축산식품부령으로 정하는 서류를 첨부하여 농지 소재지를 관할하는 시·구·읍·면의 장에게 발급신청을 하여야 한다. 다만, 제6조제2항제2호·제7호·제9호·제9호의2 또는 제10호바목에 따라 농지를 취득하는 자는 농업경영계획서를 작성하지 아니하고 발급신청을 할 수 있다. 〈개정 2009. 5. 27., 2021. 8. 17.〉

1. 취득 대상 농지의 면적(공유로 취득하려는 경우 공유 지분의 비율 및 각자가 취득하려는 농지의 위치도 함께 표시한다)
2. 취득 대상 농지에서 농업경영을 하는 데에 필요한 노동력 및 농업 기계·장비·시설의 확보 방안
3. 소유 농지의 이용 실태(농지 소유자에게만 해당한다)
4. 농지취득자격증명을 발급받으려는 자의 직업·영농경력·영농거리

③ 시·구·읍·면의 장은 농지 투기가 성행하거나 성행할 우려가 있는 지역의 농지를 취득하려는 자 등 농림축산식품부령으로 정하는 자가 농지취득자격증명 발급을 신청한 경우 제44조에 따른 농지위원회의 심의를 거쳐야 한다. 〈신설 2021. 8. 17.〉

④ 시·구·읍·면의 장은 제1항에 따른 농지취득자격증명의 발급 신청을 받은 때에는 그 신청을 받은 날부터 7일(제2항 단서에 따라 농업경영계획서를 작성하지 아니하고 농지

취득자격증명의 발급신청을 할 수 있는 경우에는 4일, 제3항에 따른 농지위원회의 심의 대상의 경우에는 14일) 이내에 신청인에게 농지취득자격증명을 발급하여야 한다. 〈신설 2021. 8. 17.〉

⑤ 제1항 본문과 제2항에 따른 신청 및 발급 절차 등에 필요한 사항은 대통령령으로 정한다. 〈개정 2021. 8. 17.〉

⑥ 제1항 본문과 제2항에 따라 농지취득자격증명을 발급받아 농지를 취득하는 자가 그 소유권에 관한 등기를 신청할 때에는 농지취득자격증명을 첨부하여야 한다. 〈개정 2021. 8. 17.〉

⑦ 농지취득자격증명의 발급에 관한 민원의 처리에 관하여 이 조에서 규정한 사항을 제외하고 「민원 처리에 관한 법률」이 정하는 바에 따른다. 〈신설 2021. 8. 17.〉

[시행일 : 2022. 5. 18.] 제8조제2항, 제8조제4항
[시행일 : 2022. 8. 18.] 제8조제3항

제8조의2(농업경영계획서 등의 보존기간) ① 시·구·읍·면의 장은 제8조제2항에 따라 제출되는 농업경영계획서를 10년간 보존하여야 한다.

② 농업경영계획서 외의 농지취득자격증명 신청서류의 보존기간은 대통령령으로 정한다.

[본조신설 2020. 2. 11.]

제8조의3(농지취득자격증명의 발급제한) ① 시·구·읍·면의 장은 농지취득자격증명을 발급받으려는 자가 제8조제2항에 따라 농업경영계획서 또는 주말·체험영농계획서에 포함하여야 할 사항을 기재하지 아니하거나 첨부하여야 할 서류를 제출하지 아니한 경우 농지취득자격증명을 발급하여서는 아니 된다.

② 시·구·읍·면의 장은 1필지를 공유로 취득하려는 자가 제22조제3항에 따른 시·군·구의 조례로 정한 수를 초과한 경우에는 농지취득자격증명을 발급하지 아니할 수 있다.

③ 시·구·읍·면의 장은 「농어업경영체 육성 및 지원에 관한 법률」제20조의2에 따른 실태조사 등에 따라 영농조합법인 또는 농업회사법인이 같은 법 제20조의3제2항에 따른 해산명령 청구 요건에 해당하는 것으로 인정하는 경우에는 농지취득자격증명을 발급하지 아니할 수 있다.

[본조신설 2021. 8. 17.]

[시행일 : 2022. 5. 18.] 제8조의3제1항, 제8조의3제2항

제9조(농지의 위탁경영) 농지 소유자는 다음 각 호의 어느 하나에 해당하는 경우 외에는 소유 농지를 위탁경영할 수 없다.

1. 「병역법」에 따라 징집 또는 소집된 경우
2. 3개월 이상 국외 여행 중인 경우

3. 농업법인이 청산 중인 경우

4. 질병, 취학, 선거에 따른 공직 취임, 그 밖에 대통령령으로 정하는 사유로 자경할 수 없는 경우

5. 제17조에 따른 농지이용증진사업 시행계획에 따라 위탁경영하는 경우

6. 농업인이 자기 노동력이 부족하여 농작업의 일부를 위탁하는 경우

제10조(농업경영에 이용하지 아니하는 농지 등의 처분) ① 농지 소유자는 다음 각 호의 어느 하나에 해당하게 되면 그 사유가 발생한 날부터 1년 이내에 해당 농지(제6호의 경우에는 농지 소유 상한을 초과하는 면적에 해당하는 농지를 말한다)를 그 사유가 발생한 날 당시 세대를 같이하는 세대원이 아닌 자에게 처분하여야 한다. 〈개정 2009. 5. 27., 2013. 3. 23., 2020. 2. 11., 2021. 8. 17.〉

1. 소유 농지를 자연재해·농지개량·질병 등 대통령령으로 정하는 정당한 사유 없이 자기의 농업경영에 이용하지 아니하거나 이용하지 아니하게 되었다고 시장(구를 두지 아니한 시의 시장을 말한다. 이하 이 조에서 같다)·군수 또는 구청장이 인정한 경우

2. 농지를 소유하고 있는 농업회사법인이 제2조제3호의 요건에 맞지 아니하게 된 후 3개월이 지난 경우

3. 제6조제2항제2호에 따라 농지를 취득한 자가 그 농지를 해당 목적사업에 이용하지 아니하게 되었다고 시장·군수 또는 구청장이 인정한 경우

4. 제6조제2항제3호에 따라 농지를 취득한 자가 자연재해·농지개량·질병 등 대통령령으로 정하는 정당한 사유 없이 그 농지를 주말·체험영농에 이용하지 아니하게 되었다고 시장·군수 또는 구청장이 인정한 경우

5. 제6조제2항제7호에 따라 농지를 취득한 자가 취득한 날부터 2년 이내에 그 목적사업에 착수하지 아니한 경우

5의2. 제6조제2항제10호마목에 따른 농림축산식품부장관과의 협의를 마치지 아니하고 농지를 소유한 경우

5의3. 제6조제2항제10호바목에 따라 소유한 농지를 한국농어촌공사에 지체 없이 위탁하지 아니한 경우

6. 제7조에 따른 농지 소유 상한을 초과하여 농지를 소유한 것이 판명된 경우

7. 자연재해·농지개량·질병 등 대통령령으로 정하는 정당한 사유 없이 제8조제2항에 따른 농업경영계획서 내용을 이행하지 아니하였다고 시장·군수 또는 구청장이 인정한 경우

② 시장·군수 또는 구청장은 제1항에 따라 농지의 처분의무가 생긴 농지의 소유자에게 농림축산식품부령으로 정하는 바에 따라 처분 대상 농지, 처분의무 기간 등을 구체적으로 밝혀 그 농지를 처분하여야 함을 알려야 한다. 〈개정 2008. 2. 29., 2013. 3. 23.〉

제10조(농업경영에 이용하지 아니하는 농지 등의 처분) ①농지 소유자는 다음 각 호의 어느 하나에 해당하게 되면 그 사유가 발생한 날부터 1년 이내에 해당 농지(제6호의 경우에는 농지 소유 상한을 초과하는 면적에 해당하는 농지를 말한다)를 그 사유가 발생한 날 당시 세대를 같이하는 세대원이 아닌 자에게 처분하여야 한다. 〈개정 2009. 5. 27., 2013. 3. 23., 2020. 2. 11., 2021. 8. 17.〉

1. 소유 농지를 자연재해·농지개량·질병 등 대통령령으로 정하는 정당한 사유 없이 자기의 농업경영에 이용하지 아니하거나 이용하지 아니하게 되었다고 시장(구를 두지 아니한 시의 시장을 말한다. 이하 이 조에서 같다)·군수 또는 구청장이 인정한 경우

2. 농지를 소유하고 있는 농업회사법인이 제2조제3호의 요건에 맞지 아니하게 된 후 3개월이 지난 경우

3. 제6조제2항제2호에 따라 농지를 취득한 자가 그 농지를 해당 목적사업에 이용하지 아니하게 되었다고 시장·군수 또는 구청장이 인정한 경우

4. 제6조제2항제3호에 따라 농지를 취득한 자가 자연재해·농지개량·질병 등 대통령령으로 정하는 정당한 사유 없이 그 농지를 주말·체험영농에 이용하지 아니하게 되었다고 시장·군수 또는 구청장이 인정한 경우

4의2. 제6조제2항제4호에 따라 농지를 취득하여 소유한 자가 농지를 제23조제1항제1호에 따라 임대하거나 제23조제1항제6호에 따라 한국농어촌공사에 위탁하여 임대하는 등 대통령령으로 정하는 정당한 사유 없이 자기의 농업경영에 이용하지 아니하거나 이용하지 아니하게 되었다고 시장·군수 또는 구청장이 인정한 경우

4의3. 제6조제2항제5호에 따라 농지를 소유한 자가 농지를 제23조제1항제1호에 따라 임대하거나 제23조제1항제6호에 따라 한국농어촌공사에 위탁하여 임대하는 등 대통령령으로 정하는 정당한 사유 없이 자기의 농업경영에 이용하지 아니하거나, 이용하지 아니하게 되었다고 시장·군수 또는 구청장이 인정한 경우

5. 제6조제2항제7호에 따라 농지를 취득한 자가 취득한 날부터 2년 이내에 그 목적사업에 착수하지 아니한 경우

5의2. 제6조제2항제10호마목에 따른 농림축산식품부장관과의 협의를 마치지 아니하고 농지를 소유한 경우

5의3. 제6조제2항제10호바목에 따라 소유한 농지를 한국농어촌공사에 지체 없이 위탁하지 아니한 경우

6. 제7조에 따른 농지 소유 상한을 초과하여 농지를 소유한 것이 판명된 경우

7. 자연재해·농지개량·질병 등 대통령령으로 정하는 정당한 사유 없이 제8조제2항에 따른 농업경영계획서 내용을 이행하지 아니하였다고 시장·군수 또는 구청장이 인정한 경우

② 시장·군수 또는 구청장은 제1항에 따라 농지의 처분의무가 생긴 농지의 소유자에게 농림축산식품부령으로 정하는 바에 따라 처분 대상 농지, 처분의무 기간 등을 구체적으로

밝혀 그 농지를 처분하여야 함을 알려야 한다. 〈개정 2008. 2. 29., 2013. 3. 23.〉
[시행일 : 2022. 5. 18.] 제10조제1항제4호의2, 제10조제1항제4호의3

제11조(처분명령과 매수 청구) ① 시장(구를 두지 아니한 시의 시장을 말한다)·군수 또는 구청장은 다음 각 호의 어느 하나에 해당하는 농지소유자에게 6개월 이내에 그 농지를 처분할 것을 명할 수 있다. 〈개정 2021. 8. 17.〉

1. 거짓이나 그 밖의 부정한 방법으로 제8조제1항에 따른 농지취득자격증명을 발급받아 농지를 소유한 것으로 시장·군수 또는 구청장이 인정한 경우
2. 제10조에 따른 처분의무 기간에 처분 대상 농지를 처분하지 아니한 경우
3. 농업법인이 「농어업경영체 육성 및 지원에 관한 법률」 제19조의5를 위반하여 부동산업을 영위한 것으로 시장·군수 또는 구청장이 인정한 경우

② 농지 소유자는 제1항에 따른 처분명령을 받으면 「한국농어촌공사 및 농지관리기금법」에 따른 한국농어촌공사에 그 농지의 매수를 청구할 수 있다. 〈개정 2008. 12. 29.〉

③ 한국농어촌공사는 제2항에 따른 매수 청구를 받으면 「부동산 가격공시에 관한 법률」에 따른 공시지가(해당 토지의 공시지가가 없으면 같은 법 제8조에 따라 산정한 개별 토지 가격을 말한다. 이하 같다)를 기준으로 해당 농지를 매수할 수 있다. 이 경우 인근 지역의 실제 거래 가격이 공시지가보다 낮으면 실제 거래 가격을 기준으로 매수할 수 있다. 〈개정 2008. 12. 29., 2016. 1. 19.〉

④ 한국농어촌공사가 제3항에 따라 농지를 매수하는 데에 필요한 자금은 「한국농어촌공사 및 농지관리기금법」 제35조제1항에 따른 농지관리기금에서 융자한다. 〈개정 2008. 12. 29.〉

제12조(처분명령의 유예) ① 시장(구를 두지 아니한 시의 시장을 말한다. 이하 이 조에서 같다)·군수 또는 구청장은 제10조제1항에 따른 처분의무 기간에 처분 대상 농지를 처분하지 아니한 농지 소유자가 다음 각 호의 어느 하나에 해당하면 처분의무 기간이 지난 날부터 3년간 제11조제1항에 따른 처분명령을 직권으로 유예할 수 있다. 〈개정 2008. 12. 29.〉

1. 해당 농지를 자기의 농업경영에 이용하는 경우
2. 한국농어촌공사나 그 밖에 대통령령으로 정하는 자와 해당 농지의 매도위탁계약을 체결한 경우

② 시장·군수 또는 구청장은 제1항에 따라 처분명령을 유예 받은 농지 소유자가 처분명령 유예 기간에 제1항 각 호의 어느 하나에도 해당하지 아니하게 되면 지체 없이 그 유예한 처분명령을 하여야 한다.

③ 농지 소유자가 처분명령을 유예 받은 후 제2항에 따른 처분명령을 받지 아니하고 그 유예 기간이 지난 경우에는 제10조제1항에 따른 처분의무에 대하여 처분명령이 유예된 농지의 그 처분의무만 없어진 것으로 본다.

제13조(담보 농지의 취득) ① 농지의 저당권자로서 다음 각 호의 어느 하나에 해당하는 자는 농지 저당권 실행을 위한 경매기일을 2회 이상 진행하여도 경락인(競落人)이 없으면 그 후의 경매에 참가하여 그 담보 농지를 취득할 수 있다. 〈개정 2008. 12. 29., 2010. 5. 17., 2011. 3. 31., 2011. 5. 19., 2016. 5. 29., 2019. 11. 26.〉

1. 「농업협동조합법」에 따른 지역농업협동조합, 지역축산업협동조합, 품목별·업종별협동조합 및 그 중앙회와 농협은행, 「수산업협동조합법」에 따른 지구별 수산업협동조합, 업종별 수산업협동조합, 수산물가공 수산업협동조합 및 그 중앙회와 수협은행, 「산림조합법」에 따른 지역산림조합, 품목별·업종별산림조합 및 그 중앙회
2. 한국농어촌공사
3. 「은행법」에 따라 설립된 은행이나 그 밖에 대통령령으로 정하는 금융기관
4. 「한국자산관리공사 설립 등에 관한 법률」에 따라 설립된 한국자산관리공사
5. 「자산유동화에 관한 법률」 제3조에 따른 유동화전문회사등
6. 「농업협동조합의 구조개선에 관한 법률」에 따라 설립된 농업협동조합자산관리회사

② 제1항제1호 및 제3호에 따른 농지 저당권자는 제1항에 따라 취득한 농지의 처분을 한국농어촌공사에 위임할 수 있다. 〈개정 2008. 12. 29.〉

제3장 농지의 이용

제1절 농지의 이용 증진 등

제14조(농지이용계획의 수립) ① 시장·군수 또는 자치구구청장(그 관할 구역의 농지가 대통령령으로 정하는 면적 이하인 시의 시장 또는 자치구의 구청장은 제외한다)은 농지를 효율적으로 이용하기 위하여 대통령령으로 정하는 바에 따라 지역 주민의 의견을 들은 후, 「농업·농촌 및 식품산업 기본법」 제15조에 따른 시·군·구 농업·농촌및식품산업정책심의회(이하 "시·군·구 농업·농촌및식품산업정책심의회"라 한다)의 심의를 거쳐 관할 구역의 농지를 종합적으로 이용하기 위한 계획(이하 "농지이용계획"이라 한다)을 수립하여야 한다. 수립한 계획을 변경하려고 할 때에도 또한 같다. 〈개정 2007. 12. 21., 2009. 5. 27., 2013. 3. 23., 2015. 6. 22.〉

② 농지이용계획에는 다음 각 호의 사항이 포함되어야 한다.

1. 농지의 지대(地帶)별·용도별 이용계획
2. 농지를 효율적으로 이용하고 농업경영을 개선하기 위한 경영 규모 확대계획
3. 농지를 농업 외의 용도로 활용하는 계획

③ 시장·군수 또는 자치구구청장은 제1항에 따라 농지이용계획을 수립(변경한 경우를 포함한다. 이하 이 조에서 같다)하면 관할 특별시장·광역시장 또는 도지사(이하 "시·도지

사"라 한다)의 승인을 받아 그 내용을 확정하고 고시하여야 하며, 일반인이 열람할 수 있도록 하여야 한다.

④ 시·도지사, 시장·군수 또는 자치구구청장은 농지이용계획이 확정되면 농지이용계획대로 농지가 적정하게 이용되고 개발되도록 노력하여야 하고, 필요한 투자와 지원을 하여야 한다.

⑤ 농지이용계획 수립에 필요한 사항은 농림축산식품부령으로 정한다. 〈개정 2008. 2. 29., 2013. 3. 23.〉

제15조(농지이용증진사업의 시행) 시장·군수·자치구구청장, 한국농어촌공사, 그 밖에 대통령령으로 정하는 자(이하 "사업시행자"라 한다)는 농지이용계획에 따라 농지 이용을 증진하기 위하여 다음 각 호의 어느 하나에 해당하는 사업(이하 "농지이용증진사업"이라 한다)을 시행할 수 있다. 〈개정 2008.12.29〉

1. 농지의 매매·교환·분합 등에 의한 농지 소유권 이전을 촉진하는 사업
2. 농지의 장기 임대차, 장기 사용대차에 따른 농지 임차권(사용대차에 따른 권리를 포함한다. 이하 같다) 설정을 촉진하는 사업
3. 위탁경영을 촉진하는 사업
4. 농업인이나 농업법인이 농지를 공동으로 이용하거나 집단으로 이용하여 농업경영을 개선하는 농업 경영체 육성사업

제16조(농지이용증진사업의 요건) 농지이용증진사업은 다음 각 호의 모든 요건을 갖추어야 한다.

1. 농업경영을 목적으로 농지를 이용할 것
2. 농지 임차권 설정, 농지 소유권 이전, 농업경영의 수탁·위탁이 농업인 또는 농업법인의 경영규모를 확대하거나 농지이용을 집단화하는 데에 기여할 것
3. 기계화·시설자동화 등으로 농산물 생산 비용과 유통 비용을 포함한 농업경영 비용을 절감하는 등 농업경영 효율화에 기여할 것

제17조(농지이용증진사업 시행계획의 수립) ① 시장·군수 또는 자치구구청장이 농지이용증진사업을 시행하려고 할 때에는 농림축산식품부령으로 정하는 바에 따라 농지이용증진사업 시행계획을 수립하여 시·군·구 농업·농촌및식품산업정책심의회의 심의를 거쳐 확정하여야 한다. 수립한 계획을 변경하려고 할 때에도 또한 같다. 〈개정 2007. 12. 21., 2008. 2. 29., 2009. 5. 27., 2013. 3. 23.〉

② 시장·군수 또는 자치구구청장 외의 사업시행자가 농지이용증진사업을 시행하려고 할 때에는 농림축산식품부령으로 정하는 바에 따라 농지이용증진사업 시행계획을 수립하여 시장·군수 또는 자치구구청장에게 제출하여야 한다. 〈개정 2008. 2. 29., 2013. 3. 23.〉

③ 시장·군수 또는 자치구구청장은 제2항에 따라 제출받은 농지이용증진사업 시행계획이 보완될 필요가 있다고 인정하면 그 사유와 기간을 구체적으로 밝혀 사업시행자에게 그 계획을 보완하도록 요구할 수 있다.

④ 농지이용증진사업 시행계획에는 다음 각 호의 사항이 포함되어야 한다. 〈개정 2008. 2. 29., 2013. 3. 23.〉

1. 농지이용증진사업의 시행 구역
2. 농지 소유권이나 임차권을 가진 자, 임차권을 설정받을 자, 소유권을 이전받을 자 또는 농업경영을 위탁하거나 수탁할 자에 관한 사항
3. 임차권이 설정되는 농지, 소유권이 이전되는 농지 또는 농업경영을 위탁하거나 수탁하는 농지에 관한 사항
4. 설정하는 임차권의 내용, 농업경영 수탁·위탁의 내용 등에 관한 사항
5. 소유권 이전 시기, 이전 대가, 이전 대가 지불 방법, 그 밖에 농림축산식품부령으로 정하는 사항

제17조(농지이용증진사업 시행계획의 수립) ① 시장·군수 또는 자치구구청장이 농지이용증진사업을 시행하려고 할 때에는 농림축산식품부령으로 정하는 바에 따라 농지이용증진사업 시행계획을 수립하여 시·군·구 농업·농촌및식품산업정책심의회의 심의를 거쳐 확정하여야 한다. 수립한 계획을 변경하려고 할 때에도 또한 같다. 〈개정 2007. 12. 21., 2008. 2. 29., 2009. 5. 27., 2013. 3. 23.〉

② 시장·군수 또는 자치구구청장 외의 사업시행자가 농지이용증진사업을 시행하려고 할 때에는 농림축산식품부령으로 정하는 바에 따라 농지이용증진사업 시행계획을 수립하여 시장·군수 또는 자치구구청장에게 제출하여야 한다. 〈개정 2008. 2. 29., 2013. 3. 23.〉

③ 시장·군수 또는 자치구구청장은 제2항에 따라 제출받은 농지이용증진사업 시행계획이 보완될 필요가 있다고 인정하면 그 사유와 기간을 구체적으로 밝혀 사업시행자에게 그 계획을 보완하도록 요구할 수 있다.

④ 농지이용증진사업 시행계획에는 다음 각 호의 사항이 포함되어야 한다. 〈개정 2008. 2. 29., 2013. 3. 23., 2021. 4. 13.〉

1. 농지이용증진사업의 시행 구역
2. 농지 소유권이나 임차권을 가진 자, 임차권을 설정받을 자, 소유권을 이전받을 자 또는 농업경영을 위탁하거나 수탁할 자에 관한 사항
3. 임차권이 설정되는 농지, 소유권이 이전되는 농지 또는 농업경영을 위탁하거나 수탁하는 농지에 관한 사항
4. 설정하는 임차권의 내용, 농업경영 수탁·위탁의 내용 등에 관한 사항

5. 소유권 이전 시기, 이전 대가, 이전 대가 지급 방법, 그 밖에 농림축산식품부령으로 정하는 사항

[시행일 : 2021. 10. 14.] 제17조

제18조(농지이용증진사업 시행계획의 고시와 효력) ① 시장·군수 또는 자치구구청장이 제17조제1항에 따라 농지이용증진사업 시행계획을 확정하거나 같은 조 제2항에 따라 그 계획을 제출받은 경우(같은 조 제3항에 따라 보완을 요구한 경우에는 그 보완이 끝난 때)에는 농림축산식품부령으로 정하는 바에 따라 지체 없이 이를 고시하고 관계인에게 열람하게 하여야 한다. 〈개정 2008. 2. 29., 2013. 3. 23.〉

② 사업시행자는 제1항에 따라 농지이용증진사업 시행계획이 고시되면 대통령령으로 정하는 바에 따라 농지이용증진사업 시행계획에 포함된 제17조제4항제2호에 규정된 자의 동의를 얻어 해당 농지에 관한 등기를 촉탁하여야 한다.

③ 사업시행자가 제2항에 따라 등기를 촉탁하는 경우에는 제17조제1항에 따른 농지이용증진사업 시행계획을 확정한 문서 또는 제1항에 따른 농지이용증진사업 시행계획이 고시된 문서와 제2항에 따른 동의서를 「부동산등기법」에 따른 등기원인을 증명하는 서면으로 본다. 〈개정 2011. 4. 12.〉

④ 농지이용증진사업 시행계획에 따른 등기의 촉탁에 대하여는 「부동산등기 특별조치법」 제3조를 적용하지 아니한다.

제19조(농지이용증진사업에 대한 지원) 국가와 지방자치단체는 농지이용증진사업을 원활히 실시하기 위하여 필요한 지도와 주선을 하며, 예산의 범위에서 사업에 드는 자금의 일부를 지원할 수 있다.

제20조(대리경작자의 지정 등) ① 시장(구를 두지 아니한 시의 시장을 말한다. 이하 이 조에서 같다)·군수 또는 구청장은 유휴농지(농작물 경작이나 다년생식물 재배에 이용되지 아니하는 농지로서 대통령령으로 정하는 농지를 말한다. 이하 같다)에 대하여 대통령령으로 정하는 바에 따라 그 농지의 소유권자나 임차권자를 대신하여 농작물을 경작할 자(이하 "대리경작자"라 한다)를 직권으로 지정하거나 농림축산식품부령으로 정하는 바에 따라 유휴농지를 경작하려는 자의 신청을 받아 대리경작자를 지정할 수 있다. 〈개정 2012. 1. 17., 2013. 3. 23.〉

② 시장·군수 또는 구청장은 제1항에 따라 대리경작자를 지정하려면 농림축산식품부령으로 정하는 바에 따라 그 농지의 소유권자 또는 임차권자에게 예고하여야 하며, 대리경작자를 지정하면 그 농지의 대리경작자와 소유권자 또는 임차권자에게 지정통지서를 보내야 한다. 〈개정 2008. 2. 29., 2013. 3. 23.〉

③ 대리경작 기간은 따로 정하지 아니하면 3년으로 한다. 〈개정 2012. 1. 17.〉

④ 대리경작자는 수확량의 100분의 10을 농림축산식품부령으로 정하는 바에 따라 그 농지의 소유권자나 임차권자에게 토지사용료로 지급하여야 한다. 이 경우 수령을 거부하거나 지급이 곤란한 경우에는 토지사용료를 공탁할 수 있다. 〈개정 2008. 2. 29., 2013. 3. 23.〉

⑤ 대리경작 농지의 소유권자 또는 임차권자가 그 농지를 스스로 경작하려면 제3항의 대리경작 기간이 끝나기 3개월 전까지, 그 대리경작 기간이 끝난 후에는 대리경작자 지정을 중지할 것을 농림축산식품부령으로 정하는 바에 따라 시장·군수 또는 구청장에게 신청하여야 하며, 신청을 받은 시장·군수 또는 구청장은 신청을 받은 날부터 1개월 이내에 대리경작자 지정 중지를 그 대리경작자와 그 농지의 소유권자 또는 임차권자에게 알려야 한다. 〈개정 2008. 2. 29., 2013. 3. 23.〉

⑥ 시장·군수 또는 구청장은 다음 각 호의 어느 하나에 해당하면 대리경작 기간이 끝나기 전이라도 대리경작자 지정을 해지할 수 있다.

1. 대리경작 농지의 소유권자나 임차권자가 정당한 사유를 밝히고 지정 해지신청을 하는 경우
2. 대리경작자가 경작을 게을리하는 경우
3. 그 밖에 대통령령으로 정하는 사유가 있는 경우

제21조(토양의 개량·보전) ① 국가와 지방자치단체는 농업인이나 농업법인이 환경보전적인 농업경영을 지속적으로 할 수 있도록 토양의 개량·보전에 관한 사업을 시행하여야 하고 토양의 개량·보전에 관한 시험·연구·조사 등에 관한 시책을 마련하여야 한다.

② 국가는 제1항의 목적을 달성하기 위하여 토양을 개량·보전하는 사업 등을 시행하는 지방자치단체, 농림축산식품부령으로 정하는 농업생산자단체, 농업인 또는 농업법인에 대하여 예산의 범위에서 필요한 자금의 일부를 지원할 수 있다. 〈개정 2008. 2. 29., 2013. 3. 23.〉

제22조(농지 소유의 세분화 방지) ① 국가와 지방자치단체는 농업인이나 농업법인의 농지 소유가 세분화되는 것을 막기 위하여 농지를 어느 한 농업인 또는 하나의 농업법인이 일괄적으로 상속·증여 또는 양도받도록 필요한 지원을 할 수 있다.

② 「농어촌정비법」에 따른 농업생산기반정비사업이 시행된 농지는 다음 각 호의 어느 하나에 해당하는 경우 외에는 분할할 수 없다. 〈개정 2009. 5. 27., 2011. 4. 14.〉

1. 「국토의 계획 및 이용에 관한 법률」에 따른 도시지역의 주거지역·상업지역·공업지역 또는 도시·군계획시설부지에 포함되어 있는 농지를 분할하는 경우
2. 제34조제1항에 따라 농지전용허가(다른 법률에 따라 농지전용허가가 의제되는 인가·허가·승인 등을 포함한다)를 받거나 제35조나 제43조에 따른 농지전용신고를 하고 전용한 농지를 분할하는 경우
3. 분할 후의 각 필지의 면적이 2천제곱미터를 넘도록 분할하는 경우

4. 농지의 개량, 농지의 교환·분합 등 대통령령으로 정하는 사유로 분할하는 경우

제22조(농지 소유의 세분화 방지) ① 국가와 지방자치단체는 농업인이나 농업법인의 농지 소유가 세분화되는 것을 막기 위하여 농지를 어느 한 농업인 또는 하나의 농업법인이 일괄적으로 상속·증여 또는 양도받도록 필요한 지원을 할 수 있다.

② 「농어촌정비법」에 따른 농업생산기반정비사업이 시행된 농지는 다음 각 호의 어느 하나에 해당하는 경우 외에는 분할할 수 없다. 〈개정 2009. 5. 27., 2011. 4. 14.〉

1. 「국토의 계획 및 이용에 관한 법률」에 따른 도시지역의 주거지역·상업지역·공업지역 또는 도시·군계획시설부지에 포함되어 있는 농지를 분할하는 경우
2. 제34조제1항에 따라 농지전용허가(다른 법률에 따라 농지전용허가가 의제되는 인가·허가·승인 등을 포함한다)를 받거나 제35조나 제43조에 따른 농지전용신고를 하고 전용한 농지를 분할하는 경우
3. 분할 후의 각 필지의 면적이 2천제곱미터를 넘도록 분할하는 경우
4. 농지의 개량, 농지의 교환·분합 등 대통령령으로 정하는 사유로 분할하는 경우

③ 시장·군수 또는 구청장은 농지를 효율적으로 이용하고 농업생산성을 높이기 위하여 통상적인 영농 관행 등을 감안하여 농지 1필지를 공유로 소유(제6조제2항제4호의 경우는 제외한다)하려는 자의 최대인원수를 7인 이하의 범위에서 시·군·구의 조례로 정하는 바에 따라 제한할 수 있다. 〈신설 2021. 8. 17.〉

[시행일 : 2022. 5. 18.] 제22조제3항

제2절 농지의 임대차 등

제23조(농지의 임대차 또는 사용대차) ① 다음 각 호의 어느 하나에 해당하는 경우 외에는 농지를 임대하거나 무상사용하게 할 수 없다. 〈개정 2008. 12. 29., 2009. 5. 27., 2015. 1. 20., 2015. 7. 20., 2020. 2. 11.〉

1. 제6조제2항제1호·제4호부터 제9호까지·제9호의2 및 제10호의 규정에 해당하는 농지를 임대하거나 무상사용하게 하는 경우
2. 제17조에 따른 농지이용증진사업 시행계획에 따라 농지를 임대하거나 무상사용하게 하는 경우
3. 질병, 징집, 취학, 선거에 따른 공직취임, 그 밖에 대통령령으로 정하는 부득이한 사유로 인하여 일시적으로 농업경영에 종사하지 아니하게 된 자가 소유하고 있는 농지를 임대하거나 무상사용하게 하는 경우
4. 60세 이상인 사람으로서 대통령령으로 정하는 사람이 소유하고 있는 농지 중에서 자기의 농업경영에 이용한 기간이 5년이 넘은 농지를 임대하거나 무상사용하게 하는 경우

5. 제6조제1항에 따라 소유하고 있는 농지를 주말·체험영농을 하려는 자에게 임대하거나 무상사용하게 하는 경우, 또는 주말·체험영농을 하려는 자에게 임대하는 것을 업(業)으로 하는 자에게 임대하거나 무상사용하게 하는 경우

6. 제6조제1항에 따라 개인이 소유하고 있는 농지를 한국농어촌공사나 그 밖에 대통령령으로 정하는 자에게 위탁하여 임대하거나 무상사용하게 하는 경우

7. 다음 각 목의 어느 하나에 해당하는 농지를 한국농어촌공사나 그 밖에 대통령령으로 정하는 자에게 위탁하여 임대하거나 무상사용하게 하는 경우

    가. 상속으로 농지를 취득한 사람으로서 농업경영을 하지 아니하는 사람이 제7조제1항에서 규정한 소유 상한을 초과하여 소유하고 있는 농지

    나. 대통령령으로 정하는 기간 이상 농업경영을 한 후 이농한 사람이 제7조제2항에서 규정한 소유 상한을 초과하여 소유하고 있는 농지

8. 자경 농지를 농림축산식품부장관이 정하는 이모작을 위하여 8개월 이내로 임대하거나 무상사용하게 하는 경우

9. 대통령령으로 정하는 농지 규모화, 농작물 수급 안정 등을 목적으로 한 사업을 추진하기 위하여 필요한 자경 농지를 임대하거나 무상사용하게 하는 경우

② 제1항에도 불구하고 농지를 임차하거나 사용대차한 임차인 또는 사용대차인이 그 농지를 정당한 사유 없이 농업경영에 사용하지 아니할 때에는 시장·군수·구청장이 농림축산식품부령으로 정하는 바에 따라 임대차 또는 사용대차의 종료를 명할 수 있다. 〈신설 2015. 7. 20.〉

제24조(임대차·사용대차 계약 방법과 확인) ① 임대차계약(농업경영을 하려는 자에게 임대하는 경우만 해당한다. 이하 이 절에서 같다)과 사용대차계약(농업경영을 하려는 자에게 무상사용하게 하는 경우만 해당한다)은 서면계약을 원칙으로 한다. 〈개정 2020. 2. 11.〉

② 제1항에 따른 임대차계약은 그 등기가 없는 경우에도 임차인이 농지소재지를 관할하는 시·구·읍·면의 장의 확인을 받고, 해당 농지를 인도(引渡)받은 경우에는 그 다음 날부터 제삼자에 대하여 효력이 생긴다.

③ 시·구·읍·면의 장은 농지임대차계약 확인대장을 갖추어 두고, 임대차계약증서를 소지한 임대인 또는 임차인의 확인 신청이 있는 때에는 농림축산식품부령으로 정하는 바에 따라 임대차계약을 확인한 후 대장에 그 내용을 기록하여야 한다. 〈개정 2013. 3. 23.〉

[전문개정 2012. 1. 17.]

제24조의2(임대차 기간) ① 제23조제1항 각 호(제8호는 제외한다)의 임대차 기간은 3년 이상으로 하여야 한다. 다만, 다년생식물 재배지 등 대통령령으로 정하는 농지의 경우에는 5년 이상으로 하여야 한다. 〈개정 2015. 1. 20., 2015. 7. 20., 2020. 2. 11.〉

② 임대차 기간을 정하지 아니하거나 제1항에 따른 기간 미만으로 정한 경우에는 제1항에 따른 기간으로 약정된 것으로 본다. 다만, 임차인은 제1항에 따른 기간 미만으로 정한 임대차 기간이 유효함을 주장할 수 있다. 〈개정 2020. 2. 11.〉

③ 임대인은 제1항 및 제2항에도 불구하고 질병, 징집 등 대통령령으로 정하는 불가피한 사유가 있는 경우에는 임대차 기간을 제1항에 따른 기간 미만으로 정할 수 있다. 〈개정 2020. 2. 11.〉

④ 제1항부터 제3항까지의 규정에 따른 임대차 기간은 임대차계약을 연장 또는 갱신하거나 재계약을 체결하는 경우에도 동일하게 적용한다. 〈개정 2020. 2. 11.〉

[본조신설 2012. 1. 17.]

제24조의3(임대차계약에 관한 조정 등) ① 임대차계약의 당사자는 임대차 기간, 임차료 등 임대차계약에 관하여 서로 협의가 이루어지지 아니한 경우에는 농지소재지를 관할하는 시장·군수 또는 자치구구청장에게 조정을 신청할 수 있다.

② 시장·군수 또는 자치구구청장은 제1항에 따라 조정의 신청이 있으면 지체 없이 농지임대차조정위원회를 구성하여 조정절차를 개시하여야 한다.

③ 제2항에 따른 농지임대차조정위원회에서 작성한 조정안을 임대차계약 당사자가 수락한 때에는 이를 해당 임대차의 당사자 간에 체결된 계약의 내용으로 본다.

④ 제2항에 따른 농지임대차조정위원회는 위원장 1명을 포함한 3명의 위원으로 구성하며, 위원장은 부시장·부군수 또는 자치구의 부구청장이 되고, 위원은「농업·농촌 및 식품산업 기본법」제15조에 따른 시·군·구 농업·농촌및식품산업정책심의회의 위원으로서 조정의 이해당사자와 관련이 없는 사람 중에서 시장·군수 또는 자치구구청장이 위촉한다. 〈개정 2013. 3. 23., 2015. 6. 22.〉

⑤ 제2항에 따른 농지임대차조정위원회의 구성·운영 등에 필요한 사항은 대통령령으로 정한다.

[본조신설 2012. 1. 17.]

제25조(묵시의 갱신) 임대인이 임대차 기간이 끝나기 3개월 전까지 임차인에게 임대차계약을 갱신하지 아니한다는 뜻이나 임대차계약 조건을 변경한다는 뜻을 통지하지 아니하면 그 임대차 기간이 끝난 때에 이전의 임대차계약과 같은 조건으로 다시 임대차계약을 한 것으로 본다. 〈개정 2012. 1. 17.〉

[제목개정 2012. 1. 17.]

제26조(임대인의 지위 승계) 임대 농지의 양수인(讓受人)은 이 법에 따른 임대인의 지위를 승계한 것으로 본다.

제26조의2(강행규정) 이 법에 위반된 약정으로서 임차인에게 불리한 것은 그 효력이 없다.

[본조신설 2012. 1. 17.]

제27조(국유농지와 공유농지의 임대차 특례) 「국유재산법」과 「공유재산 및 물품 관리법」에 따른 국유재산과 공유재산인 농지에 대하여는 제24조, 제24조의2, 제24조의3, 제25조, 제26조 및 제26조의2를 적용하지 아니한다. 〈개정 2012. 1. 17.〉

제4장 농지의 보전 등

제1절 농업진흥지역의 지정과 운용

제28조(농업진흥지역의 지정) ① 시·도지사는 농지를 효율적으로 이용하고 보전하기 위하여 농업진흥지역을 지정한다.

② 제1항에 따른 농업진흥지역은 다음 각 호의 용도구역으로 구분하여 지정할 수 있다. 〈개정 2008. 2. 29., 2013. 3. 23.〉

1. 농업진흥구역: 농업의 진흥을 도모하여야 하는 다음 각 목의 어느 하나에 해당하는 지역으로서 농림축산식품부장관이 정하는 규모로 농지가 집단화되어 농업 목적으로 이용할 필요가 있는 지역

   가. 농지조성사업 또는 농업기반정비사업이 시행되었거나 시행 중인 지역으로서 농업용으로 이용하고 있거나 이용할 토지가 집단화되어 있는 지역

   나. 가목에 해당하는 지역 외의 지역으로서 농업용으로 이용하고 있는 토지가 집단화되어 있는 지역

2. 농업보호구역: 농업진흥구역의 용수원 확보, 수질 보전 등 농업 환경을 보호하기 위하여 필요한 지역

제29조(농업진흥지역의 지정 대상) 제28조에 따른 농업진흥지역 지정은 「국토의 계획 및 이용에 관한 법률」에 따른 녹지지역·관리지역·농림지역 및 자연환경보전지역을 대상으로 한다. 다만, 특별시의 녹지지역은 제외한다.

제30조(농업진흥지역의 지정 절차) ① 시·도지사는 「농업·농촌 및 식품산업 기본법」 제15조에 따른 시·도 농업·농촌및식품산업정책심의회(이하 "시·도 농업·농촌및식품산업정책심의회"라 한다)의 심의를 거쳐 농림축산식품부장관의 승인을 받아 농업진흥지역을 지정한다. 〈개정 2007. 12. 21., 2008. 2. 29., 2009. 5. 27., 2013. 3. 23., 2015. 6. 22.〉

② 시·도지사는 제1항에 따라 농업진흥지역을 지정하면 지체 없이 이 사실을 고시하고 관계 기관에 통보하여야 하며, 시장·군수 또는 자치구구청장으로 하여금 일반인에게 열람하게 하여야 한다.

③ 농림축산식품부장관은 「국토의 계획 및 이용에 관한 법률」에 따른 녹지지역이나 계획관리지역이 농업진흥지역에 포함되면 제1항에 따른 농업진흥지역 지정을 승인하기 전에 국토교통부장관과 협의하여야 한다. 〈개정 2008. 2. 29., 2013. 3. 23.〉

④ 농업진흥지역의 지정 절차나 그 밖에 지정에 필요한 사항은 대통령령으로 정한다.

제31조(농업진흥지역 등의 변경과 해제) ① 시·도지사는 대통령령으로 정하는 사유가 있으면 농업진흥지역 또는 용도구역을 변경하거나 해제할 수 있다. 다만, 그 사유가 없어진 경우에는 원래의 농업진흥지역 또는 용도구역으로 환원하여야 한다. 〈개정 2018. 12. 24.〉

② 제1항에 따른 농업진흥지역 또는 용도구역의 변경 절차, 해제 절차 또는 환원 절차 등에 관하여는 제30조를 준용한다. 다만, 제1항 단서에 따라 원래의 농업진흥지역 또는 용도구역으로 환원하거나 농업보호구역을 농업진흥구역으로 변경하는 경우 등 대통령령으로 정하는 사항의 변경은 대통령령으로 정하는 바에 따라 시·도 농업·농촌및식품산업정책심의회의 심의나 농림축산식품부장관의 승인 없이 할 수 있다. 〈개정 2007. 12. 21., 2008. 2. 29., 2009. 5. 27., 2013. 3. 23., 2018. 12. 24.〉

제31조의2(주민의견청취) 시·도지사는 제30조 및 제31조에 따라 농업진흥지역을 지정·변경 및 해제하려는 때에는 대통령령으로 정하는 바에 따라 미리 해당 토지의 소유자에게 그 내용을 개별통지하고 해당 지역주민의 의견을 청취하여야 한다. 다만, 다음 각 호의 어느 하나에 해당하는 경우에는 그러하지 아니하다.

1. 다른 법률에 따라 토지소유자에게 개별 통지한 경우
2. 통지를 받을 자를 알 수 없거나 그 주소·거소, 그 밖에 통지할 장소를 알 수 없는 경우

[본조신설 2012. 1. 17.]

제31조의3(실태조사) ① 농림축산식품부장관은 효율적인 농업진흥지역 관리를 위하여 매년 농업진흥지역에 대한 실태조사를 하여야 한다.

② 농림축산식품부장관이 제1항에 따른 실태조사 결과 제31조제1항에 따른 농업진흥지역 등의 변경 및 해제 사유가 발생했다고 인정하는 경우 시·도지사는 해당 농업진흥지역 또는 용도구역을 변경하거나 해제할 수 있다.

③ 그 밖에 제1항에 따른 실태조사의 범위와 방법 등에 필요한 사항은 대통령령으로 정한다.

[본조신설 2018. 12. 24.]

제31조의3(실태조사) ① 농림축산식품부장관은 효율적인 농지 관리를 위하여 매년 다음 각 호의 조사를 하여야 한다. 〈개정 2021. 8. 17.〉

1. 제20조제1항에 따른 유휴농지 조사
2. 제28조에 따른 농업진흥지역의 실태조사
3. 제54조의2제3항에 따른 정보시스템에 등록된 농지의 현황에 대한 조사
4. 그 밖의 농림축산식품부령으로 정하는 사항에 대한 조사

② 농림축산식품부장관이 제1항제2호에 따른 농업진흥지역 실태조사 결과 제31조제1항에 따른 농업진흥지역 등의 변경 및 해제 사유가 발생했다고 인정하는 경우 시·도지사는 해당 농업진흥지역 또는 용도구역을 변경하거나 해제할 수 있다. 〈개정 2021. 8. 17.〉

③ 그 밖에 제1항에 따른 실태조사의 범위와 방법 등에 필요한 사항은 대통령령으로 정한다.
[본조신설 2018. 12. 24.]
[시행일 : 2022. 5. 18.] 제31조의3

제32조(용도구역에서의 행위 제한) ① 농업진흥구역에서는 농업 생산 또는 농지 개량과 직접적으로 관련된 행위로서 대통령령으로 정하는 행위 외의 토지이용행위를 할 수 없다. 다만, 다음 각 호의 토지이용행위는 그러하지 아니하다. 〈개정 2009. 5. 27., 2012. 1. 17., 2018. 12. 24., 2020. 2. 11.〉

1. 대통령령으로 정하는 농수산물(농산물·임산물·축산물·수산물을 말한다. 이하 같다)의 가공·처리 시설의 설치 및 농수산업(농업·임업·축산업·수산업을 말한다. 이하 같다) 관련 시험·연구 시설의 설치
2. 어린이놀이터, 마을회관, 그 밖에 대통령령으로 정하는 농업인의 공동생활에 필요한 편의 시설 및 이용 시설의 설치
3. 대통령령으로 정하는 농업인 주택, 어업인 주택, 농업용 시설, 축산업용 시설 또는 어업용 시설의 설치
4. 국방·군사 시설의 설치
5. 하천, 제방, 그 밖에 이에 준하는 국토 보존 시설의 설치
6. 문화재의 보수·복원·이전, 매장 문화재의 발굴, 비석이나 기념탑, 그 밖에 이와 비슷한 공작물의 설치
7. 도로, 철도, 그 밖에 대통령령으로 정하는 공공시설의 설치
8. 지하자원 개발을 위한 탐사 또는 지하광물 채광(採鑛)과 광석의 선별 및 적치(積置)를 위한 장소로 사용하는 행위
9. 농어촌 소득원 개발 등 농어촌 발전에 필요한 시설로서 대통령령으로 정하는 시설의 설치

② 농업보호구역에서는 다음 각 호 외의 토지이용행위를 할 수 없다. 〈개정 2020. 2. 11.〉

1. 제1항에 따라 허용되는 토지이용행위
2. 농업인 소득 증대에 필요한 시설로서 대통령령으로 정하는 건축물·공작물, 그 밖의 시설의 설치
3. 농업인의 생활 여건을 개선하기 위하여 필요한 시설로서 대통령령으로 정하는 건축물·공작물, 그 밖의 시설의 설치

③ 농업진흥지역 지정 당시 관계 법령에 따라 인가·허가 또는 승인 등을 받거나 신고하고 설치한 기존의 건축물·공작물과 그 밖의 시설에 대하여는 제1항과 제2항의 행위 제한 규정을 적용하지 아니한다.

④ 농업진흥지역 지정 당시 관계 법령에 따라 다음 각 호의 행위에 대하여 인가·허가·승인 등을 받거나 신고하고 공사 또는 사업을 시행 중인 자(관계 법령에 따라 인가·허가·승

인 등을 받거나 신고할 필요가 없는 경우에는 시행 중인 공사 또는 사업에 착수한 자를 말한다)는 그 공사 또는 사업에 대하여만 제1항과 제2항의 행위 제한 규정을 적용하지 아니한다.

1. 건축물의 건축
2. 공작물이나 그 밖의 시설의 설치
3. 토지의 형질변경
4. 그 밖에 제1호부터 제3호까지의 행위에 준하는 행위

제33조(농업진흥지역에 대한 개발투자 확대 및 우선 지원) ① 국가와 지방자치단체는 농업진흥지역에 대하여 대통령령으로 정하는 바에 따라 농지 및 농업시설의 개량·정비, 농어촌도로·농산물유통시설의 확충, 그 밖에 농업 발전을 위한 사업에 우선적으로 투자하여야 한다.

② 국가와 지방자치단체는 농업진흥지역의 농지에 농작물을 경작하거나 다년생식물을 재배하는 농업인 또는 농업법인에게 자금 지원이나 「조세특례제한법」에 따른 조세 경감 등 필요한 지원을 우선 실시하여야 한다.

제33조의2(농업진흥지역의 농지매수 청구) ① 농업진흥지역의 농지를 소유하고 있는 농업인 또는 농업법인은 「한국농어촌공사 및 농지관리기금법」에 따른 한국농어촌공사(이하 "한국농어촌공사"라 한다)에 그 농지의 매수를 청구할 수 있다.

② 한국농어촌공사는 제1항에 따른 매수 청구를 받으면 「감정평가 및 감정평가사에 관한 법률」에 따른 감정평가법인등이 평가한 금액을 기준으로 해당 농지를 매수할 수 있다. 〈개정 2016. 1. 19., 2020. 4. 7.〉

③ 한국농어촌공사가 제2항에 따라 농지를 매수하는 데에 필요한 자금은 농지관리기금에서 융자한다.

[본조신설 2012. 1. 17.]

제2절 농지의 전용

제34조(농지의 전용허가·협의) ① 농지를 전용하려는 자는 다음 각 호의 어느 하나에 해당하는 경우 외에는 대통령령으로 정하는 바에 따라 농림축산식품부장관의 허가를 받아야 한다. 허가받은 농지의 면적 또는 경계 등 대통령령으로 정하는 중요 사항을 변경하려는 경우에도 또한 같다. 〈개정 2008. 2. 29., 2009. 5. 27., 2013. 3. 23.〉

1. 다른 법률에 따라 농지전용허가가 의제되는 협의를 거쳐 농지를 전용하는 경우
2. 「국토의 계획 및 이용에 관한 법률」에 따른 도시지역 또는 계획관리지역에 있는 농지로서 제2항에 따른 협의를 거친 농지나 제2항제1호 단서에 따라 협의 대상에서 제외되는 농지를 전용하는 경우
3. 제35조에 따라 농지전용신고를 하고 농지를 전용하는 경우

4. 「산지관리법」제14조에 따른 산지전용허가를 받지 아니하거나 같은 법 제15조에 따른 산지전용신고를 하지 아니하고 불법으로 개간한 농지를 산림으로 복구하는 경우

5. 「하천법」에 따라 하천관리청의 허가를 받고 농지의 형질을 변경하거나 공작물을 설치하기 위하여 농지를 전용하는 경우

② 주무부장관이나 지방자치단체의 장은 다음 각 호의 어느 하나에 해당하면 대통령령으로 정하는 바에 따라 농림축산식품부장관과 미리 농지전용에 관한 협의를 하여야 한다. 〈개정 2008. 2. 29., 2009. 5. 27., 2011. 4. 14., 2013. 3. 23.〉

1. 「국토의 계획 및 이용에 관한 법률」에 따른 도시지역에 주거지역·상업지역 또는 공업지역을 지정하거나 도시·군계획시설을 결정할 때에 해당 지역 예정지 또는 시설 예정지에 농지가 포함되어 있는 경우. 다만, 이미 지정된 주거지역·상업지역·공업지역을 다른 지역으로 변경하거나 이미 지정된 주거지역·상업지역·공업지역에 도시·군계획시설을 결정하는 경우는 제외한다.

1의2. 「국토의 계획 및 이용에 관한 법률」에 따른 계획관리지역에 지구단위계획구역을 지정할 때에 해당 구역 예정지에 농지가 포함되어 있는 경우

2. 「국토의 계획 및 이용에 관한 법률」에 따른 도시지역의 녹지지역 및 개발제한구역의 농지에 대하여 같은 법 제56조에 따라 개발행위를 허가하거나 「개발제한구역의 지정 및 관리에 관한 특별조치법」 제12조제1항 각 호 외의 부분 단서에 따라 토지의 형질변경허가를 하는 경우

제35조(농지전용신고) ① 농지를 다음 각 호의 어느 하나에 해당하는 시설의 부지로 전용하려는 자는 대통령령으로 정하는 바에 따라 시장·군수 또는 자치구구청장에게 신고하여야 한다. 신고한 사항을 변경하려는 경우에도 또한 같다. 〈개정 2009. 5. 27., 2012. 1. 17.〉

1. 농업인 주택, 어업인 주택, 농축산업용 시설(제2조제1호나목에 따른 개량시설과 농축산물 생산시설은 제외한다), 농수산물 유통·가공 시설

2. 어린이놀이터·마을회관 등 농업인의 공동생활 편의 시설

3. 농수산 관련 연구 시설과 양어장·양식장 등 어업용 시설

② 시장·군수 또는 자치구구청장은 제1항에 따른 신고를 받은 경우 그 내용을 검토하여 이 법에 적합하면 신고를 수리하여야 한다. 〈신설 2020. 2. 11.〉

③ 제1항에 따른 신고 대상 시설의 범위와 규모, 농업진흥지역에서의 설치 제한, 설치자의 범위 등에 관한 사항은 대통령령으로 정한다. 〈개정 2020. 2. 11.〉

제36조(농지의 타용도 일시사용허가 등) ① 농지를 다음 각 호의 어느 하나에 해당하는 용도로 일시 사용하려는 자는 대통령령으로 정하는 바에 따라 일정 기간 사용한 후 농지로 복구한다는 조건으로 시장·군수 또는 자치구구청장의 허가를 받아야 한다. 허가받은 사항을 변경하

려는 경우에도 또한 같다. 다만, 국가나 지방자치단체의 경우에는 시장·군수 또는 자치구 구청장과 협의하여야 한다. 〈개정 2018. 12. 24.〉

1. 「건축법」에 따른 건축허가 또는 건축신고 대상시설이 아닌 간이 농수축산업용 시설(제2조제1호 나목에 따른 개량시설과 농축산물 생산시설은 제외한다)과 농수산물의 간이 처리 시설을 설치하는 경우
2. 주(主)목적사업(해당 농지에서 허용되는 사업만 해당한다)을 위하여 현장 사무소나 부대시설, 그 밖에 이에 준하는 시설을 설치하거나 물건을 적치(積置)하거나 매설(埋設)하는 경우
3. 대통령령으로 정하는 토석과 광물을 채굴하는 경우
4. 「전기사업법」제2조제1호의 전기사업을 영위하기 위한 목적으로 설치하는 「신에너지 및 재생에너지 개발·이용·보급 촉진법」제2조제2호가목에 따른 태양에너지 발전설비 (이하 "태양에너지 발전설비"라 한다)로서 다음 각 목의 요건을 모두 갖춘 경우
   가. 「공유수면 관리 및 매립에 관한 법률」제2조에 따른 공유수면매립을 통하여 조성한 토지 중 토양 염도가 일정 수준 이상인 지역 등 농림축산식품부령으로 정하는 지역에 설치하는 시설일 것
   나. 설치 규모, 염도 측정방법 등 농림축산식품부장관이 별도로 정한 요건에 적합하게 설치하는 시설일 것

② 시장·군수 또는 자치구구청장은 주무부장관이나 지방자치단체의 장이 다른 법률에 따른 사업 또는 사업계획 등의 인가·허가 또는 승인 등과 관련하여 농지의 타용도 일시사용 협의를 요청하면, 그 인가·허가 또는 승인 등을 할 때에 해당 사업을 시행하려는 자에게 일정 기간 그 농지를 사용한 후 농지로 복구한다는 조건을 붙일 것을 전제로 협의할 수 있다.

③ 시장·군수 또는 자치구구청장은 제1항에 따른 허가를 하거나 제2항에 따른 협의를 할 때에는 대통령령으로 정하는 바에 따라 사업을 시행하려는 자에게 농지로의 복구계획을 제출하게 하고 복구비용을 예치하게 할 수 있다. 이 경우 예치된 복구비용은 사업시행자가 사업이 종료된 후 농지로의 복구계획을 이행하지 않는 경우 복구대행비로 사용할 수 있다. 〈개정 2018. 12. 24.〉

④ 시장·군수·자치구구청장은 제1항 및 제2항에 따라 최초 농지의 타용도 일시사용 후 목적사업을 완료하지 못하여 그 기간을 연장하려는 경우에는 대통령령으로 정하는 바에 따라 복구비용을 재산정하여 제3항에 따라 예치한 복구비용이 재산정한 복구비용보다 적은 경우에는 그 차액을 추가로 예치하게 하여야 한다. 〈신설 2018. 12. 24.〉

⑤ 제3항 및 제4항에 따른 복구비용의 산출 기준, 납부 시기, 납부 절차, 그 밖에 필요한 사항은 대통령령으로 정한다. 〈개정 2018. 12. 24.〉

제36조의2(농지의 타용도 일시사용신고 등) ① 농지를 다음 각 호의 어느 하나에 해당하는 용도로 일시사용하려는 자는 대통령령으로 정하는 바에 따라 지력을 훼손하지 아니하는 범위에

서 일정 기간 사용한 후 농지로 원상복구한다는 조건으로 시장·군수 또는 자치구구청장에게 신고하여야 한다. 신고한 사항을 변경하려는 경우에도 또한 같다. 다만, 국가나 지방자치단체의 경우에는 시장·군수 또는 자치구구청장과 협의하여야 한다.

1. 썰매장, 지역축제장 등으로 일시적으로 사용하는 경우
2. 제36조제1항제1호 또는 제2호에 해당하는 시설을 일시적으로 설치하는 경우

② 시장·군수 또는 자치구구청장은 주무부장관이나 지방자치단체의 장이 다른 법률에 따른 사업 또는 사업계획 등의 인가·허가 또는 승인 등과 관련하여 농지의 타용도 일시사용 협의를 요청하면, 그 인가·허가 또는 승인 등을 할 때에 해당 사업을 시행하려는 자에게 일정 기간 그 농지를 사용한 후 농지로 복구한다는 조건을 붙일 것을 전제로 협의할 수 있다.

③ 시장·군수 또는 자치구구청장은 제1항에 따른 신고를 수리하거나 제2항에 따른 협의를 할 때에는 대통령령으로 정하는 바에 따라 사업을 시행하려는 자에게 농지로의 복구계획을 제출하게 하고 복구비용을 예치하게 할 수 있다. 이 경우 예치된 복구비용은 사업시행자가 사업이 종료된 후 농지로의 복구계획을 이행하지 않는 경우 복구대행비로 사용할 수 있다. 〈개정 2018. 12. 24.〉

④ 시장·군수 또는 자치구구청장은 제1항에 따른 신고를 받은 날부터 10일 이내에 신고수리 여부를 신고인에게 통지하여야 한다.

⑤ 시장·군수 또는 자치구구청장이 제4항에서 정한 기간 내에 신고수리 여부 또는 민원 처리 관련 법령에 따른 처리기간의 연장을 신고인에게 통지하지 아니하면 그 기간(민원 처리 관련 법령에 따라 처리기간이 연장 또는 재연장된 경우에는 해당 처리기간을 말한다)이 끝난 날의 다음 날에 신고를 수리한 것으로 본다.

⑥ 제1항에 따른 신고 대상 농지의 범위와 규모, 일시사용 기간, 제3항에 따른 복구비용의 산출 기준, 복구비용 납부 시기와 절차, 그 밖에 필요한 사항은 대통령령으로 정한다.

[본조신설 2017. 10. 31.]

제37조(농지전용허가 등의 제한) ① 농림축산식품부장관은 제34조제1항에 따른 농지전용허가를 결정할 경우 다음 각 호의 어느 하나에 해당하는 시설의 부지로 사용하려는 농지는 전용을 허가할 수 없다. 다만, 「국토의 계획 및 이용에 관한 법률」에 따른 도시지역·계획관리지역 및 개발진흥지구에 있는 농지는 다음 각 호의 어느 하나에 해당하는 시설의 부지로 사용하더라도 전용을 허가할 수 있다. 〈개정 2007. 5. 17., 2008. 2. 29., 2013. 3. 23., 2017. 1. 17.〉

1. 「대기환경보전법」 제2조제9호에 따른 대기오염배출시설로서 대통령령으로 정하는 시설
2. 「물환경보전법」 제2조제10호에 따른 폐수배출시설로서 대통령령으로 정하는 시설
3. 농업의 진흥이나 농지의 보전을 해칠 우려가 있는 시설로서 대통령령으로 정하는 시설

② 농림축산식품부장관, 시장·군수 또는 자치구구청장은 제34조에 따른 농지전용허가 및 협의(다른 법률에 따라 농지전용허가가 의제되는 협의를 포함한다)를 하거나 제36조에 따른 농지의 타용도 일시사용허가 및 협의를 할 때 그 농지가 다음 각 호의 어느 하나에 해당하면 전용을 제한하거나 타용도 일시사용을 제한할 수 있다. 〈개정 2008. 2. 29., 2013. 3. 23.〉

1. 전용하려는 농지가 농업생산기반이 정비되어 있거나 농업생산기반 정비사업 시행예정지역으로 편입되어 우량농지로 보전할 필요가 있는 경우
2. 해당 농지를 전용하거나 다른 용도로 일시사용하면 일조·통풍·통작(通作)에 매우 크게 지장을 주거나 농지개량시설의 폐지를 수반하여 인근 농지의 농업경영에 매우 큰 영향을 미치는 경우
3. 해당 농지를 전용하거나 타용도로 일시 사용하면 토사가 유출되는 등 인근 농지 또는 농지개량시설을 훼손할 우려가 있는 경우
4. 전용 목적을 실현하기 위한 사업계획 및 자금 조달계획이 불확실한 경우
5. 전용하려는 농지의 면적이 전용 목적 실현에 필요한 면적보다 지나치게 넓은 경우

제37조의2(둘 이상의 용도지역·용도지구에 걸치는 농지에 대한 전용허가 시 적용기준) 한 필지의 농지에 「국토의 계획 및 이용에 관한 법률」에 따른 도시지역·계획관리지역 및 개발진흥지구와 그 외의 용도지역 또는 용도지구(「국토의 계획 및 이용에 관한 법률」 제36조제1항 또는 제37조제1항에 따른 용도지역 또는 용도지구를 말한다. 이하 이 조에서 같다)가 걸치는 경우로서 해당 농지 면적에서 차지하는 비율이 가장 작은 용도지역 또는 용도지구가 대통령령으로 정하는 면적 이하인 경우에는 해당 농지 면적에서 차지하는 비율이 가장 큰 용도지역 또는 용도지구를 기준으로 제37조제1항을 적용한다.

[본조신설 2020. 2. 11.]

제37조의3(농지관리위원회의 설치·운영) ① 농림축산식품부장관의 다음 각 호의 사항에 대한 자문에 응하게 하기 위하여 농림축산식품부에 농지관리위원회(이하 "위원회"라 한다)를 둔다.

1. 농지의 이용, 보전 등의 정책 수립에 관한 사항
2. 제34조에 따른 농지전용허가 및 협의 또는 제35조에 따른 농지전용신고 사항 중 대통령령으로 정하는 규모 이상의 농지전용에 관한 사항
3. 그 밖에 농림축산식품부장관이 필요하다고 인정하여 위원회에 부치는 사항

② 위원회는 위원장 1명을 포함한 20명 이내의 위원으로 구성한다.

③ 위원회의 위원은 관계 행정기관의 공무원, 농업·농촌·토지이용·공간정보·환경 등과 관련된 분야에 관한 학식과 경험이 풍부한 사람 중에서 농림축산식품부장관이 위촉하며, 위원장은 위원 중에서 호선한다.

④ 위원장 및 위원의 임기는 2년으로 한다.

⑤ 위원회의 구성·운영에 관하여 필요한 사항은 대통령령으로 정한다.

[본조신설 2021. 8. 17.]

[시행일 : 2022. 5. 18.] 제37조의3

제38조(농지보전부담금) ① 다음 각 호의 어느 하나에 해당하는 자는 농지의 보전·관리 및 조성을 위한 부담금(이하 "농지보전부담금"이라 한다)을 농지관리기금을 운용·관리하는 자에게 내야 한다. 〈개정 2009. 5. 27.〉

1. 제34조제1항에 따라 농지전용허가를 받는 자
2. 제34조제2항제1호에 따라 농지전용협의를 거친 지역 예정지 또는 시설 예정지에 있는 농지(같은 호 단서에 따라 협의 대상에서 제외되는 농지를 포함한다)를 전용하려는 자

2의2. 제34조제2항제1호의2에 따라 농지전용에 관한 협의를 거친 구역 예정지에 있는 농지를 전용하려는 자

3. 제34조제2항제2호에 따라 농지전용협의를 거친 농지를 전용하려는 자
4. 다른 법률에 따라 농지전용허가가 의제되는 협의를 거친 농지를 전용하려는 자
5. 제35조나 제43조에 따라 농지전용신고를 하고 농지를 전용하려는 자

② 농림축산식품부장관은 다음 각 호의 어느 하나에 해당하는 사유로 농지보전부담금을 한꺼번에 내기 어렵다고 인정되는 경우에는 대통령령으로 정하는 바에 따라 농지보전부담금을 나누어 내게 할 수 있다. 〈개정 2008. 2. 29., 2013. 3. 23., 2015. 1. 20.〉

1. 「공공기관의 운영에 관한 법률」에 따른 공공기관과 「지방공기업법」에 따른 지방공기업이 산업단지의 시설용지로 농지를 전용하는 경우 등 대통령령으로 정하는 농지의 전용
2. 농지보전부담금이 농림축산식품부령으로 정하는 금액 이상인 경우

③ 농림축산식품부장관은 제2항에 따라 농지보전부담금을 나누어 내게 하려면 대통령령으로 정하는 바에 따라 농지보전부담금을 나누어 내려는 자에게 나누어 낼 농지보전부담금에 대한 납입보증보험증서 등을 미리 예치하게 하여야 한다. 다만, 농지보전부담금을 나누어 내려는 자가 국가나 지방자치단체, 그 밖에 대통령령으로 정하는 자인 경우에는 그러하지 아니하다. 〈개정 2008. 2. 29., 2013. 3. 23.〉

④ 농지를 전용하려는 자는 제1항 또는 제2항에 따른 농지보전부담금의 전부 또는 일부를 농지전용허가·농지전용신고(다른 법률에 따라 농지전용허가 또는 농지전용신고가 의제되는 인가·허가·승인 등을 포함한다) 전까지 납부하여야 한다. 〈신설 2015. 1. 20.〉

⑤ 농지관리기금을 운용·관리하는 자는 다음 각 호의 어느 하나에 해당하는 경우 대통령령으로 정하는 바에 따라 그에 해당하는 농지보전부담금을 환급하여야 한다. 〈개정 2015. 1. 20.〉

1. 농지보전부담금을 낸 자의 허가가 제39조에 따라 취소된 경우
2. 농지보전부담금을 낸 자의 사업계획이 변경된 경우
2의2. 제4항에 따라 농지보전부담금을 납부하고 허가를 받지 못한 경우
3. 그 밖에 이에 준하는 사유로 전용하려는 농지의 면적이 당초보다 줄어든 경우

⑥ 농림축산식품부장관은 다음 각 호의 어느 하나에 해당하면 대통령령으로 정하는 바에 따라 농지보전부담금을 감면할 수 있다. 〈개정 2008. 2. 29., 2013. 3. 23., 2015. 1. 20.〉
1. 국가나 지방자치단체가 공용 목적이나 공공용 목적으로 농지를 전용하는 경우
2. 대통령령으로 정하는 중요 산업 시설을 설치하기 위하여 농지를 전용하는 경우
3. 제35조제1항 각 호에 따른 시설이나 그 밖에 대통령령으로 정하는 시설을 설치하기 위하여 농지를 전용하는 경우

⑦ 농지보전부담금은 「부동산 가격공시에 관한 법률」에 따른 해당 농지의 개별공시지가의 범위에서 대통령령으로 정하는 부과기준을 적용하여 산정한 금액으로 하되, 농업진흥지역과 농업진흥지역 밖의 농지를 차등하여 부과기준을 적용할 수 있으며, 부과기준일은 다음 각 호의 구분에 따른다. 〈개정 2015. 1. 20., 2016. 1. 19., 2018. 12. 24.〉
1. 제34조제1항에 따라 농지전용허가를 받는 경우: 허가를 신청한 날
2. 제34조제2항에 따라 농지를 전용하려는 경우: 대통령령으로 정하는 날
3. 다른 법률에 따라 농지전용허가가 의제되는 협의를 거친 농지를 전용하려는 경우: 대통령령으로 정하는 날
4. 제35조나 제43조에 따라 농지전용신고를 하고 농지를 전용하려는 경우: 신고를 접수한 날

⑧ 농림축산식품부장관은 농지보전부담금을 내야 하는 자가 납부기한까지 내지 아니하면 납부기한이 지난 후 10일 이내에 납부기한으로부터 30일 이내의 기간을 정한 독촉장을 발급하여야 한다. 〈개정 2009. 5. 27., 2013. 3. 23., 2015. 1. 20., 2018. 12. 24.〉

⑨ 농림축산식품부장관은 농지보전부담금을 내야 하는 자가 납부기한까지 부담금을 내지 아니한 경우에는 납부기한이 지난 날부터 체납된 농지보전부담금의 100분의 3에 상당하는 금액을 가산금으로 부과한다. 〈신설 2009. 5. 27., 2012. 1. 17., 2013. 3. 23., 2015. 1. 20., 2018. 12. 24.〉
1. 삭제 〈2015. 1. 20.〉
2. 삭제 〈2015. 1. 20.〉

⑩ 농림축산식품부장관은 농지보전부담금을 체납한 자가 체납된 농지보전부담금을 납부하지 아니한 때에는 납부기한이 지난 날부터 1개월이 지날 때마다 체납된 농지보전부담금의 1천분의 12에 상당하는 가산금(이하 "중가산금"이라 한다)을 제9항에 따른 가산금에 더하

여 부과하되, 체납된 농지보전부담금의 금액이 100만원 미만인 경우는 중가산금을 부과하지 아니한다. 이 경우 중가산금을 가산하여 징수하는 기간은 60개월을 초과하지 못한다. 〈신설 2015. 1. 20.〉

⑪ 농림축산식품부장관은 농지보전부담금을 내야 하는 자가 독촉장을 받고 지정된 기한까지 부담금과 가산금 및 중가산금을 내지 아니하면 국세 또는 지방세 체납처분의 예에 따라 징수할 수 있다. 〈신설 2009. 5. 27., 2013. 3. 23., 2015. 1. 20.〉

⑫ 농림축산식품부장관은 다음 각 호의 어느 하나에 해당하는 사유가 있으면 해당 농지보전부담금에 관하여 결손처분을 할 수 있다. 다만, 제1호·제3호 및 제4호의 경우 결손처분을 한 후에 압류할 수 있는 재산을 발견하면 지체 없이 결손처분을 취소하고 체납처분을 하여야 한다. 〈개정 2008. 2. 29., 2009. 5. 27., 2013. 3. 23., 2015. 1. 20.〉

1. 체납처분이 종결되고 체납액에 충당된 배분금액이 그 체납액에 미치지 못한 경우
2. 농지보전부담금을 받을 권리에 대한 소멸시효가 완성된 경우
3. 체납처분의 목적물인 총재산의 추산가액(推算價額)이 체납처분비에 충당하고 남을 여지가 없는 경우
4. 체납자가 사망하거나 행방불명되는 등 대통령령으로 정하는 사유로 인하여 징수할 가능성이 없다고 인정되는 경우

⑬ 농림축산식품부장관은 제51조에 따라 권한을 위임받은 자 또는 「한국농어촌공사 및 농지관리기금법」 제35조제2항에 따라 농지관리기금 운용·관리 업무를 위탁받은 자에게 농지보전부담금 부과·수납에 관한 업무를 취급하게 하는 경우 대통령령으로 정하는 바에 따라 수수료를 지급하여야 한다. 〈개정 2008. 2. 29., 2008. 12. 29., 2009. 5. 27., 2012. 1. 17., 2013. 3. 23., 2015. 1. 20.〉

⑭ 농지관리기금을 운용·관리하는 자는 제1항에 따라 수납하는 농지보전부담금 중 제13항에 따른 수수료를 뺀 금액을 농지관리기금에 납입하여야 한다. 〈개정 2009. 5. 27., 2015. 1. 20.〉

⑮ 농지보전부담금의 납부기한, 납부 절차, 그 밖에 필요한 사항은 대통령령으로 정한다. 〈개정 2009. 5. 27., 2015. 1. 20.〉

제39조(전용허가의 취소 등) ① 농림축산식품부장관, 시장·군수 또는 자치구구청장은 제34조제1항에 따른 농지전용허가 또는 제36조에 따른 농지의 타용도 일시사용허가를 받았거나 제35조 또는 제43조에 따른 농지전용신고 또는 제36조의2에 따른 농지의 타용도 일시사용신고를 한 자가 다음 각 호의 어느 하나에 해당하면 농림축산식품부령으로 정하는 바에 따라 허가를 취소하거나 관계 공사의 중지, 조업의 정지, 사업규모의 축소 또는 사업계획의 변경, 그 밖에 필요한 조치를 명할 수 있다. 다만, 제7호에 해당하면 그 허가를 취소하여야 한다. 〈개정 2008. 2. 29., 2009. 5. 27., 2013. 3. 23., 2015. 1. 20., 2017. 10. 31.〉

1. 거짓이나 그 밖의 부정한 방법으로 허가를 받거나 신고한 것이 판명된 경우
2. 허가 목적이나 허가 조건을 위반하는 경우
3. 허가를 받지 아니하거나 신고하지 아니하고 사업계획 또는 사업 규모를 변경하는 경우
4. 허가를 받거나 신고를 한 후 농지전용 목적사업과 관련된 사업계획의 변경 등 대통령령으로 정하는 정당한 사유 없이 2년 이상 대지의 조성, 시설물의 설치 등 농지전용 목적사업에 착수하지 아니하거나 농지전용 목적사업에 착수한 후 1년 이상 공사를 중단한 경우
5. 농지보전부담금을 내지 아니한 경우
6. 허가를 받은 자나 신고를 한 자가 허가취소를 신청하거나 신고를 철회하는 경우
7. 허가를 받은 자가 관계 공사의 중지 등 이 조 본문에 따른 조치명령을 위반한 경우

② 농림축산식품부장관은 다른 법률에 따라 농지의 전용이 의제되는 협의를 거쳐 농지를 전용하려는 자가 농지보전부담금 부과 후 농지보전부담금을 납부하지 아니하고 2년 이내에 농지전용의 원인이 된 목적사업에 착수하지 아니하는 경우 관계 기관의 장에게 그 목적사업에 관련된 승인·허가 등의 취소를 요청할 수 있다. 이 경우 취소를 요청받은 관계 기관의 장은 특별한 사유가 없으면 이에 따라야 한다. 〈신설 2015. 1. 20.〉

제40조(용도변경의 승인) ① 다음 각 호의 어느 하나에 해당하는 절차를 거쳐 농지전용 목적사업에 사용되고 있거나 사용된 토지를 대통령령으로 정하는 기간 이내에 다른 목적으로 사용하려는 경우에는 농림축산식품부령으로 정하는 바에 따라 시장·군수 또는 자치구구청장의 승인을 받아야 한다. 〈개정 2018. 12. 24.〉

1. 제34조제1항에 따른 농지전용허가
2. 제34조제2항제2호에 따른 농지전용협의
3. 제35조 또는 제43조에 따른 농지전용신고

② 제1항에 따라 승인을 받아야 하는 자 중 농지보전부담금이 감면되는 시설의 부지로 전용된 토지를 농지보전부담금 감면 비율이 다른 시설의 부지로 사용하려는 자는 대통령령으로 정하는 바에 따라 그에 해당하는 농지보전부담금을 내야 한다.

제41조(농지의 지목 변경 제한) 다음 각 호의 어느 하나에 해당하는 경우 외에는 농지를 전·답·과수원 외의 지목으로 변경하지 못한다.

1. 제34조제1항에 따라 농지전용허가(다른 법률에 따라 농지전용허가가 의제되는 협의를 포함한다)를 받거나 같은 조 제2항에 따라 농지를 전용한 경우
2. 제34조제1항제4호 또는 제5호에 규정된 목적으로 농지를 전용한 경우
3. 제35조 또는 제43조에 따라 농지전용신고를 하고 농지를 전용한 경우
4. 「농어촌정비법」 제2조제5호가목 또는 나목에 따른 농어촌용수의 개발사업이나 농업생산기반 개량사업의 시행으로 이 법 제2조제1호나목에 따른 토지의 개량 시설의 부지로 변경되는 경우

5. 시장·군수 또는 자치구구청장이 천재지변이나 그 밖의 불가항력(不可抗力)의 사유로 그 농지의 형질이 현저히 달라져 원상회복이 거의 불가능하다고 인정하는 경우

제42조(원상회복 등) ① 농림축산식품부장관, 시장·군수 또는 자치구구청장은 다음 각 호의 어느 하나에 해당하면 그 행위를 한 자에게 기간을 정하여 원상회복을 명할 수 있다. 〈개정 2008. 2. 29., 2013. 3. 23., 2017. 10. 31.〉

1. 제34조제1항에 따른 농지전용허가 또는 제36조에 따른 농지의 타용도 일시사용허가를 받지 아니하고 농지를 전용하거나 다른 용도로 사용한 경우
2. 제35조 또는 제43조에 따른 농지전용신고 또는 제36조의2에 따른 농지의 타용도 일시사용신고를 하지 아니하고 농지를 전용하거나 다른 용도로 사용한 경우
3. 제39조에 따라 허가가 취소된 경우
4. 농지전용신고를 한 자가 제39조에 따른 조치명령을 위반한 경우

② 농림축산식품부장관, 시장·군수 또는 자치구구청장은 제1항에 따른 원상회복명령을 위반하여 원상회복을 하지 아니하면 대집행(代執行)으로 원상회복을 할 수 있다. 〈개정 2008. 2. 29., 2013. 3. 23.〉

③ 제2항에 따른 대집행의 절차에 관하여는 「행정대집행법」을 적용한다.

제43조(농지전용허가의 특례) 제34조제1항에 따른 농지전용허가를 받아야 하는 자가 제6조제2항제9호의2에 해당하는 농지를 전용하려면 제34조제1항 또는 제37조제1항에도 불구하고 대통령령으로 정하는 바에 따라 시장·군수 또는 자치구구청장에게 신고하고 농지를 전용할 수 있다.

[전문개정 2009. 5. 27.]

제3절 농지위원회 〈개정 2021. 8. 17.〉

제44조 삭제 〈2009. 5. 27.〉

제44조(농지위원회의 설치) 농지의 취득 및 이용의 효율적인 관리를 위해 시·구·읍·면에 각각 농지위원회를 둔다. 다만, 해당 지역 내의 농지가 농림축산식품부령으로 정하는 면적 이하이거나, 농지위원회의 효율적 운영을 위하여 필요한 경우 시·군의 조례로 정하는 바에 따라 그 행정구역 안에 권역별로 설치할 수 있다.

[본조신설 2021. 8. 17.]

[시행일 : 2022. 8. 18.] 제44조

제45조 삭제 〈2009. 5. 27.〉

제45조(농지위원회의 구성) ① 농지위원회는 위원장 1명을 포함한 10명 이상 20명 이하의 위원으로 구성하며 위원장은 위원 중에서 호선한다.

② 농지위원회의 위원은 다음 각 호의 어느 하나에 해당하는 사람으로 구성한다.

1. 해당 지역에서 농업경영을 하고 있는 사람
2. 해당 지역에 소재하는 농업 관련 기관 또는 단체의 추천을 받은 사람
3. 「비영리민간단체 지원법」 제2조에 따른 비영리민간단체의 추천을 받은 사람
4. 농업 및 농지정책에 대하여 학식과 경험이 풍부한 사람

③ 농지위원회의 효율적 운영을 위하여 필요한 경우에는 각 10명 이내의 위원으로 구성되는 분과위원회를 둘 수 있다.

④ 분과위원회의 심의는 농지위원회의 심의로 본다.

⑤ 위원의 임기·선임·해임 등 농지위원회 및 분과위원회의 운영에 필요한 사항은 대통령령으로 정한다.

[본조신설 2021. 8. 17.]

[시행일 : 2022. 8. 18.] 제45조

제46조 삭제 〈2009. 5. 27.〉

제46조(농지위원회의 기능) 농지위원회는 다음 각 호의 기능을 수행한다.

1. 제8조제3항에 따른 농지취득자격증명 심사에 관한 사항
2. 제34조제1항에 따른 농지전용허가를 받은 농지의 목적사업 추진상황에 관한 확인
3. 제54조제1항에 따른 농지의 소유 등에 관한 조사 참여
4. 그 밖에 농지 관리에 관하여 농림축산식품부령으로 정하는 사항

[본조신설 2021. 8. 17.]

[시행일 : 2022. 8. 18.] 제46조

제47조 삭제 〈2009. 5. 27.〉

제48조 삭제 〈2009. 5. 27.〉

제4절 농지대장 〈신설 2021. 8. 17.〉

제49조(농지원부의 작성과 비치) ① 시·구·읍·면의 장은 농지 소유 실태와 농지 이용 실태를 파악하여 이를 효율적으로 이용하고 관리하기 위하여 대통령령으로 정하는 바에 따라 농지원부(農地原簿)를 작성하여 갖추어 두어야 한다.

② 시·구·읍·면의 장은 제1항에 따른 농지원부를 작성·정리하거나 농지 이용 실태를 파악하기 위하여 필요하면 해당 농지 소유자에게 필요한 사항을 보고하게 하거나 관계 공무원에게 그 상황을 조사하게 할 수 있다.

③ 시·구·읍·면의 장은 농지원부의 내용에 변동사항이 생기면 그 변동사항을 지체 없이 정리하여야 한다.

④ 제1항의 농지원부에 적을 사항을 전산정보처리조직으로 처리하는 경우 그 농지원부 파일(자기디스크나 자기테이프, 그 밖에 이와 비슷한 방법으로 기록하여 보관하는 농지원부를 말한다)은 제1항에 따른 농지원부로 본다.

⑤ 농지원부의 서식·작성·관리와 전산정보처리조직 등에 필요한 사항은 농림축산식품부령으로 정한다. 〈개정 2008. 2. 29., 2013. 3. 23.〉

제49조(농지대장의 작성과 비치) ① 시·구·읍·면의 장은 농지 소유 실태와 농지 이용 실태를 파악하여 이를 효율적으로 이용하고 관리하기 위하여 대통령령으로 정하는 바에 따라 농지대장(農地臺帳)을 작성하여 갖추어 두어야 한다. 〈개정 2021. 8. 17.〉

② 제1항에 따른 농지대장에는 농지의 소재지·지번·지목·면적·소유자·임대차 정보·농업진흥지역 여부 등을 포함한다. 〈신설 2021. 8. 17.〉

③ 시·구·읍·면의 장은 제1항에 따른 농지대장을 작성·정리하거나 농지 이용 실태를 파악하기 위하여 필요하면 해당 농지 소유자에게 필요한 사항을 보고하게 하거나 관계 공무원에게 그 상황을 조사하게 할 수 있다. 〈개정 2021. 8. 17.〉

④ 시·구·읍·면의 장은 농지대장의 내용에 변동사항이 생기면 그 변동사항을 지체 없이 정리하여야 한다. 〈개정 2021. 8. 17.〉

⑤ 제1항의 농지대장에 적을 사항을 전산정보처리조직으로 처리하는 경우 그 농지대장 파일(자기디스크나 자기테이프, 그 밖에 이와 비슷한 방법으로 기록하여 보관하는 농지대장을 말한다)은 제1항에 따른 농지대장으로 본다. 〈개정 2021. 8. 17.〉

⑥ 농지대장의 서식·작성·관리와 전산정보처리조직 등에 필요한 사항은 농림축산식품부령으로 정한다. 〈개정 2008. 2. 29., 2013. 3. 23., 2021. 8. 17.〉

[제목개정 2021. 8. 17.]

[시행일 : 2022. 8. 18.] 제49조

제49조의2(농지이용 정보 등 변경신청) 농지소유자 또는 임차인은 다음 각 호의 사유가 발생하는 경우 그 변경사유가 발생한 날부터 60일 이내에 시·구·읍·면의 장에게 농지대장의 변경을 신청하여야 한다.

1. 농지의 임대차계약과 사용대차계약이 체결·변경 또는 해제되는 경우
2. 제2조제1호나목에 따른 토지의 개량시설과 농축산물 생산시설을 설치하는 경우
3. 그 밖에 농림축산식품부령으로 정하는 사유에 해당하는 경우

[본조신설 2021. 8. 17.]

[시행일 : 2022. 8. 18.] 제49조의2

제50조(농지원부의 열람 또는 등본 등의 교부) ① 시·구·읍·면의 장은 농지원부의 열람신청 또는 등본 교부신청을 받으면 농림축산식품부령으로 정하는 바에 따라 농지원부를 열람하

게 하거나 그 등본을 내주어야 한다. 〈개정 2008. 2. 29., 2013. 3. 23.〉

② 시·구·읍·면의 장은 자경(自耕)하고 있는 농업인 또는 농업법인이 신청하면 농림축산식품부령으로 정하는 바에 따라 자경증명을 발급하여야 한다. 〈개정 2008. 2. 29., 2013. 3. 23.〉

제50조(농지대장의 열람 또는 등본 등의 교부) ① 시·구·읍·면의 장은 농지대장의 열람신청 또는 등본 교부신청을 받으면 농림축산식품부령으로 정하는 바에 따라 농지대장을 열람하게 하거나 그 등본을 내주어야 한다. 〈개정 2008. 2. 29., 2013. 3. 23., 2021. 8. 17.〉

② 시·구·읍·면의 장은 자경(自耕)하고 있는 농업인 또는 농업법인이 신청하면 농림축산식품부령으로 정하는 바에 따라 자경증명을 발급하여야 한다. 〈개정 2008. 2. 29., 2013. 3. 23.〉

[제목개정 2021. 8. 17.]

[시행일 : 2022. 8. 18.] 제50조

제5장 보칙

제51조(권한의 위임과 위탁 등) ① 이 법에 따른 농림축산식품부장관의 권한은 대통령령으로 정하는 바에 따라 그 일부를 소속기관의 장, 시·도지사 또는 시장·군수·자치구구청장에게 위임할 수 있다. 〈개정 2008. 2. 29., 2013. 3. 23., 2021. 8. 17.〉

② 농림축산식품부장관은 이 법에 따른 업무의 일부를 대통령령으로 정하는 바에 따라 그 일부를 한국농어촌공사, 농업 관련 기관 또는 농업 관련 단체에 위탁할 수 있다. 〈개정 2008. 2. 29., 2008. 12. 29., 2013. 3. 23.〉

③ 농림축산식품부장관은 대통령령으로 정하는 바에 따라 「한국농어촌공사 및 농지관리기금법」 제35조에 따라 농지관리기금의 운용·관리업무를 위탁받은 자에게 제38조제1항 및 제40조제2항에 따른 농지보전부담금 수납 업무를 대행하게 할 수 있다. 〈개정 2008. 2. 29., 2008. 12. 29., 2013. 3. 23.〉

제51조의2(벌칙 적용에서 공무원 의제) 위원회 및 제44조에 따른 농지위원회의 위원 중 공무원이 아닌 사람은 「형법」 제127조 및 제129조부터 제132조까지의 규정을 적용할 때에는 공무원으로 본다.

[본조신설 2021. 8. 17.]

[시행일 : 2022. 5. 18.] 제51조의2

제52조(포상금) 농림축산식품부장관은 다음 각 호의 어느 하나에 해당하는 자를 주무관청이나 수사기관에 신고하거나 고발한 자에게 대통령령으로 정하는 바에 따라 포상금을 지급할 수 있다. 〈개정 2008. 2. 29., 2013. 3. 23., 2017. 10. 31.〉

1. 제6조에 따른 농지 소유 제한이나 제7조에 따른 농지 소유 상한을 위반하여 농지를 소유할 목적으로 거짓이나 그 밖의 부정한 방법으로 제8조제1항에 따른 농지취득자격증명을 발급받은 자
2. 제32조제1항 또는 제2항을 위반한 자
3. 제34조제1항에 따른 농지전용허가를 받지 아니하고 농지를 전용한 자 또는 거짓이나 그 밖의 부정한 방법으로 제34조제1항에 따른 농지전용허가를 받은 자
4. 제35조 또는 제43조에 따른 신고를 하지 아니하고 농지를 전용한 자
5. 제36조제1항에 따른 농지의 타용도 일시사용허가를 받지 아니하고 농지를 다른 용도로 사용한 자
6. 제36조의2제1항에 따른 농지의 타용도 일시사용신고를 하지 아니하고 농지를 다른 용도로 사용한 자
7. 제40조제1항을 위반하여 전용된 토지를 승인 없이 다른 목적으로 사용한 자

제53조(농업진흥구역과 농업보호구역에 걸치는 한 필지의 토지 등에 대한 행위 제한의 특례)
① 한 필지의 토지가 농업진흥구역과 농업보호구역에 걸쳐 있으면서 농업진흥구역에 속하는 토지 부분이 대통령령으로 정하는 규모 이하이면 그 토지 부분에 대하여는 제32조에 따른 행위 제한을 적용할 때 농업보호구역에 관한 규정을 적용한다.
② 한 필지의 토지 일부가 농업진흥지역에 걸쳐 있으면서 농업진흥지역에 속하는 토지 부분의 면적이 대통령령으로 정하는 규모 이하이면 그 토지 부분에 대하여는 제32조제1항 및 제2항을 적용하지 아니한다.

제54조(농지의 소유 등에 관한 조사) ① 농림축산식품부장관, 시장·군수 또는 자치구구청장은 다음 각 호의 어느 하나에 해당하는 자의 농지의 소유·거래·이용 또는 전용 등에 관한 사실을 확인하기 위하여 소속 공무원에게 그 실태를 검사하거나 조사하게 할 수 있다. 〈개정 2008. 2. 29., 2013. 3. 23.〉

1. 농업법인
2. 농지의 위탁경영자
3. 농지의 임대인
4. 농지의 사용대주(使用貸主)
5. 농지전용허가를 받은 자
6. 농지이용증진사업의 사업시행자

② 제1항에 따라 검사 또는 조사를 하는 공무원은 그 권한을 표시하는 증표를 지니고 이를 관계인에게 내보여야 한다.
③ 제1항과 제2항에 따른 검사·조사 및 증표에 관하여 필요한 사항은 농림축산식품부령으로 정한다. 〈개정 2008. 2. 29., 2013. 3. 23.〉

제54조(농지의 소유 등에 관한 조사) ① 농림축산식품부장관, 시장·군수 또는 자치구구청장은 농지의 소유·거래·이용 또는 전용 등에 관한 사실을 확인하기 위하여 소속 공무원에게 그 실태를 정기적으로 조사하게 하여야 한다. 〈개정 2008. 2. 29., 2013. 3. 23., 2021. 8. 17.〉

1. 삭제 〈2021. 8. 17.〉
2. 삭제 〈2021. 8. 17.〉
3. 삭제 〈2021. 8. 17.〉
4. 삭제 〈2021. 8. 17.〉
5. 삭제 〈2021. 8. 17.〉
6. 삭제 〈2021. 8. 17.〉

② 제1항에 따른 조사는 일정기간 내에 제8조에 따른 농지취득자격증명이 발급된 농지 등 농림축산식품부령으로 정하는 농지에 대하여 매년 1회 이상 실시하여야 한다. 〈신설 2021. 8. 17.〉

③ 시장·군수 또는 자치구구청장은 제1항에 따른 조사를 실시하고 그 결과를 다음연도 3월 31일까지 시·도지사를 거쳐 농림축산식품부장관에게 보고하여야 한다. 〈신설 2021. 8. 17.〉

④ 농림축산식품부장관은 제3항에 따른 조사 결과를 농림축산식품부령으로 정하는 바에 따라 공개할 수 있다. 〈신설 2021. 8. 17.〉

⑤ 제1항에 따라 검사 또는 조사를 하는 공무원은 그 권한을 표시하는 증표를 지니고 이를 관계인에게 내보여야 한다. 〈개정 2021. 8. 17.〉

⑥ 제1항과 제2항에 따른 검사·조사 및 증표에 관하여 필요한 사항은 농림축산식품부령으로 정한다. 〈개정 2008. 2. 29., 2013. 3. 23., 2021. 8. 17.〉

⑦ 농림축산식품부장관은 시장·군수 또는 자치구구청장이 제1항에 따른 조사를 실시하는 데 필요한 경비를 예산의 범위에서 지원할 수 있다. 〈신설 2021. 8. 17.〉

[시행일 : 2022. 5. 18.] 제54조

제54조의2(농지자료 통합관리) 농림축산식품부장관은 「농어업경영체 육성 및 지원에 관한 법률」 제4조에 따라 등록된 농업경영체의 경영정보와 이 법에 따른 농지 관련 자료를 통합적으로 관리할 수 있다.

[본조신설 2020. 2. 11.]

제54조의2(농지정보의 관리 및 운영) ① 농림축산식품부장관과 시장·군수·구청장 등은 농지 관련 정책 수립, 농지원부 작성 등에 활용하기 위하여 주민등록전산자료, 부동산등기전산자료 등 대통령령으로 정하는 자료에 대하여 해당 자료를 관리하는 기관의 장에게 그 자료

의 제공을 요청할 수 있으며, 요청을 받은 관리기관의 장은 특별한 사정이 없으면 이에 따라야 한다.

② 농림축산식품부장관은「농어업경영체 육성 및 지원에 관한 법률」제4조에 따라 등록된 농업경영체의 농업경영정보와 이 법에 따른 농지 관련 자료를 통합적으로 관리할 수 있다.

③ 농림축산식품부장관은 농지업무에 필요한 각종 정보의 효율적 처리와 기록·관리 업무의 전자화를 위하여 정보시스템을 구축·운영할 수 있다.

[전문개정 2021. 4. 13.]
[시행일 : 2021. 10. 14.] 제54조의2

제54조의3(농지정보의 제공) 시장·군수 또는 자치구구청장은 다른 법률에 따라 제10조제2항의 농지 처분통지, 제11조제1항에 따른 농지 처분명령, 제63조에 따른 이행강제금 부과 등에 관한 정보를「은행법」에 따른 은행이나 그 밖에 대통령령으로 정하는 금융기관이 요청하는 경우 이를 제공할 수 있다.

[본조신설 2021. 8. 17.]
[시행일 : 2022. 5. 18.] 제54조의3

제55조(청문) 농림축산식품부장관, 시장·군수 또는 자치구구청장은 다음 각 호의 어느 하나에 해당하는 행위를 하려면 청문을 하여야 한다. 〈개정 2008. 2. 29., 2013. 3. 23.〉
1. 제10조제2항에 따른 농업경영에 이용하지 아니하는 농지 등의 처분의무 발생의 통지
2. 제39조에 따른 농지전용허가의 취소

제56조(수수료) 다음 각 호의 어느 하나에 해당하는 자는 대통령령으로 정하는 바에 따라 수수료를 내야 한다.
1. 제8조에 따라 농지취득자격증명 발급을 신청하는 자
2. 제34조나 제36조에 따른 허가를 신청하는 자
3. 제35조나 제43조에 따라 농지전용을 신고하는 자
4. 제40조에 따라 용도변경의 승인을 신청하는 자
5. 제50조에 따라 농지원부 등본 교부를 신청하거나 자경증명 발급을 신청하는 자

제56조(수수료) 다음 각 호의 어느 하나에 해당하는 자는 대통령령으로 정하는 바에 따라 수수료를 내야 한다. 〈개정 2021. 8. 17.〉
1. 제8조에 따라 농지취득자격증명 발급을 신청하는 자
2. 제34조나 제36조에 따른 허가를 신청하는 자
3. 제35조나 제43조에 따라 농지전용을 신고하는 자
4. 제40조에 따라 용도변경의 승인을 신청하는 자

5. 제50조에 따라 농지대장 등본 교부를 신청하거나 자경증명 발급을 신청하는 자

[시행일 : 2022. 8. 18.] 제56조

제6장 벌칙

제57조(벌칙) 제6조에 따른 농지 소유 제한이나 제7조에 따른 농지 소유 상한을 위반하여 농지를 소유할 목적으로 거짓이나 그 밖의 부정한 방법으로 제8조제1항에 따른 농지취득자격증명을 발급받은 자는 5년 이하의 징역 또는 해당 토지의 개별공시지가에 따른 토지가액(土地價額)[이하 "토지가액"이라 한다]에 해당하는 금액 이하의 벌금에 처한다.

[전문개정 2021. 8. 17.]

제58조(벌칙) ① 농업진흥지역의 농지를 제34조제1항에 따른 농지전용허가를 받지 아니하고 전용하거나 거짓이나 그 밖의 부정한 방법으로 농지전용허가를 받은 자는 5년 이하의 징역 또는 해당 토지의 개별공시지가에 따른 토지가액에 해당하는 금액 이하의 벌금에 처한다. 〈개정 2021. 8. 17.〉

② 농업진흥지역 밖의 농지를 제34조제1항에 따른 농지전용허가를 받지 아니하고 전용하거나 거짓이나 그 밖의 부정한 방법으로 농지전용허가를 받은 자는 3년 이하의 징역 또는 해당 토지가액의 100분의 50에 해당하는 금액 이하의 벌금에 처한다. 〈신설 2021. 8. 17.〉

③ 제1항 및 제2항의 징역형과 벌금형은 병과(倂科)할 수 있다. 〈신설 2021. 8. 17.〉

제59조(벌칙) 다음 각 호의 어느 하나에 해당하는 자는 5년 이하의 징역 또는 5천만원 이하의 벌금에 처한다. 〈개정 2014. 10. 15., 2017. 10. 31., 2018. 12. 24., 2021. 8. 17.〉

1. 제32조제1항 또는 제2항을 위반한 자
2. 제36조제1항에 따른 농지의 타용도 일시사용허가를 받지 아니하고 농지를 다른 용도로 사용한 자
3. 제40조제1항을 위반하여 전용된 토지를 승인 없이 다른 목적으로 사용한 자

제60조(벌칙) 다음 각 호의 어느 하나에 해당하는 자는 3년 이하의 징역 또는 3천만원 이하의 벌금에 처한다.

1. 제7조의2에 따른 금지 행위를 위반한 자
2. 제35조 또는 제43조에 따른 신고를 하지 아니하고 농지를 전용(轉用)한 자
3. 제36조의2제1항에 따른 농지의 타용도 일시사용신고를 하지 아니하고 농지를 다른 용도로 사용한 자

[본조신설 2021. 8. 17.]

[종전 제60조는 제61조로 이동 〈2021. 8. 17.〉]

제61조(벌칙) 다음 각 호의 어느 하나에 해당하는 자는 2천만원 이하의 벌금에 처한다. 〈개정 2015. 7. 20., 2020. 2. 11., 2021. 8. 17.〉

1. 제9조를 위반하여 소유 농지를 위탁경영한 자
2. 제23조제1항을 위반하여 소유 농지를 임대하거나 무상사용하게 한 자
3. 제23조제2항에 따른 임대차 또는 사용대차의 종료 명령을 따르지 아니한 자

[제60조에서 이동, 종전 제61조는 제62조로 이동 〈2021. 8. 17.〉]

제62조(양벌규정) 법인의 대표자나 법인 또는 개인의 대리인, 사용인, 그 밖의 종업원이 그 법인 또는 개인의 업무에 관하여 제57조부터 제61조까지의 어느 하나에 해당하는 위반행위를 하면 그 행위자를 벌하는 외에 그 법인 또는 개인에게도 해당 조문의 벌금형을 과(科)한다. 다만, 법인 또는 개인이 그 위반행위를 방지하기 위하여 해당 업무에 관하여 상당한 주의와 감독을 게을리하지 아니한 경우에는 그러하지 아니하다. 〈개정 2021. 8. 17.〉

[전문개정 2009. 5. 27.]

[제61조에서 이동, 종전 제62조는 제63조로 이동 〈2021. 8. 17.〉]

제63조(이행강제금) ① 시장(구를 두지 아니한 시의 시장을 말한다. 이하 이 조에서 같다)·군수 또는 구청장은 다음 각 호의 어느 하나에 해당하는 자에게 해당 「감정평가 및 감정평가사에 관한 법률」에 따른 감정평가법인등이 감정평가한 감정가격 또는 「부동산 가격공시에 관한 법률」 제10조에 따른 개별공시지가(해당 토지의 개별공시지가가 없는 경우에는 같은 법 제8조에 따른 표준지공시지가를 기준으로 산정한 금액을 말한다) 중 더 높은 가액의 100분의 25에 해당하는 이행강제금을 부과한다. 〈개정 2021. 8. 17.〉

1. 제11조제1항(제12조제2항에 따른 경우를 포함한다)에 따라 처분명령을 받은 후 제11조제2항에 따라 매수를 청구하여 협의 중인 경우 등 대통령령으로 정하는 정당한 사유 없이 지정기간까지 그 처분명령을 이행하지 아니한 자
2. 제42조에 따른 원상회복 명령을 받은 후 그 기간 내에 원상회복 명령을 이행하지 아니하여 시장·군수·구청장이 그 원상회복 명령의 이행에 필요한 상당한 기간을 정하였음에도 그 기한까지 원상회복을 아니한 자

② 시장·군수 또는 구청장은 제1항에 따른 이행강제금을 부과하기 전에 이행강제금을 부과·징수한다는 뜻을 미리 문서로 알려야 한다.

③ 시장·군수 또는 구청장은 제1항에 따른 이행강제금을 부과하는 경우 이행강제금의 금액, 부과사유, 납부기한, 수납기관, 이의제기 방법, 이의제기 기관 등을 명시한 문서로 하여야 한다.

④ 시장·군수 또는 구청장은 최초로 처분명령을 한 날을 기준으로 하여 그 처분명령이 이행될 때까지 제1항에 따른 이행강제금을 매년 1회 부과·징수할 수 있다.

⑤ 시장·군수 또는 구청장은 제11조제1항(제12조제2항에 따른 경우를 포함한다)에 따라 처분명령을 받은 자가 처분명령을 이행하면 새로운 이행강제금의 부과는 즉시 중지하되, 이미 부과된 이행강제금은 징수하여야 한다.

⑥ 제1항에 따른 이행강제금 부과처분에 불복하는 자는 그 처분을 고지받은 날부터 30일 이내에 시장·군수 또는 구청장에게 이의를 제기할 수 있다.

⑦ 제1항에 따른 이행강제금 부과처분을 받은 자가 제6항에 따른 이의를 제기하면 시장·군수 또는 구청장은 지체 없이 관할 법원에 그 사실을 통보하여야 하며, 그 통보를 받은 관할 법원은 「비송사건절차법」에 따른 과태료 재판에 준하여 재판을 한다.

⑧ 제6항에 따른 기간에 이의를 제기하지 아니하고 제1항에 따른 이행강제금을 납부기한까지 내지 아니하면 「지방행정제재·부과금의 징수 등에 관한 법률」에 따라 징수한다. 〈개정 2013. 8. 6., 2020. 3. 24.〉

[제62조에서 이동 〈2021. 8. 17.〉]

제64조(과태료) ① 다음 각 호의 어느 하나에 해당하는 자에게는 500만원 이하의 과태료를 부과한다.

1. 제8조제2항에 따른 증명 서류 제출을 거짓 또는 부정으로 한 자
2. 제49조의2에 따른 신청을 거짓으로 한 자

② 제49조의2에 따른 신청을 하지 아니한 자에게는 300만원 이하의 과태료를 부과한다.

③ 제1항 및 제2항에 따른 과태료는 대통령령으로 정하는 바에 따라 행정관청이 부과·징수한다.

[본조신설 2021. 8. 17.]

[시행일 : 2022. 5. 18.] 제64조제1항제1호, 제64조제3항
[시행일 : 2022. 8. 18.] 제64조제1항제2호, 제64조제2항

부칙 〈제8352호, 2007. 4. 11.〉

제1조 (시행일) 이 법은 공포한 날부터 시행한다. 다만, 제2조제1호나목, 제2조제7호, 제8조제2항제2호, 제35조제1항제1호, 제36조제1항제1호, 부칙 제15조제28항·제35항 및 제66항의 개정규정은 2007년 7월 4일부터 시행한다.

제2조 (시행일에 관한 경과조치) 부칙 제1조 단서에 따라 제2조제1호나목, 제2조제7호, 제8조제2항제2호, 제35조제1항제1호 및 제36조제1항제1호의 개정규정이 시행되기 전까지는 그에 해당하는 종전의 제2조제1호나목, 제2조제9호, 제8조제2항제2호, 제37조제1항제1호 및 제38조제1항제1호를 적용한다.

제3조 (농업생산에 필요한 시설의 부지에 관한 경과조치) 법률 제4817호 농지법 시행일인 1996년 1월 1일 당시 종전의 「농지의 보존 및 이용에 관한 법률」 및 「농지확대개발촉진법」에 따라 농지전용허가를 받거나 「농어촌발전 특별조치법」에 따라 농지전용신고를 하고 설치한 제2조제1호나목에 따른 농업생산에 필요한 시설의 부지에 대하여는 종전의 규정에 따른다.

제4조 (기존 농지소유자에 관한 경과조치) ① 법률 제4817호 농지법 시행일인 1996년 1월 1일 당시 농지를 소유하고 있는 자에 대하여는 제6조제1항·제10조·제11조·제23조 및 제62조는 당해 농지 소유에 관하여 이를 적용하지 아니하되, 종전의 「농어촌발전 특별조치법」 제43조의3제2항에 따라 농지를 처분하여야 하는 자가 처분하지 아니한 처분대상 농지에 대한 처분기한 및 협의매수 등에 관하여는 종전의 「농어촌발전 특별조치법」 제43조의3에 따른다.

② 법률 제4817호 농지법 시행일인 1996년 1월 1일 당시 제7조에 따른 농지의 소유상한을 초과하여 농지를 소유하고 있는 자는 같은 조의 규정에도 불구하고 그 농지를 계속 소유할 수 있다.

제5조 (농촌진흥지역의 지정에 관한 경과조치) 이 법 시행 당시 종전의 「농어촌발전 특별조치법」에 따라 지정된 농업진흥지역은 이 법에 따라 지정된 것으로 본다.

제6조 (농지전용허가 등에 관한 경과조치) ① 법률 제4817호 농지법 시행일인 1996년 1월 1일 당시 종전의 「농지의 보존 및 이용에 관한 법률」, 「농어촌발전특별조치법」, 「농지확대개발촉진법」에 따라 농지전용신고를 받은 자와 농지전용신고를 한 자는 이 법에 따라 농지전용허가 또는 농지의 타용도 일시사용허가를 받거나 농지전용신고를 한 것으로 본다.

② 법률 제4817호 농지법 시행일인 1996년 1월 1일 당시 종전의 「농지의 보존 및 이용에 관한 법률」에 따라 농지전용에 관한 협의를 거치거나 동의·승인을 받은 농지는 이 법에 따라 농지전용에 관한 협의를 거친 것으로 본다.

③ 법률 제4817호 농지법 시행일인 1996년 1월 1일 당시 종전의 「도시계획법」 제17조제1항에 따른 주거지역·상업지역·공업지역으로 지정된 지역 안의 농지 및 도시계획시설의 예정지로 결정된 농지로서 종전의 「농지의 보존 및 이용에 관한 법률」에 따라 농지전용에 관한 협의를 거치지 아니한 농지는 이 법 제34조제2항제1호에 따라 농지전용에 관한 협의를 거친 것으로 본다.

제7조 (농지조성비 등에 관한 경과조치) ① 법률 제4817호 농지법 시행일인 1996년 1월 1일 당시 종전의 「농지의 보전 및 이용에 관한 법률」 제4조제4항에 따른 농지의 조성에 드는 비용과 종전의 「농지확대개발촉진법」 제53조제3항에 따라 농지를 새로 개발하는 데에 필요한 금액을 낸 자는 이 법에 따라 농지보전부담금을 낸 것으로 본다.

② 법률 제4817호 농지법 시행일인 1996년 1월 1일 당시 종전의 「농지의 보전 및 이용에 관한 법률」 제4조제4항에 따른 농지의 조성에 드는 비용과 종전의 「농지확대개발촉진법」

제53조제3항에 따라 농지를 새로 개발하는 데에 필요한 금액의 납입고지를 받은 자는 이 법에 따라 농지보전부담금의 납입고지를 받은 것으로 본다.

③ 법률 제4817호 농지법 시행일인 1996년 1월 1일 당시 종전의 「농지의 보전 및 이용에 관한 법률」 제4조제5항에 따라 결정·고시된 농지의 조성에 드는 비용의 농지별 단위당 금액은 이 법에 따라 결정·고시된 것으로 본다.

④ 법률 제4817호 농지법 시행일인 1996년 1월 1일 이후 「농지의 보전 및 이용에 관한 법률」 제4조제2항에 따라 1981년 7월 29일 이전에 협의를 거쳐 주거지역·상업지역·공업지역으로 지정된 지역 안의 농지를 전용하는 경우에는 제38조제1항제2호는 이를 적용하지 아니한다.

제8조 (농지매매증명에 관한 경과조치) 법률 제4817호 농지법 시행일인 1996년 1월 1일 당시 종전의 「농지개혁법」 제19조제2항 및 「농지임대차관리법」 제19조에 따라 농지매매증명을 발급받은 자는 이 법에 따라 농지취득자격증명을 발급받은 것으로 본다.

제9조 (농지원부에 관한 경과조치) 이 법 시행 당시 종전의 「농지의 보전 및 이용에 관한 법률」 제14조에 따른 농지원부는 이 법에 따른 농지원부로 본다.

제10조 (농지분할제한에 따른 경과조치) 법률 제6793호 농지법중개정법률 시행일인 2003년 1월 1일 당시 농지분할을 신청하였거나 관계 법령에 따라 농지분할을 수반하는 인·허가를 신청한 경우의 농지분할에 대하여는 제22조제2항의 개정규정을 적용하지 아니한다.

제11조 (농업보호구역 안에서의 행위제한에 관한 경과조치) 법률 제7604호 농지법중개정법률 시행일인 2006년 1월 22일 당시 농업보호구역 안에서 제32조제2항의 개정규정에 따라 설치가 제한되는 건축물·공작물, 그 밖의 시설의 설치에 관하여 관계 법령의 규정에 따라 인가·허가 또는 승인 등을 받거나 신고한 자와 그 인가·허가 또는 승인 등의 신청을 한 자의 행위제한에 대하여는 종전의 규정에 따른다.

제12조 (농지의 정의에서 농축산물 생산시설에 관한 경과조치) 법률 제8179호 농지법 일부개정법률의 시행일인 2007년 7월 4일 당시 종전의 규정에 따라 농지전용허가를 받거나 농지전용신고가 수리된 농축산물 생산시설의 부지에 대하여는 제2조제1호나목 및 같은 조 제7호의 개정규정에도 불구하고 종전의 규정에 따른다.

제13조 (처분 등에 관한 일반적 경과조치) 이 법 시행 당시 종전의 규정에 따른 행정기관의 행위나 행정기관에 대한 행위는 그에 해당하는 이 법에 따른 행정기관의 행위나 행정기관에 대한 행위로 본다.

제14조 (벌칙에 관한 경과조치) 이 법 시행 전의 행위에 대하여 벌칙 규정을 적용할 때에는 종전의 규정에 따른다.

제15조 (다른 법률의 개정) ① 경제자유구역의지정 및운영에관한법률 일부를 다음과 같이 개정한다.

제11조제1항제3호 중 "농지법 제36조"를 "「농지법」 제34조"로 한다.

제27조제1항제16호 중 "농지법 제8조·제10조·제11조·제13조·제36조 내지 제48조·제53조·제56조·제57조 및 제65조"를 "「농지법」 제8조, 제10조, 제11조, 제14조, 제34조부터 제46조까지, 제51조, 제54조, 제55조 및 제62조"로 한다.

② 고도(古都)보존에관한특별법 일부를 다음과 같이 개정한다.

제12조제1항제3호 중 "농지법 제36조"를 "「농지법」 제34조"로, "동법 제37조"를 "같은 법 제35조"로 한다.

③ 골재채취법 일부를 다음과 같이 개정한다.

제23조제1항제9호 중 "농지법 제36조제1항"을 "「농지법」 제34조제1항"으로, "동법 제38조제1항"을 "같은 법 제36조제1항"으로 한다.

④ 공공기관 지방이전에 따른 혁신도시 건설 및 지원에 관한 특별법 일부를 다음과 같이 개정한다.

제14조제1항제16호 중 "「농지법」 제36조"를 "「농지법」 제34조"로 한다.

⑤ 공유수면매립법 일부를 다음과 같이 개정한다.

제16조제1항제1호 중 "농지법 제36조"를 "「농지법」 제34조"로 한다.

⑥ 과학관육성법 일부를 다음과 같이 개정한다.

제8조제5호 중 "농지법 제36조"를 "「농지법」 제34조"로 한다.

⑦ 교통체계효율화법 일부를 다음과 같이 개정한다.

제16조제3호 중 "농지법 제36조"를 "「농지법」 제34조"로 한다.

⑧ 국민임대주택건설 등에 관한 특별조치법 일부를 다음과 같이 개정한다.

제12조제1항제8호 중 "농지법 제36조"를 "「농지법」 제34조"로, "동법 제38조"를 "같은 법 제36조"로, "동법 제42조"를 "같은 법 제40조"로 한다.

제20조제1호 중 "농지법 제40조"를 "「농지법」 제38조"로 한다.

제23조제4항제7호 중 "농지법 제36조"를 "「농지법」 제34조"로 한다.

⑨ 국방·군사시설 사업에 관한 법률 일부를 다음과 같이 개정한다.

제7조제1호 중 "「농지법」 제36조제1항"을 각각 "「농지법」 제34조제1항"으로 한다.

⑩ 국토의 계획 및 이용에 관한 법률 일부를 다음과 같이 개정한다.

제8조제2항제1호가목 중 "「농지법」 제30조"를 "「농지법」 제28조"로 한다.

제61조제1항제5호 및 제92조제1항제8호 중 "「농지법」 제36조"를 각각 "「농지법」 제34조"로, "제37조"를 각각 "제35조"로, "제38조"를 각각 "제36조"로 한다.

⑪ 금강수계물관리 및주민지원등에관한법률 일부를 다음과 같이 개정한다.

제26조제1항제10호 중 "농지법 제36조"를 "「농지법」 제34조"로 한다.

⑫ 기업도시개발 특별법 일부를 다음과 같이 개정한다.

제13조제1항제11호 중 "농지법 제36조"를 "농지법」 제34조"로 한다.

제25조제2항제2호 중 "농지법 제40조"를 "농지법」 제38조"로 한다.

⑬ 기업활동 규제완화에 관한 특별조치법 일부를 다음과 같이 개정한다.

제13조제3호 중 "농지법 제36조"를 "「농지법」 제34조"로 하고, 같은 조 제4호 중 "농지법 제37조 또는 제45조"를 "「농지법」 제35조 또는 제43조"로 한다.

제16조제2항 중 "농지법 제30조"를 "「농지법」 제28조"로 한다.

⑭ 낙동강수계물관리 및주민지원등에관한법률 일부를 다음과 같이 개정한다.

제28조제1항제10호 중 "농지법 제36조"를 "「농지법」 제34조"로 한다.

⑮ 농림어업인 삶의 질 향상 및 농산어촌지역 개발촉진에 관한 특별법 일부를 다음과 같이 개정한다.

제43조 중 "농지법 제30조"를 "「농지법」 제28조"로 한다.

⑯ 농산물가공산업 육성법 일부를 다음과 같이 개정한다.

제5조제4항제6호 중 "농지법 제36조제1항"을 "「농지법」 제34조제1항"으로 한다.

⑰ 농어촌도로정비법 일부를 다음과 같이 개정한다.

제12조제1항제7호 중 "농지법 제36조제1항"을 "「농지법」 제34조제1항"으로 한다.

⑱ 농어촌주민의 보건복지증진을 위한 특별법 일부를 다음과 같이 개정한다.

제33조제1호 중 "「농지법」 제30조"를 "「농지법」 제28조"로 한다.

⑲ 농어촌주택개량촉진법 일부를 다음과 같이 개정한다.

제6조제1항제4호 중 "농지법 제36조"를 "「농지법」 제34조"로 하고, "동법 제37조"를 "같은 법 제35조"로 한다.

⑳ 대덕연구개발특구등의육성에관한특별법 일부를 다음과 같이 개정한다.

제14조제2항제2호 중 "농지법 제40조"를 "「농지법」 제38조"로 한다.

제29조제1항제3호 중 "농지법 제36조"를 "「농지법」 제34조"로 한다.

㉑ 댐건설 및주변지역지원등에관한법률 일부를 다음과 같이 개정한다.

제9조제1항제2호 중 "농지법 제36조"를 "「농지법」 제34조"로 한다.

㉒ 도시 및 주거환경정비법 일부를 다음과 같이 개정한다.

제32조제1항제5호 중 "농지법 제36조"를 "「농지법」 제34조"로, "동법 제37조"를 "같은 법 제35조"로 한다.

㉓ 도시철도법 일부를 다음과 같이 개정한다.

제23조제1항제9호 중 "농지법 제36조"를 "「농지법」 제34조"로 한다.

㉔ 무역거래기반조성에관한법률 일부를 다음과 같이 개정한다.

제11조제3호 중 "농지법 제40조"를 "「농지법」 제38조"로 한다.

㉕ 문화산업진흥 기본법 일부를 다음과 같이 개정한다.

제27조제1항제2호 중 "농지법 제40조"를 "「농지법」 제38조"로 한다.

제28조제1항제7호 중 "농지법 제36조"를 "「농지법」 제34조"로 한다.

㉖ 벤처기업육성에 관한 특별조치법 일부를 다음과 같이 개정한다.

제22조제1항제4호 중 "농지법 제40조"를 "「농지법」 제38조"로 한다.

㉗ 부담금관리기본법 일부를 다음과 같이 개정한다.

별표 제23호 중 "농지법 제38조"를 "「농지법」 제36조"로 하고, 같은 표 제24호 중 "농지법 제40조"를 "「농지법」 제38조"로 한다.

㉘ 법률 제8188호 산업기술단지 지원에 관한 특례법 일부를 다음과 같이 개정한다.

제16조제1항제3호 중 "「농지법」 제40조의 규정"을 "「농지법」 제38조"로 한다.

㉙ 산업입지 및 개발에 관한 법률 일부를 다음과 같이 개정한다.

제21조제1항제9호 중 "농지법 제36조"를 "「농지법」 제34조"로 한다.

㉚ 산업집적활성화 및 공장설립에 관한 법률 일부를 다음과 같이 개정한다.

제13조의2제1항제1호 중 "농지법 제36조제1항의 규정에 의한 농지전용의 허가, 동법 제37조제1항·제45조의 규정에 의한 농지전용의 신고 및 동법 제42조제1항의 규정에 의한 용도변경의 승인"을 "「농지법」 제34조제1항에 따른 농지전용의 허가, 같은 법 제35조제1항·제43조에 따른 농지전용의 신고 및 같은 법 제40조제1항에 따른 용도변경의 승인"으로 한다.

제13조의5 후단 중 "「농지법」 제44조"를 "「농지법」 제42조"로 하고, 제22조의2제6항제2호 중 "「농지법」 제40조"를 "「농지법」 제38조"로 한다.

㉛ 소기업 및 소상공인지원을 위한 특별조치법 일부를 다음과 같이 개정한다.

제4조제2항제2호 중 "농지법 제40조"를 "「농지법」 제38조"로 한다.

㉜ 소하천정비법 일부를 다음과 같이 개정한다.

제10조의2제1항제3호 중 "「농지법」 제36조"를 "「농지법」 제34조"로, "동법 제37조"를 "같은 법 제35조"로, "동법 제38조"를 "같은 법 제36조"로 한다.

㉝ 송유관안전관리법 일부를 다음과 같이 개정한다.

제4조제1항제2호 중 "「농지법」 제36조제1항"을 "「농지법」 제34조제1항"으로 한다.

㉞ 수도권신공항건설촉진법 일부를 다음과 같이 개정한다.

제8조제1항제9호 중 "「농지법」 제36조"를 "「농지법」 제34조"로 한다.

㉟ 법률 제8180호 수목원조성 및 진흥에 관한 법률 일부를 다음과 같이 개정한다.

제8조제8호 중 "「농지법」 제36조"를 "「농지법」 제34조"로 한다.

㊱ 수산물품질관리법 일부를 다음과 같이 개정한다.

제17조제2항제5호 중 "농지법 제36조제1항"을 "「농지법」 제34조제1항"으로 한다.

㊲ 신항만건설촉진법 일부를 다음과 같이 개정한다.

제9조제2항제9호 중 "농지법 제36조"를 "「농지법」 제34조"로 한다.

㊳ 신행정수도 후속대책을 위한 연기·공주지역 행정중심복합도시 건설을 위한 특별법 일부를 다음과 같이 개정한다.

제22조제1항제13호 중 "농지법 제33조제1항"을 "「농지법」 제31조제1항"으로, "동법 제36조"를 "같은 법 제34조"로, "동법 제37조"를 "같은 법 제35조"로, "동법 제38조"를 "같은 법 제36조"로 한다.

㊴ 쌀소득 등의 보전에 관한 법률 일부를 다음과 같이 개정한다.

제5조제2호 중 "「농지법」 제36조·제37조 또는 제45조"를 "「농지법」 제34조·제35조 또는 제43조"로 한다.

㊵ 아시아문화중심도시 조성에 관한 특별법 일부를 다음과 같이 개정한다.

제33조제1항제4호 중 "「농지법」 제36조"를 "「농지법」 제34조"로 한다.

㊶ 어촌·어항법 일부를 다음과 같이 개정한다.

제8조제10호 중 "「농지법」 제36조"를 "「농지법」 제34조"로 한다.

㊷ 연안관리법 일부를 다음과 같이 개정한다.

제18조제1항제3호 중 "농지법 제36조"를 "「농지법」 제34조"로 한다.

㊸ 영산강·섬진강수계물관리 및주민지원등에관한법률 일부를 다음과 같이 개정한다.

제26조제1항제10호 중 "「농지법」 제36조"를 "「농지법」 제34조"로 한다.

㊹ 외국인투자촉진법 일부를 다음과 같이 개정한다.

별표 1 제1호가목 중 "농지법 제36조제1항"을 "「농지법」 제34조제1항"으로 한다.

별표 1 제2호가목 및 제3호거목 중 "농지법 제36조"를 각각 "「농지법」 제34조"로 한다.

별표 1 제6호타목 및 제9호가목 중 "농지법 제36조제1항"을 각각 "「농지법」 제34조제1항"으로 한다.

별표 1 제10호 라목 중 "농지법 제36조"를 "「농지법」 제34조"로 한다.

㊺ 유통단지개발촉진법 일부를 다음과 같이 개정한다.

제13조제1항제2호 중 "농지법 제36조"를 "「농지법」 제34조"로 한다.

㊻ 유통산업발전법 일부를 다음과 같이 개정한다.

제30조제1항제1호 중 "「농지법」 제36조제1항"을 "「농지법」 제34조제1항"으로 한다.

㊼ 자연공원법 일부를 다음과 같이 개정한다.

제21조제10호 중 "농지법 제36조제1항"을 "농지법」 제34조제1항"으로 한다.

㊽ 자연재해대책법 일부를 다음과 같이 개정한다.

제49조제4항제8호 중 "농지법 제36조"를 "농지법」 제34조"로, "동법 제37조"를 "같은 법 제35조"로, "동법 제38조"를 "같은 법 제36조"로 한다.

㊾ 자전거이용 활성화에 관한 법률 일부를 다음과 같이 개정한다.

제14조제1항제6호 중 "「농지법」 제36조제1항"을 「농지법」 제34조제1항"으로 한다.

㊿ 재래시장 및 상점가 육성을 위한 특별법 일부를 다음과 같이 개정한다.

제40조제1항제5호 중 "「농지법」 제36조"를 "「농지법」 제34조"로, "같은 법 제37조"를 "같은 법 제35조"로 한다.

〈51〉전원개발촉진법 일부를 다음과 같이 개정한다.

제6조제1항제10호 중 "농지법 제36조"를 "「농지법」 제34조"로 한다.

〈52〉제주특별자치도 설치 및 국제자유도시 조성을 위한 특별법 일부를 다음과 같이 개정한다.

제142조제5호 중 "「농지법」 제36조제1항"을 "「농지법」 제34조제1항"으로 한다.

제205조제1항 중 "「농지법」 제32조제1항 및 제33조제2항"을 "「농지법」 제30조제1항 및 제31조제2항"으로 하고, 같은 조 제2항 중 "「농지법」 제32조제3항"을 "「농지법」 제30조제3항"으로 하며, 같은 조 제3항 중 "「농지법」 제32조제4항 및 제33조제1항·제2항"을 "「농지법」 제30조제4항 및 제31조제1항·제2항"으로 한다.

제230조제1항제3호 중 "「농지법」 제36조"를 "「농지법」 제34조"로 한다.

제308조 본문 중 "「농지법」 제21조제2항"을 "「농지법」 제22조제2항"으로 하고, 같은 조 단서 중 "「농지법」 제30조"를 "「농지법」 제28조"로 한다.

〈53〉주택법 일부를 다음과 같이 개정한다.

제17조제1항제7호 중 "「농지법」 제36조"를 "「농지법」 제34조"로 한다.

〈54〉주한미군 공여구역주변지역 등 지원 특별법 일부를 다음과 같이 개정한다.

제29조제1항제8호 중 "「농지법」 제36조"를 "「농지법」 제34조"로 한다.

〈55〉주한미군기지이전에따른평택시등의지원등에관한특별법 일부를 다음과 같이 개정한다.

제5조제1항제7호 및 제18조제1항제1호 중 "농지법 제36조"를 각각 "「농지법」 제34조"로 한다.

〈56〉지방소도읍육성지원법 일부를 다음과 같이 개정한다.

제9조제1항제3호 중 "농지법 제36조"를 "「농지법」 제34조"로, "동법 제37조"를 "같은 법 제35조"로 한다.

〈57〉지역균형개발 및 지방중소기업 육성에 관한 법률 일부를 다음과 같이 개정한다.

제18조제1항제5호 중 "「농지법」 제36조"를 "「농지법」 제34조"로 한다.

〈58〉지역특화발전특구에 대한 규제특례법 일부를 다음과 같이 개정한다.

제26조제2항 중 "「농지법」 제22조"를 "「농지법」 제23조"로 하고, 같은 조 제3항 중 "「농지법」 제34조"를 "「농지법」 제32조"로 하며, 같은 조 제4항 중 "「농지법」 제38조제1항"을 "「농지법」 제36조제1항"으로 하고, 같은 조 제5항 중 "「농지법」 제39조"를 "「농지법」 제37조"로 한다.

제39조제3항제2호 중 "「농지법」 제33조"를 "「농지법」 제31조"로 한다.

제40조제1항제4호 중 "「농지법」 제36조"를 "「농지법」 제34조"로 한다.

〈59〉집단에너지사업법 일부를 다음과 같이 개정한다.

제49조제1항제11호 중 "농지법 제36조제1항"을 "「농지법」 제34조제1항"으로 한다.

〈60〉철도건설법 일부를 다음과 같이 개정한다.

제11조제1항제8호 중 "농지법 제36조"를 "「농지법」 제34조"로 한다.

〈61〉청소년활동진흥법 일부를 다음과 같이 개정한다.

제33조제1항제3호 및 제52조제1항제11호 중 "농지법 제36조"를 각각 "「농지법」 제34조"로 한다.

〈62〉초지법 일부를 다음과 같이 개정한다.

제20조제6호 중 "농지법 제36조제1항"을 "「농지법」 제34조제1항"으로 한다.

〈63〉택지개발촉진법 일부를 다음과 같이 개정한다.

제11조제1항제11호 중 "농지법 제36조"를 "「농지법」 제34조"로, "동법 제37조"를 "같은 법 제35조"로, "동법 제38조"를 "같은 법 제36조"로, "동법 제42조"를 "같은 법 제40조"로 한다.

〈64〉토지환경보전법 일부를 다음과 같이 개정한다.

제3조제2항 중 "농지법 제20조"를 "「농지법」 제21조"로 한다.

〈65〉토지이용규제 기본법 일부를 다음과 같이 개정한다.

별표의 연번란 71의 근거법률란 중 "「농지법」 제30조제1항"을 "「농지법」 제28조제1항"으로 한다.

별표의 연번란 72의 근거법률란 중 "「농지법」 제30조제2항제1호"를 "「농지법」 제28조제2항제1호"로 한다.

별표의 연번란 73의 근거법률란 중 "「농지법」 제30조제2항제2호"를 "「농지법」 제28조제2항제2호"로 한다.

〈66〉법률 제8214호 폐기물처리시설 설치촉진 및 주변지역지원 등에 관한 법률 일부를 다음과 같이 개정한다.

제12조제1항제11호 중 "「농지법」 제36조"를 "「농지법」 제34조"로 한다.

〈67〉하수도법 일부를 다음과 같이 개정한다.

제17조제1항제4호 중 "「농지법」 제36조"를 "「농지법」 제34조"로 한다.

〈68〉하천법 일부를 다음과 같이 개정한다.

제32조제1항제10호 중 "농지법 제36조"를 "「농지법」 제34조"로, "동법 제38조"을 "동법 제36조"로 한다.

〈69〉학교시설사업촉진법 일부를 다음과 같이 개정한다.

제5조제7호 중 "농지법 제36조제1항"을 "「농지법」 제34조제1항"으로 한다.

〈70〉한강수계 상수원수질개선 및 주민지원 등에 관한 법률 일부를 다음과 같이 개정한다.

제15조제10호 중 "「농지법」 제36조"를 "「농지법」 제34조"로 한다.

〈71〉한국가스공사법 일부를 다음과 같이 개정한다.

제16조의3제11호 중 "농지법 제36조"를 "「농지법」 제34조"로 한다.

〈72〉한국농촌공사 및 농지관리기금법 일부를 다음과 같이 개정한다.

제32조제4호 및 제34조제1항제7호 중 "「농지법」 제40조"를 각각 "「농지법」 제38조"로 한다.

제42조 중 "「농지법」 제9조 및 제26조"를 "「농지법」 제9조 및 제25조"로 한다.

제50조제1항 중 "「농지법」 제46조"를 "「농지법」 제44조"로 한다.

〈73〉한국수자원공사법 일부를 다음과 같이 개정한다.

제18조제1항제9호 중 "농지법 제36조"를 "「농지법」 제34조"로 한다.

〈74〉한국토지공사법 일부를 다음과 같이 개정한다.

제19조제1항제9호 중 "농지법 제36조제1항"을 "「농지법」 제34조제1항"으로 한다.

〈75〉항공법 일부를 다음과 같이 개정한다.

제96조제1항제9호 중 "농지법 제36조"를 "「농지법」 제34조"로 한다.

〈76〉항만공사법 일부를 다음과 같이 개정한다.

제23조제1항제8호 중 "「농지법」 제36조"를 "「농지법」 제34조"로 한다.

〈77〉화물유통촉진법 일부를 다음과 같이 개정한다.

제37조제1항제2호 중 "농지법 제36조"를 "「농지법」 제34조"로 한다.

제16조 (다른 법령과의 관계) 이 법 시행 당시 다른 법령에서 종전의 「농지법」 또는 그 규정을 인용한 경우에 이 법 가운데 그에 해당하는 규정이 있으면 종전의 규정을 갈음하여 이 법 또는 이 법의 해당 규정을 인용한 것으로 본다.

부칙 〈제8466호, 2007. 5. 17.〉 (수질 및 수생태계 보전에 관한 법률)

제1조 (시행일) 이 법은 공포 후 6개월이 경과한 날부터 시행한다.

제2조 및 제3조 생략

제4조 (다른 법률의 개정) ①부터 ⑨까지 생략

⑩ 농지법 일부를 다음과 같이 개정한다.

제37조제1항제2호 중 "수질환경보전법"을 "수질 및 수생태계 보전에 관한 법률"로 한다.

⑪부터 〈55〉까지 생략

제5조 생략

부 칙 〈제8749호, 2007. 12. 21.〉 (농업·농촌 및 식품산업 기본법)

제1조 (시행일) 이 법은 공포 후 6개월이 경과한 날부터 시행한다.

제2조부터 제7조까지 생략

제8조 (다른 법률의 개정) ①부터 ④까지 생략

⑤ 농지법 일부를 다음과 같이 개정한다.

제2조제3호 각 목 외의 부분 중 "「농업·농촌기본법」 제15조"를 "「농업·농촌 및 식품산업 기본법」 제28조"로, "제16조"를 "제29조"로 한다.

제14조제1항 전단 중 "「농업·농촌기본법」 제43조에 따른 시·군·구농정심의회(이하 "시·군·구농정심의회"라 한다)"를 "「농업·농촌 및 식품산업 기본법」 제15조에 따른 시·군·구 농업·농촌 및식품산업정책심의회(이하 "시·군·구 농업·농촌 및식품산업정책심의회"라 한다)"로 한다.

제17조제1항 전단 중 "시·군·구농정심의회"를 "시·군·구 농업·농촌 및식품산업정책심의회"로 한다.

제30조제1항 중 "「농업·농촌기본법」 제43조에 따른 시·도농정심의회(이하 "시·도농정심의회"라 한다)"를 "「농업·농촌 및 식품산업 기본법」 제15조에 따른 시·도 농업·농촌 및식품산업정책심의회(이하 "시·도 농업·농촌 및식품산업정책심의회"라 한다)"로 한다.

제31조제2항 단서 중 "시·도농정심의회"를 "시·도 농업·농촌 및식품산업정책심의회"로 한다.

⑥부터 ⑩까지 생략

제9조 생략

부칙 〈제8852호, 2008. 2. 29.〉 (정부조직법)

제1조(시행일) 이 법은 공포한 날부터 시행한다. ···〈생략〉···, 부칙 제6조에 따라 개정되는 법률 중 이 법의 시행 전에 공포되었으나 시행일이 도래하지 아니한 법률을 개정한 부분은 각각 해당 법률의 시행일부터 시행한다.

제2조부터 제5조까지 생략

제6조(다른 법률의 개정) ①부터 〈283〉까지 생략

〈284〉 농지법 일부를 다음과 같이 개정한다.

제30조제3항 중 "건설교통부장관"을 "국토해양부장관"으로 한다.

제6조제2항제2호, 제10조제2항, 제14조제5항, 제17조제1항 전단·제2항·제4항제5호, 제18조제1항, 제20조제2항·제4항 전단·제5항, 제21조제2항, 제39조 각 호 외의 부분 본문, 제45조제2항제2호, 제49조제5항, 제50조제1항·제2항 및 제54조제3항 중 "농림부령"을 각각 "농림수산식품부령"으로 한다.

제28조제2항제1호 각 목 외의 부분, 제30조제1항·제3항, 제31조제2항 단서, 제34조제1항 각 호 외의 부분 전단·제2항 각 호 외의 부분, 제37조제1항 각 호 외의 부분 본문·제2항 각 호 외의 부분, 제38조제2항·제3항 본문·제5항 각 호 외의 부분·제8항 각 호 외의 부분 본문·제9항, 제39조 각 호 외의 부분 본문, 제42조제1항 각 호 외의 부분·제2항, 제51조제1항부터 제3항까지, 제52조 각 호 외의 부분, 제54조제1항 각 호 외의 부분 및 제55조 각 호 외의 부분 중 "농림부장관"을 각각 "농림수산식품부장관"으로 한다.

〈285〉부터 〈760〉까지 생략

제7조 생략

부칙 〈제9276호, 2008. 12. 29.〉 (한국농어촌공사 및 농지관리기금법)

제1조(시행일) 이 법은 공포 후 6개월이 경과한 날부터 시행한다. 〈단서 생략〉

제2조 및 제3조 생략

제4조(다른 법률의 개정) ①부터 ⑤까지 생략

⑥ 농지법 일부를 다음과 같이 개정한다.

제6조제2항제9호 중 "한국농촌공사 및 농지관리기금법"을 "한국농어촌공사 및 농지관리기금법"으로 하고, 같은 항 제10호가목 중 "한국농촌공사 및 농지관리기금법"에 따라 한국농촌공사"를 "한국농어촌공사 및 농지관리기금법"에 따라 한국농어촌공사"로 한다. 제11조제2항 중 "한국농촌공사 및 농지관리기금법"에 따른 한국농촌공사"를 "한국농어촌공사 및 농지관리기금법"에 따른 한국농어촌공사"로 하고, 같은 조 제3항 중 "한국농촌공사"를 "한국농어촌공사"로 하며, 같은 조 제4항 중 "한국농촌공사"를 "한국농어촌공사"로, "한국농촌공사 및 농지관리기금법"을 "한국농어촌공사 및 농지관리기금법"으로 한다. 제12조제1항제2호, 제13조제1항제2호·제2항, 제15조 각 호 외의 부분, 제23조제6호·제7호 각 목 외의 부분, 제45조제2항제3호, 제51조제2항 중 "한국농촌공사"를 각각 "한국농어촌공사"로 한다.

제38조제9항 및 제51조제3항 중 "「한국농촌공사 및 농지관리기금법」"을 각각 "「한국농어촌공사 및 농지관리기금법」"으로 한다.

⑦부터 ⑮까지 생략

제5조 생략

부칙 〈제9620호, 2009. 4. 1.〉 (농어업경영체 육성 및 지원에 관한 법률)

제1조(시행일) 이 법은 공포 후 6개월이 경과한 날부터 시행한다.

제2조부터 제4조까지 생략

제5조(다른 법률의 개정) ①부터 ⑥까지 생략

⑦ 농지법 일부를 다음과 같이 개정한다.

제2조제3호 각 목 외의 부분 중 "「농업·농촌 및 식품산업 기본법」 제28조에 따라 설립된 영농조합법인과 같은 법 제29조"를 "「농어업경영체 육성 및 지원에 관한 법률」 제16조에 따라 설립된 영농조합법인과 같은 법 제19조"로 한다.

⑧부터 ⑭까지 생략

제6조 생략

부칙 〈제9717호, 2009. 5. 27.〉 (농어업·농어촌 및 식품산업 기본법)

제1조(시행일) 이 법은 공포 후 6개월이 경과한 날부터 시행한다. 〈단서 생략〉

제2조부터 제5조까지 생략

제6조(다른 법률의 개정) ①부터 ⑦까지 생략

⑧ 농지법 일부를 다음과 같이 개정한다.

제14조제1항 전단 중 "「농업·농촌 및 식품산업 기본법」 제15조에 따른 시·군·구 농업·농촌 및식품산업정책심의회(이하 "시·군·구 농업·농촌 및식품산업정책심의회"라 한다)"를 "「농어업·농어촌 및 식품산업 기본법」 제15조에 따른 시·군·구 농어업·농어촌 및식품산업정책심의회(이하 "시·군·구 농어업·농어촌 및식품산업정책심의회"라 한다)"로 한다. 제17조제1항 전단 중 "시·군·구 농업·농촌 및식품산업정책심의회"를 "시·군·구 농어업·농어촌 및식품산업정책심의회"로 한다.

제30조제1항 중 "「농업·농촌 및 식품산업 기본법」 제15조에 따른 시·도 농업·농촌 및식품산업정책심의회(이하 "시·도 농업·농촌 및식품산업정책심의회"라 한다)"를 "「농어업·농어촌 및 식품산업 기본법」 제15조에 따른 시·도 농어업·농어촌 및식품산업정책심의회(이하 "시·도 농어업·농어촌 및식품산업정책심의회"라 한다)"로 한다.

제31조제2항 단서 중 "시·도 농업·농촌 및식품산업정책심의회"를 "시·도 농어업·농어촌 및식품산업정책심의회"로 한다.

⑨부터 ⑰까지 생략

제7조 생략

부칙 〈제9721호, 2009. 5. 27.〉

제1조(시행일) 이 법은 공포 후 6개월이 경과한 날부터 시행한다.

제2조(농지전용 협의에 관한 적용례) 제34조제2항제1호의2의 개정규정은 이 법 시행 후 최초로 제2종 지구단위계획구역을 지정하기 위하여 협의하는 것부터 적용한다.

제3조(독촉장 및 가산금에 관한 적용례) 제38조제7항부터 제9항까지의 개정규정은 이 법 시행 후 최초로 농지보전부담금을 부과하는 분부터 적용한다.

제4조(다른 법률의 개정) ① 제주특별자치도 설치 및 국제자유도시 조성을 위한 특별법 일부를 다음과 같이 개정한다.

제205조의2제2항을 삭제한다.

② 법률 제9276호 한국농촌공사 및 농지관리기금법 일부개정법률 일부를 다음과 같이 개정한다.

제50조를 삭제한다.

부칙 〈제9758호, 2009. 6. 9.〉 (농어촌정비법)

제1조(시행일) 이 법은 공포 후 6개월이 경과한 날부터 시행한다. 〈단서 생략〉

제2조부터 제21조까지 생략

제22조(다른 법률의 개정) ①부터 ⑪까지 생략

⑫ 농지법 일부를 다음과 같이 개정한다.

제6조제2항제9호 중 "「농어촌정비법」 제84조제3항"을 "「농어촌정비법」 제98조제3항"으로 하고, 같은 항 제10호나목 중 "「농어촌정비법」 제16조·제40조·제58조·제68조 또는 제86조"를 "「농어촌정비법」 제16조·제25조·제43조·제82조 또는 제100조"로 한다.

⑬부터 〈53〉까지 생략

제23조 생략

부칙 〈제10303호, 2010. 5. 17.〉 (은행법)

제1조(시행일) 이 법은 공포 후 6개월이 경과한 날부터 시행한다. 〈단서 생략〉

제2조부터 제8조까지 생략

제9조(다른 법률의 개정) ①부터 ㉖까지 생략

㉗ 농지법 일부를 다음과 같이 개정한다.

제13조제1항제3호 중 "「은행법」에 따라 설립된 금융기관"을 "「은행법」에 따라 설립된 은행"으로 한다.

㉘부터 〈86〉까지 생략

제10조 생략

부칙 〈제10522호, 2011. 3. 31.〉 (농업협동조합법)

제1조(시행일) 이 법은 2012년 3월 2일부터 시행한다. 〈단서 생략〉

제2조부터 제26조까지 생략

제27조(다른 법률의 개정) ①부터 ⑨까지 생략

⑩ 농지법 일부를 다음과 같이 개정한다.

제13조제1항제1호 중 "품목별·업종별협동조합 및 그 중앙회"를 "품목별·업종별협동조합 및 그 중앙회와 농협은행"으로 한다.

⑪부터 ㉕까지 생략

제28조 생략

부칙 〈제10580호, 2011. 4. 12.〉 (부동산등기법)

제1조(시행일) 이 법은 공포 후 6개월이 경과한 날부터 시행한다. 〈단서 생략〉

제2조 및 제3조 생략

제4조(다른 법률의 개정) ①부터 ⑨까지 생략

⑩ 농지법 일부를 다음과 같이 개정한다.

제18조제3항 중 "「부동산등기법」 제40조제1항제2호에 따른 등기원인을 증명하는 서면"을 "「부동산등기법」에 따른 등기원인을 증명하는 서면"으로 한다.

⑪부터 ㊷까지 생략

제5조 생략

부칙 〈제10599호, 2011. 4. 14.〉 (국토의 계획 및 이용에 관한 법률)

제1조(시행일) 이 법은 공포 후 1년이 경과한 날부터 시행한다. 〈단서 생략〉

제2조부터 제7조까지 생략

제8조(다른 법률의 개정) ①부터 ⑲까지 생략

⑳ 농지법 일부를 다음과 같이 개정한다.

제22조제2항제1호 중 "도시계획시설부지"를 "도시·군계획시설부지"로 한다.

제34조제2항제1호 중 "도시계획시설"을 각각 "도시·군계획시설"로 하고, 같은 항 제1호의2 중 "제2종 지구단위계획구역"을 "지구단위계획구역"으로 한다.

㉑부터 〈83〉까지 생략

제9조 생략

부칙 〈제10682호, 2011. 5. 19.〉
(금융회사부실자산 등의 효율적 처리 및 한국자산관리공사의 설립에 관한 법률)

제1조(시행일) 이 법은 공포한 날부터 시행한다.

제2조(다른 법률의 개정) ①부터 ⑩까지 생략

⑪ 농지법 일부를 다음과 같이 개정한다.

제13조제1항제4호 중 "금융기관부실자산 등의 효율적 처리 및 한국자산관리공사의 설립에 관한 법률」"을 "금융회사부실자산 등의 효율적 처리 및 한국자산관리공사의 설립에 관한 법률」"로 한다.

⑫부터 ㉔까지 생략

제3조 생략

부칙 〈제11171호, 2012. 1. 17.〉

제1조(시행일) 이 법은 공포 후 6개월이 경과한 날부터 시행한다.

제2조(대리경작 기간에 관한 적용례) 제20조제3항의 개정규정은 이 법 시행 후 최초로 대리경작자로 지정된 경작자부터 적용한다.

제3조(임대차 기간에 관한 적용례) 제24조의2의 개정규정은 이 법 시행 후 최초로 임대차계약을 체결하는 것부터 적용한다.

제4조(농지보전부담금의 가산금 부과에 관한 적용례) 제38조제8항의 개정규정은 이 법 시행 후 최초로 납부기한이 경과한 징수대상 금액에 대하여 부과하는 가산금부터 적용한다.

부칙 〈제11599호, 2012. 12. 18.〉 (한국토지주택공사법)

제1조(시행일) 이 법은 공포한 날부터 시행한다.

제2조 및 제3조 생략

제4조(다른 법률의 개정) ①부터 ⑤까지 생략

⑥ 농지법 일부를 다음과 같이 개정한다.

제6조제2항제10호바목 전단 중 "한국토지공사"를 "한국토지주택공사"로 한다.

⑦부터 ⑬까지 생략

부칙 〈제11690호, 2013. 3. 23.〉 (정부조직법)

제1조(시행일) ① 이 법은 공포한 날부터 시행한다.

② 생략

제2조부터 제5조까지 생략

제6조(다른 법률의 개정) ①부터 〈290〉까지 생략

〈291〉 농지법 일부를 다음과 같이 개정한다.

제6조제2항제2호, 제10조제2항, 제14조제5항, 제17조제1항 전단, 같은 조 제2항, 같은 조 제4항제5호, 제18조제1항, 제20조제1항·제2항, 같은 조 제4항 전단, 같은 조 제5항, 제21조제2항, 제24조제3항, 제39조 각 호 외의 부분 본문, 제49조제5항, 제50조제1항·제2항 및 제54조제3항 중 "농림수산식품부령"을 각각 "농림축산식품부령"으로 한다.

제6조제2항제10호마목, 제10조제1항제5호의2, 제28조제2항제1호 각 목 외의 부분, 제30조제1항·제3항, 제31조제2항 단서, 제34조제1항 각 호 외의 부분 전단, 같은 조 제2항 각 호 외의 부분, 제37조제1항 각 호 외의 부분 본문, 같은 조 제2항 각 호 외의 부분, 제38조제2항, 같은 조 제3항 본문, 같은 조 제5항 각 호 외의 부분, 같은 조 제7항, 같은 조 제8항 각 호 외의 부분, 같은 조 제9항, 같은 조 제10항 각 호 외의 부분 본문, 같은 조 제11항, 제39조 각 호 외의 부분 본문, 제42조제1항 각 호 외의 부분, 같은 조 제2항, 제51조제1항부터 제3항까지, 제52조 각 호 외의 부분, 제54조제1항 각 호 외의 부분 및 제55조 각 호 외의 부분 중 "농림수산식품부장관"을 각각 "농림축산식품부장관"으로 한다.

제30조제3항 중 "국토해양부장관"을 "국토교통부장관"으로 한다.

〈292〉부터 〈710〉까지 생략

제7조 생략

부칙 〈제11694호, 2013. 3. 23.〉 (농어업·농어촌 및 식품산업 기본법)

제1조(시행일) 이 법은 공포한 날부터 시행한다.

제2조부터 제4조까지 생략

제5조(다른 법률의 개정) ①부터 ③까지 생략

④ 농지법 일부를 다음과 같이 개정한다.

제14조제1항 전단 중 "시·군·구 농어업·농어촌 및식품산업정책심의회"를 각각 "시·군·구 농업·농촌 및식품산업정책심의회"로 한다.

제17조제1항 전단 및 제24조의3제4항 중 "시·군·구 농어업·농어촌 및식품산업정책심의회"를 각각 "시·군·구 농업·농촌 및식품산업정책심의회"로 한다.

제30조제1항 중 "시·도 농어업·농어촌 및식품산업정책심의회"를 각각 "시·도 농업·농촌 및식품산업정책심의회"로 한다.

제31조제2항 단서 중 "시·도 농어업·농어촌 및식품산업정책심의회"를 "시·도 농업·농촌 및식품산업정책심의회"로 한다.

부칙 〈제11998호, 2013. 8. 6.〉 (지방세외수입금의 징수 등에 관한 법률)

제1조(시행일) 이 법은 공포 후 1년이 경과한 날부터 시행한다.

제2조 생략

제3조(다른 법률의 개정) ①부터 ⑮까지 생략

⑯ 농지법 일부를 다음과 같이 개정한다.

제62조제8항 중 "지방세 체납처분의 예에 따라 징수한다"를 "「지방세외수입금의 징수 등에 관한 법률」에 따라 징수한다"로 한다.

⑰부터 〈71〉까지 생략

부칙 〈제12812호, 2014. 10. 15.〉

이 법은 공포 후 3개월이 경과한 날부터 시행한다.

부칙 〈제13022호, 2015. 1. 20.〉

제1조(시행일) 이 법은 공포 후 1년이 경과한 날부터 시행한다. 다만, 제23조 및 제24조의2의 개정규정은 공포한 날부터 시행한다.

제2조(농지보전부담금 가산금 및 중가산금에 관한 적용례) 제38조제9항 및 제10항의 개정규정은 이 법 시행 후 최초로 제38조에 따라 농지보전부담금을 부과하여야 할 의무가 발생한 자가 해당 농지보전부담금을 납부하지 아니한 경우부터 적용한다.

부칙 〈제13383호, 2015. 6. 22.〉 (수산업·어촌 발전 기본법)

제1조(시행일) 이 법은 공포 후 6개월이 경과한 날부터 시행한다. 〈단서 생략〉

제2조 및 제3조 생략

제4조(다른 법률의 개정) ①부터 ㉞까지 생략

㉟ 농지법 일부를 다음과 같이 개정한다.

제14조제1항 전단, 제24조의3제4항 및 제30조제1항 중 "농어업·농어촌 및 식품산업 기본법"을 각각 "농업·농촌 및 식품산업 기본법"으로 한다.

㊱부터 〈63〉까지 생략

부칙 〈제13405호, 2015. 7. 20.〉

이 법은 공포 후 6개월이 경과한 날부터 시행한다.

부칙 〈제13782호, 2016. 1. 19.〉 (감정평가 및 감정평가사에 관한 법률)

제1조(시행일) 이 법은 2016년 9월 1일부터 시행한다.

제2조부터 제6조까지 생략

제7조(다른 법률의 개정) ①부터 ⑥까지 생략

⑦ 농지법 일부를 다음과 같이 개정한다.

제33조의2제2항 중 "부동산 가격공시 및 감정평가에 관한 법률"을 "감정평가 및 감정평가사에 관한 법률"로 한다.

⑧부터 ㉕까지 생략

제8조 생략

부칙 〈제13796호, 2016. 1. 19.〉 (부동산 가격공시에 관한 법률)

제1조(시행일) 이 법은 2016년 9월 1일부터 시행한다.

제2조 생략

제3조(다른 법률의 개정) ①부터 ⑨까지 생략

⑩ 농지법 일부를 다음과 같이 개정한다.

제11조제3항 전단 중 "부동산가격공시 및 감정평가에 관한 법률"을 "부동산 가격공시에 관한 법률"로, "같은 법 제9조"를 "같은 법 제8조"로 한다.

제38조제7항 중 "부동산 가격공시 및 감정평가에 관한 법률"을 "부동산 가격공시에 관한 법률"로 한다.

⑪부터 ㉗까지 생략

제4조 생략

부칙 〈제14209호, 2016. 5. 29.〉

이 법은 공포한 날부터 시행한다.

부칙 〈제14242호, 2016. 5. 29.〉 (수산업협동조합법)

제1조(시행일) 이 법은 2016년 12월 1일부터 시행한다. 〈단서 생략〉

제2조부터 제20조까지 생략

제21조(다른 법률의 개정) ①부터 ⑧까지 생략

⑨ 농지법 일부를 다음과 같이 개정한다.

제13조제1항제1호 중 "지구별수산업협동조합, 업종별수산업협동조합, 수산물가공수산업협동조합 및 그 중앙회"를 "지구별 수산업협동조합, 업종별 수산업협동조합, 수산물가공수산업협동조합 및 그 중앙회와 수협은행"으로 한다.

⑩부터 ㉗까지 생략

제22조 생략

부칙 〈제14532호, 2017. 1. 17.〉 (물환경보전법)

제1조(시행일) 이 법은 공포 후 1년이 경과한 날부터 시행한다. 다만, 부칙 제6조에 따라 개정되는 법률 중 이 법 시행 전에 공포되었으나 시행일이 도래하지 아니한 법률을 개정한 부분은 각각 해당 법률의 시행일부터 시행한다.

제2조부터 제5조까지 생략

제6조(다른 법률의 개정) ①부터 ㉔까지 생략

㉕ 농지법 일부를 다음과 같이 개정한다.

제37조제1항제2호 중 "「수질 및 수생태계 보전에 관한 법률」 제2조제10호"를 "「물환경보전법」 제2조제10호"로 한다.

㉖부터 〈89〉까지 생략

제7조 생략

부칙 〈제14985호, 2017. 10. 31.〉

제1조(시행일) 이 법은 공포 후 6개월이 경과한 날부터 시행한다.

제2조(농지의 타용도 일시사용신고에 관한 적용례) 제36조의2의 개정규정은 이 법 시행 후 최초로 농지의 타용도 일시사용신고를 하는 경우부터 적용한다.

부칙 〈제16073호, 2018. 12. 24.〉

제1조(시행일) 이 법은 2019년 7월 1일부터 시행한다.

제2조(타용도 일시사용허가 대상에 관한 적용례) 제36조제1항제4호의 개정규정은 이 법 시행 이후 최초로 농지의 타용도 일시사용허가(제36조제2항에 따른 농지의 타용도 일시사용 협의의 경우를 포함한다)를 신청한 경우부터 적용한다.

제3조(농지보전부담금 부과기준에 관한 적용례) 제38조제7항 각 호 외의 부분의 개정규정은 이 법 시행 이후 최초로 농지전용허가(다른 법률의 규정에 따라 농지전용허가가 의제된 경우를 포함한다)를 신청하거나 농지전용신고(다른 법률의 규정에 따라 농지전용신고가 의제된 경우를 포함한다)를 하는 경우부터 적용한다.

제4조(농지전용부담금 독촉장 발급에 관한 적용례) 제38조제8항의 개정규정은 이 법 시행 이후 최초로 농지보전부담금의 납부기한이 경과하여 독촉장을 발급하는 경우부터 적용한다.

부칙 〈제16652호, 2019. 11. 26.〉 (한국자산관리공사 설립 등에 관한 법률)

제1조(시행일) 이 법은 공포한 날부터 시행한다.

제2조(다른 법률의 개정) ①부터 ⑬까지 생략

⑭ 농지법 일부를 다음과 같이 개정한다.

제13조제1항제4호 중 "금융회사부실자산 등의 효율적 처리 및 한국자산관리공사의 설립에 관한 법률"을 "한국자산관리공사 설립 등에 관한 법률"로 한다.

⑮부터 ㊵까지 생략

제3조 생략

부칙 〈제16975호, 2020. 2. 11.〉

제1조(시행일) 이 법은 공포 후 6개월이 경과한 날부터 시행한다. 다만, 제35조제2항의 개정규정은 공포한 날부터 시행한다.

제2조(농지 임대차 기간에 관한 적용례) 제24조의2의 개정규정은 이 법 시행 이후 체결되는 임대차계약(임대차 기간을 연장·갱신하거나 재계약을 체결하는 경우를 포함한다)부터 적용한다.

제3조(둘 이상의 용도지역·용도지구에 걸치는 농지의 전용허가 시 적용기준에 관한 적용례) 제37조의2의 개정규정은 이 법 시행 전에 제34조제1항에 따른 농지전용허가를 신청(다른 법률에 따른 농지전용허가 의제를 위한 협의를 포함한다)한 경우에 대하여도 적용한다.

제4조(농지 등의 처분에 관한 경과조치) 이 법 시행 전에 종전의 제10조제1항에 따라 농지 소유자가 농지를 처분하여야 할 사유가 발생한 경우에는 제10조제1항의 개정규정에도 불구하고 종전의 규정에 따른다.

부칙 〈제17091호, 2020. 3. 24.〉 (지방행정제재·부과금의 징수 등에 관한 법률)

제1조(시행일) 이 법은 공포한 날부터 시행한다. 〈단서 생략〉

제2조 및 제3조 생략

제4조(다른 법률의 개정) ①부터 ㉒까지 생략

㉓ 농지법 일부를 다음과 같이 개정한다.

제62조제8항 중 "지방세외수입금의 징수 등에 관한 법률"을 "지방행정제재·부과금의 징수 등에 관한 법률"로 한다.

㉔부터 〈102〉까지 생략

제5조 생략

부칙 〈제17219호, 2020. 4. 7.〉 (감정평가 및 감정평가사에 관한 법률)

제1조(시행일) 이 법은 공포 후 3개월이 경과한 날부터 시행한다.

제2조(다른 법률의 개정) ①부터 ⑦까지 생략

⑧ 농지법 일부를 다음과 같이 개정한다.

제33조의2제2항 중 "감정평가업자가"를 "감정평가법인등이"로 한다.

⑨부터 ㉕까지 생략

제3조 생략

부칙 〈제18401호, 2021. 8. 17.〉

제1조(시행일) 이 법은 공포한 날부터 시행한다. 다만, 다음 각 호의 사항은 각 호의 구분에 의한 날부터 시행한다.

1. 제8조제2항, 제8조제4항, 제8조의3제1항, 제8조의3제2항, 제10조제1항제4호의2, 제10조제1항제4호의3, 제22조제3항, 제31조의3, 제37조의3, 제51조의2, 제54조, 제54조의3, 제64조제1항제1호, 제64조제3항의 개정규정은 이 법 공포 후 9개월이 경과한 날부터 시행한다.

2. 제8조제3항, 제44조, 제45조, 제46조, 제49조, 제49조의2, 제50조, 법률 제18021호 농지법 일부개정법률 제54조의2제1항, 제56조, 제64조제1항제2호, 제64조제2항의 개정규정은 이 법 공포 후 1년이 경과한 날부터 시행한다.

제2조(주말·체험영농 목적의 농지 소유 제한에 관한 경과조치) 이 법 시행 당시 종전의 규정에 따라 주말·체험영농 목적으로 제28조에 따른 농업진흥지역 내의 농지를 소유한 경우에는 제6조제2항제3호의 개정규정에도 불구하고 종전의 규정에 따른다.

제3조(농지취득자격증명 발급에 관한 경과조치) 이 법 시행 전에 신청하여 접수된 농지취득자격증명의 발급은 제8조 및 제8조의3의 개정규정에도 불구하고 종전의 규정에 따른다.

제4조(농업경영에 이용하지 아니하는 농지 등의 처분에 관한 경과조치) 이 법 시행 전에 거짓이나 그 밖의 부정한 방법으로 농지취득자격증명을 발급받아 농지를 소유한 경우 제11조제1항제1호의 개정규정에도 불구하고 종전의 규정에 따른다.

제5조(이행강제금에 관한 경과조치) 이 법 시행 전 종전의 규정에 따라 부과되고 있는 이행강제금에 대하여는 제63조제1항제1호의 개정규정에도 불구하고 종전의 규정에 따른다.

제6조(원상회복명령의 불이행에 따른 이행강제금에 관한 적용례) 제63조제1항제2호의 개정규정은 이 법 시행 이후 농림축산식품부장관, 시장·군수 또는 자치구구청장이 제42조에 따른 원상회복명령을 한 경우부터 적용한다.

농지법 시행령

[시행 2021. 1. 5] [대통령령 제31380호, 2021. 1. 5, 타법개정]

농림축산식품부(농지과-농지 정의, 소유, 취득, 임대차, 세분화) 044-201-1735, 1736

농림축산식품부(농지과-농지전용허가, 농업진흥지역) 044-201-1739, 1740, 1741

농림축산식품부(농지과-농지보전부담금) 044-201-1737, 1738, 1739, 1740, 1741

농림축산식품부(농지과-농지원부) 044-201-1742, 1734

제1장 총칙

제1조(목적) 이 영은 「농지법」에서 위임된 사항과 그 시행에 필요한 사항을 규정하는 것을 목적으로 한다.

제2조(농지의 범위) ① 「농지법」(이하 "법"이라 한다) 제2조제1호가목 본문에서 "대통령령으로 정하는 다년생식물 재배지"란 다음 각 호의 어느 하나에 해당하는 식물의 재배지를 말한다. 〈개정 2009. 11. 26., 2019. 6. 25.〉

1. 목초・종묘・인삼・약초・잔디 및 조림용 묘목
2. 과수・뽕나무・유실수 그 밖의 생육기간이 2년 이상인 식물
3. 조경 또는 관상용 수목과 그 묘목(조경목적으로 식재한 것을 제외한다)

② 법 제2조제1호가목 단서에서 "「초지법」에 따라 조성된 토지 등 대통령령으로 정하는 토지"란 다음 각 호의 토지를 말한다. 〈개정 2009. 12. 14., 2015. 6. 1., 2016. 1. 19.〉

1. 「공간정보의 구축 및 관리 등에 관한 법률」에 따른 지목이 전・답, 과수원이 아닌 토지(지목이 임야인 토지는 제외한다)로서 농작물 경작지 또는 제1항 각 호에 따른 다년생식물 재배지로 계속하여 이용되는 기간이 3년 미만인 토지
2. 「공간정보의 구축 및 관리 등에 관한 법률」에 따른 지목이 임야인 토지로서 「산지관리법」에 따른 산지전용허가(다른 법률에 따라 산지전용허가가 의제되는 인가・허가・승인 등을 포함한다)를 거치지 아니하고 농작물의 경작 또는 다년생식물의 재배에 이용되는 토지
3. 「초지법」에 따라 조성된 초지

③ 법 제2조제1호나목에서 "대통령령으로 정하는 시설"이란 다음 각 호의 구분에 따른 시설을 말한다. 〈개정 2008. 2. 29., 2009. 11. 26., 2012. 7. 10., 2013. 3. 23., 2013. 12. 30., 2014. 12. 30., 2019. 7. 2.〉

1. 법 제2조제1호가목의 토지의 개량시설로서 다음 각 목의 어느 하나에 해당하는 시설

가. 유지(溜池: 웅덩이), 양·배수시설, 수로, 농로, 제방

나. 그 밖에 농지의 보전이나 이용에 필요한 시설로서 농림축산식품부령으로 정하는 시설

2. 법 제2조제1호가목의 토지에 설치하는 농축산물 생산시설로서 농작물 경작지 또는 제1항 각 호의 다년생식물의 재배지에 설치한 다음 각 목의 어느 하나에 해당하는 시설

가. 고정식온실·버섯재배사 및 비닐하우스와 농림축산식품부령으로 정하는 그 부속시설

나. 축사·곤충사육사와 농림축산식품부령으로 정하는 그 부속시설

다. 간이퇴비장

라. 농막·간이저온저장고 및 간이액비저장조 중 농림축산식품부령으로 정하는 시설

제3조(농업인의 범위) 법 제2조제2호에서 "대통령령으로 정하는 자"란 다음 각 호의 어느 하나에 해당하는 자를 말한다. 〈개정 2008. 2. 29., 2009. 11. 26., 2013. 3. 23., 2019. 7. 2.〉

1. 1천제곱미터 이상의 농지에서 농작물 또는 다년생식물을 경작 또는 재배하거나 1년 중 90일 이상 농업에 종사하는 자

2. 농지에 330제곱미터 이상의 고정식온실·버섯재배사·비닐하우스, 그 밖의 농림축산식품부령으로 정하는 농업생산에 필요한 시설을 설치하여 농작물 또는 다년생식물을 경작 또는 재배하는 자

3. 대가축 2두, 중가축 10두, 소가축 100두, 가금(家禽: 집에서 기르는 날짐승) 1천수 또는 꿀벌 10군 이상을 사육하거나 1년 중 120일 이상 축산업에 종사하는 자

4. 농업경영을 통한 농산물의 연간 판매액이 120만원 이상인 자

제3조의2(농지개량의 범위) 법 제2조제7호 본문에서 "대통령령으로 정하는 농지개량"이란 농지의 생산성을 높이기 위하여 농지의 형질을 변경하는 다음 각 호의 어느 하나에 해당하는 행위로서 인근 농지의 관개·배수·통풍 및 농작업에 영향을 미치지 않는 것을 말한다. 〈개정 2013. 3. 23., 2019. 6. 25.〉

1. 농지의 이용가치를 높이기 위하여 농지의 구획을 정리하거나 개량시설을 설치하는 행위

2. 해당 농지의 토양개량이나 관개·배수·농업기계이용의 개선을 위하여 농지에서 농림축산식품부령으로 정하는 기준에 따라 객토·성토·절토하거나 암석을 채굴하는 행위

[본조신설 2009. 11. 26.]

제2장 농지의 소유

제4조(이농당시의 소유농지를 계속하여 소유할 수 있는 자의 농업경영기간) 법 제6조제2항제5호·법 제7조제2항 및 법 제23조제1항제7호나목에서 "대통령령으로 정하는 기간"이란 8년을 말한다. 〈개정 2016. 1. 19.〉

제5조(농지의 개발사업지구 안에 있는 농지의 범위) ① 법 제6조제2항제9호에서 "대통령령으로 정하는 1천500제곱미터 미만의 농지"란 「한국농어촌공사 및 농지관리기금법」 제24조제2항에 따라 한국농어촌공사가 개발하여 매도하는 다음 각 호의 어느 하나에 해당하는 농지를 말한다. 〈개정 2009. 6. 26.〉

1. 도·농간의 교류촉진을 위한 1천500제곱미터 미만의 농원부지
2. 농어촌관광휴양지에 포함된 1천500제곱미터 미만의 농지

② 개인이 제1항 각 호에 따른 농지를 소유하는 경우 그 면적의 계산은 세대원 전부가 소유하는 총면적으로 한다.

제5조의2(평균경사율이 15퍼센트 이상인 영농 여건이 불리한 농지의 범위) ① 법 제6조제2항제9호의2에서 "대통령령으로 정하는 농지"란 다음 각 호의 요건을 모두 갖춘 농지로서 시장·군수가 조사하여 고시한 농지(이하 "영농여건불리농지"라 한다)를 말한다.

1. 「지방자치법」 제2조제1항제2호에 따른 시·군의 읍·면 지역의 농지일 것
2. 집단화된 농지의 규모가 2만제곱미터 미만인 농지일 것
3. 시장·군수가 다음 각 목의 사항을 고려하여 영농 여건이 불리하고 생산성이 낮다고 인정하는 농지일 것
    가. 농업용수·농로 등 농업생산기반의 정비 정도
    나. 농기계의 이용 및 접근 가능성
    다. 통상적인 영농 관행

② 시장·군수는 제1항에 따라 영농여건불리농지를 고시한 때에는 그 내용을 관할 광역시장 또는 도지사를 거쳐 농림축산식품부장관에게 보고하여야 한다. 〈개정 2013. 3. 23.〉

③ 영농여건불리농지의 조사와 고시에 필요한 사항은 농림축산식품부령으로 정한다. 〈개정 2013. 3. 23.〉

[본조신설 2009. 11. 26.]

제6조(농지취득자격증명발급대상의 예외) 법 제8조제1항제3호에서 "그 밖에 대통령령으로 정하는 원인"이란 다음 각 호의 어느 하나에 해당하는 경우를 말한다.

1. 시효의 완성으로 농지를 취득하는 경우
2. 「징발재산정리에 관한 특별조치법」 제20조, 「공익사업을 위한 토지 등의 취득 및 보상에 관한 법률」 제91조에 따른 환매권자가 환매권에 따라 농지를 취득하는 경우
3. 「국가보위에 관한 특별조치법 제5조제4항에 따른 동원대상지역 내의 토지의 수용·사용에 관한 특별조치령에 따라 수용·사용된 토지의 정리에 관한 특별조치법」 제2조 및 같은 법 제3조에 따른 환매권자 등이 환매권 등에 따라 농지를 취득하는 경우
4. 법 제17조에 따른 농지이용증진사업 시행계획에 따라 농지를 취득하는 경우

제7조(농지취득자격증명의 발급) ① 법 제8조제2항에 따라 농지취득자격증명을 발급받으려는 자는 농지취득자격증명신청서류를 농지의 소재지를 관할하는 시장(구를 두지 아니한 시의 시장을 말하며, 도농복합형태의 시에 있어서는 농지의 소재지가 동지역인 경우만을 말한다)·구청장(도농복합형태의 시의 구에 있어서는 농지의 소재지가 동지역인 경우만을 말한다)·읍장 또는 면장(이하 "시·구·읍·면의 장"이라 한다)에게 제출하여야 한다. 이 경우 농림축산식품부장관이 정하는 전자적인 방법을 활용하여 제출할 수 있다. 〈개정 2016. 1. 19.〉

② 시·구·읍·면의 장은 제1항에 따른 농지취득자격증명의 발급신청을 받은 때에는 그 신청을 받은 날부터 4일(법 제8조제2항 단서에 따라 농업경영계획서를 작성하지 아니하고 농지취득자격증명의 발급신청을 할 수 있는 경우에는 2일) 이내에 다음 각 호의 요건에 적합한지의 여부를 확인하여 이에 적합한 경우에는 신청인에게 농지취득자격증명을 발급하여야 한다. 〈개정 2008. 2. 29., 2013. 3. 23., 2013. 12. 30., 2020. 8. 11.〉

1. 법 제6조제1항이나 제2항제2호·제3호·제7호 또는 제9호에 따른 취득요건에 적합할 것
2. 농업인이 아닌 개인이 주말·체험영농에 이용하고자 농지를 취득하는 경우에는 신청 당시 소유하고 있는 농지의 면적에 취득하려는 농지의 면적을 합한 면적이 법 제7조제3항에 따른 농지의 소유상한 이내일 것
3. 법 제8조제2항 각 호 외의 부분 본문에 따라 농업경영계획서를 제출하여야 하는 경우에는 그 계획서에 같은 항 각 호의 사항이 포함되어야 하고, 그 내용이 신청인의 농업경영능력 등을 참작할 때 실현가능하다고 인정될 것
4. 신청인이 소유농지의 전부를 타인에게 임대 또는 무상사용하게 하거나 농작업의 전부를 위탁하여 경영하고 있지 아니할 것. 다만, 법 제6조제2항제3호 또는 제9호에 따라 농지를 취득하는 경우에는 그러하지 아니하다.
5. 신청당시 농업경영을 하지 아니하는 자가 자기의 농업경영에 이용하고자 하여 농지를 취득하는 경우에는 해당 농지의 취득 후 농업경영에 이용하려는 농지의 총면적이 다음 각 목의 어느 하나에 해당할 것
   가. 고정식온실·버섯재배사·비닐하우스·축사 그 밖의 농업생산에 필요한 시설로서 농림축산식품부령으로 정하는 시설이 설치되어 있거나 설치하려는 농지의 경우 : 330제곱미터 이상
   나. 곤충사육사가 설치되어 있거나 곤충사육사를 설치하려는 농지의 경우: 165제곱미터 이상
   다. 가목 및 나목 외의 농지의 경우 : 1천제곱미터 이상

③ 제2항제3호에 따른 농지취득자격의 확인기준 등에 관한 세부사항은 농림축산식품부령으로 정한다. 〈개정 2008. 2. 29., 2013. 3. 23.〉

농지 취득과 전용

제7조의2(농지취득자격증명 신청서류의 보존기간) 법 제8조의2제2항에 따른 농업경영계획서 외의 농지취득자격증명 신청서류의 보존기간은 10년으로 한다.

[본조신설 2020. 8. 11.]

제8조(농지의 위탁경영) ① 법 제9조제4호에서 "그 밖에 대통령령으로 정하는 사유"란 다음 각 호의 어느 하나에 해당하는 사유를 말한다. 〈개정 2020. 8. 11.〉

1. 부상으로 3월 이상의 치료가 필요한 경우
2. 교도소·구치소 또는 보호감호시설에 수용 중인 경우
3. 임신 중이거나 분만 후 6개월 미만인 경우

② 법 제9조제6호에 따른 자기노동력이 부족한 경우는 다음 각 호의 어느 하나에 해당하는 경우로서 통상적인 농업경영관행에 따라 농업경영을 함에 있어서 자기 또는 세대원의 노동력으로는 해당 농지의 농업경영에 관련된 농작업의 전부를 행할 수 없는 경우로 한다. 〈개정 2019. 7. 2.〉

1. 다음 각 목의 어느 하나에 해당하는 재배작물의 종류별 주요 농작업의 3분의 1 이상을 자기 또는 세대원의 노동력에 의하는 경우

   가. 벼 : 이식 또는 파종, 재배관리 및 수확

   나. 과수 : 가지치기 또는 열매솎기, 재배관리 및 수확

   다. 가목 및 나목 외의 농작물 또는 다년생식물 : 파종 또는 육묘, 이식, 재배관리 및 수확

2. 자기의 농업경영에 관련된 제1호 각 목의 어느 하나에 해당하는 농작업에 1년 중 30일 이상 직접 종사하는 경우

제9조(농지처분의무가 면제되는 정당한 사유) ① 법 제10조제1항제1호 및 제4호에서 "자연재해·농지개량·질병 등 대통령령으로 정하는 정당한 사유"란 각각 다음 각 호의 어느 하나에 해당하는 경우를 말한다. 〈개정 2009. 11. 26., 2012. 7. 10., 2013. 12. 30., 2016. 1. 19., 2019. 7. 2., 2020. 8. 11.〉

1. 법 제23조제1항에 따라 소유농지를 임대 또는 무상사용하게 하는 경우
2. 법 제26조에 따라 임대인의 지위를 승계한 양수인이 그 임대차 잔여기간 동안 계속하여 임대하는 경우
3. 다음 각 목의 어느 하나에 해당하는 경우

   가. 자연재해 등으로 인하여 영농이 불가능하게 되어 휴경(休耕)하는 경우

   나. 농지개량 또는 영농준비를 위하여 휴경하는 경우

   다. 「병역법」에 따라 징집 또는 소집되어 휴경하는 경우

   라. 질병 또는 취학으로 인하여 휴경하는 경우

   마. 선거에 따른 공직취임으로 휴경하는 경우

바. 제24조제1항 각 호의 어느 하나에 해당하는 사유로 휴경하는 경우

사. 농산물의 생산조정 또는 출하조절을 위하여 휴경하는 경우

아. 연작으로 인한 피해가 예상되는 재배작물의 경작이나 재배 전후에 피해예방을 위하여 필요한 기간 동안 휴경하는 경우

자. 「가축전염병예방법」 제19조에 따라 가축사육시설이 폐쇄되거나 가축의 사육이 제한되어 해당 축사에서 가축을 사육하지 못하게 된 경우

차. 「곤충산업의 육성 및 지원에 관한 법률」 제10조제2항에 따라 곤충의 사육 및 유통이 제한되거나 폐기 명령을 받은 경우

카. 소유농지가 「자연공원법」 제18조제1항제1호에 따른 공원자연보존지구로 지정된 경우

② 법 제10조제1항제8호에서 "대통령령으로 정하는 정당한 사유"란 다음 각 호의 어느 하나에 해당하는 경우를 말한다.

1. 제1항 각 호의 어느 하나에 해당하는 경우
2. 법 제9조에 따라 위탁경영하는 경우

제10조(처분명령과 농지매수 청구) 법 제11조제2항에 따라 농지의 매수를 청구하려는 자는 다음 각 호의 사항을 기재한 농지매수청구서에 농림축산식품부령으로 정하는 서류를 첨부하여 「한국농어촌공사 및 농지관리기금법」에 따른 한국농어촌공사(이하 "한국농어촌공사"라 한다)에 제출하여야 한다. 〈개정 2008. 2. 29., 2009. 6. 26., 2013. 3. 23.〉

1. 농지소유자의 성명(법인인 경우에는 그 명칭 및 대표자의 성명) 및 주소
2. 농지의 표시 및 이용현황
3. 해당 농지에 소유권 외의 권리가 설정된 때에는 그 종류·내용과 권리자의 성명(법인인 경우에는 그 명칭 및 대표자의 성명) 및 주소
4. 농지에 설치한 농업용시설 등에 관한 사항

[제목개정 2012. 7. 10.]

제11조(담보농지를 취득할 수 있는 그 밖의 금융기관) 법 제13조제1항제3호에서 "그 밖에 대통령령으로 정하는 금융기관"이란 다음 각 호의 금융기관을 말한다. 〈개정 2012. 1. 25., 2012. 7. 10.〉

1. 「상호저축은행법」에 따른 상호저축은행
2. 「신용협동조합법」에 따른 신용협동조합
3. 「새마을금고법」에 따른 새마을금고 및 그 중앙회
4. 「한국농수산식품유통공사법」에 따른 한국농수산식품유통공사

[제목개정 2012. 7. 10.]

제12조(농지의 처분위임 등) ① 법 제13조제1항에 따라 담보농지를 취득한 같은 항 제1호 또는 제3호에 따른 농지의 저당권자가 법 제13조제2항에 따라 농지의 처분을 위임하려는 경우에는 농지처분위임증서에 농림축산식품부령으로 정하는 서류를 첨부하여 한국농어촌공사에 제출하여야 한다. 〈개정 2008. 2. 29., 2009. 6. 26., 2013. 3. 23.〉

② 한국농어촌공사는 제1항에 따라 농지의 처분을 위임받은 경우에는 해당 농지를 공매의 방법으로 처분하여야 한다. 〈개정 2009. 6. 26.〉

③ 한국농어촌공사는 제2항에 따라 농지를 처분하려는 때에는 「감정평가 및 감정평가사에 관한 법률」에 따라 감정평가업자가 감정평가한 가액을 기준으로 한 최초 공매예정가격과 수회차(數回次)의 최저공매가격 등 처분조건을 일괄하여 농지의 처분을 위임한 자와 협의하여야 한다. 〈개정 2009. 6. 26., 2016. 8. 31.〉

④ 제2항에 따른 농지의 처분에 필요한 비용 및 수수료는 농림축산식품부령으로 정하는 바에 따라 그 처분을 위임한 자가 이를 부담한다. 〈개정 2008. 2. 29., 2013. 3. 23.〉

제3장 농지의 이용

제1절 농지의 이용증진 등

제13조(농지이용계획수립 대상에서 제외되는 시·자치구) 법 제14조제1항에 따라 농지이용계획수립대상에서 제외되는 시 또는 자치구는 관할구역 안의 농지의 면적이 3천만제곱미터 이하인 시 또는 자치구로 한다. 다만, 관할구역 안의 농지면적이 3천만제곱미터 이하인 시 또는 자치구로서 시장 또는 자치구구청장이 해당 지역의 여건을 고려하여 법 제14조제1항에 따른 농지이용계획을 수립할 필요가 있다고 인정하는 경우를 제외한다. 〈개정 2021. 1. 5.〉

제14조(공청회를 통한 주민의 의견청취) ① 시장·군수 또는 자치구구청장은 법 제14조제1항에 따라 농지이용계획의 수립에 관한 지역주민의 의견을 듣기 위하여 공청회를 개최하여야 하며, 공청회 개최예정일 14일전까지 다음 각 호의 사항을 공고하고 일반인이 이를 열람할 수 있도록 하여야 한다.

1. 공청회의 개최목적
2. 공청회의 개최예정일시 및 장소
3. 농지이용계획안의 개요
4. 그 밖에 공청회의 개최에 필요한 사항

② 제1항에 따른 공청회는 농지이용계획의 대상이 되는 행정구역단위로 이를 개최하되, 시장·군수 또는 자치구구청장이 필요하다고 인정할 때에는 수개의 지역으로 구분하여 개최할 수 있다.

③ 공청회에 출석하여 의견을 진술하려는 자는 공청회 개최 전에 시장·군수 또는 자치구구청장에게 서면(전자문서를 포함한다)으로 의견의 요지를 제출할 수 있다.

④ 시장·군수 또는 자치구구청장은 제3항에 따라 제출된 의견의 요지 중 비슷한 내용의 것에 대해서는 이를 일괄하여 공청회에서 진술할 대표자를 선정할 수 있으며, 필요하다고 인정할 때에는 의견을 진술할 전문가를 선정할 수 있다.

제15조(농지이용계획의 고시) ① 법 제14조제3항에 따른 농지이용계획의 고시에 포함되어야 할 사항은 다음 각 호와 같다. 〈개정 2008. 2. 29., 2013. 3. 23.〉

1. 농지이용계획의 목적
2. 농지이용계획의 내용
3. 농지이용계획의 내용이 표시된 축척 2만5천분의 1 이상의 지형도
4. 그 밖에 농림축산식품부장관이 정하는 사항

② 시장·군수 또는 자치구구청장은 농지이용계획을 고시한 때에는 지체 없이 그 결과를 관할 특별시장·광역시장 또는 도지사(이하 "시·도지사"라 한다)에게 보고하여야 하며, 고시된 농지이용계획과 이에 관련되는 농림축산식품부장관이 정하는 서식에 따른 도표 등을 관계 행정기관에 송부하고 일반인이 이를 열람할 수 있도록 하여야 한다. 〈개정 2008. 2. 29., 2013. 3. 23.〉

제16조(농지이용증진사업의 시행자) 법 제15조에서 "그 밖에 대통령령으로 정하는 자"란 다음 각 호의 자를 말한다.

1. 「농업협동조합법」에 따른 조합
2. 「엽연초생산협동조합법」에 따른 엽연초생산협동조합
3. 농지의 공동이용 또는 집단이용을 목적으로 구성된 단체로서 농지의 공동이용 또는 집단이용에 관한 사항이 규약으로 정하여 지고 그 구성원인 농업인 또는 농업법인의 수가 10 이상인 단체

제17조(등기의 촉탁) 법 제15조에 따른 사업시행자는 법 제18조제2항에 따라 등기를 촉탁하려는 경우에는 동의서 그 밖에 농림축산식품부령으로 정하는 서류를 첨부하여야 한다. 〈개정 2008. 2. 29., 2013. 3. 23.〉

제18조(유휴농지의 범위) 법 제20조제1항에서 "대통령령으로 정하는 농지"란 다음 각 호의 어느 하나에 해당하지 아니하는 농지를 말한다. 〈개정 2008. 2. 29., 2013. 3. 23., 2018. 4. 30., 2019. 7. 2.〉

1. 지력의 증진이나 토양의 개량·보전을 위하여 필요한 기간 동안 휴경하는 농지
2. 연작으로 인하여 피해가 예상되는 재배작물의 경작 또는 재배 전후에 지력의 증진 또는 회복을 위하여 필요한 기간 동안 휴경하는 농지

3. 법 제34조제1항에 따른 농지전용허가를 받거나 같은 조 제2항에 따른 농지전용협의(다른 법률에 따라 농지전용허가가 의제되는 협의를 포함한다)를 거친 농지

4. 법 제35조 또는 법 제43조에 따른 농지전용신고를 한 농지

5. 법 제36조에 따른 농지의 타용도 일시사용허가를 받거나 협의를 거친 농지

6. 법 제36조의2에 따른 농지의 타용도 일시사용신고를 하거나 협의를 거친 농지

7. 그 밖에 농림축산식품부장관이 정하는 제1호부터 제6호까지의 농지에 준하는 농지

제19조(대리경작자의 지정요건) ① 시장(구를 두지 아니한 시의 시장을 말한다. 이하 이 조에서 같다)·군수 또는 구청장은 법 제20조제1항에 따라 대리경작자를 직권으로 지정하려는 경우에는 다음 각 호의 어느 하나에 해당하지 아니하는 농업인 또는 농업법인으로서 대리경작을 하려는 자 중에서 지정하여야 한다. 〈개정 2013. 12. 30.〉

1. 법 제10조제2항에 따라 농지 처분의무를 통지받고 그 처분 대상 농지를 처분하지 아니한 자(법 제12조제3항에 따라 처분의무가 없어진 자는 제외한다)

2. 법 제11조제1항 또는 법 제12조제2항에 따라 처분명령을 받고 그 처분명령 대상 농지를 처분하지 아니한 자

3. 법 제57조부터 제59조까지의 규정에 따라 징역형을 선고받고 그 집행이 끝나거나 집행을 받지 아니하기로 확정된 후 1년이 지나지 아니한 자

4. 법 제57조부터 제59조까지의 규정에 따라 징역형의 집행유예를 선고받고 그 유예기간 중에 있는 자

5. 법 제57조부터 제59조까지의 규정에 따라 징역형의 선고유예를 받고 그 유예기간 중에 있는 자

6. 법 제57조부터 제60조까지의 규정에 따라 벌금형을 선고받고 1년이 지나지 아니한 자

② 시장·군수 또는 구청장은 제1항에 따라 대리경작자를 지정하기가 곤란한 경우에는 「농업·농촌 및 식품산업 기본법」 제3조제4호에 따른 생산자단체(이하 "농업생산자단체"라 한다)·「초·중등교육법」 및 「고등교육법」에 따른 학교나 그 밖의 해당 농지를 경작하려는 자를 대리경작자로 지정할 수 있다. 〈개정 2008. 6. 20., 2013. 12. 30., 2015. 12. 22.〉

제20조(대리경작자 지정예고에 대한 이의) ① 법 제20조제2항에 따른 대리경작자의 지정예고에 대하여 이의가 있는 농지의 소유권자나 임차권자는 지정예고를 받은 날부터 10일 이내에 시장(구를 두지 아니한 시의 시장을 말한다. 이하 이 조에서 같다)·군수 또는 구청장에게 이의를 신청할 수 있다.

② 시장·군수 또는 구청장은 제1항에 따른 이의신청을 받은 날부터 7일 이내에 이를 심사하여 그 결과를 신청인에게 알려야 한다.

제21조(대리경작자의 지정해지사유) 법 제20조제6항제3호에서 "그 밖에 대통령령으로 정하는 사유가 있는 경우"란 다음 각 호의 어느 하나에 해당하는 경우를 말한다.

1. 대리경작자로 지정된 자가 법 제20조제4항에 따른 토지사용료를 지급 또는 공탁하지 아니하는 경우
2. 대리경작자로 지정된 자가 대리경작자의 지정해지를 신청하는 경우

제22조(토양의 개량·보전을 위한 사업의 시행) ① 법 제21조제1항에 따른 토양을 개량·보전하는 사업은 다음 각 호와 같다. 〈개정 2008. 2. 29., 2013. 3. 23.〉

1. 객토(客土), 깊이갈이 및 경사지토양보전
2. 농림축산식품부장관이 정하는 퇴비 또는 토양개량제의 사용
3. 화학비료의 합리적인 사용
4. 중금속등으로 오염된 농지의 토양개량
5. 유기농법 등을 이용한 환경보전적인 농업경영 그 밖에 농림축산식품부장관이 정하는 토양의 개량·보전

② 시장·군수 또는 자치구구청장은 토양을 개량·보전하는 사업을 시행할 필요가 있다고 인정할 때에는 다음 각 호의 기준에 적합한 지역을 토양개량·보전사업시행지역으로 지정할 수 있다. 〈개정 2008. 2. 29., 2013. 3. 23.〉

1. 해당 지역에 대한 토양의 개량·보전사업의 시행이 기술적으로 가능하고 경제성이 있을 것
2. 농림축산식품부장관이 정하는 규모 이상으로 토양의 이화학적(理化學的) 성질이 불량한 농지가 집단화되어 있을 것
3. 농지의 토양이 중금속 등으로 오염되어 개량이 필요하다고 인정될 것
4. 유기농법 등 환경보전적인 농업경영의 육성이 필요하다고 인정될 것

③ 시장·군수 또는 자치구구청장은 제2항에 따라 토양개량·보전사업시행지역을 지정한 때에는 해당 지역에 적합한 토양개량·보전사업시행계획을 수립·시행하여야 한다.

제23조(농지를 분할할 수 있는 사유) 법 제22조제2항제4호에서 "대통령령으로 정하는 사유"란 다음 각 호의 어느 하나에 해당하는 경우를 말한다. 〈개정 2009. 12. 15.〉

1. 농지를 개량하는 경우
2. 인접 농지와 분합(分合)하는 경우
3. 농지의 효율적인 이용을 저해하는 인접 토지와의 불합리한 경계를 시정하는 경우
4. 「농어촌정비법」에 따른 농업생산기반 정비사업을 시행하는 경우
5. 「농어촌정비법」 제43조에 따른 농지의 교환·분합을 시행하는 경우
6. 법 제15조에 따른 농지이용증진사업을 시행하는 경우

제2절 농지의 임대차 등

제24조(농지의 임대차 또는 사용대차) ① 법 제23조제1항제3호에서 "그 밖에 대통령령으로 정하는 부득이한 사유"란 다음 각 호의 어느 하나에 해당하는 경우를 말한다. 〈개정 2016. 1. 19., 2020. 8. 11.〉

1. 부상으로 3월 이상의 치료가 필요한 경우

2. 교도소·구치소 또는 보호감호시설에 수용 중인 경우

3. 3월 이상 국외여행을 하는 경우

4. 농업법인이 청산 중인 경우

5. 임신 중이거나 분만 후 6개월 미만인 경우

② 법 제23조제1항제4호에서 "대통령령으로 정하는 사람이 소유하고 있는 농지"란 다음 각 호의 어느 하나에 해당하는 사람이 거주하는 시(특별시 및 광역시를 포함한다. 이하 이 항에서 같다)·군 또는 이에 연접한 시·군에 있는 소유 농지를 말한다. 〈개정 2016. 1. 19., 2020. 8. 11.〉

1. 농업경영에 더 이상 종사하지 않게 된 사람

2. 농업인

③ 법 제23조제1항제9호에서 "대통령령으로 정하는 농지 규모화, 농작물 수급 안정 등을 목적으로 한 사업"이란 농산물(「농업·농촌 및 식품산업 기본법」 제3조제6호가목에 따른 농산물을 말한다)의 생산·가공·유통 및 수출 시설 단지를 조성·지원하는 사업으로서 농림축산식품부장관이 정하여 고시하는 사업을 말한다. 〈신설 2020. 8. 11.〉

제24조의2(농지임대차 기간) ① 법 제24조의2제1항 단서에서 "다년생식물 재배지 등 대통령령으로 정하는 농지"란 다음 각 호의 어느 하나에 해당하는 농지를 말한다. 〈신설 2020. 8. 11.〉

1. 농지의 임차인이 제2조제1항 각 호의 어느 하나에 해당하는 다년생식물의 재배지로 이용하는 농지

2. 농지의 임차인이 농작물의 재배시설로서 고정식온실 또는 비닐하우스를 설치한 농지

② 법 제24조의2제3항에서 "질병, 징집 등 대통령령으로 정하는 불가피한 사유"란 다음 각 호의 어느 하나에 해당하는 경우를 말한다. 〈개정 2020. 8. 11.〉

1. 질병, 징집, 취학의 경우

2. 선거에 의한 공직(公職)에 취임하는 경우

3. 부상으로 3개월 이상의 치료가 필요한 경우

4. 교도소·구치소 또는 보호감호시설에 수용 중인 경우

5. 농업법인이 청산 중인 경우

6. 농지전용허가(다른 법률에 따라 농지전용허가가 의제되는 인가·허가·승인 등을 포함한다)를 받았거나 농지전용신고를 하였으나 농지전용목적사업에 착수하지 않은 경우

[본조신설 2012. 7. 10.]

[제목개정 2020. 8. 11.]

제24조의3(농지임대차조정위원회의 운영 등) ① 법 제24조의3제2항에따른 농지임대차조정위원회(이하 "농지임대차조정위원회"라 한다)가 임대차계약에 관한 조정을 하는 경우에는 신청자 등 임대차계약의 당사자 및 이해관계인의 의견을 들어야 한다.

② 제1항에 따라 농지임대차조정위원회가 의견을 들은 경우에는 조정안을 작성하여 임대차계약의 당사자에게 제시하고 2일 이상의 기간을 정하여 그 수락을 권고하여야 한다.

③ 임대차계약 당사자가 농지임대차조정위원회가 제시한 조정안을 수락한 경우에는 농지임대차조정위원회는 조정서를 작성하여야 한다.

④ 농지임대차조정위원회의 위원장 및 위원 전원과 임대차계약의 당사자는 제3항에 따라 작성된 조정서에 서명 또는 날인하여야 한다.

⑤ 농지임대차조정위원회는 임대차계약의 당사자가 수락을 거부하여 더 이상 임대차계약에 관한 조정이 이루어질 여지가 없다고 판단되는 경우에는 임대차계약에 관한 조정의 종료를 결정하고 이를 임대차계약의 당사자에게 통보하여야 한다.

⑥ 농지임대차조정위원회는 법 제24조의3제1항에 따라 임대차계약에 관한 조정의 신청이 있은 날부터 10일 이내에 임대차계약에 관한 조정을 종료하여야 한다. 다만, 사실 확인이 필요한 경우 등 불가피한 사유가 있는 경우에는 10일의 범위에서 그 기간을 연장할 수 있다.

⑦ 농지임대차조정위원회의 위원에게는 예산의 범위에서 수당과 여비를 지급할 수 있다. 다만, 공무원인 위원이 그 소관업무와 직접 관련되어 농지임대차조정위원회에 출석하는 경우에는 그러하지 아니하다.

[본조신설 2012. 7. 10.]

제4장 농지의 보전 등

제1절 농업진흥지역의 지정·운용

제25조(농업진흥지역지정계획안의 작성 등) ① 시·도지사는 법 제30조에 따라 농업진흥지역을 지정하려는 때에는 시장·군수 또는 자치구구청장으로 하여금 미리 관할구역의 농지를 조사하여 농업진흥지역지정계획안과 이를 보조하는 농업진흥지역지정계획도를 작성하도록 하여야 한다.

② 삭제〈2012. 7. 10.〉

③ 시장·군수 또는 자치구구청장은 제28조의2에 따라 작성한 농업진흥지역지정계획안과 이를 보조하는 농업진흥지역지정계획도에 농림축산식품부령으로 정하는 서류를 첨부하여 시·도지사에게 보내야 한다. 〈개정 2008. 2. 29., 2012. 7. 10., 2013. 3. 23.〉

④ 제3항에 따라 농업진흥지역지정계획안을 송부 받은 시·도지사는 이를 바탕으로 법 제30조에 따른 절차에 따라 농업진흥지역을 지정하여야 한다.

제26조(농업진흥지역의 지정승인 요청) 시·도지사는 법 제30조제1항에 따라 농림축산식품부장관에게 농업진흥지역의 지정승인을 요청하려는 경우에는 다음 각 호의 서류를 제출하여야 한다. 〈개정 2008. 2. 29., 2013. 3. 23., 2019. 6. 25.〉

1. 농업진흥지역지정계획서
2. 농업진흥지역의 용도구역별 토지의 지번·지목 및 면적을 표시한 토지조서
3. 지적이 표시된 지형도에 농업진흥지역의 용도구역을 표시한 도면(전자도면을 포함한다. 이하 같다)
4. 그 밖에 농림축산식품부장관이 정하는 농업진흥지역 지정승인에 참고가 될 사항을 기재한 서류

제27조(농업진흥지역 등의 고시) ① 법 제30조(법 제31조제2항에 따라 준용하는 경우를 포함한다)에 따른 농업진흥지역 또는 용도구역의 지정 또는 변경고시에 포함되어야 할 사항은 다음 각 호와 같다.

1. 지정 또는 변경 연월일
2. 광역시·도 및 시·군·자치구별 농업진흥지역 또는 용도구역의 면적
3. 지적이 표시된 지형도에 농업진흥지역 또는 용도구역을 표시한 도면

② 시·도지사는 농업진흥지역 또는 용도구역의 지정 또는 변경고시를 한 때에는 지체 없이 그 결과를 농림축산식품부장관에게 보고하고, 해당 지역을 관할하는 시장·군수 또는 자치구구청장에게 통지하여야 한다. 〈개정 2008. 2. 29., 2013. 3. 23.〉

③ 장·군수 또는 자치구구청장은 제2항에 따른 통지가 있는 때에는 읍·면·동별로 용도구역별 토지조서와 함께 고시내용을 일반인이 열람할 수 있게 하여야 한다.

제28조(농업진흥지역 등의 변경·해제) ① 법 제31조제1항 본문에 따라 시·도지사가 농업진흥지역 또는 용도구역을 변경 또는 해제할 수 있는 경우는 다음 각 호와 같다. 〈개정 2016. 11. 29., 2019. 6. 25.〉

1. 다음 각 목의 어느 하나에 해당하는 경우로서 농업진흥지역을 해제하는 경우
   가. 「국토의 계획 및 이용에 관한 법률」 제6조에 따른 용도지역을 변경하는 경우(농지의 전용을 수반하는 경우에 한한다)
   나. 법 제34조제2항제1호에 해당하는 경우로서 미리 농지의 전용에 관한 협의를 하는 경우

다. 해당 지역의 여건변화로 농업진흥지역의 지정요건에 적합하지 않게 된 경우. 이 경우 그 농업진흥지역 안의 부지의 면적이 3만제곱미터 이하인 경우로 한정한다.

2. 해당 지역의 여건변화로 농업진흥지역 밖의 지역을 농업진흥지역으로 편입하는 경우
3. 다음 각 목의 어느 하나에 해당하는 경우로서 용도구역을 변경하는 경우

　가. 해당 지역의 여건변화로 농업보호구역의 전부 또는 일부를 농업진흥구역으로 변경하는 경우

　나. 해당 지역의 여건변화로 농업진흥구역 안의 3만제곱미터 이하의 토지를 농업보호구역으로 변경하는 경우

　다. 다음의 어느 하나에 해당하는 농업진흥구역 안의 토지를 농업보호구역으로 변경하는 경우

　　1) 계획홍수위선(計劃洪水位線)으로부터 상류 반경 500미터 이내의 지역으로서 「농어촌정비법」에 따른 농업생산기반 정비사업이 시행되지 않은 지역

　　2) 저수지 부지

② 시·도지사는 농림축산식품부장관이 해당 지역의 여건변화로 농업진흥지역을 해제하거나 농업진흥구역을 농업보호구역으로 변경할 특별한 필요가 있다고 인정하여 농업진흥지역의 해제 또는 변경 기간을 고시한 경우에는 제1항제1호다목 후단 또는 제3호에도 불구하고 면적 제한을 적용하지 아니하고 농업진흥지역을 해제하거나 농업진흥구역을 농업보호구역으로 변경할 수 있다. 〈신설 2016. 1. 19.〉

③ 법 제31조제2항 단서에 따라 「농업·농촌 및 식품산업 기본법」 제15조에 따른 시·도 농업·농촌및식품산업정책심의회의 심의 또는 농림축산식품부장관의 승인 없이 농업진흥지역 또는 용도구역을 변경할 수 있는 경우는 다음 각 호와 같다. 〈개정 2008. 2. 29., 2008. 6. 5., 2008. 6. 20., 2009. 11. 26., 2013. 3. 23., 2015. 12. 22.〉

1. 시·도 농업·농촌및식품산업정책심의회의 심의 없이 할 수 있는 경우 : 제1항제3호에 따라 농업보호구역을 농업진흥구역으로 변경하거나 농업진흥구역 안의 3만제곱미터 이하의 토지를 농업보호구역으로 변경하는 경우

2. 농림축산식품부장관의 승인 없이 할 수 있는 경우

　가. 제1항제1호에 따라 1만 제곱미터 이하의 농업진흥지역을 해제하는 경우. 다만, 제1항제1호가목에 따라 농업진흥지역을 해제하는 경우로서 농림축산식품부장관과의 협의를 거쳐 지정되거나 결정된 별표 3에 따른 지역·지구·구역·단지 등 안에서 농업진흥지역을 해제하는 경우와 제1항제1호나목에 따라 농업진흥지역을 해제하는 경우로서 미리 농림축산식품부장관과 전용협의를 거친 지역에서 농업진흥지역을 해제하는 경우에는 면적에 제한이 없는 것으로 한다.

　　나. 제1항제3호에 따라 농업보호구역을 농업진흥구역으로 변경하거나 농업진흥구역 안의 1만 제곱미터 이하의 토지를 농업보호구역으로 변경하는 경우

④ 시·도지사는 제3항에 따라 농림축산식품부장관의 승인 없이 농업진흥지역 또는 용도구역을 변경한 경우에는 그 결과를 농림축산식품부장관에게 보고하여야 한다. 〈개정 2008. 2. 29., 2013. 3. 23.〉

⑤ 제1항부터 제4항까지에서 규정한 사항 외에 농업진흥지역의 지정·변경·해제에 필요한 세부 기준 및 절차 등은 농림축산식품부장관이 정하여 고시한다. 〈개정 2019. 6. 25.〉

제28조의2(주민의견청취) ① 시·도지사는 농업진흥지역을 지정·변경 또는 해제하려는 경우에는 법 제31조의2 각 호 외의 부분 본문에 따라 시장·군수 또는 자치구구청장에게 다음 각 호의 구분에 따른 방법 및 절차에 적합하게 미리 해당 토지의 소유자와 해당 지역주민의 의견을 듣도록 해야 한다. 〈개정 2020. 11. 24.〉

1. 해당 토지의 소유자에 대한 의견청취

　　가. 시장·군수 또는 자치구구청장은 농업진흥지역의 지정·변경 또는 해제 계획안의 주요내용을 서면으로 해당 토지의 소유자에게 개별통지하여야 한다.

　　나. 가목에 따라 개별통지한 내용에 대하여 의견이 있는 해당 토지의 소유자는 서면으로 통보를 받은 날부터 14일 이내에 시장·군수 또는 자치구구청장에게 의견서를 제출하여야 한다.

　　다. 시장·군수 또는 자치구구청장은 나목에 따라 제출된 의견을 검토하여 그 결과를 해당 의견을 받은 날부터 60일 이내에 의견을 제출한 토지의 소유자에게 서면으로 통보하여야 한다.

2. 해당 지역주민에 대한 의견 청취

　　가. 시장·군수 또는 자치구구청장은 농업진흥지역의 지정·변경 또는 해제 계획안의 주요내용을 해당 시·군 또는 자치구를 주된 보급지역으로 하는 둘 이상의 일반일간신문 및 해당 시·군 또는 자치구의 인터넷 홈페이지에 각각 공고하고, 그 계획안을 14일 이상 열람할 수 있도록 해야 한다.

　　나. 가목에 따라 공고된 농업진흥지역의 지정·변경 또는 해제 계획안에 대하여 의견이 있는 자는 열람기간 내에 시장·군수 또는 자치구구청장에게 의견서를 제출하여야 한다.

　　다. 시장·군수 또는 자치구구청장은 나목에 따라 제출된 의견을 농업진흥지역의 지정·변경 또는 해제 계획안에 반영할 것인지를 검토하여 그 결과를 열람기간이 종료된 날부터 60일 이내에 해당 의견을 제출한 자에게 서면으로 통보하여야 한다.

② 시장·군수 또는 자치구구청장은 제1항에 따라 해당 토지의 소유자와 지역주민이 제출

한 의견이 타당하다고 인정되는 때에는 이를 농업진흥지역의 지정·변경 또는 해제 계획안에 반영하여야 한다.

[본조신설 2012. 7. 10.]

제28조의3(농업진흥지역 실태조사의 범위 및 방법) ① 법 제31조의3제1항에 따른 농업진흥지역 실태조사(이하 "실태조사"라 한다)에는 다음 각 호의 사항이 포함되어야 한다.

1. 지목, 농업생산기반의 정비 여부 등 농업진흥지역의 현황
2. 법 제31조제1항 본문에 따른 농업진흥지역의 변경 및 해제 사유가 발생한 농업진흥지역
3. 농업진흥지역의 지정, 변경 및 해제 기준 마련을 위한 조사
4. 그 밖에 효율적인 농업진흥지역 관리를 위하여 농림축산식품부장관이 필요하다고 인정하는 사항

② 농림축산식품부장관은 실태조사를 실시하기 위하여 조사기간, 방법 및 대상 등을 포함한 실태조사 계획을 수립해야 한다.

③ 실태조사의 방법은 도면 조사를 원칙으로 하되, 도면과 현장의 일치 여부 등을 확인하기 위하여 현장 조사를 병행할 수 있다.

④ 농림축산식품부장관은 실태조사 자료의 분석 및 도면의 관리 등 효율적인 실태조사를 실시하기 위하여 농업진흥지역 관리시스템을 구축·운영할 수 있다.

[본조신설 2019. 6. 25.]

제29조(농업진흥구역에서 할 수 있는 행위) ① 법 제32조제1항 각 호 외의 부분 본문에서 "대통령령으로 정하는 행위"란 다음 각 호의 어느 하나에 해당하는 행위를 말한다. 〈개정 2008. 2. 29., 2009. 11. 26., 2012. 7. 10., 2013. 3. 23., 2013. 12. 30., 2014. 12. 30., 2020. 8. 11.〉

1. 농작물의 경작
2. 다년생식물의 재배
3. 고정식온실·버섯재배사 및 비닐하우스와 농림축산식품부령으로 정하는 그 부속시설의 설치
4. 축사·곤충사육사와 농림축산식품부령으로 정하는 그 부속시설의 설치
5. 간이퇴비장의 설치
6. 농지개량사업 또는 농업용수개발사업의 시행
7. 농막·간이저온저장고 및 간이액비 저장조 중에서 농림축산식품부령으로 정하는 시설의 설치

② 법 제32조제1항제1호에서 "대통령령으로 정하는 농수산물(농산물·임산물·축산물·수산물을 말한다. 이하 같다)의 가공·처리 시설 및 농수산업(농업·임업·축산업·수산

업을 말한다. 이하 같다) 관련 시험·연구 시설"이란 다음 각 호의 시설을 말한다. 〈개정 2007. 11. 30., 2008. 6. 5., 2013. 12. 30., 2014. 12. 30., 2015. 12. 22., 2016. 1. 19., 2016. 11. 29., 2019. 6. 25.〉

1. 다음 각 목의 요건을 모두 갖춘 농수산물의 가공·처리 시설(「건축법 시행령」 별표 1 제4호너목에 따른 제조업소 또는 같은 표 제17호에 따른 공장에 해당하는 시설을 말하며, 그 시설에서 생산된 제품을 판매하는 시설을 포함한다)

    가. 국내에서 생산된 농수산물(「농업·농촌 및 식품산업 기본법 시행령」 제5조제1항 및 제2항에 따른 농수산물을 말하며, 임산물 중 목재와 그 가공품 및 토석은 제외한다. 이하 이 조에서 같다) 및 농림축산식품부장관이 정하여 고시하는 농수산가공품을 주된 원료로 하여 가공하거나 건조·절단 등 처리를 거쳐 식품을 생산하기 위한 시설일 것

    나. 농업진흥구역 안의 부지 면적이 1만5천제곱미터[미곡의 건조·선별·보관 및 가공시설(이하 "미곡종합처리장"이라 한다)의 경우에는 3만제곱미터] 미만인 시설(판매시설이 포함된 시설의 경우에는 그 판매시설의 면적이 전체 시설 면적의 100분의 20 미만인 시설에 한정한다)일 것

2. 「양곡관리법」 제2조제5호에 따른 양곡가공업자가 농림축산식품부장관 또는 지방자치단체의 장과 계약을 체결해 같은 법 제2조제2호에 따른 정부관리양곡을 가공·처리하는 시설

3. 농수산업 관련 시험·연구 시설: 육종연구를 위한 농수산업에 관한 시험·연구 시설로서 그 부지의 총면적이 3천제곱미터 미만인 시설

③ 법 제32조제1항제2호에서 "그 밖에 대통령령으로 정하는 농업인의 공동생활에 필요한 편의 시설 및 이용 시설"이란 다음 각 호의 시설을 말한다. 〈개정 2008. 6. 5., 2011. 12. 8., 2012. 7. 10., 2014. 12. 30., 2016. 11. 29.〉

1. 농업인이 공동으로 운영하고 사용하는 창고·작업장·농기계수리시설·퇴비장
2. 경로당, 어린이집, 유치원, 정자, 보건지소, 보건진료소, 「응급의료에 관한 법률」 제2조제6호에 따른 응급의료 목적에 이용되는 항공기의 이착륙장 및 「민방위기본법」 제15조제1항제1호에 따른 비상대피시설
3. 농업인이 공동으로 운영하고 사용하는 일반목욕장·화장실·구판장·운동시설·마을 공동주차장 및 마을공동취수장
4. 국가·지방자치단체 또는 농업생산자단체가 농업인으로 하여금 사용하게 할 목적으로 설치하는 일반목욕장, 화장실, 운동시설, 구판장, 농기계 보관시설 및 농업인 복지회관

④ 법 제32조제1항제3호에서 "대통령령으로 정하는 농업인 주택, 어업인 주택"이란 다음 각 호의 요건을 모두 갖춘 건축물 및 시설물을 말한다. 다만, 제2호에 따른 부지면적을 적용

함에 있어서 농지를 전용하여 농업인 주택 및 어업인 주택(이하 이 항에서 "농어업인 주택"이라 한다)을 설치하는 경우에는 그 전용하려는 면적에 해당 세대주가 그 전용허가신청일 또는 협의신청일 이전 5년간 농어업인 주택의 설치를 위하여 부지로 전용한 농지면적을 합산한 면적(공공사업으로 인하여 철거된 농어업인 주택의 설치를 위하여 전용하였거나 전용하려는 농지면적을 제외한다)을 해당 농어업인 주택의 부지면적으로 본다. 〈개정 2010. 9. 20., 2012. 7. 10., 2016. 11. 29., 2019. 6. 25.〉

1. 농업인 또는 어업인(「수산업·어촌 발전 기본법」 제3조제3호에 따른 어업인을 말한다. 이하 같다) 1명 이상으로 구성되는 농업·임업·축산업 또는 어업을 영위하는 세대로서 다음 각 목의 어느 하나에 해당하는 세대의 세대주가 설치하는 것일 것

   가. 해당 세대의 농업·임업·축산업 또는 어업에 따른 수입액이 연간 총수입액의 2분의 1을 초과하는 세대

   나. 해당 세대원의 노동력의 2분의 1 이상으로 농업·임업·축산업 또는 어업을 영위하는 세대

2. 제1호 각 목의 어느 하나에 해당하는 세대의 세대원이 장기간 독립된 주거생활을 영위할 수 있는 구조로 된 건축물(「지방세법 시행령」 제28조에 따른 별장 또는 고급주택을 제외한다) 및 해당 건축물에 부속한 창고·축사 등 농업·임업·축산업 또는 어업을 영위하는데 필요한 시설로서 그 부지의 총면적이 1세대 당 660제곱미터 이하일 것

3. 제1호 각 목의 어느 하나에 해당하는 세대의 농업·임업·축산업 또는 어업의 경영의 근거가 되는 농지·산림·축사 또는 어장 등이 있는 시(구를 두지 아니한 시를 말하며, 도농복합형태의 시에 있어서는 동지역에 한한다)·구(도농복합형태의 시의 구에 있어서는 동지역에 한한다)·읍·면(이하 "시·구·읍·면"이라 한다) 또는 이에 연접한 시·구·읍·면 지역에 설치하는 것일 것

⑤ 법 제32조제1항제3호에서 "대통령령으로 정하는 농업용 시설, 축산업용 시설 또는 어업용 시설"이란 다음 각 호의 시설을 말한다. 다만, 제1호 및 제4호의 시설은 자기의 농업 또는 축산업의 경영의 근거가 되는 농지·축사 등이 있는 시·구·읍·면 또는 이에 연접한 시·구·읍·면 지역에 설치하는 경우로 한정한다. 〈개정 2008. 2. 29., 2012. 7. 10., 2013. 3. 23., 2013. 12. 30., 2016. 11. 29., 2019. 6. 25.〉

1. 농업인 또는 농업법인이 자기가 생산한 농산물을 건조·보관하기 위하여 설치하는 시설
2. 야생동물의 인공사육시설. 다만, 다음 각 목의 어느 하나에 해당하는 야생동물의 인공사육시설은 제외한다.

   가. 「야생생물 보호 및 관리에 관한 법률」 제14조제1항 각 호 외의 부분 본문에 따라 포획 등이 금지된 야생동물(같은 항 각 호 외의 부분 단서에 따라 허가를 받은 경우는 제외한다)

나.「야생생물 보호 및 관리에 관한 법률」제19조제1항 각 호 외의 부분 본문에 따라 포획이 금지된 야생동물(같은 항 각 호 외의 부분 단서에 따라 허가를 받은 경우는 제외한다)

다.「생물다양성 보전 및 이용에 관한 법률」제24조제1항 각 호 외의 부분 본문에 따라 수입등이 금지된 생태계교란 생물(같은 항 각 호 외의 부분 단서에 따라 허가를 받은 경우는 제외한다)

3.「건축법」에 따른 건축허가 또는 건축신고의 대상 시설이 아닌 간이양축시설

4. 농업인 또는 농업법인이 농업 또는 축산업을 영위하거나 자기가 생산한 농산물을 처리하는데 필요한 농업용 또는 축산업용시설로서 농림축산식품부령으로 정하는 시설

5. 부지의 총면적이 3만제곱미터 미만인 양어장·양식장, 그 밖에 농림축산식품부령으로 정하는 어업용 시설

6.「가축분뇨의 관리 및 이용에 관한 법률」제2조제8호의 처리시설

7. 시·도지사, 시장·군수·구청장 또는「농업협동조합법」제2조제1호에 따른 조합이 설치하는 가축 방역을 위한 소독시설

⑥ 법 제32조제1항제7호에서 "대통령령으로 정하는 공공시설"이란 다음 각 호의 시설을 말한다. 〈개정 2009. 11. 26., 2012. 7. 10.〉

1. 상하수도(하수종말처리시설 및 정수시설을 포함한다), 운하, 공동구(共同溝), 가스공급설비, 전주(유·무선송신탑을 포함한다), 통신선로, 전선로(電線路), 변전소, 소수력(小水力)·풍력발전설비, 송유설비, 방수설비, 유수지(遊水池)시설, 하천부속물 및 기상관측을 위한 무인(無人)의 관측시설

2.「사도법」제4조에 따른 사도(私道)

⑦ 법 제32조제1항제9호에서 "농어촌 발전에 필요한 시설로서 대통령령으로 정하는 시설"이란 다음 각 호의 시설을 말한다. 〈개정 2008. 2. 29., 2013. 12. 30., 2014. 12. 30., 2016. 1. 19., 2016. 11. 29., 2018. 4. 30., 2019. 6. 25.〉

1. 삭제 〈2012. 7. 10.〉

2. 국내에서 생산되는 농수산물을 집하·예냉(豫冷)·저장·선별 또는 포장하는 산지유통시설(농수산물을 저장만 하는 시설은 제외한다)로서 그 부지의 총면적이 3만제곱미터 미만인 시설

3. 부지의 총면적이 3천제곱미터 미만인 농업기계수리시설

4. 부지의 총면적이 3천제곱미터(지방자치단체 또는 농업생산자단체가 설치하는 경우에는 1만제곱미터) 미만인 남은 음식물이나 농수산물의 부산물을 이용한 유기질비료 제조시설

4의2. 부지의 총면적이 3천제곱미터(지방자치단체 또는 농업생산자단체가 설치하는 경우에는 3만제곱미터) 미만인 사료 제조시설(해당 시설에서 생산된 제품을 유통·판매하는 시설을 포함한다)

5. 법 제36조 및 법 제36조의2에 따른 농지의 타용도 일시사용 및 이에 필요한 시설
6. 국내에서 생산된 농수산물과 제2항제1호에 해당하는 시설에서 생산한 농수산물의 가공품을 판매하는 시설(공산품 판매시설 및 「건축법 시행령」 별표 1 제3호자목에 따른 금융업소를 포함하며, 공산품 판매시설 및 금융업소가 포함된 시설의 경우에는 공산품 판매시설 및 금융업소의 면적이 전체 시설 면적의 100분의 30 미만인 시설에 한정한다)로서 농업생산자단체 또는 「수산업·어촌 발전 기본법」 제3조제5호에 따른 생산자단체가 설치하여 운영하는 시설 중 그 부지의 총면적이 1만제곱미터 미만인 시설
7. 「전기사업법」 제2조제1호의 전기사업을 영위하기 위한 목적으로 설치하는 「신에너지 및 재생에너지 개발·이용·보급 촉진법」 제2조제2호가목에 따른 태양에너지를 이용하는 발전설비(이하 "태양에너지 발전설비"라 한다)로서 다음 각 목의 어느 하나에 해당하는 발전설비

    가. 건축물(「건축법」 제11조 또는 같은 법 제14조에 따라 건축허가를 받거나 건축신고를 한 건축물만 해당한다) 지붕에 설치하는 태양에너지 발전설비(해당 설비에서 생산한 전기를 처리하기 위하여 인근 부지에 설치하는 부속설비를 포함한다. 이하 같다)

    나. 국가, 지방자치단체 또는 「공공기관의 운영에 관한 법률」 제4조에 따른 공공기관이 소유한 건축물 지붕 또는 시설물에 설치하는 태양에너지 발전설비

    다. 삭제 〈2016. 1. 19.〉

8. 다음 각 목의 어느 하나에 해당하는 농산어촌 체험시설

    가. 「도시와 농어촌 간의 교류촉진에 관한 법률」 제2조제5호에 따른 농어촌체험·휴양마을사업의 시설로서 다음 요건에 모두 적합하고 그 부지의 총면적이 1만제곱미터 미만인 시설

       1) 숙박서비스시설을 운영하는 경우에는 「도시와 농어촌 간의 교류촉진에 관한 법률」 제8조에 따른 규모 이하일 것

       2) 승마장을 운영하는 경우에는 「도시와 농어촌 간의 교류촉진에 관한 법률」 제9조에 따른 규모 이하일 것

       3) 음식을 제공하거나 즉석식품을 제조·판매·가공하는 경우에는 「도시와 농어촌 간의 교류촉진에 관한 법률」 제10조에 따른 영업시설기준을 준수한 시설일 것

    나. 농업인·어업인 또는 농업법인·어업법인(「농어업경영체 육성 및 지원에 관한 법률」 제2조제5호에 따른 어업법인을 말한다)이 자기가 경영하는 농지·산림·축사·어장 또는 농수산물 가공·처리시설을 체험하려는 자를 대상으로 설치하는 교육·홍보시설 또는 자기가 생산한 농수산물과 그 가공품을 판매하는 시설로서 그 부지의 총면적이 1천제곱미터 미만인 시설

9. 농기자재(농기구, 농기계, 농기계 부품, 농약, 미생물제제, 비료, 사료, 비닐 및 파이프 등 농업생산에 필요한 기자재를 말한다) 제조시설로서 다음 각 목의 어느 하나에 해당하

지 아니하는 시설(2006년 6월 30일 이전에 지목이 공장용지로 변경된 부지에 설치하는 경우에 한정한다)

    가. 제44조제1항 각 호의 시설

    나. 제44조제2항 각 호의 시설

10. 제1항제1호부터 제4호까지의 토지이용행위와 정보통신기술을 결합한 농업을 육성하기 위한 시설로서 다음 각 목의 요건을 모두 갖춘 시설

    가. 농림축산식품부장관이 고시한 지역에 설치하는 시설일 것

    나. 시·도지사가 농림축산식품부장관과 협의한 사업계획에 따라 설치하는 시설일 것

    다. 제44조제3항제1호에 해당하는 시설(「건축법 시행령」 별표 1 제10호다목 및 제14호에 해당하는 시설은 제외한다)이 아닐 것

제30조(농업보호구역에서 할 수 있는 행위) ① 법 제32조제2항제2호에서 "농업인 소득 증대에 필요한 시설로서 대통령령으로 정하는 건축물·공작물, 그 밖의 시설"이란 다음 각 호의 시설을 말한다. 〈개정 2008. 6. 5., 2009. 12. 15., 2013. 12. 30., 2016. 1. 19., 2016. 11. 29., 2018. 4. 30.〉

1. 「농어촌정비법」 제2조제16호나목에 따른 관광농원사업으로 설치하는 시설로서 농업보호구역 안의 부지 면적이 2만제곱미터 미만인 것

2. 「농어촌정비법」 제2조제16호다목에 따른 주말농원사업으로 설치하는 시설로서 농업보호구역 안의 부지 면적이 3천제곱미터 미만인 것

3. 태양에너지 발전설비로서 농업보호구역 안의 부지 면적이 1만제곱미터 미만인 것

4. 그 밖에 농촌지역 경제활성화를 통하여 농업인 소득증대에 기여하는 농수산업 관련 시설로서 농림축산식품부령으로 정하는 시설

② 법 제32조제2항제3호에서 "대통령령으로 정하는 건축물·공작물, 그 밖의 시설"이란 다음 각 호의 시설을 말한다. 〈개정 2009. 11. 26., 2014. 3. 24., 2016. 1. 19.〉

1. 다음 각 목에 해당하는 시설로서 농업보호구역 안의 부지 면적이 1천제곱미터 미만인 것

    가. 「건축법 시행령」 별표 1 제1호가목에 해당하는 시설

    나. 「건축법 시행령」 별표 1 제3호가목, 라목부터 바목까지 및 사목(공중화장실 및 대피소는 제외한다)에 해당하는 시설

    다. 「건축법 시행령」 별표 1 제4호가목, 나목, 라목부터 사목까지, 차목부터 타목까지, 파목(골프연습장은 제외한다) 및 하목에 해당하는 시설

2. 「건축법 시행령」 별표 1 제3호사목(공중화장실, 대피소, 그 밖에 이와 비슷한 것만 해당한다) 및 아목(변전소 및 도시가스배관시설은 제외한다)에 해당하는 시설로서 농업보호구역 안의 부지 면적이 3천제곱미터 미만인 것

제31조(농업진흥지역에 대한 우선적 투자) 국가와 지방자치단체가 법 제33조에 따라 농업진흥지역 및 해당 지역의 농업인 등에 대하여 우선적으로 투자 및 자금지원 등 필요한 지원을 하여야 하는 사업은 다음 각 호와 같다. 〈개정 2008. 6. 20., 2009. 10. 8.〉

1. 농지 및 농업시설을 개량·정비하기 위한 사업
2. 농업용수를 개발하기 위한 사업
3. 농어촌도로를 확충하기 위한 사업
4. 농업기계화를 촉진하는 사업
5. 농업인 또는 농업법인의 경영규모 확대를 지원하는 사업
6. 「농어업경영체 육성 및 지원에 관한 법률」에 따른 후계농업경영인과 「농업·농촌 및 식품산업 기본법」에 따른 전업농업인을 육성하는 사업
7. 농산물의 집하장·선과장(選果場), 그 밖의 농산물유통시설을 확충하기 위한 사업
8. 농업인의 생활환경을 개선하기 위한 사업

제31조의2(농업진흥지역의 농지매수 청구) 법 제33조의2제1항에 따라 농지의 매수를 청구하려는 자는 다음 각 호의 사항을 기재한 농지매수청구서에 농림축산식품부령으로 정하는 서류를 첨부하여 한국농어촌공사에 제출하여야 한다. 〈개정 2013. 3. 23.〉

1. 농지소유자의 성명(법인인 경우에는 그 명칭 및 대표자의 성명) 및 주소
2. 농지의 표시 및 이용현황
3. 해당 농지에 소유권 외의 권리가 설정된 때에는 그 종류·내용과 권리자의 성명(법인인 경우에는 그 명칭 및 대표자의 성명) 및 주소
4. 농지에 설치한 농업용시설 등에 관한 사항

[본조신설 2012. 7. 10.]

제2절 농지의 전용

제32조(농지전용허가의 신청) ① 법 제34조제1항에 따라 농지전용의 허가 또는 변경허가를 받으려는 자는 농지전용허가신청서에 농림축산식품부령으로 정하는 서류를 첨부하여 해당 농지의 소재지를 관할하는 시장·군수 또는 자치구구청장에게 제출하여야 한다. 〈개정 2008. 2. 29., 2009. 11. 26., 2013. 3. 23.〉

② 삭제 〈2009. 11. 26.〉
③ 삭제 〈2009. 11. 26.〉
④ 삭제 〈2009. 11. 26.〉
⑤ 법 제34조제1항 후단에서 "대통령령으로 정하는 중요사항"이란 다음 각 호와 같다.
1. 전용허가를 받은 농지의 면적 또는 경계

2. 전용허가를 받은 농지의 위치(동일 필지 안에서 위치를 변경하는 경우에 한한다)
3. 전용허가를 받은 자의 명의
4. 삭제 〈2008. 6. 5.〉
5. 설치하려는 시설의 용도 또는 전용목적사업(제59조제3항제1호부터 제3호까지의 규정에 해당하는 경우에 한한다)

제33조(농지전용허가의 심사) ① 시장·군수 또는 자치구구청장은 제32조제1항에 따라 농지전용허가신청서 등을 제출받은 때에는 다음 각 호의 심사기준에 따라 심사한 후 농림축산식품부령으로 정하는 서류를 첨부하여 그 제출받은 날(제3항에 따라 신청서류의 보완 또는 보정을 요구한 경우에는 그 보완 또는 보정이 완료된 날을 말한다)부터 10일 이내에 시·도지사에게 보내야 하며, 시·도지사는 10일 이내에 이에 대한 종합적인 심사의견서를 첨부하여 농림축산식품부장관에게 제출하여야 한다. 〈개정 2008. 2. 29., 2009. 11. 26., 2013. 3. 23., 2016. 11. 29.〉

1. 법 제32조 (농업진흥지역의 농지인 경우에 한한다) 및 법 제37조에 위배되지 아니할 것
2. 다음 각 목의 사항 등을 참작할 때 전용하려는 농지가 전용목적사업에 적합하게 이용될 수 있을 것으로 인정될 것
   가. 시설의 규모 및 용도의 적정성
   나. 건축물의 건축에 해당하는 경우에는 도로·수도 및 하수도의 설치 등 해당 지역의 여건
3. 다음 각 목의 사항 등을 참작할 때 전용하려는 농지의 면적이 전용목적사업의 실현을 위하여 적정한 면적일 것
   가. 「건축법」의 적용을 받는 건축물의 건축 또는 공작물의 설치에 해당하는 경우에는 건폐율 등 「건축법」의 규정
   나. 건축물 또는 공작물의 기능·용도 및 배치계획
4. 다음 각 목의 사항 등을 참작할 때 전용하려는 농지를 계속하여 보전할 필요성이 크지 아니할 것
   가. 경지정리 및 수리시설 등 농업생산기반정비사업 시행 여부
   나. 해당 농지가 포함된 지역농지의 집단화 정도
   다. 해당 농지의 전용으로 인하여 인근 농지의 연쇄적인 전용 등 농지잠식 우려가 있는지의 여부
   라. 해당 농지의 전용으로 인근농지의 농업경영 환경을 저해할 우려가 있는지의 여부
   마. 해당 농지의 전용으로 인하여 농지축(農地築)이 절단되거나 배수가 변경되어 물의 흐름에 지장을 주는지의 여부

5. 해당 농지의 전용이 인근 농지의 농업경영과 농어촌생활환경의 유지에 피해가 없을 것. 다만, 그 피해가 예상되는 경우에는 다음 각 목의 사항 등을 고려할 때 그 피해방지계획이 타당하게 수립되어 있을 것

    가. 해당 농지의 전용이 농지개량시설 또는 도로의 폐지·변경을 수반하는 경우 예상되는 피해 및 피해방지계획의 적절성

    나. 해당 농지의 전용이 토사의 유출, 폐수의 배출, 악취·소음의 발생을 수반하는 경우 예상되는 피해 및 피해방지계획의 적절성

    다. 해당 농지의 전용이 인근 농지의 일조·통풍·통작(通作)에 현저한 지장을 초래하는 경우 그 피해방지계획의 적절성

6. 해당 농지의 전용이 용수의 취수를 수반하는 경우 그 시기·방법·수량 등이 농수산업 또는 농어촌생활환경유지에 피해가 없을 것. 다만, 그 피해가 예상되는 경우에는 그 피해방지계획이 타당하게 수립되어 있을 것

7. 사업계획 및 자금조달계획이 전용목적사업의 실현에 적합하도록 수립되어 있을 것

8. 전용목적사업이 농지전용의 허가 또는 변경허가를 받으려는 자에게 관련 법령에서 허용된 사업일 것

② 농림축산식품부장관은 제1항에 따른 심사기준에 적합하지 아니한 경우에는 농지의 전용허가를 하여서는 아니 된다. 〈개정 2008. 2. 29., 2013. 3. 23.〉

③ 시·도지사 및 시장·군수 또는 자치구구청장이 제2항에 따라 심사하는 경우 신청인이 제출한 서류에 흠이 있으면 지체 없이 보완 또는 보정에 필요한 상당한 기간을 정하여 신청인에게 보완 또는 보정을 요구하여야 한다. 이 경우 보완 또는 보정의 요구는 문서·구술·전화 또는 팩스로 하되, 신청인이 특별히 요청하는 때에는 문서로 하여야 한다. 〈개정 2009. 11. 26., 2019. 7. 2.〉

④ 시·도지사 및 시장·군수 또는 자치구구청장은 신청인이 제3항에 따른 보완 또는 보정을 요구한 기간에 이를 보완 또는 보정하지 아니하는 때에는 신청서류를 반려할 수 있다. 〈신설 2009. 11. 26.〉

제34조(농지의 전용에 관한 협의 등) ① 주무부장관 또는 지방자치단체의 장이 법 제34조제2항에 따라 농지의 전용에 관하여 협의(다른 법률에 따라 농지전용허가가 의제되는 협의를 포함한다)하려는 경우에는 농지전용협의요청서에 농림축산식품부령으로 정하는 서류를 첨부하여 농림축산식품부장관에게 제출하여야 한다. 〈개정 2008. 2. 29., 2013. 3. 23.〉

② 농림축산식품부장관은 제1항에 따른 농지의 전용에 관한 협의요청이 있으면 제33조제1항 각 호의 사항에 대한 심사를 한 후 그 동의 여부를 결정하여야 한다. 〈개정 2008. 2. 29., 2008. 6. 5., 2009. 11. 26., 2013. 3. 23.〉

1. 삭제 〈2009. 11. 26.〉

2. 삭제 〈2009. 11. 26.〉
3. 삭제 〈2009. 11. 26.〉
4. 삭제 〈2009. 11. 26.〉
5. 삭제 〈2009. 11. 26.〉
6. 삭제 〈2009. 11. 26.〉
7. 삭제 〈2009. 11. 26.〉

③ 농림축산식품부장관은 제33조제1항 각 호의 심사기준에 적합하지 아니한 경우에는 동의를 하여서는 아니 된다. 〈개정 2008. 2. 29., 2013. 3. 23.〉

제35조(농지의 전용신고) ① 법 제35조제1항에 따라 농지전용의 신고 또는 변경신고를 하려는 자는 농지전용신고서에 농림축산식품부령으로 정하는 서류를 첨부하여 해당 농지의 소재지를 관할하는 시장·군수 또는 자치구구청장에게 제출하여야 한다. 〈개정 2008. 2. 29., 2009. 11. 26., 2013. 3. 23.〉

② 삭제 〈2009. 11. 26.〉

③ 시장·군수 또는 자치구구청장이 신고내용을 검토하는 경우 신고인이 제출한 서류의 흠의 보완 또는 보정이나 반려에 관하여는 제33조제3항 및 제4항을 준용한다. 〈개정 2009. 11. 26.〉

④ 시장·군수 또는 자치구구청장은 제1항에 따라 농지전용신고서 등을 제출받은 때에는 신고내용이 법 제35조 및 이 영 제33조제1항제5호·제6호 및 제36조에 적합한지의 여부를 검토하여 적합하다고 인정하는 경우에는 농림축산식품부령으로 정하는 바에 따라 농지전용신고증을 신고인에게 내주어야 하며, 적합하지 아니하다고 인정하는 경우에는 그 사유를 구체적으로 밝혀 제출받은 서류를 반려하여야 한다. 〈개정 2008. 2. 29., 2009. 11. 26., 2013. 3. 23.〉

제36조(신고에 따른 농지전용의 범위) 법 제35조제3항에 따른 농지전용신고 대상 시설의 범위·규모·농업진흥지역에서의 설치제한 또는 설치자의 범위 등은 별표 1과 같다. 〈개정 2020. 8. 11.〉

제37조(농지의 타용도 일시사용허가) ① 법 제36조제1항에 따라 농지의 타용도 일시사용허가 또는 변경허가를 받으려는 자는 농지의 타용도 일시사용허가신청서에 농림축산식품부령으로 정하는 서류를 첨부하여 해당 농지의 소재지를 관할하는 시장·군수 또는 자치구구청장에게 제출하여야 한다. 〈개정 2008. 2. 29., 2013. 3. 23.〉

② 시장·군수 또는 자치구구청장은 제1항에 따른 신청 서류를 제출받은 때에는 다음 각 호의 심사기준에 따라 심사한 후 신청 받은 날(제3항에 따라 신청 서류의 보완 또는 보정을 요구한 경우에는 그 보완 또는 보정이 완료된 날을 말한다)부터 10일 이내에 그 결과를 신청

인에게 문서로 알려야 한다. 〈개정 2009. 11. 26.〉

1. 법 제37조제2항제2호·제3호에 해당하는지의 여부
2. 설치하려는 시설이나 농지를 일시사용하려는 사업의 규모·종류·지역여건 등을 참작할 때 타용도로 일시사용하려는 농지가 해당 목적사업에 적합하게 이용될 수 있는지의 여부
3. 타용도로 일시사용하려는 농지의 면적 또는 사용기간이 해당 목적사업의 실현을 위하여 적정한 면적 또는 기간인지의 여부
4. 타용도로 일시사용하려는 농지가 경지정리·수리시설 등 농업생산기반이 정비되어 있어 농지로서의 보전가치가 있는지의 여부(법 제36조제1항제2호 및 제3호의 경우에만 해당한다)
5. 해당 농지의 타용도 일시사용이 농지개량시설 또는 도로의 폐지 및 변경이나 토사의 유출, 폐수의 배출, 악취의 발생 등을 수반하여 인근 농지의 농업경영이나 농어촌생활환경의 유지에 피해가 예상되는 경우에는 그 피해방지계획이 타당하게 수립되어 있는지의 여부
6. 복구계획서 및 복구비용명세서의 내용이 타당한지의 여부

③ 시장·군수 또는 자치구구청장이 제2항에 따라 심사를 하는 경우 신청인이 제출한 서류의 흠의 보완·보정 또는 반려에 관하여는 제33조제3항 및 제4항을 준용한다. 〈개정 2009. 11. 26.〉

④ 시장·군수 또는 자치구구청장은 제2항 각 호의 심사기준에 적합하지 아니한 경우에는 농지의 타용도일시사용허가를 하여서는 아니 된다.

제37조의2(농지의 타용도 일시사용신고) ① 법 제36조의2제1항에 따라 농지의 타용도 일시사용신고 또는 변경신고를 하려는 자는 농지의 타용도 일시사용신고서에 농림축산식품부령으로 정하는 서류를 첨부하여 해당 농지의 소재지를 관할하는 시장·군수 또는 자치구구청장에게 제출하여야 한다.

② 시장·군수 또는 자치구구청장은 제1항에 따른 신고서 및 서류를 제출받은 경우에는 신고 내용이 다음 각 호의 기준에 적합한지 여부를 검토하여야 한다.

1. 제37조제2항제1호·제5호 및 제6호에 따른 기준
2. 제37조의3에 따른 농지의 타용도 일시사용신고 대상 농지의 범위 및 규모 기준

③ 시장·군수 또는 자치구구청장이 제2항에 따른 검토를 하는 경우 신고인이 제출한 서류의 보완, 보정 또는 반려에 대해서는 제33조제3항 및 제4항을 준용한다.

④ 시장·군수 또는 자치구구청장은 제2항에 따른 검토 결과 농지의 타용도 일시사용신고가 제2항 각 호의 기준에 적합하다고 인정하는 경우에는 농림축산식품부령으로 정하는 바에 따라 농지의 타용도 일시사용신고증을 신고인에게 내주어야 하며, 적합하지 아니하다고

인정하는 경우에는 그 사유를 구체적으로 밝혀 제출받은 서류를 반려하여야 한다.
[본조신설 2018. 4. 30.]

제37조의3(신고에 따른 농지의 타용도 일시사용의 범위 등) 법 제36조의2제6항에 따른 농지의 타용도 일시사용신고 대상 농지의 범위와 규모는 별표 1의2와 같다.

[본조신설 2018. 4. 30.]

제38조(농지의 타용도 일시사용허가·신고의 기간 등) ① 법 제36조제1항에 따른 허가·협의, 같은 조 제2항에 따른 협의, 법 제36조의2제1항에 따른 신고·협의 및 같은 조 제2항에 따른 협의의 경우 농지의 타용도 일시사용기간은 다음 각 호와 같다. 〈개정 2009. 11. 26., 2014. 12. 30., 2018. 4. 30., 2019. 6. 25.〉

1. 법 제36조제1항에 따른 허가·협의
   가. 법 제36조제1항제1호의 용도로 일시사용하는 경우: 7년 이내
   나. 법 제36조제1항제2호의 용도로 일시사용하는 경우: 그 주목적 사업의 시행에 필요한 기간 이내
   다. 가목 및 나목 외의 경우: 5년 이내
2. 법 제36조제2항에 따른 협의
   가. 법 제36조제1항제2호의 용도로 일시사용하는 경우: 그 주목적 사업의 시행에 필요한 기간 이내
   나. 가목 외의 경우: 5년 이내
3. 법 제36조의2제1항에 따른 신고·협의 및 같은 조 제2항에 따른 협의: 6개월 이내
4. 삭제 〈2019. 6. 25.〉

② 시장·군수 또는 자치구구청장은 제1항(같은 항 제3호의 경우는 제외한다)에 따른 농지의 타용도 일시사용기간이 만료되기 전에 다음 각 호의 기간을 초과하지 않는 범위에서 연장할 수 있다. 〈개정 2019. 6. 25.〉

1. 법 제36조제1항에 따른 허가·협의
   가. 법 제36조제1항제1호의 용도로 일시사용하는 경우: 5년
   나. 법 제36조제1항제4호의 용도로 일시사용하는 경우: 15년. 이 경우 1회 연장기간은 3년을 초과할 수 없다.
   다. 가목 및 나목 외의 경우: 3년
2. 법 제36조제2항에 따른 협의
   가. 법 제36조제1항제4호의 용도로 일시사용하는 경우: 15년. 이 경우 1회 연장기간은 3년을 초과할 수 없다.
   나. 가목 외의 경우: 3년

3. 「국토의 계획 및 이용에 관한 법률」제2조제7호에 따른 도시·군계획시설(이하 "도시·군계획시설"이라 한다)의 설치예정지 안의 농지에 대하여 타용도 일시사용허가를 한 경우: 그 도시·군계획시설의 설치시기 등을 고려하여 필요한 기간

③ 법 제36조제1항제3호에서 "대통령령으로 정하는 토석과 광물"이란 다음 각 호의 것을 말한다. 〈개정 2007. 9. 10.〉

1. 「골재채취법」제2조제1호에 따른 골재

2. 「광업법」제3조제1호에 따른 광물

3. 적조방제·농지개량 또는 토목공사용으로 사용하거나 공업용 원료로 사용하기 위한 토석

[제목개정 2018. 4. 30.]

제39조(농지의 타용도 일시사용협의) ① 주무부장관 또는 지방자치단체의 장은 법 제36조제1항 각 호 외의 부분 단서, 같은 조 제2항, 법 제36조의2제1항 각 호 외의 부분 단서 및 같은 조 제2항에 따라 농지의 타용도 일시사용협의를 요청하는 경우에는 농지의 타용도 일시사용협의요청서에 농림축산식품부령으로 정하는 서류를 첨부하여 시장·군수 또는 자치구구청장에게 제출하여야 한다. 〈개정 2018. 4. 30.〉

② 시장·군수 또는 자치구구청장은 제1항에 따라 농지의 타용도 일시사용에 관한 협의요청이 있으면 제37조제2항 각 호 또는 제37조의2제2항 각 호의 심사기준에 따라 심사를 한 후 그 동의 여부를 결정하여야 한다. 〈개정 2018. 4. 30.〉

③ 시장·군수 또는 자치구구청장은 농지의 타용도 일시사용협의요청내용이 제37조제2항 각 호 또는 제37조의2제2항 각 호의 심사기준에 적합하지 아니하면 동의를 하여서는 아니 된다. 〈개정 2018. 4. 30.〉

제40조(복구계획 및 복구비용명세서의 제출) ① 시장·군수 또는 자치구구청장은 법 제36조제1항에 따라 농지의 타용도 일시사용허가 또는 변경허가를 하거나 법 제36조의2제1항에 따라 농지의 타용도 일시사용신고 또는 변경신고를 수리하려는 경우에는 법 제36조제3항 또는 법 제36조의2제3항에 따라 해당 사업을 시행하려는 자에게 농지로의 복구계획과 복구비용명세서(변경허가 또는 변경신고의 경우에는 이미 제출한 복구계획과 복구비용명세서의 변경이 필요한 경우에 한정한다)를 제출하게 하여야 한다. 다만, 법 제36조제1항제1호에 해당하는 경우에는 그러하지 아니하다. 〈개정 2018. 4. 30.〉

② 시장·군수 또는 자치구구청장은 법 제36조제2항 또는 법 제36조의2제2항에 따라 농지의 타용도 일시사용에 관한 협의를 하고자 할 때에는 복구계획 및 복구비용명세서를 제출하게 하고 복구비용을 예치하게 하는 조건으로 주무부장관 또는 지방자치단체의 장과 협의하여야 한다. 〈개정 2018. 4. 30.〉

③ 시장·군수 또는 자치구구청장이나 주무부장관 또는 지방자치단체의 장(이하 "시장·군수등"이라 한다)은 제1항 또는 제2항에 따라 제출된 복구계획 및 복구비용명세서의 내용

이 적절하지 아니하거나 흠이 있는 경우에는 상당한 기간을 정하여 이를 보완 또는 보정하게 하여야 한다.

제41조(복구비용의 산출기준·납부시기·납부절차 등) ① 법 제36조제3항·제4항 또는 법 제36조의2제3항에 따른 농지의 타용도 일시사용에 따른 복구비용 산출기준은 「지방자치단체를 당사자로 하는 계약에 관한 법률 시행령」 제10조제1항의 기준에 따른다. 〈개정 2018. 4. 30., 2019. 6. 25.〉

② 시장·군수등은 법 제36조제3항·제4항 또는 법 제36조의2제3항에 따라 복구비용을 예치하게 하는 경우에는 제1항의 산출기준에 따라 복구비용을 결정하고 20일 이상의 납부기간을 정하여 이를 예치하게 해야 한다. 〈개정 2018. 4. 30., 2019. 6. 25.〉

③ 제2항에 따른 복구비용은 세입세출외현금출납공무원계좌에 현금(체신관서 또는 「은행법」의 적용을 받는 은행이 발행하는 자기앞수표를 포함한다. 이하 같다)으로 예치하거나 현금을 갈음하여 「지방자치단체를 당사자로 하는 계약에 관한 법률 시행령」 제37조제2항 각 호에 따른 보증서 등(이하 "보증서등"이라 한다)을 시장·군수등을 수취인으로 하여 예치하여야 한다. 이 경우 보증서등의 보증기간은 농지의 타용도 일시사용기간과 복구에 필요한 기간에 2개월을 가산한 기간을 기준으로 한다. 〈개정 2010. 11. 15., 2018. 4. 30.〉

제42조(복구비용예치금 등의 사용) ① 시장·군수등은 법 제36조제1항에 따른 농지의 타용도 일시사용허가를 받거나 법 제36조의2제1항에 따른 농지의 타용도 일시사용신고를 한 자(법 제36조제2항 또는 법 제36조의2제2항에 따른 농지의 타용도 일시사용에 관한 협의를 거친 다른 법률에 따른 사업 또는 사업계획 등의 인가·허가 또는 승인 등을 받은 자를 포함한다. 이하 이 조에서 "복구의무자"라 한다)가 복구계획에 따라 농지로 복구하지 아니하면 복구의무자를 대신하여 해당 토지를 농지로 복구하거나 복구의무자로 하여금 복구하게 할 수 있다. 〈개정 2018. 4. 30.〉

② 시장·군수등은 제41조제3항에 따라 예치된 복구비용을 복구대행비로 충당하고, 잔액이 있는 경우에는 다음 각 호의 구분에 따라 이를 반환하여야 한다. 이 경우 예치금의 직접사용 등에 관하여는 「지방자치단체를 당사자로 하는 계약에 관한 법률 시행령」 제72조를 준용한다.

1. 현금·정기예금증서·수익증권으로 예치된 경우 : 복구비를 예치한 자에게 반환
2. 제1호 외의 경우 : 보증보험증권발행자나 그 밖의 지급보증서 등의 발행자에게 반환

제43조(복구비용예치금 등의 반환) ① 시장·군수등은 제41조제3항에 따라 복구비용을 예치한 자가 복구계획에 따라 농지로의 복구를 모두 이행한 때에는 현금으로 예치한 경우에는 복구비용과 이자를, 보증서등으로 예치한 경우에는 그 보증서등을 해당 복구비용을 예치한 자에게 반환하여야 한다.

② 제1항에 따른 복구비용을 반환받으려는 자는 복구비용반환청구서에 농림축산식품부령으로 정하는 서류를 첨부하여 시장·군수등에게 제출하여야 한다. 〈개정 2008. 2. 29., 2013. 3. 23.〉

③ 시장·군수등은 제2항에 따른 반환청구가 있으면 지체 없이 이를 청구인에게 반환하여야 한다.

제44조(농지전용허가의 제한대상시설) ① 법 제37조제1항제1호에서 "대통령령으로 정하는 시설"이란 다음 각 호의 시설을 말한다. 〈개정 2007. 9. 6., 2007. 11. 15., 2009. 11. 26., 2016. 3. 29., 2019. 6. 25.〉

1. 「대기환경보전법 시행령」 별표 1의3에 따른 1종사업장부터 4종사업장까지의 사업장에 해당하는 시설. 다만, 미곡종합처리장의 경우에는 3종사업장 또는 4종사업장에 해당하는 시설을 제외한다.

2. 「대기환경보전법 시행령」 별표 1의3에 따른 5종사업장에 해당하는 시설 중 「대기환경보전법」 제2조제9호에 따른 특정대기유해물질을 배출하는 시설. 다만, 「자원의 절약과 재활용촉진에 관한 법률」 제2조제10호에 따른 재활용시설, 「폐기물관리법」 제2조제8호에 따른 폐기물처리시설 및 「의료법」 제16조에 따른 세탁물의 처리시설을 제외한다.

② 법 제37조제1항제2호에서 "대통령령으로 정하는 시설"이란 다음 각 호의 시설을 말한다. 〈개정 2007. 9. 6., 2007. 11. 30., 2008. 2. 29., 2013. 3. 23., 2018. 1. 16.〉

1. 「물환경보전법 시행령」 별표 13에 따른 1종사업장부터 4종사업장까지의 사업장에 해당하는 시설

2. 「물환경보전법 시행령」 별표 13에 따른 5종사업장에 해당하는 시설 중 농림축산식품부령으로 정하는 시설. 다만, 「자원의 절약과 재활용촉진에 관한 법률」 제2조제6호에 따른 재활용시설, 「폐기물관리법」 제2조제8호에 따른 폐기물처리시설 및 「농수산물유통 및 가격안정에 관한 법률」 제2조제5호에 따른 농수산물공판장 중 축산물공판장을 제외한다.

③ 법 제37조제1항제3호에서 "대통령령으로 정하는 시설"이란 다음 각 호의 시설을 말한다. 〈개정 2008. 6. 5., 2009. 11. 26., 2009. 12. 15., 2012. 4. 10., 2013. 12. 30., 2014. 3. 24., 2014. 7. 14., 2016. 1. 22., 2016. 11. 29., 2018. 4. 30., 2021. 1. 5.〉

1. 「건축법 시행령」 별표 1 제2호가목, 제3호나목, 제4호아목·자목·너목(이 영 제29조제2항제1호 및 제29조제7항제3호·제4호·제4호의2·제9호의 시설은 제외한다)·더목, 제5호, 제8호, 제10호다목·라목·바목, 제14호, 제15호(「제주특별자치도 설치 및 국제자유도시 조성을 위한 특별법」 제251조제1항에 따른 1천제곱미터 이하의 휴양펜션업 시설을 제외한다)·제16호, 제20호나목부터 바목까지 및 제27호에 해당하는 시설

2. 「건축법 시행령」 별표 1 제1호, 제3호가목, 다목부터 마목까지 및 사목(지역아동센터만 해당한다), 제4호가목부터 사목까지, 차목부터 거목까지 및 러목, 제19호, 제20호가목

・사목・아목 및 제26호에 해당하는 시설로서 그 부지로 사용하려는 농지의 면적이 1천제곱미터를 초과하는 것

3. 「건축법 시행령」 별표 1 제3호바목, 제6호, 제11호, 제12호 및 제29호에 해당하는 시설로서 그 부지로 사용하려는 농지의 면적이 3천제곱미터를 초과하는 것

4. 「건축법 시행령」 별표 1 제13호에 해당하는 시설로서 그 부지로 사용하려는 농지의 면적이 5천제곱미터를 초과하는 것

5. 「건축법 시행령」 별표 1 제2호나목부터 라목까지 및 제7호다목에 해당하는 시설로서 그 부지로 사용하려는 농지의 면적이 1만 5천제곱미터를 초과하는 것

6. 「건축법 시행령」 별표 1 제7호가목・나목, 제10호가목, 제17호, 제18호에 해당하는 시설, 「농어촌정비법」 제2조제16호나목에 따른 관광농원사업의 시설 및 태양에너지 발전설비로서 그 부지로 사용하려는 농지의 면적이 3만제곱미터를 초과하는 것

7. 제29조제7항제8호가목에 따른 농어촌체험・휴양마을사업의 시설과 제30조제1항제4호에 따른 농수산업 관련 시설로서 그 부지로 사용하려는 농지의 면적이 해당 조항에서 허용하는 면적을 초과하는 것

8. 제1호부터 제7호까지의 규정에 해당되지 아니하는 시설로서 그 부지로 전용하려는 농지의 면적이 1만제곱미터를 초과하는 것. 다만, 그 시설이 법 제32조제1항제3호부터 제8호까지의 규정에 따라 농업진흥구역에 설치할 수 있는 시설, 도시・군계획시설, 「농어촌정비법」 제101조에 따른 마을정비구역으로 지정된 구역에 설치하는 시설, 「도로법」 제2조제2호에 따른 도로부속물 중 고속국도관리청이 설치하는 고속국도의 도로부속물 시설, 「자연공원법」 제2조제10호에 따른 공원시설 및 「체육시설의 설치・이용에 관한 법률」 제3조에 따른 골프장에 해당되는 경우를 제외한다.

9. 그 밖에 해당 지역의 농지규모・농지보전상황 등 농업여건을 고려하여 시(특별시 및 광역시를 포함한다)・군의 조례로 정하는 농업의 진흥이나 농지의 보전을 저해하는 시설

④ 같은 부지 안에 제3항제2호부터 제8호까지의 규정에 해당하는 시설을 함께 설치하는 경우 그 면적은 가장 넓은 면적을 적용한다. 〈개정 2016. 11. 29.〉

⑤ 제3항 각 호 및 제4항에 따른 전용제한면적을 적용함에 있어서 해당 시설을 설치하는 자가 동시 또는 수차에 걸쳐 그 시설이나 그 시설과 같은 종류의 시설의 부지로 사용하기 위하여 연접하여 농지를 전용하는 경우에는 그 전용하려는 농지의 면적과 그 농지전용허가 신청일 이전 5년간 연접하여 전용한 농지면적을 합산한 면적을 해당 시설의 부지면적으로 본다.

⑥ 법 제34조제1항 후단에 따른 변경허가(농지전용면적이 증가하지 아니하는 경우에 한한다) 또는 법 제40조에 따른 용도변경의 승인을 함에 있어서 1996년 12월 31일 이전에 농지전용허가(다른 법률에 따라 농지전용허가가 의제되는 협의를 포함한다)를 받거나 농지전용

신고를 한 농지에 대하여는 제3항부터 제5항까지의 규정에도 불구하고 1996년 12월 31일 당시에 적용되던 제한기준을 적용한다.

제44조의2(둘 이상의 용도지역·용도지구에 걸치는 농지에 대한 전용허가 시 적용기준) 법 제37조의2에서 "대통령령으로 정하는 면적"이란 330제곱미터를 말한다.

[본조신설 2020. 8. 11.]

제45조(전용허가 등과 농지보전부담금의 납부) ① 농림축산식품부장관이나 시장·군수 또는 자치구구청장은 법 제34조·법 제35조 및 법 제43조에 따라 농지전용의 허가 또는 농지전용의 신고수리를 하려는 때에는 법 제38조제1항에 따른 농지보전부담금(이하 "농지보전부담금"이라 한다)의 전부 또는 일부를 미리 납부하게 하여야 한다. 〈개정 2008. 2. 29., 2013. 3. 23., 2016. 1. 19.〉

② 법 제38조제1항제2호부터 제4호까지의 규정에 따른 농지보전부담금의 납부대상이 되는 농지의 전용이 수반되는 인가·허가·승인·신고 수리 등(이하 이 항 및 제46조제1항에서 "인가등"이라 한다)을 하려는 관계 행정기관의 장은 농지보전부담금이 납부되었는지 확인한 후 인가등을 하여야 한다. 〈개정 2016. 1. 19.〉

[제목개정 2016. 1. 19.]

제46조(농지전용허가 등의 통지) ① 제45조제2항에 따라 인가등을 하려는 관계 행정기관의 장은 인가등의 신청이 있은 때에는 지체 없이 그 사실을 농림축산식품부장관(제71조제1항제5호 및 같은 조 제2항제4호에 따라 농지보전부담금의 부과·징수 등에 관한 권한을 위임받은 자를 포함한다) 및 해당 농지의 관할 시장·군수 또는 자치구구청장에게 통보하여야 한다. 〈개정 2016. 1. 19.〉

② 시장·군수 또는 자치구구청장은 제45조제1항에 따라 농지보전부담금의 전부 또는 일부를 미리 납부하게 하려는 경우 또는 제1항에 따른 통보를 받은 경우에는 농지의 면적, 농지보전부담금의 제곱미터당 금액 및 제52조에 따른 감면비율 등 농지보전부담금의 부과에 필요한 사항을 기재한 부과명세서에 농림축산식품부령으로 정하는 서류를 첨부하여 농림축산식품부장관 또는 시·도지사에게 통지하여야 한다. 〈개정 2008. 2. 29., 2013. 3. 23., 2014. 12. 30., 2016. 1. 19.〉

③ 시장·군수 또는 자치구구청장이나 관계 행정기관의 장은 제1항 또는 제2항에 따라 통보 또는 통지한 내용이 변경되거나 누락 또는 흠이 있으면 지체 없이 그 사실을 농림축산식품부장관, 시·도지사나 시장·군수 또는 자치구구청장에게 통지 또는 통보하여야 한다. 〈개정 2008. 2. 29., 2013. 3. 23., 2014. 12. 30.〉

제47조(농지보전부담금의 부과결정) ① 농림축산식품부장관은 제45조제1항에 따라 농지보전부담금의 전부 또는 일부를 미리 납부하게 하거나 제46조에 따른 통보 또는 통지를 받은

때에는 농지보전부담금의 부과에 관한 다음 각 호의 사항을 결정하여야 한다. 〈개정 2008. 2. 29., 2013. 3. 23., 2016. 1. 19.〉

1. 농지보전부담금의 부과금액
2. 농지보전부담금이 감면되는 시설인 경우에는 그 감면비율
3. 그 밖에 농지보전부담금의 징수에 필요한 사항

② 제1항제1호에 따른 농지보전부담금의 부과금액은 법 제38조제7항 각 호의 농지보전부담금의 부과기준일 현재의 법 제38조제7항 및 이 영 제53조에 따라 산정된 제곱미터당 금액에 전용하는 농지의 면적을 곱하여 산출한 금액(법 제38조제6항에 따른 감면대상인 경우에는 그 금액에 제52조 및 별표 2에 따른 감면비율을 적용한 금액을 말한다)으로 한다. 〈개정 2019. 6. 25.〉

제48조(농지보전부담금 수납업무의 대행 등) ① 농림축산식품부장관은 법 제51조제3항에 따라 법 제38조제1항 및 법 제40조제2항에 따른 농지보전부담금의 수납업무를 한국농어촌공사로 하여금 대행하게 한다. 〈개정 2008. 2. 29., 2009. 6. 26., 2013. 3. 23.〉

② 농림축산식품부장관은 농림축산식품부령으로 정하는 바에 따라 제47조제1항 각 호의 사항을 기재한 농지보전부담금부과결정서에 관련 서류를 첨부하여 한국농어촌공사에 통보하여야 한다. 〈개정 2008. 2. 29., 2009. 6. 26., 2013. 3. 23.〉

제49조(농지보전부담금의 납부통지 등) ① 한국농어촌공사는 농림축산식품부장관으로부터 제48조제2항에 따른 통보를 받으면 그 통보받은 내용에 따라 농지보전부담금을 내야 하는 자(이하 "납입의무자"라 한다)에게 농림축산식품부령으로 정하는 바에 따라 농지보전부담금의 납입을 통지하여야 한다. 〈개정 2008. 2. 29., 2009. 6. 26., 2013. 3. 23.〉

② 한국농어촌공사가 제1항에 따라 농지보전부담금의 납입을 통지하는 때에는 납입금액 및 그 산출근거, 납입기한과 납입장소를 구체적으로 밝혀야 한다. 〈개정 2009. 6. 26.〉

③ 제2항에 따른 농지보전부담금의 납부기한은 납부통지서 발행일부터 농지전용허가 또는 농지전용신고(다른 법률에 따라 농지전용허가 또는 농지전용신고가 의제되는 인가·허가·승인 등을 포함한다) 전까지로 한다. 〈개정 2016. 1. 19.〉

④ 삭제 〈2016. 1. 19.〉

⑤ 삭제 〈2016. 1. 19.〉

⑥ 삭제 〈2016. 1. 19.〉

⑦ 한국농어촌공사는 제1항에 따라 농지보전부담금의 납입을 통지한 후에 그 통지내용에 누락 또는 흠이 있는 것이 발견된 때에는 지체 없이 농지보전부담금의 납입을 다시 통지하여야 한다. 〈개정 2009. 6. 26.〉

[제목개정 2016. 1. 19.]

제49조의2(신용카드 등에 의한 납부) ① 농지보전부담금은 신용카드, 직불카드 등(이하 이 조에서 "신용카드등"이라 한다)으로 납부할 수 있다.

② 신용카드등에 의한 납부에 필요한 세부사항은 농림축산식품부령으로 정한다.

[본조신설 2016. 1. 19.]

제50조(농지보전부담금의 분할납부) ① 법 제38조제2항제1호에서 "대통령령으로 정하는 농지의 전용"이란 다음 각 호의 어느 하나에 해당하는 농지의 전용을 말한다. 〈개정 2008. 6. 5., 2011. 11. 16., 2012. 7. 10., 2013. 12. 30., 2016. 1. 19.〉

1. 「공공기관의 운영에 관한 법률」에 따른 공공기관과 「지방공기업법」에 따른 지방공기업이 「산업입지 및 개발에 관한 법률」 제2조제8호에 따른 산업단지의 시설용지로 농지를 전용하는 경우
2. 「도시개발법」 제11조제1항에 따른 사업시행자(국가와 지방자치단체를 제외한다)가 같은 법 제2조제1항제2호에 따른 도시개발사업(환지방식으로 시행하는 경우에 한한다)의 부지로 농지를 전용하는 경우
3. 「관광진흥법」 제55조에 따른 개발사업시행자(지방자치단체는 제외한다)가 같은 법 제2조제6호에 따른 관광지 또는 같은 법 제2조제7호에 따른 관광단지의 시설용지로 농지를 전용하는 경우
4. 「중소기업기본법」 제2조에 따른 중소기업을 영위하려는 자가 중소기업의 공장용지로 농지를 전용하는 경우
5. 「산업집적 활성화 및 공장설립에 관한 법률」 제13조제1항부터 제3항까지의 규정에 따라 공장설립 등의 승인을 받으려는 자가 공장용지로 농지를 전용하는 경우

② 농지를 전용하려는 자는 법 제38조제2항에 따라 농지보전부담금을 분할납부하려는 경우에는 납부하여야 할 농지보전부담금의 100분의 30을 해당 농지전용허가 또는 농지전용신고(다른 법률에 따라 농지전용허가 또는 농지전용신고가 의제되는 인가·허가·승인 등을 포함한다) 전에 납부하고, 그 잔액은 4년의 범위에서 농림축산식품부령으로 정하는 바에 따라 분할하여 납부하되, 최종납부일은 해당 목적사업의 준공일 이전이어야 한다. 다만, 농림축산식품부장관은 국가 또는 지방자치단체가 농지를 전용하는 경우로서 농지보전부담금 분할 잔액을 납부기한에 납부하기 어려운 사유가 있다고 인정되면 해당 목적사업의 준공일까지의 범위에서 그 납부기한을 연장할 수 있다. 〈개정 2016. 1. 19.〉

③ 한국농어촌공사는 납부의무자가 농지보전부담금 분할 잔액을 분할 납부기한까지 내지 않은 경우에는 분할 납부기한이 지난 후 10일 이내에 분할 납부기한으로부터 20일 이내의 기간을 정한 독촉장을 발급하고 그 사실을 농림축산식품부장관에게 보고해야 한다. 〈신설 2016. 1. 19., 2019. 6. 25.〉

④ 농림축산식품부장관은 법 제38조제3항 본문에 따라 납입보증보험증서 등을 예치하게 하는 경우에는 분할 납부할 농지보전부담금에 대하여 제48조제1항에 따라 농지보전부담금

의 수납업무를 대행하는 한국농어촌공사를 수취인으로 하여 발행한 제41조제3항에 따른 보증서등을 농림축산식품부령으로 정하는 바에 따라 예치하게 하여야 한다. 이 경우 보증서 등의 보증기간은 분할 납부하는 농지보전부담금의 각각의 납부기한에 30일을 가산한 기간을 기준으로 하며, 보증금액은 해당 농지보전부담금의 100분의 110 이상의 금액으로 한다. 〈개정 2008. 2. 29., 2009. 6. 26., 2013. 3. 23., 2016. 1. 19.〉

⑤ 한국농어촌공사는 법 제38조제3항 본문에 따라 납입보증보험증서 등을 예치한 자가 납부기한까지 농지보전부담금을 납부하지 않는 경우에는 보증서등을 발행한 금융기관 또는 보증기관에게 대지급금 등을 제3항에 따른 독촉장에서 정한 납부기한으로부터 10일 이내에 청구하여 지급받은 대지급금 등을 농지보전부담금과 체납된 가산금으로 충당하고 그 사실을 농림축산식품부장관 및 보증서등을 예치한 자에게 각각 통보해야 한다. 〈개정 2008. 2. 29., 2009. 6. 26., 2013. 3. 23., 2016. 1. 19., 2019. 6. 25.〉

⑥ 법 제38조제3항 단서에서 "그 밖에 대통령령으로 정하는 자"란 「공공기관의 운영에 관한 법률」에 따른 공공기관을 말한다. 〈개정 2008. 2. 29., 2013. 12. 30., 2016. 1. 19.〉

제51조(농지보전부담금의 환급) ① 농림축산식품부장관은 납부의무자가 농지보전부담금으로 납부한 금액 중 과오납입한 금액이 있거나 법 제38조제5항에 따라 환급하여야 할 금액이 있으면 지체 없이 그 과오납액 또는 환급금액을 농지보전부담금환급금으로 결정하고 이를 농지보전부담금납부자와 한국농어촌공사에 각각 통지하여야 한다. 다만, 법 제42조제1항제3호 또는 제4호에 따라 농지의 원상회복을 명한 경우에는 농지의 원상회복 여부를 확인한 후에 통지하여야 한다. 〈개정 2008. 2. 29., 2009. 6. 26., 2013. 3. 23., 2016. 1. 19.〉

② 농림축산식품부장관은 제1항에 따라 농지보전부담금환급금을 통지하는 때에는 농지보전부담금환급금에 다음 각 호의 어느 하나에 해당하는 날의 다음 날부터 환급결정을 하는 날까지의 기간과 「국세기본법 시행령」 제43조의3제2항에 따른 국세환급가산금의 이율에 따라 계산한 금액을 환급가산금으로 결정하고 이를 농지보전부담금환급금과 함께 통지하여야 한다. 〈개정 2008. 2. 29., 2013. 3. 23., 2013. 12. 30., 2016. 1. 19.〉

1. 착오납입·이중납입 또는 납입 후의 그 부과의 취소·정정으로 인한 농지보전부담금환급금에 있어서는 그 납입일. 다만, 그 농지보전부담금이 2회 이상 분할납입된 것인 때에는 그 최후의 납입일로 하되, 농지보전부담금환급금이 최후에 납입된 금액을 초과하는 경우에는 그 금액에 달할 때까지의 납입일의 순서로 소급하여 계산한 농지보전부담금환급금의 각 납입일로 한다.

2. 납입자에게 책임이 있는 사유로 인하여 농지전용허가가 취소된 경우의 농지보전부담금환급금에 있어서는 그 취소일. 다만, 법 제42조제1항제3호에 따라 농지의 원상회복을 명한 경우에는 농지의 원상회복일로 한다.

2의2. 농지보전부담금을 납부하고 농지전용허가 또는 농지전용신고(다른 법률에 따라 농지전용허가 또는 농지전용신고가 의제되는 인가·허가·승인 등을 포함한다) 등이 되지 아니한 경우의 농지보전부담금환급금에 있어서는 농지보전부담금의 납부일

3. 납입자의 사업계획의 변경 그 밖에 이에 준하는 사유로 인한 농지보전부담금환급금에 있어서는 그 변경허가일 또는 이에 준하는 행정처분의 결정일. 다만, 법 제42조제1항제4호에 따라 농지의 원상회복을 명한 경우에는 농지의 원상회복일로 한다.

③ 제1항에 따른 농지보전부담금환급금과 제2항에 따른 환급가산금은 「한국농어촌공사 및 농지관리기금법」에 따른 농지관리기금에서 이를 지급한다. 〈개정 2009. 6. 26.〉

제52조(농지보전부담금의 감면) 법 제38조제6항에 따른 농지보전부담금의 감면대상 및 감면비율은 별표 2와 같다. 〈개정 2016. 1. 19.〉

제53조(부과기준 및 부과기준일) ① 법 제38조제7항에 따른 농지보전부담금의 제곱미터당 금액은 법 제38조제7항 각 호의 부과기준일 현재 가장 최근에 공시된 「부동산 가격공시에 관한 법률」에 따른 해당 농지의 개별공시지가의 100분의 30으로 한다. 〈개정 2016. 1. 19., 2016. 8. 31., 2019. 6. 25.〉

② 제1항에 따라 산정한 농지보전부담금의 제곱미터당 금액이 농림축산식품부령으로 정하는 금액을 초과하는 경우에는 농림축산식품부령으로 정하는 금액을 농지보전부담금의 제곱미터당 금액으로 한다. 〈개정 2008. 2. 29., 2013. 3. 23., 2013. 12. 30.〉

③ 법 제38조제7항제2호에서 "대통령령으로 정하는 날"이란 다음 각 호의 구분에 따른 날을 말한다. 〈신설 2019. 6. 25.〉

1. 법 제34조제2항제1호에 따른 농지전용협의를 거친 지역 예정지 또는 시설 예정지 안의 농지(같은 호 단서에 따라 협의대상에서 제외되는 농지를 포함한다)를 전용하는 경우 또는 같은 항 제1호의2에 따른 농지전용협의를 거친 구역 예정지 안의 농지를 전용하는 경우에는 다음 각 목의 어느 하나에 해당하는 날

   가. 「국토의 계획 및 이용에 관한 법률」 제56조제1항 본문에 따른 개발행위허가(이하 이 조에서 "개발행위허가"라 한다)나 같은 법 제88조제2항 본문에 따른 도시·군계획시설사업 실시계획의 인가(이하 이 조에서 "실시계획인가"라 한다) 또는 「개발제한구역의 지정 및 관리에 관한 특별조치법」 제12조제1항 각 호 외의 부분 단서에 따라 허가를 신청한 날

   나. 개발행위허가 또는 실시계획인가가 의제되는 「건축법」에 따른 건축허가를 신청한 날, 건축신고를 한 날, 그 밖에 다른 법률에 따라 해당 농지의 형질변경을 수반하는 인가·허가·사업승인·실시계획승인 등을 신청한 날 또는 신고를 한 날

   다. 개발행위허가나 실시계획인가를 받지 않고 토지의 형질변경이 허용되는 경우에는 토지의 형질변경을 신청한 날

2. 법 제34조제2항제2호에 따라 농지전용협의를 거친 농지를 전용하려는 경우에는 개발행위허가나 실시계획인가 또는 「개발제한구역의 지정 및 관리에 관한 특별조치법」 제12조제1항 각 호 외의 부분 단서에 따라 허가를 신청한 날

④ 법 제38조제7항제3호에서 "대통령령으로 정하는 날"이란 다음 각 호의 어느 하나에 해당하는 날을 말한다. 〈신설 2019. 6. 25.〉

1. 다른 법률에 따른 인가·허가·실시계획승인·조성계획승인 등을 신청한 날 또는 신고를 한 날

2. 제1호에 해당하지 않는 경우에는 다른 법률에 따른 사업시행자·사업시행기간 또는 사업대상토지 등이 포함된 사업시행계획에 대한 농지전용허가가 의제되는 협의를 요청한 날

[제목개정 2019. 6. 25.]

제54조(결손처분 등) ① 법 제38조제12항제4호에서 "체납자가 사망하거나 행방불명되는 등 대통령령으로 정하는 사유"란 다음 각 호의 어느 하나에 해당하는 경우를 말한다. 〈개정 2008. 2. 29., 2009. 11. 26., 2013. 3. 23., 2016. 1. 19.〉

1. 체납자가 사망한 경우

2. 체납자가 「민법」 제27조에 따른 실종선고를 받은 경우

3. 농림축산식품부장관이 체납자와 관계가 있다고 인정되는 행정기관 및 금융기관 등에 조회하여 확인한 결과 체납자의 행방이 불명하거나 재산이 없다는 것이 판명된 경우

4. 「채무자 회생 및 파산에 관한 법률」 제251조에 따라 체납자가 납부책임을 면하게 된 경우

② 농림축산식품부장관은 법 제38조제12항 본문에 따라 농지보전부담금을 결손처분하거나 법 제38조제12항 단서에 따라 결손처분을 취소한 때에는 지체 없이 한국농어촌공사에 결손처분사실 또는 그 취소사실을 알려야 한다. 〈개정 2008. 2. 29., 2009. 6. 26., 2009. 11. 26., 2013. 3. 23., 2016. 1. 19.〉

제55조(부과·수납업무수수료 등) ① 농림축산식품부장관은 법 제38조제13항에 따라 농지보전부담금의 부과·수납에 관한 업무를 취급하는 시·도지사, 시장·군수·자치구구청장 및 한국농어촌공사에 대하여 다음 각 호의 범위에서 수수료를 지급하여야 한다. 〈개정 2008. 2. 29., 2009. 6. 26., 2009. 11. 26., 2013. 3. 23., 2016. 1. 19.〉

1. 시·도지사 또는 시장·군수·자치구구청장의 농지보전부담금 부과결정 등에 관한 업무 : 농지보전부담금 납입액의 100분의 8에 해당하는 금액

2. 한국농어촌공사의 농지보전부담금 수납업무 : 농지보전부담금 납입액의 100분의 2에 해당하는 금액

② 시·도지사 및 시장·군수·자치구구청장은 제1항에 따라 수수료를 지급받은 때에는 그 수수료를 농지보전부담금 부과결정 등에 따른 현지확인을 위한 출장여비 및 농지의 보전·관리와 관련된 업무비용으로 우선 사용하여야 한다.

제56조(농지보전부담금의 수납상황 보고) ① 한국농어촌공사는 농지보전부담금을 수납한 때에는 매월 그 수납상황을 농림축산식품부령으로 정하는 바에 따라 농림축산식품부장관에게 보고하고, 해당 전용농지의 소재지를 관할하는 시·도지사와 시장·군수 또는 자치구구청장에게 이를 통보하여야 한다. 〈개정 2008. 2. 29., 2009. 6. 26., 2013. 3. 23.〉

② 한국농어촌공사는 제50조에 따라 농지보전부담금을 분할납부하여야 할 자가 납부기한까지 이를 납부하지 아니하면 그 사실과 체납사유 등을 조사하여 농림축산식품부장관과 해당 농지보전부담금의 부과결정을 한 행정청에 지체 없이 통보하여야 한다. 〈개정 2008. 2. 29., 2008. 6. 5., 2009. 6. 26., 2013. 3. 23., 2016. 1. 19.〉

③ 농림축산식품부장관은 법 제38조제11항에 따라 체납처분을 하거나 체납처분을 취소한 때에는 지체 없이 한국농어촌공사에 체납처분 사실 또는 그 취소사실을 통지하여야 한다. 〈신설 2016. 1. 19.〉

제57조(농지전용 목적사업의 지연 등에 대한 정당한 사유) 법 제39조제1항제4호에서 "농지전용 목적사업과 관련된 사업계획의 변경 등 대통령령으로 정하는 정당한 사유"란 다음 각 호의 어느 하나에 해당하는 경우를 말한다. 〈개정 2016. 1. 19.〉

1. 농지전용 목적사업과 관련된 사업계획의 변경에 따른 행정기관의 허가 또는 인가를 얻기 위하여 농지전용 목적사업이 지연되는 경우
2. 공공사업으로서 정부의 재정여건으로 인하여 농지전용 목적사업이 지연되는 경우
3. 장비의 수입 또는 제작이 지체되어 농지전용 목적사업이 지연되는 경우
4. 천재지변·화재, 그 밖의 재해로 인하여 농지전용 목적사업이 지연되는 경우

제58조(불법전용농지 등의 조사) ① 농림축산식품부장관이나 시장·군수 또는 자치구구청장은 관계 공무원으로 하여금 다음 각 호의 사항을 조사하게 하여야 한다. 〈개정 2018. 4. 30.〉

1. 관할구역 안의 농지가 불법으로 전용되었는지 여부
2. 법 제34조제1항에 따른 농지전용허가 또는 법 제36조에 따른 농지의 타용도 일시사용허가를 받았거나 법 제35조·법 제43조에 따른 농지전용신고 또는 법 제36조의2에 따른 농지의 타용도 일시사용신고를 한 자가 법 제39조제1항 각 호의 어느 하나에 따른 허가취소 등의 사유에 해당하는지 여부

② 시장·군수 또는 자치구구청장은 법 제39조제1항에 따라 허가의 취소 또는 필요한 조치명령을 하거나 법 제42조제1항에 따라 원상회복을 명한 때에는 지체 없이 이를 농림축산식품부장관에게 보고하여야 한다. 〈개정 2008. 2. 29., 2013. 3. 23., 2016. 1. 19.〉

제59조(용도변경의 승인) ① 법 제40조제1항에서 "대통령령으로 정하는 기간"이란 5년을 말한다.

② 제1항에 따른 기간은 해당 시설물의 준공검사필증을 교부한 날 또는 건축물대장에 등재된 날, 그 밖의 농지의 전용목적이 완료된 날부터 기산한다.

③ 법 제40조제1항에서 "다른 목적으로 사용하려는 경우"란 해당 시설의 용도를 변경하거나 농지전용목적사업의 업종을 변경하는 경우로서 다음 각 호의 어느 하나에 해당하는 경우를 말한다. 다만,「국토의 계획 및 이용에 관한 법률」에 따른 도시지역・계획관리지역 및 개발진흥지구에 있는 토지는 제3호의 경우에 한정한다. 〈개정 2007. 11. 15., 2007. 11. 30., 2009. 11. 26., 2014. 12. 30., 2016. 3. 29., 2018. 1. 16.〉

1. 「대기환경보전법 시행령」별표 1의3 또는 「물환경보전법 시행령」별표 13에 따른 사업장의 규모별 구분을 달리하는 정도로 시설을 변경하려는 경우
2. 제44조제3항 각 호의 구분을 달리하는 종류의 시설로 변경하려는 경우
3. 농지보전부담금 또는 전용부담금이 감면되는 시설에서 농지보전부담금 또는 전용부담금이 감면되지 아니하거나 감면비율이 낮은 시설로 변경하려는 경우

④ 법 제40조제2항에 따라 농지보전부담금이 감면되는 시설의 부지로 전용된 토지를 농지보전부담금의 감면비율이 다른 시설의 부지로 사용하려는 자가 내야 하는 농지보전부담금은 감면비율이 다른 시설의 부지로 사용하려는 면적에 대하여 전용된 해당 토지에 대한 제47조제2항에 따른 농지보전부담금 부과기준일 당시의 농지보전부담금의 단위당 금액과 용도변경승인 당시의 해당 감면비율을 적용하여 산출한 금액에서 이미 납입한 해당 농지보전부담금을 뺀 금액으로 한다.

⑤ 제4항에 따른 농지보전부담금의 부과결정・납부통지 및 납부절차 등에 관하여는 제45조부터 제49조까지의 규정을 준용한다. 〈개정 2016. 1. 19.〉

제60조(농지전용허가의 특례) ① 법 제43조에 따라 농지전용을 신고하려는 자는 농지전용신고서에 농림축산식품부령으로 정하는 서류를 첨부하여 해당 농지의 소재지를 관할하는 시장・군수 또는 자치구구청장에게 제출하여야 한다. 〈개정 2013. 3. 23.〉

② 시장・군수 또는 자치구구청장이 신고내용을 검토하는 경우 신고인이 제출한 서류의 흠의 보완 또는 보정이나 반려에 관하여는 제33조제3항 및 제4항을 준용한다.

③ 시장・군수 또는 자치구구청장은 제1항에 따라 농지전용신고서 등을 제출받은 때에는 신고내용이 다음 각 호의 사항을 검토하여 농지전용에 적합하다고 인정하는 경우에는 농림축산식품부령으로 정하는 바에 따라 농지전용신고증을 신고인에게 내주어야 하며, 적합하지 아니하다고 인정하는 경우에는 그 사유를 구체적으로 밝혀 제출받은 서류를 반려하여야 한다. 〈개정 2013. 3. 23.〉

1. 영농여건불리농지인지의 여부
2. 제33조제1항제5호 및 제6호에 적합한지의 여부

3. 「국토의 계획 및 이용에 관한 법률」 제76조에 따른 용도지역 및 용도지구에서 허용되는 토지이용행위에 적합한지의 여부

[전문개정 2009. 11. 26.]

제3절 농지원부 〈개정 2009. 11. 26.〉

제61조 삭제 〈2009. 11. 26.〉

제62조 삭제 〈2009. 11. 26.〉

제63조 삭제 〈2009. 11. 26.〉

제64조 삭제 〈2009. 11. 26.〉

제65조 삭제 〈2009. 11. 26.〉

제66조 삭제 〈2009. 11. 26.〉

제67조 삭제 〈2009. 11. 26.〉

제68조 삭제 〈2009. 11. 26.〉

제69조 삭제 〈2009. 11. 26.〉

제70조(농지원부의 작성) ① 법 제49조제1항에 따른 농지원부(農地原簿)는 다음 각 호의 어느 하나에 해당하는 농업인(1세대에 2인 이상의 농업인이 있는 경우에는 그 세대를 말한다)·농업법인 또는 제2항에 따른 준농업법인별로 작성한다.

1. 1천제곱미터 이상의 농지에서 농작물을 경작하거나 다년생식물을 재배하는 자

2. 농지에 330제곱미터 이상의 고정식온실 등 농업용 시설을 설치하여 농작물을 경작하거나 다년생식물을 재배하는 자

② 준농업법인은 직접 농지에 농작물을 경작하거나 다년생식물을 재배하는 국가기관·지방자치단체·학교·공공단체·농업생산자단체·농업연구기관 또는 농업기자재를 생산하는 자 등으로 한다.

제5장 보칙

제71조(권한·업무의 위임·위탁) ① 농림축산식품부장관은 법 제51조제1항에 따라 다음 각 호의 권한을 시·도지사에게 위임한다. 다만, 대상농지가 둘 이상의 특별시·광역시 또는 도에 걸치는 경우는 제외한다. 〈개정 2008. 2. 29., 2008. 6. 5., 2012. 7. 10., 2013. 3. 23., 2018. 4. 30., 2019. 6. 25.〉

1. 법 제34조제1항 각 호 외의 부분에 따른 농지전용에 대한 허가(변경허가를 포함한다) 및 법 제34조제1항제1호 및 제2항제2호에 따른 협의에 관한 권한 중 다음 각 목에 해당하는 권한

가. 농업진흥지역 안의 3천제곱미터 이상 3만제곱미터 미만의 농지의 전용(제2항제1호다목에 해당하는 경우를 제외한다)

나. 농업진흥지역 밖의 3만제곱미터 이상 30만제곱미터 미만의 농지의 전용(제2항제1호다목에 해당하는 경우를 제외한다). 다만, 「국토의 계획 및 이용에 관한 법률」 제36조에 따른 계획관리지역과 같은 법 시행령 제30조에 따른 자연녹지지역 안에서의 농지의 전용의 경우에는 3만 제곱미터 이상으로 한다.

다. 농림축산식품부장관(그 권한을 위임받은 자를 포함한다)과의 협의를 거쳐 지정되거나 결정된 별표 3에 따른 지역·지구·구역·단지 등의 안에서 10만제곱미터 이상의 농지의 전용

라. 제32조제5항제1호에 따른 농지전용의 변경. 다만, 다음의 어느 하나에 해당하는 경우에는 제외한다.

   1) 전용하려는 농지의 총 증가면적이 3만제곱미터 이상인 경우

   2) 전용하려는 농지의 총 증가면적이 3만제곱미터 미만이거나 그 농지의 면적이 감소하는 경우로서 전용하려는 농지 중 농업진흥지역 안의 농지의 증가면적이 1만제곱미터 이상인 경우

2. 법 제34조제2항제1호에 따른 10만제곱미터 미만의 농지의 전용 관련 협의에 관한 권한(제2항제1호의2에 해당하는 권한은 제외한다)

2의2. 법 제34조제2항제1호의2에 따른 농지의 전용 관련 협의에 관한 권한

3. 법 제39조에 따른 농지전용허가의 취소, 관계 공사의 중단, 조업의 정지, 사업규모의 축소 또는 사업계획의 변경이나 그 밖의 필요한 조치에 관한 권한, 법 제55조제2호에 따른 청문에 관한 권한과 제58조에 따른 불법전용농지 등의 조사에 관한 권한. 다만, 제1호·제2호 및 제2항 단서에 따라 시·도지사에게 권한이 위임된 경우에 한한다.

4. 법 제42조에 따른 원상회복명령 및 대집행에 관한 권한. 다만, 제1호·제2호·제3호 및 제2항 단서에 따라 시·도지사에게 권한이 위임된 경우에 한한다.

5. 다음 각 목의 어느 하나에 해당하는 경우의 법 제38조에 따른 농지보전부담금의 부과·징수 등에 관한 권한

가. 제1호·제2호 및 제2항 단서에 따라 시·도지사에게 권한이 위임된 경우

나. 법 제38조제1항제4호에 따른 다른 법률에 따라 농지전용허가가 의제되는 협의를 거친 농지를 전용하려는 자 중 가목에 따른 농지전용면적규모에 해당하는 농지를 전용하려는 자의 경우

6. 법 제54조제1항에 따른 검사 및 조사에 관한 권한

② 농림축산식품부장관은 법 제51조제1항에 따라 다음 각 호의 권한을 시장·군수 또는 자치구구청장에게 위임한다. 다만, 대상농지가 동일 특별시·광역시 또는 도의 관할구역

안의 둘 이상의 시·군 또는 자치구에 걸치는 경우에는 제1호의 권한은 이를 시·도지사에게 위임한다. 〈개정 2008. 2. 29., 2012. 7. 10., 2013. 3. 23., 2019. 6. 25.〉

1. 법 제34조제1항 각 호 외의 부분에 따른 농지전용에 대한 허가(변경허가를 포함한다) 및 법 제34조제1항제1호 및 제2항제2호에 따른 협의에 관한 권한 중 다음 각 목에 해당하는 권한
   가. 농업진흥지역의 3천제곱미터 미만의 농지의 전용
   나. 농업진흥지역 밖의 3만제곱미터 미만의 농지의 전용
   다. 농림축산식품부장관(그 권한을 위임받은 자를 포함한다)과의 협의를 거쳐 지정되거나 결정된 별표 3에 따른 지역·지구·구역·단지 등의 안에서 10만제곱미터 미만의 농지의 전용

1의2. 법 제34조제2항제1호에 따른 농지의 전용 관련 협의에 관한 권한(같은 호에 따른 농지전용협의를 거친 도시·군계획시설 예정지 안의 농업진흥지역 밖의 농지의 면적을 3천제곱미터 미만 이내의 범위에서 변경하는 경우에 한정한다)

2. 법 제39조에 따른 농지전용허가의 취소, 관계 공사의 중단, 조업의 정지, 사업규모의 축소 또는 사업계획의 변경이나 그 밖의 필요한 조치에 관한 권한, 법 제55조제2호에 따른 청문에 관한 권한과 제58조에 따른 불법전용농지 등의 조사에 관한 권한. 다만, 제1호에 따라 권한이 위임된 경우에 한한다.

3. 법 제42조에 따른 원상회복명령 및 대집행에 관한 권한. 다만, 제1호 및 제2호에 따른 권한이 위임된 경우에 한한다.

4. 다음 각 목의 어느 하나에 해당하는 경우의 법 제38조에 따른 농지보전부담금의 부과·징수 등에 관한 권한
   가. 제1호에 따라 시장·군수 또는 자치구구청장에게 권한이 위임된 경우
   나. 법 제38조제1항제2호·제2호의2·제5호에 따른 자의 경우
   다. 법 제38조제1항제4호에 따른 다른 법률에 따라 농지전용허가가 의제되는 협의를 거친 농지를 전용하려는 자 중 가목에 따른 농지전용면적규모에 해당하는 농지를 전용하려는 자의 경우

③ 시·도지사는 제1항 및 제2항 각 호 외의 부분 단서에 따라 그 권한을 행사하였거나 제4항에 따라 시장·군수 또는 자치구구청장으로부터 그 권한행사의 내용을 보고받은 때에는 농림축산식품부령으로 정하는 바에 따라 농림축산식품부장관에게 보고하여야 한다. 〈개정 2008. 2. 29., 2013. 3. 23.〉

④ 시장·군수 또는 자치구구청장은 제2항에 따라 그 권한을 행사한 때에는 농림축산식품부령으로 정하는 바에 따라 그 내용을 시·도지사에게 보고하여야 한다. 〈개정 2008. 2. 29., 2013. 3. 23.〉

⑤ 농림축산식품부장관은 법 제51조제2항에 따라 다음 각 호의 업무를 한국농어촌공사에 위탁한다. 〈신설 2019. 6. 25.〉

1. 법 제31조의3제1항에 따른 실태조사(제28조의3제2항에 따른 실태조사의 계획 수립 업무는 제외한다)
2. 제28조의3제4항에 따른 농업진흥지역 관리시스템의 구축 및 운영

[제목개정 2019. 6. 25.]

제72조(포상금의 지급) ① 법 제52조에 따른 포상금은 별표 4의 포상금 지급기준에 따라 예산의 범위 안에서 이를 지급하여야 한다. 이 경우 포상금의 1명당 연간(1월 1일부터 12월 31일까지를 말한다) 지급상한은 100만원으로 한다. 〈개정 2009. 11. 26.〉

② 제1항에 따른 포상금은 법 제52조 각 호에 해당하는 자가 행정기관에 의하여 발각되기 전에 주무관청이나 수사기관에 고발 또는 신고한 자에 대하여 해당 고발 또는 신고사건에 대하여 검사가 공소제기·기소중지 또는 기소유예를 하거나 사법경찰관이 수사중지(피의자중지로 한정한다)를 한 경우에 한정하여 지급한다. 〈개정 2020. 12. 29.〉

③ 제1항 및 제2항에도 불구하고 주무관청이나 수사기관에 신고하거나 고발한 자가 다음 각 호의 어느 하나에 해당하면 포상금을 지급하지 않는다. 〈신설 2020. 8. 11.〉

1. 농지 취득, 농지 전용·사용의 허가·신고 및 감독 등 관련 업무에 종사하는 경우
2. 제1호에 따른 관련 업무에 종사하는 자의 배우자, 직계존속·비속 또는 직계비속의 배우자인 경우
3. 익명이나 정확한 인적사항을 기재하지 않아 신분을 확인할 수 없는 경우

④ 제1항에 따른 포상금을 2인 이상의 자가 함께 받게 되는 경우의 배분방법 그 밖에 포상금의 지급방법 및 절차 등에 필요한 사항은 농림축산식품부령으로 정한다. 〈개정 2008. 2. 29., 2013. 3. 23., 2020. 8. 11.〉

제73조(농업진흥구역과 농업보호구역에 걸치는 1필지의 토지 등의 최소면적) 법 제53조제1항 및 제2항에서 "대통령령으로 정하는 규모"란 330제곱미터를 말한다.

제74조(수수료) ① 법 제56조에 따른 수수료는 다음 각 호와 같다. 〈개정 2012. 7. 10.〉

1. 법 제8조에 따른 농지취득자격증명의 신청 : 1천원
2. 법 제34조에 따른 농지전용허가의 신청 및 법 제43조에 따른 농지전용의 신고 : 다음 각 목의 구분에 따른 금액
    가. 허가신청농지의 면적이 3천500제곱미터 이하인 경우에는 2만원
    나. 허가신청농지의 면적이 3천500제곱미터를 초과할 경우에는 2만원에 그 초과면적 350제곱미터마다 2천원을 가산한 금액
3. 법 제36조에 따른 농지의 타용도일시사용허가의 신청 : 다음 각 목의 구분에 따른 금액

가. 허가신청농지의 면적이 3천500제곱미터 이하인 경우에는 1만원

나. 허가신청농지의 면적이 3천500제곱미터를 초과하는 경우에는 1만원에 그 초과면적 350제곱미터마다 1천원을 가산한 금액

4. 법 제35조에 따른 농지전용의 신고 : 5천원

5. 법 제40조에 따른 용도변경의 승인 : 5천원

6. 법 제50조에 따른 농지원부등본 및 자경증명의 교부신청 : 1천원. 다만, 전자민원창구 또는 통합전자민원창구를 통하여 발급받는 경우에는 수수료를 면제한다.

② 제1항의 수수료는 해당 농지의 소재지를 관할하거나 해당 농지원부를 작성비치하고 있는 시(특별시 및 광역시를 제외한다. 이하 이 항에서 같다)·군 또는 자치구의 수입증지로 납부하여야 한다. 다만, 시장·군수 또는 자치구구청장은 정보통신망을 이용하여 전자화폐·전자결제 등의 방법으로 이를 납부하게 할 수 있다.

제75조(이행강제금의 부과) ① 시장(구를 두지 아니한 시의 시장을 말한다)·군수 또는 구청장은 법 제62조제1항에 따라 이행강제금을 부과하는 때에는 10일 이상의 기간을 정하여 이행강제금 처분대상자에게 의견제출의 기회를 주어야 한다.

② 이행강제금의 징수절차는 농림축산식품부령으로 정한다. 〈개정 2008. 2. 29., 2013. 3. 23.〉

③ 법 제62조제1항에서 "대통령령으로 정하는 정당한 사유"란 다음 각 호의 어느 하나에 해당하는 경우를 말한다. 〈개정 2009. 6. 26.〉

1. 법 제11조제2항에 따라 한국농어촌공사에 매수를 청구하여 협의 중인 경우

2. 법률 또는 법원의 판결 등에 따라 처분이 제한되는 경우

제76조(보고서 등의 작성과 제출) ① 시장·군수 또는 자치구구청장은 다음 각 호의 사항에 관한 현황을 농림축산식품부장관이 정하는 서식에 의하여 시·도지사에게 제출하여야 한다. 〈개정 2008. 2. 29., 2012. 7. 10., 2013. 3. 23.〉

1. 법 제10조·제11조에 따른 농지의 처분통지·처분명령

2. 법 제20조에 따른 대리경작자의 지정

2의2. 법 제34조에 따른 농지전용허가·협의

2의3. 법 제35조 및 제43조에 따른 농지전용신고

3. 법 제57조부터 제61조까지의 규정을 위반한 자에 대한 고발 및 처분

4. 법 제62조에 따른 이행강제금의 부과·징수

② 시·구·읍·면의 장은 법 제8조에 따른 농지취득자격증명의 발급현황을 농림축산식품부장관이 정하는 바에 따라 시·도지사에게 제출하여야 한다. 자치구가 아닌 구의 구청장

및 읍장·면장의 경우에는 관할 시장·군수를 거쳐야 한다. 〈개정 2008. 2. 29., 2012. 7. 10., 2013. 3. 23.〉

③ 시·도지사는 제1항 및 제2항에 따라 제출된 자료를 종합하여 농림축산식품부장관에게 제출하여야 한다. 〈개정 2008. 2. 29., 2013. 3. 23.〉

④ 한국농어촌공사는 법 제11조제2항에 따른 매수청구 및 매수에 관한 분기별 상황을 농림축산식품부장관이 정하는 서식에 의하여 분기별로 농림축산식품부장관에게 제출하여야 한다. 〈개정 2009. 6. 26., 2013. 3. 23.〉

⑤ 농림축산식품부장관은 제1항, 제2항 및 다음 각 호의 사항에 관한 관련 자료를 시·도지사, 시장·군수·자치구구청장 또는 관련 행정기관의 장으로부터 정보시스템의 연계 등을 통하여 전자적 방법으로 제공받을 수 있다. 〈신설 2012. 7. 10., 2013. 3. 23., 2016. 1. 19., 2018. 4. 30.〉

1. 법 제36조에 따른 농지의 타용도 일시사용허가 및 협의

1의2. 법 제36조의2에 따른 농지의 타용도 일시사용신고 및 협의

2. 법 제39조에 따른 농지전용허가·신고 및 타용도 일시사용허가·신고의 취소

3. 법 제40조에 따른 용도변경 승인

4. 법 제49조에 따른 농지원부

5. 법 제50조에 따른 농지원부 등본 교부 및 자경증명 발급

⑥ 시·도지사, 시장·군수·자치구구청장, 시·구·읍·면의 장은 제1항부터 제3항까지 및 제5항에서 정하는 관련 자료를 제출하는 경우에는 특별한 사정이 없는 한 정보시스템의 연계를 통한 전자적 방법을 사용하여야 한다. 〈신설 2016. 1. 19.〉

제77조(규제의 재검토) ① 농림축산식품부장관은 다음 각 호의 사항에 대하여 다음 각 호의 기준일을 기준으로 3년마다(매 3년이 되는 해의 기준일과 같은 날 전까지를 말한다) 그 타당성을 검토하여 개선 등의 조치를 하여야 한다. 〈개정 2014. 12. 30., 2016. 1. 6., 2016. 12. 30.〉

1. 제19조 및 제21조에 따른 대리경작자의 지정요건 및 지정해지사유: 2017년 1월 1일

1의2. 제24조에 따른 농지의 임대차 또는 사용대차: 2017년 1월 1일

2. 제28조에 따른 농업진흥지역 등의 변경·해제 요건 및 절차: 2017년 1월 1일

3. 제36조에 따른 농지전용신고대상시설의 범위·규모·농업진흥지역에서의 설치제한 또는 설치자의 범위 등: 2017년 1월 1일

4. 제44조에 따른 농지전용허가의 제한대상시설: 2017년 1월 1일

4의2. 제52조 및 별표 2에 따른 농지보전부담금의 감면대상 및 감면비율: 2017년 1월 1일

5. 제59조에 따른 용도변경의 승인 요건: 2017년 1월 1일

② 삭제 〈2018. 12. 24.〉

[전문개정 2013. 12. 30.]

제78조(고유식별정보의 처리) ① 중앙행정기관의 장 또는 시·도지사(해당 권한이 위임·위탁된 경우에는 그 권한을 위임·위탁받은 자를 포함한다)는 법 제6조제2항제2호에 따른 시험지·연구지·실습지·종묘생산지 또는 과수 인공수분용 꽃가루 생산지로 쓰일 농지의 취득에 관한 사무를 수행하기 위하여 불가피한 경우「개인정보 보호법 시행령」제19조제1호에 따른 주민등록번호가 포함된 자료를 처리할 수 있다. 〈개정 2016. 11. 29.〉

② 농림축산식품부장관, 시·도지사 또는 시장·군수·자치구구청장(해당 권한이 위임·위탁된 경우에는 그 권한을 위임·위탁받은 자를 포함한다)은 다음 각 호의 사무를 수행하기 위하여 불가피한 경우「개인정보 보호법 시행령」제19조제1호 또는 제4호에 따른 주민등록번호 또는 외국인등록번호가 포함된 자료를 처리할 수 있다. 〈개정 2012. 7. 10., 2013. 3. 23., 2018. 4. 30.〉

1. 법 제21조에 따른 토양의 개량·보전에 관한 사무

1의2. 법 제34조에 따른 농지전용허가·협의 사무

2. 법 제35조 및 제43조에 따른 농지전용신고 사무

3. 법 제36조에 따른 농지의 타용도 일시사용허가 등에 관한 사무

3의2. 법 제36조의2에 따른 농지의 타용도 일시사용신고 등에 관한 사무

4. 법 제39조에 따른 농지전용허가 취소 등에 관한 사무

5. 법 제40조에 따른 용도변경 승인 사무

6. 법 제52조에 따른 포상금 지급 사무

7. 제43조에 따른 복구비용예치금 등 반환 사무

③ 시·구·읍·면의 장은 다음 각 호의 사무를 수행하기 위하여 불가피한 경우「개인정보 보호법 시행령」제19조제1호 또는 제4호에 따른 주민등록번호 또는 외국인등록번호가 포함된 자료를 처리할 수 있다. 〈개정 2020. 8. 11.〉

1. 법 제8조에 따른 농지취득자격증명 발급 사무

1의2. 법 제24조제3항에 따른 농지임대차계약의 확인 및 농지임대차계약 확인대장의 기록에 관한 사무

2. 법 제49조에 따른 농지원부 작성·비치 등에 관한 사무

3. 법 제50조에 따른 농지원부 등본 및 자경증명 발급 등에 관한 사무

④ 한국농어촌공사는 다음 각 호의 사무를 수행하기 위하여 불가피한 경우「개인정보 보호법 시행령」제19조제1호 또는 제4호에 따른 주민등록번호 또는 외국인등록번호가 포함된 자료를 처리할 수 있다. 〈개정 2012. 7. 10.〉

1. 법 제11조에 따라 처분명령을 받은 농지매수 사무
2. 법 제33조의2에 따른 농업진흥지역의 농지매수 사무
3. 제48조제1항 및 제51조제1항에 따른 농지보전부담금의 수납·환급 사무

[본조신설 2012. 1. 6.]

부칙 〈제20136호, 2007. 6. 29.〉

제1조 (시행일) 이 영은 공포한 날부터 시행한다. 다만, 제2조의 개정규정은 2007년 7월 4일부터 시행한다.

제2조 (유효기간) ① 별표 2 제25호의 개정규정은 2008년 12월 31일까지 효력을 가진다. 이 경우 2008년 12월 31일까지 농지전용허가(변경허가의 경우와 다른 법률에 의하여 농지전용허가 또는 그 변경허가가 의제되는 인가 또는 허가 등의 경우를 포함한다. 이하 같다)를 신청하거나 농지전용신고(변경신고를 포함한다. 이하 같다)를 하는 것에 대하여 이를 적용한다.

② 별표 2 제26호의 개정규정은 2011년 12월 31일까지 효력을 가진다.

③ 별표 2 제37호의 개정규정은 2007년 12월 31일까지 효력을 가진다. 이 경우 2007년 12월 31일까지 농지전용허가를 신청하거나 농지전용신고를 하는 것에 대하여 이를 적용한다.

④ 별표 2 제39호의 개정규정은 2008년 12월 31일까지 효력을 가진다. 이 경우 2008년 12월 31일까지 농지전용허가를 신청하거나 농지전용신고를 하는 것에 대하여 이를 적용한다.

⑤ 별표 2 제41호나목의 개정규정은 2008년 12월 31일까지 효력을 가진다. 이 경우 2008년 12월 31일까지 농지전용허가를 신청하거나 농지전용신고를 하는 것에 대하여 이를 적용한다.

⑥ 별표 2 제45호의 개정규정은 2007년 12월 31일까지 효력을 가진다. 이 경우 2007년 12월 31일까지 농지전용허가를 신청하거나 농지전용신고를 하는 것에 대하여 이를 적용한다.

⑦ 별표 2 제46호부터 제48호까지의 개정규정은 2008년 12월 31일까지 효력을 가진다. 이 경우 2008년 12월 31일까지 농지전용허가를 신청하거나 농지전용신고를 하는 것에 대하여 이를 적용한다.

⑧ 별표 2 제56호의 개정규정은 2011년 12월 31일까지 효력을 가진다.

⑨ 별표 2 제58호의 개정규정은 2008년 12월 31일까지 효력을 가진다. 이 경우 2008년 12월 31일까지 농지전용허가를 신청하거나 농지전용신고를 하는 것에 대하여 이를 적용한다.

⑩ 별표 2 제59호의 개정규정은 2010년 12월 31일까지 효력을 가진다. 이 경우 2010년 12월 31일까지 농지전용허가를 신청하거나 농지전용신고를 하는 것에 대하여 이를 적용한다.

제3조 (농업진흥지역 해제에 관한 적용례) 제28조제3항제2호의 개정규정은 이 영 시행 후 최초로 농업진흥지역 해제신청을 하는 것부터 적용한다.

제4조 (농지전용허가의 제한대상시설에 관한 적용례) 제44조제3항의 개정규정은 이 영 시행 후에 최초로 농지전용허가가 신청된 것부터 적용한다.

제5조 (허가·협의권한의 위임 등에 관한 적용례) 별표 3 제1호의 개정규정은 이 영 시행 후 최초로 농지전용허가 또는 협의가 신청되거나 접수된 것부터 적용한다.

제6조 (농지의 범위에서 농축산물 생산시설에 관한 경과조치) 제2조제4항의 개정규정은 이 영 시행 당시 종전의 규정에 따라 농지전용허가를 받거나 농지전용신고가 수리된 농축산물 생산시설의 부지에 대하여는 종전의 규정에 따른다.

제7조 (농업보호구역 안에서의 행위제한에 관한 경과조치) 대통령령 제19281호 농지법 시행령 일부개정령의 시행일인 2006년 1월 22일 전에 관계 법령에 따라 농업보호구역 안에서 같은 법 시행령 일부개정령 제35조의 개정규정에 따라 설치가 금지되는 건축물·공작물 기타 시설의 설치에 관한 인가·허가 또는 승인 등을 받거나 인가·허가 또는 승인 등의 신청을 한 자에 대한 행위제한은 같은 법 시행령 일부개정령 제35조의 개정규정에 불구하고 종전의 규정에 따른다.

제8조 (농업진흥지역 안에서의 행위제한에 관한 경과조치) 대통령령 제16254호 농지법시행령 중일부개정령의 시행일인 1999년 4월 19일 전에 관계 법령에 따라 농업진흥지역 안에서 같은 법 시행령 일부개정령 제34조제4항·제5항 또는 제35조제3호의 개정규정에 따라 설치가 제한되는 건축물·공작물 기타 시설의 설치에 관한 인가·허가 또는 승인 등을 받거나 인가·허가 또는 승인 등의 신청을 한 자에 대한 행위제한의 기준에 관하여는 같은 법 시행령 일부개정령 제34조제4항·제5항 또는 제35조제3호의 개정규정에 불구하고 종전의 규정에 따른다.

제9조 (농지보전부담금의 감면에 관한 경과조치) 이 영 시행 전에 농지전용허가(다른 법률에 따라 농지전용허가가 의제되는 인가 또는 허가 등을 포함한다)를 받거나 농지전용신고를 한 것에 관한 농지보전부담금의 감면은 별표 2의 개정규정에 불구하고 종전의 규정에 따른다.

제10조 (농지관리위원회의 운영 등에 관한 조례에 관한 경과조치) 이 영 시행 당시 종전의 「농지임대차관리법 시행령」에 따른 농지관리위원회의 운영 등에 관한 시(특별시 및 광역시를 포함한다)·군의 조례는 이 영에 따른 해당 지방자치단체의 조례로 본다.

제11조 (다른 법령의 개정) ① 행정권한의 위임 및 위탁에 관한 규정 일부를 다음과 같이 개정한다.

제29조제1항제6호를 다음과 같이 한다.

6. 「국토의 계획 및 이용에 관한 법률」 제30조제1항에 따른 도시관리계획안의 협의. 다만, 협의대상 지역에 편입된 농지가 다음 각 목의 어느 하나에 해당하는 경우에 한한다.

　가. 농업진흥지역 안 : 1만제곱미터 미만인 경우

　나. 농업진흥지역 밖 : 20만제곱미터 미만인 경우

　다. 「산업입지 및 개발에 관한 법률」 제7조 및 제7조의2에 따른 지방산업단지(같은 법 제11조에 따라 지정요청된 것을 제외한다)에 편입되는 경우로서 농업진흥지역 밖의 농지면적이 해당 지방산업단지면적의 100분의 50 미만인 경우

　라. 「국토의 계획 및 이용에 관한 법률」 제51조제3항에 따른 제2종지구단위계획구역(산업형에 한한다)에 편입되는 경우로서 농업진흥지역 밖의 농지면적이 100만제곱미터 미만인 경우

② 건설폐기물의 재활용 촉진에 관한 법률 시행령 일부를 다음과 같이 개정한다.

제4조제3호다목 중 "농지법 시행령 제3조의2"를 "「농지법 시행령」 제2조제3항제2호"로 한다.

③ 기업도시개발특별법 시행령 일부를 다음과 같이 개정한다.

제34조제1항제2호 중 "「농지법 시행령」 제57조"를 "「농지법 시행령」 제52조"로 한다.

제12조 (다른 법령과의 관계) 이 영 시행 당시 다른 법령에서 종전의「농지법 시행령」또는 그 규정을 인용한 경우 이 영 가운데 그에 해당하는 규정이 있으면 종전의 규정을 갈음하여 이 영 또는 이 영의 해당 규정을 인용한 것으로 본다.

부칙 〈제20244호, 2007. 9. 6.〉 (폐기물관리법 시행령)

제1조 (시행일) 이 영은 공포한 날부터 시행한다. 〈단서 생략〉

제2조부터 제5조까지 생략

제6조 (다른 법령의 개정) ① 및 ② 생략

③ 농지법 시행령 일부를 다음과 같이 개정한다.

제44조제1항제2호와 같은 조 제2항제2호 중 "「폐기물관리법」 제2조제7호"를 각각 "「폐기물관리법」 제2조제8호"로 한다.

④부터 ⑰까지 생략

제7조 생략

부칙 〈제20256호, 2007. 9. 10.〉 (광업법 시행령)

제1조 (시행일) 이 영은 공포한 날부터 시행한다.

제2조 (다른 법령의 개정) ①부터 ③까지 생략

④ 농지법 시행령 일부를 다음과 같이 개정한다.

제38조제3항제2호 중 "제3조"를 "제3조제1호"로 한다.

⑤부터 ⑩까지 생략

제3조 생략

부칙 〈제20383호, 2007. 11. 15.〉 (대기환경보전법 시행령)

제1조 (시행일) 이 영은 공포한 날부터 시행한다. 〈단서 생략〉

제2조부터 제9조까지 생략

제10조 (다른 법령의 개정) ① 생략

② 농지법 시행령 일부를 다음과 같이 개정한다.

제44조제1항제1호 본문 및 같은 항 제2호 본문 중 "대기환경보전법 시행령」 별표 8"을 각각 "대기환경보전법 시행령」 별표 10"으로 하고, 같은 항 제2호 본문 중 "대기환경보전법」 제2조제8호"를 "대기환경보전법」 제2조제9호"로 한다.

제59조제3항제1호 중 "대기환경보전법 시행령」 별표 8"을 "대기환경보전법 시행령」 별표 10"으로 한다.

③부터 ⑫까지 생략

제11조 생략

부칙 〈제20428호, 2007. 11. 30.〉 (수질 및 수생태계 보전에 관한 법률 시행령)

제1조 (시행일) 이 영은 공포한 날부터 시행한다.

제2조부터 제5조까지 생략

제6조 (다른 법령의 개정) ①부터 ④까지 생략

⑤ 농지법 시행령 일부를 다음과 같이 개정한다.

제29조제2항 단서 중 "수질환경보전법」 제2조제5호"를 "수질 및 수생태계 보전에 관한 법률」 제2조제10호"로 하고, 제44조제2항제1호 및 제2호 본문 중 "수질환경보전법 시행령」 별표 8"을 각각 "수질 및 수생태계 보전에 관한 법률 시행령」 별표 13"으로 하며, 제59조제3항제1호 중 "수질환경보전법 시행령」 별표 6"을 "수질 및 수생태계 보전에 관한 법률 시행령」 별표 13"으로 한다.

⑥부터 ㉒까지 생략

제7조 생략

부칙 〈제20677호, 2008. 2. 29.〉 (농림수산식품부와 그 소속기관 직제)

제1조(시행일) 이 영은 공포한 날부터 시행한다.

제2조부터 제6조까지 생략

제7조(다른 법령의 개정) ①부터 ⑳까지 생략

㉑ 농지법 시행령 일부를 다음과 같이 개정한다.

제2조제3항제1호나목 전단·후단 및 제2호나목, 제3조제2호, 제7조제2항제5호가목·제3항, 제10조 각 호 외의 부분, 제12조제1항·제4항, 제17조, 제25조제2항·제3항, 제29조제1항제4호·제5항제4호·제7항제1호, 제32조제1항, 제33조제1항 각 호 외의 부분, 제34조제1항, 제35조제1항·제4항, 제37조제1항, 제39조제1항, 제43조제2항, 제44조제2항제2호 본문, 제46조제2항, 제47조제2항, 제48조제2항, 제49조제1항·제6항, 제50조제2항·제3항 전단, 제56조제1항, 제60조제2항·제3항, 제71조제3항·제4항, 제72조제3항 및 제75조제2항 중 "농림부령"을 각각 "농림수산식품부령"으로 한다.

제15조제1항제4호·제2항, 제18조제6호, 제22조제1항제2호 및 제5호·제2항제2호, 제26조 각 호 외의 부분·제4호, 제27조제2항, 제28조제2항·제3항 각 호 외의 부분·제3항제2호·제4항, 제33조제1항 각 호 외의 부분·제2항, 제34조제1항·제2항 각 호 외의 부분·제3항, 제45조제1항, 제46조제1항부터 제3항까지, 제47조제1항 각 호 외의 부분, 제48조제1항·제2항, 제49조제1항·제4항부터 제6항까지, 제50조제2항·제3항 전단·제4항, 제51조제1항 본문·제2항 각 호 외의 부분, 제53조제2항, 제54조제1항제3호·제2항, 제55조제1항 각 호 외의 부분, 제56조제1항·제2항, 제58조제1항·제2항, 제71조제1항 각 호 외의 부분·제1항제1호다목·제2항 각 호 외의 부분 본문·제2항제1호다목·제3항, 제76조제1항 각 호 외의 부분·제2항 전단·제3항 및 제4항 중 "농림부장관"을 각각 "농림수산식품부장관"으로 한다.

㉒부터 〈59〉까지 생략

부칙 〈제20802호, 2008. 6. 5.〉

제1조(시행일) 이 영은 공포한 날부터 시행한다.

제2조(유효기간) 별표 2 제45호란·제45호의2란 및 제61호란의 개정규정은 2011년 12월 31일까지 효력을 가진다. 이 경우 2011년 12월 31일까지 농지전용허가(변경허가의 경우와 다른 법률에 의하여 농지전용허가 또는 그 변경허가가 의제되는 인가 또는 허가 등의 경우를 포함한다)를 신청하거나 농지전용신고(변경신고를 포함한다)를 하는 것에 대하여 이를 적용한다.

제3조(농업진흥지역 등의 변경·해제에 관한 적용례) 제28조제3항제2호의 개정규정은 이 영 시행 후 최초로 농업진흥지역 변경신청 또는 해제신청을 하는 것부터 적용한다.

제4조(농지보전부담금 감면에 관한 적용례) 별표 2 제17호란, 제41호란, 제42호란, 제45호란, 제45호의2란, 제52호란, 제54호란, 제57호란, 제58호란 및 제61호란의 개정규정은 이 영 시행 후 최초로 농지전용허가(변경허가나 다른 법률의 규정에 의하여 농지전용허가가 의제되는 인가 또는 허가 등을 포함한다)를 신청하거나 농지전용신고를 하는 것부터 적용한다.

제5조(농업진흥지역 해제에 대한 특례) 제28조제1항제1호다목(농업보호구역을 해제하는 경우에 한한다)의 규정을 적용함에 있어서 이 영 시행일부터 2008년 12월 31일까지는 같은 규정 중 후단을 적용하지 아니한다.

제6조(허가 또는 협의 권한의 위임에 관한 경과조치 등) ① 이 영 시행 당시 농지전용허가 또는 협의가 신청되어 그 절차가 진행 중인 것에 대하여는 제71조제1항제1호의 개정규정에도 불구하고 종전의 규정에 따른다.

② 별표 3 제12호란의 개정규정은 이 영 시행 후 최초로 농지전용허가 또는 협의가 신청되거나 접수된 것부터 적용한다.

제7조(다른 법령의 개정) 행정권한의 위임 및 위탁에 관한 규정 일부를 다음과 같이 개정한다.

제29조제1항제6호나목을 다음과 같이 한다.

나. 농업진흥지역 밖: 20만 제곱미터 미만인 경우. 다만, 「국토의 계획 및 이용에 관한 법률」 제36조에 따른 계획관리지역이나 같은 법 시행령 제30조에 따른 자연녹지지역 안의 농지의 경우에는 면적에 제한이 없는 것으로 한다.

제29조제1항에 제6호의2를 다음과 같이 신설한다.

6의2. 「국토의 계획 및 이용에 관한 법률」 제30조제5항에 따른 도시관리계획의 변경 협의. 다만, 농업진흥지역 밖에서 같은 법 제30조제1항에 따라 농림수산식품부장관과 협의를 거쳐 결정된 도시관리계획을 변경하고자 하는 경우로서 그 농지의 증가면적이 1만 제곱미터 미만이거나 그 농지의 면적이 감소하는 경우에만 해당한다.

부칙 〈제20854호, 2008. 6. 20.〉 (농업·농촌 및 식품산업 기본법 시행령)

제1조(시행일) 이 영은 2008년 6월 22일부터 시행한다.

제2조부터 제4조까지 생략

제5조(다른 법령의 개정) ①부터 ⑧까지 생략

⑨ 농지법 시행령 일부를 다음과 같이 개정한다.

제19조제2항 중 "농업·농촌기본법"을 "농업·농촌 및 식품산업 기본법"으로 한다.
제28조제3항 각 호 외의 부분 중 "농업·농촌기본법」 제43조에 따른 시·도농정심의회(이하 "시·도농정심의회"라 한다)"를 "농업·농촌 및 식품산업 기본법」 제15조에 따른 시·

도 농업·농촌 및 식품산업정책심의회"로 하고, 같은 항 제1호 중 "시·도농정심의회"를 "시·도 농업·농촌 및 식품산업정책심의회"로 한다.

제31조제6호 중 "농업·농촌기본법"을 "농업·농촌 및 식품산업 기본법"으로 한다.

⑩부터 ㉒까지 생략

제6조 생략

부칙 〈제21445호, 2009. 4. 21.〉 (보금자리주택건설 등에 관한 특별법 시행령)

제1조(시행일) 이 영은 공포한 날부터 시행한다. 〈단서 생략〉

제2조(다른 법령의 개정) ①부터 ⑤까지 생략

⑥ 농지법 시행령 일부를 다음과 같이 개정한다.

별표 3 제8호란을 다음과 같이 한다.

8. 「보금자리주택건설 등에 관한 특별법」 제2조	보금자리주택지구

⑦부터 ㉔까지 생략

제3조 생략

부칙 〈제21565호, 2009. 6. 26.〉 (한국농어촌공사 및 농지관리기금법 시행령)

제1조(시행일) 이 영은 2009년 6월 30일부터 시행한다. 다만, ···〈생략〉··· 부칙 제3조는 공포한 날부터 시행한다.

제2조 생략

제3조(다른 법령의 개정) ①부터 ⑬까지 생략

⑭ 농지법 시행령 일부를 다음과 같이 개정한다.

제5조제1항 각 호 외의 부분 중 "「한국농촌공사 및 농지관리기금법」"을 "「한국농어촌공사 및 농지관리기금법」"으로 하고, "한국농촌공사"를 "한국농어촌공사"로 한다.

제10조 각 호 외의 부분 중 "「한국농촌공사 및 농지관리기금법」에 따른 한국농촌공사(이하 "한국농촌공사"라 한다)"를 "「한국농어촌공사 및 농지관리기금법」에 따른 한국농어촌공사(이하 "한국농어촌공사"라 한다)"로 한다.

제51조제1항 본문 중 "한국농촌공사"를 "한국농어촌공사"로 하고, 같은 조 제3항 중 "「한국농촌공사 및 농지관리기금법」"을 "「한국농어촌공사 및 농지관리기금법」"으로 한다.

제68조제1항제3호 중 "「한국농촌공사 및 농지관리기금법」"을 "「한국농어촌공사 및 농지관리기금법」"으로 한다.

제12조제1항부터 제3항까지, 제48조제1항·제2항, 제49조제1항·제2항·제5항·제7항, 제50조제3항 전단 및 제4항, 제54조제2항, 제55조제1항 각 호 외의 부분 및 제2호, 제56조제1항·제2항, 제75조제3항제1호 및 제76조제4항 중 "한국농촌공사"를 각각 "한국농어촌공사"로 한다.

⑮부터 ㊽까지 생략

제4조 생략

부칙 〈제21590호, 2009. 6. 30.〉
(한시적 행정규제 유예 등을 위한 건축법 시행령 등 일부 개정령)

제1조(시행일) 이 영은 2009년 7월 1일부터 시행한다. 〈단서 생략〉

제2조(「농지법 시행령」개정에 따른 유효기간 등) ①「농지법 시행령」별표 2 제46호란의 개정규정은 2011년 6월 30일까지 효력을 가진다.

② 「농지법 시행령」별표 2 제46호란의 개정규정은 이 영 시행 후 최초로 농지전용허가(변경허가의 경우와 다른 법률에 따라 농지전용허가 또는 그 변경허가가 의제되는 인가 또는 허가 등의 경우를 포함한다. 이하 이 항에서 같다)를 신청하거나 농지전용신고(변경신고를 포함한다. 이하 이 항에서 같다)를 하는 것부터 적용하고, 2011년 6월 30일까지 농지전용허가를 신청하거나 농지전용신고를 하는 것에 대하여도 이를 적용한다.

제3조부터 제9조까지 생략

부칙 〈제21626호, 2009. 7. 7.〉
(규제일몰제 적용을 위한 옥외광고물 등 관리법 시행령 등 일부개정령)

이 영은 공포한 날부터 시행한다.

부칙 〈제21774호, 2009. 10. 8.〉 (농어업경영체 육성 및 지원에 관한 법률 시행령)

제1조(시행일) 이 영은 공포한 날부터 시행한다.

제2조(다른 법령의 개정) ①부터 ⑥까지 생략

⑦ 농지법 시행령 일부를 다음과 같이 개정한다.
제31조제6호 중 "「농업·농촌 및 식품산업 기본법」에 따른 후계농업경영인 및 전업농업인"을 "「농어업경영체 육성 및 지원에 관한 법률」에 따른 후계농업경영인과「농업·농촌 및 식품산업 기본법」에 따른 전업농업인"으로 한다.

별표 1 제5호 설치자의 범위란 및 별표 2 제23호 감면대상란 중 "「농업·농촌기본법」에 따른 생산자단체·영농조합법인·농업회사법인"을 각각 "「농업·농촌 및 식품산업 기본법」

에 따른 생산자단체, 「농어업경영체 육성 및 지원에 관한 법률」에 따른 영농조합법인 및 영농회사법인"으로, ""수산업법」제9조의2"를 각각 "농어업경영체 육성 및 지원에 관한 법률」제16조"로 한다.

⑧부터 ⑮까지 생략

부칙 〈제21847호, 2009. 11. 26.〉 (농어업·농어촌 및 식품산업 기본법 시행령)

제1조(시행일) 이 영은 2009년 11월 28일부터 시행한다.

제2조부터 제4조까지 생략

제5조(다른 법령의 개정) ①부터 ⑧까지 생략

⑨ 농지법 시행령 일부를 다음과 같이 개정한다.

제28조제3항 각 호 외의 부분 중 "농업·농촌 및 식품산업 기본법」 제15조에 따른 시·도 농업·농촌 및식품산업정책심의회"를 "농어업·농어촌 및 식품산업 기본법」 제15조에 따른 시·도 농어업·농어촌 및식품산업정책심의회"로 하고, 같은 항 제1호 중 "시·도 농업·농촌 및식품산업정책심의회"를 "시·도 농어업·농어촌 및식품산업정책심의회"로 한다.

⑩부터 ⑳까지 생략

제6조 생략

부칙 〈제21848호, 2009. 11. 26.〉

제1조(시행일) 이 영은 2009년 11월 28일부터 시행한다. 다만, 제72조제1항 후단 및 별표 2 제10호란의 개정규정은 2010년 1월 1일부터 시행한다.

제2조 삭제 〈2012. 11. 12.〉

제3조(영농여건불리농지의 최초 고시 기한) 시장·군수는 제5조의2의 개정규정에 따른 최초 고시는 2011년 12월 31일까지 하여야 한다.

제4조(농지보전부담금 감면에 관한 적용례) ① 별표 2 제10호가목의 개정규정은 부칙 제1조 단서에 따른 별표 2 제10호란의 개정규정의 시행 후 최초로 농지전용허가를 신청하거나 농지전용신고를 하는 것부터 적용한다.

② 별표 2 제10호나목의 개정규정은 부칙 제1조 단서에 따른 별표 2 제10호란의 개정규정의 시행 후 최초로 농지전용허가를 신청하거나 농지전용신고를 하는 것부터 적용하고, 2011년 12월 31일까지 농지전용허가를 신청하거나 농지전용신고를 하는 것에 대해서도 적용한다.

③ 별표 2 제15호란의 개정규정은 이 영 시행 후 최초로 농지전용허가를 신청하거나 농지전용신고를 하는 것부터 적용한다.

제5조(농지의 범위에서 간이저온저장고에 관한 경과조치) 이 영 시행 당시 종전의 규정에 따라 농지전용허가를 받거나 농지전용신고가 수리된 간이저온저장고의 부지에 대해서는 제2조제3항제2호다목의 개정규정에도 불구하고 종전의 규정에 따른다.

제6조(농지의 타용도 일시사용허가에 관한 경과조치) 이 영 시행 당시 종전의 규정에 따라 타용도 일시사용 허가를 받거나 허가를 신청한 자에 대해서는 제37조제2항제4호 및 제38조제1항·제2항의 개정규정에도 불구하고 종전의 규정에 따른다.

제7조(다른 법령의 개정) 한국농어촌공사 및 농지관리기금법 시행령 일부를 다음과 같이 개정한다.

제44조를 삭제한다.

부칙 〈제21881호, 2009. 12. 14.〉 (측량·수로조사 및 지적에 관한 법률 시행령)

제1조(시행일) 이 영은 공포한 날부터 시행한다. 〈단서 생략〉

제2조부터 제5조까지 생략

제6조(다른 법령의 개정) ①부터 ⑮까지 생략

⑯ 농지법 시행령 일부를 다음과 같이 개정한다.

제2조제2항제1호 및 제2호 중 "「지적법」"을 각각 "「측량·수로조사 및 지적에 관한 법률」"로 한다.

⑰부터 ㊱까지 생략

제7조 생략

부칙 〈제21882호, 2009. 12. 14.〉 (항만법 시행령)

제1조(시행일) 이 영은 공포한 날부터 시행한다. 〈단서 생략〉

제2조부터 제5조까지 생략

제6조(다른 법령의 개정) ①부터 ④까지 생략

⑤ 농지법 시행령 일부를 다음과 같이 개정한다.

별표 2 제34호의 감면대상란 중 "「항만법」 제2조제6호"를 "「항만법」 제2조제5호"로 한다.

⑥부터 ㉗까지 생략

제7조 생략

부칙 〈제21887호, 2009. 12. 15.〉 (농어촌정비법 시행령)

제1조(시행일) 이 영은 공포한 날부터 시행한다. 〈단서 생략〉

제2조부터 제10조까지 생략

제11조(다른 법령의 개정) ①부터 ⑫까지 생략

⑬ 농지법 시행령 일부를 다음과 같이 개정한다.

제23조제4호 중 "농업생산기반정비사업"을 "농업생산기반 정비사업"으로 하고, 같은 조 제5호 중 "「농어촌정비법」 제56조"를 "「농어촌정비법」 제43조"로 한다.

제30조제1호제1호 중 "「농어촌정비법」 제2조제9호나목"을 "「농어촌정비법」 제2조제16호나목"으로 하고, 같은 항 제2호 중 "「농어촌정비법」 제2조제9호다목"을 "「농어촌정비법」 제2조제16호다목"으로 한다.

제44조제3항제4호 중 "「농어촌정비법」 제2조제9호나목"을 "「농어촌정비법」 제2조제16호나목"으로 하고, 같은 항 제5호 중 "「농어촌정비법」 제29조"를 "「농어촌정비법」 제101조"로 한다.

별표 2 제9호란, 제12호란, 제15호란 및 제27호란을 각각 다음과 같이 한다.

9. 국가 또는 지방자치단체가 「농어촌정비법」 제78조에 따라 조성하는 농공단지(「수도권정비계획법」 제2조제1호에 따른 수도권에 있는 농공단지에 한정한다)	0	100
12. 「농어촌정비법」 제59조에 따른 생활환경정비사업용지	0	100
15. 「농어촌정비법」 제94조에 따라 지정·고시된 한계농지등 정비지구에 설치하는 같은 법 제92조 각 호의 어느 하나에 따른 시설용지(「수도권정비계획법」 제2조제1호 또는 「지방자치법」 제2조제1항제1호에 따른 수도권 또는 광역시에 속하지 아니하는 읍·면지역에 설치하는 시설에 한정한다)	0	100
27. 「농어촌정비법」 제2조제16호에 따른 농어촌 관광휴양사업의 시설	50	100

⑭부터 ㉘까지 생략

제12조 생략

부칙 〈제22395호, 2010. 9. 20.〉 (지방세법 시행령)

제1조(시행일) 이 영은 2011년 1월 1일부터 시행한다.

제2조부터 제7조까지 생략

제8조(다른 법령의 개정) ①부터 ⑦까지 생략

⑧ 농지법 시행령 일부를 다음과 같이 개정한다.

제29조제4항제2호 중 "「지방세법 시행령」 제84조의3"을 "「지방세법 시행령」 제28조"로 한다.

⑨부터 ㉟까지 생략

제9조 생략

부칙 〈제22493호, 2010. 11. 15.〉 (은행법 시행령)

제1조(시행일) 이 영은 2010년 11월 18일부터 시행한다.

제2조 및 제3조 생략

제4조(다른 법령의 개정) ①부터 ㊵까지 생략

㊶ 농지법 시행령 일부를 다음과 같이 개정한다.

제41조제3항 전단 중 "금융기관"을 "은행"으로 한다.

㊷부터 〈115〉까지 생략

제5조 생략

부칙 〈제23297호, 2011. 11. 16.〉 (산업입지 및 개발에 관한 법률 시행령)

제1조(시행일) 이 영은 공포한 날부터 시행한다. 〈단서 생략〉

제2조(다른 법령의 개정) ①부터 ⑦까지 생략

⑧ 농지법 시행령 일부를 다음과 같이 개정한다.

제50조제1항제1호 중 "「산업입지 및 개발에 관한 법률」 제2조제5호"를 "「산업입지 및 개발에 관한 법률」 제2조제8호"로 한다.

⑨부터 ⑳까지 생략

부칙 〈제23356호, 2011. 12. 8.〉 (영유아보육법 시행령)

제1조(시행일) 이 영은 2011년 12월 8일부터 시행한다. 〈단서 생략〉

제2조(다른 법령의 개정) ①부터 ⑭까지 생략

⑮ 농지법 시행령 일부를 다음과 같이 개정한다.

제29조제3항제2호 중 "보육시설"을 "어린이집"으로 한다.

별표 1 제6호다목 중 "보육시설"을 "어린이집"으로 한다.

별표 2 제42호 중 "부모협동보육시설과 민간보육시설"을 "부모협동어린이집과 민간어린이집"으로 한다.

⑯부터 〈54〉까지 생략

부칙 〈제23488호, 2012. 1. 6.〉 (민감정보 및 고유식별정보 처리 근거 마련을 위한 과세자료의 제출 및 관리에 관한 법률 시행령 등 일부개정령)

제1조(시행일) 이 영은 공포한 날부터 시행한다. 〈단서 생략〉

제2조 생략

부칙 〈제23535호, 2012. 1. 25.〉 (한국농수산식품유통공사법 시행령)

제1조(시행일) 이 영은 2012년 1월 26일부터 시행한다.

제2조(다른 법령의 개정) ①부터 ⑦까지 생략

⑧ 농지법 시행령 일부를 다음과 같이 개정한다.

제11조제4호를 다음과 같이 한다.

4. 「한국농수산식품유통공사법」에 따른 한국농수산식품유통공사

⑨부터 ㉘까지 생략

제3조 생략

부칙 〈제23718호, 2012. 4. 10.〉 (국토의 계획 및 이용에 관한 법률 시행령)

제1조(시행일) 이 영은 2012년 4월 15일부터 시행한다. 〈단서 생략〉

제2조부터 제13조까지 생략

제14조(다른 법령의 개정) ①부터 ⑳까지 생략

㉑ 농지법 시행령 일부를 다음과 같이 개정한다.

제38조제2항제2호 및 제44조제3항제5호 단서 중 "도시계획시설"을 각각 "도시·군계획시설"로 한다.

㉒부터 〈85〉까지 생략

제15조 생략

부칙 〈제23944호, 2012. 7. 10.〉

제1조(시행일) 이 영은 2012년 7월 18일부터 시행한다.

제2조(개별통지 및 주민의견 청취에 관한 적용례) 제28조의2의 개정규정은 이 영 시행 후 최초로 농업진흥지역의 지정·변경 또는 해제에 관하여 주민의견을 청취하는 경우부터 적용한다

제3조(농지보전부담금 분할납부에 관한 적용례) 제50조제1항제5호의 개정규정은 이 영 시행일 당시 납부기한이 도래하지 아니한 것부터 적용한다.

제4조(농지전용협의 및 농지보전부담금 부과·징수 권한 위임에 관한 적용례) 제71조제1항 및 제71조제2항제4호나목의 개정규정은 이 영 시행 후 최초로 농지전용허가(변경허가를 포함한다) 또는 협의가 신청되거나 접수된 것부터 적용한다.

제5조(다른 법령의 개정) 행정권한의 위임 및 위탁에 관한 규정 일부를 다음과 같이 개정한다.
제32조제2항을 삭제한다.

부칙 〈제24155호, 2012. 10. 29.〉
(행정규제 개선 등을 위한 건설근로자의 고용개선 등에 관한 법률 시행령 등 일부개정령)

제1조(시행일) 이 영은 2012년 11월 1일부터 시행한다. 〈단서 생략〉

제2조부터 제4조까지 생략

제5조(「농지법 시행령」 개정에 따른 적용례) 「농지법 시행령」 제50조제2항 단서의 개정규정은 이 영 시행 후 농지전용허가(변경허가의 경우와 다른 법률에 따라 농지전용허가 또는 그 변경허가가 의제되는 경우를 포함한다. 이하 이 조에서 같다)를 신청하거나 농지전용신고(변경신고의 경우와 다른 법률에 따라 농지전용신고 또는 그 변경신고가 의제되는 경우를 포함한다. 이하 이 조에서 같다)를 하는 경우부터 2014년 12월 31일 현재 농지전용허가를 신청하거나 농지전용신고를 한 경우까지 적용한다.

제6조부터 제11조까지 생략

부칙 〈제24172호, 2012. 11. 12.〉

이 영은 2012년 11월 16일부터 시행한다.

부칙 〈제24455호, 2013. 3. 23.〉 (농림축산식품부와 그 소속기관 직제)

제1조(시행일) 이 영은 공포한 날부터 시행한다. 〈단서 생략〉

제2조부터 제5조까지 생략

제6조(다른 법령의 개정) ①부터 ㉗까지 생략
㉘ 농지법 시행령 일부를 다음과 같이 개정한다.

제2조제3항제1호나목, 같은 항 제2호나목, 제3조제2호, 제3조의2제2호, 제5조의2제3항, 제7조제2항제5호가목, 같은 조 제3항, 제10조 각호 외의 부분, 제12조제1항·제4항, 제17조, 제25조제3항, 제29조제1항제4호, 같은 조 제5항제4호·제5호, 제31조의2 각 호 외의 부분, 제32조제1항, 제33조제1항 각 호 외의 부분, 제34조제1항, 제35조제1항·제4항, 제37조제1항, 제39조제1항, 제43조제2항, 제44조제2항제2호 본문, 제46조제2항, 제47조제2항, 제48조제2항, 제49조제1항·제6항, 제50조제2항 본문, 같은 조 제3항 전단, 제56조제1항, 제60조제1항, 같은 조 제3항 각 호 외의 부분, 제71조제3항·제4항, 제72조제3항, 제75조제2항 및 별표 2 제24호 중 "농림수산식품부령"을 각각 "농림축산식품부령"으로 한다.

제5조의2제2항, 제15조제1항제4호, 같은 조 제2항, 제18조제6호, 제22조제1항제2호·제5호, 같은 조 제2항제2호, 제26조 각 호 외의 부분, 같은 조 제4호, 제27조제2항, 제28조제3항 각 호 외의 부분, 같은 항 제2호 각 목 외의 부분, 같은 호 가목 단서, 같은 조 제4항, 제33조제1항 각 호 외의 부분, 같은 조 제2항, 제34조제1항부터 제3항까지, 제45조제1항, 제46조제1항부터 제3항까지, 제47조제1항 각 호 외의 부분, 제48조제1항·제2항, 제49조제1항, 같은 조 제4항부터 제6항까지, 제50조제2항 본문, 같은 조 제3항 전단, 같은 조 제4항, 제51조제1항 본문, 같은 조 제2항 각 호 외의 부분, 제53조제2항, 제54조제1항제3호, 같은 조 제2항, 제55조제1항 각 호 외의 부분, 제56조제1항·제2항, 제58조제1항·제2항, 제71조제1항 각 호 외의 부분 본문, 같은 항 제1호다목, 같은 조 제2항 각 호 외의 부분 본문, 같은 항 제1호다목, 같은 조 제3항, 제76조제1항 각 호 외의 부분, 같은 조 제2항 전단, 같은 조 제3항·제4항, 같은 조 제5항 각 호 외의 부분, 제77조, 제78조제2항 각 호 외의 부분, 별표 2 제57호 및 같은 표 제58호 본문 중 "농림수산식품부장관"을 각각 "농림축산식품부장관"으로 한다.

제28조제3항 각 호 외의 부분 및 같은 항 제1호 중 "시·도 농어업·농어촌 및식품산업정책심의회"를 각각 "시·도 농업·농촌 및식품산업정책심의회"로 한다.

별표 2 제23호 중 "농업·농촌 및 식품산업 기본법"을 "농어업·농어촌 및 식품산업 기본법"으로 하고, 같은 표 제29호 및 제36호 중 "농업·농촌기본법"을 각각 "농어업·농어촌 및 식품산업 기본법"으로 한다.

㉙부터 〈76〉까지 생략

부칙 〈제25042호, 2013. 12. 30.〉

제1조(시행일) 이 영은 공포한 날부터 시행한다.

제2조(대리경작자의 지정요건에 관한 경과조치) 이 영 시행 당시 종전의 규정에 따라 대리경작자로 지정된 자가 이 영 시행 전에 발생한 사유로 제19조제1항의 개정규정에 따른 결격사유에 해당하게 된 경우에는 같은 개정규정에도 불구하고 종전의 규정에 따른다.

제3조(농지보전부담금의 감면에 관한 경과조치) 이 영 시행 전에 농지전용허가(다른 법률에 따라 농지전용허가가 의제된 경우를 포함한다)를 받거나 농지전용신고(다른 법률에 따라 농지전용신고가 의제된 경우를 포함한다)를 한 것에 대한 농지보전부담금의 감면은 별표 2의 개정규정에도 불구하고 종전의 규정에 따른다.

부칙 〈제25050호, 2013. 12. 30.〉
(행정규제기본법 개정에 따른 규제 재검토기한 설정을 위한 주택법 시행령 등 일부개정령)

이 영은 2014년 1월 1일부터 시행한다. 〈단서 생략〉

부칙 〈제25273호, 2014. 3. 24.〉 (건축법 시행령)

제1조(시행일) 이 영은 공포한 날부터 시행한다. 〈단서 생략〉

제2조 및 제3조 생략

제4조(다른 법령의 개정) ① 및 ② 생략

③ 농지법 시행령 일부를 다음과 같이 개정한다.

제30조제2항제1호나목 및 다목을 각각 다음과 같이 한다.

나. 「건축법 시행령」 별표 1 제3호가목, 라목부터 바목까지 및 사목(공중화장실 및 대피소는 제외한다)에 해당하는 시설

다. 「건축법 시행령」 별표 1 제4호가목, 나목, 라목부터 사목까지, 차목부터 타목까지, 파목(골프연습장은 제외한다) 및 하목에 해당하는 시설

제30조제2항제2호 중 "「건축법 시행령」 별표 1 제3호아목에 해당하는 시설(변전소는 제외한다)"을 "「건축법 시행령」 별표 1 제3호사목(공중화장실, 대피소, 그 밖에 이와 비슷한 것만 해당한다) 및 아목(변전소 및 도시가스배관시설은 제외한다)에 해당하는 시설"로 한다.

제44조제3항제1호 중 "제4호가목(일반음식점에 한한다)·나목·사목(이 영 제29조제2항제1호 및 제29조제7항제3호·제4호의 시설을 제외한다)·차목"을 "제4호아목·자목·너목(이 영 제29조제2항제1호 및 제29조제7항제3호·제4호의 시설은 제외한다)·더목"으로 한다.

제44조제3항제2호 중 "제3호가목·다목부터 바목까지·자목, 제4호가목(일반음식점을 제외한다)·다목부터 바목까지·아목·자목·카목부터 파목까지"를 "제3호가목, 다목부터 바목까지 및 사목(지역아동센터만 해당한다), 제4호가목부터 사목까지, 차목부터 거목까지 및 러목"으로 한다.

④부터 ⑬까지 생략

제5조 생략

부칙 〈제25339호, 2014. 4. 29.〉 (공공주택건설 등에 관한 특별법 시행령)

제1조(시행일) 이 영은 공포한 날부터 시행한다.

제2조(다른 법령의 개정) ①부터 ⑦까지 생략

⑧ 농지법 시행령 일부를 다음과 같이 개정한다.

별표 3 제9호를 다음과 같이 한다.

| 9. 「공공주택건설 등에 관한 특별법」 제6조 | 공공주택지구 |

⑨부터 ㉚까지 생략

제3조 생략

부칙 〈제25448호, 2014. 7. 7.〉 (도시철도법 시행령)

제1조(시행일) 이 영은 2014년 7월 8일부터 시행한다.

제2조 생략

제3조(다른 법령의 개정) ①부터 ⑩까지 생략

⑪ 농지법 시행령 일부를 다음과 같이 개정한다.

별표 2 제3호아목1) 중 "「도시철도법」 제3조제3호가목부터 다목"을 "「도시철도법」 제2조제3호가목부터 다목"으로 하고, 같은 목 2) 중 "「도시철도법」 제3조제3호라목 또는 마목"을 "「도시철도법」 제2조제3호라목 또는 마목"으로 한다.

⑫부터 ㉘까지 생략

제4조 생략

부칙 〈제25456호, 2014. 7. 14.〉 (도로법 시행령)

제1조(시행일) 이 영은 2014년 7월 15일부터 시행한다.

제2조부터 제4조까지 생략

제5조(다른 법령의 개정) ①부터 ⑭까지 생략

⑮ 농지법 시행령 일부를 다음과 같이 개정한다.

제44조제3항제5호 단서 중 "「도로법」 제3조"를 "「도로법」 제2조제2호"로 한다.

⑯부터 ㊿까지 생략

제6조 생략

부칙 〈제25917호, 2014. 12. 30.〉

제1조(시행일) 이 영은 2015년 1월 1일부터 시행한다.

제2조(농지의 타용도 일시사용허가에 관한 적용례) 제38조제1항제1호부터 제3호까지의 개정규정은 2015년 1월 1일 이후 농지의 타용도 일시사용을 위한 허가를 신청하거나 협의를 요청하는 것부터 적용한다. 다만, 「옥외광고물 등 관리법」에 따라 설립된 한국옥외광고센터가 주요 국제행사의 준비 및 운영에 필요한 재원을 마련하기 위하여 설치한 국제행사와 관련된 「옥외광고물 등 관리법」에 따른 옥외광고물 시설에 대해서는 2015년 1월 1일 전에 농지의 타용도 일시사용을 위한 허가를 받았거나 협의가 된 경우에도 제38조제1항제2호의 개정규정을 적용한다."로 한다. 〈개정 2016. 1. 19.〉

제3조(용도변경 승인의 예외에 관한 적용례) 제59조제3항 단서의 개정규정은 이 영 시행 이후 해당 시설의 용도를 변경하거나 농지전용목적사업의 업종을 변경하는 것부터 적용한다.

제4조(농지보전부담금의 감면에 관한 경과조치) 이 영 시행 전에 농지전용허가(다른 법률에 따라 농지전용허가가 의제된 경우를 포함한다)를 신청하였거나 농지전용신고(다른 법률에 따라 농지전용신고가 의제된 경우를 포함한다)를 한 것에 대한 농지보전부담금의 감면은 별표 2의 개정규정에도 불구하고 종전의 규정에 따른다.

부칙 〈제26302호, 2015. 6. 1.〉 (공간정보의 구축 및 관리 등에 관한 법률 시행령)

제1조(시행일) 이 영은 2015년 6월 4일부터 시행한다.

제2조(다른 법령의 개정) ①부터 ⑲까지 생략

⑳ 농지법 시행령 일부를 다음과 같이 개정한다.

제2조제2항제1호 및 제2호 중 "측량·수로조사 및 지적에 관한 법률"을 각각 "공간정보의 구축 및 관리 등에 관한 법률"로 한다.

㉑부터 〈54〉까지 생략

제3조 생략

부칙 〈제26754호, 2015. 12. 22.〉 (수산업·어촌 발전 기본법 시행령)

제1조(시행일) 이 영은 2015년 12월 23일부터 시행한다.

제2조(다른 법령의 개정) ①부터 ⑰까지 생략

⑱ 농지법 시행령 일부를 다음과 같이 개정한다.

제19조제2항 중 "농어업·농어촌 및 식품산업 기본법"을 "농업·농촌 및 식품산업 기본법"으로 한다.

제28조제3항 각 호 외의 부분 중 "농어업·농어촌 및 식품산업 기본법"을 "농업·농촌 및 식품산업 기본법"으로 한다.

제29조제2항제1호 중 "농어업·농어촌 및 식품산업 기본법"을 "농업·농촌 및 식품산업 기본법"으로 한다.

⑲부터 ㊷까지 생략

제3조 생략

부칙 〈제26861호, 2016. 1. 6.〉
(규제 재검토기한 설정 등을 위한 농어업재해보험법 시행령 등 일부개정령)

이 영은 공포한 날부터 시행한다.

부칙 〈제26903호, 2016. 1. 19.〉

제1조(시행일) 이 영은 2016년 1월 21일부터 시행한다. 다만, 제49의2의 개정규정은 2017년 1월 1일부터 시행한다.

제2조(농지의 범위에 관한 경과조치) 다음 각 호의 어느 하나에 해당하는 토지에 대해서는 제2조제2항제1호 및 제2호의 개정규정에도 불구하고 종전의 규정에 따른다.

1. 이 영 시행 당시 「공간정보의 구축 및 관리 등에 관한 법률」에 따른 지목이 전·답, 과수원이 아닌 토지로서 농작물 경작지 또는 제2조제1항제1호에 따른 다년생식물의 재배에 이용되고 있는 토지

2. 이 영 시행 당시 「공간정보의 구축 및 관리 등에 관한 법률」에 따른 지목이 임야인 토지로서 토지 형질을 변경하고 제2조제1항제2호 또는 제3호에 따른 다년생식물의 재배에 이용되고 있는 토지

제3조(농지보전부담금 부과에 관한 경과조치) 제45조부터 제47조까지, 제49조, 제50조 및 제51조의 개정규정에도 불구하고 이 영 시행 전에 농지전용허가(다른 법률에 따라 농지전용허가가 의제된 경우를 포함한다)를 신청하였거나 농지전용신고(다른 법률에 따라 농지전용신고가 의제된 경우를 포함한다)를 한 농지에 대한 농지보전부담금의 부과는 종전의 규정에 따른다.

제4조(농지보전부담금 감면에 관한 경과조치) 별표 2 제3호소목의 개정규정에도 불구하고 이 영 시행 전에 농지전용허가(다른 법률에 따라 농지전용허가가 의제된 경우를 포함한다)를 신청하였거나 농지전용신고(다른 법률에 따라 농지전용신고가 의제된 경우를 포함한다)를 한 것에 대한 농지보전부담금의 감면은 종전의 규정에 따른다.

부칙 〈제26922호, 2016. 1. 22.〉
(제주특별자치도 설치 및 국제자유도시 조성을 위한 특별법 시행령)

제1조(시행일) 이 영은 2016년 1월 25일부터 시행한다.

제2조 및 제3조 생략

제4조(다른 법령의 개정) ①부터 ⑭까지 생략

⑮ 농지법 시행령 일부를 다음과 같이 개정한다.

제44조제3항제1호 중 "「제주특별자치도 설치 및 국제자유도시 조성을 위한 특별법」 제174조제1항"을 "「제주특별자치도 설치 및 국제자유도시 조성을 위한 특별법」 제251조제1항"으로 한다.

별표 2 제3호보목 중 "「제주특별자치도 설치 및 국제자유도시 조성을 위한 특별법」 제217조"를 "「제주특별자치도 설치 및 국제자유도시 조성을 위한 특별법」 제162조"로, "같은 법 제222조제1항"을 "같은 법 제140조제1항"으로 한다.

⑯부터 ㊻까지 생략

제5조 및 제6조 생략

부칙 〈제27062호, 2016. 3. 29.〉 (대기환경보전법 시행령)

제1조(시행일) 이 영은 공포한 날부터 시행한다.

제2조(다른 법령의 개정) ① 농지법 시행령 일부를 다음과 같이 개정한다.

제44조제1항제1호 본문 및 같은 항 제2호 본문 중 "「대기환경보전법 시행령」 별표 1"을 각각 "「대기환경보전법 시행령」 별표 1의3"으로 한다.

제59조제3항제1호 중 "「대기환경보전법 시행령」 별표 1"을 "「대기환경보전법 시행령」 별표 1의3"으로 한다.

② 생략

부칙 〈제27285호, 2016. 6. 28.〉 (물류시설의 개발 및 운영에 관한 법률 시행령)

제1조(시행일) 이 영은 2016년 6월 30일부터 시행한다.

제2조(다른 법령의 개정) ① 생략

② 농지법 시행령 일부를 다음과 같이 개정한다.

별표 3 제8호의 근거법령란 중 "「물류시설의 개발 및 운영에 관한 법률」 제22조"를 "「물류시설의 개발 및 운영에 관한 법률」 제2조제6호"로 한다.

③부터 ⑧까지 생략

부칙 〈제27299호, 2016. 6. 30.〉 (행정규제 정비를 위한 개발제한구역의 지정 및 관리에 관한 특별조치법 시행령 등 일부개정령)

제1조(시행일) 이 영은 2016년 7월 1일부터 시행한다. 〈단서 생략〉

제2조부터 제15조까지 생략

부칙 〈제27471호, 2016. 8. 31.〉 (부동산 가격공시에 관한 법률 시행령)

제1조(시행일) 이 영은 2016년 9월 1일부터 시행한다.

제2조(다른 법령의 개정) ①부터 ⑯까지 생략

⑰ 농지법 시행령 일부를 다음과 같이 개정한다.

제53조제1항 중 "부동산 가격공시 및 감정평가에 관한 법률"을 "부동산 가격공시에 관한 법률"로 한다.

⑱부터 ㊲까지 생략

제3조 생략

부칙 〈제27472호, 2016. 8. 31.〉 (감정평가 및 감정평가사에 관한 법률 시행령)

제1조(시행일) 이 영은 2016년 9월 1일부터 시행한다.

제2조부터 제5조까지 생략

제6조(다른 법령의 개정) ①부터 ㊱까지 생략

㊲ 농지법 시행령 일부를 다음과 같이 개정한다.

제12조제3항 중 "부동산 가격공시 및 감정평가에 관한 법률"을 "감정평가 및 감정평가사에 관한 법률"로 한다.

㊳부터 〈92〉까지 생략

제7조 생략

부칙 〈제27628호, 2016. 11. 29.〉

이 영은 공포한 날부터 시행한다. 다만, 제30조제1항제4호의 개정규정은 공포 후 1개월이 경과한 날부터 시행한다.

부칙 〈제27751호, 2016. 12. 30.〉 (규제 재검토기한 설정 등을 위한 가맹사업거래의 공정화에 관한 법률 시행령 등 일부개정령)

제1조(시행일) 이 영은 2017년 1월 1일부터 시행한다. 〈단서 생략〉

제2조부터 제12조까지 생략

부칙 〈제28583호, 2018. 1. 16.〉 (물환경보전법 시행령)

제1조(시행일) 이 영은 2018년 1월 18일부터 시행한다.

제2조(다른 법령의 개정) ①부터 ⑩까지 생략

⑪ 농지법 시행령 일부를 다음과 같이 개정한다.

제44조제2항제1호 및 같은 항 제2호 본문 중 "수질 및 수생태계 보전에 관한 법률 시행령"을 각각 "물환경보전법 시행령"으로 한다.

제59조제3항제1호 중 "수질 및 수생태계 보전에 관한 법률 시행령"을 "물환경보전법 시행령"으로 한다.

⑫부터 ㊻까지 생략

부칙 〈제28653호, 2018. 2. 13.〉

제1조(시행일) 이 영은 2018년 2월 13일부터 시행한다.

제2조(농지보전부담금 감면에 관한 적용례) 별표 2 제3호어목의 개정규정은 이 영 시행 이후 농지전용허가(다른 법률에 따라 농지전용허가가 의제되는 경우를 포함한다)를 신청하거나 농지전용신고(다른 법률에 따라 농지전용신고가 의제되는 경우를 포함한다)를 하는 경우부터 적용한다.

제3조(농지보전부담금의 감면에 관한 경과조치) 별표 2 제2호라목 및 같은 표 제3호소목·구목·우목·주목의 개정규정에도 불구하고 2018년 1월 1일 전에 농지전용허가(다른 법률에 따라 농지전용허가가 의제되는 경우를 포함한다)를 신청하였거나 농지전용신고(다른 법률에 따라 농지전용신고가 의제되는 경우를 포함한다)를 한 농지에 대한 농지보전부담금의 감면은 종전의 규정에 따른다.

부칙 〈제28686호, 2018. 2. 27.〉 (혁신도시 조성 및 발전에 관한 특별법 시행령)

제1조(시행일) 이 영은 2018년 3월 27일부터 시행한다. 〈단서 생략〉

제2조(다른 법령의 개정) ①부터 ⑧까지 생략

⑨ 농지법 시행령 일부를 다음과 같이 개정한다.

별표 2 제3호누목의 감면대상란 중 "공공기관 지방이전에 따른 혁신도시 건설 및 지원에 관한 특별법"을 "혁신도시 조성 및 발전에 관한 특별법"으로 한다.

별표 3 제2호의 근거법령란 중 "공공기관 지방이전에 따른 혁신도시 건설 및 지원에 관한 특별법"을 "혁신도시 조성 및 발전에 관한 특별법"으로 한다.

⑩부터 ㉕까지 생략

제3조 생략

부칙 〈제28838호, 2018. 4. 30.〉

제1조(시행일) 이 영은 2018년 5월 1일부터 시행한다.

제2조(농지전용허가 또는 협의 권한의 위임에 관한 경과조치) 이 영 시행 당시 농지전용에 대한 허가(변경허가를 포함한다) 또는 협의가 진행 중인 경우에는 제71조제1항제1호나목 본문 및 같은 호 라목1)·2)의 개정규정에도 불구하고 종전의 규정에 따른다.

부칙 〈제29421호, 2018. 12. 24.〉
(규제 재검토기한 설정 등을 위한 57개 법령의 일부개정에 관한 대통령령)

이 영은 2019년 1월 1일부터 시행한다.

부칙 〈제29906호, 2019. 6. 25.〉

제1조(시행일) 이 영은 2019년 7월 1일부터 시행한다.

제2조(농지보전부담금 독촉장 발급에 관한 경과조치) 이 영 시행 전에 농지보전부담금의 분할 잔액을 분할 납부기한까지 내지 않아 독촉장이 발급된 경우에는 제50조제3항의 개정규정에도 불구하고 종전의 규정에 따른다.

제3조(농지전용협의 권한의 위임에 관한 경과조치) 이 영 시행 당시 농지전용에 대한 협의가 진행 중인 경우에는 제71조제1항제2호 및 같은 조 제2항제1호의2의 개정규정에도 불구하고 종전의 규정에 따른다.

부칙 〈제29950호, 2019. 7. 2.〉
(어려운 법령용어 정비를 위한 210개 법령의 일부개정에 관한 대통령령)

이 영은 공포한 날부터 시행한다. 〈단서 생략〉

부칙 〈제30925호, 2020. 8. 11.〉

제1조(시행일) 이 영은 2020년 8월 12일부터 시행한다. 다만, 제8조제1항제3호, 제24조제1항제5호, 제36조, 제72조제3항, 제78조제3항제1호의2 및 별표 2의 개정규정은 공포한 날부터 시행한다.

제2조(포상금의 지급에 관한 적용례) 제72조제3항의 개정규정은 이 영 시행 이후 주무관청이나 수사기관에 신고하거나 고발하는 경우부터 적용한다.

부칙 〈제31176호, 2020. 11. 24.〉
(법정공고 방식 확대를 위한 69개 법령의 일부개정에 관한 대통령령)

제1조(시행일) 이 영은 공포한 날부터 시행한다.

제2조(공고 등의 방법에 관한 일반적 적용례) 이 영은 이 영 시행 이후 실시하는 공고, 공표, 공시 또는 고시부터 적용한다.

부칙 〈제31337호, 2020. 12. 29.〉
(사법경찰관의 수사종결제도 도입에 따른 22개 대통령령의 일부개정에 관한 대통령령)

제1조(시행일) 이 영은 2021년 1월 1일부터 시행한다.

제2조(일반적 적용례) 이 영은 이 영 시행 당시 사법경찰관이 수사 중인 사건에 대해서도 적용한다.

부칙 〈제31380호, 2021. 1. 5.〉
(어려운 법령용어 정비를 위한 473개 법령의 일부개정에 관한 대통령령)

이 영은 공포한 날부터 시행한다. 〈단서 생략〉

농지법 시행규칙

[시행 2021. 1. 1] [농림축산식품부령 제463호, 2020. 12. 31, 일부개정]

농림축산식품부(농지과-농지 정의, 소유, 취득, 임대차, 세분화) 044-201-1735, 1736
농림축산식품부(농지과-농지전용허가, 농업진흥지역) 044-201-1739, 1740, 1741
농림축산식품부(농지과-농지보전부담금) 044-201-1737, 1738, 1739, 1740, 1741
농림축산식품부(농지과-농지원부) 044-201-1742, 1734

제1장 총칙

제1조(목적) 이 규칙은 「농지법」 및 같은 법 시행령에서 위임된 사항과 그 시행에 필요한 사항을 규정하는 것을 목적으로 한다.

제2조(개량시설의 범위) 「농지법 시행령」(이하 "영"이라 한다) 제2조제3항제1호나목에서 "농림축산식품부령으로 정하는 시설"이란 토양의 침식이나 재해로 인한 농작물의 피해를 방지하기 위하여 설치한 계단·흙막이·방풍림과 그 밖에 이에 준하는 시설을 말한다. 〈개정 2013. 3. 23., 2014. 12. 31.〉

[전문개정 2009. 11. 27.]

제3조(부속시설의 범위) ① 영 제2조제3항제2호가목에서 "농림축산식품부령으로 정하는 그 부속시설"이란 해당 고정식온실·버섯재배사 및 비닐하우스와 연접하여 설치된 시설로서 농작물 또는 다년생식물의 경작·재배·관리·출하 등 일련의 생산과정에 직접 이용되는 다음 각 호의 시설을 말한다. 〈신설 2014. 12. 31.〉

1. 보일러, 양액탱크, 종균배양설비, 농자재 및 농산물보관실, 작업장 등 해당 고정식온실·버섯재배사 및 비닐하우스에서 농작물 또는 다년생식물을 재배하는 데 직접 필요한 시설

2. 해당 고정식온실·버섯재배사 및 비닐하우스에서 생산된 농작물 또는 다년생식물을 판매하기 위한 간이진열시설(연면적이 33제곱미터 이하인 경우로 한정한다)

3. 시설 면적이 6천제곱미터 이하에서 농림축산식품부장관이 정하여 공고하는 면적 이상인 고정식온실·버섯재배사 및 비닐하우스에서 재배하는 농작물 또는 다년생식물의 관리를 위하여 설치하는 시설(연면적 33제곱미터 이하이고, 주거 목적이 아닌 경우로 한정한다)

② 영 제2조제3항제2호나목에서 "농림축산식품부령으로 정하는 그 부속시설"이란 해당 축사 또는 곤충사육사와 연접하여 설치된 시설로서 가축 또는 곤충의 사육·관리·출하 등 일련의 생산과정에 직접 이용되는 다음 각 호의 시설을 말한다. 〈개정 2008. 3. 3., 2012. 7. 18., 2013. 3. 23., 2014. 4. 3., 2014. 12. 31., 2019. 8. 26.〉

1. 축사의 부속시설: 다음 각 목의 어느 하나에 해당하는 시설
   가. 먹이공급시설, 착유시설, 위생시설, 가축분뇨처리시설, 농기계보관시설, 진입로 및 가축운동장
   나. 자가 소비용 사료의 간이처리시설 또는 보관시설
   다. 가목 및 나목의 시설 또는 해당 축사에서 사육하는 가축의 관리를 위하여 설치하는 시설(연면적 33제곱미터 이하이고, 주거 목적이 아닌 경우로 한정한다)
2. 곤충사육사의 부속시설: 다음 각 목의 어느 하나에 해당하는 시설
   가. 사육용기 세척시설 및 진입로
   나. 자가 소비용 사료의 간이처리 또는 보관시설
   다. 가목 및 나목의 시설 또는 해당 곤충사육사에서 사육하는 곤충의 관리를 위하여 설치하는 시설(연면적 33제곱미터 이하이고, 주거 목적이 아닌 경우로 한정한다)
3. 삭제 〈2012. 7. 18.〉

제3조의2(농막 등의 범위) 영 제2조제3항제2호라목 및 영 제29조제1항제7호에서 "농림축산식품부령으로 정하는 시설"이란 각각 다음 각 호의 시설을 말한다.
1. 농막: 농작업에 직접 필요한 농자재 및 농기계 보관, 수확 농산물 간이 처리 또는 농작업 중 일시 휴식을 위하여 설치하는 시설(연면적 20제곱미터 이하이고, 주거 목적이 아닌 경우로 한정한다)
2. 간이저온저장고: 연면적 33제곱미터 이하일 것
3. 간이액비저장조: 저장 용량이 200톤 이하일 것

[본조신설 2014. 4. 3.]

제4조(상시종사의 범위) 「농지법」(이하 "법"이라 한다) 제2조제5호에 따른 상시종사는 다음 각 호의 어느 하나에 해당하는 경우로 한다.
1. 농업인이 그 노동력의 2분의 1 이상으로써 농작물을 경작하거나 다년생식물을 재배하는 경우
2. 제1호에 준하는 경우로서 시장(구를 두지 아니한 시의 시장을 말하며 도농복합형태의 시에 있어서는 농지의 소재지가 동지역인 경우만을 말한다)·구청장(도농복합형태의 시의 구에 있어서는 농지의 소재지가 동지역인 경우만을 말한다)·읍장 또는 면장(이하 "시·구·읍·면장"이라 한다)이 인정하는 경우

제4조의2(농지개량의 범위) 영 제3조의2제2호에 따른 객토, 성토 및 절토의 기준은 별표 1과 같다.

[본조신설 2009. 11. 27.]

제2장 농지의 소유

제5조(시험지·연구지·실습지 등의 용도로 농지를 소유할 수 있는 공공단체 등의 범위) 법 제6조제2항제2호에서 "농림축산식품부령으로 정하는 공공단체·농업연구기관·농업생산자단체 또는 종묘나 그 밖의 농업 기자재 생산자"란 별표 2에 해당하는 단체 또는 기관을 말한다. 〈개정 2008. 3. 3., 2013. 3. 23.〉

제6조(시험지·연구지·실습지 등으로 쓰일 농지의 취득인정) ①「초·중등교육법」및「고등교육법」에 따른 학교 또는 제5조에 따른 공공단체 등이 법 제6조제2항제2호에 따라 시험지·연구지·실습지·종묘생산지 또는 과수 인공수분용 꽃가루 생산지로 농지를 취득하려는 경우에는 소관 중앙행정기관의 장(소관 사무에 관한 권한을 위임받은 자를 포함한다. 이하 이 조에서 같다)의 추천을 거쳐 농지소재지를 관할하는 특별시장·광역시장 또는 도지사(이하 "시·도지사"라 한다)의 농지취득인정을 받아야 한다. 〈개정 2008. 3. 3., 2008. 6. 13., 2009. 11. 27., 2016. 12. 9.〉

② 제1항에 따라 농지취득인정을 받으려는 자는 별지 제1호서식의 농지취득인정신청서에 다음 각 호의 서류를 첨부하여 소관 중앙행정기관의 장에게 제출해야 한다. 〈개정 2019. 6. 28.〉

1. 취득하려는 농지의 활용계획이 포함되어 있는 사업계획서
2. 신청당시 소유하고 있는 농지의 명세와 활용현황
3. 허가증·인가증·등록증 등 농지취득자격이 있음을 입증하는 서류
4. 삭제 〈2012. 7. 18.〉
5. 삭제 〈2019. 6. 28.〉

③ 제2항에 따른 신청서 제출 시 소관 중앙행정기관의 장은「전자정부법」제36조제1항에 따른 행정정보의 공동이용을 통하여 신청인의 주민등록표등본(법인인 경우에는 법인 등기사항증명서를 말한다), 토지(임야)대장 및 지적도를 확인하여야 한다. 다만, 신청인이 확인에 동의하지 아니하는 경우(주민등록표등본의 경우만 해당한다)에는 이를 첨부하도록 하여야 한다. 〈개정 2009. 11. 27., 2012. 7. 18.〉

④ 소관 중앙행정기관의 장은 제2항에 따른 농지취득인정신청 서류를 제출받은 때에는 이를 검토한 후 농지취득인정의 추천을 할 필요가 있다고 인정하는 경우에만 해당 신청 서류에 추천서를 첨부하여 시·도지사에게 보내야 한다. 〈개정 2008. 3. 3., 2008. 6. 13., 2019. 6. 28.〉

⑤ 시·도지사는 제4항에 따라 농지취득인정신청 서류를 접수한 때에는 그 신청내용이 법 제6조제2항제2호에 따른 요건에 적합한지의 여부를 검토한 후 적합하다고 인정하는 경우에는 별지 제2호서식의 농지취득인정서를 신청인에게 내주어야 하며, 적합하지 않다고 인정하는 경우에는 그 사유를 구체적으로 밝혀 신청인에게 통보해야 한다. 이 경우 시·도지

사는 농지취득인정신청의 처리결과를 그 추천을 한 소관 중앙행정기관의 장에게 통보해야 한다. 〈개정 2008. 3. 3., 2008. 6. 13., 2019. 6. 28.〉

⑥ 제1항에 따라 별표 2의 전통사찰이 취득인정을 받을 수 있는 농지는 해당사찰이 있는 시(특별시 및 군의 지역을 제외한 광역시를 포함한다. 이하 이 항에서 같다)·군 또는 이에 연접한 시·군에 소재한 농지에 한정한다.

제6조의2(영농여건불리농지의 조사·고시) ① 시장·군수는 법 제6조제2항제9호의2 및 영 제5조의2에 해당하는 농지(이하 "영농여건불리농지"라 한다)를 조사하여 해당 농지의 소재지, 지번, 지목 및 면적을 표시한 토지조서 등을 공보에 게재하는 방법으로 고시하여야 한다.

② 시장·군수는 제1항에 따라 영농여건불리농지를 고시하였을 때에는 해당 농지가 표시된 축척 5천분의 1 이상의 지적도를 보관하여 일반인이 열람할 수 있도록 하여야 한다.

③ 시장·군수가 제1항에 따라 영농여건불리농지를 고시하였을 때에는 인터넷 등 정보통신망을 통하여 일반인이 볼 수 있도록 하여야 한다.

[본조신설 2009. 11. 27.]

제7조(농지취득자격증명신청서 등) ① 영 제7조제1항에서 "농지취득자격증명신청서류"란 다음 각 호의 서류를 말한다

1. 별지 제2호서식의 농지취득인정서(법 제6조제2항제2호에 해당하는 경우에 한정한다)
2. 별지 제3호서식의 농지취득자격증명신청서
3. 별지 제4호서식의 농업경영계획서(농지를 농업경영 목적으로 취득하는 경우에 한정한다)
4. 농지임대차계약서 또는 농지사용대차계약서(농업경영을 하지 아니하는 자가 취득하려는 농지의 면적이 영 제7조제2항제5호 각 목의 어느 하나에 해당하지 아니하는 경우에 한정한다)
5. 농지전용허가(다른 법률에 따라 농지전용허가가 의제되는 인가 또는 승인 등을 포함한다)를 받거나 농지전용신고를 한 사실을 입증하는 서류(농지를 전용목적으로 취득하는 경우에 한정한다)

② 제1항에 따른 신청서 제출 시 시·구·읍·면장은 「전자정부법」 제36조제1항에 따른 행정정보의 공동이용을 통하여 토지(임야)대장, 주민등록표등본, 법인 등기사항증명서(신청인이 법인인 경우만 해당한다)를 확인하여야 한다. 〈개정 2009. 11. 27., 2012. 7. 18., 2016. 12. 9.〉

③ 영 제7조제3항에 따라 농지취득자격을 확인할 때에는 다음 각 호의 사항을 종합적으로 고려하여야 한다. 이 경우 정보·통신매체를 통한 교육으로 학력을 인정받는 학교에 재학 중인 학생 또는 야간수업을 받는 학생 등 통상적인 농업경영 관행에 따라 농업경영을 할 수 있다고 인정되는 학생, 농업경영을 하고 있는 학생 또는 법 제6조제2항제3호의 목적으로 농지를 취득하려는 「고등교육법」에 따른 학교에 재학 중인 학생을 제외한 「초·중등교육법」

및「고등교육법」에 따른 학교에 재학 중인 학생은 농지취득자격이 없는 것으로 본다. 〈개정 2012. 6. 29., 2016. 1. 21.〉

1. 취득대상 농지의 면적
2. 취득대상 농지를 농업경영에 이용하기 위한 노동력 및 농업기계・장비 등의 확보여부 또는 확보방안
3. 소유농지의 이용실태(농지를 소유하고 있는 자의 경우에 한정한다)
4. 경작하려는 농작물 또는 재배하고자 다년생식물의 종류
5. 농작물의 경작지 또는 다년생식물의 재배지 등으로 이용되고 있지 아니하는 농지의 경우에는 농지의 복구가능성 등 취득대상 토지의 상태
6. 신청자의 연령・직업 또는 거주지 등 영농여건
7. 신청자의 영농의지

④ 시・구・읍・면의 장은 영 제7조제2항에 따라 농지취득자격증명신청에 대하여 농지취득자격증명을 발급하는 경우에는 별지 제5호서식의 농지취득자격증명에 따르며, 이를 별지 제6호서식의 농지취득자격증명발급대장에 기재하여야 한다. 〈개정 2008. 6. 13.〉

제8조(농업경영에 이용하지 아니하는 농지 등의 처분통지) ①법 제10조제2항에 따른 농지의 처분통지는 별지 제7호서식에 의한다.

② 시장(구를 두지 아니한 시의 시장을 말한다)・군수 또는 구청장은 주소불명의 사유로 제1항에 따른 처분통지를 할 수 없는 때에는 그 내용을 시청・군청 또는 구청의 게시판에 14일 이상 공고함으로써 처분통지에 대신할 수 있다.

제9조(농지매수청구서 등) ① 영 제10조에 따른 농지매수청구서는 별지 제8호서식에 의한다.

② 제1항에 따른 농지매수청구서에는 법 제11조제1항에 따른 농지의 처분명령서 사본과 해당 농지의 토지 등기사항증명서를 첨부하여야 한다. 〈개정 2012. 7. 18.〉

③ 삭제 〈2012. 7. 18.〉

제10조(농지의 처분위임 등) ① 영 제12조제1항에 따른 농지처분위임증서는 별지 제9호서식에 의한다.

② 제1항의 농지처분위임증서에는 해당 농지의 토지 등기사항증명서 및 해당 농지의 위치가 표시된 지적도등본・임야도등본을 첨부하여야 한다. 〈개정 2012. 7. 18.〉

③ 제2항에 따른 위임증서 제출 시 한국농어촌공사 사장은 「전자정부법」 제36조제2항에 따른 행정정보의 공동이용을 통하여 해당 농지의 토지대장을 확인하여야 한다. 〈개정 2009. 11. 27., 2012. 7. 18.〉

제11조(농지처분비용 및 수수료) 영 제12조제4항에 따라 농지의 처분을 위임한 자가 부담하여야 할 처분에 필요한 비용 및 수수료는 다음 각 호와 같다.

1. 처분에 필요한 비용
    가. 감정평가료
    나. 공매공고료
    다. 명도소송비용 그 밖에 처분에 필요한 비용
2. 수수료
    가. 농지의 처분에 따른 수수료는 그 처분금액의 100분의 1로 한다.
    나. 낙찰예정자로 결정된 자가 계약을 체결하지 아니하여 입찰보증금이 농지의 처분을 위임한 자에게 귀속되는 경우의 수수료는 가목의 수수료의 2분의 1로 한다.

제3장 농지의 이용

제12조(농지이용계획의 수립) ① 법 제14조제2항에 따른 농지이용계획에 포함되어야 할 세부사항은 다음 각 호와 같다. 〈개정 2008. 3. 3., 2013. 3. 23.〉
1. 농지이용계획의 목표와 기본방향에 관한 사항
2. 농지의 지대구분 및 용도구분에 관한 사항
3. 농업생산기반의 정비방향 및 계획에 관한 사항
4. 농업경영규모확대 목표 및 계획에 관한 사항
5. 농지의 농업환경보전에 관한 사항
6. 농지의 농업 외 용도로의 이용에 관한 사항
7. 농지이용계획의 집행 및 관리에 관한 사항
8. 그 밖에 농림축산식품부장관이 정하는 사항

② 시장·군수 또는 자치구구청장은 법 제14조에 따라 농지이용계획을 수립하는 때에는 농지이용계획이 「농업·농촌 및 식품산업 기본법」에 따른 농업·농촌 및 식품산업 발전계획, 「농어촌정비법」에 따른 농업생산기반 정비사업 기본계획, 「국토의 계획 및 이용에 관한 법률」에 따른 도시기본계획 그 밖에 다른 법률에 따른 토지 등의 이용에 관한 계획과 조화를 이루도록 하여야 한다. 〈개정 2008. 6. 20., 2009. 11. 26., 2009. 12. 15., 2013. 3. 23., 2015. 12. 23.〉

제13조(농지이용실태조사) 시장·군수 또는 자치구구청장은 농지이용계획을 수립하고자 할 때에는 미리 농지이용실태를 조사하고 이를 농지이용계획에 반영하여야 한다.

제14조(농지이용증진사업시행계획의 수립) ① 법 제15조에 따른 농지이용증진사업의 사업시행자는 법 제14조에 따른 농지이용계획이 수립된 지역에서 농지이용증진사업을 시행하고자 할 때에는 법 제17조제1항 및 제2항에 따라 해당 농지이용계획을 기본으로 하여 농지이용증진사업시행계획을 수립하여야 한다.

② 법 제17조제4항제5호에서 "그 밖에 농림축산식품부령으로 정하는 사항"이란 다음 각 호의 사항을 말한다. 〈개정 2008. 3. 3., 2013. 3. 23.〉

1. 임차권을 설정하는 경우에는 임차료 및 그 지불방법
2. 농업경영을 위탁하거나 수탁하는 경우에는 보수 및 그 지불방법
3. 소유권을 이전하는 농지에 다른 권리가 설정되어 있는 경우에는 그 권리에 관한 사항

제15조(농지이용증진사업시행계획의 고시) ① 법 제18조제1항에 따른 농지이용증진사업시행계획의 고시에 포함되어야 할 사항은 다음 각 호와 같다. 〈개정 2008. 3. 3., 2013. 3. 23.〉

1. 농지이용증진사업을 시행하는 목적
2. 농지이용증진사업시행계획의 내용
3. 그 밖에 농림축산식품부장관이 정하는 사항

② 시장·군수 또는 자치구구청장은 농지이용증진사업시행계획을 고시한 때에는 농지이용증진사업시행계획과 이에 관련되는 농림축산식품부장관이 정하는 서식에 의한 도표 등을 읍·면 또는 동에 송부하여 관계인이 이를 열람할 수 있도록 하여야 한다. 〈개정 2008. 3. 3., 2013. 3. 23.〉

제16조(등기촉탁시의 첨부서류) ① 영 제17조에 따른 동의서는 별지 제10호서식에 의한다.

② 영 제17조에서 "그 밖에 농림축산식품부령으로 정하는 서류"란 다음 각 호의 서류를 말한다. 〈개정 2008. 3. 3., 2013. 3. 23.〉

1. 법 제17조제1항에 따라 농지이용증진사업시행계획을 확정한 문서(사업시행자가 시장·군수 또는 자치구구청장인 경우에 한정한다)
2. 법 제18조제1항에 따라 농지이용증진사업시행계획이 고시된 문서(시장·군수 또는 자치구구청장 외의 사업시행자의 경우에 한정한다)

제16조의2(대리경작자 지정 신청) ① 법 제20조제1항에 따른 유휴농지에 대한 대리경작자 지정 신청서는 별지 제10호의2서식에 따른다.

② 제1항에 따른 신청서를 받은 시장(구를 두지 아니한 시의 시장을 말한다. 이하 이 조에서 같다)·군수 또는 구청장은「전자정부법」제36조제1항에 따른 행정정보의 공동이용을 통하여 신청자의 주민등록표등본(법인인 경우에는 법인 등기사항증명서를 말한다)을 확인하여야 한다. 다만, 신청인이 확인에 동의하지 아니하는 경우(주민등록표등본의 경우만 해당한다)에는 이를 첨부하도록 하여야 한다.

③ 제1항에 따른 대리경작자 지정 신청서를 제출받은 시장·군수 또는 구청장은 제출받은 날부터 21일 이내에 처리결과를 신청인에게 통보하여야 한다.

[본조신설 2012. 7. 18.]

제17조(대리경작자지정 예고 등) ①법 제20조제2항에 따른 대리경작자지정의 예고는 별지 제11호서식에 의한다.

② 시장(구를 두지 아니한 시의 시장을 말한다)·군수 또는 구청장은 법 제20조제2항에 따른 대리경작자지정의 예고를 함에 있어서 해당 농지의 소유권 또는 임차권을 가진 자가 불분명하거나 주소불명 등으로 제1항에 따른 지정의 예고를 할 수 없는 때에는 그 내용을 시청·군청 또는 구청의 게시판에 14일 이상 공고함으로써 그 예고에 대신할 수 있다.

③ 법 제20조제2항에 따른 대리경작자지정통지서는 별지 제12호서식에 의한다.

④ 영 제20조제1항에 따른 대리경작자지정에 대한 이의신청은 별지 제13호서식에 의한다.

제18조(토지사용료의 지급) ① 대리경작자는 법 제20조제4항에 따라 대리경작농지에서 경작한 농작물의 수확일부터 2월 이내에 토지사용료를 해당 농지의 소유권 또는 임차권을 가진 자에게 지급하여야 한다.

② 대리경작자가 특별한 사유 없이 제1항의 기간에 토지사용료를 지급하지 아니한 때에는 토지사용료에 그 기간 만료일의 다음날부터 토지사용료를 지급하는 날까지의 기간에 연리(年利) 12퍼센트로 계산한 금액을 가산하여 지급하여야 한다. 〈개정 2012. 6. 29.〉

③ 제1항의 토지사용료를 현금으로 지급하는 경우 그 금액은 지급 당시 해당 농작물의 농가판매가격(국가·지방자치단체 및 농업생산자단체에서 매입하는 작물의 경우에는 2등품의 매입가격을 말한다)을 기준으로 산정한 금액으로 한다. 다만, 해당 농지의 소유권 또는 임차권을 가진 자와 대리경작자가 토지사용료의 지급방법에 관하여 따로 합의한 경우에는 그에 따른다.

제19조(대리경작자지정의 중지신청 등) 법 제20조제5항 및 제6항에 따른 대리경작자지정의 중지 또는 해지신청은 별지 제13호서식에 의한다.

제20조(토양의 개량·보전사업자금등의 지원대상 농업생산자단체의 범위) 법 제21조제2항에서 "농림축산식품부령으로 정하는 농업생산자단체"란 다음 각 호의 단체를 말한다. 〈개정 2008. 3. 3., 2013. 3. 23.〉

1. 「농업협동조합법」에 따른 조합
2. 「엽연초생산협동조합법」에 따른 엽연초생산협동조합

제20조의2(임대차 또는 사용대차의 종료 명령) ① 법 제23조제2항에 따른 임대차 또는 사용대차의 종료 명령(이하 "종료 명령"이라 한다)은 별지 제13호의2서식에 따른다.

② 종료 명령을 받은 임차인 또는 사용대차인은 그 종료 명령을 받은 날부터 3개월 이내에 해당 계약을 종료하여야 한다.

③ 시장·군수·구청장은 종료 명령을 한 경우에는 임대인에게 그 사실을 즉시 알려야 한다.

[본조신설 2016. 1. 21.]

제21조(표준계약서) 농림축산식품부장관은 법 제24조에 따라 임대차 또는 사용대차에 관한 표준계약서양식을 정하여 이를 임대차 또는 사용대차계약서의 작성기준으로 사용할 것을 권장할 수 있다. 〈개정 2008. 3. 3., 2013. 3. 23.〉

제21조의2(임대차계약의 확인) ① 법 제24조제3항에 따라 임대차계약의 확인을 받으려는 임대차계약의 당사자는 임대차계약증서(이하 "계약증서"라 한다)를 시·구·읍·면의 장에게 제출하여야 한다.

② 시·구·읍·면의 장은 제1항에 따라 제출받은 계약증서가 다음 각 호의 요건을 갖추었는지를 확인하여야 한다.

1. 임대인과 임차인의 인적사항, 임대차계약 농지의 소재지 및 면적, 임대차계약 기간, 임차료 등이 적혀 있는 완성된 문서일 것
2. 계약당사자의 서명 또는 기명날인이 있을 것
3. 계약증서에 정정한 부분이 있는 경우에는 계약당사자가 그 부분에 서명하거나 날인 하였을 것

③ 시·구·읍·면의 장은 제2항에 따라 확인한 계약증서의 내용을 별지 제13호의3서식의 농지임대차계약 확인대장에 등재하고, 계약증서 여백에 별지 제13호의4서식에 따른 확인일자인을 찍고, 인영(印影: 도장을 찍은 모양)안에 확인일자와 농지임대차계약 확인대장의 등재번호를 부여하여야 한다. 〈개정 2016. 1. 21., 2019. 8. 26.〉

④ 시·구·읍·면의 장은 농지임대차계약 확인대장의 작성방법, 보존기간 등에 관하여는 다음 각 호에 따라 처리하여야 한다.

1. 농지임대차계약 확인대장은 전산정보처리조직을 이용할 수 있다.
2. 농지임대차계약 확인대장의 등재번호는 청구한 순서대로 부여하여야 한다.
3. 농지임대차계약 확인대장은 1년을 단위로 매년 만들고, 사용기간이 지난 농지임대차계약 확인대장은 마지막으로 적힌 등재번호의 다음 줄에 폐쇄의 뜻을 표시한 후 폐쇄하여야 한다.
4. 제3호에 따라 폐쇄한 농지임대차계약 확인대장은 등재되어 있는 임대차계약 기간이 끝난 다음 년도부터 10년간 보존하여야 한다.

⑤ 시·구·읍·면의 장은 농지임대차 계약의 당사자와 이해관계가 있다고 소명한 제삼자가 농지임대차계약 확인대장의 열람을 요청한 경우에는 열람하게 하여야 한다.

[본조신설 2012. 7. 18.]

제4장 농지의 보전 등

제1절 농업진흥지역의 지정·운용

제22조 삭제 〈2012. 7. 18.〉

제23조(농업진흥지역지정계획안의 송부) 시장·군수 또는 자치구구청장이 영 제25조제3항에 따라 농업진흥지역지정계획안을 시·도지사에게 송부하는 때에는 다음 각 호의 서류를 첨부해야 한다. 〈개정 2008. 3. 3., 2013. 3. 23., 2014. 12. 31., 2019. 6. 28.〉

1. 영 제28조의2에 따른 주민의견의 청취 결과
2. 농업진흥지역의 용도구역별 토지의 지번·지목 및 면적을 표시한 토지조서
3. 지적이 표시된 지형도에 농업진흥지역의 용도구역을 표시한 도면(전자도면을 포함한다)
4. 그 밖에 농업진흥지역지정에 필요한 서류로서 농림축산식품부장관이 정하는 서류

제23조의2(고정식온실·버섯재배사·비닐하우스 등의 부속시설의 범위) ① 영 제29조제1항제3호에서 "농림축산식품부령으로 정하는 그 부속시설"이란 해당 고정식온실·버섯재배사 및 비닐하우스와 연접하여 설치된 시설로서 농작물 또는 다년생식물의 경작·재배·관리·출하 등 일련의 생산과정에 직접 이용되는 다음 각 호의 시설을 말한다. 〈신설 2014. 12. 31.〉

1. 제3조제1항제1호의 시설
2. 해당 고정식온실·버섯재배사 및 비닐하우스에서 생산된 농산물 또는 다년생식물을 판매하기 위한 간이진열시설
3. 해당 고정식온실·버섯재배사 및 비닐하우스에서 재배하는 농작물 또는 다년생식물의 관리를 위하여 설치하는 시설(주거 목적이 아닌 경우로 한정한다)

② 영 제29조제1항제4호에서 "농림축산식품부령으로 정하는 그 부속시설"이란 해당 축사 또는 곤충사육사와 연접하여 설치된 시설로서 가축 또는 곤충의 사육·관리·출하 등 일련의 생산과정에 직접 이용되는 다음 각 호의 시설을 말한다. 〈개정 2014. 12. 31.〉

1. 축사의 부속시설: 다음 각 목의 어느 하나에 해당하는 시설
   가. 제3조제2항제1호가목 및 나목의 시설
   나. 가목의 시설 또는 해당 축사에서 사육하는 가축의 관리를 위하여 설치하는 시설(주거 목적이 아닌 경우로 한정한다)
2. 곤충사육사의 부속시설: 다음 각 목의 어느 하나에 해당하는 시설
   가. 제3조제2항제2호가목 및 나목의 시설
   나. 가목의 시설 또는 해당 곤충사육사에서 사육하는 곤충의 관리를 위하여 설치하는 시설(주거 목적이 아닌 경우로 한정한다)

[본조신설 2014. 4. 3.]

[제목개정 2014. 12. 31.]

제24조(농업·축산업 영위 등에 필요한 농업용·축산업용 시설의 범위) 영 제29조제5항제4호에서 "농림축산식품부령으로 정하는 시설"이란 다음 각 호의 시설을 말한다. 〈개정 2008. 3. 3., 2012. 7. 18., 2013. 3. 23.〉

1. 탈곡장 및 잎담배건조실
2. 농업인 또는 농업법인이 자기의 농업경영에 사용하는 비료·종자·농약·농기구·사료 등의 농업자재를 생산 또는 보관하기 위하여 설치하는 시설

3. 농업용・축산업용 관리사(주거목적이 아닌 경우에 한정한다)

4. 총부지의 면적이 1천500제곱미터 이하인 콩나물재배사

제25조(그 밖의 어업용시설의 범위) 영 제29조제5항제5호에서 "그 밖의 농림축산식품부령으로 정하는 어업용시설"이란 다음 각 호의 시설을 말한다. 〈개정 2008. 3. 3., 2012. 7. 18., 2013. 3. 23.〉

1. 수산종묘 배양시설

2. 어업인이 자기가 생산한 수산물을 건조・보관하기 위하여 설치하는 시설

3. 어업인이 자기의 어업경영에 사용하는 사료・어구 등의 어업자재를 보관하거나 수리하기 위하여 설치하는 시설

제25조의2(농수산업 관련 시설의 범위) 영 제30조제1항제4호에서 "농림축산식품부령으로 정하는 시설"은 별표 2의2와 같다.

[본조신설 2016. 12. 9.]

[종전 제25조의2는 제25조의3으로 이동 〈2016. 12. 9.〉]

제25조의3(농업진흥지역의 농지매수청구서 등) ① 영 제31조의2에 따른 농지매수청구서는 별지 제8호서식에 따른다.

② 영 제31조의2 각 호 외의 부분에서 "농림축산식품부령으로 정하는 서류"란 다음 각 호의 서류를 말한다. 〈개정 2013. 3. 23.〉

1. 농업인 또는 농업법인임을 확인할 수 있는 서류

2. 삭제 〈2014. 4. 3.〉

3. 해당 농지의 토지 등기사항증명서

4. 삭제 〈2014. 4. 3.〉

③ 제1항에 따른 농지매수청구서를 제출받은 한국농어촌공사 사장은 「전자정부법」 제36조제2항에 따른 행정정보의 공동이용을 통하여 다음 각 호의 사항을 확인하여야 한다. 다만, 청구인이 확인에 동의하지 아니하는 경우(주민등록표등본의 경우만 해당한다)에는 이를 첨부하도록 하여야 한다. 〈개정 2014. 4. 3.〉

1. 청구인의 주민등록표 등본(법인인 경우에는 법인 등기사항 증명서를 말한다)

2. 해당 농지의 토지등기부 등본

3. 해당 농지의 토지이용계획확인서

4. 해당 농지의 지적도 등본

[본조신설 2012. 7. 18.]

[제25조의2에서 이동 〈2016. 12. 9.〉]

제2절 농지의 전용

제26조(농지전용허가의 신청) ① 영 제32조제1항에 따른 농지전용허가신청서는 별지 제14호 서식에 의한다.

② 제1항의 농지전용허가신청서에 첨부하여야 할 서류는 다음 각 호와 같다. 다만, 변경허가를 신청하는 경우에는 변경하려는 사항에 관한 서류만 첨부할 수 있다. 〈개정 2008. 6. 13., 2009. 11. 27., 2012. 7. 18., 2016. 1. 21.〉

1. 전용목적, 사업시행자 및 시행기간, 시설물의 배치도, 소요자금 조달방안, 시설물관리·운영계획, 「대기환경보전법 시행령」 별표 1 및 「수질 및 수생태계 보전에 관한 법률 시행령」 별표 13에 따른 사업장 규모 등을 명시한 사업계획서
2. 전용하려는 농지의 소유권을 입증하는 서류(토지 등기사항증명서로 확인할 수 없는 경우에 한정한다) 또는 사용승낙서·사용승낙의 뜻이 기재된 매매계약서등 사용권을 가지고 있음을 입증하는 서류
3. 전용예정구역이 표시된 지적도등본 또는 임야도등본과 지형도
4. 해당 농지의 전용이 농지개량시설 또는 도로의 폐지 및 변경이나 토사의 유출, 폐수의 배출, 악취의 발생 등을 수반하여 인근 농지의 농업경영과 농어촌생활환경의 유지에 피해가 예상되는 경우에는 대체시설의 설치 등 피해방지계획서
5. 변경내용을 증명할 수 있는 서류를 포함한 변경사유서(변경허가 신청의 경우에 한정한다)
6. 농지보전부담금을 납부한 후 농지전용허가를 받은 자의 명의가 변경되는 경우에는 농지보전부담금의 권리 승계를 증명할 수 있는 서류(농지전용허가를 받은 자의 명의가 변경되어 변경허가 신청을 하는 경우에 한정한다)
7. 농지보전부담금 분할납부신청서(분할납부를 신청하는 경우에 한정한다)

③ 제2항에 따른 신청서 제출 시 시장·군수 또는 자치구구청장은 「전자정부법」 제36조제1항에 따른 행정정보의 공동이용을 통하여 해당 농지의 토지 등기사항증명서(신청인이 전용하려는 농지의 소유자인 경우로 한정한다), 지적도·임야도 및 지형도를 확인하여야 한다. 〈개정 2009. 11. 27., 2012. 7. 18.〉

제27조 삭제 〈2009. 11. 27.〉

제28조(농지전용심사의견서 등) ① 영 제33조제1항에서 "농림축산식품부령으로 정하는 서류"란 다음 각 호의 서류를 말한다. 〈개정 2008. 3. 3., 2009. 6. 29., 2013. 3. 23., 2018. 5. 1.〉

1. 별지 제16호서식의 농지전용심사의견서
2. 전용대상농지의 「부동산 가격공시에 관한 법률」에 따른 개별공시지가를 확인하여 작성한 별지 제17호서식의 개별공시지가확인서

3. 관할 한국농어촌공사 분사무소장의 의견서(전용하려는 농지가 한국농어촌공사관리지역에 속하는 경우에 한정한다)

② 영 제33조제1항에 따른 종합적인 심사의견서는 별지 제16호서식에 의한다.

제29조(농지전용허가) ① 삭제 〈2009. 11. 27.〉

② 농림축산식품부장관이나 영 제71조제1항 및 제2항에 따라 권한을 위임받은 특별시장·광역시장·도지사 및 시장·군수·자치구구청장(이하 "관할청"이라 한다)은 농지전용허가를 하는 경우에는 별지 제18호서식의 농지전용허가대장에 이를 기재하고 별지 제19호서식의 농지전용허가증을 신청인에게 내주어야 한다. 다만, 법 제38조제2항에 따라 농지보전부담금을 나누어 내게 하는 경우에는 별지 제47호서식에 따라 분할납부 신청에 대한 처리결과를 통지한 후에 농지전용허가증을 내주어야 한다. 〈개정 2009. 11. 27., 2013. 3. 23., 2016. 1. 21.〉

제30조(농지의 전용에 관한 협의) ① 영 제34조제1항에 따른 농지전용협의요청서는 별지 제20호서식에 의한다.

② 제1항의 농지전용협의요청서에 첨부하여야 할 서류는 다음 각 호와 같다. 〈개정 2008. 3. 3., 2009. 11. 27., 2012. 7. 18., 2013. 3. 23., 2016. 1. 21.〉

1. 전용목적, 사업시행자 및 시행기간, 시설물의 배치도, 소요자금 조달방안, 시설물관리·운영계획, 「대기환경보전법 시행령」 별표 1 및 「수질 및 수생태계 보전에 관한 법률 시행령」 별표 13에 따른 사업장 규모 등을 명시한 사업계획서
2. 전용예정구역이 표시된 지적도등본 또는 임야도등본 및 지형도
3. 해당 농지의 전용이 농지개량시설 또는 도로의 폐지 및 변경이나 토사의 유출, 폐수의 배출, 악취의 발생 등을 수반하여 인근 농지의 농업경영과 농어촌생활환경의 유지에 피해가 예상되는 경우에는 대체시설의 설치 등 피해방지계획서
4. 농지보전부담금 분할납부신청서(분할납부를 신청하는 경우에 한정한다)
5. 그 밖에 농림축산식품부장관이 정하는 농지전용협의에 필요한 사항을 기재한 서류

③ 제1항에 따른 농지전용협의요청서를 받은 관할청은 「전자정부법」 제36조제1항에 따른 행정정보의 공동이용을 통하여 지적도·임야도 및 지형도를 확인하여야 한다. 〈신설 2012. 7. 18.〉

④ 관할청은 영 제34조제2항에 따라 농지전용협의요청에 따른 동의 여부를 결정하려는 때에는 미리 별지 제16호서식의 농지전용심사의견서를 작성하여야 하며, 동의결정을 하는 경우에는 이를 별지 제21호서식의 농지전용협의대장에 기재하고 협의를 요청한 기관에 통보하여야 한다. 〈개정 2012. 7. 18.〉

제31조(농지전용 신고) ①영 제35조제1항에 따른 농지전용신고서는 별지 제22호서식에 의한다.

② 제1항의 농지전용신고서에 첨부하여야 할 서류는 다음 각 호와 같다. 다만, 변경신고를 하는 경우에는 변경하려는 사항에 관한 서류만 첨부할 수 있다. 〈개정 2009. 11. 27., 2012. 7. 18., 2016. 1. 21.〉

1. 전용목적 및 시설물의 활용계획 등을 명시한 사업계획서
2. 전용하려는 농지의 소유권을 입증하는 서류(토지 등기사항증명서로 확인할 수 없는 경우에 한정한다) 또는 사용승낙서·사용승낙의 뜻이 기재된 매매계약서등 사용권을 가지고 있음을 입증하는 서류
3. 해당 농지의 전용이 농지개량시설 또는 도로의 폐지 및 변경이나 토사의 유출, 폐수의 배출, 악취의 발생 등을 수반하여 인근 농지의 농업경영과 농어촌생활환경의 유지에 피해가 예상되는 경우에는 대체시설의 설치 등 피해방지계획서
4. 변경내용을 증명할 수 있는 서류를 포함한 변경사유서(변경신고의 경우에 한정한다)
5. 농지보전부담금을 납부한 후 농지전용신고를 한 자의 명의가 변경되는 경우에는 농지보전부담금의 권리 승계를 증명할 수 있는 서류(농지전용신고를 한 자의 명의가 변경되어 변경신고를 하는 경우에 한정한다)
6. 농지보전부담금 분할납부신청서(분할납부를 신청하는 경우에 한정한다)

③ 제2항에 따른 농지전용신고서 제출 시 시장·군수 또는 자치구구청장은「전자정부법」제36조제1항에 따른 행정정보의 공동이용을 통하여 해당 농지의 토지 등기사항증명서(신고인이 전용하려는 농지의 소유자인 경우로 한정한다)를 확인하여야 한다. 〈개정 2009. 11. 27., 2012. 7. 18.〉

④ 삭제 〈2009. 11. 27.〉

⑤ 시장·군수 또는 자치구구청장은 영 제35조제4항에 따라 농지전용신고를 수리하는 경우에는 이를 별지 제23호서식의 농지전용신고대장에 기재하고 별지 제24호서식의 농지전용신고증을 신고인에게 내주어야 한다.

제31조의2(태양에너지 발전설비를 설치할 수 있는 지역 등) ① 법 제36조제1항제4호가목에서 "토양 염도가 일정 수준 이상인 지역 등 농림축산식품부령으로 정하는 지역"이란 사업구역 내의 농지면적 중 100분의 90 이상이 농림축산식품부장관이 정하는 방법으로 측정된 필지별 토양 염도가 5.50데시지멘스 퍼 미터(dS/m) 이상인 지역을 말한다.

② 토양 염도 측정 절차, 토양 염도 측정기관, 토양 염도 측정 비용, 토양 염도 결정방법 등 토양의 염도 측정에 필요한 사항은 농림축산식품부장관이 정하여 고시한다.

[본조신설 2019. 6. 28.]

제32조(농지의 타용도일시사용허가의 신청) ① 영 제37조제1항에 따른 농지의 타용도일시사용허가신청서는 별지 제25호서식에 의한다.

② 제1항의 농지의 타용도일시사용허가신청서에 첨부하여야 할 서류는 다음 각 호와 같다. 〈개정 2009. 11. 27., 2012. 7. 18., 2018. 5. 1.〉

1. 타용도로 사용하려는 기간 등이 표시된 사업계획서
2. 타용도로 사용하려는 농지의 소유권을 입증하는 서류(토지 등기사항증명서로 확인할 수 없는 경우만 해당한다) 또는 사용권을 가지고 있음을 입증하는 서류(사용승낙서로 한정한다)
3. 해당 농지의 타용도사용이 농지개량시설 또는 도로의 폐지 및 변경이나 토사의 유출, 폐수의 배출, 악취의 발생 등을 수반하여 인근 농지의 농업경영과 농어촌생활환경의 유지에 피해가 예상되는 경우에는 대체시설의 설치 등 피해방지계획서
4. 영 제40조제1항에 따른 복구계획 및 복구비용명세서(변경허가신청의 경우에는 이미 제출한 복구계획과 복구비용명세서의 변경이 필요한 경우만 해당한다)
5. 변경내용을 증명할 수 있는 서류를 포함한 변경사유서(변경허가신청의 경우만 해당한다)

③ 제2항에 따른 신청서 제출 시 시장·군수 또는 자치구구청장은 「전자정부법」 제36조제1항에 따른 행정정보의 공동이용을 통하여 해당 농지의 토지 등기사항증명서(신청인이 다른 용도로 사용하려는 농지의 소유자인 경우만 해당한다)를 확인하여야 한다. 〈개정 2009. 11. 27., 2012. 7. 18., 2018. 5. 1.〉

제33조(농지의 타용도일시사용허가·협의 심사) 시장·군수 또는 자치구구청장은 영 제37조제2항 및 영 제39조제2항에 따라 농지의 타용도일시사용허가 또는 협의를 함에 있어서 타용도로 일시사용 하려는 농지가 한국농어촌공사의 관리지역에 속하는 경우에는 관할 한국농어촌공사 분사무소장의 의견을 참작하여 허가 또는 동의여부를 결정하여야 한다. 〈개정 2009. 6. 29.〉

제34조(농지의 타용도일시사용허가) 시장·군수·자치구구청장은 농지의 타용도일시사용허가를 하는 경우에는 별지 제26호서식의 농지의 타용도일시사용허가대장에 이를 기재하고 별지 제27호서식의 농지의 타용도일시사용허가증을 신청인에게 내주어야 한다. 다만, 영 제41조제2항에 따라 복구비용을 예치하게 하는 경우에는 복구비용의 예치를 확인한 후에 농지의 타용도일시사용허가증을 내주어야 한다.

제34조의2(농지의 타용도 일시사용신고) ① 영 제37조의2제1항에 따른 농지의 타용도일시사용신고서는 별지 제27호의2서식에 따른다.

② 제1항의 농지의 타용도일시사용신고서에 첨부하여야 할 서류는 다음 각 호와 같다.

1. 타용도로 사용하려는 기간 등이 표시된 사업계획서
2. 타용도로 사용하려는 농지의 소유권을 입증하는 서류(토지 등기사항증명서로 확인할 수 없는 경우만 해당한다) 또는 사용권을 가지고 있음을 입증하는 서류(사용승낙서로 한정한다)

3. 해당 농지의 타용도사용이 농지개량시설이나 도로의 폐지·변경, 토사의 유출, 폐수의 배출 또는 악취의 발생 등을 수반하여 인근 농지의 농업경영과 농어촌생활환경의 유지에 피해가 예상되는 경우에는 대체시설의 설치 등 피해방지계획서

4. 영 제40조제1항에 따른 복구계획 및 복구비용명세서(변경신고의 경우에는 이미 제출한 복구계획과 복구비용명세서의 변경이 필요한 경우만 해당한다)

5. 변경내용을 증명할 수 있는 서류를 포함한 변경사유서(변경신고의 경우만 해당한다)

③ 영 제37조의2제1항에 따라 신고서를 제출받은 시장·군수 또는 자치구구청장은 「전자정부법」 제36조제1항에 따른 행정정보의 공동이용을 통하여 해당 농지의 토지 등기사항증명서(신고인이 타용도로 일시사용하려는 농지의 소유자인 경우만 해당한다)를 확인하여야 한다.

④ 시장·군수 또는 자치구구청장은 영 제37조의2제4항에 따라 농지의 타용도 일시사용신고를 수리하는 경우에는 이를 별지 제27호의3서식의 농지의 타용도일시사용신고대장에 기재하고 별지 제27호의4서식의 농지의 타용도일시사용신고증을 신고인에게 내주어야 한다. 다만, 영 제41조제2항에 따라 복구비용을 예치하게 하는 경우에는 복구비용의 예치를 확인한 후에 농지의 타용도일시사용신고증을 내주어야 한다.

[본조신설 2018. 5. 1.]

제35조(농지의 타용도일시사용 협의) ① 영 제39조제1항에 따른 농지의 타용도일시사용협의 요청서는 별지 제28호서식에 의한다.

② 제1항의 농지의 타용도일시사용협의요청서에 첨부하여야 할 서류는 다음 각 호와 같다.

1. 타용도로 사용하려는 기간 등이 표시된 사업계획서

2. 해당 농지의 타용도사용이 농지개량시설 또는 도로의 폐지 및 변경이나 토사의 유출, 폐수의 배출, 악취의 발생 등을 수반하여 인근 농지의 농업경영과 농어촌생활환경의 유지에 피해가 예상되는 경우에는 대체시설의 설치 등 피해방지계획서

3. 영 제40조제1항에 따른 복구계획 및 복구비용명세서(변경협의요청의 경우에는 이미 제출한 복구계획과 복구비용명세서의 변경이 필요한 경우에 한정한다)

③ 시장·군수·자치구구청장은 영 제39조제2항에 따른 농지의 타용도일시사용협의요청에 따른 동의여부를 결정한 때에는 이를 별지 제29호서식의 농지의 타용도일시사용협의대장에 기재하고 협의를 요청한 기관에 통보하여야 한다.

제36조(복구비용반환청구서) ① 영 제43조제2항에 따른 복구비용반환청구서는 별지 제30호서식에 의한다.

② 제1항의 복구비용반환청구서에 첨부하여야 할 서류는 다음 각 호와 같다.

1. 복구비용예치증서

2. 농지로의 복구가 완료되었음을 입증하는 서류

제37조(농지전용허가의 제한대상 시설) 영 제44조제2항제2호 본문에서 "농림축산식품부령으로 정하는 시설"이란 다음 각 호의 어느 하나에 해당하는 시설을 말한다. 다만, 인쇄·출판시설, 사진처리시설, 의료·보건시설 및 교육·연구시설로서 해당시설에서 배출되는 「물환경보전법 시행규칙」 제4조에 따른 특정수질유해물질을 모두 위탁처리 하는 경우를 제외한다. 〈개정 2008. 3. 3., 2009. 11. 27., 2013. 3. 23., 2016. 1. 21., 2019. 6. 28.〉

1. 「물환경보전법 시행규칙」 제35조의2에 따른 배출기준을 초과하는 특정수질유해물질 배출시설. 다만, 「물환경보전법」 제34조에 따라 설치허가를 받은 폐수무방류배출시설을 제외한다.
2. 「물환경보전법 시행규칙」 제6조에 따른 폐수배출시설 중 이 규칙 별표 3에 해당하는 폐수배출시설

제38조(농지전용허가 등의 통지서류) ① 영 제46조제2항에 따른 부과명세서는 별지 제31호서식에 의한다.

② 제1항의 부과명세서에 첨부하여야 할 서류는 다음 각 호와 같다. 다만, 제2호 내지 제6호의 서류는 전용하는 농지의 면적이 10만제곱미터를 초과하는 경우에 한정한다. 〈개정 2008. 3. 3., 2013. 3. 23., 2018. 5. 1.〉

1. 제28조제1항제2호에 따른 별지 제17호서식의 전용대상농지의 개별공시지가확인서
2. 사업시행구역에 포함되는 토지조서
3. 사업시행구역에 포함되는 농지조서
4. 사업시행구역에 포함되는 토지의 실제 이용사항이 기재된 「감정평가 및 감정평가사에 관한 법률」에 따른 감정평가업자가 작성한 감정평가서(「공간정보의 구축 및 관리 등에 관한 법률」 제2조제19호에 따른 지적공부상 지목이 전·답 또는 과수원인 토지를 제외한다) 또는 시장·군수·자치구구청장의 현지조사확인서
5. 사업시행구역에 포함된 농지개량시설물부지의 조서
6. 사업시행구역 및 편입되는 농지가 표시된 지적도등본 또는 임야도등본
7. 납입보증보험증서 등 보증서(제45조제3항에 따라 납입보증보험증서 등 보증서를 예치하는 경우에 한정한다)
8. 그 밖에 농림축산식품부장관이 정하는 서류

③ 제2항에도 불구하고 전용하는 농지 모두에 대하여 농지보전부담금이 전액 감면되는 경우에는 제2항제2호부터 제7호까지의 서류를 생략할 수 있다. 〈신설 2009. 11. 27., 2016. 1. 21.〉

제39조 삭제 〈2019. 6. 28.〉

제40조(농지보전부담금의 부과결정 통보) 관할청은 농지보전부담금의 부과결정을 한 때에는 영 제46조제2항에 따라 별지 제31호서식에 의한 농지보전부담금 부과결정서에 제38조제2

항 및 제3항에 따른 관련 서류를 첨부하여 한국농어촌공사에 통보하여야 한다. 〈개정 2009. 6. 29., 2009. 11. 27.〉

제41조(농지보전부담금의 납부통지) ① 한국농어촌공사는 영 제49조제1항에 따라 별지 제32호서식 및 별지 제34호서식에 따른 농지보전부담금 납부통지서를 농지보전부담금을 내야 하는 자(이하 "납부의무자"라 한다)에게 보내야 한다. 〈개정 2009. 6. 29., 2012. 7. 18., 2016. 1. 21.〉

② 한국농어촌공사는 제1항에 따라 송부한 농지보전부담금 납부통지서가 주소불명으로 반송된 경우에는 지체 없이 부과결정을 한 관할청에 주소지 파악 요청을 하여야 하며, 해당 관할청은 송달가능한 주소지를 확인하여 한국농어촌공사에 즉시 통보하고, 한국농어촌공사는 농지보전부담금 납부통지서를 다시 발부하여 보내야 한다. 〈개정 2009. 6. 29., 2014. 12. 31., 2016. 1. 21.〉

③ 한국농어촌공사는 농지보전부담금이 납부된 때에는 지체 없이 관할청에 별지 제37호서식에 따라 농지보전부담금의 납부내역통지를 하여야 한다. 이 경우 전산정보처리시스템을 활용하여 통지할 수 있다. 〈개정 2009. 6. 29., 2016. 1. 21.〉

[제목개정 2016. 1. 21.]

제41조의2(신용카드등에 의한 납부) ① 영 제49조의2에 따라 농지보전부담금을 신용카드, 직불카드 등(이하 "신용카드등"이라 한다)으로 납부하는 경우에는 신용카드등의 결제 승인일을 농지보전부담금 납부일로 본다.

② 영 제49조의2에 따라 농지보전부담금이 신용카드등으로 납부된 경우, 신용카드업자(「여신전문금융업법」 제2조제2호의2에 따른 신용카드업자를 말한다. 이하 이 조에서 같다)는 납부된 농지보전부담금 전액을 한국농어촌공사에 납입하고, 한국농어촌공사는 신용카드업자에게 「여신전문금융업법」에 따른 가맹점수수료를 지급하여야 한다.

③ 제1항 및 제2항에서 규정한 사항 외에 신용카드등에 의한 농지보전부담금 납부에 필요한 사항은 한국농어촌공사가 정한다.

[본조신설 2016. 12. 9.]

제42조(납부기간의 연장) ① 영 제50조제2항 단서에 따라 농지보전부담금의 납부기간을 연장하려는 자는 납부기간 만료일전까지 별지 제38호서식의 농지보전부담금납부기간연장신청서에 농지보전부담금 납부재원의 조달계획서를 첨부하여 관할청에 납부기간의 연장을 신청하여야 한다. 〈개정 2008. 3. 3., 2009. 11. 27., 2013. 3. 23., 2016. 1. 21.〉

② 관할청은 제1항에 따른 연장신청이 있는 경우로서 농지보전부담금을 납부기간에 납부하기 어려운 사유가 있다고 인정할 때에는 별지 제39호서식의 농지보전부담금납부기간연장승인서를 신청인에게 교부하고 이를 한국농어촌공사에 통보하여야 한다. 〈개정 2009. 6. 29., 2016. 1. 21.〉

[제목개정 2016. 1. 21.]

제43조(독촉장 등) ① 영 제50조제3항에 따른 독촉장은 별지 제40호서식에 의한다. 〈개정 2016. 1. 21.〉

② 관할청 및 한국농어촌공사는 별지 제41호서식의 농지보전부담금부과결정(통지원부) 및 수납대장을 작성·관리하여야 한다. 〈개정 2009. 6. 29.〉

제44조 삭제 〈2016. 1. 21.〉

제45조(농지보전부담금의 분할납부) ① 영 제50조제2항에 따라 농지보전부담금을 나누어 납부하려는 자는 농지전용허가 등의 신청시에 별지 제46호서식의 농지보전부담금분할납부신청서를 관할청에 제출하여야 하며, 그 신청한 내용을 변경하려는 경우에는 농지전용허가·농지전용신고(다른 법률에 따라 농지전용허가 또는 농지전용신고가 의제되는 인가·허가·승인 등을 포함한다. 이하 이 조에서 "허가등"이라 한다) 신청일부터 허가등 후 30일까지 별지 제46호서식의 농지보전부담금 분할납부 변경신청서를 제출하여야 한다. 〈개정 2016. 1. 21.〉

② 관할청은 제1항에 따른 분할납부신청이 있는 때에는 분할납부의 사유 등을 검토하여 그 처리 결과를 별지 제47호서식에 의하여 신청인(분할납부를 결정한 경우에는 한국농어촌공사를 포함한다)에게 알려야 한다. 〈개정 2009. 6. 29.〉

③ 관할청은 제2항에 따른 처리 결과 분할납부를 결정한 경우에는 농지보전부담금의 분할 잔액을 4회 이내로 나누어 납부하게 하되, 그 분할 잔액에 대해서는 허가등을 한 날부터 30일까지 납입보증보험증서 등 보증서(이하 이 항에서 "보증서"라 한다)를 예치하게 하여야 한다. 이 경우 농지보전부담금을 나누어 내려는 자가 예치기한 안에 보증서를 예치하지 아니한 때에는 분할납부 승인을 취소하고, 법 제38조제8항부터 제11항까지의 규정에 따라 독촉장 발부, 가산금 및 중가산금의 부과 및 징수를 하여야 한다. 〈개정 2016. 1. 21.〉

④ 법 제38조제2항제2호에서 "농림축산식품부령으로 정하는 금액"이란 다음 각 호의 금액을 말한다. 〈신설 2016. 1. 21.〉

1. 개인의 경우: 건당 2천만원
2. 제1호 외의 경우: 건당 4천만원

제46조(농지보전부담금의 환급 등) ① 관할청은 영 제51조제1항 및 제2항에 따라 농지보전부담금환급금 및 환급가산금을 결정한 때에는 별지 제48호서식의 농지보전부담금환급금 및 환급가산금결정통지서를 농지보전부담금납입자와 한국농어촌공사에 각각 보내야 한다. 〈개정 2009. 6. 29.〉

② 농지보전부담금환급금 및 환급가산금을 지급받으려는 자는 별지 제49호서식의 농지보전부담금환급금 및 환급가산금청구서에 농지보전부담금환급금 및 환급가산금결정통지서를 첨부하여 한국농어촌공사에 제출하여야 한다. 이 경우 한국농어촌공사 사장은 「전자정부법」 제36제2항에 따른 행정정보의 공동이용을 통하여 주민등록표 등본(법인의 경우에는

법인 등기사항증명서를 말한다)을 확인하여야 하며, 청구인이 확인에 동의하지 않는 경우(주민등록표등본의 경우만 해당한다)에는 이를 첨부하도록 하여야 한다. 〈개정 2009. 6. 29., 2009. 11. 27., 2012. 7. 18.〉

③ 한국농어촌공사는 제2항에 따른 지급청구가 있는 때에는 지체 없이 농지보전부담금환급금 및 환급가산금을 청구인에게 지급하고 별지 제50호서식의 농지보전부담금환급금 및 환급가산금지급필통지서를 관할청에 보내야 한다. 〈개정 2009. 6. 29.〉

제47조(산지의 효율적 이용촉진을 위한 농지보전부담금의 면제대상사업) 영 제52조와 영 별표 2 제3호저목에 따라 사업부지의 총면적 중 「산지관리법」 제4조제1항제2호에 따른 준보전산지의 면적이 100분의 50을 초과하는 경우에 농지보전부담금을 면제받을 수 있는 사업의 범위는 다음 각 호와 같다. 〈개정 2014. 4. 3.〉

1. 「택지개발촉진법」에 따른 택지개발사업
2. 「주택법」에 따른 주택건설사업 및 대지조성사업
3. 「도시개발법」 제3조에 따라 지정된 도시개발구역(「도시개발법 시행령」 제2조제1항제1호가목 및 나목에 해당하는 것에 한정한다)에서 시행하는 도시개발사업 및 「국토의 계획 및 이용에 관한 법률」에 따른 여객자동차터미널·화물터미널설치사업
4. 「산업집적 활성화 및 공장설립에 관한 법률」에 따른 공장의 설립을 위한 공장용지조성사업
5. 「중소기업진흥에 관한 법률」 제31조에 따른 단지조성사업
6. 「자유무역지역의 지정 및 운영에 관한 법률」에 따른 자유무역지역조성사업
7. 「물류시설의 개발 및 운영에 관한 법률」에 따른 물류터미널사업 및 물류단지개발사업
8. 「여객자동차 운수사업법」에 따른 여객자동차터미널사업
9. 삭제 〈2014. 4. 3.〉
10. 삭제 〈2009. 11. 27.〉

제47조의2(농지보전부담금의 제곱미터당 상한 금액) 영 제53조제2항에서 "농림축산식품부령으로 정하는 금액"이란 각각 5만원을 말한다.

[본조신설 2014. 4. 3.]

제48조(결손처분 및 결손처분취소 통지) 관할청이 법 제38조제12항에 따라 결손처분을 하거나 결손처분을 취소한 때에는 별지 제51호서식의 농지보전부담금 결손처분통지서 또는 농지보전부담금 결손처분취소통지서를 한국농어촌공사에 보내야 한다. 〈개정 2009. 6. 29., 2009. 11. 27., 2016. 1. 21.〉

제49조(농지보전부담금체납정리심의회의 구성·운영) ① 법 제38조제12항 및 영 제54조에 따른 체납액의 결손처분에 관한 사항을 심의하기 위하여 관할청에 농지보전부담금체납정리심의회(이하 "심의회"라 한다)를 둔다. 〈개정 2009. 11. 27., 2016. 1. 21.〉

② 심의회는 위원장 1인을 포함한 7인 이내의 위원으로 구성한다.

③ 심의회는 제48조에 따른 체납액의 결손처분 등에 관한 사항을 심의한다.

④ 심의회의 구성·운영에 필요한 사항은 농림축산식품부장관이 정한다. 〈개정 2008. 3. 3., 2013. 3. 23.〉

제50조(농지보전부담금의 수납보고) ① 영 제56조제1항에 따른 농림축산식품부장관에 대한 농지보전부담금 수납상황의 보고는 별지 제52호서식에 의한다. 〈개정 2008. 3. 3., 2013. 3. 23.〉

② 영 제56조제1항에 따른 시·도지사와 시장·군수 또는 자치구구청장에 대한 농지보전부담금수납상황의 통보는 별지 제53호서식에 의한다. 〈개정 2008. 6. 13.〉

③ 영 제56조제2항에 따라 한국농어촌공사가 농림축산식품부장관과 해당 농지보전부담금의 부과결정을 한 행정청에 통보하여야 하는 사실과 체납사유 등은 별지 제53호의2서식에 따른다. 〈신설 2008. 6. 13., 2009. 6. 29., 2013. 3. 23.〉

④ 영 제56조제3항에 따라 체납처분 사실 또는 그 취소사실을 통지하는 경우에는 별지 제53호의3서식에 따른 농지보전부담금 체납처분통지서 또는 취소통지서에 압류조서 또는 압류해제조서(압류한 경우에 한정한다)를 첨부하여야 한다. 〈신설 2016. 1. 21.〉

제51조(농지전용허가 등의 취소·철회 등) ① 법 제39조제1항제6호에 따라 농지전용허가의 취소를 신청하려는 자는 별지 제54호서식에 의한 농지전용허가취소신청서에 허가증을 첨부하여 해당 관할청에 제출하여야 한다. 〈개정 2008. 6. 13., 2016. 1. 21.〉

② 법 제39조제1항제6호에 따라 농지전용신고를 철회하려는 자는 별지 제54호서식에 의한 농지전용신고철회서에 신고증을 첨부하여 해당 시장·군수 또는 자치구구청장에게 제출하여야 한다. 〈개정 2008. 6. 13., 2016. 1. 21.〉

③ 법 제39조제1항제6호에 따라 농지의 타용도일시사용허가의 취소를 신청하려는 자는 별지 제54호서식에 의한 농지의 타용도일시사용허가취소신청서에 허가증을 첨부하여 해당 시장·군수 또는 자치구구청장에게 제출하여야 한다. 〈개정 2008. 6. 13., 2016. 1. 21., 2018. 5. 1.〉

④ 법 제39조제1항제6호에 따라 농지의 타용도 일시사용신고를 철회하려는 자는 별지 제54호서식에 따른 농지의 타용도일시사용신고철회서에 신고증을 첨부하여 해당 시장·군수 또는 자치구구청장에게 제출하여야 한다. 〈신설 2018. 5. 1.〉

⑤ 관할청은 법 제39조에 따라 허가의 취소·관계 공사의 중지 등 필요한 조치명령을 할 때에는 그 허가를 받은 자 또는 신고를 한 자에게 다음 각 호의 사항을 서면으로 알려야 한다. 〈개정 2018. 5. 1.〉

1. 농지의 표시
2. 허가 또는 신고의 종류

3. 허가 또는 신고연월일 및 허가 또는 신고번호

4. 허가취소일 또는 신고의 철회일

5. 허가취소 등의 사유와 조치명령을 할 때에는 그 내용

제52조(용도변경의 승인신청) ① 법 제40조제1항에 따라 농지전용목적사업에 사용되고 있거나 사용된 토지를 다른 목적으로 사용하려는 자는 별지 제55호서식의 농지전용용도변경승인신청서에 다음 각 호의 서류를 첨부하여 해당 토지의 소재지를 관할하는 시장·군수 또는 자치구구청장에게 제출하여야 한다.

1. 용도변경의 목적 등을 기재한 사업계획서

2. 해당 토지의 용도변경이 농지개량시설 또는 도로의 폐지 및 변경이나 토사의 유출, 폐수의 배출, 악취의 발생 등을 수반하여 인근 농지의 농업경영과 농어촌생활환경의 유지에 피해가 예상되는 경우에는 대체시설의 설치 등 피해방지계획서

② 시장·군수 또는 자치구구청장은 제1항에 따른 신청이 있는 때에는 영 제33조제1항 각 호에 준하여 이를 심사한 후 그 승인여부를 결정하여야 한다.

③ 시장·군수 또는 자치구구청장은 제2항에 따라 용도변경의 승인을 하는 경우에는 별지 제56호서식의 농지전용용도변경승인대장에 이를 기재하고 별지 제57호서식의 농지전용용도변경승인서를 신청인에게 내주어야 한다.

④ 시장·군수 또는 자치구구청장이 제2항에 따라 심사를 하는 경우 신청인이 제출한 서류의 흠의 보완·보정 또는 반려에 관하여는 영 제33조제3항 및 제4항의 규정을 준용한다. 〈개정 2009. 11. 27.〉

제53조(농지전용허가의 특례) ① 영 제60조제1항에 따른 농지전용신고서는 별지 제22호서식에 의한다. 〈개정 2009. 11. 27.〉

② 제1항의 농지전용신고서에 첨부하여야 할 서류는 다음 각 호와 같다.

1. 전용목적 및 시설물의 활용계획 등을 명시한 사업계획서

2. 전용하려는 농지의 소유권을 입증하는 서류 또는 사용승낙서·사용승낙의 뜻이 기재된 매매계약서등 사용권을 가지고 있음을 입증하는 서류

3. 해당 농지의 전용이 인근 농지의 일조·통풍·통작에 영향을 미치거나 토사의 유출, 가스·분진·매연·폐수 등을 배출할 것이 예상되는 경우에는 대체시설의 설치 등 피해방지계획서

③ 제2항에 따른 농지전용신고서 제출 시 시장·군수·자치구구청장은「전자정부법」제36조제1항에 따른 행정정보의 공동이용을 통하여 해당 농지의 토지 등기사항증명서(신청인이 전용하려는 농지의 소유자인 경우로 한정한다)를 확인하여야 한다. 〈개정 2009. 11. 27., 2012. 7. 18.〉

④ 시장·군수·자치구구청장은 영 제60조제3항에 따라 농지전용신고를 수리하는 경우에는 이를 별지 제23호서식의 농지전용신고대장에 기재하고 별지 제24호서식의 농지전용신고증을 신고인에게 내주어야 한다. 〈신설 2009. 11. 27.〉

제3절 농지원부 〈개정 2009. 11. 27.〉

제54조 삭제 〈2009. 11. 27.〉

제55조(농지원부의 작성·비치) 영 제70조제1항에 따른 농업인·농업법인 또는 준농업법인에 대한 별지 제58호서식의 농지원부는 농업인의 주소지(법인의 경우에는 주사무소의 소재지를 말한다)를 기준으로 하여 작성하되, 해당 시(구를 두지 아니한 시를 말하며 도농복합형태의 시에 있어서는 동지역에 한정한다)·구(도농복합형태의 시의 구에 있어서는 동지역에 한정한다)·읍 또는 면(이하 "시·구·읍·면"이라 한다)의 관할구역 밖에 있는 농지를 포함하여 작성·비치하여야 한다.

제56조(농지원부 등의 관리) ① 시·구·읍·면장은 농지원부에 기재할 사항을 전산정보처리조직에 따라 처리할 수 있다.

② 농지원부(법 제49조제4항에 따른 농지원부 파일을 포함한다. 이하 같다)의 관리자는 법에 따른 비치 또는 이용 외의 목적으로 농지원부를 사용하거나 이를 이용한 전산처리를 하여서는 아니 된다.

③ 농지원부의 작성·관리에 종사하거나 종사하였던 자 또는 그 밖의 자로서 직무상 농지원부기재사항을 알게 된 자는 다른 사람에게 이를 누설하여서는 아니 된다.

④ 시·구·읍·면장은 관할구역 안에 거주하던 농업인의 거주지 이동으로 「주민등록법」 제16조제3항에 따라 신거주지의 시·구·읍·면장에게 주민등록표를 이송하는 경우에는 농지원부를 첨부하여 이송하여야 한다. 〈개정 2009. 11. 27.〉

⑤ 시·구·읍·면장은 농지원부가 작성된 농업인·농업법인 또는 준농업법인이 다음 각 호의 어느 하나에 해당하지 아니하는 자로 된 경우에는 그 농지원부를, 제4항에 따라 농지원부를 이송한 경우에는 그 농지원부의 사본을 각각 따로 편철하여 10년간 보존하여야 한다. 이 경우 전산정보처리조직에 따라 관리하는 농지원부 파일은 이를 농지원부 또는 농지원부의 사본으로 본다.

1. 1천제곱미터 이상의 농지에서 농작물을 경작하거나 다년생식물을 재배하는 자
2. 농지에 330제곱미터 이상의 고정식온실 등 농업용시설을 설치하여 농작물을 경작하거나 다년생식물을 재배하는 자

제57조(농지원부파일의 정리·보관 등) ① 농지원부 파일은 멸실 또는 손상에 대비하여 그 입력된 자료와 프로그램을 다른 기억매체에 따로 입력시켜 격리된 장소에 안전하게 보관하여야 한다.

② 농지원부 파일을 관리하는 기관의 장은 전산정보처리조직의 이상이 발견된 때에는 즉시 농지원부 파일의 관리상태를 점검하고 멸실되거나 손상된 농지원부 파일은 멸실·손상전의 상태로 복구하여야 한다.

③ 농지원부 파일의 입력·출력·편집·검색 그 밖에 전산정보처리조직에 따른 농지원부 파일의 처리와 운영에 관하여 필요한 사항은 농림축산식품부장관이 정한다. 〈개정 2008. 3. 3., 2013. 3. 23.〉

제58조(농지원부의 열람 또는 등본교부신청) ① 법 제50조제1항에 따라 농지원부를 열람하거나 그 등본을 교부받으려는 자는 구술 또는 문서(전자문서를 포함한다)로 시·구·읍·면장에게 이를 신청하여야 한다. 〈개정 2008. 11. 18.〉

② 농지원부의 열람은 해당 시·구·읍·면의 사무소 안에서 관계공무원의 참여 하에 하여야 한다.

③ 시·구·읍·면장은 제1항에 따라 농지원부등본을 교부하는 경우에는 이를 별지 제59호서식의 농지원부등본발급대장에 기재하여야 한다.

제59조(자경증명의 발급) ① 법 제50조제2항에 따라 자경증명을 발급 받으려는 자는 별지 제60호서식의 자경증명발급신청서를 해당 농지의 소재지를 관할하는 시·구·읍·면장에게 제출하여야 한다.

② 시·구·읍·면장은 제1항에 따른 신청이 있는 때에는 신청인의 농업경영상황을 조사한 후 자경하는 사실이 명백한 경우에는 신청일부터 4일 이내에 자경증명을 발급하고 이를 별지 제61호서식의 자경증명발급대장에 기재하여야 한다.

제5장 보칙

제60조(농지전용허가대장 등의 전산처리) 다음 각 호에 해당하는 대장의 작성 및 관리를 전산정보처리조직에 따라 처리하는 경우에는 그 대장 파일(자기디스크 그 밖에 이와 비슷한 방법에 따라 기록·보관하는 대장을 말한다)을 다음 각 호에 해당하는 대장으로 본다. 〈개정 2018. 5. 1.〉

1. 별지 제6호서식의 농지취득자격증명발급대장
2. 별지 제18호서식의 농지전용허가대장
3. 별지 제21호서식의 농지전용협의대장
4. 별지 제23호서식의 농지전용신고대장
5. 별지 제26호서식의 농지의 타용도일시사용허가대장
5의2. 별지 제27호의3서식의 농지의 타용도일시사용신고대장
6. 별지 제29호서식의 농지의 타용도일시사용협의대장

7. 별지 제41호서식의 농지보전부담금부과결정(통지원부) 및 수납대장
8. 별지 제56호서식의 농지전용용도변경승인대장
9. 별지 제59호서식의 농지원부등본발급대장
10. 별지 제61호서식의 자경증명발급대장

제61조(농지전용허가 등의 보고) 시·도지사와 시장·군수 또는 자치구구청장은 농지전용허가 또는 협의를 하거나 신고를 수리한 상황을 반기별로 별지 제62호서식에 의하여 시장·군수 또는 자치구구청장은 시·도지사에게, 시·도지사는 농림축산식품부장관에게 보고하여야 한다. 〈개정 2008. 3. 3., 2013. 3. 23.〉

제62조(포상금의 지급) ① 영 제72조에 따라 포상금을 지급받으려는 자는 그 사건에 대하여 검사가 공소제기·기소중지 또는 기소유예를 하거나 사법경찰관이 수사중지(피의자중지로 한정한다)를 한 후에 별지 제63호서식의 포상금지급신청서에 다음 각 호의 서류를 첨부하여 농림축산식품부장관, 해당 농지 또는 토지의 소재지를 관할하는 시·도지사 또는 시장·군수·자치구구청장에게 제출해야 한다. 이 경우 포상금지급신청서를 제출받은 시·도지사 또는 시장·군수·자치구구청장은 해당 서류를 농림축산식품부장관에게 송부해야 한다. 〈개정 2008. 3. 3., 2012. 7. 18., 2013. 3. 23., 2014. 12. 31., 2020. 12. 31.〉

1. 행정기관이나 사법기관의 신고·고발확인서
2. 포상금 배분에 관한 합의서(배분액에 관한 합의가 성립된 경우만 해당한다)
3. 입금의뢰서(포상금의 계좌입금을 원하는 경우만 해당한다)

② 농림축산식품부장관은 제1항에 따른 신청이 있는 때에는 그 사건에 관한 검사 또는 사법경찰관의 처리 내용을 조회한 후 포상금지급을 결정하고, 그 결정일부터 2개월 이내에 해당 연도의 농지관리기금운용계획의 범위 안에서 포상금을 지급할 수 있다. 〈개정 2008. 3. 3., 2013. 3. 23., 2020. 12. 31.〉

③ 농림축산식품부장관은 하나의 사건에 대하여 신고 또는 고발한 자가 2인 이상인 경우에는 그 공로를 참작하여 영 제72조제1항에 따라 산정한 포상금을 적절하게 배분하여 지급하여야 한다. 다만, 포상금을 지급받을 자가 배분방법에 관하여 미리 합의한 포상금의 지급을 신청하는 경우에는 그 합의된 방법에 따라 지급한다. 〈개정 2008. 3. 3., 2013. 3. 23.〉

제63조(증표) 법 제54조제2항에 따른 증표는 별지 제64호서식에 의한다.

제64조(이행강제금의 징수절차) 영 제75조에 따른 이행강제금의 징수절차에 관하여는 「국고금관리법 시행규칙」을 준용한다.

제65조(규제의 재검토) 농림축산식품부장관은 다음 각 호의 사항에 대하여 다음 각 호의 기준일을 기준으로 3년마다(매 3년이 되는 해의 기준일과 같은 날 전까지를 말한다) 그 타당성을 검토하여 개선 등의 조치를 하여야 한다. 〈개정 2017. 1. 2.〉

1. 제3조에 따른 축사·곤충사육사의 부속시설의 범위: 2017년 1월 1일
2. 제5조 및 별표 2에 따른 시험지·연구지·실습지 등의 용도로 농지를 소유할 수 있는 공공단체 등의 범위: 2017년 1월 1일
3. 제6조에 따른 시험지·연구지·실습지 등으로 쓰일 농지의 취득인정 절차: 2017년 1월 1일
4. 삭제 〈2017. 1. 2.〉
5. 삭제 〈2019. 11. 14.〉
6. 삭제 〈2019. 6. 28.〉

[본조신설 2015. 1. 6.]

부칙 〈제1563호, 2007. 7. 4.〉

제1조 (시행일) 이 규칙은 2007년 7월 4일부터 시행한다.

제2조 (농지전용허가의 제한대상시설에 관한 경과조치) 이 규칙 시행 당시 농지전용허가를 신청한 것에 관한 농지전용의 제한은 제37조제1호의 개정규정에도 불구하고 종전의 규정에 따른다.

제3조 (서식개정에 따른 경과조치) 이 규칙 시행 당시 종전의 규정에 따라 사용하던 서식은 2007년 12월 31일까지 이 규칙에 의한 서식과 함께 사용하거나 그 일부를 수정하여 사용할 수 있다.

제4조 (다른 법령과의 관계) 이 규칙 시행 당시 다른 법령에서 종전의 「농지법 시행규칙」 또는 그 규정을 인용한 경우 이 규칙 가운데 그에 해당하는 규정이 있으면 종전의 규정을 갈음하여 이 규칙 또는 이 규칙의 해당 규정을 인용한 것으로 본다.

부칙 〈제1호, 2008. 3. 3.〉 (농림수산식품부와 그 소속기관 직제 시행규칙)

제1조 (시행일) 이 규칙은 공포한 날부터 시행한다.

제2조부터 제4조까지 생략

제5조 (다른 법령의 개정) ①부터 ⑯까지 생략

⑰ 농지법 시행규칙 일부를 다음과 같이 개정한다.

제3조 각 호 외의 부분, 제5조, 제14조제2항 각 호 외의 부분, 제16조제2항 각 호 외의 부분, 제20조 각 호 외의 부분, 제24조 각 호 외의 부분, 제25조 각 호 외의 부분, 제28조제1항 각 호 외의 부분, 제37조 각 호 외의 부분, 제39조 각 호 외의 부분 및 제54조 중 "농림부령"을 각각 "농림수산식품부령"으로 한다.

제6조제1항·제4항·제5항 전단 및 후단, 제12조제1항제8호, 제15조제1항제3호·제2항, 제21조, 제23조제4호, 제29조제1항, 제30조제2항제4호, 제38조제2항제8호, 제42조제1항, 제49조제4항, 제50조제1항, 제57조제3항, 제61조, 제62조제1항·제2항 및 제3항 중 "농림부장관"을 각각 "농림수산식품부장관"으로 한다.

별지 제1호서식 앞쪽, 별지 제2호서식, 별지 제14호서식 앞쪽, 별지 제19호서식, 별지 제20호서식 앞쪽, 별지 제31호서식, 별지 제38호서식, 별지 제39호서식, 별지 제46호서식, 별지 제47호서식, 별지 제52호서식, 별지 제54호서식 앞쪽, 별지 제62호서식, 별지 제63호서식 앞쪽 및 뒤쪽 중 "농림부장관"을 각각 "농림수산식품부장관"으로 한다.

별지 제1호서식 뒤쪽, 별지 제14호서식 뒤쪽, 별지 제54호서식 뒤쪽, 별지 제63호서식 뒤쪽 중 "농림부"를 각각 "농림수산식품부"로 한다.

⑱부터 〈63〉까지 생략

부칙 〈제11호, 2008. 6. 13.〉

제1조(시행일) 이 규칙은 공포한 날부터 시행한다.

제2조(농지의 취득인정에 관한 경과조치) 이 규칙 시행 당시 농지 취득인정을 신청한 것에 대하여는 제6조의 개정규정에 불구하고 종전의 규정에 따른다.

제3조(농지취득자격증명신청서에 관한 경과조치) 이 규칙 시행 당시 농지취득자격증명을 신청한 것에 대하여는 제7조제4항의 개정규정에 불구하고 종전의 규정에 따른다.

제4조(서식개정에 관한 경과조치) 이 규칙 시행 당시 종전의 규정에 따라 사용하던 별지 제43호서식부터 별지 제45호서식까지는 2008년 12월 31일까지 이 규칙에 의한 서식과 함께 사용하거나 그 일부를 수정하여 사용할 수 있다.

부칙 〈제12호, 2008. 6. 20.〉 (농업·농촌 및 식품산업 기본법 시행규칙)

제1조(시행일) 이 규칙은 2008년 6월 22일부터 시행한다.

제2조부터 제4조까지 생략

제5조(다른 법령의 개정) ① 및 ② 생략

③ 농지법 시행규칙 일부를 다음과 같이 개정한다.

제12조제2항 중 「농업·농촌기본법」에 따른 농업·농촌발전계획"을 「농업·농촌 및 식품산업 기본법」에 따른 농업·농촌 및 식품산업 발전계획"으로 한다.

④ 생략

제6조 생략

부칙 〈제37호, 2008. 11. 18.〉 (행정정보의 공동이용 및 문서감축 등을 위한 농산물의생산자를위한직접지불제도시행규칙 등 일부개정령)

이 규칙은 공포한 날부터 시행한다.

부칙 〈제55호, 2008. 12. 31.〉 (농림수산식품부와 그 소속기관 직제 시행규칙)

제1조(시행일) 이 규칙은 공포한 날부터 시행한다. 〈단서 생략〉

제2조(다른 법률의 개정) ①부터 ⑥까지 생략

⑦ 농지법 시행규칙 일부를 다음과 같이 개정한다.

별표 2 중 "농림부장관"을 "농림수산식품부장관"으로 한다.

⑧부터 ⑯까지 생략

부칙 〈제73호, 2009. 6. 29.〉 (한국농어촌공사 및 농지관리기금법 시행규칙)

제1조(시행일) 이 규칙은 2009년 6월 30일부터 시행한다. 다만, ···〈생략〉··· 부칙 제3조는 공포한 날부터 시행한다.

제2조 생략

제3조(다른 법령의 개정) ① 및 ② 생략

③ 농지법 시행규칙 일부를 다음과 같이 개정한다.

제28조제1항제3호, 제33조, 제40조, 제41조제1항부터 제3항까지, 제42조제2항, 제43조제2항, 제44조제1항·제4항, 제45조제2항, 제46조제1항부터 제3항까지, 제48조 및 제50조제3항 중 "한국농촌공사"를 각각 "한국농어촌공사"로 한다.

별표 2의 공공단체의 범위란 제1호를 다음과 같이 한다.

1. 「한국농어촌공사 및 농지관리기금법」에 따른 한국농어촌공사

별지 제8호서식, 별지 제9호서식, 별지 제31호서식, 별지 제32호서식, 별지 제33호서식 앞쪽·뒤쪽, 별지 제35호서식부터 별지 제37호서식까지, 별지 제40호서식, 별지 제42호서식 뒤쪽, 별지 제45호서식 및 별지 제48호서식부터 별지 제53호서식까지 중 "한국농촌공사"를 각각 "한국농어촌공사"로 한다.

④ 및 ⑤ 생략

제4조 생략

부칙 〈제94호, 2009. 11. 26.〉 (농어업·농어촌 및 식품산업 기본법 시행규칙)

제1조(시행일) 이 규칙은 2009년 11월 28일부터 시행한다.

제2조 및 제3조 생략

제4조(다른 법령의 개정) ① 생략

② 농지법 시행규칙 일부를 다음과 같이 개정한다.

제12조제2항 중 "「농업·농촌 및 식품산업 기본법」에 따른 농업·농촌 및 식품산업 발전계획"을 "「농어업·농어촌 및 식품산업 기본법」에 따른 농어업·농어촌 및 식품산업 발전계획"으로 한다.

③ 생략

제5조 생략

부칙 〈제97호, 2009. 11. 27.〉

제1조(시행일) 이 규칙은 2009년 11월 28일부터 시행한다.

제2조(농지보전부담금의 면제에 관한 적용례) 제47조제10호의 개정규정은 이 규칙 시행 후 최초로 농지전용허가(변경허가의 경우와 다른 법률에 따라 농지전용허가 또는 그 변경허가가 의제되는 인가 또는 허가 등의 경우를 포함한다)를 신청하거나 농지전용신고를 하는 것부터 적용한다.

제3조(다른 법령의 개정) 한국농어촌공사 및 농지관리기금법 시행규칙 일부를 다음과 같이 개정한다.

제9조제2항을 삭제한다.

제17조제3항 중 "농지관리위원회의 위원 2명 이상의 의견을 들어 지원 여부를"을 "지원 여부를"로 한다.

부칙 〈제103호, 2009. 12. 15.〉 (농어촌정비법 시행규칙)

제1조(시행일) 이 규칙은 공포한 날부터 시행한다. 〈단서 생략〉

제2조 및 제3조 생략

제4조(다른 법령의 개정) ① 생략

② 농지법 시행규칙 일부를 다음과 같이 개정한다.

제12조제2항 중 "「농어촌정비법」에 따른 농업기반정비사업기본계획"을 "「농어촌정비법」에 따른 농업생산기반 정비사업 기본계획"으로 한다.

③ 및 ④ 생략

제5조 생략

부칙 〈제230호, 2011. 12. 23.〉

이 규칙은 2012년 1월 1일부터 시행한다.

부칙 〈제288호, 2012. 6. 29.〉

제1조(시행일) 이 규칙은 2012년 7월 18일부터 시행한다.

제2조(토지사용료의 지급에 관한 적용례) 제18조제2항의 개정규정은 이 규칙 시행 후 대리경작자가 특별한 사유 없이 대리경작농지에서 경작한 농작물의 수확일부터 2개월 이내에 토지사용료를 농지의 소유권 또는 임차권을 가진 자에게 지급하지 아니하는 경우부터 적용한다.

부칙 〈제295호, 2012. 7. 18.〉

이 규칙은 2012년 7월 18일부터 시행한다.

부칙 〈제317호, 2012. 11. 1.〉 (행정규제 개선 등을 위한 농수산물 유통 및 가격안정에 관한 법률 시행규칙 등 일부개정령)

이 규칙은 2012년 11월 1일부터 시행한다.

부칙 〈제1호, 2013. 3. 23.〉 (농림축산식품부와 그 소속기관 직제 시행규칙)

제1조(시행일) 이 규칙은 공포한 날부터 시행한다.

제2조부터 제7조까지 생략

제8조(다른 법령의 개정) ①부터 ⑭까지 생략

⑮ 농지법 시행규칙 일부를 다음과 같이 개정한다.

제2조, 제3조 각 호 외의 부분, 제5조, 제14조제2항 각 호 외의 부분, 제16조제2항 각 호 외의 부분, 제20조 각 호 외의 부분, 제24조 각 호 외의 부분, 제25조 각 호 외의 부분, 제25조의2제2항 각 호 외의 부분, 제28조제1항 각 호 외의 부분, 제37조 각 호 외의 부분 본문 및 제39조 각 호 외의 부분 중 "농림수산식품부령"을 각각 "농림축산식품부령"으로 한다.

제12조제1항제8호, 제15조제1항제3호, 같은 조 제2항, 제21조, 제23조제4호, 제29조제2항 본문, 제30조제2항제4호, 제38조제2항제8호, 제42조제1항, 제49조제4항, 제50조제1항·제3항, 제57조제3항, 제61조, 제62조제1항 각 호 외의 부분, 같은 조 제2항, 같은 조 제3항 본문, 별표 2 농업연구기관의 범위란, 별지 제14호서식 앞쪽·뒤 쪽, 별지 제19호서식, 별지 제20호서식 앞쪽, 별지 제31호서식, 별지 제38호서식 앞 쪽, 별지 제39호 서식, 별지 제46호서식 앞쪽, 별지 제47호서식, 별지 제52호서식, 별지 제54호서식 앞쪽, 별지

제62호서식 및 별지 제63호서식 앞쪽·뒤쪽 중 "농림수산식품부장관"을 각각 "농림축산식품부장관"으로 한다.

제12조제2항 중 "농어업·농어촌 및 식품산업 발전계획"을 "농업·농촌 및 식품산업 발전계획"으로 한다.

별지 제14호서식 앞쪽·뒤쪽, 별지 제38호서식 뒤쪽, 별지 제46호서식 뒤쪽, 별지 제54호서식 앞쪽·뒤쪽 및 별지 제63호서식 뒤쪽 중 "농림수산식품부"를 각각 "농림축산식품부"로 한다.

별지 제38호서식 뒤쪽 중 "농림수산식품부장관"을 "농림축산식품부장관"으로 한다.

⑯부터 ㊴까지 생략

부칙 〈제86호, 2014. 4. 3.〉

제1조(시행일) 이 규칙은 공포한 날부터 시행한다.

제2조(축사의 부속시설 등의 면적 제한에 관한 경과조치) 이 규칙 시행 당시 종전의 규정에 따라 설치한 축사의 부속시설, 곤충사육사의 부속시설, 농막, 간이저온저장고 및 간이액비저장조에 관하여는 제3조제1호다목, 같은 조 제2호다목 및 제3조의2의 개정규정에도 불구하고 종전의 규정에 따른다.

부칙 〈제122호, 2014. 12. 31.〉

이 규칙은 2015년 1월 1일부터 시행한다.

부칙 〈제133호, 2015. 1. 6.〉 (규제 재검토기한 설정 등을 위한 가축전염병 예방법 시행규칙 등 일부개정령)

제1조(시행일) 이 규칙은 공포한 날부터 시행한다.

제2조 생략

부칙 〈제180호, 2015. 12. 23.〉 (농업·농촌 및 식품산업 기본법 시행규칙)

제1조(시행일) 이 규칙은 2015년 12월 23일부터 시행한다.

제2조(다른 법령의 개정) ①부터 ③까지 생략

④ 농지법 시행규칙 일부를 다음과 같이 개정한다.

제12조제2항 중 "농어업·농어촌 및 식품산업 기본법"을 "농업·농촌 및 식품산업 기본법"으로 한다.

⑤부터 ⑨까지 생략

부칙 〈제195호, 2016. 1. 21.〉

이 규칙은 2016년 1월 21일부터 시행한다.

부칙 〈제227호, 2016. 12. 9.〉

이 영은 공포한 날부터 시행한다. 다만, 제25조의2 및 별표2의2의 개정규정은 2016년 12월 30일부터 시행하고, 제41조의2의 개정규정은 2017년 1월 1일부터 시행한다.

부칙 〈제237호, 2017. 1. 2.〉 (일몰도래 규제 정비를 위한 가축 및 축산물 이력관리에 관한 법률 시행규칙 등 일부개정령)

제1조(시행일) 이 규칙은 공포한 날부터 시행한다.

제2조 생략

부칙 〈제239호, 2017. 1. 19.〉

이 규칙은 공포한 날부터 시행한다.

부칙 〈제318호, 2018. 5. 1.〉

이 규칙은 2018년 5월 1일부터 시행한다.

부칙 〈제370호, 2019. 6. 28.〉

이 규칙은 2019년 7월 1일부터 시행한다.

부칙 〈제391호, 2019. 8. 26.〉 (어려운 법령용어 정비를 위한 37개 법령의 일부개정에 관한 농림축산식품부령)

이 규칙은 공포한 날부터 시행한다.

부칙 〈제461호, 2019. 11. 14.〉 (행정규제기본법에 따른 일몰규제 정비를 위한 13개 법령의 일부개정에 관한 농림축산식품부령)

이 규칙은 공포한 날부터 시행한다.

부칙 〈제463호, 2020. 12. 31.〉

제1조(시행일) 이 규칙은 2021년 1월 1일부터 시행한다.

제2조(포상금의 지급에 관한 적용례) 제62조제1항 및 제2항의 개정규정은 이 규칙 시행 당시 사법경찰관이 수사 중인 사건에 대해서도 적용한다.

농업진흥지역관리규정

[시행 2016. 12. 19.] [농림축산식품부훈령 제241호, 2016. 12. 19., 일부개정]

농림축산식품부(농지과), 044-201-1738

제1조(목적) 이 규정은 농지법(이하 "법"이라 한다) 제28조 내지 제33조에 따라 농업진흥지역(이하 "진흥지역"이라 한다)을 지정·관리함에 있어 농지법 시행령(이하 "영"이라 한다) 제28조제5항에 따라 지정·변경·해제에 관한 세부기준 및 절차 등을 정함으로써 진흥지역을 보다 효율적으로 보전·관리함을 목적으로 한다.

제2조(용어의 정의) 이 규정에서 사용하는 용어의 정의는 다음 각호와 같다.
1. "진흥지역 신규지정"이란 경지정리·간척지내부개답·개간 등으로 집단화된 농지가 조성된 지역 또는 기존 진흥지역이 없는 지역에 진흥지역을 지정하는 것을 말한다.
2. "진흥지역 변경"이란 당해 지역의 농지·영농형태, 용도별 지정요건 등이 변경된 농지로 농업진흥구역(이하 "진흥구역"이라 한다)을 농업보호구역(이하 "보호구역"이라 한다)으로 변경하거나 보호구역을 진흥구역으로 변경하는 경우(이하 "용도구역변경"이라 한다)를 말한다.
3. "진흥지역 해제"란 도시관리계획변경, 택지·산업단지 지정 등 관련법에 의하여 미리 농림축산식품부와 농지전용허가를 전제로 협의가 완료되는 등 여건변화로 진흥지역 지정요건에 적합하지 않아 진흥지역을 진흥지역밖으로 변경하는 경우(이하 "진흥지역 해제"라 한다)를 말한다.

제3조(지정기준) ① 진흥지역은 해당 지역의 자연적, 경제·사회적 특성을 반영함으로써 합리적인 보전·이용을 도모할 수 있도록 평야지·중간지 또는 산간지로 농업지대를 구분하여 지대별로 지정기준을 적용하며 농업지대의 구분기준은 별표 1과 같다.

② 진흥구역의 지정기준은 농지집단화도 기준과 토지생산성기준으로 구분하며 그 구체적인 적용방법은 별표 2와 같다.

③ 보호구역의 지정기준은 별표 3과 같다.

제4조(지정제외) 다음 각호의 1에 해당하는 지역은 진흥지역 지정대상에서 제외한다.
1. 국토의 계획 및 이용에 관한 법률·산업입지 및 개발에 관한 법률·관광진흥법 등 토지이용관련법률에 의하여 다른 용도로 이미 지정된 용도구역 등으로서 지정목적에 이용될 것이 확실한 지역
2. 1ha미만의 구역내에 10호이상 밀집된 자연부락

3. 인근 지역의 개발 등으로 인하여 농업환경이 열악하여 농지로서 보존가치가 현저히 떨어지는 등 농업목적으로 계속하여 보전하는 것이 불합리한 지역

제5조(신규조성농지등의 진흥지역지정) 시·도지사는 경지정리·간척지내부 개답·개간 등으로 집단화된 농지를 조성할 경우에는 지체 없이 국토의계획및이용에관한법률 제6조에서 규정하고 있는 용도지역 지정 등 필요한 조치를 하여 당해 지역을 조속히 진흥지역으로 지정하여야 한다.

제6조(지정절차) ① 시·도지사는 농림축산식품부장관으로부터 지정승인을 받은 때에는 즉시 이를 고시하고 고시내용을 별지 2호서식에 의하여 농림축산식품부장관에게 보고하고 시장·군수·구청장(이하 "군수"라 한다)에게 통지하여야 한다.

② 군수가 시·도지사로부터 진흥지역 지정통지를 받은 때에는 진흥지역지정도면과 토지조서를 읍·면·동에 비치하고 20일이상 일반인이 열람하도록 하여야 한다.

③ 진흥지역지정계획도의 작성방법은 별표 4와 같다.

제7조(용도구역의 변경요건 및 절차) ① 다음 각호의 어느 하나에 해당하는 경우에는 보호구역을 진흥구역으로 변경할 수 있다.

1. 해당 지역이 생산기반정비 등으로 진흥구역지정기준에 적합하게 된 경우
2. 당초 진흥구역으로 지정되어야 할 지역이 보호구역으로 지정된 경우

② 다음 각호의 어느 하나에 해당하는 경우에는 3만제곱미터 이하의 진흥구역을 보호구역으로 변경할 수 있다. 이 경우 시·도 농정심의회의 심의는 생략할 수 있다.

1. 진흥구역 농지가 저수지 개발 등으로 농업용수 확보를 위해 활용되게 된 경우
2. 도로·철도 등 법 제32조제1항제4호 내지 제7호에 규정된 시설의 설치로 인하여 농로와 용·배수로가 차단되는 등 영농이 곤란하다고 인정되는 경우
3. 농업기반투자와 기계화 영농이 불가능한 지역으로서 진흥구역으로 계속 관리하는 것은 불합리하나 보호구역으로 관리할 필요가 있다고 인정되는 경우

③ 시·도지사가 용도구역을 변경하고자 할 경우에는 별지 제3호 서식에 의한 용도구역변경계획서에 변경요건에 적합한지 여부를 확인할 수 있는 증빙자료를 첨부하여야 한다.

제8조(진흥지역의 해제대상) 영 제28조제1항제1호다목의 '해당 지역 여건변화'라 함은 다음 각호의 어느 하나에 의해 도로, 철도 등이 설치되거나 택지, 산업단지 지정 등으로 인하여 집단화된 농지와 분리된 자투리 토지로서 진흥구역은 농로 및 용·배수로가 차단되는 등 실제로 영농에 지장을 주는 경우, 보호구역은 진흥구역의 농업환경을 보호하기 위한 본연의 기능이 상실된 경우를 말한다.

1. 도로법 제10조에 따른 도로
2. 국토의 계획 및 이용에 관한 법률 제2조 제7호에 따른 도로(폭 8미터 미만인 소로는 제외한다)

3. 철도산업발전기본법 제3조 제1호에 따른 철도

4. 하천법 제2조 제1호에 따른 하천

제9조(진흥지역 해제시 검토사항) ① 영 제28조제1항제1호에 따른 진흥지역 해제의 요청이 있는 경우에는 다음 각호의 사항을 검토하여야 한다.

1. 농업생산기반이 정비되어 있거나 정비사업예정지구에 편입된 농지로서 보전가치가 있는지의 여부
2. 농업생산기반이 정비된 경우에는 도로(교차로)·하천 등과 연접된 변두리지역에 위치하고 있거나 토질이 척박하여 보전가치가 낮다고 인정되는 농지인지의 여부
3. 해당 시설의 기능·용도 등을 감안한 입지가능 지역에 진흥지역외의 활용가능한 다른 토지가 있는지의 여부
4. 사업시행으로 인하여 농로·수로가 차단되거나 오폐수가 유출되어 인근농지의 영농에 지장을 초래하거나 농업용수 기타 농업환경을 오염시킬 우려가 있는지의 여부

② 영 제28조제1항제1호 다목에 따른 진흥지역 해제의 요청이 있는 경우에는 다음 각호의 사항을 검토하여야 한다.

1. 농지로의 출입, 농기계 통행 등 영농에 불편함이 발생하였는지 여부
2. 용·배수로가 차단되는 등 농지의 보전가치가 현저히 낮아졌는지 여부
3. 집단화된 농지와 분리됨으로써 권역별 영농활동에 지장을 초래하는지 여부

③ 시·도지사 또는 시장·군수는 진흥지역 변경승인을 득하는 조건으로 농지전용허가·협의를 하여서는 아니 된다.

제10조(진흥지역 해제절차등) ① 시·도지사는 도시관리계획변경 또는 도시관리계획변경이 의제되는 각종 지구·구역 등의 지정(이하 "도시관리계획변경등"라 한다)을 위하여 농지전용허가에 대한 협의(이하 "농지전용허가협의"라 한다)가 전제되는 협의를 완료한 후 농지전용허가협의 요청이 있는 경우에 진흥지역해제승인을 요청할 수 있다. 다만, 도시관리계획변경등을 위한 협의와 실시계획·조성계획 등의 승인을 위한 농지전용허가협의(실시계획·조성계획 등이 수립되어 첨부되는 경우를 포함한다)의 요청이 동시에 있는 경우에는 시·도농정심의회의 심의 등의 절차를 거쳐 도시관리계획변경등 협의와 진흥지역 해제승인을 동시에 요청할 수 있다.

② 시·도지사가 진흥지역해제승인을 요청할 때에는 별표 5에 의한 서류를 제출하여야 한다. 다만, 제10조제1항제3호의 경우에는 별표 6에 의한 서류를 제출하여야 한다.

③ 시·도지사는 도시관리계획변경 등 고시와 동시 또는 그 이후에 진흥지역해제고시를 하여야 한다.

④ 시·도지사는 진흥지역해제승인을 받은 후 관련사업계획의 변경 등으로 진흥지역 편입면적이 변경(감소하거나 1만제곱미터 미만으로 증가하는 경우에는 제외)되는 경우에는 즉

시 변경승인을 요청하여야 하며, 사업계획이 취소된 경우에는 즉시 원래의 진흥지역으로 환원고시를 하여야 한다.

제11조(진흥지역 도면 및 토지조서관리) ① 진흥지역 고시도면의 원본은 시·도지사가 보관하고, 진흥지역 고시도면의 사본 및 토지조서는 시·군·구의 농지관리부서에서 보관·관리한다.

② 지정고시 도면과 조서가 상이한 경우에는 지정도면을 기준으로 진흥지역 여부를 판단하여야 하므로 지정도면의 구획선이 훼손되지 않도록 보관·관리에 주의하여야 한다.

③ 시장·군수·구청장은 농림축산식품부에서 작성 배부한 진흥지역 상세도면(고시도면)은 농지관리부서에서 보관토록 하고, 각종 증명서 발급을 위한 상세도면은 사본을 작성하여 활용하되, 진흥지역이 변경 고시되면 수시로 정정하여 각종 증명서가 착오 발급되지 않도록 하여야 한다.

④ 농업진흥지역 업무담당자 변동시 농업진흥지역 도면 및 토지조서 등에 대하여 반드시 인수·인계를 실시하고, 고시도면관리기록부를 작성·비치하여 인수·인계자가 서명·날인하여야 한다.

제12조(진흥지역 지정·변경에 따른 도면 등 정비) ① 진흥지역을 지정 또는 변경한 때에는 다음과 같은 방법으로 각급 기관에 보관중인 지정도면과 토지조서를 정비하여야 한다.

1. 진흥지역을 지정(편입포함)한 경우에는 다음과 같이 정비한다.
   가. 지정도면은 해당부분에 진흥지역을 표시한 후 지정고시일자와 근거 및 작성자 직·성명을 기재한다.
   나. 새로 작성한 토지조서는 지정고시일자와 근거 및 작성자 직·성명을 기재하여 당초의 토지조서에 첨부한다.

2. 진흥지역을 해제한 경우에는 다음과 같이 정비한다.
   가. 지정도면은 해당부분에 붉은색 사선으로 해제지역을 표시한 후 해제고시일자와 근거 및 작성자 직·성명을 기재후 날인한다.
   나. 토지조서는 해당 필지여백에 붉은색 고무인(,,, 해제)을 찍고 담당자가 날인한다.

② 각급 기관에 보관중인 지정도면과 토지조서는 진흥지역 지정·변경고시와 동시에 정비함과 아울러 상호 대조하여 일치시켜야 한다.

제13조(진흥지역 도면 및 조서정정) ① 다음 각호의 어느 하나에 해당하는 경우에는 시·도지사가 직권으로 진흥지역 지정도면과 토지조서를 정정할 수 있다.

1. 지정도면 정정 : 국토의계획및이용에관한법률상 농림지역·자연환경보전지역 또는 도시지역내 녹지지역이 아닌 지역이 지정된 경우
2. 토지조서 정정 : 도면상 진흥지역 구획선외의 토지가 토지조서에 등재되어 있거나 구획선내의 토지가 토지조서에 누락되어 있는 경우 및 제1호의 경우

3. 농업진흥지역 상세도 정비 이후 토지조서·국토이용계획 등 관련 공부상 농업진흥지역 밖으로 관리하고 있는 경우

② 지정도면 또는 토지조서를 정정한 때에는 정정부분의 지적도, 토지이용계획확인서 등 정정사유를 객관적으로 확인할 수 있는 증빙서류를 비치하여야 하며, 고시도면 여백에 근거 공문사본, 정정고시일자 및 편입·제외여부를 표시하고 시·군·구 담당과장의 직·성명을 기재하고 날인하게 하여야 한다.

③ "농업진흥지역밖으로 관리하고 있는 경우"라 하면 관리지역 또는 농업진흥지역밖으로 토지이용계획 확인서를 발급하였거나 농업진흥지역내에서 제한되는 건축 등 개발행위를 허용함으로써 다수의 토지소유자가 농업진흥지역밖으로 알고 있는 경우를 말하며, 농지전용허가증 등 입증자료가 있어야 한다.

제14조(진흥지역 변경·정정고시 및 결과보고 등) 진흥지역을 해제·용도구역 변경 또는 정정하는 경우의 고시·결과보고 및 통지, 주민열람의 절차에 관하여는 제7조 제3항 및 제4항의 규정을 준용한다. 다만, 진흥지역 도면 또는 조서를 정정하고 결과보고를 하는 경우에는 제15조제2항의 증빙서류를 첨부하여야 한다.

제15조(진흥지역 변동상황 보고) 시·도지사는 당해 년도의 진흥지역 지정·변경상황을 별지 제7호 서식에 의하여 다음해 1월말까지 농림축산식품부장관에게 보고하여야 한다.

제16조(토지종합전산정보망 진흥지역도면 활용) 전산화된 농업진흥지역도면은 진흥지역 용도구역별 필지현황의 열람등 농지관련 기초자료로 활용 할 수 있다. 다만, 각종 증명서 발급은 고시도면 및 조서를 기준으로 한다.

부 칙 〈제1282호, 2007. 9. 4.〉

① (시행일) 이 규정은 2007. . 일부터 시행한다.

부 칙 〈제20호, 2008. 6. 10.〉

① (시행일) 이 규정은 2008. 6. 10일부터 시행한다.

부 칙 〈제176호, 2009. 11. 28.〉

① (시행일) 이 규정은 2009년 11월 28일부터 시행한다.

부 칙 〈제311호, 2012. 7. 18.〉

1. (시행일) 이 요령은 2012년 7월 18일부터 시행한다.

부 칙 〈제21호, 2013. 5. 16.〉

1. (시행일) 이 요령은 2012년 7월 18일부터 시행한다.

부 칙 〈제138호, 2014. 6. 27.〉

1. (시행일) 이 규정은 2014년 6월 27일부터 시행한다.

부 칙 〈제241호, 2016. 12. 19.〉

1. (시행일) 이 훈령은 2016년 12월 19일부터 시행한다.
2. (재검토기한) 농림축산식품부장관은「훈령·예규 등의 발령 및 관리에 관한 규정」에 따라 이 예규에 대하여 2017년 1월 1일 기준으로 매3년이 되는 시점(매 3년째의 12월 31일까지를 말한다)마다 그 타당성을 검토하여 개선 등의 조치를 하여야 한다.

참/고/자/료

[단행본]

- 김도협, 『헌법학원론』, 진원사, 2018.
- 김영남, 『농지 산지114』, 부연사, 2021.
- 김영남, 『농지 산지 이것이 궁금하다』, 부동산 매거진, 2012.
- 문성명, 『농지의 보전 및 이용』, 부연사, 2000.
- 농림축산식품부, 『농지업무편람』, 진한엠앤비, 2020.
- 박창수, 『농지취득과 등기에 관한 이론과 실무』, 2005.
- 박진실, 『농지법』, 유페이퍼, 2020.
- 법제처, 『농지이용·전용』, 휴먼걸처아리랑, 2015.
- 사법행정문화원, 『농지산지 사업관련 법령편람 세트』, 2011.
- 서진형, 『공인중개사법론』, 부연사, 2008.
- 이기연 외 1인, 『반값 농지경매, 맛있는 책』, 2014.
- 이창호, 『농지법제의 이론과 실무』, 에코RE상담센터, 2018.
- 안재길, 『농지법 이론과 실무』, 법률정보센터, 2021.
- 한국농촌경제연구원, 『도시지역 농지의 이용과 정책과제』, 2000.

[논 문]

- 김대영, 농지의 소유제도 연구, 한국법학회 법학연구 33호, 2009.
- 사동천, "농지임대차의 문제점." 홍익법학 11(1). 홍익대학교 법학연구소, 2010.
- 서동천, 농지법 개정 방향과 원칙 – 지속가능한 농업농촌의 발전과 공익적기능의 향상을 중심으로 –, 홍익대학교 법학연구소 홍익법학 21권2호, 2020.
- 김홍상 외 5인, "농지소유·이용제도 개편방안 연구", 한국농촌경제연구원, 2018.
- 양경승, "농지의 거래 및 소유제도-농지개혁법과 농지법을 중심으로-", 사법연수원, 2014.

[법령]

- 「국토기본법」
- 「국토의 계획 및 이용에 관한 법률」
- 「농지법」
- 「민법」
- 「부동산등기법」
- 「측량공간정보의 구축 및 관리 등에 관한 법률」
- 「측량·수로조사 및 지적에 관한 법률」
- 「토지이용규제 기본법」
- 「한국농어촌공사 및 농지관리기금법」
- 「헌법」
- 「행정대집행법」

농지의 취득과 전용

농지의 취득과 전용

초판인쇄	2021년 10월 25일
초판발행	2021년 10월 30일
저자	김덕기
발행인	김이백
발행처	북엠(Book Maker)
주소	서울시 영등포구 경인로82길 3-4
전화	02-2164-2070
팩스	02-2164-2072
교재문의	bookmaker20@naver.com
ISBN	979-11-969811-9-8 13320

이 책의 무단 전재 또는 복제 행위는 저작권법 제136조 제1항에 의해 5년 이하의 징역 또는 5,000만원 이하의 벌금에 처하거나 이를 병과할 수 있습니다.
파본은 교환해 드립니다.

정가 38,000원

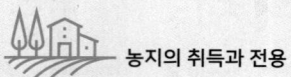 농지의 취득과 전용